Dario Azzellini/Immanuel Ness
»Die endlich entdeckte politische Form«

Die Herausgeber

Immanuel Ness forscht zu Arbeitskämpfen und soziale Bewegungen, Proletarisierung, Gewerkschaften und Migration. Kürzlich hat er den Band *Guest Workers, Corporate Despotism and Labor Resistance* (University of Illinois Press, 2011) veröffentlicht und arbeitet derzeit an einem Manuskript zu Gewerkschaften und neuen Repräsentationsformen der Arbeiterschaft. Von ihm sind unter anderen die Bücher *Immigrants, Unions, and the U.S. Labor Market* (Temple University Press 2005) und *Trade Unions and the Betrayal of the Unemployed* (Garland 1998) erschienen. Ness gibt die Vierteljahreszeitschrift *WorkingUSA: The Journal of Labor and Society* heraus, die bei Wiley-Blackwell Publishing erscheint. 2005 wurde sein vierbändiges Werk *Encyclopedia of American Social Movements* von der American Library Association als herausragende Recherchequelle (Outstanding Reference Source) geehrt und von der Fachzeitschrift *Library Journal* zum besten Nachschlagewerk 2005 gewählt. Für weitere seiner Handbücher, darunter die *Encyclopedia of Third Parties in America*, erhielt er ebenfalls Preise. 2009 veröffentlichte er die 4.000 Seiten umfassende achtbändige Enzyklopädie *International Encyclopedia of Revolution and Protest: 1500 to Present.*

Dario Azzellini, Politikwissenschaftler und Soziologe, ist wissenschaftlicher Mitarbeiter der Johannes-Kepler-Universität Linz sowie Dokumentarfilmer und Autor. Er ist seit über 20 Jahren regelmäßig in Lateinamerika. Azzellini ist Dr. der Politikwissenschaft und promoviert in Soziologie (Benemérita Universidad Autónoma de Puebla, BUAP, Mexico). Die Schwerpunkte seiner Forschung liegen in popularen und revolutionären Bewegungen, Selbstverwaltung und Arbeiterkontrolle, Privatisierung militärischer Dienste, Migration und Rassismus, Italien und Lateinamerika. Zu diesen Themen hat er zahlreiche Bücher, Aufsätze und Filme veröffentlicht. Kürzlich veröffentlichte er *Partizipation, Arbeiterkontrolle und die Commune* (VSA, 2010) sowie *Occupying Language* (Occupied Media Pamphlet, 2012) und *They Can't Represent Us! Reinventing Democracy from Greece to Occupy* (Verso, 2013) mit Marina Sitrin und den Dokumentarfilm *Comuna im Aufbau* (good movies, 2011) mit Oliver Ressler. Azzellini wirkte als Herausgeber für Lateinamerika, spanische Karibik und Neue Linke in Italien an der *International Encyclopedia of Revolution and Protest: 1500 to Present* mit. Derzeit gehört er den Herausgeberkreisen der Vierteljahreszeitschriften *WorkingUSA: The Journal of Labor and Society* und *Cuadernos de Marte* (kriegssoziologische Publikation der Universität Buenos Aires) und der Webseite www.workerscontrol.net an.

Dario Azzellini/Immanuel Ness (Hrsg.)

»Die endlich entdeckte politische Form«

Fabrikräte und Selbstverwaltung
von der Russischen Revolution bis heute

ISP · Köln

Die Erstausgabe ist 2011 unter dem Titel *Ours to Master and to Own. Workers Control from the Commune to the Present* bei Haymarket Books, Chicago, Illinois, erschienen.

Covermotiv: Plakat aus Frankreich, Mai 1968, ISP-Archiv.

Herausgeber und Verlag danken der Rosa-Luxemburg-Stiftung (Berlin), der Stiftung Menschenwürde und Arbeitswelt (Berlin), der Aktion Selbstbesteuerung e.V. (Stuttgart) und dem Verein zur Förderung emanzipatorischer Literatur e.V. (Frankfurt/M.) für ihre Unterstützung.

Bibliografische Information der Deutschen Bibliothek
Die Deutsche Bibliothek verzeichnet diese Publikation in der Deutschen Nationalbibliografie; detaillierte bibliografische Daten sind im Internet über <http://dnb.ddb.de> abrufbar.
ISBN 978-3-89900-138-9

ISP

Neuer ISP Verlag GmbH Köln/Karlsruhe
Belfortstraße 7, D-76133 Karlsruhe
e-mail: Neuer.ISP.Verlag@t-online.de
Internet: www.neuerispverlag.de

Der Neue ISP Verlag ist Mitglied der Assoziation Linker Verlage (aLiVe).

Deutsche Erstausgabe
1. Auflage, Dezember 2012

Satz: Neuer ISP Verlag GmbH
Umschlaggestaltung: Druckcooperative, Karlsruhe
Gesamtherstellung: Difo-Druck GmbH, Bamberg

1 2 3 4 5 – 16 15 14 13 12

Inhalt

Danksagung 7
Einleitung 9

Teil I: Arbeiterräte: Historischer Überblick und theoretische Debatte

1. Arbeiterkontrolle und Revolution 20
Victor Wallis
2. Arbeiterräte in Europa – Ein Jahrhundert Erfahrung 46
Donny Gluckstein
3. Der Rote Maulwurf: Arbeiterräte als Mittel revolutionärer Transformation ... 66
Sheila Cohen
4. »Die endlich entdeckte politische Form«. Die Arbeiterräte gegen den kapitalistischen Staat 90
Alberto R. Bonnet

Teil II: Arbeiterräte und Selbstverwaltung im Verlauf von Revolutionen: Das frühe 20. Jahrhundert

5. Räteaktivisten in der Novemberrevolution – Richard Müller und die Revolutionären Obleute 112
Ralf Hoffrogge
6. Die Bewegung der Fabrikkomitees in der Russischen Revolution 129
David Mandel
7. Fabrikräte in Turin 1919/1920: »Die einzigen und authentischen gesellschaftlichen Vertreter der proletarischen Klasse« 165
Pietro Di Paola
8. Arbeiterdemokratie in der spanischen Revolution 1936/1937 187
Andy Durgan

Teil III: Arbeiterkontrolle im Staatssozialismus

9. Jugoslawien: Arbeiterselbstverwaltung als staatliches Prinzip 216
Goran Musić
10. »Gebt uns unsere Fabriken zurück!« Polen 1944-1981: zwischen Widerstand gegen Ausbeutung und dem Kampf um Arbeitermacht 239
Zbigniew Marcin Kowalewski

Teil IV: Antikolonialer Kampf, demokratische Revolution und Arbeiterkontrolle

11. Indonesien: Arbeiterkontrolle in Java1945/1946 262
Jafar Suryomenggolo

12. Algerien: Von der Arbeiterselbstverwaltung zur staatsbürokratischen Lenkung 284
Samuel J. Southgate
13. Argentinien: Arbeiterkontrolle in Mendoza 1973 308
Gabriela Scodeller
14. Arbeiterräte in Portugal 1974/1975 327
Peter Robinson

Teil V: Arbeiterkontrolle gegen kapitalistische Restrukturierung im 20. Jahrhundert
15. Großbritannien: Arbeiterkontrolle und die Politik der Fabrikbesetzung in den 1970er Jahren 352
Alan Tuckman
16. Direkte Aktion von Arbeitern und Fabrikkontrolle in den Vereinigten Staaten 377
Immanuel Ness
17. Arbeiterautonomie und der italienische „Heiße Herbst“: die Fabrikräte und die autonomen Arbeiterversammlungen der 1970er Jahre 403
Patrick Cuninghame
18. Rezept für Anarchie: Die Besetzung von British Columbia's Telephone 1981 424
Elaine Bernard

Teil VI: Arbeiterkontrolle 1990–2010
19. Arbeiterkontrolle in Indiens kommunistisch regiertem Bundesstaat: Arbeitskämpfe und Gewerkschaften in Westbengalen 446
Arup Kumar Sen
20. Die besetzten Fabriken in Argentinien. Wege der Arbeiterkontrolle in der Krise 458
Marina Kabat
21. Arbeiterkontrolle unter der Bolivarianischen Revolution in Venezuela 480
Dario Azzellini
22. Die Zwänge der Arbeiterkontrolle bei besetzten und selbstverwalteten brasilianischen Fabriken 503
Maurício Sardá De Faria/Henrique T. Novaes

Biographien der Autoren 527
Personenregister 535

Danksagung

Dieses Projekt entstand aus der theoretischen und empirischen Neugier darauf, ob die aufständischen Arbeiterinnen und Arbeiter weltweit, mit ihren direkten Aktionen, ihren Fabrikbesetzungen und neu gegründeten Arbeiterräten, eine transformative, die Gesellschaften verändernde Kraft entfalten können. Ihre demokratischen Kämpfe sind übergreifend und nicht reduzierbar. Sie befeuern einen Optimismus, der im herrschenden System von reguliertem Kapitalismus und staatlicher Dominanz verloren zu sein schien. Der vorliegende Band vereint die Arbeiten von Forschern und Forscherinnen, die die sich vermehrenden Formen von Arbeiterautonomie in der heutigen Zeit dokumentieren und zugleich die nach wie vor bestehenden Schwierigkeiten aufzeigen wollen, etwa die Zersplitterung der Arbeiterschaft oder Repression am Arbeitsplatz und in den Communities. Dieses Projekt versteht sich als Tribut an das Wiederaufleben einer Militanz der Arbeiterkämpfe, die über den institutionellen Rahmen hinausweist.

Wir danken zuerst und vor allem all denen, die zu dieser Arbeit beigetragen haben, indem sie Autorinnen und Autoren vorgeschlagen oder Beiträge verfasst oder übersetzt haben. Und wir danken einer langen Reihe von Forschern und Organisationen, die unser Denken inspiriert haben, die dieses kritische Forschungsfeld erfasst haben und die Forschung zu Arbeiterwiderstand, Arbeiterautonomie und direkten Aktionen unterstützen und vorantreiben.

Wir sind den vielen Wissenschaftlerinnen und Wissenschaftlern, Aktivistinnen und Aktivisten und Studierenden verpflichtet, die uns dabei geholfen haben, unser Wissen und unser Verständnis zu verbreitern und zu formen: Au Loong Yu, Maurizio Atzeni, Debdas Banerjee, Padmini Biswas, Joshua Board, Verity Burgmann, Peter Bratsis, Sebastian Budgen, Pedro Cazes Camarero, Carol Delgado, Consuelo Duerto, Ethan Earle, Steve Early, Rafael Enciso, Bill Fletcher Jr., Thomas Geisler, Ruthie Gilmore, Harris Freeman, Bernd Gehrke, David Harvey, Shawn Hattingh, Camila Piñeiro Harnecker, Rowan Jímenez,

Alex Julca, Boris Kanzleiter, Tamas Krausz, Gregor Kritidis, Carlos Lanz, Michael Lebowitz, Marc Liam, Staughton Lynd, Jamie McCallum, Stacy Warner Maddern, Julian Massaldi, Ichiyo Moto, Premilla Nadesen, Andrew Newman, Silvina Pastucci, Stalin Pérez, Frances Fox Piven, Coen Hussein Pontoh, James Gray Pope, Luis Primo, Peter Ranis, Adriana Rivas, Alcides Rivero, Diego Rozengardt, Pierre Rousset, Gigi Roggero, Sari Safitri, Guillermina Seri, Vittorio Sergi, Jeff Shantz, Gregg Shottwell, Heather Squire, Russell Smith, Lars Stubbe, Hirohiko Takasu, Jerry Tucker, Lucien van der Walt und Young-su Won. Besonders danken wir den Arbeiterinnen und Arbeitern, die sich an Besetzungen und Selbstverwaltungen beteiligt haben und uns für Interviews zur Verfügung standen.

Wir danken folgenden Organisationen und Institutionen für die erhaltene finanzielle Unterstützung: Stiftung Menschenwürde und Arbeitswelt (Berlin), Aktion Selbstbesteuerung e.V. (Stuttgart), Solifonds der Hans-Böckler-Stiftung (Düsseldorf), Rosa-Luxemburg-Stiftung (Berlin) und „Professional Staff Congress and Research Foundation" der New Yorker City University. Wir danken auch der Loughborough University, die das „Workers and Researchers Forum on Self-Management and Alternative Forms of Work Organisations", das im Oktober 2009 stattfand, organisiert und finanziert hat, sowie dem „Center for Place Culture of Politics" der New Yorker City University. Außerdem geht unser Dank an das „Graduate Center for Worker Education" des Brooklyn College an der New Yorker City University für die logistische Unterstützung. Zu großem Dank sind wir Caroline Luft verpflichtet, die das englische Manuskript redigiert hat und uns wertvolle Kommentare und Vorschläge lieferte. Wir danken Anthony Arnove, Julie Fain und dem Redaktionskollektiv von Haymarket Press für die Unterstützung. Sie haben die grundlegende Bedeutung dieses Buches erkannt und verstanden, dass es eine Vielzahl unterschiedlicher Menschen aus Forschung und Aktivismus aus aller Welt braucht, um die Geschichte der Arbeiterautonomie zu begleiten. Gleiches gilt für den Neuer ISP Verlag, dem wir ebenso danken für seine wertvolle Unterstützung durch zahlreiche Übersetzungen und ein intensives Lektorat der Beiträge.

Immanuel Ness, New York
Dario Azzellini, Caracas
20. September 2011

Übersetzung aus dem Englischen: Neelke Wagner

Einleitung

Immanuel Ness und Dario Azzellini

In den vergangenen hundert Jahren haben Arbeiterinnen und Arbeiter Fabriken und Betriebe besetzt; Arbeiterräte und selbstverwaltete Unternehmen in fast allen Weltregionen gegründet. Unter allen möglichen Regierungssystemen und Machtverhältnissen haben Arbeiter für Mitbestimmung in den Betrieben gekämpft, in denen sie arbeiten. Sie haben sich bemüht, Formen der Mit- und Selbstverwaltung oder der Arbeiterkontrolle zu entwickeln. Sie haben Genossenschaften und Räte gegründet und damit ihre historischen und materiellen Interessen unmittelbar ausgedrückt und manifestiert. Ohne selbst um frühere Erfahrungen mit Rätestrukturen zu wissen, schienen die einfachen Arbeiterinnen und Arbeiter in vielen Fällen die kollektive Verwaltung in Räteversammlungen für die am nächsten liegende Lösung zu halten. Unterstützer solcher Kämpfe haben früher wie heute auf die emanzipatorische Kraft autonomer Verwaltungsformen hingewiesen, die die Entfremdung und die autoritäre Kontrolle, die in kapitalistischen Arbeitsverhältnissen herrscht, durch demokratische Praxis überwinden können. Karl Marx betonte in seiner Analyse der Pariser Kommune, die er in *Der Bürgerkrieg in Frankreich* vornimmt, die Kommune sei „wesentlich eine Regierung der Arbeiterklasse, das Resultat des Kampfs der hervorbringenden gegen die aneignende Klasse, die endlich entdeckte politische Form, unter der die ökonomische Befreiung der Arbeit sich vollziehen konnte".

Die Kapitel dieses Buches dokumentieren Erfahrungen mit Arbeiterkontrolle und beleuchten die Praktiken und Intentionen von historischen und aktuellen Arbeiterbewegungen, die bisher weitgehend im Dunkeln lagen. Die Gewerkschaften, die in der ersten Hälfte des 20. Jahrhunderts gegründet wurden und innerhalb der staatlichen Strukturen agieren, beanspruchen ein Monopol auf die Geschichte der Arbeiterbewegungen. Sie hatten kein Interesse daran, an unabhängige Arbeiterkämpfe zu erinnern und sie zu fördern, da deren bloße Existenz die traditionellen gewerkschaftlichen Strukturen und ihre gesellschaftliche Rolle in Frage stellt. Die meisten linken sozialistischen und kommunistischen Parteien haben Arbeiterkontrolle ebenfalls nicht unterstützt, da diese der zentralen Rolle widersprach, die die Parteien für sich beanspruchen. Somit sind viele der kreativen und konstruktiven Praktiken partizipativer Demokratie, mit denen Arbeiter zu allen Zeiten versucht haben, ihre Arbeitsplätze zu sichern und ihre Communities zu konsolidieren, aus dem historischen Gedächtnis verschwunden. Wir möchten diese emanzipatorischen Momente in der Geschichte der Arbeiterbewegungen beleuchten und damit die wichtigen Kämpfe von Belegschaften gegen autokratische und ungerechte Kommandostrukturen und gegen die Kontrolle durch Kapital, Wirtschaft und traditionelle Gewerkschaften ebenso wie durch innerparteiliche oder staatliche Bürokratie wieder ins Bewusstsein rufen.

Im Laufe des vergangenen Jahrhunderts haben verschiedene Beispiele von Arbeiterkontrolle die Vorstellungen von Aktivistinnen und Aktivisten befeuert und neue Möglichkeiten für die demokratische Organisation von Arbeitsplätzen und Gemeinden, aber auch für echte Reformen innerhalb von Gewerkschaften eröffnet. Die Organisierung von Arbeiterinnen und Arbeitern der Basis und ihrer Netzwerke außerhalb der etablierten Gewerkschaftsstrukturen war häufig eine Voraussetzung für die wachsende Bedeutung von Arbeiterkontrolle. In manchen Fällen wurden die herrschenden Aushandlungsmechanismen einfach durch spontane autonome Aktionen der Arbeiterschaft über den Haufen geworfen. Dieses Buch reflektiert kritisch die Möglichkeiten und Probleme der Versuche, Arbeiterräte und andere Strukturen der Selbstverwaltung aufzubauen.

Praktisch alle historischen Erfahrungen mit Arbeiterkontrolle, vor allem Arbeiterräte, sind unvermeidlich mit politischen Parteien, Gewerkschaften und staatlichen Bürokratien kollidiert – im Zuge der bolschewistischen Revolution in Russland, in Italien in den siebziger Jahren, in Polen in den achtziger Jahren, Indien in den neunziger Jahren und Argentinien heute. Die dominante radikale Linke sah die Arbeiterkontrolle typischerweise als Erscheinung des Übergangs zum Sozialismus an, die die Macht der Bourgeoisie und des kapitalistisch dominierten Staates auf die Probe stellte. Arbeiterräte sind in dieser Perspektive lediglich eine temporäre Struktur, die nur so lange Bestand haben muss, bis die „wirkliche" Macht erobert worden ist, was üblicherweise über die Konsolidierung einer revolutionären Partei oder eines „revolutionären Staates" geschieht. Immerhin hat eine Minderheit, die sich in Marx' Schriften zur Pariser Kommune, im Rätekommunismus, Trotzkismus, Anarchosyndikalismus, dem italienischen Operaismus und anderen „häretischen" linken Strömungen wiederspiegelt, Arbeiterkontrolle und Arbeiterräte stets als Basis einer selbstbestimmten sozialistischen Gesellschaft definiert.

Historische und geografische Schauplätze von Arbeiterkontrolle

Zumeist werden Arbeiterräte als gelähmt von weitreichenden Schwierigkeiten und verstrickt in akute institutionelle Probleme dargestellt. Doch war der Aufbau einer demokratischen Arbeitsorganisation oftmals eine echte Herausforderung. Häufig haben Staats- und Parteiverantwortliche diese Dilemmata verursacht; in anderen Fällen hatten die Belegschaften Schwierigkeiten damit, ihre Unternehmen selbst zu verwalten und gleichzeitig innerhalb der herrschenden kapitalistischen Kultur zu agieren. Der Kontakt mit verschiedenen Bereichen der kapitalistischen Gesellschaft blieb unvermeidlich; und die Versuchung für arbeiterkontrollierte Produktion, sich auf einem kapitalistischen Spielfeld behaupten zu wollen oder der Zwang es zu müssen, führte ebenfalls zu Komplikationen und Widersprüchen für die Arbeiterräte.

In der Vielfalt der Erfahrungen aus dem vergangenen Jahrhundert können wir beobachten, dass Arbeiterautonomie in der Regel aus einer Krise des Kapitalismus hervorgeht – sei diese Krise politisch, wirtschaftlich, oder beides. Diese zeitliche und materielle Verortung der Arbeiterkontrolle in der Krise trägt zu verschiedenen ihrer Probleme bei. In der jüngeren Vergangenheit, in einem Kontext ohne direkten revolutionären Umsturz eines kapitalistischen Regimes, lag eine zentrale Herausforderung oft darin, dass die eroberten Fabriken nur über veraltete Produktionsmittel verfügten oder unnütze Produkte herstellten. Häufig waren die Absatzmärkte faktisch zusammengebrochen, so dass die kapitalistischen Unternehmer gar kein Interesse daran hatten, die zur Schließung vorgesehenen Fabriken weiter zu betreiben – auch wenn sie gleichzeitig Ansätze der Arbeiterselbstverwaltung zu torpedieren versuchten. Das Problem obsoleter Technologie und versagender Märkte zeigt sich besonders stark im heutigen Lateinamerika und zunehmend auch im globalen Norden. Sogar in Zeiten kapitalistischer Krisen besteht die Hauptschwierigkeit darin, dass auch ein arbeitergeführtes Unternehmen auf dem kapitalistischen Markt mit einheimischen und internationalen Firmen konkurrieren muss. Innerhalb eines wettbewerblichen Systems die kapitalistische Logik zu überwinden und demokratisch verfasste Arbeitsbedingungen sowie adäquate Löhne zu zahlen, hat sich als schwer durchführbar bis unmöglich erwiesen.

Dieser Band vereint führende Forscherinnen und Forscher aus Geschichte und Sozialwissenschaften, die Arbeiterkontrolle, Fabrikbesetzungen und arbeitergeführte sozialistische Transformationen studiert haben. Von den Ursprüngen der industriellen Revolution bis hin zur heutigen neoliberalen Ära wurden Arbeiterräte als ein handfestes Mittel erkannt, um sowohl die radikalen und demokratischen Impulse der Arbeiterklasse auszudrücken als auch der herrschenden Klasse Macht abzutrotzen durch eine Organisierung, die auf Solidarität und direktem Widerstand beruht.

Wir wollen mit diesem Buch einen Beitrag dazu leisten, das akademische Wissen über Arbeiterselbstverwaltung zu erweitern, indem wir Beiträge präsentieren, die teilweise mit der Hilfe von Arbeiterinnen und Arbeitern sowie Aktivistinnen und Aktivisten entstanden und in historischer Erfahrung verwurzelt sind. Wir haben möglichst auf Fachsprache verzichtet, damit die Artikel auch für die Menschen lesbar bleiben, für die und mit denen sie entstanden sind. Das vorliegende Buch soll in möglichst viele Sprachen übersetzt werden und auf diese Weise das doppelte Ziel erreichen, dass wir uns gesetzt haben: sowohl in der Arbeitswelt als auch in den Wissenschaften weltweit das Wissen um die historische Bedeutung und Notwendigkeit von Arbeiterräten zu verbreiten und zu vertiefen. Wir haben zusätzlich gemeinsam mit einigen Mitstreitern die mehrsprachige Internetseite www.workerscontrol.net ins Leben gerufen, die zu einer zentralen Informationsquelle und zu einem Archiv für Forschungen und Diskussionen rund um das Thema Arbeiterkontrolle ausgebaut werden soll. Wir hoffen, die Plattform wird die Debatten befeuern und zu neuen Versuchen ermuntern.

Die letzte Sammlung von Texten, die unterschiedliche Erfahrungen mit Arbeiterkontrolle behandeln, stammt aus dem Jahr 1971 und wurde unter dem Titel *Arbeiterkontrolle, Arbeiterräte, Arbeiterselbstverwaltung* von Ernest Mandel herausgegeben. Das Erbe der Arbeiterkontrolle hat besonders in der aktuellen globalen Wirtschaftskrise an Bedeutung gewonnen. Wir haben eine weite Auswahl an internationalen Beispielen zusammengetragen, um einerseits zu zeigen, dass Arbeiterkontrolle und sozialistische Demokratie möglich sind – wie es die Kapitel dieses Buches nahelegen – und andererseits zu verdeutlichen, wie beide Konzepte dabei helfen können, die menschliche Tragödie zu überwinden, die durch das gewaltsame kapitalistische Profitstreben und die Produktivitätssteigerung mittels Ausbeutung der Armen und der Arbeiterklasse hervorgerufen wird.

Diese Sammlung von historisch wichtigen Aufsätzen wird für einen Studierende in Johannesburg, Sydney oder Manila ebenso nützlich sein wie für ArbeiterInnen in Caracas, Chicago, Glasgow oder Warschau, die ihre Fabriken übernehmen oder besetzen. Die hier versammelten Aufsätze verdeutlichen die Bandbreite der möglichen Modelle und Erfahrungen der Arbeiterkontrolle in Fabriken und in anderen Unternehmen und illustrieren die vielfältigen Kämpfe von Arbeiterinnen und Arbeitern, mit denen diese ihre Ziele zu erreichen suchen – in kapitalistischen wie in nicht-kapitalistischen Systemen.

Die vorliegenden Fallstudien enthalten internationale, kulturelle, nationale und regionale Untersuchungen von Erfahrungen mit Arbeiterkontrolle weltweit. Länder des globalen Nordens wie des Südens sind hier vertreten: Russland, Deutschland, Italien, Spanien, die USA, Großbritannien, Indonesien, Polen, Portugal, Indien, Algerien, Kanada, Argentinien, Brasilien und Venezuela. Manche Kapitel enthalten theoretische oder philosophische Betrachtungen. Der erste Teil des Buches gibt einen historischen Überblick über Arbeiterkontrolle und die theoretischen Debatten zu dem Thema. Teil Zwei beschäftigt sich mit den Erfahrungen von Arbeiterräten und Selbstverwaltung während der Revolutionen im frühen 20. Jahrhundert. Im dritten Teil werden Beispiele für Arbeiterkontrolle im Staatssozialismus vorgestellt, und im vierten Teil geht es um weniger bekannte Fälle von Arbeiterkontrolle während antikolonialer Kämpfe und demokratischer Revolutionen. Teil Fünf widmet sich den Fabrikübernahmen durch die Belegschaften während der kapitalistischen Restrukturierung seit Ende der sechziger bis zu den achtziger Jahren des vorigen Jahrhunderts. Der sechste Teil untersucht Arbeiterkontrolle in der heutigen Zeit.

Wir haben dieses Buch ganz bewusst als Sammlung konzipiert, die mehrere Epochen überspannt, aber keinesfalls Vollständigkeit beansprucht. Einige bekannte und weniger bekannte Beispiele fehlen, etwa Ungarn 1919 und 1956, China in den 1920er Jahren, Japan nach dem Zweiten Weltkrieg, Bolivien in den 1950er Jahren, die Tschechoslowakei 1968, Frankreich und die Schweiz 1968 bis 1974, Chile unter Allende, der Cordobazo-Aufstand in Argentinien, Brasilien vom Ende der 1960er bis in die 1970er Jahre und einige mehr. Doch muss dieser Band nicht unser einziges Buch über Arbeiterkontrolle bleiben. Wir halten das Interesse an diesem Thema für groß genug, um an einem zweiten Band zu arbeiten, der die Erfahrungen der Arbeiterkontrolle in einer Reihe von historischen und geografischen Kontexten behandelt.

Gegen Kapital, Staat und Bürokratie

Wir wollen klar unterscheiden zwischen Arbeiterräten, die direkt die kapitalistische Hegemonie in Frage stellen, und Genossenschaften, die innerhalb der kapitalistischen Logik von Produktivität und Profit operieren. In mehreren in diesem Buch verhandelten Beispielen, besonders solchen aus der jüngeren Zeit, haben direkte Aktionen der Beschäftigten zur Besetzung von Fabriken geführt, die dann gemäß der in einer kapitalistischen Gesellschaft verfügbaren Rechtsformen in Genossenschaften umgewandelt wurden. Die Arbeiter fordern weiterhin mehr Demokratie und wirtschaftliche wie politische Emanzipation, doch die hegemonialen Apparate des nationalen wie transnationalen Kapitals bestimmen nach wie vor, wie weit sie dabei gehen können.

Selbst wenn die Arbeiterinnen und Arbeiter eine grundlegende Einheit der demokratischen Kontrolle darstellen, haben sie deshalb mehr Rechte, über die Produktionsprozesse zu entscheiden als die Verbraucher oder andere Mitglieder der Gesellschaft? Besteht nicht ein potentieller Widerspruch darin, ihnen eine Vormachtstellung gegenüber anderen Teilen der Gesellschaft einzuräumen? Verhalten sich Arbeiterinnen und Arbeiter als Eigner der Produktionsmittel anders als Kapitalisten? Als Unternehmenseigner haben sie oftmals die kapitalistische Logik übernommen oder die Entscheidungen komplett an Manager abgegeben. Innerhalb einer kapitalistischen Umgebung operieren zu müssen, stellt nicht wenige von Beschäftigten geführte Kooperativen vor ein Dilemma. Als eine Konsequenz daraus haben in den vergangenen Jahrzehnten neue Vorschläge für den Aufbau einer wirklich demokratischen Gesellschaft der Arbeiterkontrolle über die Produktionsmittel Vorschub geleistet. Bisher unterdrückte Teile der Gesellschaft wurden in zentrale Entscheidungsprozesse einbezogen und integriert.

In Bezug auf die transformative Kraft von Arbeiterselbstverwaltung eröffnen sich neue Diskussionsräume für Sozialistinnen und Sozialisten. So müssen die Arbeiterinnen und Arbeiter nicht nur Fragen der Kontrolle und des Eigentums klären, sondern auch darüber verhandeln, was eigentlich produziert werden soll und wie eine Produktion für gesellschaftlichen Nutzen statt für den privaten Profit gelingen kann. Wie verhält sich zum Bespiel die Belegschaft einer Landminen produzierenden französischen Firma und oder eines brasilianischen Betriebes, der umweltschädliche Pestizide herstellt, die zudem der lokalen Community schaden? Ein weniger offensichtliches oder eher kontrovers diskutiertes Feld ist die Produktion von Autos für den Individualverkehr, denn das Ende dieser Art der Fortbewegung scheint wegen der ökologischen und energiepolitischen Probleme absehbar.

Fabrikbesetzungen und darauf folgende Arbeiterselbstverwaltung in Industriezweigen, die zur Umweltzerstörung beitragen (wie etwa Automobil- und ihre Zulieferindustrien, Chemie-, Elektronik-, Energie-, Lebensmittel-, Tierzucht- und Möbelindustrien, Militärbedarf und Waffenproduktion) müssen sich damit auseinandersetzen, ob und wie ihre Produkte der Gemeinschaft und der Umwelt schaden oder nutzen können. Viele dieser Erzeugnisse sind für Ungleichheit und Armut mit verantwortlich. Das ist ein ungelöstes Problem, vor dem viele Belegschaften stehen, die ihren Betrieb übernehmen wollen: Wie kann ein Unternehmen umgewandelt werden, das zwar einen Mehrwert erwirtschaftet, jedoch nichts zur Gesundheit und Sicherheit der Nachbargemeinden und der Gesamtgesellschaft beiträgt?

Dazu kommt, dass die Kontrolle der Unternehmen nicht alle Probleme löst. Selbstverwaltung macht Auseinandersetzungen darüber notwendig, wie die Arbeitsprozesse zum Wohle aller organisiert werden können. Wie die Beiträge in diesem Band zeigen, haben Belegschaften vielfach gegen beschwerliche, unsichere und ungesunde Arbeitsbedingungen protestiert, häufig ohne Unterstützung von den etablierten Gewerkschaften zu erhalten. Arbeiterkontrolle über Fabriken und andere Betriebe verlangt die Entwicklung sicherer und sozialverträglicher Arbeitsumgebungen. Die Arbeiterinnen und Arbeiter müssen nicht nur die Kontrolle über Betriebe gewinnen, sondern auch für einen demokratisch organisierten Arbeitsprozess innerhalb einer sie unterstützenden Gesellschaft sorgen können. Der Begriff „Arbeiterkontrolle" sollte dort nicht angewendet werden, wo die soziale Spaltung der Arbeit und innerbetriebliche Hierarchien nicht durch direkte Demokratie am Arbeitsplatz ersetzt werden. Doch häufig sehen selbst Regierungen, die Unterstützung für Arbeiterkontrolle zusagen, demokratische Unternehmensverwaltungen skeptisch, weil diese bürokratischen Führungsansprüchen zuwiderlaufen. Lieber setzen sie staatliche Manager ein, die sich an den Grundsätzen von Produktivität und manchmal auch Profitabilität orientieren.

Arbeiterräte – und damit die Kontrolle der Arbeiterschaft über die wirtschaftlichen Ressourcen, die für ihr Leben entscheidend sind – können eine erstaunliche Geschichte vorweisen. Sie können als eine der dramatischsten Formen radikaler Aktionen der Arbeiterklasse gegen Geschäft und Konzernherrschaft gesehen werden. Trotz der Tatsache, dass Arbeiterräte historisch gesehen nie von langer Dauer waren, bieten die Erfahrungen mit ihnen lehrreiche Einsichten in die möglichen Schwierigkeiten und Hindernisse, vor die heutige Versuche, eine Arbeiterdemokratie zu erschaffen, gestellt sind.

Direkte Aktion und Arbeiterkontrolle: Bedingungen und künftige Aussichten

Die theoretischen Wurzeln der Arbeiterkontrolle liegen im Sozialismus des späten 19. und frühen 20. Jahrhunderts, der die Arbeiterschaft selbst als die stärkste demokratische Kraft in der Gesellschaft identifizierte. Das Aufkommen von Arbeiterräten in Europa zu dieser Zeit fiel mit einer Periode von unter Arbeiterinnen und Arbeitern, wie auch Sozialistinnen und Sozialisten weit verbreitetem Optimismus zusammen. Sie wurden als Anzeichen eines teleologischen Fortschritts interpretiert, der in den Kollaps des Kapitalismus und den Aufbau einer neuen egalitären Gesellschaft münden würde. Im vorliegenden Band wird klar, wie die Arbeiteraufstände die Ansicht befeuerten, dass die Aneignung der Produktionsmittel durch die Arbeiterschaft das aufkommende Stadium des Klassenkampfes sei und einen neuen Grad der Demokratisierung und der Gleichheit nach sich ziehen könne.

In Westeuropa versuchten die Arbeiter nicht, die Staatsmacht zu übernehmen – von der kurzen Regierungszeit der Pariser Kommune einmal abgesehen. Dennoch stellten Arbeiterräte ihre stärkste Waffe dar; noch dazu eine, die von Kapitalisten und Staaten rigoros bekämpft wurde. Die bemerkenswerten Beispiele direkter Aktionen in Deutschland, Italien und Spanien, die Arbeiterinnen und Arbeiter im frühen 20. Jahrhundert durchführten, haben die kapitalistischen Gesellschaften nicht überwinden können. Doch sie haben bei einer Vielzahl sozialistischer Beobachter die Hoffnung geweckt, dass der Prozess unumkehrbar sein könnte. Wie in diesem Buch dokumentiert ist, wurde die bolschewistische Revolution durch Fabrikbesetzungen angeregt, die verdeutlichten, dass eine Mehrheit der russischen Arbeiterschaft die Revolution anfangs unterstützte. Die bolschewistische Revolution wurde von stalinistischer Unterdrückung und einem staatlichen bürokratischen System verdrängt – ein historischer Rückschritt, der durch Interventionen von außen und fortgesetzter Gegnerschaft im Innern unterstützt wurde. Ohne Zweifel spielte die bürokratische Zentralisierung einer professionellen politischen Partei eine wichtige Rolle dabei, den sozialistischen Staat zu delegitimieren.

Wie sehen die Dynamiken der Arbeiterkontrolle im neoliberalen Zeitalter aus, und wie unterscheiden sie sich von denen des Fordismus? Deutet die in den Jahren 2000 bis 2010 angewachsene Welle von direkten Aktionen auf einen nachhaltigen Umschwung hin zu Arbeiteraufständen und -aktionen, die auf einem gewachsenen Klassenbewusstsein beruhen? Sind die Aussichten der Konzerne, sich der Arbeiterselbstverwaltung widersetzen zu können, im Kontext der neoliberalen Wirtschaftskrise geschrumpft? Die Fähigkeit des Kapitalismus, auch unter Krisenbedingungen zu überleben und diese zu überdauern, stellt ebenfalls eine Hürde für die Arbeiterräte dar, da diese dazu gezwungen werden, mit privat geführten und vom weiter bestehenden kapitalistischen Staat geförderten Firmen um Marktanteile zu konkurrieren.

Selbst wenn der Staat Arbeiterräte toleriert, so zeigen die historisch orientierten Beiträge in diesem Band, neigen sowohl bürokratische als auch kapitalistische Regierungen dazu, Unternehmen zu bevorzugen, die an Profitmaximierung ausgerichtet sind. Auf diese Weise erhält das kapitalistische Profitstreben immer den Vorrang vor lokalen und gesellschaftlichen Bedürfnissen. Und nicht zuletzt sind es die Veränderungen der Arbeits- und Produktionsbedingungen der postfordistischen Ära – das Ende der großen Fabriken, in deren Hallen tagtäglich eine große Zahl von Arbeitern zusammenkommt, die wachsende Verbreitung von Outsourcing und Subcontracting –, die den klassischen Fabrikrat in vielen Arbeitsszenarien undenkbar erscheinen lassen. Nichtsdestotrotz muss die Trennung von wirtschaftlicher, sozialer und politischer Sphäre überwunden werden, will man den bürgerlichen kapitalistischen Staat hinter sich lassen. Wir sind zuversichtlich, dass Arbeiterinnen und Arbeiter und lokale Communities ihre Antworten auf diese Fragen finden und neue Formen der kollektiven Organisierung entwickeln werden, die den Herausforderungen des 21. Jahrhunderts gerecht werden. Die Geschichte hat gezeigt, dass sie dazu in der Lage sind.

Anmerkung: So weit möglich erfolgt die Verwendung geschlechtsneutraler Formen, aber auch sonst sind stets Frauen und Männer gemeint. Vor allem bei üblichen Begriffen wie z. B. Arbeiterkontrolle oder Arbeiterräte.

Immanuel Ness, New York
Dario Azzellini, Caracas
20. September 2011

Übersetzung aus dem Englischen: Neelke Wagner

Teil I
Arbeiterräte: Historischer Überblick und theoretische Debatte

1. Arbeiterkontrolle und Revolution

Victor Wallis

In den ständigen Bemühungen der Linken, langfristige Ziele und unmittelbare Praxis zu vereinen, nimmt die Idee der Arbeiterkontrolle einen besonderen Platz ein.[1] Auf der einen Seite bildet ihre allgemeine Einführung eine Grundbedingung für eine Gesellschaft ohne Staat, auf der anderen Seite kann sie teilweise manchmal bereits innerhalb der kapitalistischen Ordnung in bestimmten Betrieben eingeführt werden. In der ersten Hinsicht war die Arbeiterkontrolle immer eine der radikalsten Forderungen, untrennbar vom kommunistischen Ideal, während sie in zweiter Hinsicht als begrenzt, harmlos und einfach zu vereinnahmen erschien.

Wie kann eine einzige Forderung zugleich so schwer und so leicht zu verwirklichen, so harmlos und so explosiv im Resultat erscheinen? Der Widerspruch liegt natürlich im System, das die Forderung hervorgebracht hat. Vor dem Kapitalismus konnte es keine Forderung nach „Arbeiterkontrolle im Produktionsprozess" geben; sie war eine Selbstverständlichkeit (innerhalb der naturgegebenen Grenzen). Die Verwirklichung der Arbeiterkontrolle war nämlich offensichtlich, es handelte sich im Wesentlichen um nicht mehr als die Fähigkeit aller Menschen zu denken und zu handeln. Daher sollte es nicht verwundern, wenn die Arbeiter gelegentlich die Produktionsbetriebe übernehmen und weiter betreiben,

1 Dies ist ein überarbeiteter und aktualisierter Aufsatz, der erstmals im Newsletter *Self-Management* (Bd. VI, Nr. 1, Herbst 1978) erschien. Ich danke Stephen M. Sachs für die anfängliche Ermutigung, Dick Parker für die Recherche zu den venezolanischen Erfahrungen und George Katsiaficas für seine Kommentare während der Überarbeitung.

auch ohne über ein ausdrücklich sozialistisches Bewusstsein oder eine politische Strategie zu verfügen. Die Fähigkeiten, auf die sie sich für ihre Initiativen stützen, sind nicht so sehr neu als vielmehr lange unterdrückt worden, jedenfalls bei der Mehrheit der Bevölkerung.

Es ist die Überwindung dieser Unterdrückung, die selbst so alt wie der Kapitalismus ist, welche das explosive Moment der Arbeiterkontrolle ausmacht. Arbeiterkontrolle zielt auf mehr als nur eine neue Art, die Produktion zu organisieren; sie ist auch ein großes Freilassen menschlicher kreativer Energie. In diesem Sinne ist sie an sich revolutionär. Gleichzeitig erscheint sie aufgrund des immensen Gewichtes von dem, was überwunden werden muss, vergleichsweise weit weg von den alltäglichen Kämpfen. Als Ziel für politische Mobilisierung hat sie zwei besondere Nachteile. Erstens ist ihre Dringlichkeit nicht so groß wie bei Überlebensfragen; und zweitens wird ihre volle Verwirklichung solange ausbleiben, wie es (gegenläufige) ökonomische Kräfte gibt, die sich den Arbeitern und Arbeiterinnen entziehen, sei es innerhalb eines Landes oder außerhalb davon (Dallemagne 1976, 114). Aufgrund dieser Dimensionen wird die entschiedene Forderung nach Arbeiterkontrolle, und damit der Antrieb zur Selbstorganisation, oft als utopisch angesehen, obwohl er eigentlich etwas sehr natürliches ist.

Solch eine grundsätzliche Ablehnung ist jedoch ungerechtfertigt. Das wachsende Interesse an Arbeiterkontrolle seit den späten 1960er Jahren kann nicht allein mit ihren zeitlosen Qualitäten erklärt werden. Wie schon Marx' Kritik am Kapitalismus beruht dieses Interesse auf einer klar bestimmten historischen Situation. Die Länder, in denen extremer physischer Mangel herrscht, sind nicht länger die einzigen, in denen der Systemzusammenbruch offensichtlich wird. Auch die fortgeschrittenen kapitalistischen Regimes sind in Frage gestellt, wenn auch nicht zum ersten Mal. Das Neue an der Krise der späten 1960er war genau genommen eine Neubestimmung der Grundbedürfnisse. Die „Umwelt" besteht schließlich sowohl am als auch außerhalb des Arbeitsplatzes. Die alte Trennung von überlebenswichtigen Bedürfnissen, die mit dem Lohn gleichgesetzt werden, und anderen Bedürfnissen, wie Selbstbestimmung, Partizipation und Kontrolle, verliert zunehmend an Bedeutung. Damit verbunden ist die Tatsache, dass die Fragmentierung des kapitalistischen Produktionsprozesses in den führenden industriellen Sektoren an eine Grenze gelangt ist. Bei Verwaltung und Handel näherte man sich diesen Grenzen rasant (Bourdet, Guillerm 1975, Kap. VII). Angesichts der raschen Entwicklung der Reaktion, gibt es keinen Grund für sie, auf der Hälfte des Weges stehen zu bleiben. Auch mit dem rechten Umschwung an der chinesischen Spitze, dem internationalen Vorbild im dritten Viertel des

20. Jahrhunderts, öffnete sich neuer Raum, um auf der Linken alte Annahmen über revolutionäre Organisationen neu zu überdenken.

Trotz dieser Argumente für eine Rehabilitierung der Forderungen nach Arbeiterkontrolle kann man ihr gegenüber skeptisch bleiben. Zunächst soll daher die mögliche Bedeutung der isolierten selbstverwalteten oder kooperativen Betriebe untersucht werden. Ihr Wert als Modell ist in vieler Hinsicht beschränkt. Normalerweise sind sie klein, und sobald sie wachsen, tendieren sie zur Einführung traditioneller kapitalistischer Anreize und Verwaltungspraktiken.[2] Es ist unwahrscheinlich, dass sie sich in Schlüsselindustrien entwickeln, da die finanziellen Bedingungen für eine Eigentumsübertragung durch Verhandlungen die Möglichkeiten der Arbeiter und Arbeiterinnen übersteigen. Eine andere Möglichkeit wäre, einige der westeuropäischen Reformmodelle zu untersuchen. Diese griffen jedoch allesamt zu kurz und beschränkten sich meist auf eine bloß scheinbare Beteiligung der Arbeitenden. Einzige Ausnahme ist Schweden. Dort sind die Ergebnisse beeindruckend, auch weil die zentralen Veränderungen sich auf den Arbeitsablauf, die Flexibilität der Arbeitszeiten und auf anfängliches Mitbestimmen bei Produktionsentscheidungen erstreckten (Peterson 1977). Allerdings herrscht auch hier keine völlige Arbeiterkontrolle, und die dortigen Bedingungen stellen keine entscheidende Machtverschiebung dar.

Als dritte Alternative könnten wir diejenigen nachkapitalistischen Gesellschaften betrachten, in denen verschiedene Formen des Wahlprinzips auch auf Ebene der Fabriken eingeführt wurden. Zwei einschlägige Beispiele, China und Jugoslawien, stammen aus den späten 1970er Jahren. In beiden Ländern waren die Maßnahmen im Endeffekt begrenzt[3] und man kehrte durch entscheidende Revisionen zu früheren Praktiken zurück: marktorientiert im Falle Jugoslawiens und bürokratisch in China. Allgemein gesprochen neigten die Regime und Führungen der ersten Epoche des Sozialismus dazu, die Erfordernisse ihrer eigenen Herrschaft als Gegensatz zur Notwendigkeit demokratischer Umgestaltung des Arbeitsplatzes anzusehen. Kuba sollte mit den Maßnahmen der letzten Jahre das erste Land mit einem dezidiert sozialistischen Programm werden, das durch die schrittweise Einführung von Arbeiterkontrolle die Arbeitermacht auf Staatsebene etabliert hat.

Die kubanische Revolution stellt eine Art Brücke zwischen zwei historischen Abschnitten dar: auf der einen Seite stehen die Revolutionen und Regime, die

2 Die Entwicklung der Mondragón-Kooperativen sind in dieser Hinsicht lehrreich. Vgl. Huet 1997.

3 Zu China siehe Richman 1969, Kap. IX; zu Jugoslawien Bourdet und Guillerm 1975, vor allem S. 174.

durch imperialistische Invasionen (1914-1945) veranlasst und von einer Avantgarde-Partei geführt wurden. Die andere Phase nach 1989 ist charakterisiert durch die eine Welle von Basisbewegungen – besonders in Lateinamerika – die von Anfang an einen Schwerpunkt auf breite Massenbeteiligung legten.[4] Diese zweite Entwicklung kündigt ein neues Kapitel in der Weltgeschichte der Arbeiterkontrolle an. Bis in die jüngste Phase hinein bedeutete Mitbestimmung der Arbeitenden nur in sehr wenigen Fällen die tatsächliche Kontrolle des Unternehmens – selbst dort, wo es zu bemerkenswerten sozialen Unruhen kam. Obwohl Arbeiterkontrolle nicht ausgeschlossen war, schien es, als bedürfe sie ungewöhnlicher Bedingungen zum Erfolg.

Allerdings gibt es eine Art der Erfahrung, die alle Grenzen überschreitet – die Erfahrungen in revolutionären Zeiten. Die Arbeiterkontrolle reichte in solchen Phasen viel weiter und tiefer als in vor- und nachrevolutionären Zeiten. Denn Initiativen zur Arbeiterkontrolle kamen in all diesen Situationen auf, keinesfalls nur in dieser oder jener speziellen Krise. Wir untersuchen also ein Phänomen von großer Macht und Anziehungskraft, wie auch aus zwei weiteren Überlegungen deutlich wird. Zunächst muss die Spannweite der verschiedenen Bewegungen in unterschiedlichen Kontexten beachtet werden. Ohne ein weiteres Kriterium außer der Tiefe und der Stoßkraft der Krise anzunehmen, müsste eine Liste folgende Fälle umfassen: Russland 1917/18, Deutschland 1918/19, Ungarn 1919, Italien 1920, Spanien 1936-39, Tschechoslowakei 1945-47, Ungarn und Polen 1956, Algerien 1962-65, China 1966-69. Frankreich und Tschechoslowakei 1968, Chile 1970-73, und Portugal 1975.[5] Die zweite und entscheidende Tatsache ist, dass diese radikalen Initiativen in keinem Fall eines natürlichen Todes starben. Trotz einer Reihe natürlicher Nachteile (Unerfahrenheit, Exzesse, Missbrauch) gingen die Bewegungen nicht an ihrer Eigendynamik, sondern durch die Androhung oder den tatsächlichen Einsatz von Gewalt zugrunde.

Wenn wir daher annehmen, dass die Idee der Arbeiterkontrolle einen realisierbaren Kern enthält, müssen wir uns fragen, was all diese Erfahrungen im Hinblick auf ihre Einführung unter stabilen Bedingungen bedeuten. Zunächst soll dafür das russische Beispiel untersucht werden, danach die Beispiele, die eher

4 Zu Kubas Rolle in dieser historischen Epoche siehe Raby 2006, S. 111-131. Die historischen Voraussetzungen für Kubas eventuelle Institutionalisierung von Strukturen der Arbeiterkontrolle siehe Wallis 1985, S. 254-257.

5 Für eine umfassendere Liste der Ereignisse und die Diskussion, die sich nicht allein auf revolutionäre Momente beschränkt, siehe Bayat 1991. Einen überzeugenden Überblick über Arbeiterräte in sozialistischen Revolutionen siehe E. Mandel 1971, S. 9-55.

zu den fortgeschrittenen kapitalistischen Demokratien zu rechnen sind (Italien, Spanien, Chile). Wir wollen dabei zu Aussagen über die Möglichkeiten der Arbeiter, die Reife der Umstände und die Rolle der politischen Führung gelangen. Daran anschließend diskutieren wir neue Herangehensweisen, die sich durch die jüngeren Entwicklungen auf Kuba und in Venezuela ergeben.

Proletariat und Diktatur im revolutionären Russland

Die russische Erfahrung gibt unweigerlich den Rahmen für jede vergleichende Analyse vor. Mit ihrer Kombination aus Hoffnung und Enttäuschung kann sie sicher als prototypisch gelten. Ihre Einzigartigkeit besteht darin, dass die Oktoberrevolution trotz des großen Anteils bäuerlicher Bevölkerung die einzige Revolution war, die wesentlich von der Industriearbeiterschaft getragen wurde.[6] Zusammen mit der Eindringlichkeit von Lenins Schriften hat diese Eigenschaft dem bolschewistischen Ansatz einen historischen Einfluss auf die Diskussionen um Arbeiterkontrolle verliehen, der weit über die eigenen langfristigen Erfolge hinausging.

Tatsächlich geriet die Führung der Bolschewiki sofort bei der Übernahme der Macht im Oktober 1917 in Konflikt mit den Initiativen zur Arbeiterselbstverwaltung. Obwohl Lenin solche Initiativen vor der Revolution immer begrüßt hatte[7], war seine Haltung nach dem Oktober eindeutig: „... jede maschinelle Großindustrie – d.h. gerade die materielle, die produktive Quelle und das Fundament des Sozialismus – (erfordert) unbedingte und strengste *Einheit des Willens* (...) Wie aber kann die strengste Einheit des Willens gesichert werden? Durch die Unterordnung des Willens von Tausenden unter den Willen eines einzelnen" (Lenin 1960a, 259; Hervorhebung im Original).

Trotz der unvergleichlich großen Flut an Fabrikübernahmen im Jahr 1917 sah die bolschewistische Führung darin vor allem einen Ausdruck des Aufruhrs gegen die Bourgeoisie. Die bolschewistische Spitze behandelte sie nicht als Modell für den Übergang zum Sozialismus. Während Lenin Gehorsam einforderte, drängte er auf den Einsatz früherer Kapitalisten in zentralen Leitungspositionen. Als die Bolschewiki die Parole der Arbeiterkontrolle übernahmen, machten sie klar, dass sie „Kontrolle" in der beschränkten europäischen Bedeutung von „überprüfen" verstanden (Brinton 1970, 12). Während die Arbeit der früheren Kapitalisten tatsächlich „kontrolliert" wurde, führte Lenin niemals aus, welche

6 Zu der zentralen Bedeutung der Oktoberrevolution siehe D. Mandel 1984, insbesondere S. 260-263.

7 Zu Lenins Unterstützung der Fabrikkomitees siehe Cliff 1976, S. 244. Für den weiteren Hintergrund vgl. Carr 1952, S. 62-79.

Bereiche des Produktionsprozess die Arbeiter selbst leiten sollten. In der Praxis hieß das jedoch – wie aus seinen Ausführungen über den Taylorismus deutlich wird –, dass eine Methode, welche die Arbeitsproduktivität zum Nutzen des Kapitalisten vervierfachen konnte, dies ebenfalls zum Wohle der Arbeiterklasse tun könne.[8]

Als Folge dieser Auffassung reagierte die Sowjetregierung durchgängig mit Ablehnung auf Initiativen der Arbeiterkontrolle, auch wenn diese Ablehnung zu Fabrikschließungen führen würde (Voline 1974, 289ff.). Lenin rechtfertigte diese Position mit der Dringlichkeit der ökonomischen Erfordernisse und der Unerfahrenheit der Arbeiter (Lenin 1960b, 343). Die Möglichkeit, die alten Betriebsleiter nur als Berater einzusetzen, zog er nicht in Betracht. Stattdessen befürwortete er den Vorschlag, sie wieder mit ihrer früheren Autorität auszustatten. Zur Verteidigung dieser Haltung lässt sich anführen, dass viele Arbeiter, sobald sie der alten Fabrikdisziplin entkommen waren, ihre Handlungsfreiheit missbrauchten (Avrich 1967, 162f.); allerdings lässt der weitverbreitete Heroismus während des Bürgerkrieges die Vermutung zu, dass sie bei einer sinnvollen Gelegenheit anders gehandelt hätten. Auch wenn die Kritiker der Selbstbestimmung richtig liegen, wenn sie Koordination anmahnen, so gibt es doch keinen Grund – insbesondere in Phasen der revolutionären Mobilisierung – ein zunehmendes Vertrauen in den Basisaktivismus auszuschließen.

Worum es tatsächlich ging, war der gesamte Ansatz des Transformationsprozesses. Die Übernahme der tayloristischen Methoden war nur eine, wenngleich zentrale Komponente in Lenins übergreifender Sicht auf die russische Wirtschaft. Sie bedurfte seiner Meinung nach noch immer der vollen Entwicklung des kapitalistischen Produktionsprozesses, wenngleich unter der Leitung der Arbeiterklasse. Lenin bezeichnete diese widersprüchliche Entwicklungsstufe als „Staatskapitalismus", den er für eine notwendige Voraussetzung des Sozialismus hielt (Lenin 1960b, 332f.). Im Kern bedeutete dies eine kontinuierliche Steigerung der wirtschaftlichen Konzentration. Für Lenin waren die Gegner dieses Prozesses Kleinbürger, auch wenn die damit verbundene Rationalisierung von den Arbeitern selbst abgelehnt wurde. In seiner Schrift *Über „linke" Kinderei und über Kleinbürgerlichkeit* verurteilte er diesen Widerstand, weil er die Arbeiterselbstverwaltung nicht nur für verfrüht, sondern sogar für kontraproduktiv innerhalb der Gesamtstrategie hielt, mit der Sozialismus durch den Staatskapitalismus erreicht werden sollte. Seine Position drückte er eindringlich aus: „(es) ist

8 Lenin 1961 [1914], S. 147. Lenins Kritik am Taylorismus bezog sich eher auf die Allokationsprobleme von Arbeit und Produkt und nicht auf die Art und Weise der Arbeit. Für eine breitere Diskussion der Alternativen siehe Sirianni 1982, S. 256-260.

(…) unsere Aufgabe, vom Staatskapitalismus der Deutschen zu lernen, ihn *mit aller Kraft* zu übernehmen, keine *diktatorischen* Methoden zu scheuen, um diese Übernahme noch stärker zu beschleunigen“ (Lenin 1960b, 333).

Wenn die Arbeiter aber so schlecht für die Selbstverwaltung geeignet sind, wie kann ihre Partei dann ihre Übernahme der Staatsgewalt legitimieren? Lenin nimmt in der gleichen Schrift zur Frage der Frühreife auf allgemeiner Ebene Stellung, indem er überzeugend gegen eine Art von Purismus argumentiert, die stets eine gleichmäßige Entwicklung aller Kräfte verlangt, bevor ein Schritt vorwärts getan werden kann (Lenin 1960b, 338f.). Dieser wirklich dialektischen Antwort steht jedoch seine undialektische Begeisterung für den Staatskapitalismus gegenüber. Konnte der zweite Ansatz die Arbeiterselbstverwaltung abwürgen, wie er es auch tatsächlich tat, so zielte der dialektische Ansatz mit seiner Anerkennung der Entwicklung der Fähigkeiten bei zunehmender Verantwortung genau in die entgegengesetzte Richtung. Wenn die Arbeiter (durch ihre Parteien) schon reif für die Übernahme der Staatsmacht waren, wieso waren sie dann nicht reif, die Produktionsverhältnisse zu verändern?[9]

Es geht hier nicht darum, Lenin einen „Fehler“ nachzuweisen. Seine Priorität lag in der Bekämpfung der Konterrevolution, und dabei war er erfolgreich. Doch die Frage, ob seine Herangehensweise die einzig mögliche war, bleibt unbeantwortet. Zweierlei ist aber sicher: erstens wurde die ursprünglich zeitlich begrenzte Einschränkung der Arbeiterinitiativen nie zurückgenommen (Holubenko 1975, 23) und zweitens wurden die ökonomischen Annahmen, die sie scheinbar rechtfertigten, nicht allein von Lenin vertreten, sondern waren allgemein verbreitet – auch unter Marxisten. Diese Annahmen waren kurz zusammengefasst folgende: 1. Wachstum ist gut; 2. Resultate sind wichtiger als Prozesse; 3. Kapitalisten erreichen Resultate. Verbunden damit war Lenin von der Neutralität der kapitalistischen Managementtechniken, insbesondere des Taylorismus, überzeugt. Daraus zog er implizit den Schluss, die Kommunisten könnten das kapitalistische Geschäft betreiben, ohne sich dabei die Hände schmutzig zu machen.

Die Ironie des Ganzen ist, dass Lenins Ansatz vielleicht notwendig war, um die unmittelbare Konterrevolution zu verhindern, aber auf lange Sicht unzweifelhaft die Wiederherstellung traditioneller hierarchischer Unternehmensführung beförderte. Die negative Lektion aus dem sowjetischen Experiment ist damit klar: Die sozialistische Revolution führt nicht automatisch zur Einführung der

9 Für Zeugnisse aus erster Hand über den Einsatz der Arbeitenden in dieser Frage, basierend auf neu erschlossenem Archivmaterial, vgl. Murphy 2005, S. 63-74.

Arbeiterkontrolle, wenn die geeigneten Maßnahmen dazu nicht während des gesamten revolutionären Prozesses zur Anwendung kommen. Was die russischen Arbeiter und Arbeiterinnen 1917 erreicht haben, zeigte die Möglichkeit der Arbeiterkontrolle in bislang unbekanntem Ausmaß. Wenn ihre Bemühungen scheiterten, war das kein Ausdruck der Mangelhaftigkeit des angestrebten Ziels, sondern der ungünstigen historischen Umstände des russischen Falles.

Diese fraglichen Umstände waren alle mit Russlands Rolle als Schrittmacher der Revolution verbunden. Wie schon angemerkt, wurden die Produktionsergebnisse des Kapitalismus überwiegend nicht hinterfragt. Zweitens erforderte die ökonomische Rückständigkeit, die die russische Gesellschaft so explosiv machte, von jeder revolutionären Regierung eine schwerpunktmäßige Förderung des Wirtschaftswachstums. Drittens handelten die Arbeiter unter einer Reihe spezifischer Nachteile – der entscheidende war der Mangel an ausreichender Erfahrung und Organisation zur erfolgreichen Koordination der unternehmerischen Selbstverwaltungsinitiativen. Schließlich forderte der Bürgerkrieg als von außen unterstützte Konterrevolution einen riesigen Einsatz der entschlossensten Arbeiter an der Front. Allein aus Moskau brachen im April 1918 200.000 Personen auf (Murphy 2005, 65f.). Diejenigen, die überhaupt zurückkehrten, hatten ihren Augenblick kollektiver Stärke verpasst.

Drei Fälle der Politik revolutionärer Arbeiterkontrolle

Beim russischen Experiment war der antikapitalistische Kampf dem Erfolg am nächsten, obwohl es das erste seiner Art war. Trotzdem haben wir gesehen, wie weit es von einem umfassenden Sieg entfernt blieb. Die Kapitalisten waren politisch und militärisch besiegt, aber ihre Vorstellungen der Hierarchie am Arbeitsplatz überlebten. Die nachfolgenden Entwicklungen in Italien, Spanien und Chile zeigen fast das genaue Gegenteil. In allen drei Fällen behielten die Kapitalisten ihre Stellung in extremster und brutalster Form, dem Faschismus. Aber die Arbeiter machten in jedem Fall erstmals enorme Forschritte, welche die Bedeutung der Arbeiterkontrolle in gegenwärtigen und zukünftigen Revolutionen aufzeigen.

Italien 1920

Die italienischen Fabrikbesetzungen im September 1920 waren in mancherlei Hinsicht beschränkter als ihr Gegenstück andernorts. Sie dauerten weniger als einen Monat, während dessen die bürgerliche Regierung an der Macht blieb. Ihr unmittelbarer Rückzug gründete auf einem Kompromiss. Allerdings bestand auf beiden Seiten kein Zweifel daran, dass sowohl die Klassen- als auch die Staatsmacht auf dem Spiel standen (Spriano 1975, 105, 135). Es war der erste Fall von Fabrikbesetzungen in einer kapitalistischen Demokratie. Er verbreitete die Idee, dass die Arbeiter eine Revolution nicht nur durch die Unterbrechung (Generalstreik), sondern gleich durch eine Übernahme der Produktion erreichen könnten. Die kurzfristigen Möglichkeiten dieser Episode blieben beschränkt, einerseits weil es den Arbeitern an einer Strategie fehlte, wie sie über die Fabrikübernahmen hätten hinausgehen können, andererseits aufgrund der zögerlichen Geduld, mit der die Kapitalistenklasse die Ereignisse aussaß. Die Übernahmen waren das Resultat einer spontanen Entscheidung. Obwohl sie den Höhepunkt von über zwölfmonatigen dramatischen Fortschritten der Arbeiter – einschließlich des Wahlerfolgs der Sozialisten als Partei mit den meisten Stimmen – darstellten, war der unmittelbare Anlass für die Besetzungen eine Aussperrung (ebd. 57). Die Einheit der direkten Antwort der Arbeiter wurde nicht von Gründlichkeit oder Konsens in der vorherigen Planung begleitet. Was die Kapitalisten betraf, wurde ihre Geduld nicht nur durch ihren Unwillen, die Fabriken zu zerstören, hervorgerufen; zwei weitere zufällige Faktoren spielten eine Rolle: erstens die zyklische Abnahme der Nachfrage nach ihren Produkten (ebd. 44) und zweitens die kluge politische Führung durch Giovanni Giolitti auf nationaler Ebene.

Diese Faktoren bewirkten jedoch lediglich eine Verzögerung der grundlegenden kapitalistischen Antwort. Die umfassende Reaktion begann mit der faschistischen Machtübernahme im Jahr 1922. Die Tatsache, dass Italien sowohl bei den Fabrikbesetzungen als auch beim Faschismus ein „Vorreiter" war, ist keineswegs zufällig. Die Erfahrung von Fabrikübernahmen wurde zu einem Trauma der Bourgeoisie (Salvemini 1973, 278). Giolittis abwartende Strategie bewirkte eine ausreichende Beruhigung vor allem in einer Hinsicht: Sie ermöglichte kurzfris-tige Erfolge, da die Arbeiter keine Möglichkeit hatten, ihren Einfluss über die Fabrikgrenzen hinaus auszudehnen. Aber Giolitti hatte größere Hoffnung gehabt, als bloß den unmittelbaren Kampf zu gewinnen. Wie er in seinem Memoiren zugab, nahm er an, dass die Arbeiter bald ihre Unfähigkeit zur selbständigen Leitung der die Produktion feststellen würden, wenn man sie einfach nur gewähren ließe – eine Annahme, die zweifellos üblich war für die Klasse, die er repräsentierte (Cammett 1967, 117). Diese bequeme Annahme wurde jedoch ein für alle Mal zerstört. Die Bedrohung durch die Arbeiterklasse war offensichtlich größer, als Giolitti gedacht hatte, und das rechtfertigte für die Bourgeoisie den Einsatz neuer Repressionsmethoden (ebd. 121).

Trotz der kurzen Dauer markierten die italienischen Fabrikbesetzungen im Vergleich zum russischen Experiment für die Arbeiter und Arbeiterinnen einen bedeutenden Schritt vorwärts. In Russland hatten die Arbeiter ein bemerkenswertes Maß an Desorganisation und Disziplinlosigkeit gezeigt, das manchmal sogar in offene Korruption umschlug. Dies waren Elemente, die bei der Rechtfertigung von Lenins repressiver Taktik eine Rolle spielten. In den italienischen Fabriken war hingegen „der Absentismus unter Arbeitern vernachlässigbar, die Disziplin effektiv und die Kampfbereitschaft weit verbreitet" (Spriano 1975, 84). Anders als in Russland, wo die selbstverwalteten Unternehmen separat mit dem Markt in Verbindung traten, brachten die Arbeiter und Arbeiterinnen in Italien ansatzweise eine koordinierte Verkaufspolitik zustande (Williams 1975, 246f.). Die italienischen Arbeiter und Arbeiterinnen zeigten so, dass Alleinherrschaft in den Betrieben nicht die einzige Alternative zum Chaos ist.

Es mag paradox erscheinen, dass die revolutionäre Selbstdisziplin der Arbeiter und Arbeiterinnen in einer Situation, in der sie sich weit entfernt von der politischen Macht befanden, mehr Fortschritte gemacht haben soll als in einer, in der sie sich selbst als die herrschende Klasse betrachten konnten. Allerdings ist es auch auf der unmittelbaren Ebene nicht zwangsläufig unplausibel, da die italienischen Arbeiter durch zwei praktische Erfordernisse zur größeren Selbstdisziplin ermutigt wurden: a) die Aufmerksamkeit gegenüber Provokationen in einem feindlichen Umfeld, in dem die Fabriken von bewaffneten Kräften umstellt waren; b) den Aufbau von Unterstützung in weiteren Teilen der Bevölkerung.

Aber man muss genauer hinschauen, um zu sehen, was die italienischen Arbeiter dazu befähigte, den Herausforderungen angemessen gerecht zu werden. Italiens politische Entwicklung ist in vieler Hinsicht einzigartig. Auf der allgemeinsten Ebene vereinigt sie die Merkmale der spät industrialisierten Länder, wie Deutschland und Russland, zusammen mit den konstitutionellen Zügen aus Nord- und Westeuropa. Gab die späte Industrialisierung der Arbeiterklasse eine revolutionären Stoßrichtung, so machte die Möglichkeit zur Einbeziehung demokratischer Forderungen in den Arbeitskampf die Gewerkschaften weniger „ökonomistisch" als in den anderen Industrieländern (Cammett 1967, 22). Daher gab es in Italien kaum eine Basis für den krassen Gegensatz von „trade-unionistischen" Bewusstsein und Klassenbewusstsein. Dieser Gegensatz bestimmte aber bis zu einem gewissen Grad Lenins Denken.

Eine deutlichere Einzigartigkeit Italiens stellt in dieser Hinsicht die bis in die 1860er Jahre zurückreichende Verbindung von Sozialismus und Anarchismus dar (Procacci 1971, 395). Weniger als ein Jahr vor den Fabrikbesetzungen gab Antonio Gramsci ein klares Beispiel dieser Verbindung: „Die proletarische Diktatur kann sich nur in einem Organisationstyp verkörpern, wie er für die eigentliche Tätigkeit der Produzenten typisch ist, und nicht für Lohnarbeit, die Sklavenarbeit des Kapitals. Der Fabrikrat ist die erste Zelle einer solchen Organisation. (…) Der Fabrikrat ist das Modell des proletarischen Staates" (Gramsci 1967, 41f.).

Spanien 1936-39

Der Spanische Bürgerkrieg bot in einigen Regionen des Landes den Anlass für die bislang deutlichste Annäherung an eine Gesellschaft, die vollständig auf Arbeiterkontrolle aufbaut. Obwohl die zeitgenössische Weltöffentlichkeit kaum davon Kenntnis nahm, sind die diesbezüglichen Neuerungen durch Augenzeugenberichte gut überliefert; sie stellen einen zentralen Bezugspunkt für jede revolutionäre Strategie dar, die mehr als die Übernahme der politischen Macht anzielt.

Im Folgenden sollen die zentralen Aspekte der spanischen Erfahrung zusammengefasst werden.[10]

Erstens wurde die Arbeiterkontrolle in jedem ökonomischen Sektor ausgeübt. Während sie in der Landwirtschaft am weitesten verbreitet war, wurde sie wenigstens in einer Stadt (Barcelona) auch in der Industrie und dem Dienstleistungssektor eingeführt. Zweitens waren die strukturellen Änderungen sehr radikal. Oft umfassten sie die Abschaffung bestimmter Leitungspositionen, die Angleichung der Gehälter und in einigen Landkollektiven sogar die Abschaffung des Geldes. Besonders beeindruckend ist die Tatsache, dass im Zuge der Landenteignungen die Bauern nahezu ausnahmslos das Gemeineigentum der Parzellierung vorzogen. Drittens wurden auch die radikalsten Änderungen direkt und unmittelbar durchgesetzt, immer mit einem maximalen Vertrauen auf die Beteiligung der Massen und ihre hohen Fähigkeiten. Viertens wurden diese Veränderungen entgegen vieler Vorurteile nicht mit Effizienzverlusten bezahlt, vielmehr gab es häufig technische und organisatorische Fortschritte, etwa bei der Zusammenlegung der Bäckereien in Barcelona oder der vertikalen Integration der katalanischen Holzindustrie. Schließlich hielten die selbstverwalteten Betriebe an einigen Orten fast drei Jahre durch, bevor sie mit Gewalt unterdrückt wurden. Dies war ausreichend Zeit, um sich als praktikable Organisationsform zu beweisen.

Das Ausmaß der Massenbewegung war in Spanien so groß, dass man zögert, eine schematische Erklärung anzubieten. Aber wir wollen sie wenigstens in groben Zügen umreißen.[11]

10 Für diesen Abschnitt siehe Leval 1975 und Dolgoff 1974, Kap. 6 und 7.

11 Für das Folgende vgl. Brenan 1950, Teil II; Jackson 1965, Kap. 1; Payne 1970, Kap. 2.

In Spanien finden wir wie in Italien eine anarchistische Komponente innerhalb der Arbeiterkultur; ebenso gibt es dort einen konstitutionellen Rahmen. Allerdings war Spanien ökonomisch rückständiger, seine Verfassung jünger und sein Anarchismus stärker. Anarchisten und Sozialisten hatten bereits vor der Gründung der Republik (1931) zwei rivalisierende Gewerkschaftsverbände gegründet. Auf Regierungsebene waren die Anarchisten naturgemäß unterrepräsentiert, aber die linken Parteien profitierten zweifellos von ihren Stimmen. Im Februar 1936 übertraf die Polarisierung der spanischen Gesellschaft die des Nachkriegsitaliens, und die Volksfront erreichte eine Mehrheit im Parlament. Die Arbeiter und Bauern vollzogen die ersten Veränderungen unter der neuen Regierung, die zwar nicht als revolutionär, aber doch bis zu einem gewissen Maße als die ihre angesehen werden konnte.

Der stärkste Katalysator kam jedoch von den reaktionären Kräften. Dies verdeutlicht einen anderen, einzigartigen Aspekt des spanischen Falles. In Italien und Deutschland griff der Faschismus erst nach einer Hochphase der Arbeiterbewegung ein. Im ersten Fall wurde diese Hochphase von einer vergleichsweise geschlossenen Bourgeoisie überdauert, im zweiten Fall von einer verhängnisvollen Allianz von Sozialdemokraten und der Generalität zerschlagen. Im Spanien der 1930er Jahre war die Bourgeoisie erst eine aufstrebende Klasse. Ein wichtiger Teil von ihr war in der Führung der Volksfrontregierung vertreten, was ebenfalls einen ungewöhnlichen Umstand darstellte. Alle vorherigen spät entwickelten Bourgeoisien hatten sorgsam darauf geachtet, jedes Bündnis mit der Arbeiterklasse zu vermeiden. Aber der Liberalismus der republikanischen Bourgeoisie konnte vom anderen Teil der herrschenden Klasse Spaniens nicht einmal als zeitweiliger Behelf angesehen werden, deshalb die Unterstützung für den rasch improvisierten Schlag Francos im Juli 1936. Es war mit Blick auf die vorherige Befriedung der Massen die am wenigsten vorbereitete faschistische Bewegung.

Der Gegenangriff von unten war plötzlich, massiv und revolutionär. Der breite Widerstand des Volkes übertraf alles, was von der Bourgeoisie der Republik organisiert werden konnte; und bei der gleichen Gelegenheit wurden Maßnahmen durchgesetzt, die selbst die fortschrittlichste der Regierungsparteien erst für die entfernte Zukunft in den Blick genommen hätte. Der militärische Aufstand hatte der republikanischen Staatsgewalt Fesseln angelegt. Das konfrontierte die Arbeiter und Bauern nicht nur mit einer tödlichen Bedrohung, sondern bot ihnen auch nicht erträumte Möglichkeiten. Sie bemühten sich schnell, das Vakuum zu füllen. Innerhalb von zwei Wochen kollektivierten sie Industrie- und Dienstleistungsbetriebe und Agrarbetriebe im östlichen Spanien (Broué/Témime 1972, Kap. 5). Mit Gemeinden, die sie nun wirklich ihr Eigen nannten und die es zu verteidigen galt, setzten sie alles in den militärischen Kampf gegen den Faschismus.

Die republikanische Regierung befand sich in einer Zwickmühle. Auf der einen Seite wäre sie ohne den Gegenangriff des Volkes sofort gefallen, auf der anderen Seite konnte sie sich in keiner Weise mit der sozialen Revolution identifizieren. Daher versammelte sie einerseits einige ihrer Truppen, um Francos nationaler Armee entgegenzutreten, mobilisierte aber gleichzeitig Kräfte, um gerade diejenigen Bewegungen zu unterdrücken, die den Widerstand erst ermöglichten. Dies sollte im Mai 1937 zum entscheidenden konterrevolutionären Erfolg in Barcelona führen (ebd., 288).

Die Reaktion der Arbeiter und Bauern war zweigeteilt. Ihr Dilemma war im Kern das Gegenbild zu dem der Regierung. Während sie beharrlich am Erhalt ihrer sozialen Errungenschaften interessiert waren, wollten sie gleichzeitig nicht die Spaltung der antifaschistischen Kräfte vertiefen. So tendierten sie zum Rückzug, auf jeder Ebene, die über ihren unmittelbaren Gemeinschaften angesiedelt war, auch wenn das häufig die Entwaffnung für die gemeinsamen militärischen Anstrengungen bedeutete. Bis zu einem gewissen Grad zeigte sich diese Resignation bereits, als die Revolution auf dem Gipfel des anfänglichen Aufschwungs stand. Ein Schlüsselereignis war der 21. Juli 1936 in Barcelona. Den bewaffneten Arbeitern und Arbeiterinnen wurde vom katalanischen Präsidenten die Macht angeboten, nachdem sie die Bourgeoisie in die Flucht geschlagen hatten. Sie lehnten sie ab. Einer der anarchistischen Anführer erklärte dies so: „Wir hätten allein an der Macht bleiben, unseren absoluten Willen durchsetzen, den [katalanischen Staat] für null und nichtig erklären und an seine Stelle die wahre Macht des Volkes setzen können, aber wir glaubten nicht an die Diktatur, als sie gegen uns ausgeübt wurde, und wir wollten sie nicht, als wir sie selbst auf Kosten anderer hätten ausüben können“ (ebd., 131).

Mit Blick auf den Ausgang des Konfliktes ist es schwer, eine solche Aussage nicht für tragisch oder absurd zu halten. Aber Tragik und Absurdität wurden vervollständigt durch jene, die in den Begriffen der Staatsmacht dachten. Während die Anarchisten die Arbeiter und Arbeiterinnen unterstützten, aber ihr Mandat ablehnten, übernahmen die Kommunisten gern die Regierungsmacht, verwendeten sie aber mit noch größerer Entschiedenheit als die bürgerlichen Partner, um die revolutionären Errungenschaften der Arbeiter rückgängig zu machen (Thomas 1961, 436). Santiago Carrillos spätere „eurokommunistische“ Position hatte ihre Wurzeln in den Erfahrungen am Anfang seiner Karriere. Schon im Januar 1937 sagte er als Generalsekretär der Sozialistisch-Kommunistischen Jugend: „Wir sind keine marxistische Jugend. Wir kämpfen für eine demokratische und parlamentarische Republik“ (ebd., 366). Die praktische Bedeutung solcher Aussagen wurde nach dem Mai 1937 deutlich, als die republikanische Regierung mit kommunistischer Beteiligung damit begann, das Privateigentum in Landwirtschaft und Industrie systematisch wiederherzustellen.[12] Das war fast zwei Jahre vor dem endgültigen Sieg des Faschismus.

Die spanischen Arbeiter und Bauern durchlebten so komprimiert und intensiv im kurzen Leben der Republik das, was die russischen Arbeiter nach 1917 erfuhren. Die geistige Verarbeitung war jedoch eine andere. Lenins Zurückhaltung bezüglich der Selbstverwaltung gründete vor allem auf der Frage der Kompetenz. In Spanien war dagegen aufgrund des anarchistischen Einflusses kein Mangel an gut ausgebildeten Individuen, die ihre Fähigkeiten einbringen wollten, ohne nach besonderen Privilegien zu fragen.

Das Argument zur Unterdrückung der Arbeiterkontrolle wurde nicht in den eigenen Fehlern der Arbeiter, sondern eher in der internationalen Situation gesucht. Dieser Faktor wurde mit dem Eingreifen der nationalsozialistischen und faschistischen Truppen aus Deutschland und Italien auf Francos Seite besonders bedeutsam. Die Sowjetunion war die einzige auswärtige Macht, die bereit war, die Republik zu unterstützen. Aber Stalin wollte durch die Unterstützung der Revolution nicht sein Defensivbündnis mit Frankreich aufs Spiel setzen. Anders gesagt: die kommunistischen Parteien vertraten die Positionen, dass die einzige Hoffnung auf zusätzliche Unterstützung darin bestünde, den Kampf gegen Franco als eine Entscheidung zwischen Faschismus oder Demokratie darzustellen. Für unseren Zweck reicht es, hierzu drei Bemerkungen zu machen. Erstens erwies sich die Annahme, dass die bürgerlichen Regierungen durch eine solche Darstellung beeinflusst werden konnten, als völlig haltlos. Zweitens legte sie der auswärtigen Unterstützung durch die Arbeiter starke Grenzen auf. Während tausende, hoch politisierte Arbeiter als Freiwillige nach Spanien kamen, sahen Millionen daheimgebliebene keinen Grund, den Konflikt als Klassenkampf zu begreifen. Folglich blieben sie abseits der Kämpfe. In Spanien selbst waren schließlich die Auswirkungen dieser Politik auf die Kampffähigkeit der Arbeiter und Bauern vernichtend.

12 Der *Economist* schrieb im Februar 1938: „Der Staatseingriff in die Industrie stellt, gegen die Kollektivierungen und die Arbeiterkontrolle, das Prinzip des Privateigentums wieder her.“ Zitiert nach Broué/Témime 1972, S. 313.

Chile 1970-1973

Chile war unter Allende in mehr als einer Hinsicht der direkte Nachfolger des revolutionären Spaniens: angeregt durch einen Wahlerfolg, Arbeiterinitiativen, Konflikte innerhalb der Linken, entschiedene Unterstützung der Rechten aus dem Ausland und schließlich eine niederschmetternde Niederlage. In vielerlei Hinsicht hat Chile jedoch nie die Stufe erreicht, auf der Spanien gestanden hatte. So blieben die Arbeiter und Bauern in Chile weitestgehend unbewaffnet, und sie kontrollierten keine Region des Landes in Gänze. Nichtsdestotrotz brachte der chilenische Fall die gesammelte Erfahrung der Arbeiterkontrolle um einen weiteren Schritt voran: Der Austausch von klassenbewussten Arbeitern und Arbeiterinnen mit der gewählten Regierung verlief wesentlich reibungsloser.

Im Unterschied zur spanischen Volksfrontregierung bestand die Allende-Regierung zur überwiegenden Mehrheit aus Parteien der Arbeiterklasse, die zumindest programmatisch für Arbeiterkontrolle eintraten. Die chilenischen Arbeiter und Arbeiterinnen hatten schließlich eine weit schwächere anarchistische Tradition, und sie identifizierten sich stattdessen, wenn auch über die Gewerkschaften vermittelt, mit den eigentlichen Regierungsparteien. Allein die Bauern hatten schon vor 1970 direkte Besetzungen unternommen. Tatsächlich waren die autonomen Arbeiterinitiativen in weit größerem Ausmaß als in Italien oder Spanien ein Nebenprodukt der Auseinandersetzungen auf staatlicher Ebene. Kamen die chilenischen Arbeiter und Arbeiterinnen nie so nah an die Macht wie ihre spanischen, insbesondere katalonischen, Vorgänger, so hätten sie sie mit Sicherheit niemals abgelehnt, wenn sie ihnen zugefallen wäre. Das Problem, dem sie sich gegenübersahen, war daher das Gegenteil von dem der spanischen Arbeiter und Arbeiterinnen: Nach einer ganzen Generation unter einem funktionierenden, verfassungsmäßigen Regime und nach 18 Jahren ständig steigender Wahlerfolge gewöhnten sie sich an den Gedanken, durch einen Wahlerfolg schließlich ihre Interessen durchzusetzen. Erst nach dem knappen Wahlerfolg Allendes sahen sie das ganze Ausmaß ihrer Verantwortung in dem politischen Geschehen.

Ihre direkte Rolle war anfangs eine defensive. Die ersten Fabriken, die übernommen wurden, waren die, in denen die Besitzer einseitig den Rückgang der Produktion angeordnet hatten (NACLA 1973). Die Arbeiter dachten nicht notwendigerweise daran, diese Fabriken in die eigene Hand zu nehmen; wahrscheinlich ging es ihnen zu diesem Zeitpunkt mehr darum, die Regierung zu schützen, mit der sie sich identifizierten. Zunächst kam es nur auf dem Lande zu systematischen Enteignungen von unten. Doch auch in diesen Fällen gab es die Wahrnehmung der Rechtmäßigkeit des eigenen Handelns, die auch von Allende anerkannt wurde. Denn bereits 1967 war eine Agrarreform verabschiedet, aber nicht durchgesetzt worden, die den individuellen Landbesitz auf 80 Hektar begrenzte. Beide Gruppen, Arbeiter und Bauern, handelten in dem Bewusstsein, von offizieller Seite unterstützt zu werden.

Diese Unterstützung wurde ihnen tatsächlich in größerem Umfange als in allen vorherigen Fällen zuteil. Dies geschah nicht, weil sich die Regierung gegenüber der Rechten sicherer gewesen wäre. Vielmehr war die Regierung in zweierlei Hinsicht stärker auf die Linke angewiesen: erstens im Hinblick auf die Wahlunterstützung und zweitens, um der Blockade der Wirtschaft durch die vereinte Bourgeoisie etwas entgegensetzen zu können. Jedenfalls sahen die neuen Gesetze des Arbeitsministeriums zur Regulierung der Fabriken in der „sozialen Arena" (dem nationalen Sektor) der Wirtschaft vor, den gewählten Arbeitervertretern in den Aufsichtsräten eine Mehrheit zu verschaffen. Innerhalb dieses Rahmens zeigten die Arbeitenden, dass sich ihre wirtschaftlichen Leistungen mit dem Grad ihrer Partizipation verbesserten. Dabei verloren sie sich nicht in der beschränkten Sicht auf sektorale Interessen oder in Konkurrenzgebaren, sondern sie identifizierten sich mit dem Gesamtprozess der gesellschaftlichen Veränderung.[13]

Dennoch war die Allende-Regierung nicht fähig, sich von der institutionellen Verankerung zu lösen. Die Bourgeoisie erzwang durch ihre entschiedene Blockadepolitik eine Beschleunigung der Transformation, doch allein die Arbeiter an der Basis konnten eine angemessene Antwort liefern. Im Oktober 1972 wurde der normale Geschäftsablauf durch den Streik von oben vollständig blockiert. Die Enteignungen wurden daher nötig – nicht nur als revolutionäres Ziel, sondern allein, um die grundlegende Versorgung zu sichern. Zu diesem Zeitpunkt wurde der Widerspruch zwischen der rechtmäßig gewählten Regierung und den klassenbewussten Arbeitern deutlich. Die Arbeiter überwanden zwar die Betriebsblockaden und retteten so die Regierung, doch diese verschenkte ihren Sieg durch eine Übereinkunft mit dem Militär: militärischer Schutz der angesetzten Kongresswahlen gegen die Rückgabe der übernommenen Fabriken.[14]

Die damals möglichen Alternativen werden nie vollständig bekannt werden. Bezeichnenderweise gibt aber auch ein entschiedener Verfechter von Allendes Kompromiss zu, dass das Militär zu diesem Moment nicht zu einem Staatsstreich in der Lage gewesen wäre (Boorstein 1977, 212). Aus der Sicht der Arbeiter war

13 Vgl. Zimbalist, Petras 1975f., S. 25, 27. Für eine umfassende Analyse des chilenischen Falles vgl. Espinosa, Zimbalist 1978 und die Kommentare in Wallis 1983, S. 186-188.

14 Für einen erzählerischen Überblick vgl. Smirnow 1979. Eine nähere Darstellung der Arbeiterkontrolle findet sich bei Guzmán 1978.

der Kompromiss ein völliger Rückschlag. Er signalisierte das Ende der offiziellen Unterstützung der Arbeiterkontrolle, mit Ausnahme der improvisierten Antwort auf den Putschversuch im Juni 1973, als erneut viele Fabriken besetzt wurden. Zu dieser Zeit hatte allerdings das Militär die Macht in den Händen, und so wurden bis zum siegreichen Staatsstreich im September die Arbeiter in den selbstverwalteten Betrieben mit systematischen Razzien und Einschüchterungen durch die Streitkräfte unter Druck gesetzt. Die Regierung sagte nichts dazu, aber sie war ohnehin machtlos. Sie hatte bereits früher ihre Wahl getroffen. Wie in Spanien wurden die Arbeiterinitiativen „von der eigenen Seite" abgewürgt, zwar mit weniger Überzeugung, aber dadurch nicht weniger endgültig.

Aber das Beispiel Chile hat trotzdem gezeigt, dass eine Regierungsunterstützung für Arbeiterkontrolle zumindest möglich ist. Einige Teile der Regierungskoalition, insbesondere der linke Flügel der Sozialistischen Partei, befürworteten diese Strategie, allerdings nicht ohne an dem Ansatz eines koordinierten Übergangs festzuhalten. Innerhalb der selbstverwalteten Fabriken machten sich die Arbeiter mit dem höchsten Grad an Partizipation keine Illusionen über die Reichweite der Wirksamkeit ihrer Aktionen. Sie sahen sich vielmehr als Teil des politischen Sektors (Zimbalist, Petras 1975, 25), und so vertraten sie, wenn auch verspätet, einen Ansatz, bei dem der Kampf am Arbeitsplatz mit den Auseinandersetzungen auf Staatsebene Hand in Hand ging.

Lehren aus den Erfahrungen vor 1989

Es muss nicht besonders betont werden, dass der Kampf um Arbeiterkontrolle und Sozialismus untrennbar verbunden sind. Und doch ist in der Praxis immer wieder das Problem aufgetaucht, dass beide Ziele miteinander in Konflikt geraten. „Sozialismus" ist das formelle Monopol einer politischen Partei (oder mehrerer Parteien) gewesen, während Selbstverwaltung die direkte Ausdrucksform der Arbeiter und Bauern selbst gewesen ist. Welche Seite auch immer überwogen hat, so war das Ende stets ein Rückschlag auf dem Weg zur klassenlosen Gesellschaft. „Sozialismus" ohne Selbstverwaltung endete in der Wiederbelebung oder der Verewigung rigider sozialer Unterschiede, während Selbstverwaltung ohne starke politische Führung einfach unterdrückt wurde.

Man kann sogar noch weiter gehen und sagen, dass es zwei Arten von Misserfolgen gab, die jeweils andere hervorgerufen haben. So ermöglicht es jeder gescheiterte Arbeiteraufstand einigen Parteifunktionären, an Glaubwürdigkeit zu gewinnen, indem sie den spontanen und undisziplinierten Charakter dieser Aufstände kritisieren. Gleichzeitig bestärkt jede Enttäuschung durch die revolutionäre Regierung die radikalen Libertären darin, alle Strategien abzulehnen, die nicht direkt oder indirekt von der Basis ausgehen. Avantgarde und Massen, Partei und Klasse bewegen sich weiter auseinander anstatt sich anzunähern.

Was sind die Bedingungen, um diese Spaltung zu überwinden? Unter den hier dargestellten Fällen stellt der italienische Fall am ehesten eine Einigung dar. Allerdings war die revolutionäre Partei dort erst in einem frühen Gründungsstadium und noch weit von der Macht entfernt. In Chile kam es zu einem improvisierten Zusammenspiel, aber erst nachdem die Parteien der Arbeiterklasse ihre Regierungsverantwortung unter sehr einschränkenden Bedingungen übernommen hatten. Im Ergebnis schwand die Unterstützung durch die Parteien, je mehr sich die Arbeiterinitiativen ausdehnten. Die verbliebene Unterstützung in Allendes drittem Regierungsjahr kam zunehmend von außerhalb der Regierungskoalition. Russland und Spanien scheinen bei allen Unterschieden ein Modell der Polarisierung abzugeben, das schließlich den Trend überall bestimmte.

Ein effektives Zusammenspiel von Selbstverwaltungsinitiativen und politischer Strategie muss noch erarbeitet werden, aber unsere vier genannten Fälle sind dabei nicht ohne Wert.

Eines der Hauptprobleme ist das des technischen und organisatorischen Expertenwissens. Dazu können wir mehrere Schlussfolgerungen anstellen. Erstens führt eine wirkliche Bewegung hin zur Selbstverwaltung, die weit entfernt von der Haltung „Meine Firma zuerst!" ist, naturgemäß und aufgrund praktischer Erfordernisse zu Bemühungen um wechselseitig nützliche Planungsprozesse zwischen ökonomischen Einheiten. Auch wenn der Anlass zunächst durch unmittelbare Erfordernisse bedingt ist, schafft diese Praxis eine Empfänglichkeit für weitere langfristige oder makroökonomische Kalkulationen. Zweites sind die Arbeiter und Arbeiterinnen sowohl fähig als auch willens, in technischen Belangen dazuzulernen. Drittens: wo aufgrund der knappen Zeit des Umbruchs nicht ausreichend Gelegenheit ist, um das nötige Expertenwissen auszubilden, ist es zunehmend möglich, auch auf ausgebildetes Fachpersonal zurückzugreifen, das unter den alten Bedingungen ausgebildet wurde oder von außerhalb kommt und die neuen Arbeitsbedingungen annimmt – vielleicht sogar enthusiastisch.[15] Schließlich müssen wir feststellen, dass die Technologie kein vollständig selbständiger Faktor ist. Im Gegenteil, sie wird sowohl aus ökologischer wie aus politischer Sicht eine Reihe von entmystifizierenden, vereinfachenden und

15 In Nicaragua habe ich das 1984 selbst erlebt. Die Einbeziehung von Fachpersonal und Arbeitern in die *autogestion* zeigte sich auch 1968 in Frankreich. Vgl. Seale, McConville 1968, Kap. „The Liberal Professions". In einigen Fällen haben sich auch Manager in Arbeiterinitiativen eingebracht (Katsiaficas 1987, S. 106).

dezentralisierenden Veränderungen erfahren müssen, wobei auch Vorwände für bestehende Hierarchien entfallen.[16]

Ein zweiter Problemkomplex hat mit den Bedingungen zu tun, unter denen revolutionäre Arbeiterkontrolle erfolgreich sein kann. Eine unmittelbare politische Voraussetzung haben wir bereits festgehalten: Die Aktionen müssen gleichzeitig auf Fabrikebene und auf staatlicher Ebene zur Geltung kommen. Dies hängt teilweise an den bewussten Entscheidungen der Akteure, teilweise an den ökonomischen und kulturellen Eigenheiten der jeweiligen Gesellschaft. Mit Blick auf die Hintergrundbedingungen hat unsere Untersuchung gezeigt, dass es viele mögliche Situationen gibt, von denen sich einige gegenseitig ausschließen, die aber alle das Aufkommen von Arbeiterkontrolle zu begünstigen scheinen. Waren die Selbstverwaltungsinitiativen immer ein Bestandteil der städtischen Bewegungen, so zeigte sich manchmal, wie in Spanien, die ländliche Bewegung sogar stärker. Innerhalb des industriellen Sektors ging der Impuls manchmal von der Schwerindustrie (Italien), manchmal von der Leichtindustrie (Spanien) aus. Obwohl Arbeiterkontrolle vor allem in den entwickelten Ökonomien angestrebt wurde, gab es auch in Staaten des globalen Südens entsprechende Bewegungen (Chile, Algerien, Iran). Obwohl es innerhalb Europas die radikalsten Verstöße in vergleichsweise wenig wohlhabenden Ländern (Spanien, Portugal) stattfanden, entwickelte sich das Potential der Arbeiterkontrolle im führenden Wohlfahrtsstaat (Schweden) am meisten. Untersuchen wir den konstitutionellen Rahmen, so finden wir Initiativen zur Arbeiterselbstverwaltung in Militärdiktaturen, konstitutionellen Demokratien und Volksrepubliken (Deutschland 1918, Chile 1972, Tschechoslowakei 1968). Schließlich gibt es zahlreiche weitere entscheidende Abweichungen bei den unmittelbaren Umständen, etwa Krieg und Frieden, ökonomische Krisen oder faschistische Bedrohung.

All diese Erwägungen führen nicht zu einer Theorie, die vorhersagen könnte, wo die erfolgreiche Etablierung von Arbeiterkontrolle am wahrscheinlichsten ist. Aber wir sehen, dass es keinen einzelner Faktor gibt, der sie automatisch ausschließt. Daher ist die Bedeutung bewusster Entscheidungen sehr groß. Unter den objektiven Bedingungen begünstigt allein die eine etablierte Tradition der Kooperativen diese Entscheidung. Sie war in vielen ländlichen Regionen Spaniens gegeben, und auch die städtischen Arbeiter standen ihr nicht fern. Die Herausforderung besteht andernorts nun darin, eine Entsprechung zu dieser Kultur zu schaffen und sich dennoch auf unmittelbare politische Optionen zu beziehen.

16 Zum Fall der Solartechnologie siehe Commoner 1976 und Wallis 2004.

Die Frage der Führung ist der letzte große Problemkomplex, den wir berücksichtigen müssen. Eine Bedingung scheint eine revolutionäre Partei zu sein, die auf jeder Stufe der Entwicklung der Arbeiterkontrolle den Vorrang einräumt. Die Schwierigkeit eines solchen Unterfangens ist klar. Ernsthaft die Arbeiterkontrolle anzustreben, bedeutet eine bestimmte Art der Disziplin zu befördern, während gleichzeitig eine revolutionäre Politik stets Schritte unternehmen muss, die über Angelegenheiten am Arbeitsplatz hinausgehen. Dass es möglich ist, beide Bedingungen zu erfüllen, zeigen einige der erwähnten Beispiele. Eine starke Synthese muss jedoch systematischer ansetzen. Sie muss sich Marxens Betonung der Bedeutung des Arbeitsprozesses, sein Interesse an kooperativen Formen und sein Misstrauen gegenüber den „Anführern"[17] wieder in Erinnerung rufen, und damit auf Fakten schauen, die die leninistische Tradition häufig übersehen hat. Gaston Leval, ein Historiker der spanischen Revolution nannte dies „die Fähigkeit, die neue Gesellschaft schnell zu organisieren" – ein Satz, dessen Bedeutung eine neue Synthese berücksichtigen muss (Leval 1975, 354). Diese Fähigkeit hängt nicht nur von der gründlichen Vorbereitung, sondern auch von breiter menschlicher Mitwirkung ab. Soweit eine Partei gebraucht wird, muss sie vor allem den Zusammenhalt und den Selbstschutz der Bewegung sicherstellen. Diejenigen, die die Partei ausmachen, müssen die Gefahren der Disziplin und die Risiken der Spontaneität erkennen.

Auf dem Weg zu einer neuen Synthese

Das Jahr 1989 markiert einen Endpunkt wie einen neuen Beginn. Im November des Jahres fiel die Berliner Mauer, was schließlich den völligen Zusammenbruch des Sozialismus der ersten Epoche bedeutete. Aber weniger als neun Monate später kam es in Venezuela zu einem plötzlichen Aufruhr, der den Weg zur Bolivarianischen Revolution eröffnen sollte. Der *Caracazo* war der spontane Aufstand der Slumbevölkerung in Caracas. Ausgelöst durch die neoliberale Wirtschaftspolitik ging daraus die Bewegung hervor, die sich schließlich selbst zu einer politischen Kraft unter der Führung von Hugo Chávez formte (Gott 2005). Chávez' Wahl zum Präsidenten 1998 und seine anschließenden substantiellen und strukturellen Initiativen schufen eine Situation, in der Arbeiterkontrolle zum entscheidenden Faktor in einem größeren revolutionären Prozess wurde.

17 Zu der Bedeutung, die Marx dem Arbeitsprozess zumisst, siehe Braverman 1974, S. 8. Zu Marx' Interesse an Kooperativen siehe Bourdet 1971, S. 102. Zu seiner Sicht auf die „Anführer" siehe Marx 1966, S. 209 [Brief an Kugelmann, 17. April 1871].

Es ist wichtig, diese Entwicklung im internationalen Umfeld zu sehen. Zunächst schauen wir dabei auf Kuba – einerseits wegen seiner eigenen institutionellen Entwicklung, andererseits wegen seiner Unterstützung des venezolanischen Kampfes.

Die Originalfassung dieser Studie aus dem Jahr 1978 schloss Kuba noch nicht ein. Sie nahm Fälle der Arbeiterkontrolle in den Blick, die in direktem Zusammenhang mit sich zuspitzenden revolutionären Situationen standen. Dieser Schwerpunkt spiegelte ein beobachtbares Muster wider, dass vor allem solche Momente Elemente der Arbeiterkontrolle enthielten. Kuba schien dem Muster jedoch nicht gerecht zu werden. Auch wenn die Lohnarbeiterschaft besonders in den großen, ausländischen Betrieben zu den stärksten Unterstützern der Revolution zählte (Zeitlin 1970, 277), gehörte die direkte Übernahme des Produktionsprozesses nicht zu ihren Aktionsformen in den zwei Jahren des Guerillakampfes, der schließlich 1959 zum Sieg führte. Die Veränderungen am Arbeitsplatz folgten stufenweise. Die formelle Autorität blieb in den Händen der ernannten Geschäftsführung, obwohl einzelne Betriebsleiter jetzt von den Arbeitern, die weiterhin durch Gewerkschaftsstrukturen repräsentiert waren, abgelehnt wurden (Harnecker 1980, 26). Dies war Teil einer allgemeineren Entwicklung, die in den späten 1960er Jahren ihren Anfang nahm und zur Institutionalisierung von Beratungsgremien am Arbeitsplatz führte (Zeitlin 1970, xxxvii-xl). Als die Gleichheitskultur die hierarchische Autorität verdrängte, wurde es klar, dass ein neues Modell der Verbindung zwischen Veränderungen auf Fabrik- und Staatsebene entstand. Der kubanische Fall zeigte tatsächlich, „dass Arbeiterkontrolle als allgemeine Praxis nicht nur das plötzliche Ergebnis einer revolutionären Krise sein muss; sie ist etwas, das auch mit Bedacht großgezogen werden kann." (Wallis 1985, 261). Es wurde aber ebenso deutlich, dass die Revolution wesentlich für diesen Prozess war. Was zwischen den verschiedenen nationalen Beispielen variierte, war nur die *Abfolge* und der *Zeitplan* der auf einer bestimmten Stufe der revolutionären Aktivitäten eingeführten Veränderungen.

Die Entwicklung der Arbeiterkontrolle auf Kuba verlief kontinuierlich. Ihr Fundament kann in Praktiken der Massenpartizipation gesehen werden – den Milizen, der freiwilligen Arbeit und der Alphabetisierungskampagne. Diese zeichneten die frühen Jahre der Revolution aus (Fuller 1992, 187-91). Bis Mitte der 1980er Jahre war „die Basisbeteiligung bei der Leitung" bei den Produktionsarbeitern Routine geworden (ebd., 116). Und in der breiteren institutionellen Debatte, die seit 2002 geführt wird, ist die Vertiefung der Beteiligung in jeder Sphäre des öffentlichen Lebens zentral geworden (Duharte 2010). In diesem Prozess gibt es einen anhaltenden Druck zur stärkeren Dezentralisierung der Macht und auf theoretischem Gebiet ein Gespür dafür, dass das Verhältnis von Reform und Revolution auf lange Sicht kein Gegensatz ist, sondern eines von wechselseitiger Verstärkung (Hernández 2010). Das Vertrauen, dass Reformen die Revolution nicht aufheben werden, spiegelt sich im gesellschaftlichen Bewusstsein wider, das über die letzten 50 Jahre entwickelt wurde. Besonders drückt sich dies in den großen Programmen der internationalen Solidarität aus, die vom militärischen Kampf gegen die Apartheid, über Katastrophenhilfe, bis hin zu langfristigen Bildungsprogrammen und medizinischer Unterstützung reichen (Akhtar 2006).

Die Ausrufung von Venezuelas „Sozialismus des 21. Jahrhunderts" ist schwer ohne die kubanische Solidarität vorstellbar. Die starke Präsenz von medizinischem Personal und Lehrkräften aus Kuba war einer der Hauptbestandteile der Erfolge, die sich die Regierung Chávez in den ersten Jahren gutschreiben konnte. Diese Hilfe ist einzigartig in ihrer Form, und sie stammte nicht von einer der großen ökonomischen oder militärischen Mächte. Die Kubaner versuchen in Venezuela, anders als die Sowjets in Kuba in den 1960ern und 70ern, nicht, die Entwicklungsstrategie ihres Gastlands zu beeinflussen. Sie sind keine Leiter, sondern Teilnehmende. Sie sind nicht nur zu Tausenden gekommen, sie arbeiten direkt in den Bezirken der breiten Bevölkerung vor allem als technische Beraterinnen und Berater. Ihre Anwesenheit im Land begründet ein Verhältnis unter gleichen. Auch wenn die Phasen der Machtübernahme in der kubanischen und venezolanischen Revolution wenig gemeinsam hatten, wurden in beiden Fällen die Protagonisten aus der breiten Bevölkerung getragen von einer Kultur des Einsatzes und der Partizipation.

Im Hinblick auf Arbeiterkontrolle und Revolution bringt uns der Fall Venezuela zurück zum früheren Modell der Gleichzeitigkeit von Kämpfen auf Fabrik- und der Staatsebene. Im Unterschied zu den anderen Fällen gibt es dort eine politische Führungsperson, die nicht nur einen Schirm für den Protagonismus der Arbeiterinnen und Arbeiter (ein Schlüsselbegriff des Bolivarianischen Bewegung) aufspannt, sondern ihn vielmehr auch aktiv ermutigt und die verfassungsmäßigen Grundlagen zu seiner Legitimierung setzt und die von den Arbeitenden angestoßenen Unternehmensübernahmen ratifiziert. Die Wachsamkeit der venezolanischen Arbeiter war ein Rettungsanker der Regierung Chávez gegen den versuchten ökonomischen Staatsstreich durch landesweite Aussperrungen im Jahr 2002. Diese Störung setzte einen großen Anreiz für Fabrikbesetzungen (Bruce 2008, 98ff.), die die Fachkenntnis der Arbeiterinnen und Arbeiter, insbesondere in der Ölindustrie, gegen die Sabotage der antichavistischen Ölingenieure herausforderte (GWS 2004). In einem bestimmten Sinne war daher der radikale Machtwechsel am Arbeitsplatz notwendig als eine Frage des ökonomischen Überlebens, noch bevor Chávez die Bolivarianische Revolution eine sozialistische nannte. Als die sozialistische Zielsetzung ausdrücklich formuliert war, waren weitere Transformationsmaßnahmen die logische Konsequenz. Eine fand in der Ventilfabrik von Inveval statt. Hier griffen die Arbeiter Chávez' Forderung von 2007 nach der Bildung von Arbeiterräten auf. Sie etablierten eine vollständig unter Arbeiterkontrolle stehende Fabrik, einschließlich der Überwindung der sozialen Arbeitsteilung (Azzellini 2009, 184f.).

Obwohl die venezolanische Revolution ebenso wie ihr kubanisches Gegenstück noch sehr unvollständig ist, verkörpert ihr Weg eine neue Stufe des sozialistischen Bewusstseins in der Welt. Der anerkannte theoretische Mentor von Chávez, István Mészáros, sieht das Scheitern des Sozialismus der ersten Epoche darin begründet, dass es ihm nicht gelang „eine sozialistische Weise der Kontrolle durch Selbstverwaltung der assoziierten Produzenten" zu erreichen (Mészáros 1995, xvii). Dieses Anliegen deckt sich mit denen der Basisbewegungen, die in den letzten Jahren in ganz Lateinamerika entstanden sind. Obwohl es einen starken anti-staatlichen Impuls in vielen dieser Bewegungen gibt (Estevan 2010), verkörpert der venezolanische Prozess zumindest ein teilweises Zusammenlaufen von staatlichen und nichtstaatlichen Protagonisten, die ein gemeinsames Ziel verfolgen. Es ist besonders bezeichnend, dass die Regierung Venezuelas sich noch mehr als Kuba in die internationalen Beziehungen einbringt, um mittels Bankenwesen, Medien und materiellen Hilfen ähnliche Initiativen in anderen lateinamerikanischen Ländern zu unterstützen.

Im Hinblick auf die globalen Perspektiven einer neuen sozialistischen Epoche mag die Feststellung interessant sein, dass die United Steelworkers of America (die größte US-Industriegewerkschaft) angesichts großen Arbeitsplatzabbaus im Zuge der Finanzkrise von 2008 eine langfristige Übereinkunft mit der spanischen Mondragón-Kooperative vereinbart haben (Davidson 2009). Natürlich wäre es unklug, sich Illusionen über die Leichtigkeit von fortschrittlichen Veränderungen innerhalb dieser weltweit unbeschränktesten kapitalistischen Sozialordnung zu machen. Nichtsdestotrotz: ein so klares Erkennen der Notwendigkeit eines alternativen Ortes ökonomischer Macht muss auch den Grad der Zerbrechlichkeit der öffentlichen Akzeptanz dieser Sozialordnung widerspiegeln.

Literatur

Akhtar, Aasim Sajjad (2006), „Cuban Doctors in Pakistan. Why Cuba Still Inspires", in: *Monthly Review*, Bd. 58, Nr. 6 (November).

Azzellini, Dario (2009), „Venezuela's Solidarity Economy. Collective Ownership, Expropriation, and Workers' Self-Management", in: *Working USA: The Journal of Labor and Society*, Bd. 12, Nr. 2 (Juni), 171-91.

Bayat, Assef (1991), *Work, Politics and Power.* An International Perspective on Workers' Control and Self-Management, New York: *Monthly Review.*

Boorstein, Edward (1977), *Allende's Chile.* An Inside View, New York: International Publishers.

Bourdet, Yvon (1971), „Karl Marx et l'autogestion", in: *Autogestion,* Nr. 15.

—, und Alain Guillerm (1975), *L'Autogestion,* Paris: Seghers.

Braverman, Harry (1974), *Labor and Monopoly Capital.* The Degradation of Work in the Twentieth Century, New York: *Monthly Review.* Dt.: *Die Arbeit im modernen Produktionsprozess,* Frankfurt/M.: Campus, 1977.

Brenan, Gerald (1950), *The Spanish Labyrinth,* Cambridge: Cambridge University Press.

Brinton, Maurice (1970), *The Bolsheviks and Workers' Control.* The State and Counterrevolution, London: Solidarity.

Broué, Pierre und Emile Témime (1972), *The Revolution and the Civil War in Spain,* London: Faber & Faber. Dt.: *Revolution und Bürgerkrieg in Spanien,* Frankfurt/M.: Suhrkamp, 1968/1975.

Bruce, Iain (2008), *The Real Venezuela.* Making Socialism in the 21st Century, London: Pluto.

Cammett, John M. (1967), *Antonio Gramsci and the Origins of Italian Communism,* Stanford: Stanford University Press.

Carr, E. H. (1952), *The Bolshevik Revolution, 1917-1923,* Bd. 2, London: Penguin.

Cliff, Tony (1976), *Lenin,* Bd. 2, London: Pluto.

Commoner, Barry (1976), *The Poverty of Power,* New York: Knopf.

Dallemagne, Jean-Luc (1976), *Autogestion ou dictature du prolétariat,* Paris: Union générale d'éditions.

Davidson, Carl (2009), „Steelworkers Plan Job Creation via Worker Coops", www.zmag.org/znet/viewArticle/23059.

Dolgoff, Sam (Hrsg.) (1974), *The Anarchist Collectives.* Workers' Self-Management in the Spanish Revolution, 1936-1939, Montreal: Black Rose.

Duharte Díaz, Emilio (2010), „Cuba at the Onset of the 21st Century. Socialism, Democracy, and Political Reforms", in: *Socialism and Democracy,* Bd. 24, Nr. 1 (März).

Espinosa, Juan und Andrew Zimbalist (1978), *Economic Democracy.* Workers' Participation in Chilean Industry, *1970-1973*, New York: Academic Press.

Esteva, Gustavo (2010), „Another Perspective, Another Democracy", in: *Socialism and Democracy*, Bd. 23, Nr. 3 (Nov.), S. 45-60.

Fuller, Linda (1992), *Work and Democracy in Socialist Cuba*, Philadelphia: Temple University Press.

Gott, Richard (2005), *Hugo Chávez and the Bolivarian Revolution*, London: Verso.

Gramsci, Antonio (1967) [11.10.1919], „Gewerkschaften und Räte [I]", in: A. Gramsci, *Zur Philosophie der Praxis,* hrsg. von Christian Riechers, Frankfurt/M.: S. Fischer, S. 39-44.

GWS (Global Women's Strike) (2004), *The Bolivarian Revolution.* Enter the Oil Workers (Film).

Harnecker, Marta (1980), *Cuba: Dictatorship or Democracy?* Westport, Connecticut: Lawrence Hill.

Hernández, Rafael (2010), „Revolution/Reform and Other Cuban Dilemmas", in: *Socialism and Democracy*, Bd. 24, Nr. 1 (März).

Holubenko, M. (1975), „The Soviet Working Class: Discontent and Opposition", in: *Critique*, Nr. 4, S. 5-25.

Huet, Tim (1997), „Can Coops Go Global? Mondragón Is Trying", in: *Dollars and Sense* (Nov./Dez.).

Jackson, Gabriel (1965), *The Spanish Republic and the Civil War, 1931-1939*, Princeton: Princeton University Press.

Katsiaficas, George (1987), *The Imagination of the New Left.* A Global analysis of 1968, Boston: South End Press.

Lenin, W. I. (1961) [1914], „Das Taylorsystem – Die Versklavung des Menschen durch die Maschine", in: *Lenin Werke,* Bd. 20, Berlin: Dietz, S. 145-147.

— (1960a) [April 1918], „Die nächsten Aufgaben der Sowjetmacht", in: *Lenin Werke,* Bd. 27, Berlin: Dietz, S. 225-268.

— (1960b) [Mai 1918], „Über ‚linke' Kinderei und über Kleinbürgerlichkeit", in: *Lenin Werke,* Bd. 27, Berlin: Dietz, S. 315-347.

Leval, Gaston (1975), *Collectives in the Spanish Revolution*, London: Freedom Press.

Marx, Karl (1966) [1871], „Brief an Ludwig Kugelmann, 17. April 1871", in: *Marx Engels Werke* (MEW), Bd. 33, Berlin: Dietz, S. 209.

Mandel, David (1984), *The Petrograd Workers and the Soviet Seizure of Power*, London: Macmillan.

Mandel, Ernest (1971), „Einleitung", in: Ernest Mandel (Hrsg.), *Arbeiterkontrolle, Arbeiterräte, Arbeiterselbstverwaltung.* Eine Anthologie, Frankfurt/M.: Europäische Verlagsanstalt.

Mészáros, István (1995), *Beyond Capital.* Towards a Theory of Transition, New York: *Monthly Review.*

Murphy, Kevin (2005), *Revolution and Counterrevolution.* Class Struggle in a Moscow Metal Factory, Chicago: Haymarket.

NACLA (1973), *New Chile*, New York: North American Congress on Latin America.

Payne, Stanley (1970), *The Spanish Revolution*, New York: Norton.

Peterson, Martin, Hrsg. (1977), Special issue of *Scandinavian Review*: „Industrial Democracy".

Procacci, Giuliano (1971), *Storia degli italiani*, Bari: Laterza.

Raby, D. L (2006), *Democracy and Revolution.* Latin America and Socialism Today, London: Pluto.

Richman, Barry M. (1969), *Industrial Society in Communist China*, New York: Random House.

Salvemini, Gaetano (1973), *The Origins of Fascism in Italy*, New York: Harper & Row.

Seale, Patrick und Maureen McConville (1968), *Red Flag/Black Flag.* French Revolution 1968, New York: Ballantine Books.

Sirianni, Carmen (1982), *Workers Control and Socialist Democracy:* The Soviet Experience, London: Verso.

Smirnow, Gabriel (1979), *The Revolution Disarmed: Chile,* 1970-1973, New York: *Monthly Review.*

Spriano, Paolo (1975), *The Occupation of the Factories.* Italy 1920, London: Pluto.

Voline (V. M. Eichenbaum) (1974), *The Unknown Revolution, 1917-1921*, New York: Free Life Editions.

Wallis, Victor (1983), „Workers' Control in Latin America", in: *Latin American Research Review*, Bd. XVII, Nr. 2, S. 181-189.

— (1985), „Workers' Control: Cases from Latin America and the Caribbean", in: Jack W. Hopkins (Hrsg.), *Latin America and Caribbean Contemporary Record*, Bd. 3. New York: Holmes & Meier, S. 254-263.

— (2004), „Technology, Ecology, and Socialist Renewal", in: *Capitalism Nature Socialism*, Bd. 15, Nr. 2 (Juni), S. 35-46.

Williams, Gwyn A. (1975), *Proletarian Order.* Antonio Gramsci, Factory Councils, and the Origins of Italian Communism, 1911-1921, London: Pluto.

Zeitlin, Maurice (1970), *Revolutionary Politics and the Cuban Working Class*, New York: Harper & Row.

Zimbalist, Andrew und James Petras (1975-76), „Workers' Control in Chile during Allende's Presidency", in: *Comparative Urban Research*, Bd. III, Nr. 3, S. 21-30.

Übersetzung aus dem Englischen: Volker Drell

2. Arbeiterräte in Europa – Ein Jahrhundert Erfahrung

Donny Gluckstein

Die jüngsten Ereignisse haben die häufig herumposaunte „Unvermeidlichkeit" des Kapitalismus und die Neutralität des Staates in Frage gestellt. Der selbstgefällige Optimismus der Verfechter der Marktkräfte wurde während der Finanzmarktkrise von 2008 und der darauf folgenden schweren Wirtschaftskrise brutal zerschlagen. Wenn dies (bisher) nicht in eine Wiederholung der Großen Depression der 1930er Jahre mündete, dann auf Grund der massiven Intervention des Staates zur Stützung eines kränkelnden Systems. Weiterhin zu behaupten, der parlamentarische Staat stünde über den Klassen oder sei den Wählern rechenschaftspflichtig, ist mittlerweile lächerlich. Völlig ohne Scham wurden enorme Summen an eine winzige Minderheit von Bankiers und Unternehmen ausgezahlt – zu direkten Lasten der großen Mehrheit der Wählerschaft und der öffentlichen Dienstleistungen, von denen sie abhängig sind.

Weit weniger klar ist jedoch, was die Alternative sein könnte. Die frühen utopischen Sozialisten wie Owen und Fourier hatten die Vorstellung von idealen Gesellschaften und waren bestrebt, sie in Realität zu verwandeln. Derartig abstrakte Entwürfe schlugen aber fehl. Bei der Ausarbeitung seiner Schriften in der Mitte des 19. Jahrhunderts vermied Marx die Erstellung von Blaupausen, auch wenn er die sozialen und wirtschaftlichen Vorbedingungen für den Sozialismus beschrieb. Eine wirkungsvolle Herausforderung des Kapitalismus muss sich auf eine zahlenmäßig große Gruppe von Leuten stützen – eine Klasse. Diese Klasse darf nicht durch das Streben nach privatem Gewinn geleitet sein, wie es die

Kapitalisten sind, sondern durch ein kollektives, gemeinsames Interesse. Und schließlich muss sie die Kraft besitzen, den Kapitalismus zu besiegen. Wenn auch der Kampf gegen den Kapitalismus eine enorme Vielfalt an Menschen einbeziehen und eine unendliche Formenvielfalt annehmen kann (Anti-Imperialismus, Widerstand gegen Unterdrückung auf Grund von Rassismus, des Geschlechts und sexueller Orientierung, etc.), erfüllt demnach nur die Arbeiterklasse diese Kriterien. Sie kooperiert am Arbeitsplatz und produziert die lebensnotwendigen Güter.

Seit Marx hat eine ganze Reihe von Leuten den Anspruch erhoben, den Weg zum Sozialismus entdeckt zu haben. In den Anfangsjahren des 20. Jahrhunderts glaubten Kautsky und die reformistische Zweite Internationale an die Unvermeidbarkeit des Sozialismus durch die Nutzung parlamentarischer Mittel. Der Erste Weltkrieg zerschlug diese Illusion und führte in eine dreißigjährige Phase der Barbarei, die ihren Höhepunkt in Auschwitz und Hiroshima fand. Nach 1945 versicherte Stalin, der zentralisierte bürokratische russische Staat garantiere den Sieg des „real existierenden Sozialismus". Dieses System wurde schließlich als Staatskapitalismus charakterisiert und ist kläglich gescheitert. In den vergangenen Jahren haben sich soziale Massenproteste gegen Gewalttätigkeit und Armut des Kapitalismus erhoben. Die Millionen, die am 15. Februar 2003 gegen den Irakkrieg demonstriert haben, sind ein schlagendes Beispiel dafür. Gewisse Strömungen innerhalb dieser Bewegung argumentieren aus einer anarchistisch/autonomen Perspektive, dass der Staat selbst ignoriert werden könne, und suggerieren, dass spontane Straßenaktionen dazu ausreichen, die Gesellschaft zu transformieren. Aber der gegenwärtige Staat bleibt nicht nur mächtig, sondern handelt nach den Worten von Marx' *Kommunistischem Manifest* als „geschäftsführender Ausschuss der herrschenden Klasse". Daher besteht heute die dringende Notwendigkeit einer praktischen Alternative zum Kapitalismus und seinem Staat. Diese Kombination verursacht nicht nur Zustände wirtschaftlicher Verwüstung für die Normalbevölkerung, sondern der Staat und seine Ökonomie scheinen darüber hinaus unfähig zu sein, effektiv zu handeln, wenn unser pures Überleben auf diesem Planeten auf dem Spiel steht.

Die Erfahrung von über einem Jahrhundert des Massenkampfes bietet einige Anhaltspunkte. In Schlüsselmomenten sind Arbeiterräte entstanden, die einen flüchtigen Blick auf die Alternative zum Kapitalismus gestattet haben. Anders als die wirklichkeitsfremden Systementwürfe der utopischen Sozialisten, bürgerlicher Parlamente oder bürokratischer Staatsmaschinerien sind diese Gremien auf natürliche Weise aus dem Klassenkampf hervorgegangen und verkörpern eine direkte Demokratie der Massen. Arbeiterräte werden von keiner Partei eingesetzt; sie entstehen aus den grundlegenden Bedingungen des Arbeitslebens. Als Teil der Gegenwart verkörpern sie einen Übergang in die Zukunft und stellen dabei eine radikal andere Art von Macht dar.

Keimzellen der Arbeiterräte finden sich überall da, wo die Arbeiterschaft ihre eigenen Angelegenheiten in die Hand nimmt. Voll entwickelte Räte sind jedoch eine große Ausnahme, weil unter „normalen" kapitalistischen Bedingungen eigenständige Aktivitäten der Arbeit räumlich und zeitlich begrenzt sind. Gewerkschaften haben ihre Existenzberechtigung darin, mit den Arbeitgebern zu verhandeln, und nicht darin, sie abzusetzen. Wenn sie Streiks durchführen, sind diese eher auf wirtschaftliche Dinge wie Bezahlung und Arbeitsbedingungen ausgerichtet als sich zur politischen Kampfansage auszuweiten. Reformistische politische Führer nutzen die Stimmen der Arbeiter dazu, Einfluss innerhalb der kapitalistischen Institutionen zu erlangen, anstatt diese zu zerstören. In jedem Fall wird der Prozess der Radikalisierung ausgebremst und eher den Bedürfnissen der Repräsentierenden als denen der Repräsentierten untergeordnet.

Der Klassenkampf entkommt diesen Beschränkungen nur, wenn die üblichen Steuerungsmechanismen durchbrochen werden, wie zum Beispiel zu Kriegszeiten. Die erste Voraussetzung für einen Arbeiterrat ist daher eine größere Krise. Die zweite Voraussetzung ist ein hohes Niveau unabhängiger Organisation unter den Arbeitenden. Dieses Kapitel befasst sich daher mit den europäischen Arbeiterräten während des französisch-preußischen Krieges von 1870/1871 sowie während des Ersten und Zweiten Weltkrieges. Entlang dieser Ereignisse werden die Ursprünge, die Entwicklung und das endgültige Schicksal der Räte nachgezeichnet.

Der Bürgerkrieg in Frankreich 1871

Die Revolution von 1871 wird für gewöhnlich als die ‚Pariser Kommune' bezeichnet. Wie wir sehen werden, wird dadurch die Rolle des ersten Arbeiterrates überdeckt, der in vielerlei Hinsicht eine sehr viel radikalere Innovation darstellte als die Kommune selbst. Die erste Vorbedingung für das Entstehen der Arbeiterdemokratie der Masse – eine bedeutende Krise – war erfüllt, als Frankreichs Kaiser Napoleon III. 1870 eine katastrophale Niederlage gegen die Preußen erlitt. Der Großteil seiner Armee geriet in Gefangenschaft, und er selbst wurde im September gestürzt. Ohne die Fähigkeit der physischen Machtausübung erwies es sich für die neue Regierung als sehr schwierig, die Autorität des französischen Staates wieder herzustellen.

Die Aussichten auf die zweite Voraussetzung, die kollektive Organisierung, sahen zunächst nicht vielversprechend aus. Obwohl die Pariser Arbeiterklasse die Mehrheit der Hauptstadtbevölkerung ausmachte (Bron 1968, 115), arbeitete sie nur in winzigen Werkstätten. 62 Prozent der Wirtschaftseinheiten bestanden gerade einmal aus zwei Arbeitern, während nur sieben Prozent mehr als zehn beschäftigten (Gaillard 1977, 55-56). All dies änderte sich, als Preußen den Belagerungszustand über die Hauptstadt verhängte. Die Mehrheit der Reichen floh im Vorfeld aus der Stadt, das Wirtschaftsleben kam zum Erliegen, und die Armen litten unter einer schrecklichen Hungersnot, während der sie Hunde, Katzen und Ratten aßen. Um der massiven Unzufriedenheit zu begegnen und die Mittel zur Verteidigung der Stadt bereitzustellen, bewaffnete die Regierung die Arbeiter, die nun die überwältigende Mehrheit der 340.000 Personen starken Nationalgarde bildeten.

Auf diese Weise erreichte die Pariser Arbeiterklasse eine kollektive Organisation, wenn auch auf einem höchst eigenem Wege. Die Offiziere der Nationalgarde wurden gewählt, und durch das tägliche Versammeln zu Exerzierzwecken konnten die einfachen Soldaten direkte demokratische Kontrolle über sie ausüben (Lucipia 1904, 222). Ein aus Delegierten der verschiedenen Milizeinheiten zusammengesetztes Zentralkomitee verlieh dieser Massenbewegung direkten demokratischen Ausdruck. Seine Statuten setzten fest: „Die Nationalgarde hat das absolute Recht, ihre Offiziere auszuwählen und sie wieder abzuberufen, sobald sie das Vertrauen derjenigen verloren haben, die sie gewählt haben" (EDHIS 1988). Diese Charakteristika direkter und fortdauernder Demokratie zuzüglich des Rechtes auf Abberufung sollten in den späteren Arbeiterräten wieder auftauchen.

Als die französische Regierung erst einmal mit Preußen ihren Frieden geschlossen hatte, sah sie diese Milizsoldaten als tödliche Bedrohung an. Am 18. März 1871 versammelte sie die wenigen Soldaten, die ihr geblieben waren, und versuchte, die Garden durch das Fortschaffen ihrer Kanone vom Montmartre zu entwaffnen. Massenproteste von Frauen aus der Arbeiterklasse und eine Meuterei unter den Soldaten verhinderten dies, worauf die Restverbände des Staates sich ins nahe gelegene Versailles davonmachten und einen Bürgerkrieg entfesselten, der in der Überwindung der Stadtmauern und dem gnadenlosen Abschlachten der arbeitenden Klasse von Paris endete.

Dennoch hatte in Form des Zentralkomitees der Nationalgarde ein Arbeiterrat über den kapitalistischen Staat triumphiert, wenn auch nur in einer Stadt und nur für kurze Zeit. Am Tag nach der Revolution beschrieb eine Zeitung dies als:

> „beispiellos in der Geschichte. Eure Revolution hat einen besonderen Charakter, der sie von anderen unterscheidet. Ihre fundamentale Großartigkeit ist, dass sie ganz allein vom Volk ge-

macht wurde, als kollektive gemeinschaftliche revolutionäre Unternehmung, anonym, einstimmig und zum ersten Mal ohne Führer (...) eine massive Errungenschaft, die in der Autorität der Arbeiter ihre Stärke besitzt! Dies ist natürliche Macht, spontan, nicht widerrechtlich, die geboren ist aus dem öffentlichen Bewusstsein der ‚gemeinen Multitude' [des gemeinen ‚Pöbels'], die provoziert und angegriffen wurde und sich nun auf legitime Weise selbst verteidigt" (*La Commune,* 19. März 1871).

Im Schatten dieses ersten Arbeiterrates genossen zwischen März und Mai 1871 verschiedene Volksinitiativen eine außergewöhnliche Blütezeit, zu deren Erörterung uns hier leider der Platz fehlt. Dabei wurden radikale Experimente bezüglich Bildung, Arbeiterkontrolle, Kunst und sozialer Gerechtigkeit unternommen (Gluckstein 2006, 11-54).

Allerdings gab es auch Probleme. Viele Aktivisten waren von Proudhons Anarchismus beeinflusst und argumentierten gegen die Errichtung eines neuen Staates, auch wenn er auf kollektiver Macht beruhte.[1] Sie hofften, dass die Schaffung des Modells einer neuen Gesellschaft ausreichend sein würde, um Unterstützung von Außen zu erlangen und die Zerstörung durch die Versailler Kräfte zu verhindern. Andere, wie die Blanquisten, waren nur an einer revolutionären Diktatur und einer zentralisierten politischen Organisation interessiert. Sie sahen in den massiven Bemühungen zur Umsetzung der Demokratie oder zur Schaffung des Sozialismus nur eine Ablenkung vom Kampf ums Überleben.

Außerdem war der Arbeiterrat so neuartig, dass sein einzigartiger Charakter gar nicht richtig verstanden wurde. Doch anstatt in der Nationalgarde die Schlüsselinstitution der Märzrevolution zu sehen, erklärte das Zentralkomitee „Unsere Mission ist vollendet" (Rougerie 1971, 135) und überließ die Macht der Kommune. Diese bestand in einem Stadtrat, der auf geographischer Basis auf Grund von Regeln, die aus Zeiten vor der Revolution stammten, gewählt worden war. Natürlich handelte in einem Umfeld massiver Volkserhebung und Bürgerkrieg diese Lokalregierung sehr unterschiedlich im Vergleich zu einer gewöhnlichen Gemeindekörperschaft, wobei ihr aber die einzigartigen Merkmale, die das Zentralkomitee der Nationalgarde sowohl rechenschaftspflichtig als auch zum direkten Ausdruck kollektiver Stärke gemacht hatten, fehlten.

Schließlich ertränkten die Versailler Kräfte, verstärkt durch rasch von Preußen aus der Gefangenschaft entlassene Soldaten, die Stadt Paris in Blut, um zu verhindern, dass sich die Subversion ausbreitete. Die Opferzahlen, darunter viele

1 Proudhon (1809-1865), Autor des berühmten Satzes „Eigentum ist Diebstahl", unterstrich die Idee der Kommunen als Grundlage eine föderalen Gesellschaft ohne zentrale politische Autorität.

nicht kämpfende Frauen und Kinder, überstiegen in nur einer Woche die Zahl der während der Großen Französischen Revolution von 1789-93 Hingerichteten um ein Vielfaches (Edwards 1971, 346). Dies war eine Warnung, wie weit der Kapitalismus zu gehen bereit war, um seine Privilegien zu verteidigen und sich an seinen Feinden zu rächen. Trotzdem war die Erfahrung von 1871 unschätzbar. Sie zeigte, dass kollektive, demokratische Selbstorganisation auf die ungewöhnlichste Weise entstehen kann und sie bleibt durch die *Internationale,* das von einem Kommunarden geschriebene Lied, in dem ihre Ziele symbolisiert sind, bis zum heutigen Tag eine Inspiration.

Der Erste Weltkrieg und seine Folgen

Der Rat, der sich 1871 in Paris gebildet hatte, muss als untypisch für später gelten. Die weitere Entwicklung des Kapitalismus brachte zunehmend umfangreiche und konzentrierte Produktionseinheiten mit sich. Dies bedeutete, dass kollektive Organisationsformen sich nun innerhalb der Arbeitsstätten bildeten, die nun zu industriell geprägten Fabriken wurden. Dieses Phänomen wurde deutlich, als 1914 der Krieg ausbrach und die Krisenbedingungen auf dem europäischen Kontinent verallgemeinerte. Tendenzen hin zu Arbeiterräten waren in einer ganzen Reihe von Ländern zu beobachten. Im Folgenden werden wir vier Beispiele näher betrachten, wobei jeder Fall eine unterschiedliche Charakteristik von Räteentwicklung aufweist. Im Verlauf des Jahres 1915 bildete sich in Glasgow die Keimzelle eines Arbeiterrates. In den Jahren 1918/1919 entwickelten sich Arbeiterräte in Berlin sehr viel weiter und forderten zeitweise die Staatsmacht heraus. Während der „zwei roten Jahre" in Italien, die unmittelbar auf den Ersten Weltkrieg folgten, erhielten die Arbeiterräte durch Gramsci einen klaren theoretischen Ausdruck, der die Erfahrung von Turin reflektierte. Schließlich werfen wir noch einen Blick nach Russland, wo die Arbeiterräte ihren Höhepunkt erreichten.

Der Hintergrund für alle vier Beispiele war ähnlich. Bis zum Ausbruch des Krieges am 4. August 1914 klagten sozialistische Parteien quer durch Europa den imperialistischen Krieg an und versprachen, „für seine rasche Beendigung einzutreten" (Resolution 1907 der Zweiten Internationale, zit. in Frölich 1990, 217). Binnen weniger Tage nach Kriegsausbruch hatten die meisten von ihnen ihr Versprechen bereits gebrochen und sich auf eine Linie mit ihrer jeweiligen Staatsmaschinerie begeben. Noch am 2. August hielt die Britische Labour Partei ein Demonstration unter dem Motto: „Nieder mit dem Krieg!" ab (McNair 1955, 43f.). Ein paar Monate später trat sie in die Kriegskoalitionsregierung ein und unterstützte die Kriegsnotstandsgesetze *Defence of the Realm Act* (DORA) und *Munitions Act*, durch die Streiks gesetzlich verboten wurden. Alle Abgeordneten der in Deutschland einflussreichen Sozialdemokratischen Partei (SPD) bis auf zwei stimmten für die Unterstützung des Krieges, und der Kaiser erklärte den „Belagerungszustand".

Die Italienische Sozialistische Partei (PSI) stand in verbaler Opposition zum Konflikt, erklärte jedoch, den „Klassenkampf angesichts des Krieges für zeitweise verboten" (*Avanti!* Ausgabe für Turin, 17. Oktober 1918). In Russland hatte das zaristische Regime seinen Repressionsapparat bereits aufgestellt, bevor der Krieg begann.

Mit einer offiziellen Führung, die sich bereitwillig die patriotische Zwangsjacke anlegen ließ, wurde die Arbeiterklasse eine leichte Beute der Unternehmer, die darauf versessen waren, vom Krieg zu profitieren. Der Krieg brachte auf beiden Seiten der Schützengräben ähnliche Bedingungen. Zum Beispiel ging die Inflation überall steil in die Höhe und führte über die gesamte Kriegszeit gesehen zu Steigerungen von 205 % für Großbritannien, 300 % für Deutschland und 400 % für Italien (Gluckstein 1985, 50).

Die Rüstungsarbeiter, industrielle Schlüsselkraft der modernen Kriegführung, befanden sich besonders im Visier des Staates. In Großbritannien beschränkte der *Munitions Act* das Streikrecht. Das wurde in Deutschland durch das Hilfsdienstgesetz nachgeahmt. Arbeitsniederlegungen waren in Russland bereits ungesetzlich, während in Italien viele Arbeiter bereits unter Wehrpflicht standen und vors Kriegsgericht gestellt wurden, wenn sie streikten. Die Arbeitsstunden in der Rüstungsindustrie stiegen bis an die physische Grenze. Die Fiat-Arbeiter hatten eine 75-Stunden-Woche, während die Dreher in Berlin in Sechs-Tage-Woche mit obligatorischer Sonntagsarbeit fünf bis zwölf Stunden zusätzlich arbeiteten (ebd., 52). Die Gewerkschaftsfunktionäre folgten ihren reformistischen Kollegen in der Politik und taten nichts, um sich dem entgegen zu stellen. In Italien stellte die Maschinenbaugewerkschaft trotz verbaler Opposition gegen den Krieg fest, dass es, da „(sie) nicht dazu in der Lage waren, den Krieg zu verhindern, kindisch und lächerlich wäre zu denken, gegen seine Folgen Widerstand leisten zu können" (B. Buozzi, Führer der FIOM, zitiert nach Abrate 1967, 168).

Allerdings gab das gewaltige Beschäftigungswachstum in der Rüstungsindustrie (135 Prozent in Russland, 34 Prozent in Großbritannien und 44 Prozent in Deutschland, (Smith 1983, 10; Gluckstein 1985, 47) diesen Arbeitern nie da gewesene Tarifverhandlungsmacht – wenn sie denn organisiert waren. Von den Funktionären im Stich gelassen, hatten sie keine andere Wahl als ihre eigenen Strukturen aufzubauen. Quer durch Maschinenbauzentren wie Petrograd (St. Petersburg), Berlin, Glasgow und Turin wurden Vertreter aus dem Fußvolk gewählt und Komitees gebildet. Im zaristischen Russland mussten sie unter dem Dach der offiziellen Gremien der Kriegsindustrie Unterschlupf suchen. In Berlin wurden diese Vertreter als *Obleute* bezeichnet, in Glasgow als *Shop Stewards*, in Turin als *Kommissare*. Ohne auf bewusste Weise den Weg hin zu Arbeiterräten eingeschlagen zu haben, waren damit die ersten Schritte getan. Einmal mehr lieferte ein kontinuierlicher Wahlsektor (in diesem Fall der Betrieb) die Grundlage für sofortige Abwählbarkeit und direkte Demokratie.

Hierbei handelte es sich jedoch noch nicht um Arbeiterräte, sondern sie bedurften weitergehender Entwicklung, sowohl im organisatorischen als auch im ideologischen Sinne. Wenn ein Obleute-Komitee sich selbst auf wirtschaftliche Forderungen und den jeweiligen individuellen Arbeitsplatz beschränkte, war es nichts weiter als ein temporärer Ersatz für die Gewerkschaft. Allerdings zog der Krieg auch einen wichtigen ideologischen Stützpfeiler des Kapitalismus in Zweifel – die Trennung zwischen Wirtschaft und Politik. Unter „normalen" Umständen gibt es eine bestimmte Arbeitsteilung: reformistische Abgeordnete kümmern sich im Parlament um politische Aufgaben, während Gewerkschaftsfunktionäre arbeitsbezogene Themenbereiche bearbeiten. Demzufolge ist der Kampf um Bezahlung und Arbeitsbedingungen auf die ökonomische Sphäre begrenzt, aufgeteilt in Industrie und Betriebe. Der Staat ist davon nicht bedroht. Die offizielle Politik kümmert sich nicht um die Beziehungen zwischen Kapitalisten und Arbeitern und Arbeiterinnen, daher beruhen alle stattfindenden Debatten auf den Klassenbegriffen der Herrschenden.

Derartige Überlegungen waren in Russland, wo jeder Streik von der zaristischen Repression bedroht war und die Institution des Parlamentes (Duma) nur geringe Glaubwürdigkeit besaß, kaum von Bedeutung. In Folge dessen überstiegen in Industriezentren wie Petrograd von Anfang an offen politische Streiks die ökonomischen (Smith 1983, 50). In Westeuropa zog sich der Übergang vom Wirtschaftlichen zum Politischen, vom individuellen Arbeitsplatz zu gesamtstädtischen Räten, länger hin. Der Krieg förderte aber diesen Prozess. Die Notstandsgesetze brachten die streikenden Arbeiter in unmittelbaren Konflikt mit dem Staat. Jede Aktion zur Verteidigung der Bezahlung gegen die galoppierende Inflation oder für die Linderung unerträglicher Arbeitsbedingungen galt als inoffiziell und illegal und war von daher implizit politisch. Angesichts der Repression durch die Regierung ging man bei Arbeitsniederlegungen nicht das Wagnis ein, lokal begrenzt zu bleiben. Sie breiteten sich vielmehr durch Streikkomitees, die viele verschiedene Betriebe umfassten, über ganze Städte aus.

Diese verfestigten sich zu ständigen Organisationen mit folgenden Merkmalen: 1. demokratische Vertretung der Arbeiter am Produktionsstandort und sofortige Abwahlmöglichkeit der Delegierten, die als Obleute keine gesonderte Bezahlung erhalten, 2. im Entstehen begriffene Arbeitermacht – die unabhängige Selbstorganisation der Arbeiter schafft in einem ausgedehnten geographischen Gebiet eine Betriebe übergreifende Möglichkeit, den Kapitalismus über das rein Ökonomische hinaus bis ins Politische hinein herauszufordern.

Glasgow

Während die oben erwähnten Merkmale international auftraten, hatte jedes Land darüber hinaus seinen eigenen Weg. In Großbritannien ging die traditionelle Trennung zwischen Politik und Wirtschaft besonders tief, und so wurden nur die ersten zögerlichen Schritte in Richtung auf Arbeiterräte vollzogen. Anfang 1915 streikten die Arbeiter in Glasgow trotz Krieg für eine höhere Bezahlung. Um den Konflikt auszutragen, wurde ein Komitee gebildet, das 10.000 wild Streikende aus 26 Betrieben miteinander verband (Hinton 1973, 106). Im weiteren Verlauf des Jahres bildete sich in der Region Glasgow das Clyde Workers' Committee (CWC) heraus. Indem es Woche für Woche 300 Stewards zusammen brachte (Gluckstein 1985, 68), war es faktisch ein permanentes Streikkomitee. In seinem ersten Flugblatt wurde das grundlegende Prinzip einer Basisorganisation erklärt:

„Wir werden die Funktionäre nur so lange unterstützen, wie sie die Arbeiter auf die rechte Art vertreten, aber wir werden sofort unabhängig handeln, sobald sie dies auf falsche Weise tun. Zusammengesetzt aus Delegierten aus jedem Betrieb und ungehindert von überholten Regeln oder Gesetzen, erheben wir den Anspruch, die wahre Gesinnung der Arbeiter zu vertreten."

Die Bildung von Gewerkschaften war ein gewaltiger Schritt nach vorn für die Arbeiterschaft, sie blieben jedoch bloße Körperschaften zur Aushandlung besserer Abschlüsse *innerhalb des Kapitalismus.* Die Bewegung der Shop Stewards begann dort, wo die Gewerkschaften aufhörten, und erhellte den Weg hin zu einem Übergang *jenseits des Kapitalismus.*

Trotz seines spontanen Aufkommens war das Clyde Workers' Committee kein Werk von Anfängern. Die meisten führenden Stewards waren Mitglieder sozialistischer Parteien, wie Willie Gallacher (British Socialist Party) oder Tom Clark (Socialist Labour Party). Das Gleiche traf auch auf jede andere Arbeiterrätebewegung des Ersten Weltkrieges zu. Da das CWC bereits „die wahre Gesinnung der Arbeiter" zum Ausdruck brachte, zögerten die Sozialisten in diesem, ihre politisch fortgeschritteneren Ideen in den Fabriken offen zum Ausdruck zu bringen. Ihre Kampagnen richteten sich auf ökonomische Fragen wie die Bedrohung qualifizierter Maschinisten durch die Anstellung ungelernter Frauen. Gelegentlich gelang es ihnen auch, die Regierung mit ihren großangelegten Kampagnen in die Enge zu treiben, mit denen sie die Folgen des imperialistischen Krieges bekämpften (z. B. hohe Mieten). Dabei brandmarkten sie aber niemals den Krieg selbst. J. T. Murphy, ein Führer der Shop Stewards von Sheffield, brachte dies folgendermaßen zum Ausdruck:

„Keiner der Streiks, die im Verlauf des Krieges stattfanden, war ein Anti-Kriegs-Streik. Sie wurden häufig von Männern wie mir angeführt, die den Krieg beenden wollten, aber dies war nicht der eigentliche Beweggrund. Wäre die Frage der Beendigung des Krieges auf irgendeiner Streikversammlung zur Abstimmung gebracht worden, wäre sie mit überwältigender Mehrheit abgelehnt worden" (Murphy 1941, 77).

Murphys Darstellung zeigt auf, dass die große Stärke des Arbeiterrates – sein genuin repräsentativer Charakter – zugleich auch seine potenzielle Schwachstelle war. Wenn die Mehrheit der Arbeiter nicht von der Notwendigkeit einer radikalen Politik überzeugt war, musste der Rat bei der Herausforderung des kapitalistischen Staates scheitern und schließlich von diesem zerstört werden. Im Februar/März 1916 wurde das CWC durch eine Reihe von Verhaftungen zerschlagen, und die Initiative ging auf die Shop Stewards von Sheffield über.

Berlin

Die deutsche Arbeiterrätebewegung begann unter ähnlichen Umständen wie in Glasgow, ging jedoch viel weiter. Der Krieg brachte eine galoppierende Inflation und Nahrungsmittelknappheit mit sich und hatte ebenso politische Folgen, besonders nach dem Fall des Zarismus in Russland. Im Laufe des April 1917 streikten in Berlin 200.000 Arbeiter gegen die Kürzung von Rationen, während in Leipzig der erste deutsche Arbeiterrat entstand und Nahrung und Frieden einforderte (Flechtheim 1966, 102f.). Während sich der Krieg verschärfte, verhinderte eine Kombination aus staatlicher Repression und Beschwichtigung durch reformistische politische Führer eine allumfassende Herausforderung des Staats, und die Bewegung verzeichnete einen zeitweisen Rückgang, blieb jedoch eine populäre Organisationsform.

Die militärische Niederlage und der Kieler Matrosenaufstand vom 2. November 1918 ließen die Dämme brechen und führten zu einer landesweiten Rebellion, die den Kaiser stürzte. Am 9. November wurden in Industriezentren wie Berlin, Bremen und Hamburg Betriebswahlen zur Wahl von Delegierten abgehalten, bei deren Versammlungen Arbeiter über ganze Städte hinweg miteinander verbunden wurden. Als diese Arbeitervertreter sich mit rebellischen Soldaten und Matrosen zusammenschlossen, bildeten sie ein radikales Zentrum massiver physischer Kraft, das es mit dem kapitalistischen Staat aufnehmen konnte. Dies war das, was die Bolschewiki in Russland „Doppelherrschaft" nannten.

Wie in Glasgow hatte eine Schicht von radikalen Maschinenarbeiteraktivisten die Grundlage für die Arbeiterräte gelegt. In Schottland behielt die radikale Strömung die Kontrolle (und wenn auch nur dadurch, dass sie über ihre Politik Stillschweigen bewahrte). Weil diese Körperschaften in Deutschland zu wahren Massenorganisationen geworden waren, waren sie der mehrheitlichen Stimmung in der Arbeiterklasse näher – und waren von der reformistischen SPD dominiert. Dies war eine Ironie, da die SPD jeder Form von Rätemacht als Alternative zum Parlament in erbitterter Feindschaft gegenüberstand. Obwohl die Arbeiter- und Soldatenräte fast ganz Deutschland kontrollierten, stimmte ihr Exekutivgremium mit zwölf zu zehn für die Wiedereinsetzung des Reichstages, was in der Realität die Beibehaltung des Kapitalismus bedeutete („Protokoll", 138-145).

Damit war jedoch die Angelegenheit nicht beendet. Wegen der sozialen Krise, bei der täglich 800 Deutsche an Hunger starben, mussten die Arbeiterräte unabhängig von ihrer offiziellen Politik handeln und Rationierungen und Zuteilungen organisieren, während in den Fabriken ein Prozess der Enteignung der Bosse begonnen hatte. Die Spannung zwischen der Ideologie und der Brutalität der kapitalistischen Krise musste auf die eine oder andere Weise gelöst werden.

Auf der anderen Seite warteten die herrschende Klasse und ihr SPD-Verbündeter ungeduldig auf eine Möglichkeit zum Gegenangriff. Sie fürchteten das wachsende Selbstvertrauen der Arbeiter, die zum Beispiel ein großzügiges Lohnabkommen auf der Grundlage ablehnten, dass „in einem sozialistischen Staat kein Platz mehr für irgendwelche Verhandlungen mit Privatkapitalisten ist" (*Freiheit,* 30. Dezember 1918). Anfang Januar 1919 entließ die Regierung Emil Eichhorn, Berlins linken Polizeipräsidenten. Dies im Wissen, es würde die Revolutionäre in Berlin zur Aktion zwingen. Das stellte ein Dilemma für die revolutionäre Linke dar, die trotz raschem Wachstum noch nicht die Mehrheit der Arbeiterräte kontrollierte. Sollte man zuerst diese Gremien für die Idee gewinnen, die Staatsmacht herauszufordern, oder sollte man sie übergehen und sofort handeln? Ein Teil der Obleute und die neu gegründete Kommunistische Partei Deutschlands beschlossen, letzteren Weg einzuschlagen. Das Ergebnis – der so genannte Spartakus-Aufstand – war ein Desaster.

Während die Masse der deutschen Arbeiterklasse weitgehend passiv blieb, wurden die kommunistischen Führungspersönlichkeiten Rosa Luxemburg und Karl Liebknecht zusammen mit 200 anderen getötet. Da machte es kaum einen Unterschied, dass wenige Wochen nach dem Spartakus-Aufstand die radikale

Linke im Berliner Arbeiterrat eine Mehrheit gewann (Gluckstein 1985, 156). Die Bewegung hatte einen kritischen Rückschlag erlitten.

Wenn die Lektion von Glasgow gewesen war, dass die Linke nicht dahinter zurückstehen sollte, eine alternative sozialistische Vision von Staat und Gesellschaft voran zu treiben, wenn der Arbeiterrat über den Kreis der radikalen Aktivisten hinaus wächst und eine Massengefolgschaft erlangt, dann war die bittere Lehre von Berlin, dass die Sozialisten es nicht wagen sollten, den Rat zu übergehen, der als ein feinfühliges Barometer der Arbeitermeinung einen entscheidenden Indikator dafür bildet, was politisch und taktisch möglich ist.

Turin

Turin war das Zentrum einer mächtigen Rätebewegung während der „zwei roten Jahre", die in Italien auf den Ersten Weltkrieg folgten. Sie hatte ihre Wurzeln in den Fiat-Automobilwerken und war bewusst bestrebt, eine Arbeiterkontrolle über die Produktion zu errichten und damit die Unternehmer zu ersetzen. In dem Artikel „Arbeiterdemokratie" brachten die marxistischen Intellektuellen Antonio Gramsci und Palmiro Togliatti diese Strömung zum Ausdruck. Sie fragten: „Wie können die ungeheuren gesellschaftlichen Kräfte, die der Krieg entfesselt hat, beherrscht werden? Wie (...) kann ihnen eine politische Form gegeben werden? (...) Wie kann man eine Verbindung von der Gegenwart zur Zukunft schaffen (...)?" (Gramsci; Togliatti 1980, 38) Anders als diejenigen, die das Parlament als den einzigen Weg zur sozialen Veränderung sahen, oder als diejenigen, die politische Strategien überhaupt ablehnten, wiesen Gramsci und Togliatti darauf hin, dass „der sozialistische Staat (...) in den Einrichtungen des gesellschaftlichen Lebens, die für die ausgebeutete arbeitende Klasse charakteristisch sind", potentiell schon besteht; dabei bezogen sie sich unter anderem auf den „Betrieb mit seinen Inneren Kommissionen" (ebd., 39, 40).

Dies bildete eine systematische Theorie zur Beschreibung dessen, wonach die Obleute in anderen westeuropäischen Staaten gesucht hatten. Es reflektierte und inspirierte zugleich die Entwicklung der „internen Kommissionen" in den einzelnen Werkshallen zu Fabrikräten, die größere Bereiche abdeckten. Diese verbreiteten sich bald über den Maschinenbaubereich hinaus, um die Industriebetriebe von Turin im Allgemeinen zu erfassen. Ihr Mobilisierungspotential war so groß, dass sie stark genug waren, um innerhalb von fünf Minuten eine vollständige Arbeitsniederlegung der 16.000 Fiat-Arbeiter zu erreichen und „ohne jegliche Vorbereitung innerhalb einer Stunde 120.000 Arbeiter, nach Betrieben aufgeteilt" mobilisieren konnten (Gramsci 1967, 98).

Dennoch erwies sich das Ziel des Aufbaus von demokratischer Arbeitermacht ohne eine gleichzeitig weitergehende bewusste Herausforderung des kapitalistischen Staates und der Unternehmerklasse als unzulänglich. Die Arbeiterkontrolle und die Aneignung der Macht auf der Ebene der Werkshallen, oder sogar der Betriebe, war nicht das Gleiche wie der Besitz der physischen Zwangsgewalt eines Staates, wie in Deutschland oder Russland zu sehen war. Die Begrenztheit der Bewegung wurde im April 1920 aufgezeigt, als sich ein größerer Streik entwickelte. Er war auf Turin beschränkt und wurde daher niedergeschlagen. Gramsci erkannte, dass, so wichtig auch eine Organisierung auf Werkshallenebene war, diese doch nicht weit genug ging. Ohne die Bedeutung demokratischer Kontrolle, die grundlegend auf Basisebene organisiert war, zu unterschätzen, begann er zu betonen, dass die „Macht in der Fabrik in Bezug auf die Macht im Staat nur als ein Element angesehen werden kann" (Gramsci 1977, 183). Dies rückte die Frage der politischen Führerschaft in den Vordergrund, und Gramsci spielte in der Folge bei der Gründung der Kommunistischen Partei Italiens eine Schlüsselrolle.

Petrograd

Es war Russland, wo die Arbeiterrätebewegung ihren größten Erfolg erreichte, da hier der Rat (oder, um den russischen Begriff zu verwenden – der Sowjet) zur Grundlage eines neuen Staates wurde. Ein solches Gremium war bereits 1905 in St. Petersburg eingerichtet worden, als eine Niederlage in einem Krieg gegen Japan eine Revolution ausgelöst hatte. Leo Trotzki, der Vorsitzende des Petersburger Sowjet, fasste dessen Stärken folgendermaßen zusammen. Er war:

> „eine Antwort auf eine objektive Notwendigkeit – eine Notwendigkeit, die aus dem Lauf der Ereignisse geboren war. Er war eine maßgebende Organisation und konnte, obwohl er noch keinerlei Traditionen hatte, unvermittelt weit verstreute Massen von hunderttausenden von Menschen erfassen, wobei er praktisch keinen Organisationsapparat besaß; vereinte die revolutionären Strömungen innerhalb des Proletariats; war zu Initiative und spontaner Selbstkontrolle in der Lage und konnte – was von allem am wichtigsten war – innerhalb von 24 Stunden aus dem Untergrund heraus mobilisiert werden" (Trotzki 1972, 87).

Obwohl sich der Zarismus zeitweise erholte und der Sowjet von 1905 aufgelöst wurde, dauerte die Erinnerung an ihn fort. Dann brachte der Erste Weltkrieg intensives Leiden über Russland. Anders als in Westeuropa, wo politische und gewerkschaftliche Reformisten (wenn auch unter Schwierigkeiten) in der Lage waren, als Sicherheitsventile zu fungieren, um die Rätebewegung aufzuhalten, hatte in Russland die Repression durch die Regierung diesen Weg der Kanalisierung verschlossen. Deshalb stand, als sich im Februar 1917 in Petrograd die Armee weigerte, auf die hungrigen streikenden Arbeiter zu schießen, der massenhaften Wiedererrichtung der Sowjets nichts im Wege. Sie machten so gut wie keinen der Entwicklungsprozesse durch, wie sie im Westen zu beobachten waren. Der Petrograder Rat entstand tatsächlich innerhalb von 24 Stunden. Er beruhte auf einem Fabrikdelegierten pro 1.000 Arbeiter und einem Delegierten pro Regiment. Dies bedeutete, dass sich von Anfang an die kollektive Macht am Arbeitsplatz mit der physischen Macht bewaffneter Männer verband. Und dies traf einen kapitalistischen Staat, der sich in praktisch vollkommener Unordnung befand.

Gleichwohl unterschied sich der Sowjet in seinen Grundlagen nicht vom Shop-Steward-Komitee oder vom Fabrikrat, sei es in seinen Stärken oder in seinen Schwächen. Trotz des Fehlens wohl etablierter Reformpolitiker begriff die Mehrheit der Sowjetdelegierten nicht das Potential der Institution, die sie verkörperte. Der Zarismus mochte abgeschafft worden sein, aber die Meisten erwarteten nun den nächsten Schritt hin zu einem kapitalistischen Staat mit westlich parlamentarischen Grundzügen. Eine radikalere Auswirkung war in weiteren Kreisen nicht ins Auge gefasst, und diese Ansicht fand sich in der Ratsmehrheit widergespiegelt – den Menschewiki (die die weniger radikalen Arbeiter repräsentierten) und ihren Verbündeten, den Sozialrevolutionären (die sich auf die zahlreiche Bauernschaft stützten). Dagegen konnten die Bolschewiki, die „Alle Macht den Sowjets" forderten, nur 65 von 2.800 Delegierten stellen.

Es war allerdings ein Zeichen für die institutionelle Demokratie, dass die aufeinanderfolgenden politischen Krisen vom April, Juli und September eine kontinuierliche Entwicklung in der politischen Zusammensetzung der Räte hervorriefen. Als der andauernde Krieg und der sich vertiefende soziale Zusammenbruch ihren Tribut forderten, zogen die Sowjets bei der Radikalisierung der Arbeiter mit. Im April 1917 hatte Wladimir Iljitsch Lenin argumentiert, die von ihm geführte bolschewistische Partei müsse „innerhalb der Sowjets um Einfluss kämpfen", und dieser Ansatz zahlte sich im Laufe der Zeit aus. Die sofortige Abwählbarkeit bedeutete, dass die öffentliche Enttäuschung über die Politik der aus Menschewiki und Sozialrevolutionären bestehenden Regierung zur fortschreitenden Abberufung von deren Delegierten führte, deren Platz von Revolutionären eingenommen wurde. Im Oktober 1917 besaßen die Bolschewiki eine Mehrheit im Rat von Petrograd, und das Militärische Revolutionäre Komitee des Petrograder Sowjets eroberte im Zuge eines beinahe unblutigen Aufstandes die Macht, indem es die Kontrolle über das Winterpalais übernahm und die

Kerenski-Regierung stürzte. Das Revolutionäre Militärkomitee erklärte dann, das System der Sowjets würde die Basis des neuen sozialistischen Staates bilden.

Diese Entwicklung machte den wesentlichen Unterschied zwischen Russland und anderswo deutlich. Die russischen Arbeiterräte waren stark genug, eine wirkliche Staatsmacht auf eigener Rechtsgrundlage zu begründen. Zwar war dies auch in Deutschland der Fall. Russland hatte aber darüber hinaus eine revolutionäre Massenpartei, die dem Gedanken der Macht der Arbeiterräte verpflichtet war. Die bolschewistische Partei war stark genug, dem Druck innerhalb der Arbeiterräte zu widerstehen, sich der Mehrheit anzupassen, die immer noch dem Reformismus verschrieben war. Ein solcher Druck hatte die Sozialisten in Glasgow daran gehindert, ihre radikalen Ansichten zu vertreten. Auch das Streben der Bolschewiki nach Sozialismus (verbunden mit anfänglich fehlendem Kontrolleinfluss innerhalb des Sowjet) verleitete sie nicht dazu, sich über dieses Gremium hinwegzusetzen, wie dies in Berlin der Fall gewesen war. Lenins Partei hatte die Zuversicht, dass ihre Argumente auf längere Sicht siegreich sein würden. Sie verstand die Notwendigkeit, die Sowjets für einen revolutionären Wechsel zu gewinnen. Die Erfahrung von 1917 wurde von Trotzki, der in Petrograd erneut zum Vorsitzenden gewählt worden war, folgendermaßen zusammengefasst:

> „Die Organisation, mit deren Hilfe das Proletariat imstande ist, nicht nur die alte Macht zu stürzen, sondern auch sie abzulösen, sind die Sowjets. (...) Freilich, die Sowjets an sich lösen die Frage noch nicht. In Abhängigkeit von Programm und Führung können sie verschiedenen Zwecken dienen. (...) Wenn die Sowjets unter den Bedingungen der Revolution – außerhalb der Revolution sind sie überhaupt undenkbar – die gesamte Klasse erfassen, mit Ausnahme der gänzlich rückständigen, passiven oder demoralisierten Schichten, so stellt die revolutionäre Partei den Kopf der Klasse dar. Die Aufgabe der Machteroberung kann nur gelöst werden durch eine bestimmte Verbindung von Partei und Sowjets" (Trotzki 1973, 835).

Tragischerweise hatte der russische Sowjetstaat nur eine kurzlebige Existenz, auch wenn der Name beibehalten wurde. Die zahlenmäßige Schwäche der Arbeiterklasse in einem hauptsächlich bäuerlich geprägten Land sowie deren physische Zerstörung im Bürgerkrieg und durch ausländische Interventionen führten zur Aushöhlung der Räte als bedeutsame demokratische Gremien. Dies war verbunden mit der gleichzeitigen Entartung der bolschewistischen Partei unter Stalin. Jede Organisation war auf die andere angewiesen gewesen, um erfolgreich sein zu können, und konnte nicht lange an der Macht überleben, wenn die andere fehlte. Dies sollte tief reichende Folgen haben, als der nächste große Krieg begann.

Der Zweite Weltkrieg und das Fehlen von Räten

Auf den ersten Blick verfügte der Zweite Weltkrieg über alle inhaltlichen Voraussetzungen für ein Wiedererstehen von Arbeiterräten im großen Maßstab. Er war ein Ereignis, das hinsichtlich des reinen menschlichen Leidens, der sozialen und wirtschaftlichen Umwälzungen und der Zerstörung herkömmlicher staatlicher Strukturen den Konflikt der Jahre von 1914 bis 1918 bei Weitem übertraf. Dennoch machten die Vorkriegsbedingungen in einigen Ländern, die wir bereits betrachtet haben, die Entstehung von Räten unwahrscheinlich. Während der 1930er Jahre war die Repression im stalinistischen Russland und in Nazideutschland so umfassend und intensiv, dass nur sehr geringe Aktivitäten der Arbeiterklasse erwartet werden konnten.

Anderswo waren die Parallelen zum Ersten Weltkrieg größer. Der politisch-ökonomische Waffenstillstand, den reformistische Politiker und Gewerkschaftsführer ihren Regierungen anboten, machte die Arbeiter in Westeuropa ein weiteres Mal anfällig für ein enormes Ansteigen der Ausbeutung. In Großbritannien war die Labour Party Churchills Koalitionsregierung beigetreten, und prominente Gewerkschafter wie Ernest Bevin legten ihre Bemühungen in eine Maximierung der Produktion. In Frankreich ging dieser Prozess einen anderen Weg. Es kostete die deutsche Wehrmacht gerade einmal sechs Wochen, um das Land im Jahr 1940 zu überrennen. Dieser unerwartete Zusammenbruch wurde meistenteils der Bereitschaft des politischen und militärischen Establishments zugeschrieben, eher mit dem Nazismus zu kollaborieren als die Bevölkerung dazu aufzurufen, sich zu wehren. In beiden Ländern wurde der Rückhalt der traditionellen Organisationen der Arbeiterbewegung geschwächt, was eine Bewegung der Arbeiterräte möglich machte.

Wie im Ersten Weltkrieg erlebte Großbritannien auch während des Zweiten Weltkrieges eine Anzahl von Streiks, aber keiner von ihnen brachte beständige unabhängige Basisgremien wie das Clyde Workers' Committee hervor. In Frankreich dagegen entstand unter Nazibesatzung und Vichyregime eine mächtige Widerstandsbewegung, und Paris stand einmal mehr im Brennpunkt der Handlung. Im Laufe des Jahres 1944 gab es in der Hauptstadt Massenstreiks unter Einbeziehung von Polizei, Post- und Metrobediensteten. Obwohl General de Gaulle sie flehentlich dazu aufforderte, „unverzüglich zur Arbeit zurückzukehren und die Ordnung bis zum Eintreffen der Alliierten aufrecht zu erhalten" (zitiert in Tillon 1962, 318), brach ein allgemeiner Aufstand los. Trotzdem wurde die Absicht de Gaulles zur Wiederherstellung eines kapitalistischen Frankreich kaum in Frage gestellt. Daher war er kaum drei Tage nach der Befreiung von

Paris bereits dazu in der Lage, mit der Auflösung der Volksmilizen zu beginnen, und dieser Prozess stieß nur auf minimalen Widerstand (de Gaulle 1998, 661).

Trotz Jahren faschistischer Herrschaft erlebte Norditalien das höchste Niveau an Arbeiteraktivitäten während des gesamten Zweiten Weltkrieges. Im März 1943 befand sich, erneut mit Turin als Epizentrum, jede Fabrik in Piemont im Streik (Battaglia 1957, 32). Diese Bewegung spielte einige Monate später eine bedeutsame Rolle bei der Entscheidung des Faschistischen Großrates und des Königs, Mussolini als Machthaber den Laufpass zu geben. In den darauf folgenden Jahren fegten gewaltige Generalstreiks durch den gesamten Norden des Landes. In einigen Gebieten richtete der Widerstand sogar befreite Zonen ein. Die größte davon war die Republik Domodossola, die sich in der Nähe des Industriegebietes von Mailand befand. Dies war „der einzig bedeutungsvolle Teil des von Hitler besetzten Europa, dem es gelang, Unabhängigkeit und sogar Anerkennung zu erreichen“ (Lamb 1993, 220).

Zu keiner Gelegenheit bildete sich jedoch in Großbritannien, Frankreich oder Italien eine Institution ähnlich den Arbeiterräten. Warum war dies so? Der entscheidende Faktor war die Ablehnung durch verschiedene kommunistische Parteien. Sie mögen zwar ihren Ursprung in der Revolution von 1917 und der Errichtung eines Sowjetstaates gehabt haben, aber zu Zeiten des Zweiten Weltkrieges war dies lange vergessen. Diese Parteien genossen riesigen Einfluss in ihren jeweiligen Arbeiterbewegungen, aber von 1941 an versuchte jede von ihnen, Moskau in seinem Überlebenskampf gegen den Hitlerismus möglichst zu helfen durch Kollaboration mit jedwedem kapitalistischen Staat, der vielleicht Hilfe anbot. Stalin spielte daher die imperialistischen Motivationen Großbritanniens, Frankreichs und der USA herunter, die Kritik an ihren kapitalistischen Regierungen wurde zum Schweigen gebracht und der Krieg als reine, unverfälschte Schlacht gegen den Faschismus dargestellt. Deshalb fehlte die Revolte gegen die Bedingungen des Krieges, die ein so starkes Merkmal der Arbeiterräte des Ersten Weltkrieges gewesen war, während des Zweiten Weltkrieges völlig.

In Großbritannien zum Beispiel führte die Kommunistische Partei eine Kampagne zur Maximierung der Kriegsproduktion durch und denunzierte jede Arbeitsniederlegung als Sabotage (siehe z. B. Croucher 1982). In Frankreich akzeptierte die Kommunistische Partei brav die nachkriegsmäßige Auflösung der Resistance, weil dies den außenpolitischen Bestrebungen Moskaus entsprach.

Mitte 1945 kontrollierten die italienischen Partisanen erfolgreich große Teile des Nordens des Landes. Als jedoch Togliatti, der italienische Kommunistenführer, der 1919 zusammen mit Gramsci den wegweisenden Artikel „Arbeiterdemokratie“ geschrieben hatte, aus dem russischen Exil zurückkehrte, erstaunte er seine Anhänger, als er erklärte: „Die Arbeiterklasse muss die Position der Opposition und der Kritik, die sie in der Vergangenheit vertreten hat, aufgeben" (zitiert nach Sassoon 1981, 22). Anstatt Arbeiterräte zu propagieren, verlangte die Partisanenzeitung in einem Artikel unter dem Titel „Es lebe die Regierung der Nationalen Einheit", dass „jede Meinungsverschiedenheit bezüglich der Regierung, die wir in unserem Land wollen, jede gerechtfertigte Reform, wenn sie nicht dringend ist, zweitrangig sein, bei Seite gelegt und verschoben werden muss bis in die Zeit nach dem Sieg" (*Il Combattente,* Mai 1944, in: Longo 1971, 180).

Schlussfolgerung

Die Erfahrung des Zweiten Weltkrieges bestärkte in negativem Sinn die hart erworbenen Lehren aus der Pariser Kommune und dem Ersten Weltkrieg. In den früher gelegenen Fällen konnten die Arbeiterräte dort keinen Erfolg haben, wo ihnen das Selbstbewusstsein und die revolutionäre Zielsetzung fehlten, die ihnen nur eine radikale sozialistische Partei geben konnte. Während des Zweiten Weltkrieges versäumten es die Arbeiterräte, selbst aktiv zu werden, als die kommunistischen Parteien, von denen einmal Unterstützung zu erwarten gewesen war, es ablehnten, diese positive Rolle zu spielen und sogar davon abrieten, überhaupt Räte zu bilden.

Die Lehre aus der europäischen Erfahrung war, dass Arbeiterräte die Grundlage für eine andere Art von Staat bilden. Durch die sofortige Abwählbarkeit und die Tatsache, dass die Belegschaftsdelegierten keine besondere Bezahlung erhalten, während sie direkt und unmittelbar für ihre Wähler verantwortlich sind, bieten sie eine Art von Demokratie, wie sie für irgendeine konventionelle Institution unvorstellbar ist. Als kollektiver Ausdruck der Arbeiterklasse bieten sie einen Weg, die Scheindemokratie parlamentarischer Wahlen unter dem Kapitalismus zu überwinden. Im letzteren Fall befindet sich die wirkliche Macht in den Händen der Bosse statt bei der grundverschiedenen Masse von Individuen, die durch einen geographischen Zufall zusammengruppiert sind und die kaum mehr tun, als ein Kreuzchen auf ein Blatt Papier zu setzen, bevor sie das Feld von Macht und Privilegien für die nächste Reihe von Jahren anderen überlassen.

Die Räte können nicht isoliert betrachtet werden, sondern nur in einer symbiotischen Beziehung mit organisierten radikalen Ideen. Ohne ein selbstbewusstes Verständnis des revolutionären Potentials eines Rates neigt seine eigentliche Stärke, die Graswurzeldemokratie, zu reformistischen Reflexen und verharrt in den Grenzen der kapitalistischen Gesellschaft. Ebenso aber kann es ohne Arbeiterselbstorganisation und Demokratie, d. h. ohne die Institution des Arbeiterrates, keinen Sozialismus geben.

Literatur

Abrate, Mario (1967), *La lotta sindicale nella industrializzazione in Italia, 1906-1926,* zweite, überarbeitete Auflage, Mailand: Angeli.

Avanti! (Ausgabe Turin), 17. Oktober 1918.

Bron, Jean (1968), *Histoire du mouvement ouvrier français*, 2 Bde., Paris: Les Éditions Ouvrières.

Battaglia, Roberto (1957), *The Story of the Italian Resistance*, London: Odhams Press Limited.

Croucher, Richard (1982), *Engineers at War,* London: Merlin Press.

De Gaulle, Charles (1998), *The Complete War Memoirs,* New York: Carroll & Graf Publishers.

EDHIS – Editions d'histoire sociale (Hrsg.) (1988), Fédération Républicaine de la Garde Nationale. Comité Central. Statuts. Déclaration préalable, 26. September 1870, Les Révolutions du XIXe siècle, 1852-1872, Bd. 7: La Commune de Paris, Paris: EDHIS.

Edwards, Stewart (1971), *The Paris Commune, 1871,* London: Eyre and Spottiswoode.

Flechtheim, Ossip K. (1966), *Die KPD in der Weimarer Republik,* Frankfurt/M.: Europäische Verlagsanstalt.

Flugblatt des Clyde Workers' Committee, in: Beveridge Collection, III, item 5.

Frölich, Paul (1990), *Rosa Luxemburg.* Gedanke und Tat, Berlin: Dietz.

Gaillard, Jeanne (1977), *Paris, la ville 1852-1870,* Lille u. Paris: Honoré Champion.

Gluckstein, Donny (1985), *The Western Soviets.* Workers' Councils Versus Parliament 1915-20, London: Bookmarks.

— (2006), *The Paris Commune.* A Revolution in Democracy, London: Bookmarks.

Gramsci, Antonio (1967), „Die Turiner Fabrikrätebewegung (Bericht an das Exekutivkomitee der Kommunistischen Internationale vom Juli 1920)", in: A. Gramsci, *Zur Philosophie der Praxis,* hrsg. von Christian Riechers, Frankfurt/M.: S. Fischer, S. 89-100.

Gramsci, Antonio (1977) [3. April 1920], „Turin and Italy", in: *Selections from Political Writings (1910-20),* hrsg. von Quintin Hoare, London: Lawrence and Wishart, S. 182-184.

Gramsci, Antonio; Togliatti, Palmiro (1980) [21. Juni 1919], „Arbeiterdemokratie", in: A. Gramsci, *Zu Politik, Geschichte und Kultur,* hrsg. von Guido Zamis, Frankfurt/M.: Röderberg, S. 38-42.

Hinton, James (1973), *The First Shop Stewards' Movement*, London: Allen & Unwin.

Lamb, Richard (1993), *War in Italy, 1943-1945.* A Brutal Story, London: Da Capo Press.

Lenin, Wladimir Iljitsch (1959), „Briefe über die Taktik", in: *Lenin Werke,* Bd. 24, Berlin: Dietz, S. 24-37.

Longo, Luigi (1971), *Sulla via dell'insurrezione nazionale,* Roma: Editori Riuniti.

Lucipia, Louis (1904), „The Paris Commune of 1871", in: *International Quarterly,* Nr. 8, September 1903-März 1904.

McNair, John (1955), *James Maxton: The Beloved Rebel,* London: Allen & Unwin.

Murphy, John Thomas (1941), *New Horizons,* London: John Lane/The Bodley Head.

Protokoll der Sitzung des Vollzugsrates der Arbeiter- und Soldatenräte am 16. November 1918, in: *Beiträge zur Geschichte der deutschen Arbeiterbewegung,* Sonderheft zum 50. Jahrestag der Novemberrevolution, Berlin 1968, S. 138-145.

Rougerie, Jaques (1971), *Paris libre, 1871,* Paris: Editions du Seuil.

Sassoon, Donald (1981), *The Strategy of the Italian Communist Party.* From the Resistance to the Historic Compromise, London: Frances Pinter.

Smith, Steve (1983), *Red Petrograd.* Revolution in the Factories, 1917-18, Cambridge, London, New York: Cambridge University Press.

Tillon, Charles (1962), *Les FTP,* Paris: Julliard.

Trotzki, Leo (1972), *Die russische Revolution 1905,* [2. Auflage], Berlin 1923, Reprint: Berlin: Neuer Kurs.

— (1933/1973), *Geschichte der russischen Revolution,* Bd. 2/2: *Oktoberrevolution,* Frankfurt/M.: Fischer Taschenbuch Verlag. Internet-Version: http://file1.npage.de/002481/27/download/leo_trotzki_-_geschichte_der_russischen_revolution.pdf

Übersetzung aus dem Englischen: Klaus Lehmann

3. Der Rote Maulwurf: Arbeiterräte als Mittel revolutionärer Transformation

Sheila Cohen

Der Rote Maulwurf mag unerwarteten Wegemustern folgen
und ein seltsames Äußeres annehmen; er gräbt ständig,
er gräbt schnell und bewegt sich dabei grob in die richtige Richtung.
Daniel Singer, *The Road to Gdansk*

Der Begriff „Arbeiterräte" kann als ein allumfassender Titel für eine Organisationsform angesehen werden, die zu verschiedenen Zeiten und über verschiedene Länder hinweg von Gruppen von Arbeitern aktualisiert worden ist, die sich häufig nicht dieser Art von Struktur oder ihre historischen Vorläufer bewusst waren. In ihrer höchsten Ausdrucksform, dem Sowjet, und ihrer „niedrigsten", dem Betriebsrat am Arbeitsplatz, tritt diese Organisationsform in Situationen größerer Klassenkämpfe und sogar in alltäglichen Arbeitskämpfen immer wieder in Erscheinung.

Warum also greifen Arbeiter unabhängig voneinander zu dieser auf Ausschüssen beruhenden, von Delegierten geführten, unmittelbar demokratischen Struktur als mächtigstem Ausdruck ihres Widerstandes? Die Antwort ist einfach, weil die Form einfach ist; die Form entsteht aus den Erfordernissen der Situation, ist nicht aus der Luft gegriffen. Arbeiter, die mitten im Kampf stehen, haben weder die Zeit noch das Bedürfnis noch die Neigung, sich nach einer Reihe möglicher Alternativen umzusehen: Die Struktur der Arbeiterräte entwickelt sich auf „spontane" Weise, weil sie unmittelbar den organisatorischen Notwendigkeiten des Basiskampfes entspricht.

Voll entwickelte Arbeiterräte entstehen nahezu definitionsgemäß zu Zeiten erhöhten Klassenkampfes, zu Zeiten, die nicht nur diese Strukturen, sondern auch all die anderen typischen Ausdrucksformen umfassender Klassenkämpfe hervorzubringen pflegen: Massenstreiks, Besetzungen, zuweilen auch Unruhen. Die Natur der Arbeiterräte zu erforschen, bedeutet auch, die weiteren Aspekte solcher Zeitabschnitte und ihre gemeinsamen Merkmale zu untersuchen: Doppelherrschaft, direkte Demokratie, Eigenaktivitäten von unten, inoffizielle und gewerkschaftsübergreifende Arten von Arbeiterorganisation, Solidarität und Klasseneinheit und vor allen Dingen erhöhtes Klassenbewusstsein.

Berichte von Marx und Lenin über die 1871er Pariser Kommune und den 1905er Petrograder Sowjet, als Arbeiterräte in einem potentiell revolutionären Prozess ganze Städte und Fabriken übernahmen, verweisen auf eine Schlüsseldynamik, in der diese von Arbeitern gebildeten Strukturen zugleich den kapitalistischen Staat herausfordern und ein mögliches Muster für eine von Arbeitern geführte Gesellschaft erzeugen, die sich entlang eben dieser unmittelbar demokratischen, von Arbeitern bestimmten und verantworteten Leitlinien bewegt. In diesem Sinne bietet die „alltägliche" Form des Arbeiterrates eine entscheidende Verbindung zwischen organisatorischer Form und grundlegendem politischen Wandel und verweist auf die historische und politische Schlüsselbedeutung dieser Struktur.

Der folgende Beitrag wird Beispiele aus dem gesamten Verlauf der Geschichte des Kapitalismus vorlegen, um zu zeigen, auf welche Weise sich die Struktur der Arbeiterräte in den Kämpfen vom Chartismus von 1840 bis ins Argentinien des 21. Jahrhunderts beständig erneuert hat. Gleichzeitig wird dadurch belegt, dass die Bedeutung des Arbeiterrates als „Modell" für die *heutige* politische und ökonomische Situation außer Zweifel steht; erstens, weil die unvorhersehbare und „spontane" Art der Bildung von Arbeiterräten nahe legt, dass solche Strukturen selbst im scheinbar unwahrscheinlichen Kontext des Neoliberalismus des 21. Jahrhunderts wieder auftauchen; und zweitens, weil die Kraft, Poesie und Inspiration, die von diesen ureigensten Organisationen der Arbeiterklasse ausgehen, eine wichtige Erinnerung für die Linke bezüglich der fortbestehenden Bedeutung von Klassen darstellen.

Die vorliegende Darstellung wird nun damit fortfahren, einen Blick auf die bedeutenderen Merkmale von Arbeiterräten zu werfen und darauf, wie diese im revolutionärsten Ausdruck der Arbeiterräte von allen, nämlich in den russischen Sowjets, wiedererstanden und ihre Bestätigung fanden.

„Jeder Delegierte muss jederzeit abwählbar sein" ...

Zunächst besteht, wie bereits angedeutet, eines der wichtigsten Kennzeichen bei der Bildung von Arbeiterräten in ihrer instinktiven Aneignung von direkter Demokratie. Diese, anders als deren „repräsentativer" Typus, wie er aus den konventionellen politischen und gewerkschaftlichen Wahlprozessen bekannt ist, ist eine Form von demokratischer Entscheidungsfindung, die auf direktem Wege dem Willen der Mehrheit Ausdruck verleiht, der von den Delegierten, deren Basis die Arbeitsplätze sind, ausgedrückt wird, die unmittelbar zur Rechenschaft gezogen werden können, wenn sie es versäumen, sich an die Beschlüsse der Belegschaft zu halten. Die direkte Demokratie zeigt sich auf den Massenversammlungen, in den Delegiertenstrukturen und bei den rechenschaftspflichtigen und abwählbaren „lokalen Führern", wie sie immer noch für viele Arbeitsorte typisch sind (Fosh und Cohen 1990).

Diese Elemente direkter Demokratie können bereits in einigen der frühesten Erhebungen der Arbeiterklasse unter dem Kapitalismus festgestellt werden, wie im Chartismus, dem Kampf der britischen Arbeiter in den 1830er und 1840er Jahren für die Sechs-Punkte-„Charta", die die Forderung nach allgemeinem Wahlrecht einschloss. Diese Massenbewegung entwickelte eine Basisführerschaft, die während des historischen Generalstreiks von 1842 voll zur Geltung kam, als eine Reihe von Delegiertenkonferenzen eine noch frühere Tradition von Branchenkonferenzen widerspiegelte, die bereits seit 1810 abgehalten wurden (Charlton 1997).

Die gleichen direkten partizipativen Formen von Demokratie entstanden auch während des oft überaus schnellen Aufkommens von Basiswiderstand. In der „großen Erhebung", „*the Great Upheaval*", der späten 1870er in den USA unternahmen Eisenbahnarbeiter Massenstreikaktionen gegen Lohnkürzungen: „sie wählten (...) Delegierte zu einem gemeinsamen Beschwerdekomitee und ignorierten dabei die Leitung ihrer nationalen Gewerkschaften; als der Streik auf St. Louis übergriff, stellten die Arbeiter auf einer Streikversammlung ein Komitee aus je einem Vertreter jeder Eisenbahngesellschaft auf und besetzten die Relaisstation als Hauptquartier" (Brecher 1997, 17, 32).

Nahezu identische Strukturen wurden 20 Jahre später bei einer Reihe von massiven Auseinandersetzungen mit Eisenbahngesellschaften während der 1890er Jahre entwickelt. 1894 stellten gegen Pullman streikende Arbeiter ein zentrales Streikkomitee mit Vertretern aus jedem örtlichen Komitee auf. Die neu gegründete Eisenbahnergewerkschaft American Railway Union unter Führung von Eugene Debs leistete starke Unterstützung, aber die Kontrolle des Streiks blieb bei den Arbeiterkomitees. Anstatt den Streik selbst voranzutreiben, „autorisierte" die Gewerkschaft, in Debs' Worten, „die betreffenden Komitees, für den jeweiligen Betriebshof oder die jeweilige Strecke zu handeln" (ebd., 101f.). Dieser Grad an Rückendeckung für Basisaktionen durch etablierte Gewerkschaften ist sicherlich ungewöhnlich, auch Debs, später bekennender Sozialist, bremste letztlich die „direkte Massenaktion" im Pullman-Streik aus Angst vor einem „Aufstand" (ebd., 114).

Die von Brecher dokumentierten Streikwellen des 19. Jahrhunderts zeigten deutlich einen nahezu aufstandsartigen Charakter. Die Arbeiterkämpfe während des Ersten Weltkrieges stellten für eine nervös gewordene herrschende Klasse dann auch ein weit alarmierenderes Niveau an revolutionärem Potential dar. Abgesehen von den russischen Sowjets und ihrer entscheidenden Rolle in der Revolution von 1917 lag das Herz der Arbeiterrätebewegung in Deutschland, wo das Potential für eine Revolution, um dem sowjetischen Beispiel zu folgen und es zu unterstützen, ebenso stark wie ihr Scheitern tragisch war. Ein Matrose, der selbst dabei war, dokumentiert eine Meuterei vom November 1918, bei der die Matrosen „Delegierte wählten, die Schiff für Schiff einen Rat bildeten" (Appel 2008). Während des Krieges von 1914-18, „waren ähnliche Organisationen in den Fabriken in Erscheinung getreten. Sie wurden im Verlaufe von Streiks aus gewählten Vertretern gebildet". Appel berichtet weiter, dass „die unabhängige Aktion der Arbeiter und Soldaten die organisatorische Form von Räten aus Zweckmäßigkeit annahm; diese bildeten die neuen Formen der Klassenorganisation". Während die Fabrikräte laut diesem Bericht von der KPD (der frühen Kommunistischen Partei Deutschlands) „als reine Organisationsform und nichts anderes" betrachtet wurden, sahen die Arbeiter diese „in weitaus unterschiedlicher Weise, nämlich als Mittel zur Kontrolle von unten nach oben" (Appel 2008).

In Italien zeigte eine Bewegung von Fabrikräten 1919/1920, die ihren Höhepunkt in Turin erreichte, unverkennbar die Möglichkeit – wenn auch nicht die Realität – von Arbeitermacht. Diese Bewegung, die auf ursprünglich auf „betriebsinternen Kommissionen" am Arbeitsplatz beruhte, die von der offiziellen Gewerkschaftsföderation FIOM (Federazione Italiana Operai Matallurgici) eingerichtet worden waren, wurde von aufständischen Arbeitern übernommen und wies ebenfalls die typischen Charakteristika direkter Demokratie auf. In Worten eines Teilnehmers am ersten Fabrikrat überhaupt, der im August 1919 aufgestellt wurde: „Die Schlüsseleigenschaft der Räte war die Befähigung der Basis, jeden

Delegierten sofort abberufen zu können". Bis Oktober 1919 war die Bewegung der Fabrikräte in der Lage, eine Konferenz mit Delegierten aus dreißig Betrieben einzuberufen, die 50.000 Arbeiter repräsentierten (Mason 2007, 246f). Der italienische Revolutionär Gramsci folgerte damals: „In der Zange der kapitalistischen Konflikte gefangen (…) lösten sich die Massen von den Formen bürgerlicher Demokratie" (Williams 1975, 163, siehe auch Kap. 7 in diesem Buch).

Sogar im „gemäßigten" Großbritannien wiesen die Soldatenmeutereien 1919 gegen die verspätete Demobilisierung die gleichen Muster direkter Demokratie auf. Eine der höchstorganisierten Meutereien fand in Calais statt, wo in allen Lagern, in denen Soldaten darauf warteten, nach Hause geschickt zu werden, Streikkomitees gebildet wurden. Von diesen wurde ein Soldatenrat gewählt, die „Soldaten- und Matrosenvereinigung von Calais", mit jeweils vier oder mehr Delegierten aus den größeren und je zwei aus den kleineren Lagern. Britische Regierungsbeamte erkannten die revolutionäre Gefahr solcher Strukturen und warnten den Premierminister, er „solle nicht mit den Soldatendelegierten konferieren (…) Die Soldatendelegation legte eine gefährliche Ähnlichkeit mit einem *Sowjet* an den Tag" (zitiert in Rosenberg 1987, 12, Hervorhebung im Original).

Die weit verbreitete Anwendung dieser direkt demokratischen und rechenschaftspflichtigen Organisationsstrukturen durch verschiedene Gruppen von Arbeitern war jedoch nicht auf die offen revolutionäre Periode des Ersten Weltkrieges beschränkt. Fast identische Formen von Basisorganisation kamen auch während der verschiedenen Arbeitererhebungen auf, die sich in Osteuropa während der 1950er, 1960er Jahre und darüber hinaus gegen stalinistische Regierungen entfachten. Bewegende Berichte aus der ungarischen Revolution von 1956 wie auch von den Aufständen in der Tschechoslowakei, Polen usw. bieten anschauliche Beispiele von Basisdemokratie als Teil der Struktur der Arbeiterräte.

Wie Balazs Nagy, ein Historiker der Arbeiterräteorganisationen während der ungarischen Revolution, beobachtete, waren Rätedelegierte „wesentlich jene, welche die Verantwortung trugen, den Willen der Arbeiterklasse auszuführen". Arbeiterräte „entstanden auf ziemlich natürliche Weise aus der direkten Arbeiterdemokratie" (Nagy 2006). Das wesentliche Element der Rechenschaftspflicht wird in der Anmerkung eines anderen Autors bestätigt: „Niemand hat jemals das Prinzip in Frage gestellt, dass die Delegierten zu den Zentralräten jederzeit abwählbar sein sollten. Dieses Prinzip wurde zur unmittelbaren Realität" (Anderson 1964).

Ähnliche Formen waren in den Arbeiterrevolten der 1970er und 1980er in Polen zu beobachten, die letztendlich zur Gründung der einst „revolutionären" Gewerkschaft Solidarność (Solidarität) führten. Daniel Singers lebendige Geschichte erzählt vom Aufbau von Arbeiterräten in wegen Streikaktionen still stehenden Werften: „Jeder Bereich besaß fünf Delegierte, wählte jedoch auch direkt ein Mitglied des Streikkomitees (...) Von Truppen umzingelt, bedroht, waren die vom Streik paralysierten Warski-Werften eine Schule der Demokratie" (Singer 1982, 173).

Doch Beispiele direkter Demokratie und arbeitsplatzbasierter Komiteestrukturen lassen sich auch in „alltäglicheren" Zeiten von Arbeiterorganisation und -widerstand finden, die – auch wenn sie eine ernsthafte Herausforderung für die herrschende Klasse und die Gewerkschaftsbürokratie darstellten – keine direkte Bedrohung für das System waren. Das große Aufbegehren 1968-1974 in den USA, Großbritannien und Teilen Westeuropas führte auch zur Entstehung von Basisorganisationsstrukturen, die –wenn auch keine klassischen Arbeiterräte – so doch durchaus vergleichbare Arten von Demokratie und Rechenschaftspflicht aufwiesen. Multigewerkschaftliche Betriebsräte in den Produktionsstätten, überbetriebliche Konzernbetriebsräte und Branchenkomitees ließen Formen direkter Demokratie entstehen, die auf den konkreten Interessen ihrer Mitglieder basierten. Ihre auf Delegierte gestützten Komiteestrukturen „garantierten eine Nähe und Rechenschaftspflicht zur Mitgliedschaft, die in der ‚repräsentativen' Demokratie fehlen" (Cohen 2006, 166).

Zur selben Zeit entstanden in den Vereinigten Staaten eine Reihe von oppositionellen gewerkschaftlichen „Reformausschüssen", die ihren Ursprung in konkreten Streitfragen bezüglich der Bezahlung und den Bedingungen am Arbeitsplatz hatten, während sie zugleich die Bürokratie herausforderten. Solche Betriebsgruppen, welche die gleichen auf Komitees beruhenden Strukturen annahmen, wurden von einem Aktivisten beschrieben als „die Machtbasis für die Aufstände von unten, die in den vergangenen drei Jahren lange offizielle Berufslaufbahnen beendet oder bedroht haben (...) Fast ausnahmslos wurden die Revolten in erster Linie zur Verbesserung der Bedingungen des Arbeitslebens geführt" (Weir 1967).

Auf dramatischere Weise sah das „revolutionäre Jahr" 1968 die französischen Arbeitenden in die „Maiereignisse" verwickelt, im Verlaufe derer ausgedehnte Streiks nahezu die Regierung de Gaulle stürzten. Arbeitende bildeten *comités d'action*, die auf den gleichen Prozessen direkter Demokratie fußten (Singer 2002, 314f). Während der Streikwelle des „Heißen Herbstes" von 1969 in Italien, bei denen es zur Bildung von Fabrikräten und gewerkschaftsübergreifenden „Comitati Unitari di Base" (Vereinte Basiskomitees) kam, lautete die Parole der Arbeiter und Arbeiterinnen: „Wir alle sind Delegierte" (Wright 2002, siehe auch Kap. 17 in diesem Buch). Die *empresas* (Fabrikräte), die nach dem

Putsch gegen den portugiesischen Diktator Salazar von 1974 in wenigen Tagen aus dem Boden schossen, waren „hochdemokratisch", ganz zu schweigen von ihrem partizipativen Charakter – in der Plessey-Fabrik, zum Beispiel, „umfasste der Belegschaftsausschuss 118 Arbeiter und Arbeiterinnen, von denen alle darauf bestanden, zum ersten Treffen mit der Geschäftsleitung mitzugehen" (Robinson 1987, 91). Der Aufstand des 21. Jahrhunderts in Argentinien, verursacht durch die Auswirkungen der Finanzkrise auf die einfachen Leute, sah „neue Bewegungen (...) außerhalb der alten traditionellen Gewerkschaftsorganisationen, mit direkter Demokratie von unten und neuen Führern" (Harman 2002, 31, siehe auch Kap. 20 in diesem Buch).

„Das Einzige zwischen uns und der Anarchie ..."

Eine damit zusammenhängende und ebenso wichtige Eigenschaft dieser rechenschaftspflichtigen Arbeiterorganisationen auf Delegierten-Basis war ihre Eigenständigkeit gegenüber offiziellen und institutionellen Strukturen, im Besonderen gegenüber den etablierten Gewerkschaften. Hinweise auf *Unabhängigkeit* und *Autonomie* tauchen fortlaufend in historischen Beschreibungen von Arbeiterräten auf.

Die *Große Unruhe* von 1910-14, während der, wie Trotzki es 1925 nannte, „der undeutliche Schatten der Revolution über Großbritannien schwebte", bestand in einer ganz und gar inoffiziellen Streikwelle, bei der Arbeiter quer durch England Solidaritätsaktionen veranstalteten, die „von eindeutig inoffiziellem Charakter waren und von lokalen Streikkomitees geführt wurden, die vollkommen unabhängig von Gewerkschaftsfunktionären agierten" (Holton 1976, 191). Die Streikkomitees unter den Waliser Bergarbeitern in verschiedenen Südwaliser Gruben „hatten keine besonderen gemeinsamen Beschwerden – sie teilten schlicht ihr Misstrauen gegenüber der Bergarbeitergewerkschaft von Großbritannien und eine Verachtung gegenüber ihrer eigenen Führung" (Dangerfield 1961, 242). Die Streiks der großen Unruhen „zeigten allesamt dieselbe merkwürdige Verärgerung, dieselbe Bereitschaft zur Missachtung der Autorität der Gewerkschaft" (ebd., 237).

Obwohl das revolutionäre Potential der „Großen Unruhe" durch den Ausbruch des Krieges im Jahr 1914 abgewürgt wurde, entstanden innerhalb eines Jahres im Zuge der Betriebsrätebewegung des Ersten Weltkrieges weitere inoffizielle und ebenso subversive Arbeitsstättenkomitees. Hintons Studie über die Bewegung stellt fest, dass „diese Komitees auf Grund ihres delegierenden Charakters dazu in der Lage waren, unabhängig von den Gewerkschaftsfunktionären

Streikaktionen in die Wege zu leiten und durchzuführen. Diese Unabhängigkeit ist es, die in erster Linie für die Basisbewegung bestimmend ist" (1972, 296).

Die Unabhängigkeit der Arbeiter und Arbeiterinnen von der offiziellen Gewerkschaftsbewegung war für die herrschende Klasse höchst verstörend. Während der britischen Streikwelle von 1919 bemerkte Churchill: „Der Fluch der Gewerkschaftsbewegung lag darin, dass es nicht genug davon gab", während Schatzkanzler Bonar Law noch weiter ging: „die Organisation der Gewerkschaft war das Einzige, was noch zwischen uns und der Anarchie lag" (Rosenberg 1987, 68).

Der gleichen Linie folgend ging der deutschen Arbeiterrätebewegung im Jahr 1917 „eine Flut von inoffiziellen Streiks voraus, die plötzlich durch das Land schwappte. Keine offizielle Organisation führte sie an" (Appel 2008). Die Arbeiterräte, die ein Jahr später emporschossen, bildeten „die Frontlinie einer Arbeiteroffensive, welche die traditionellen Arbeiterkräfte nicht zu führen bereit waren" (Gluckstein 1985, 106f). Diese Unabhängigkeit war zentral für den Erfolg solcher Mobilisierungen: „Frei von der Erfahrung der ‚üblichen und richtigen Art' der Führung des Klassenkampfes unter normalen Umständen, waren es die Matrosen, die dazu bereit waren, mutig zu handeln und die Vorhut der Arbeiter zur Aktion anzustoßen" (Gluckstein 1985, 112).

Die Unabhängigkeit, die die herrschende Klasse beunruhigte, war ebenso verstörend für die Gewerkschaftsfunktionäre und – in Anschluss an die Russische Revolution – ebenso für die Führer der Kommunistischen Parteien Europas. In Italien wurde die Turiner Arbeiterrätebewegung sowohl vom italienischen Gewerkschaftsverband als auch von den wesentlichen linken Parteien, einschließlich de Kommunisten, argwöhnisch als „anarchistisch" betrachtet.

Dennoch definiert dieser „Anarchismus" – die auf direkten demokratischen Strukturen der Arbeiterräte beruhende Eigenaktivität der Arbeiter – die grundlegende Natur wirkungsvollen Kampfes der Arbeiterklasse. Die unabhängige, klassenbasierte Natur der Organisation der Arbeiterräte findet ihre Bestätigung im feierlichen Versprechen von Balazs Nagy in seinen Schriften über die ungarischen Arbeiterräte: „Wir sollten nicht vergessen, dass es die Arbeiter selbst waren, die ohne jede Organisation, Partei, Gruppe, Gewerkschaft oder Sonstiges, als ob sie die Erfahrungen der gesamten Geschichte der Arbeiterbewegung wiedererlernt hätten, diese in der Art bereicherten, wie sie es getan haben" (Nagy 2006).

Spontaneität und Eigenaktivität

Ähnliche Zusammenhänge zwischen Unabhängigkeit und Eigenaktivität der Arbeiterklasse werden deutlich, wenn wir betrachten, wie Arbeiterräte für gewöhnlich auf „spontane" Weise, ohne jede bewusste Vorbereitung entstehen. Viele Autoren haben den Begriff der Spontaneität kritisiert, indem sie argumentierten, dass eine gewisse Führerschaft immer eine entscheidende Rolle spiele, sogar in den meisten Basiskämpfen (siehe beispielsweise Les Leopolds Biografie des US-amerikanischen Ölarbeiteraktivisten Tony Mazzochi). Britische Forscher zum Thema gewerkschaftliche Organisierung wie Kelly (1998), Darlington (2009) und Gall (2009) haben die Führerschaft am Arbeitsplatz als Teil der Diskussion über Arbeitermobilisierungen aufgegriffen.

Bei der Betrachtung des weiten historischen und geographischen Bogens der Arbeiterräteorganisationen scheint jedoch klar, dass der Begriff der Spontaneität bei der Beschreibung ihrer Wurzeln und ihres Vorgehens unvermeidlich ist. Alle Berichte über Arbeiterräte und ähnliche Strukturen beschreiben diese als in unvorbereiteter Art und Weise gleichsam als aus den konkreten Bedürfnissen der Arbeiter „empor geschossen", sei es unmittelbar am Arbeitsplatz oder als Teil von breiteren vom Arbeitsplatz ausgehenden Bewegungen.

Die Chartistenbewegung der 1830er und 1840er Jahre erlebte „spontane Massenbündnisse, bei denen sich Gewerbegrenzen und Grenzen zwischen Ungelernten und Qualifizierten in Luft auflösten" (Charlton 1997, 6). Als Lenin über die Pariser Kommune schrieb, in der die Arbeiter eine kurze, aber historische Ergreifung der Staatsmacht in Szene setzten, bemerkte er: „Die Kommune entstand spontan; Niemand hat sie bewusst und planmäßig vorbereitet" (Lenin 1911, 122). Sogar die russische Revolution von 1905, bei der die Sowjets zum ersten Mal in Erscheinung traten, war „sehr viel spontaner, als Lenin es für möglich gehalten hatte" (Lynd 2003).

Die Arbeiterräte, die während der revolutionären Periode in Deutschland entstanden waren, tauchten wieder und wieder auf, sogar nachdem sie von Kräften sowohl auf der Rechten wie auch der Linken zerschlagen worden waren. Appel (2008, 5) bemerkt dazu, dass „keine Partei oder Organisation diese Kampfform vorgeschlagen hatte. Es handelte sich um eine gänzlich spontane Bewegung". Die Arbeiterrätebewegung in Italien kann auf die „spontanen" Arbeiterbewegungen des Sommers 1917 zurückgeführt werden, „als die Fabriken geradezu in einer Antikriegsdemonstration explodierten... Die unmittelbare Erhebung scheint gänzlich spontan gewesen zu sein" (Williams 1975, 63).

In den vielen Kämpfen, die in den vergangenen 100 Jahren Arbeiterräte hervorgebracht haben, taucht das Element der Spontaneität immer wieder auf und zeigt, dass die Arbeiter in wiederholter Form und unabhängig voneinander lernen und klassenbezogene Lektionen in die Praxis umsetzen. In seinen Berichten zu den Maiereignissen von 1968 in Frankreich schreibt Singer (2002, 315): „‚Spontan' ist das wiederkehrende Adjektiv bei allen Beschreibungen der Bewegung (...) Die Maibewegung war ganz offensichtlich spontan in dem Sinne, dass die offiziellen Parteien und Gewerkschaften niemals die Initiative ergriffen". In der politischen Krise im Chile der frühen 1970er Jahre kam es zu „spontanen und unorganisierten Widerstandsaktionen seitens der Arbeiterklasse" (González 1987, 64), und auch der Arbeiteraufstand von 2000/2001 in Argentinien war nicht zentral geplant.

„Zusammengeschweißt durch ihr gemeinsames Elend": Klasseneinheit im Arbeiterrat

Doch ungeachtet ihres spontanen Handelns sind die so weit definierten Hauptmerkmale von Arbeiterräten – auf Delegierten basierende Strukturen direkter Demokratie, Eigenaktivität und Klassenunabhängigkeit – nicht einfach aus der Luft gegriffen. Die ständige Neuerschaffung der spezifischen Rätestruktur entstammt der gemeinsamen Erfahrung des kapitalistischen Arbeitsprozesses, der sogar während relativ „ruhiger" Phasen eine Einheit und Solidarität erzeugt, die auf dem grundlegend *kollektiven* Wesen der Arbeit beruht. Wie es Williams in seinem Bericht über die italienische Fabrikrätebewegung formuliert, ist am Arbeitsplatz „die Einheit integraler Bestandteil des Produktionsprozesses und der kreativen Tätigkeit selbst, die einen gemeinsamen und brüderlichen Willen erzeugen" (1975, 115).

Die auf der Produktion beruhende Klasseneinheit bringt den kollektiven und partizipativen Charakter der Aktivitäten eines Arbeiterrates hervor, sogar in weniger revolutionären Zeiten. Während der Großen Unruhen berichtete eine Lokalzeitung in Ohio, dass die Arbeiter auf den Versammlungen der Streikkomitees „in bemerkenswertem Zusammenhalt agierten, da sie durch ihr gemeinsames Elend zusammengeschweißt wurden" (*Columbus Dispatch*, 20. Juli 1877, zitiert nach Brecher 1997, 33). Ganz ähnlich bemerkte der ungarische Arbeiterratsdelegierte Ferenc Toke, wie bei der zentralen Schlüsselversammlung der Räte am 14. November 1956 „alle, auch wenn sie aus verschiedenen Fabriken stammten, genau dasselbe wollten, als ob sie sich im Voraus abgesprochen hätten". Nagy bemerkt dazu, dass „auf diese Weise die Räte die Einheit der Arbeiterklasse in die Praxis umsetzten" (2006, 31).

So manifestiert sich also die Solidarität am Arbeitsplatz sowohl in revolutionären Krisenzeiten als auch in alltäglichen Erfahrungen der Arbeiterklasse. Das Erstarken der Arbeitsgruppenorganisierung der 1950er und 1960er Jahre beschreibend, kommentierte Brecher: „Der unsichtbare, unterschwellige Prozess der Herausbildung der Massenstreiks fand weitgehend in diesen Gruppen statt. Dabei handelt es sich um Gemeinschaften, in denen Arbeiter in Opposition zum Chef geraten (…) und die kollektive Macht entdecken, die sie dabei entfalten" (1997, 277). Für Brecher unterstreicht dieser Prozess „die beiden Elemente von Arbeitskämpfen, die den Keim der sozialen Transformation in sich tragen: selbst gesteuertes Handeln und Solidarität" (1997, 298).

Das Problem ist nicht das Problem …

Diese Beispiele zeigen, wie die Keime und Strukturen potentieller revolutionärer Ereignisse in „alltäglicheren" Ebenen von Reaktion und Widerstand von Arbeitern der Basis enthalten sind. Die Art von Bewusstsein, das sich in Zeiten der Organisierung von Arbeiterräten entwickelt, ist sogar auf seinen revolutionärsten Ebenen an die Reaktion der Arbeiter auf die „gewöhnliche" Erfahrung des kapitalistischen Arbeitsprozesses mit all seinen alltäglichen Erschwernissen geknüpft.

Auf diese Weise stellen die Streitigkeiten, die durch die täglichen materiellen Probleme und Erfordernisse in „normalen Zeiten" entfacht werden, die Spitze des Eisberges einer zugrundeliegenden Klassenauseinandersetzung dar, die deutlicher zutage tritt, wenn der Kampf an Eigendynamik gewinnt. In diesem Sinne könnte man sagen, dass häufig „das Problem nicht das Problem ist" (Brecher 1997, 282). Die Arbeitererfahrung von Ausbeutung und Unterdrückung erzeugt fortlaufenden Unmut und Klassenhass, die vielleicht nicht von selbst Widerstand auslösen, aber in offenen Konfliktsituationen an die Oberfläche kommen und offensichtlich werden. Auf dieses „duale" oder verborgene Bewusstsein bezog sich der italienische Revolutionär Gramsci, als er argumentierte, dass Arbeiterwiderstand „bedeutet, dass die betreffende gesellschaftliche Gruppe tatsächlich ihre eigene Vorstellung von der Welt haben mag, wenn auch vielleicht nur in embryonaler Form; eine Vorstellung, die sich im Handeln manifestiert, aber nur gelegentlich und kurz aufblitzend – und immer wenn dies der Fall ist, dann handelt die Gruppe als organisches Ganzes" (ebd., 327). Dangerfield führt in seiner Beschreibung des Kampfes der Werftarbeiter während der Großen Unruhen in den Jahren 1910 bis 1914 an: „Es würde sehr schwierig sein, genau festzustellen, was sie wollten (…) Aber im Kern ihrer Beschwerden wurden sie von einer steigenden Wut auf Grund ihrer unterschiedlichen Bezahlung umgetrieben (…) Ein Streik um Geld ist keinesfalls mit einem Streik um Löhne gleichzusetzen;

[er] entsteht aus Gerechtigkeitssinn (…) Er ist eine Stimme in der Wildnis, ein Schrei nach Anerkennung, nach Solidarität, nach Machteinfluss" (Dangerfield 1961, 249). Dies kann wiederum zu einer Situation führen, in der Forderungen der Arbeiter und Arbeiterinnen einen „Übergangscharakter" bekommen, d.h. dass sie die Möglichkeit und auch die Notwendigkeit eines völlig neuen Gesellschaftstyps aufwerfen: „In Zeiten von Massenstreiks denken, sprechen und handeln Arbeiter (…) als unterdrückte und ausgebeutete Menschen, die revoltieren. Ihre Agenda beruht auf dem, was sie brauchen, nicht auf dem ‚was der Markt hergibt'" (Brecher 1997, 286).

Die Geschichte der Arbeiterräte macht deutlich, dass diese Prozesse und die damit verbundenen Bewusstseinsveränderungen fast immer grundlegenden materiellen Problemen entstammen, die, ausgehend von scheinbar trivialen oder „ökonomistischen" Gründen, sich bis zu einer Revolte von aufständischem Ausmaß entwickeln kann. Eines der historisch bedeutendsten Beispiele dafür ist der Petrograder Schriftsetzerstreik von 1905, der laut Trotzkis Worten „wegen Interpunktionszeichen entstanden, den Absolutismus zur Strecke brachte" (Trotzki 1972, 72). Mit anderen Worten, dieser „gewöhnliche" Streik entfachte die Revolution von 1905, die schließlich eine erste (sehr schwache) Form von parlamentarischer Demokratie in Russland hervorbrachte, wie auch den ersten Sowjet überhaupt in Petrograd. Obwohl selbst die russischen Revolutionäre seinerzeit nicht vermochten, ihre wahre Bedeutung zu erkennen, so war es doch diese Sowjetstruktur – ein Arbeiterrat –, die später im Jahr 1917 die Arbeiterklasse an die Macht brachte.

Die Revolution vom Februar 1917 wurde von Streiks der Textilarbeiterinnen und von Protesten gegen die Kürzung der Brotrationen sowie von einem ganz „gewöhnlichen" Streik gegen die Schikanen bei den riesigen Putilow-Werken ausgelöst (Trotzki 1973, 94ff.). Im gleichen Jahr begannen Frauen der Arbeiterklasse in Italien, die täglich bis zu 12 Stunden in den Fabriken arbeiteten und dann noch gezwungen waren, stundenlang nach kärglichen Lebensmittelrationen Schlange zu stehen, schließlich eine Hungerrevolte, welche „die Ausmaße eines Aufstands annahm, als die Frauen sich auf entscheidende Weise mit der Industriearbeitermacht verbündeten" (Gluckstein 1985, 169f).

Die Geschichte liefert viele weitere Beispiele für Bewegungen, die in alltäglichen Beschwerden wurzelten und in der Herausforderung des kapitalistischen Systems endeten. Die chilenischen, portugiesischen und iranischen Aufstände Mitte bis späte 1970er Jahre brachten alle ganz unabhängig voneinander ähnliche Formen der Organisierung von Arbeiterräten hervor, deren Schwerpunkt in grundlegenden materiellen Verhältnissen lag. In Chile, wo die Arbeiter

„eine neue Organisationsform geschaffen hatten (…) den ‚Industriegürtel' oder *cordón*, äußerte ein chilenischer Landarbeiter: ‚Wir haben Menschen zu ernähren und Familien zu unterhalten. Und wir hatten einfach die Schnauze voll' " (Gonzalez 1987). Und obwohl in Portugal nach dem Putsch revolutionäre Soldaten-, Matrosen- und Arbeiterräte eingerichtet wurden, „sahen diejenigen, die [sie] gründeten, die Arbeiterausschüsse als rein ökonomische Angelegenheit an" (Robinson 1987). Im Iran entwickelte sich die Bewegung, die zur Revolution von 1979 führte, durch „Streiks, Besetzungen und andere betriebliche Protestformen, die [zum Großteil] auf ökonomische Forderungen beschränkt waren" (Poya 1987).

Diese Konzentration auf grundlegende materielle Angelegenheiten hat, wie wiederholt vor Augen geführt, nicht das explosionsartige Ausbrechen sich schnell ausbreitenden Klassen- und politischen Bewusstseins verhindert. Dies geschah in einem Prozess, der nicht von irgendeiner vorher vorhandenen „sozialistischen" Politik abhängig war. Wie ein Organisator in den USA der 1930er Jahre bemerkte: „Die so häufig beklagte Abwesenheit einer sozialistischen Ideologie auf Seiten der Arbeiter hält [sie] offenbar nicht davon ab, ziemlich antikapitalistisch zu handeln" (Brecher 1997, 165).

Einmal unternommen, wird der „Sprung" zu Klassenunabhängigkeit und -bewusstsein jedoch oft als transformativ empfunden; Arbeiter, die zu Beginn des 21. Jahrhunderts an den Aufstandsaktionen in Argentinien beteiligt waren, haben erklärt: „Wir haben Dinge getan, an die wir niemals auch nur gedacht hätten, und wir wissen noch nicht, was wir noch zu tun haben werden" (Harman 2002, 23). Ganz ähnlich entwickelten sich die ökonomisch orientierten Arbeiterräte in Portugal. „Arbeiter und Soldaten waren hungrig nach Ideen (…) Lenins *Staat und Revolution* war ein Bestseller in den Läden" (Robinson 1987, 97). Wie Singer (2002) in seiner Beschreibung der Aktivitäten der französischen Arbeiter im Jahre 1968 darstellt: „Der Generalstreik kann eine Schule des Klassenbewusstseins sein (…,) an der eifrige Millionen teilhaben, die zu normalen Zeiten nicht zu erreichen sind" (161f).

„Die stillgelegte Seele eines ganzen Industriezweiges …"

Gemeinsam mit der Explosion politischen Bewusstseins, durch die Arbeiteraufstände und die Schaffung von Arbeiterräten so häufig gekennzeichnet sind, wird die Frage der *Klassenmacht* aufgeworfen, ungeachtet der Erfahrung und des Bewusstheitsgrades der jeweils Beteiligten. Das ist der herrschenden Klasse und den „reformistischen" Arbeiterführern sicher klar. Wie Appel es formulierte, stellte der Arbeiterrat während der revolutionären Bewegung in Deutschland

„sich selbst als einzige Organisationsform heraus, die eine Zusammenfassung der Arbeitermacht erlaubte, und (...) alarmierte deshalb Bourgeoisie und Sozialdemokraten" (2008, 5).

Die Schlüsselfragen der „Doppelherrschaft" – in Wahrheit Staatsmacht – , die durch die Organisation der Arbeiterräte aufgeworfen wurden, werden weiter unten diskutiert. Die oben angeführten Beispiele zeigen jedoch auch die enorme *ökonomische* Macht, die Arbeiter und Arbeiterinnen durch ihren Rückzug von der Arbeit in der Hand haben. Wie Dangerfield es bei der Beschreibung der Bergarbeiterstreiks während der Großen Unruhen erläutert, „ließ ein spontaner und impulsiver Streik, der von einer Handvoll von Walisern gegen den Rat einiger Anführer begonnen wurde (...,) schließlich in der stillgelegten Seele eines gesamten Industriezweiges die Alarmsirenen schrillen" (1961, 247).

Während der Ungarischen Revolution kamen die Intellektuellen und nicht-Industrie-Arbeiter und Arbeiterinnen, die zunächst die Bedeutung der Arbeiterräte nicht verstanden hatten, bald „zu der Erkenntnis, dass *hier* das Herz der wahren Macht im Lande lag. Kadar [der stalinistische Führer] wusste dies auch" (Anderson 1964, 87). Über den polnischen Arbeiteraufstand von 1981 schreibend, fasste Singer (1982) die Sache so zusammen: „Was auch immer einige Fachleute gedacht oder gehofft haben mögen, die Macht der [Gewerkschaft] Solidarität beruhte schließlich und endlich auf (...) der Fähigkeit der Arbeiterklasse, die Industrie zum Stillstand zu bringen und das Land zu lähmen" (255).

Sogar bei den heutigen weniger dramatischen Beispielen von Arbeiterwiderstand geraten die Kräfte sowohl des Staates als auch der Gewerkschaften sofort in entschiedene Opposition zu jedweder Vormachtstellung der Arbeiter bezüglich Eigentum und Wirtschaftlichkeit. Die Erzählungen von Arbeitern über erst kürzlich bezwungene Besetzungen bei Vestas und Visteon in Großbritannien (Smith 2009; Wilson 2009) bezeugen dies.

„Sind Sie dazu bereit?" Die Doppelherrschaft und der Sowjet

Es passiert im Laufe historischer Gelegenheiten, wenn die Arbeiterräte sich mit ihrem vollen revolutionären oder quasi revolutionären Charakter herausbilden, dass das Wesen und die Bedeutung der Doppelherrschaft der Arbeiter und des voll entfalteten Sowjet am deutlichsten wird; in der Tat kann, laut Gluckstein (1985, 218), „der Sowjet nur in einer Situation der Doppelherrschaft entstehen". Was aber meinen wir mit „Doppelherrschaft"? Der vorangegangene Abschnitt hat das Wesen und die Bedeutung von Arbeitermacht, ob sie nun potentiell oder tatsächlich vorhanden ist, klar in das Zentrum der Argumentation gestellt. Solche Macht ist immer untrennbar verbunden mit der Rolle der Arbeiter in der

Produktion und der Wirkung ihres Rückzuges von der Arbeit, der stets bedrohlich ist für das Kapital. Das Konzept der Doppelherrschaft ist mit dieser zentralen produktionsbezogenen Dynamik verknüpft, umfasst jedoch eine andere entscheidende Dimension, nämlich die arbeitergeführte Beherrschung der Kapitalorganisation und des Wirtschaftssystems. Der Arbeiterrat bzw. das Allgemeine Streikkomitee teilt in der Situation eines ausgedehnten Konflikts häufig die Macht mit einem widerstrebenden und beunruhigten bürgerlichen Staat. Die in der Gesellschaft üblichen Machtbeziehungen sind grundlegend umgestülpt, was häufig größere politische und oft revolutionäre Auswirkungen hat.

Die Geschichte bietet zahlreiche Beispiele für Situationen der Doppelherrschaft mit deutlich revolutionärer Ausrichtung, wenn auch nicht immer mit entsprechendem Ergebnis. In den Streiks, die während der Großen Unruhen über ganz Liverpool hinweg fegten, betrieb ein gesamtstädtisches Streikkomitee ein Transporterlaubnissystem, das „eindeutig die Legitimität der zivilen Macht herausforderte und auch genauso wahrgenommen wurde“ (Holton 1976, 102). Im Jahr 1919 stützte ein Massenstreik in Seattle seine Organisierung auf ein Allgemeines Streikkomitee, das „praktisch eine Gegenregierung für die Stadt bildete“ (Brecher 1997, 122).

Im selben Jahr schlug der wie immer gerissene Lloyd George die britischen Gewerkschaftsführer mit ihren eigenen Waffen, als er ihnen die politischen Folgen des angedrohten gewerkschaftsübergreifenden Handelns deutlich machte: „Der Streik (...) wird eine Verfassungskrise allererster Ordnung auslösen. Denn, wenn eine Macht im Staate entsteht, die stärker ist als der Staat selbst, dann muss sie auch dazu bereit sein, die Funktionen des Staates zu übernehmen (...) Haben Sie das bedacht, meine Herren, und (...) sind Sie dazu bereit?“ Unnötig zu sagen, dass die Gewerkschaftsführer die Herausforderung unverzüglich fallen ließen (Rosenberg 1987, 74). Das letzte größere britische Aufbegehren dieser Zeit, der Generalstreik von 1926, erlebte die Einrichtung so genannter „Aktionsräte“ und eine gewisse Erfahrung der Doppelherrschaft für die Streikenden, wie einer von ihnen schilderte: „Da kamen Arbeitgeber mit der Mütze in der Hand und bettelten um Erlaubnis (...,) ihren Arbeitern zu gestatten, gewisse Arbeiten durchzuführen“ (Postgate 1927, 35).

Zu dieser Zeit hatte die revolutionäre Welle quer durch die industrialisierte Welt ihren Scheitelpunkt erreicht. Massenhafte Auseinandersetzungen mit dem Kapital fanden nicht mehr statt bis zu den Streiks und Besetzungen US-amerikanischer Arbeiter im Kampf um gewerkschaftliche Organisierung in den 1930er Jahren. Aber der Balanceakt mit dem kapitalistischen Staat, der in dem Ausdruck „Doppelherrschaft“ steckt, war nicht verschwunden. Im Nachkriegsdurcheinander von 1945, als „alles, was wirklich noch zwischen den französischen Arbeitern und der tatsächlichen Macht stand, ein paar windige Bajonette waren", wies der Führer der französischen Kommunistischen Partei Thorez unbeabsichtigter Weise auf die potentielle Macht der örtlichen Befreiungskomitees der Arbeiter hin, als er sie dafür verurteilte, „sich selbst an die Stelle der Lokalregierungen zu setzen" (Anderson 1964, 9).

In der Welle der osteuropäischen Arbeiterproteste nach dem Krieg bildete der Arbeiterrat in einer ungarischen Stadt „Arbeitermilizen (…) und organisierte sich selbst in Form einer von der Zentralmacht unabhängigen örtlichen Regierung". Im November wurden fast alle Radiostationen von revolutionären Räten kontrolliert, eine „klassische Situation der ‚Doppelherrschaft' existierte" (Anderson 1964, 69, 78f). Im aufständischen Polen der frühen 1970er Jahre „begann die Warschauer Regierung die albtraumhafte Vision von Lenins ‚Doppelherrschaft' wahrzunehmen", und als im Jahr 1980 erneut ähnliche auf Arbeiterräten basierende Kämpfe ausbrachen, „handelten und wirkten die fabrikübergreifenden Komitees wie eine parallele Machtinstitution" (Singer 1982, 221).

Wie bereits ausgeführt, können diese quasi revolutionären Kampfmuster auch in nicht-revolutionären Zeiten auftreten. Während der britischen Streikwelle des „Winters der Unzufriedenheit" 1978/79, die häufig als „ökonomistisch" und „partikulär" kritisiert wurde (Kelly 1988), traten schnell Elemente der Doppelherrschaft auf. Ein Autor und Aktivist beschreibt den Konflikt wie folgt: „Innerhalb kurzer Zeit lag es an den Streikkomitees zu entscheiden, was aus vielen Häfen und Fabriken hinaus- und was hineinging. Für unentbehrliche Materialien wurden Passierscheine ausgestellt. (…) In einigen Fällen kontrollierten Streikkomitees die öffentlichen Dienstleistungen ganzer Städte" (Thornett 1998). Ein Minis-ter der Regierung beschrieb die örtlichen Streikkomitees aus Lastwagenfahrern, Lokomotivführern und anderen Gruppen von Leuten, die den Transport von grundlegenden Nachschub organisierten, als „kleine Sowjets", während die damals zukünftige Tory-Premierministerin Thatcher, das Thema der „Doppelherrschaft" wieder aufgreifend, schrieb, dass „die Labour-Regierung die Leitung des Landes den lokalen Komitees von Gewerkschaftern überlassen hatte" (Thatcher 1995, 420, Cohen 2006, 50).

Es war ebenfalls in Großbritannien, wo ein Konflikt des 21. Jahrhunderts stattfand, der sich in der Presse die unerwartete Beschreibung „Sieben Tage, die New Labour erschütterten" einhandelte. Im Verlauf einer geradezu surrealen Woche im September 2000 katapultierte eine „führerlose Revolte" gegen massive Treibstoffsteuern Beschäftigte aus dem Straßengüterverkehr in die Schlagzeilen, als sie in verzweifeltem Protest Öldepots und Raffinerien blockierten. Innerhalb weniger Tage gingen den Supermärkten die Nahrungsmittel aus, Krankenwagendienste hatten Geschwindigkeitsbegrenzungen eingeführt, und Leichenbestatter berichteten, dass sie zwar genügend Benzin hätten, um die Leichen abzuholen, aber nicht, um sie zu verbrennen.

Jedenfalls führten die verzweifelten Arbeiter ihren Kampf unter Bedingungen der „Doppelherrschaft"; Zeitungen beschrieben Streikposten, die „von Fall zu Fall entscheiden, ob sie die Tankwagen aus der Raffinerie lassen; (...) der Fahrer legt seinen Fall der Streikpostenkette vor und wartet auf deren Entscheidung". Die Parallelen zum „Winter der Unzufriedenheit" waren deutlich und wurden von den Regierungsführern mit „tiefen Befürchtungen (...) über die politischen Auswirkungen dieser Krise" kommentiert (Cohen 2006, 133f).

Wie in diesem Fall dargelegt, sind „Situationen der Doppelherrschaft" häufig in nicht-revolutionären Verhältnissen aufgetreten; trotz der ironischen Bezugnahme von Politikern auf „kleine Sowjets" während des britischen Winters der Unzufriedenheit ist ein bestimmendes Merkmal potentiell revolutionärer Situationen die Bildung von Arbeiterräten. Die Geschichte zeigt, es können viele Situationen und Strukturen eine Form hervorbringen, wie sie von den unverkennbar revolutionären russischen Sowjets angenommen wurde, ohne am Ende zu einem revolutionären Ausgang zu führen. Es ist die Organisationsform des Sowjet, die – mehr als jede andere – für die Ordnung der kapitalistischen Ökonomie und Politik eine grundlegende Herausforderung darstellt. Dieser Thematik wird in unseren Schlussabsätzen ausführlich untersucht.

„Eine besondere Art von Staat ..."

Was *waren* die Sowjets?

Trotzkis Beschreibung der Revolution von 1905, in der die Sowjets die auslösende und entscheidende Rolle spielten, macht auf überwältigende Weise deutlich, dass diese eher von Arbeitern als von der „sozialdemokratischen Organisation" (: der revolutionären Partei) geschaffene Organisationen waren. So schrieb er über den Petersburger Sowjet: „Diese rein klassenbegründete proletarische Organisation war die Organisation der Revolution als solche". In seiner Beschreibung des Sowjet nimmt Trotzki direkten Bezug auf die produktionsbasierte Logik der Arbeiterrätestrukturen: „Da das einzige Band zwischen den (...) proletarischen Massen war, so blieb nur übrig, die Vertretung den Fabriken und Werken anzupassen. Auf je 500 Arbeiter kam ein Delegierter (...) Es muss jedoch bemerkt werden, dass die zahlenmäßigen Normen nicht allzu streng gehandhabt wurden: es waren hie und da auch Delegierte von hundert oder zweihundert Arbeitern vorhanden, sogar von einer noch geringeren Anzahl" (Trotzki 1972, 87).

Aus dieser Darstellung können wir ersehen, dass es nicht die organisatorische Struktur des Sowjets war, die ihn von seinen historischen Vorläufern abgrenzte – ganz im Gegenteil. Es waren, selbstverständlich, auch nicht seine Ursprünge in der arbeitereigenen unabhängigen Organisierung, statt in irgendeiner „politischen" Führerschaft, die ihn einzigartig machten. Was an den Russischen Sowjets außergewöhnlich war, ist ihre – wenn auch kurze – Rolle als Organisationen eher aktueller als potentieller Macht der Arbeiterklasse. In diesem Sinne verkörperten die Sowjets in ihrem revolutionären Moment die Einheit, die sowohl von Marx als auch von Lenin beschrieben worden ist, zwischen dieser Art von Organisation und der Struktur dessen, was möglicherweise sowohl die Arbeiterregierung als auch den Arbeiterstaat darstellt.

Es war die entscheidende Verbindung zwischen der Sowjetform der Arbeiterorganisation und den Strukturen eines potentiellen Arbeiterstaates, in dem alle hierarchischen Institutionen notwendigerweise „absterben" würden, worauf Lenin in seinen Schriften über die Pariser Kommune aufmerksam gemacht hatte. So führte er in *Staat und Revolution* aus:

> „Die zerschlagene Staatsmaschinerie wurde also von der Kommune scheinbar ‚nur' durch eine vollständigere Demokratie ersetzt: Beseitigung des stehenden Heeres, vollkommene Wählbarkeit und Absetzbarkeit aller Amtspersonen. In Wirklichkeit jedoch bedeutet dieses ‚nur', daß im riesigen Ausmaß die einen Institutionen durch Institutionen prinzipiell anderer Art ersetzt wurden. Hier ist gerade einer der Fälle des ‚Umschlagens von Quantität in Qualität' wahrzunehmen: Die (…) Demokratie verwandelt sich aus der bürgerlichen Demokratie in die proletarische, aus dem Staat (= einer besonderen Gewalt zur Unterdrückung einer bestimmten Klasse) in etwas, was eigentlich kein Staat mehr ist" (Lenin 1917b, 432).

In gleicher Weise nahmen die von Lenin und Trotzki in der russischen Revolution von 1917 unterstützten Räte die politische Bedeutung einer Übergangsstruktur an, die sowohl die Merkmale eines potentiellen Arbeiterstaates verkörperte als auch zur Eroberung der Macht führen konnte, um diese Art von Staat zu erreichen – und folglich letztendlich auch das „Absterben" des Staates insgesamt. Diesen Punkt zu Ende ausarbeitend, argumentierte Lenin in „Die Aufgaben des Proletariats in unserer Revolution (Entwurf einer Plattform der proletarischen Partei)" über die Sowjets: „Verkannt werden sie auch noch insoweit, als sie eine neue Form, richtiger gesagt, einen neuen *Typus des Staates* darstellen. (…) Gerade einen Staat von diesem Typus hat die russische Revolution in den Jahren 1905 und 1907 hervorzubringen *begonnen*" und der in gewisser Hinsicht „kein Staat im eigentlichen Sinne mehr" ist, wie Engels es ausdrückt (Lenin 1917a, 52f.,

Hervorhebung im Original). In diesem Sinne wird das „Absterben des Staates" im Sozialismus und Kommunismus durch die Form – die Sowjets – ermöglicht, die von den Arbeitern spontan als Mittel angenommen wird, um für ihre eigenen Klassenforderungen zu kämpfen.

Wie Singer anmerkte, würde der „Arbeiterstaat" immer „eine besondere Art von Staat sein, per Definition mit einem Übergangscharakter, da er von Anfang an darauf angelegt wurde, seine eigene Zerstörung zu bewerkstelligen, um eine staatsfreie Gesellschaft aufzubauen" (2002).

Dass dies ein hart ausgefochtener, umkämpfter Prozess ist, wird in John Reeds historischem Buch *Zehn Tage, die die Welt erschütterten* deutlich aufgezeigt, das auf anschauliche Weise den fanatischen Widerstand der herrschenden Klasse – und allerdings auch der „weichen Linken" – gegen jede wirkliche über das symbolische hinausgehende Machtergreifung durch die „große Massen armseligster Soldaten, schmutziger Arbeiter, Bauern – arme Menschen, gebeugt und zernarbt im brutalen Ringen um die Existenz", beschreibt, welche die inzwischen bürokratisierten Sowjets erobert und zu ihrer eignen Sache gemacht hatten[1] (Reed 1957, 174). Es war die unablässige Unterstützung für die arbeitereigene Räte-Organisationsform und revolutionäre Macht, die einzig und allein die Bolschewiki vollzogen, die diesen, zumindest während jenes kurzen und magischen Zeitabschnittes, die leidenschaftliche Gefolgschaft der russischen Arbeiterklasse einbrachte.

Dies sollte nicht lange andauern. Wie schon oben angedeutet, aufrechterhalten bleibt die Arbeiterdemokratie einer Räte-Struktur auf Dauer nur, wenn es eine internationale Arbeiterherrschaft und damit einhergehend letztendlich ein „Absterben" des Staates gibt. Sogar die Sowjets von 1905, die im Vorlauf zur Revolution vom Februar 1917 wieder belebt oder erneut eingerichtet wurden, waren nicht frei von Korruption; wozu Lenin bitter bemerkte: „Solche Helden des modrigen Spießbürgertums wie die Skobelew und Zereteli[2] (...) haben es zuwege gebracht, auch die Sowjets nach dem Vorbild des schäbigsten bürgerlichen Parlamentarismus zu versauen, sie in bloße Schwatzbuden zu verwandeln" (Lenin 1917b, 436). Singer bringt die Sache auf den Punkt: „Es war (...) schwierig, sich vorzustellen, dass die Sowjets in fernerer Zukunft eine Fiktion, die (...) Diktatur eine Parodie sozialistischer Demokratie und der so genannte Arbeiterstaat ein mächtiges Zwangsorgan sein würden" (Singer 2002, 339). Diese geschichtliche

1 Reed 1957, S. 40: „Zu der Zeit [Juli 1917] gehörte die Mehrheit der Sowjets den ‚gemäßigten' Sozialisten". Siehe auch ein Verzeichnis von institutionalisierten Sowjets „zwischen den Revolutionen" in Moskau (Koenker 1981).

2 Menschewiki, die damals den Petrograder Sowjet kontrollierten.

Ironie wurde offensichtlich, als während des Solidarność-Aufstandes der führende KP-Bürokrat Ruwelski „die Arbeiterräte, die Sowjets als teuflische Erfindung der Bolschewiki beschimpfte" (Singer 1982, 270).

Die Bürokratisierung von einst dynamisch revolutionären Arbeiterorganisationen verweist auf eine entscheidende Lektion, die durch das Wesen und die Struktur von Arbeiterräten aufgezeigt wird. Die Merkmale direkter Demokratie, Unabhängigkeit von der Bürokratie, Spontaneität und Eigenaktivität, die weiter oben untersucht wurden, sind wesentlich für einen potentiellen Erfolg dieser Art von Organisation bei der Erreichung und Aufrechterhaltung grundlegender gesellschaftlicher Veränderungen. Eher als „anarchistisch", so wie Fabrikräte von der argwöhnischen Kommunistischen und von der Sozialistischen Partei in Italien kritisiert wurden, waren es ihre Eigenschaften von Spontaneität, Eigenaktivität und Klassenbewusstsein, die sie, unter einer anderen politischen Führerschaft, auf die politischen Barrikaden hätten bringen können, um auf diese Weise – quer durch Westeuropa – dem zunehmend zerbrechlichen Sowjetregime in Russland zu Hilfe zu kommen.

„Ich war, ich bin, ich werde sein …"

Die vorliegende Erörterung hat ihr Hauptaugenmerk nicht auf das historische Scheitern der Arbeiterräteorganisation gelegt, was das Erreichen einer fortdauernden Herrschaft von Arbeitermacht und Arbeitereigentümerschaft, partizipativer Demokratie und Freiheit von Unterdrückung und Ausbeutung angeht, unter der die Welt gegenwärtig leidet. Während dieses Scheitern von grundlegender Bedeutung für jede Analyse zur Zukunft solcher Organisationen ist, zielt dieses Kapitel darauf ab, das sich fortwährend erneuernde und außergewöhnliche Potential dieser (um Rosa Luxemburgs Worte aus *Massenstreik, Partei und Gewerkschaften* zu benutzen) „frische[n], junge[n], kräftige[n] und lebensfrohe[n]" Organisationen zu betonen (Luxemburg 1906, 118).[3] Die gleiche arbeitsplatzbasierte, unmittelbar demokratische, „spontane" Formation kommt bei den häufig vollkommen unvorhersehbaren wellenartigen Aufschwüngen von Kämpfen der Arbeiterklasse immer und immer wieder zum Vorschein. Dies ist die einzig verfügbare Hoffnung in einer „neuen Weltordnung", die von der Gier, der Unmoral und der Gewalt des Neoliberalismus beherrscht wird.

3 Rosa Luxemburgs Beschreibung der im Laufe der russischen Revolution von 1905 neu gebildeten Arbeiterorganisationen.

Viele gegenwärtige (und auch vergangene) sozialistische Analysen würden in Frage stellen, ob die Aktivität der Arbeiterklasse die „einzig verfügbare Hoffnung" darstellt. Viele linke Perspektiven legen beträchtliches Gewicht auf „neue soziale Bewegungen", zu denen die Jugend, radikalisierte Frauen, unterdrückte ethnische Minderheiten und andere identitätsdefinierte Gruppen als Hauptkräfte einer wieder auflebenden „antikapitalistischen" Bewegung gehören. Und Ursachen, die nicht direkt in der Produktion liegen, wie die Umweltkrise, scheinen für eine Linke, die dringend bestrebt ist, sich auf die Kultur des 21. Jahrhunderts einzustimmen, eine höhere Glaubwürdigkeit zu haben als die Arbeitskämpfe, die hier diskutiert werden.

Die vorliegende Argumentation verneint in keiner Weise die Bedeutung dieser Fragen. Was hier vertreten wird, ist die fortgesetzte Bedeutung des Kampfes der Arbeiterklasse in all seinen verschiedenen Ausdrucksformen im 21. Jahrhundert. Die ökonomische Krise, die erneut die Lebensfähigkeit des kapitalistischen Systems in Frage stellt, hat bereits ihre vorhersehbare Angriffsstrategie auf den Lebensstandard der Arbeiterklasse deutlich gemacht, ebenso wie die Angriffsstrategie gegen die Klassenreaktion der dadurch zu Opfern Gemachten.

Die hier dargelegte Geschichte verweist zweifellos auf das politische Potential arbeitsplatzbasierten Basiswiderstandes, der von den frühesten Etappen industrieller Organisationsformen bis hin zu den heutigen globalisierten Wellen von gewerkschaftlicher Organisierung und Streikaktionen die bestehende Ordnung in einer Weise herausgefordert hat, die von den Herrschenden immerhin höchst ernst genommen wird (Moody 1997, Mason 2007). Wenn man die politischen Wandlungsprozesse von dieser Warte aus betrachtet, stellen die Arbeiterräte selbst für die Kämpfe des 21. Jahrhunderts die maßgeblichste und wirkungsvollste Organisationsform dar. Die Arbeiter in den sich neu industrialisierenden Ländern, die hineingezogen werden in die durch die Globalisierung durchgesetzte Überausbeutung, sind wahrscheinlich nicht weniger geneigt, diese Form zu übernehmen als ihre „entwickelten" Gegenüber, genau wie sie in wachsendem Maße ähnliche Formen gewerkschaftlicher Organisation übernommen haben.

Aus all diesen Gründen ist der vorliegende Beitrag ein Appell an die heutige Linke – und, noch wichtiger, an den Sektor der politisierten Arbeiterklasseaktivisten, die, trotz allem, immer noch den antikapitalistischen Kampf am Arbeitsplatz führen –, das radikale Potential der oben geschilderten, wieder auflebenden basisorientierten, direkt demokratischen Organisationen zu beachten. Basierend auf der historischen Wahrscheinlichkeit des erneuten Auftretens solcher Organisationen, schließen wir mit der Bemerkung, die Rosa Luxemburg voller revolutionärem Optimismus in ihrer letzten Herausforderung der Bourgeoisie entgegen schleuderte: „Eure »Ordnung« ist auf Sand gebaut. Die Revolution wird sich morgen schon »rasselnd wieder in die Höh' richten« und zu eurem Schrecken mit Posaunenklang verkünden: Ich war, ich bin, ich werde sein!" (Luxemburg 1919).

Literatur

Anderson, Andy (1964), *Hungary '56*, London: Phoenix Press. Dt.: *Die ungarische Revolution 1956,* Hamburg: Association, 1977.

Appel, Jan (2008), „Origins of the movement for workers' councils in Germany", in: *Commune,* Pamphlet Nr. 5, London.

Barker, Chris (Hrsg.) (1987), *Revolutionary Rehearsals,* London: Bookmarks.

Birchall, Ian (1974), *Workers Against The Monolith.* The Communist Parties Since 1943, London: Pluto Press.

Brecher, Jeremy (1997), *Strike!,* Boston: South End Press. Dt.: *Streiks und Arbeiterrevolten.* Amerikanische Arbeiterbewegung 1877-1970, Frankfurt/M.: Fischer Taschenbuch Verlag, 1975.

Charlton, John (1997), *The Chartists.* The First National Workers' Movement, London: Pluto Press.

Cohen, Sheila (2006), *Ramparts of Resistance.* Why Workers Lost Their Power, and How to Get It Back, London: Pluto Press.

Dangerfield, George (1961), *The Strange Death of Liberal England,* New York: Capricorn.

Darlington, Ralph (2009), „Organising, Militancy and Revitalisation. The Case of the RMT Union", in: Gall, Gregor (2009a), S. 83-106.

Fosh, Patricia; Cohen, Sheila (1990), „Local Trade Unionists in Action. Patterns of Union Democracy", in: Fosh, Patricia; Heery, Sheila (Hrsg.): *Trade Unions and their Members,* London: Macmillan.

Gall, Gregor (Hg.) (2009a), *Union Revitalisation in Advanced Economies.* Assessing the Contribution of Union Organising, Basingstoke, New York: Palgrave Macmillan.

— (2009b), *The Future of Union Organising.* Building for Tomorrow, Basingstoke, New York: Palgrave Macmillan.

Gluckstein, Donny (1985), *The Western Soviets.* Workers' Councils versus Parliament 1915-20, London: Bookmarks.

Gonzalez, Mike (1987), „Chile 1972-3: The Workers United", in: Barker, Chris (Hrsg.), *Revolutionary rehearsals,* London: Bookmarks.

Gramsci, Antonio (1971), *Prison Notebooks,* London: Lawrence and Wishart. Dt.: *Gefängnishefte,* 10 Bände, Hamburg 1991 2002: Argument.

Harman, Chris (1974), *Bureaucracy and Revolution in Eastern Europe,* London: Pluto Press.

— (2002), „Argentina. Rebellion at the Sharp End of the World Crisis“, in: *International Socialism,* Nr. 94.

Hinton, James (1972), *The First Shop Stewards' Movement,* London: George Allen and Unwin.

Holton, Bob (1976), *British Syndicalism 1900-1914,* London: Pluto Press.

Kelly, John (1988), *Trade Unions and Socialist Politics,* London: Verso.

— (1998), *Rethinking Industrial Relations.* Mobilisation, Collectivism and Long Waves, London: Routledge

Lenin, W. I. (1911), „Dem Andenken der Kommune“ (*Rabotschaya Gazeta,* Nr. 4-5, 15.4.1911), in: *Lenin Werke,* Band 17, Berlin: Dietz, 1962, S. 122-126.

— (1917a), „Die Aufgaben des Proletariats in unserer Revolution (Entwurf einer Plattform der proletarischen Partei)“, in: *Lenin Werke,* Band 24, Berlin: Dietz, 1959, S. 41-77.

— (1917b), Staat und Revolution, in: *Lenin Werke,* Band 25, Berlin: Dietz, 1960, S. 397-507.

Leopold, Les (2007): *The man who hated work and loved labor,* White River Junction, Vermont: Chelsea Green.

Luxemburg, Rosa (1919), „Die Ordnung herrscht in Berlin“ (*Die Rote Fahne,* Nr. 14 vom 14. Januar 1919), in: Luxemburg, *Gesammelte Werke,* Bd. 4, Berlin: Dietz, 1987, S. 531-536.

— (1906), „Massenstreik, Partei und Gewerkschaften“, in: *Gesammelte Werke,* Bd. 2, Berlin: Dietz, 1990, S. 91-170.

Lynd, Staughton (2003), „Students and Workers in the Transition to Socialism. The Singer Model“, in: *Monthly Review,* Bd. 54, Nr. 10.

Marx, Karl (1871), „Der Bürgerkrieg in Frankreich“, in: MEW 17, Berlin: Dietz, 1962, S. 313-365.

Mason, Paul (2007), *Live Working or Die Fighting.* How the Working Class Went Global, London: Harvill Secker.

Moody, Kim (1997), *Workers in a Lean World.* Unions in the International Economy, New York: Verso.

Nagy, Balazs (2006), *How the Budapest Central Workers' Council was Set Up,* Liverpool: Living History Library.

Postgate, Raymond Williams; Wilkinson, Ellen; Horrabin, James Francis (1927), *A Workers' History of the Great Strike,* London: The Plebs League.

Poya, Maryam (1987), „Iran 1979: Long live Revolution! Long live Islam?“, in: Barker (Hrsg.), *Revolutionary Rehearsals,* London: Bookmarks.

Reed, John (1957), *10 Tage, die die Welt erschütterten,* Berlin: Dietz.

Robinson, Peter (1987), „Portugal, 1974-5: Popular Power", in: Barker (Hrsg.), *Revolutionary Rehearsals*, London: Bookmarks.

Rosenberg, Chanie (1987), *1919.* Britain on the Brink of Revolution, London: Bookmarks.

Singer, Daniel (1982), *The Road to Gdansk.* Poland and the USSR, New York: Monthly Review Press.

— (2002), *Prelude to Revolution.* France in May 1968, Cambridge: South End Press.

Smith, Mark (2009), „Vestas Occupation", in: *Solidarity*, Nr. 25.

Thatcher, Margaret (1995), *The Path to Power*, New York: HarperCollins Press.

Thornett, Alan (1998), *Inside Cowley*, London: Porcupine Press.

Trotsky, Leon (1926), *Where Is Britain Going?* London: Allen & Unwin.

Trotzki, Leo (1973), *Geschichte der russischen Revolution.* Erster Teil: Februarrevolution. Frankfurt/M.: Fischer Taschenbuch Verlag.

— (1972), *Die russische Revolution 1905.* Berlin: Neuer Kurs.

Weir, Stan (1967), *U.S.A. – The Labor Revolt,* Boston: New England Free Press.

Williams, Gwyn A (1975), *Proletarian Order.* Antonio Gramsci, Factory Councils and the Origins of Communism in Italy 1911-1921, London: Pluto Press.

Wilson, Phil (2009), „We Knew We Had Nothing to Lose", in: *Solidarity*, Nr. 25.

Wright, Steve (2002), *Storming heaven.* Class composition and struggle in Italian autonomist Marxism, London: Pluto Press. Dt.: *Den Himmel stürmen.* Eine Theoriegeschichte des Operaismus, Berlin: Assoziation A, 2005.

Übersetzung aus dem Englischen: Klaus Lehmann

4. „Die endlich entdeckte politische Form“: Die Arbeiterräte gegen den kapitalistischen Staat

Alberto R. Bonnet

> Sie [Die Kommune] war wesentlich eine *Regierung der Arbeiterklasse*, das Resultat des Kampfs der hervorbringenden gegen die aneignende Klasse, die endlich entdeckte politische Form, unter der die ökonomische Befreiung der Arbeit sich vollziehen konnte.
>
> Karl Marx, *Der Bürgerkrieg in Frankreich*

Inmitten des preußisch-französischen Krieges benutzte Marx diese Worte, um das von den Pariser *Kommunarden* geschaffene Novum zu begrüßen. Ein halbes Jahrhundert später, zum Ende des Ersten Weltkrieges, begrüßte eine neue Generation junger Intellektueller, die sich dem Kampf der Arbeiter verschrieben hatte, erneut die Entstehung einer neuen politischen Form zur Befreiung der Arbeit, dieses Mal in Form der Arbeiterräte.

Anliegen dieses Artikels ist es, einige jener intellektuellen Betrachtungen zu den Arbeiterräten zu analysieren, um den Inhalt dieses Novums ein wenig zu präzisieren. Das zentrale Argument ist, dass besagte Neuigkeit in der Tendenz der Räte liegt, die Trennung zwischen dem Politischen und Ökonomischen zu überwinden und – da diese Trennung konstituierend für den kapitalistischen Staat ist – auch den Staat selbst zu überwinden. Der emanzipatorische Charakter der Arbeiterräte als politische Form hat seinen Ursprung genau in ihrer Tendenz zur Überwindung des kapitalistischen Staates.

Im ersten Teil des Artikels werden wir darauf eingehen, wie dieses Novum der Entstehung der Arbeiterräte – mit der Pariser Kommune als Erfahrungshintergrund – sich für einige der klarsten Intellektuellen, die den Prozess begleiteten, darstellte. Im zweiten Teil des Artikels werden wir uns darauf konzentrieren, wie jene Tendenz zur Überwindung der Trennung von Politik und Ökonomie von diesen Intellektuellen erkannt wurde und welche Konsequenzen sie daraus für die politische Positionierung gegenüber dem Staat zogen. Im dritten Teil schließlich werden wir Reichweite und Grenzen dieser Betrachtungen untersuchen.

Die Entstehung der Arbeiterräte

Die Entstehung der Arbeiterräte am Ende des Ersten Weltkrieges bestätigte in gewisser Weise den politischen Einsatz jener Intellektuellen, die sich vor dem Ersten Weltkrieg am linken Rand der Sozialdemokratie verorteten. Schon damals hatten sie auf die Fähigkeit der Arbeiterklasse gesetzt, eine eigene, unabhängige Form der revolutionären Organisation und des revolutionären Kampfes zu schaffen. Dies trifft vor allen auf die holländischen *Tribunisten* und insbesondere auf Anton Pannekoek[1] zu. In der Tat greifen die von Pannekoek verteidigten Positionen in den aufeinanderfolgenden Kontroversen um die Strategie des politischen Massenstreiks, hervorgerufen durch den politischen Streik in Belgien 1902, die russische Revolution von 1905 und die politische Krise Preußens 1909 (Parvus et al. 1975; 1976), den Positionen vor, die er später zu den Arbeiterräten vertrat. Pannekoek erkannte schon damals in den Massenstreiks eine *„bestimmte neue Form der Betätigung der organisierten Arbeiter"* (Pannekoek 1912, Hervorhebung im Original), nämlich eine neue politische Aktionsform hinsichtlich der traditionellen parlamentarischen und gewerkschaftlichen Praktiken der Sozialdemokratie, die ihren Ursprung in der Transformation des kapitalistischen Produktionsapparates und der Zusammensetzung der Arbeiterklasse hatte. Gegenüber dem von den sozialdemokratischen Parlamentariern und insbesondere Ge-

1 Die Holländer gehörten zu jenen, die sich am frühesten und radikalsten links von der Sozialdemokratie einordneten. Pannekoek trat zusammen mit Gorter und Roland-Holst bereits zum Ende des 19. Jahrhunderts der Sozialdemokratischen Arbeiterpartei (die holländische Version des Sozialismus der II. Internationale) bei und sie bezogen im ersten Jahrzehnt des neuen Jahrhunderts Position gegen die Parteiführung unter Pieter Troelstra. Sie sammelten sich ab 1907 als linker Flügel der Partei um die Zeitung *De Tribune* (daher der Name Tribunisten) und spalteten sich 1909 als Sozialdemokratische Partei ab. Aus dieser SDP wiederum wurde die Kommunistische Partei Hollands, der einzige Fall einer kommunistischen Partei, die aus einer bereits vor der Oktoberrevolution bestehenden Partei hervorging. Siehe Hansen 1976.

werkschaftern angeführten und von Karl Kautsky in den Debatten wiederholten konservativen Argument, ein vorzeitiger Massenstreik könnte die Zerstörung der bestehenden Arbeiterorganisationen mit sich bringen – ein Argument, welches eindeutig eingeschrieben war in eine Strategie der Übernahme der staatlichen Macht durch die Partei –, setzte Pannekoek auf die Fähigkeit der Arbeiterklasse, im Rahmen der Entwicklung einer Aufstandsstrategie eigene unabhängige Formen des revolutionären Kampfes und der revolutionären Organisation zu schaffen.

Nichtsdestotrotz, selbst wenn Pannekoek schon in den Vorkriegsjahren vermutete, dass das Ergebnis dieses Prozesses der Selbstorganisation weder die bestehende Partei noch die existierenden Gewerkschaften sein würden, konnte er es erst nach Ende des Krieges identifizieren: die Arbeiterräte. Bis dahin musste sich Pannekoek, wie auch Rosa Luxemburg, darauf beschränken, auf das Mittel des Massenstreiks und das organisatorische Bewusstsein, das es unter den Arbeitern wecken konnte, zu setzen, ohne die politische Form zu identifizieren, die daraus erwachsen könnte:

> „Die Organisation des Proletariats, die wir als sein wichtigstes Machtmittel bezeichnen, ist nicht zu verwechseln mit der Form der heutigen Organisationen und Verbände, worin sie sich unter den Verhältnissen einer noch festen bürgerlichen Ordnung äußert. *Das Wesen dieser Organisation ist etwas Geistiges, ist die völlige Umwälzung des Charakters der Proletarier*“ (Pannekoek 1912, Hervorhebung im Original).[2]

Die Gründung der Arbeiterräte im Laufe der Zuspitzung des Klassenkampfes am Ausgang des Ersten Weltkrieges füllte diese Leerstelle. Und augenblicklich erinnerten sich unsere Rätekommunisten der oben zitierten Worte Marx' und erkannten in diesen Räten *„die endlich entdeckte politische Form“*. Auch wenn

2 Dieser Ansatz war analog zu dem des revolutionären Syndikalismus, was Kautsky nicht entging, der Pannekoek und Luxemburg fortwährend als Anarchisten diffamierte. Diese Seelenverwandtschaft war jedoch unvermeidlich: Wer sich bereits vor dem Ersten Weltkrieg links von der Sozialdemokratie verortete, teilte mit dem revolutionären Syndikalismus den gleichen politischen Raum. Denn der revolutionäre Charakter, der der Sozialdemokratie in ihrer politischen Praxis zunehmend verloren ging, schien sich vermehrt in der politischen Praxis des revolutionären Syndikalismus wiederzufinden. Erinnert sei hier nur etwa im spezifischen Fall von Pannekoek und den Tribunisten an den Einfluss des Vaters des holländischen Sozialismus, Domela Nieuwenhuis, der sich später zum Anarchosyndikalismus bekannte. Nieuwenhuis bekämpfte den Parlamentarismus der SDAP und wurde später einer der führenden Sprecher der Strategie der Massenstreiks gegen die Kriegsdrohung, die sich bereits über Europa ausbreitete.

die Pariser Kommune sehr schnell von den Heeren der Bourgeoisie zerschlagen worden war, galt sie allgemein weltweit bis zum Beginn des Ersten Weltkriegs als fortgeschrittenste Erfahrung des Kampfes der Arbeiter um ihre Emanzipation. gedeutet worden, auch wenn sie in Blut getränkt worden war. Das Novum, welches die Arbeiterräte nach dem Ende des Ersten Weltkrieges darstellten, konnte entsprechend nur vor dem Hintergrund der Pariser Kommune bewertet werden. Und so taten es auch unsere Rätekommunisten.

Eine *neue* Form? In seiner ersten Schrift zur gerade stattfindenden deutschen Revolution, eine kleine Notiz von Ende November 1918, konstatierte Pannekoek, dass es nötig sei,

> „die alte Regierungsform und die alte Bürokratie zu zerstören und die temporäre Organisation der Massen als dauerhafte Macht zu stärken, um die im Staat konzentrierte kapitalistische Dominanz zu brechen. Dies geschah in Paris 1871 über die *Kommune* und im November 1917 in Russland über die *Sowjets*. In Deutschland gründeten die Arbeiter mit den *Arbeiter- und Soldatenräten*, so wie es in Russland geschah, eine solche Organisation“ (Pannekoek 1919a).[3]

Pannekoek erkannte so in den Arbeiterräten eine neue Organisationsform der Massen im Konflikt mit dem kapitalistischen Staat und sprach ihnen allein aufgrund ihrer Existenz – nicht wegen ihres Programms, das in der deutschen Revolution weiterhin ein im wesentlichen nur demokratisches war – einen revolutionären Charakter zu.

In seinen späteren Überlegungen ging Pannekoek auf wesentlich genauere Weise auf dieses neue Konzept ein. In seiner Kritik an der Sozialdemokratie nahm er Bezug auf die Marx'sche Schlussfolgerung hinsichtlich der Erfahrung aus der Pariser Kommune, dass es unabdingbar sei, den kapitalistischen Staat zu zerstören und durch eine neue Organisationsform zu ersetzen. Zugleich führte Pannekoek aber auch eine interessante Sichtweise ein, welche die Kommune von den Räten unterschied.[4]

3 Übersetzung aus dem Englischen.

4 Pannekoek zitiert hier nicht ausdrücklich Marx, aber wir können an dieser Stelle sicherlich auf das berühmte Marx-Zitat (1871) verweisen, dass „die Arbeiterklasse nicht die fertige Staatsmaschine einfach in Besitz nehmen und sie für ihre eignen Zwecke in Bewegung setzen kann“. Eine Aussage, die Marx und Engels als Hauptlehre aus der Pariser Kommune im Vorwort zur deutschen Neuauflage des *Manifest* von 1872 machten (MEW 4, S. 574).

In der Kommune „wählten die Pariser Bürger und Arbeiter nach altem Muster ein Parlament; aber dieses Parlament wurde sofort zu etwas anderem als unsere Parlamente. Es diente ja nicht dazu, das Volk durch schöne Reden zu gängeln und dadurch eine Kapitalisten- und Herrscherclique ungestört ihre Privatgeschäfte besorgen zu lassen; die Männer, die da beisammen saßen, mussten für das Volk die Regelung und Verwaltung aller öffentlichen Angelegenheiten besorgen. Aus einer parlamentarischen verwandelte sie sich in eine arbeitende Körperschaft; sie teilte sich in Kommissionen, die selbst die Arbeit der Durchführung der neuen Gesetze auf sich nahmen. So verschwand die Bürokratie als besondere, unabhängige, das Volk beherrschende Klasse und *wurde die Trennung der gesetzgebenden und der ausführenden Gewalt aufgehoben.* Die Personen, die als höchste Beamte dem Volke gegenübertraten, waren zugleich unmittelbar Gewählte und Beauftragte des Volkes, die zu jeder Zeit ersetzt werden konnten“ (Pannekoek 1920a).

Die Kommune war noch als ein Parlament „nach altem Muster“ gewählt worden, sie war also im eigentlichen Sinne noch eine bürgerliche politische Form. Sie hatte jedoch bereits eine Metamorphose von einer rein parlamentarischen hin zu einer arbeitenden Körperschaft, also damit anfangend, eine proletarische Form durchlaufen. Die Arbeiterräte hingegen wertete Pannekoek etwas anders:

„Ein neuer bedeutender Schritt wurde im Jahre 1905 in Rußland gemacht durch die Gründung der Räte, der Sowjets, als Organe des revolutionär auftretenden Proletariats. Sie haben es damals nicht zur politischen Herrschaft gebracht, wenn auch der zentrale Petersburger Arbeiterrat die Führung des Kampfes hatte und zeitweilig eine bedeutende Macht besaß. Als aber im Jahre 1917 die neue Revolution ausbrach, traten die Sowjets sofort wieder auf als Organe der proletarischen Macht. Mit der deutschen Novemberrevolution nahmen sie die politische Herrschaft in die Hände und bildeten das zweite historische Beispiel einer proletarischen Staatsgewalt“ (Pannekoek 1920a).

Doch die neuen Räte unterschieden sich von der alten Kommune, denn sie wiesen ein viel größeres Potenzial zur Überwindung der Trennung zwischen dem Politischen und dem Ökonomischen auf:

„In dem Rätesystem wird die politische Organisation auf dem ökonomischen Arbeitsprozeß aufgebaut. Der Parlamentarismus beruht auf dem Individuum in seiner Qualität als Staatsbürger. Historisch hatte das seine Berechtigung, da ursprünglich die bürgerliche Gesellschaft sich zusammensetzte aus einander gleichen Einzelproduzenten, die jeder für sich ihre Waren produzieren und durch die Gesamtheit ihrer kleinen Geschäfte den ganzen Produktionsprozeß bildeten. Aber in der modernen Gesellschaft mit seinen Riesenbetrieben und Klassengegensätzen wird diese Grundlage immer unzeitgemäßer. (...) Die parlamentarische Auffassung sieht

in jedem Menschen in erster Linie den Staatsbürger, und als solche sind sie einander gleiche abstrakte Individuen. Aber der wirkliche, konkrete Mensch ist ein Arbeiter; seine Tätigkeit ist der praktische Inhalt seines Lebens, und die Tätigkeiten aller ergänzen einander zum gesellschaftlichen Arbeitsprozeß. (...) Um die Menschen in Gruppen zusammenzufassen, teilt die politisch-parlamentarische Praxis den Staat in Wahlkreise; aber die in einem Kreis zusammengefaßten Menschen, Arbeiter, Rentiers, Krämer, Fabrikanten, Grundbesitzer, aus allen Klassen und Berufen nach dem zufälligen Wohnort zusammengewürfelt, können gar nicht von einem Delegierten ihr gemeinsames Interesse und ihren gemeinsamen Willen vertreten lassen, denn sie haben nichts gemeinsames. Die natürlichen Gruppen zusammengehöriger Menschen sind die Produktionsgruppen, die Arbeiter einer Fabrik, einer Branche, die Bauern eines Dorfes, und in weiterem Umfange die Klassen" (Pannekoek 1920a).

War endlich eine überlegene politische Form entdeckt? Um unserer Analyse zu vertiefen, wollen wir die Überlegungen von Karl Korsch zu dem Novum darstellen. Korsch wies darauf hin, dass, wenn die deutsche Arbeiterklasse während der revolutionären Hochzeit am Ausgang des Ersten Weltkrieges siegreich gewesen wäre, sie ihre Regierung nach dem Vorbild einer Räterepublik gebildet hätte. Er fügte aber an, nach der Niederlage und angesichts der neuen historischen Herausforderungen, dürfen

„wir revolutionären proletarischen Klassenkämpfer der ganzen Welt auch subjektiv unsern alten Glauben an die revolutionäre Bedeutung des *Rätegedankens* und den revolutionären Charakter der Räteregierung als der direkten Weiterentwicklung der von den Pariser Kommunarden vor einem halben Jahrhundert ‚entdeckten' *politischen Form der proletarischen Diktatur* nicht mehr ganz ungeprüft und unverändert festhalten" (Korsch 1996a, 169).

Mit anderen Worten konstatierte der Verfassungstheoretiker Korsch, dass die deutsche revolutionäre Arbeiterklasse zum Ende des Ersten Weltkrieges versucht hatte, ihre Regierung mittels der Schaffung der politischen Form der Räterepublik zu konstituieren. Doch nachdem die Konterrevolution erfolgreich war, warnte Korsch als Theoretiker der historischen Spezifität vor einer Überbewertung dieser oder jeglicher anderen politischen Form.[5] Er argumentierte, dass

5 Ich beziehe mich auf zwei Schlüsselaspekte im Denken Korschs, welche ich hier nicht weiter ausführen kann: seine Konzeptualisierung der *Konstitution* der politischen Formen (siehe Negt 1973) und sein Prinzip der *historischen Spezifikation* (siehe Kellner 1977).

„jene revolutionäre Dialektik gilt, welche es bewirkt, dass (...) jede geschichtliche Form aus einer *Entwicklungsform* der revolutionären Produktivkräfte und der revolutionären Aktion und Bewusstseinsentwicklung an einem bestimmten Punkt ihrer Entwicklung in eine *Fessel* derselben umschlägt. Diesem dialektischen Gegensatz der revolutionären Entwicklung unterliegen mit allen anderen geschichtlichen Ideen und Gebilden auch solche *gedanklichen und organisatorischen Niederschläge einer bestimmten geschichtlichen Phase des revolutionären Klassenkampfes,* wie die vor 60 Jahren von den Pariser Kommunarden ‚endlich entdeckte' politische Form der Regierung der Arbeiterklasse als *revolutionäre Kommune* und im Anschluss daran in einem neuen geschichtlichen Kampfabschnitt durch die revolutionäre Bewegung der russischen Arbeiter und Bauern und der internationalen Arbeiterklasse hervorgebrachte neue Form der *‚revolutionären Rätemacht'*. Statt über den ‚Verrat' des Rätegedankens und die ‚Entartung' der Rätemacht zu jammern, müssen wir in illusionsfreier, nüchterner, historisch objektiver Betrachtung Anfang, Mitte und Ende dieser ganzen Entwicklung zu einer *geschichtlichen Gesamtansicht* zusammenfassen und die *kritische Frage* stellen: Worin besteht nach dieser geschichtlichen Gesamterfahrung die *wirklich historische und klassenmäßige Bedeutung dieser neuen politischen Regierungsform,* die in erster Andeutung die nach 72tägiger Dauer gewaltsam unterbrochene Entwicklung der *revolutionären Kommune 1871,* in konkreter Ausgestaltung dann die *russische Revolution von 1917* hervorgebracht hat?" (Korsch 1996a, 170f).

Korsch argumentierte wie Pannekoek, dass sich die Kommune als politische Form im Wesentlichen nicht vom bürgerlichen Parlament unterschied. Im Grunde war sie eine noch ältere und in ihrer Eigenschaft als Kampforganisation des revolutionären Bürgertums wesentlich reinere bürgerlich-politische Form als das Parlament und hatte ihren Ursprung im elften Jahrhundert. Als Marx diese Kommune als neue politische Form begrüßte, so meinte Korsch, war er

„weit davon entfernt, von der politischen *Form* der kommunalen Verfassung an sich, losgelöst von dem bestimmten proletarisch klassenmäßigen *Inhalt,* mit dem die Pariser Arbeiter nach seiner Auffassung diese von ihnen erkämpfte und in den Dienst ihrer ökonomischen Selbstbefreiung gestellte politische Form für einen geschichtlichen Augenblick erfüllt hatten, irgendwelche Wunderwirkungen für den proletarischen Klassenkampf zu erwarten" (Korsch 1996a, 172).

Nach Korsch konnten die Kommunarden die mittelalterliche Kommune zur Anwendung bringen, weil sie als „wenig entwickeltes und relativ unbestimmtes" Instrument „formlos" und „äußerst dehnbar" war, ganz im Gegensatz zu den Institutionen des moderneren bürgerlichen zentralisierten repräsentativen Staates. Marx wollte „damit durchaus nicht, wie es einige seiner Anhänger später und bis zum heutigen Tage getan haben, eine *bestimmte Form der politischen Organi-*

sation, heiße sie nun *revolutionäre Kommune* oder *revolutionäres Rätesystem*, zur patentierten, allein richtigen Form der revolutionären Klassendiktatur stempeln" (Korsch 1996a, 175).

Natürlich behauptete Korsch keinesfalls, dass der politischen Form hinsichtlich des Klasseninhaltes das Los der Neutralität zufallen würde, sondern warnte vielmehr vor einer Fetischisierung der Räte-Form, deduziert aus einer Dialektik zwischen Form und Inhalt. Der Widerspruch zwischen der Form und dem Klasseninhalt wandelte die besagte politische Form in eine Prozessform.

> „Die *revolutionäre Kommunalverfassung* wird so unter bestimmten geschichtlichen Bedingungen zu der politischen Form eines *Entwicklungsprozesses* bzw. deutlicher gesprochen, einer *revolutionären Aktion*, deren wesentliches Ziel überhaupt nicht mehr in der *Erhaltung irgendeiner staatlichen Herrschaftsform* oder gar in der *Hervorbringung eines neuen ‚höheren Staatstypus'* besteht, sondern vielmehr in der endlichen Schaffung der materiellen Voraussetzungen für das Absterben jedes Staates überhaupt" (Korsch, ebd., Hervorhebung im Original).

Die Arbeiterräte und der kapitalistische Staat

Eine *politische* Form? Untersuchen wir nun eben genau diese Tendenz der Arbeiterräte, die Trennung von Politik und Ökonomie zu überwinden und, in Anbetracht der Tatsache, dass diese Trennung für den kapitalistischen Staat konstitutiv ist, eben den kapitalistischen Staat selbst abzuschaffen. Alle unsere Rätekommunisten wiesen auf verschiedene Weise auf diese Tendenz hin, wenngleich nicht alle daraus dieselben Konsequenzen zogen, welche politische Position gegenüber dem Staat einzunehmen sei. Für die Analyse gehen wir hier von den komplexen Beziehungen aus, die Korsch zwischen Arbeiterräten und Staat zur Organisation der Produktion sah.[6]

Nach Korsch (1920) war es der revolutionäre Prozess selbst gewesen, der die Problematik der Sozialisierung auf die politische Agenda Deutschlands am Ende

6 Korsch war einer der Haupttheoretiker, die sich mit der Sozialisation in der Nachkriegszeit auseinandersetzten. Sein Interesse an dieser Problematik hatte seinen Ursprung in seiner Beziehung zur Fabian Society während seiner Londoner Jahre (1912 bis 1914, siehe seine Schriften dieser Jahre in Korsch 1980a), erreichte aber natürlich zum Ende des Ersten Weltkriegs ihren Höhepunkt in seiner Zusammenarbeit, noch als USPD-Mitglied, mit der Sozialisierungskommission für den Kohlebergbau. Der etwas verkünstelte Charakter der Schriften Korschs aus diesen Jahren mag mit dem nicht weniger künstlichen Charakter der Kommission selbst zusammenhängen. Pannekoek (siehe Bricianer 1975) und andere werteten diese Kommission als eine Maßnahme der sozialdemokratischen Führungsebene, eine wirkliche Sozialisation zu verhindern.

des Ersten Weltkriegcs gesetzt hatte, welche von der Sozialdemokratie vernachlässigt oder als utopisch betrachtet worden war. Doch in welcher Beziehung standen die Arbeiterräte und der Staat in dieser Sozialisierung zueinander? In seiner ersten ausführlicheren Schrift zu dieser Problematik, der Broschüre *Was ist Sozialisierung?* (Korsch 1919a) schlug Korsch ein System vor, welches eine gewerkschaftliche Organisationsform vom Standpunkt der Produzenten mit einer eigens politischen Organisationsform aus Sicht der Konsumenten kombinierte. Die Sozialisierung kann sowohl in etatistischer Weise vollzogen werden (als indirekte Sozialisierung aus Produzenten- und als direkte Sozialisierung aus Konsumentensicht), wie auch in gewerkschaftlicher Weise (als direkte Sozialisierung aus Produzenten- und indirekte Sozialisierung aus Konsumentensicht) (Korsch 1919a, 110ff). In einer anderen seiner Schriften von 1919 unterschied er eindeutig zwischen der Sozialisierung des Produkts (indirekt, wenn der Arbeiter weiterhin entlohnt wird, wenn auch jetzt vom Staat, von der Kommune oder der Gemeinschaft, oder direkt, wenn er selbst Besitzer der Produktionsmittel ist) und der Sozialisierung des Produktionsprozesses (der Arbeiter entscheidet selbst, was, wie und unter welchen Bedingungen produziert wird). Korsch versuchte eine Form der Sozialisation zu entwerfen, welche die Interessenkonflikte zwischen der Produzenten- und der Konsumentengemeinschaft berücksichtigt (Korsch 1919b). Korsch ging in diesen Schriften von 1919 noch davon aus, dass die zentrale Herausforderung der Sozialisierung in den Interessenwidersprüchen zwischen Produzenten und Konsumenten liege, und suchte daher nach einer Synthese, die sie aussöhnen könnte.

Schon damals proklamierte Korsch auf den ersten Seiten, die er über die deutsche Revolution schrieb, dass „die gebotene *Form* der Sozialisierung (...) allgemein gesprochen, die Form nicht der Zentralisierung [ist], sondern der *Autonomie*" (Korsch 1919c, 84f). Und in der bereits erwähnten Broschüre *Was ist Sozialisierung?* wurde schon seine Präferenz der Sozialisierung als direkte Aktion und seine Zurückhaltung gegenüber der Vergesellschaftung als Staatsakt deutlich, unter anderem durch sein Beharren auf der pädagogischen Natur der direkten Aktion (Korsch 1919a, 121) oder durch seine Unterscheidung zwischen Vergesellschaftung und einfacher Verstaatlichung (1919a, 122ff.).

Im ersten Sinne verteidigte Korsch ohne wenn und aber das Programm der Spartakisten, das konstatierte, dass „auch die wirtschaftliche Umwälzung (...) sich nur als ein von der proletarischen Massenaktion getragener Prozess vollziehen kann. Die nackten Dekrete oberster Revolutionsbehörden über die Sozialisierung sind allein ein leeres Wort. Nur die Arbeiterschaft kann das Wort durch eigene Tat zum Fleische machen. Im zähen Ringen mit dem Kapital, Brust an

Brust in jedem Betriebe, durch unmittelbaren Druck der Massen, durch Streiks, durch Schaffung ihrer ständigen Vertretungsorgane können die Arbeiter die Kontrolle über die Produktion und schließlich die tatsächliche Leitung an sich bringen" (Korsch 1919a, 132).

Im zweiten Sinne kritisierte er das Sozialisierungskonzept der Verstaatlichung, welches die orthodoxe Sozialdemokratie befürwortete: „Die Mehrheit von ihnen setzte ‚Vergesellschaftung' gleich ‚Verstaatlichung', mit dem mehr oder weniger deutlich zugedachten Gedanken, dass ‚natürlich' der die gesamte Produktion und Konsumtion einheitlich regelnde ‚Staat' der sozialistischen Epoche ein ganz anderer Staat sein würde, als der bisherige ‚Klassenstaat'" (Korsch 1919d, 162).[7] Diese „Konzeption eines Staatssozialismus" war abzulehnen. Die Verstaatlichung bedeutete nur einen „einfachen Wechsel des Arbeitgebers" der zusätzlich noch die „Paralysierung der Produktivkräfte" mit sich bringen würde. Korsch machte klar: „die Klasse der werktätigen Arbeiter wird als solche nicht freier, ihre Lebens- und Arbeitsweise nicht menschenwürdiger dadurch, dass an die Stelle des von den Besitzern des privaten Kapitals eingesetzten Betriebsleiters ein von der Staatsregierung oder Gemeindeverwaltung eingesetzter Beamter tritt" (Korsch 1919d, 163).

Dennoch hörte deshalb die Verstaatlichung nicht auf, notwendig zu sein, denn die „industrielle Demokratie" musste durch einen „wirtschaftlichen Generalplan" begleitet werden. Die Spannung war unvermeidlich. Korsch löste sie einfach, indem er das Ganze mit einem Rätesystem gleichsetzte: „Der Weg aber, auf welchem diese *beiden* in dem Ruf nach der Sozialisierung heute enthaltenen Forderung die Kontrolle von oben (durch die Gesamtheit) und die Kontrolle von unten (durch die unmittelbar Beteiligten) mit Sicherheit und Schnelligkeit

7 Bereits Pannekoek hatte, wie hier Korsch, auf die Übereinstimmungen der von Sozialdemokraten und Linken wie Otto Bauer, Otto Neurath und Rudolf Wissell in der Nachkriegszeit beabsichtigten Verstaatlichungen und der von der Bourgeoisie (z.B. Walter Rathenau) während des Krieges anvisierten Nationalisierungen hingewiesen: „Verstaatlichen bedeutet nicht Sozialismus; Sozialismus ist die Kraft des Proletariats." schrieb Pannekoek. „Da aber in der idealen Welt der aktuellen Sozialdemokratie Sozialismus und Staatswirtschaft fast ineinander übergehen, wird sich diese Partei ohne spirituelle Waffen im Kampf gegenüber den staatlich-sozialistischen Maßnahmen wiederfinden, die dazu tendieren, das Proletariat in der Knechtschaft zu bannen" (in „Wenn der Krieg zu Ende geht", ein Artikel von 1916 aus *Vorbote*, zitiert und übersetzt nach Bricianer 1975, S. 139). Und nach dem Krieg schrieb Pannekoek: „Wie also die ‚sozialistische' Regierung nur eine Weiterführung der Dominanz der Bourgeoisie unter der Standarte des Sozialismus darstellt, ist die ‚Sozialisierung' nur die Weiterführung der alten Ausbeutung durch die Bourgeoisie unter der sozialistischen Standarte" (Pannekoek 1919b).

nebeneinander verwirklicht werden können, ist das heute so viel genannte und so wenig verstandene ‚*Rätesystem*'" (Korsch 1919d, 164).

In „Arbeitsrecht für Betriebsräte" von 1922 schlug er seine ausgearbeitetste Version einer „Arbeitsverfassung" vor, sozusagen einer Verfassung zur Konstituierung der Demokratie in der ökonomischen Sphäre, als industrielle oder produktive Demokratie, welche die in der Novemberrevolution errungene Demokratie in der politischen Sphäre vervollständigen sollte. „Durch die Wahl ihrer revolutionären Räte", so Korsch, „bekundeten die Arbeiter ihren Entschluss, zunächst den einzelnen Arbeitsbetrieb und weiterhin dann auch die gesamte, aus einer Vielheit konkurrierender Einzelbetriebe und Konzerne zusammengesetzte kapitalistische Volkswirtschaft als ein wirkliches ‚Gemeinwesen der Arbeit' zu betrachten und die darin beschäftigten Arbeiter als vollwertige ‚Bürger' dieses Gemeinwesens zu betrachten" (Korsch 1922, 356).

Die Beziehung zwischen den beiden Demokratien, anders gesagt zwischen den Räten und dem Staat, stellte jedoch weiterhin einen Konfliktpunkt in seinen Überlegungen dar. Korsch definierte daher das gesamte System als ein „durch den proletarischen Staat kontrolliertes wirtschaftliches Rätesystem" (Korsch 1922, 357) und er gestand zu, dass der Staat vorübergehend die Macht der Räte einschränken könnte. Korsch hatte keine Zweifel, dass die Einführung der Arbeiterdemokratie anstelle der bürgerlichen Demokratie die Entwicklung der mehr direkten Formen der „industriellen Demokratisierung" ganz erheblich beschleunigen würde, allerdings nicht sofort. Kurzfristig sah er die Möglichkeit einer vorübergehenden teilweisen Begrenzung der Mitwirkungsrechte der Arbeiter oder sogar der „Autonomie der Gewerkschaften". Diese Einschränkungen erfolgen aber im proletarischen Staat, so Korsch, nicht zugunsten der ausbeutenden kapitalistischen Klasse, sondern zugunsten der als Staat organisierten Arbeiterklasse (Korsch 1922, 309f).

Zu dieser Zeit war Korsch noch KPD-Mitglied, und sein Modell für die Beziehung zwischen dem Staat und den Arbeiterräten war die in der UdSSR als existierend angenommene Beziehung zwischen dem Staat und den Räten. Jedoch hatte inzwischen, zwischen 1918 und 1921, der von den Bolschewiken geführte neue angebliche Arbeiterstaat der UdSSR die Praktiken der Arbeiterkontrolle der Produktion – die nie dazu gelangt waren, verallgemeinerte Praktiken wirklicher Arbeiterkontrolle zu sein – bereits wieder unterdrückt.[8] Bis 1922

8 Die Fabrikkomitees, die zur gleichen Zeit wie die Sowjets selbst entstanden, hatten im Februar 1917 derartige Praktiken von Arbeiterkontrolle bedeutet. Aber ihre Institutionalisierung nach dem Oktober 1917 mit dem bekannten Novemberdekret über die Arbeiter-

war die Repression überall erfolgreich umgesetzt. Korsch stand dieser autoritären Abweichung der UdSSR nicht gleichgültig gegenüber. Die zentrale Herausforderung der Sozialisierung lag für Korsch nicht mehr in dem Interessenwiderspruch zwischen Produzenten und Konsumenten, sondern im Widerspruch zwischen Produzenten und Konsumenten einerseits, also der Arbeiterklasse insgesamt, und andererseits einer neuen bürokratischen Schicht, die sich im vermeintlichen Arbeiterstaat festgesetzt hatte.[9] Das bedeutet natürlich nicht die andere, das ursprüngliche Problem zu verkennen. Es impliziert jedoch, dass sich für Korsch der Schwerpunkt seitdem endgültig zur Autonomie der Räte und der anderen Organisationen der Arbeiterklasse hin verschob.

Noch Jahre später, nach der Niederlage der deutschen Arbeiterräte, aber noch vor dem Auftauchen der spanischen revolutionären Kommune forderte Korsch ohne Zögern die Kollektivierung durch die autonom in Gewerkschaften organisierten Massen, anstatt der von Sozialdemokraten und Kommunisten favorisierten Nationalisierungen und staatlichen Interventionen. „Nur der von keinen selbstgeschaffenen organisatorischen und ideologischen Hindernissen gehemmten tatenentschlossenen antistaatlichen Einstellung des spanischen revolutionären Proletariats sind seine angesichts der überwältigenden Schwierigkeiten überraschenden Erfolge zuzuschreiben. Sie erklärt auch, dass – im Gegensatz zu allem bisherigen Vorgehen in Europa – die revolutionäre Kollektivierung von vorneherein und selbstverständlich auf die bereits *verstaatlichten oder munizipalisierten Betriebe* ebenso angewandt wurde wie auf privatkapitalistische Unternehmen“ (Korsch 1939, 125).[10]

Wir haben hier den von Korsch eingeschlagenen Weg untersucht, denn er macht auf höchstem Niveau die Art der Probleme deutlich, die jede systematische Reflexion hinsichtlich der Beziehung zwischen Arbeiterräten (oder jeglichen anderen Form von Arbeiterselbstorganisation) und Staat mit sich bringen. Korschs Weg ist aber nicht der einzige mögliche und war es auch nicht. Zwei gegensätzliche Fälle sollen hier kurz Erwähnung finden.

kontrolle war der Beginn ihrer Unterdrückung gewesen. Zunächst durch die Unterordnung der Komitees unter wesentlich von der Partei gelenkte Gewerkschaften und zweitens durch deren ersatzlose Ersetzung durch vom Staat ernannte Verwalter (vgl. Brinton 1972).

9 Darauf wies Gerlach (1969) richtigerweise in seiner Einleitung zu Korsch hin.

10 Korsch reiste 1931 zusammen mit dem deutschen Anarchosyndikalisten und Aktivisten der spanischen CNT-FAI Augustin Souchy und seinem engsten Mitarbeiter, dem Ungarn Paul Partos, nach Spanien und arbeitete dort ab 1933 in der CNT-FAI für die spanische Revolution (Kellner 1977).

Otto Rühle reiste im Juni 1920 als Delegierter der dissidenten KAPD (Kommunistische Arbeiterpartei Deutschland) nach Moskau, um am II. Kongress der Komintern teilzunehmen. Er informierte sich über die von den Bolschewiken in der UdSSR tatsächlich entwickelte Politik (ebenso über die Politik, welche sie gegenüber Europa zu entfalten begannen, da Lenin ihm den Inhalt seines zu trauriger Berühmtheit gelangten *Der „Linke Radikalismus", die Kinderkrankheit im Kommunismus* vorstellte). Rühle verließ Moskau noch vor Kongressbeginn und kehrte nach Deutschland zurück. In seinem Delegiertenbericht schrieb er:

> „Die russische Taktik ist die Taktik der autoritären Organisation. Das ihr zu Grunde liegende Prinzip des Zentralismus ist von den Bolschewisten so konsequent entwickelt und schließlich auf die Spitze getrieben worden, daß es zum Überzentralismus geführt hat. Das haben die Bolschewisten nicht aus Übermut oder Lust am Experimentieren getan. Dazu hat sie die Revolution gezwungen. (...) Der Zentralismus ist das Organisationsprinzip des bürgerlich-kapitalistischen Zeitalters. Damit kann man den bürgerlichen Staat und die kapitalistische Wirtschaft aufbauen. Nicht aber den proletarischen Staat und die sozialistische Wirtschaft. Sie erfordern das Rätesystem. Für die KAPD ist – im Gegensatz zu Moskau – die Revolution keine Parteisache, die Partei keine autoritäre Organisation von oben nach unten, der Führer kein militärischer Vorgesetzter, die Masse keine zu Kadavergehorsam verurteilte Armee, die Diktatur keine Despotie eines Führerklüngels, der Kommunismus kein Sprungbrett für das Aufkommen einer neuen Sowjet-Bourgeoisie. Für die KAPD ist die Revolution die Angelegenheit der gesamten proletarischen Klasse, innerhalb der die kommunistische Partei nur den reifsten und entschlossensten Vortrupp bildet" (Rühle 1920).

In diesem Sinne versuchte er sich auch in der Gründung von Einheitsorganisationen, die schon vom ersten Moment an die Trennung zwischen Politischem und Ökonomischem überwinden, die der klassischen Unterscheidung zwischen Partei- und Gewerkschaftsform eigen ist, und die Gründung von Arbeiterräten förderten.[11]

Der junge Antonio Gramsci ging seinerseits nach Moskau, um dem im November und Dezember 1922 stattfindenden IV. Kongress der Komintern als Delegierter der kürzlich gegründeten PCI beizuwohnen. Eben diese PCI von Amadeo Bordiga war gegenüber den Moskauer Direktiven fast so dissident war wie die KAPD Herman Gorters. Aber Gramsci, der 1919 und 1920 auf den

11 Zu der Erfahrung der Einheitsorganisation (insbesondere die von Rühle selbst geführte Allgemeine Arbeiter Union – Einheitsorganisation) siehe Barrot/Authier 1978.

Seiten von *L'Ordine Nuovo* auf die Verwandlung der Fabrikkommissionen der großen Turiner Unternehmen in Arbeiterräte gesetzt hatte und der präzise die Tendenz dieser Räte zur Überwindung der Trennung zwischen dem Politischen und dem Ökonomischen erkannt hatte, zögerte nun und wich zurück. Er wurde einer der Hauptagenten der Unterordnung der PCI unter die Moskauer Direktiven, einschließlich der gegenüber Europa betriebenen bolschewistischen Politik: der *Einheitsfront, der Arbeiter- und Bauernregierung,* der Beteiligung in Gewerkschaften und im Parlament, der *Bolschewisierung* der kommunistischen Parteien usw.[12] Gramsci hatte aus der Erfahrung der Niederlage der Fabrikkommissionen des *Biennio Rosso* (der zwei roten Jahre) die zweifelhafte Lehre gezogen, dass, um neue Niederlagen zu vermeiden, die politisch-revolutionäre Praxis in die Hände der Avantgardepartei gelegt werden müsse. Und als diese Unterordnung der PCI unter die Moskauer Direktiven auf dem Kongress von Lyon 1926 den Höhepunkt erreichte, vertraten Gramsci und Togliatti: „Die Organisation der proletarischen Avantgarde in der Kommunistischen Partei ist der wesentliche Bestandteil unserer organisatorischen Tätigkeit. Die italienischen Arbeiter wissen aus ihrer Erfahrung (1919/20), dass ein siegreicher Ausgang des Kampfes zum Sturz der kapitalistischen Ordnung nicht möglich ist, wenn die Führung einer Kommunistischen Partei fehlt, einer Partei der Arbeiterklasse und der Revolution“ (Gramsci 1980, 162).

Der von Korsch verfolgte Weg war wesentlich komplexer als der von Gramsci und Togliatti, und gerade deswegen lässt er auch wesentlich besser die Herausforderungen erkennen, welche die Reflexion über die Beziehung von Arbeiterräten und Staat mit sich bringt. Abschließend können wir festhalten, dass Korsch, so wie er selbst später anerkannte, sich nach und nach den Positionen der radikalsten Rätekommunisten annäherte.[13]

Schon vor dem Krieg hatte Pannekoek behauptet, dass

> „der Kampf des Proletariats (...) nicht einfach ein Kampf gegen die Bourgeoisie *um* die Staatsgewalt als Objekt, sondern ein Kampf *gegen* die Staatsgewalt [ist]. Das Problem der sozialen Revolution lautet in kurzer Zusammenfassung: die Macht des Proletariats so hoch steigern, dass sie der Macht des Staates überlegen ist; und *der Inhalt dieser Revolution ist die Vernichtung und*

12 Über die Rolle Gramscis in der Ausrichtung der PCI nach den Moskauer Vorgaben siehe die knappe, aber treffende Analyse von Bates (1976).

13 Nach dem endgültigen Bruch mit der KPD Anfangs 1926 anerkannte Korsch, dass die von Luxemburg und Liebknecht 1917 bis 1918 und später in den Jahren 1920 bis 1921 von den Tribunisten Pannekoek und Gorter an der bolschewistischen Politik geäußerte Kritik seinem Bruch den Weg gebahnt hatte (Korsch 1930a).

> *Auflösung der Machtmittel des Staates durch die Machtmittel des Proletariats*" (Pannekoek 1912, Hervorhebung im Original).

Durch die Schaffung von Arbeiterräten am Ende des Ersten Weltkrieges wurde die *Macht des Proletariats* mit einer wahrhaft neuen Form ausgestattet. Und jene Überwindung der Macht des Staates durch die Macht des Proletariats nahm die Form der Überwindung des Staates durch das Rätesystem an. „Die Arbeiterräte sind die Form der Selbstregierung, die in den kommenden Zeiten die Regierungsform der alten Welt ersetzen wird", schrieb Pannekoek 1946. „Die Arbeiterräte bilden die Organisationsform der Übergangszeit, in der die Arbeiterklasse um die Macht kämpft, den Kapitalismus vernichtet und die gesellschaftliche Produktion organisiert" (Pannekoek 1946, 66).

So war die Diktatur des Proletariats nicht mehr die jakobinische Bestätigung der Trennung zwischen dem Politischen und Ökonomischen, die sie noch für Lenin gewesen war, und ging dazu über, sich dem Prozess der Überwindung eben dieser Trennung anzugleichen. Pannekoek wiederholte also auf gewisse Weise jene Aussage Engels': „wollt ihr wissen, wie diese Diktatur aussieht? Seht euch die Pariser Kommune an. Das war die Diktatur des Proletariats" (Engels 1963, 199). Pannekoek forderte, natürlich unter den neuen historischen Bedingungen, dazu auf, auf die Arbeiterräte zu schauen:

> „Vor rund siebzig Jahren wies Marx darauf hin, dass es zwischen der Herrschaft des Kapitalismus und der endgültigen Organisation eine freien Menschheit eine Übergangszeit geben wird, in der die Arbeiterklasse zwar die ausschließliche Macht über die Gesellschaft ausübt, die Bourgeoisie aber noch nicht verschwunden ist. Er nannte diesen Zustand die *Diktatur des Proletariats*. Damals hatte dieses Wort noch nicht diesen verhängnisvollen Klang der modernen despotischen Systeme und konnte auch noch nicht für die Diktatur einer herrschenden Partei, wie im späteren Russland, missbraucht werden. Es bedeutete einfach, dass die über die Gesellschaft herrschende Gewalt von den Kapitalisten auf die Arbeiterklasse übergegangen sei. (…) Wir sehen nun, dass die Räteorganisation in der Praxis verwirklicht, was Marx theoretisch vorwegnahm, wobei deren praktische Gestalt aber damals noch nicht ausgedacht werden konnte. Wenn die Produktion von den Produzenten selbst geregelt wird, ist die frühere Ausbeuterklasse automatisch, ohne irgendwelche künstliche Bestimmung, von der Teilnahme an Entscheidungen ausgeschlossen. Es stellt sich jetzt heraus, dass die von Marx verkündete Diktatur des Proletariats mit der Arbeitsdemokratie der Räteorganisation identisch ist" (Pannekoek 1946, 70).

Schlussfolgerungen

Abschließend können wir auf die Reichweite und auf einige Grenzen dieser Überlegungen zu den Arbeiterräten hinweisen. Aus Platzgründen konzentrieren wir uns auf zwei Probleme, die mit dem Rat als Form verknüpft sind. Das erste Problem ist strikt konzeptioneller Art und verweist auf das Konzept der *Form* an sich. Die strenge Analyse hinsichtlich der Tendenz der Arbeiterräte, die Trennung zwischen dem Politischen und dem Ökonomischen zu überwinden und damit einhergehend auch die strikte Aufteilung des Staates in verschiedene Aufgaben-Bereiche, verlangt eine nicht weniger strenge Konzeptualisierung des Staates als Form der kapitalistischen sozialen Beziehungen. Diese Konzeptualisierung findet sich jedoch nicht bei unseren Rätekommunisten. Wir werden bis zur Entfaltung der sogenannten *Staatsableitungsdebatte* in der ersten Hälfte der 1970er Jahre in Deutschland warten müssen, um die Grundlagen für diese Konzeptualisierung zu entwerfen[14], was unsere Rätekommunisten aber nicht daran hinderte, das eine und andere Mal dieses Formkonzept zu nutzen. Pannekoek betonte dessen Bedeutung bezüglich der Räte-Form:

> „In den Parteistreitigkeiten in Deutschland ist darüber gespöttelt worden, als könne eine Organisationsform revolutionär sein, da es doch nur auf die revolutionäre Gesinnung der Menschen, der Mitglieder, ankomme. Wenn aber der wichtigste Inhalt der Revolution darin besteht, dass die Massen selbst ihre Angelegenheiten – die Leitung der Gesellschaft und der Produktion – in die Hand nehmen, dann ist jede Organisationsform konterrevolutionär und schädlich, die den Massen nicht gestattet, selbst zu herrschen und zu leiten; daher soll sie ersetzt werden durch eine andere Form, die deshalb revolutionär ist, weil sie die Arbeiter selbst aktiv über alles bestimmen lässt. Das soll nicht bedeuten, dass in einer noch passiven Arbeiterschaft diese Form zuerst geschaffen und fertiggestellt werden soll, in der sich dann nachher der revolutionäre Sinn der Arbeiter betätigen könnte. Diese neue Organisationsform kann selbst nur im Prozess der Revolution von den revolutionär auftretenden Arbeitern geschaffen werden. Aber die Erkenntnis der Bedeutung der heutigen Organisationsform bestimmt die Stellung, die die Kommunisten zu den Versuchen einzunehmen haben, die jetzt schon auftreten, diese Form zu schwächen oder zu sprengen“ (Pannekoek 1920b).

Auch Korsch verwies auf die Notwendigkeit, das Konzept der Form in rigoroser Weise anzugehen. In seiner Auseinandersetzung mit Eugen Paschukanis’

14 Siehe den klassischen Sammelband von Holloway/Picciotto (1978); und für eine Zusammenfassung der Debatte Bonnet (2007).

Beiträgen zur Kritik der juristischen Form beanstandete Korsch beispielsweise die Tatsache, dass bis zu diesem Zeitpunkt keiner der Marxisten „sich über die Kritik der wechselnden Rechtsinhalte hinaus auch die materialistische Kritik der Rechtsform selbst zur Aufgabe gestellt hätte" (Korsch 1930b). Er zog eine Paralle zwischen der Marx'schen Kritik am Fetischismus der Warenform und der Kritik Paschikunis' am Fetischismus des Gesetzesform. Die Ablehnung dieser Kritik durch Karl Renner schrieb Korsch Renners „völlig fetischistische[r] Staatsgläubigkeit" und seinem „parlamentarischen Kretinismus" zu. Resümierend hielt Korsch fest, dass kein „*‚Normwandel*', weder des geschriebenen abstrakten *‚Gesetzes*' noch des in der Gesellschaft wirklich geltenden jus quod est, jene soziale Hauptfunktion des Rechts aufgehoben [hat], die nicht an einen besonderen geschichtlichen Rechtsinhalt gebunden, sondern mit der Form des Rechts selbst gegeben ist" (Korsch 1930b).

Kurz, unsere Rätekommunisten entwickelten nicht eine systematische Analyse des Konzepts der Form, die notwendig ist, um die Problematik der Beziehung zwischen den Arbeiter-Räten und dem Staat sowohl theoretisch als auch praktisch anzugehen.

Das zweite Problem ist eher historisch und verweist ganz spezifisch auf den *Arbeiterrat* als Form der Selbstorganisation der Arbeiter. Die Überzeugung der Rätekommunisten, dass die Arbeiterräte die Organisationsform schlechthin waren, die dahin tendierte, die Trennung zwischen dem Politischen und dem Ökonomischen zu überwinden und damit auch den kapitalistischen Staat selbst zu überwinden, ist unserer Meinung nach völlig berechtigt. Der praktische Verlauf der Erfahrung der Gründung der Arbeiterräte am Ende des Ersten Weltkrieges, wenngleich wieder abgewürgt, reichte aus, um diese Tendenz nachzuweisen. Und ebenso berechtigt war ihre Überzeugung, dass die Überwindung der Trennung zwischen dem Politischen und dem Ökonomischen zentral war und ebenso die Überwindung des kapitalistischen Staates für die Emanzipation der Arbeiter. Ob aber die Arbeiter-Räte die Organisationsform schlechthin sind für die heutige Herausforderung, ist weniger sicher.

Natürlich kann man anführen, dass die Gründung von Arbeiterräten keine auf die Zeit nach dem Ersten Weltkrieg begrenzte Erfahrung war. Und im vorliegenden Band werden auch spätere Erfahrungen, wie die in Spanien von 1936, Polen 1956 usw. untersucht. Doch die Aktualität der Räteform muss, wie auch Pannekoek es vertrat, im Licht der aktuellen Charakteristiken des kapitalistischen Produktionsapparates und der Zusammensetzung der gegenwärtigen Arbeiterklasse diskutiert werden oder, in anderen Worten, im Licht des erreichten sehr hohen Niveaus bei der Sozialisierung und der Intellektualisierung der gesellschaftlichen Arbeit. Das letzte Wort hinsichtlich dessen, ob der Arbeiterrat oder irgendeine neue Art der Organisierung, „die endlich entdeckte politische Form, unter der die ökonomische Befreiung der Arbeit sich vollziehen" kann, werden – wie Pannekoek dachte –, die Arbeiter selbst, ausgehend von ihrer revolutionären Praxis, haben.

Literatur

Barrot, Jean; Authier, Denis (1978), *La izquierda comunista en Alemania 1918-1921*, Madrid: Zero zyx.

Bates, Thomas R. (1976), „Antonio Gramsci and the bolshevization of the PCI", in: *Journal of contemporary history*, Bd. 2, Nr. 11, S. 115-131.

Bonnet, Alberto (2007), „Estado y Capital. Los debates sobre la *derivación* y la *reformulación* del Estado", in: Thwaites Rey, M. (Hrsg.), *Marxismo y Estado.* Un siglo y medio de debates, Barcelona: Prometeo Libros, S. 269-296.

Bricianer, Serge (1975), *Antón Pannekoek y los consejos obreros*, Barcelona: Ariel.

Brinton, Maurice (1972), *Los bolcheviques y el control obrero 1917-1921.* El Estado y la contrarrevolución, Paris: Ruedo Ibérico. Dt.: *Die Bolschwiki und die Arbeiterkontrolle.* Der Staat und die Konterrevolution, Hamburg: Association, 1976.

Engels, Friedrich (1891), „Einleitung zu ‚Der Bürgerkrieg in Frankreich' von Karl Marx, in: MEW, Bd. 22, Berlin: Dietz, 1963, S. 188-199.

Gerlach, Erich (1969), „Einleitung", in: Gerlach, Erich (Hrsg.), *Karl Korsch: Schriften zur Sozialisierung*, Frankfurt/M.: EVA, S. 5-14.

Gramsci, Antonio; Togliatti, Palmiro (1980) [Januar 1926], „Die Lage in Italien und die Aufgaben der KPI. Auszug aus den Thesen zum III. Parteitag der Kommunistischen Partei Italiens (22.-26. Januar 1926)", in: A. Gramsci, *Zu Politik, Geschichte und Kultur*, hrsg. von Guido Zamis, Frankfurt/M.: Röderberg, S. 148-188. Vollständig: Tesi del III Congresso del Partito comunista d'Italia, Lione, gennaio 1926, http://www.marxists.org/italiano/gramsci/26/tesidilione.pdf.

Hansen, Eric (1976), „Crisis in the party. ‚De Tribune' faction and the origins of the Dutch Communist Party 1907-9", in: *Journal of Contemporary History*, Nr. 11.

Holloway, John; Picciotto, Sol (Hrsg.) (1978), *State and capital.* A marxist debate, London: Arnold.

Kellner, Douglas (1977), „Korsch's revolutionary marxism", Einleitung zu Kellner, Douglas (Hrsg.): *Karl Korsch.* Revolutionary theory, Austin u. London: University of Texas Press.

Korsch, Karl (1919a), „Was ist Sozialisierung", in: Korsch 1980b, S. 97-134.

— (1919b), „Sozialisierung und Arbelterbewegung", in Korsch 1980b, S. 89-95.

— (1919c), „Die Politik im neuen Deutschland", in Korsch 1980b, S. 81-88.

— (1919d), „Die Sozialisierungsfrage vor und nach der Revolution", in Korsch 1980b, S. 161-166.

— (1920), „Grundsätzliches über Sozialisierung", in Korsch 1980b, S. 213-226.

— (1922), „Arbeitsrecht für Betriebsräte", in Korsch 1980b, S. 279-457.

— (1930a), „Der gegenwärtige Stand des Problems ‚Marxismus und Philosophie'", in: Korsch 1996b, S. 313-356.

— (1930b), „Rezension von Eugen Paschukanis. Allgemeine Rechtslehre und Marxismus, sowie Karl Renner. Die Rechtsinstitute des Privatrechts und ihre soziale Funktion", in: *Archiv für die Geschichte des Sozialismus und der Arbeiterbewegung*, Jg. 15, unter dem Titel „Marxistische Rechtslehre" in: Korsch, Karl, Gesamtausgabe, Bd. 5, *Krise des Marxismus,* Schriften 1928-1935, S. 421-433, Amsterdam: IISG, 1996. www.mxks.de/files/other/KorschPakuRECHT.html.

— (1939), „Kollektivierung in Spanien", in: Gerlach, Erich (Hrsg.) „Schriften zur Sozialisierung", S. 118-126, Frankfurt/M.: EVA, 1969.

— (1980a), *Recht, Geist und Kultur. Schriften 1908-1918* (Gesamtausgabe, Bd. 1), Frankfurt/M.: EVA [Vertrieb: Hannover: Offizin].

— (1980b), *Rätebewegung und Klassenkampf. Schriften zur Praxis der Arbeiterbewegung 1919-1923* (Gesamtausgabe, Bd. 2), Frankfurt/M.: EVA [Vertrieb: Hannover: Offizin].

— (1996a), „Revolutionäre Kommune", Original in: *Die Aktion.* Heft Juli 1931. S.60-64, in: Korsch, Karl, Gesamtausgabe, Bd. 5, *Krise des Marxismus.* Schriften 1928-1935, Amsterdam, S. 167-182.

— (1996b), *Krise des Marxismus.* Schriften 1928-1935, Amsterdam: IISG [Vertrieb: Hannover: Offizin].

Marx, Karl (1962), „Der Bürgerkrieg in Frankreich", in: MEW, Bd. 17, Berlin: Dietz, S. 319-362.

Marx, Karl/Engels, Friedrich (1848), „Manifest der Kommunistischen Partei", in: MEW, Bd. 4, Berlin: Dietz, 1959, S. 459-493.

Negt, Oskar (1973), „Theorie, Empirie und Klassenkampf. Zur Konstitutionsproblematik bei Karl Korsch", in: *Jahrbuch Arbeiterbewegung*, Nr. 1, Frankfurt/M.: Fischer Taschenbuch Verlag, S. 107-138.

Pannekoek, Anton (1912), „Massenaktion und Revolution", in: *Die Neue Zeit,* 30. Jhrg., 2. Bd., http://www.marxists.org/deutsch/archiv/pannekoek/1912/xx/massenaktion.htm.

— (1919a), *The German Revolution – first stage.* Workers Dreadnought, geschrieben 24. Mai 1918, http://www.marxists.org/archive/pannekoe/1918/germany.htm.

— (1919b), „Die Sozialisierung", in: *Die Internationale* 1, Nr. 13-14 (September 1919), www.marxists.org/archive/pannekoe/1919/socialisation.htm.

— [Pseudonym: K. Horner] (1920a), *Sozialdemokratie und Kommunismus,* Hamburg C. Hoym Nachf., 1920. Abgedruckt in Pannekoek, Anton (1974), *Neubestimmung des Marxismus 1.* Diskussion über Arbeiterräte, Berlin: Karin Kramer, 1974, S. 52-76, http://www.marxists.org/deutsch/archiv/pannekoek/1920/xx/sozialdemokratie.htm.

— (1920b), „Weltrevolution und kommunistische Taktik“, http://www.marxists.org/deutsch/archiv/pannekoek/1920/xx/weltrevolution.htm.

— (1946), *Die Arbeiterräte.* Texte zur sozialen Revolution, Frankfurt/M.: Germinal, 2008.

Parvus, Alexander; Mehring, Franz; Luxemburg, Rosa; Kautsky, Karl; Vandervelde; Emile (1975/1976), *Debate sobre la huelga de masas,* 2 Bde., Bd. 1 (1975) u. Bd. 2 (1976), Córdoba: Cuadernos de Pasado y Presente.

Rühle, Otto (1920), „Bericht über Moskau“, in: *Die Aktion*, Jg. 10, Nr. 39/40, S. 553-559.

Übersetzung aus dem Spanischen: Benjamin Grasse

Teil II
Arbeiterräte und Selbstverwaltung im Verlauf von Revolutionen: Das frühe 20. Jahrhundert

5. Räteaktivisten in der Novemberrevolution – Richard Müller und die Revolutionären Obleute[1]

Ralf Hoffrogge

Als bei Ausbruch des Ersten Weltkrieges im Sommer 1914 die Reichstagsfraktion der deutschen Sozialdemokratie und die Führungen der Gewerkschaften dem Kriegseintritt zustimmten, waren die Kriegsgegner innerhalb der Arbeiterbewegung zunächst gelähmt und schockiert. Die Organisation einer schlagkräftigen Opposition war mühsam und langwierig, sie erfolgte parallel in Gewerkschaften und Partei. Während jedoch in der SPD Teile der Reichstagsfraktion diesen Prozess vorantrieben, ging er in den Gewerkschaften überwiegend von der Basis aus. Hier entstand mit dem Netzwerk der „Revolutionären Obleute" eine einflussreiche gewerkschaftliche Untergrundorganisation, die letztendlich den Sturz der Monarchie entscheidend mit vorantrieb. Zusammen mit der Spartakusgruppe um Rosa Luxemburg und Karl Liebknecht bildeten die Obleute seit 1917 den linken Flügel der Unabhängigen Sozialdemokratischen Partei (USPD). Im Gegensatz zu den Anhängern Liebknechts und Luxemburgs sind jedoch die Aktivitäten der Obleute im Geschichtsbewusstsein der Öffentlichkeit nicht prä-

1 Dieser Beitrag ist eine aktualisierte Version des Aufsatzes „Räteaktivisten in der USPD – Richard Müller und die Revolutionären Obleute", erschienen in Heft I/2008 der Zeitschrift *Jahrbuch für Forschungen zur Geschichte der Arbeiterbewegung;* meine kompletten Forschungsergebnisse zur Biographie Richard Müllers sind erschienen unter dem Titel: *Richard Müller – Der Mann hinter der Novemberrevolution,* Berlin 2008.

sent, und auch von Historikern und Historikerinnen wurden die Obleute bisher eher als Randthema behandelt.

Richard Müller und der Deutsche Metallarbeiter-Verband

Die Revolutionären Obleute entstanden aus der Berliner Branchengruppe der Dreher innerhalb des Deutschen Metallarbeiter-Verbandes (DMV). Branchenleiter dieser Berufsgruppe war seit 1914 der Metallarbeiter Richard Müller, unter dessen Leitung sich die Berliner Dreher seit Beginn des Krieges der Burgfriedenspolitik der Gewerkschaften widersetzten und wilde Streiks und Lohnbewegungen durchführten. Ihre Stellung als qualifizierte Facharbeiter verlieh den Drehern eine starke Verhandlungsposition; daher konnten sie nicht nur eigene Forderungen durchsetzen, sondern auch für organisatorisch schwächere Arbeitergruppen und vor allem für die Arbeiterinnen Zugeständnisse erreichen (Müller, 1924).[2]

Richard Müller, geboren 1880 im Dörfchen Weira im heutigen Thüringen, hatte sich noch 1913 in einer Veröffentlichung als eher typischer Gewerkschaftsvertreter seiner Zeit präsentiert. Im Vorwort einer Broschüre erklärte er es zum Ziel der Agitationsarbeit des DMV, „auch den letzten unserer Kollegen zum Kämpfer zu machen". Die Umsetzung dieses Ziels sah er allerdings am besten gewährleistet durch ein selbst entworfenes Kontrollsystem mit sechs verschiedenen, aufeinander abgestimmten Formblättern, welche die kontinuierliche Mitarbeit der Gewerkschaftsbasis sichern sollten. Einen Widerspruch zwischen Bürokratismus und Sozialismus sah Müller hier noch nicht (Müller 1913).

Wie bei vielen Funktionären und Mitgliedern in SPD und freien Gewerkschaften bewirkte jedoch der Schock des Krieges und das Versagen der europäischen Sozialdemokratie in dieser Krise auch bei Richard Müller das Überdenken eingefahrener Praktiken und einen erneuten Politisierungsschub. So entstanden schließlich unter seiner Führung die „Revolutionären Obleute". Diesen Namen erhielt die Gruppe jedoch erst im November 1918, vorher agierte sie im Geheimen und ohne genauere Selbstbezeichnung.

Die Obleute wirkten als Parallelstruktur innerhalb der Gliederungen des Berliner DMV, dessen offizielle Leitungsorgane den Krieg befürworteten. Zu Anfang wurden daher auf eigens organisierten „Dreherfesten" oder im Anschluss

2 Die organisatorisch schwächere Position von Frauen war nicht naturgegeben, sondern beruhte auch darauf, dass die Gewerkschaften strukturell am Modell des männlichen Ernährers ausgerichtet waren; Frauenarbeit wurde oft nur als „Zuverdienst" oder Ausnahmeerscheinung gesehen.

an offizielle Gewerkschaftssitzungen informelle Kontakte geknüpft. Paul Blumenthal, seinerzeit Branchenleiter der Schweißer im DMV, berichtete in seinen Erinnerungen: „Auf den Konferenzen wurden gewerkschaftliche Fragen behandelt. Aber bald hatten sich die oppositionellen Genossen erkannt und wir kamen dann anschließend noch ‚beim Glase Bier' zusammen. Wir bereicherten uns gegenseitig mit den gesammelten Erfahrungen und das war gewissermaßen der Uranfang der Revolutionären Obleute in Groß-Berlin!"[3] Die Bierrunden wurden schnell durch klandestine Treffen ersetzt, das Netzwerk festigte sich und man schritt zum systematischen Aufbau einer Widerstandsorganisation.

Von der Opposition zum Widerstand: Gewerkschaftsarbeit im Untergrund

Die Obleute knüpften teilweise an bestehende Vertrauensmänner-Systeme in den Berliner Großbetrieben an. Bereits vor dem Krieg gab es gewerkschaftliche Betriebsobmänner und Werkstattsvertrauensleute, die die als Ansprechpartner für die Unternehmer dienten. Offizielle Betriebsräte waren diese Obleute jedoch nicht, sie hatten informellen Status und ihre Anerkennung durch die Unternehmer war stets prekär.

Müller und seine Genossen fassten nun die oppositionell gesinnten Obmänner zusammen. Dadurch, dass ein Obmann[4] einen ganzen Betrieb oder ein ganzes Werk vertrat, in dessen Abteilungen und Werkstätten er wiederum eigene Vertrauensleute hatte, konnten die Obleute trotz ihrer relativ geringen Zahl von etwa 50 bis 80 Mitgliedern Tausende von Metallarbeitern und Arbeiterinnen erreichen. Die Obleute waren durch diese Struktur im Gegensatz zu USPD und Spartakusgruppe „keine Massenorganisation, zu der jeder Zutritt hatte, sondern ein ausgewählter Kreis von Personen, die eine gewisse Schulung und Erfahrung im politischen und gewerkschaftlichen Tageskampf genossen hatten und im Betrieb unter den Arbeitern einen Einfluss haben mussten. Es war im wahren

3 Erinnerungsmappe Paul Blumenthal, BArch SAPMO, SG Y 30/0079, S. 10.

4 Es ist nur von der Position des „Obmannes" die Rede, denn Obfrauen gab es in der Praxis nicht. Auch die Revolutionären Obleute waren, wie sämtliche Organisationen der Arbeiterbewegung, ein Männerclub – obwohl sie gerade in Streiks auch viele Arbeiterinnen vertraten, denn die Frauenarbeit hatte im Zuge des Krieges enorm zugenommen. Allerdings wurde im Januar 1918 mit Cläre Casper auch eine Arbeiterin in die Berliner Streikleitung gewählt und hinterher gleichberechtigt in den Kreis der Obleute aufgenommen. Vgl. Erinnerungsmappe Cläre Kasper, BArch SAPMO, SGY 30/0148 S. 4, S. 15.

Sinne des Wortes ein ‚Vortrupp des Proletariats' "(Müller 1924, 161). Diese Formulierung Richard Müllers darf nicht im Sinne eines autoritären Avantgarde-Konzepts missverstanden werden: trotz ihrer Mitgliedsbeschränkungen repräsentierten die Obleute durch ihre organische Verankerung in den Betrieben sehr authentisch die politische Stimmung innerhalb der Arbeiterklasse. Sie weigerten sich stets, politische Aktionen gegen den Mehrheitswillen der Arbeiter und Arbeiterinnen zu erzwingen.

Im Streikfall kam es oft auch zu Solidarisierungen und Sympathiestreiks in Betrieben, die vom Netzwerk der Obleute nicht erfasst waren, so dass die Gruppe bis zum Jahr 1918 in der Lage war, die gesamte Berliner Rüstungsindustrie lahmzulegen.[5] Die Organisation war auf diese Weise nicht nur sehr effizient, sondern aufgrund der geringen Mitgliederzahl und des informell-klandestinen Charakters sehr schwer von Polizei und Militärbehörden angreifbar. Zwar wurden nach den politischen Massenstreiks immer wieder Mitglieder und Anführer der Gruppe zum Kriegsdienst verpflichtet. Im Gegensatz zur Spartakusgruppe gelang es jedoch den Militärbehörden niemals, das Netzwerk der Obleute aktionsunfähig zu machen oder aber einen Spitzel einzuschleusen.

Unabhängiger Sozialismus

Im April 1917 kam es im Streit über die weitere Unterstützung des Krieges zu einer Spaltung der deutschen Sozialdemokratie. Zwar hatte es von Anfang an Widerstand gegen den Kriegskurs gegeben, aber erst nach Monaten bildete sich eine stabile Gruppe der Kriegsgegner unter den Abgeordneten des Reichstages. Dies gab auch den kriegskritischen Kräften an der Basis neuen Auftrieb. Lange wurde jedoch der Bruch gescheut – in der Hoffnung, die Partei als ganzes zum Internationalismus zurückzuführen. Als jedoch die patriotische Mehrheit der SPD-Reichstagsfraktion die kriegskritische Minderheit ausschloss, war der Bruch gegen den Willen der Linken vollzogen. Im April 1917 gründeten die Gegner des Weltkrieges daher die „Unabhängige sozialdemokratische Partei Deutschlands (USPD). Die Obleute schlossen sich der neuen Partei an, agierten aber völlig unabhängig vom Parteivorstand und behielten ihr Organisationsprinzip bei. Man benutzte die USPD ähnlich wie die Gewerkschaften als „organi-

5 Gegen Ende des Krieges weiteten die Obleute ihre Verbindungen auch in andere Industriegebiete aus, besonders in Düsseldorf und Braunschweig bestanden angeblich starke Gruppierungen von Revolutionären Obleuten innerhalb des DMV (Morgan 1975, S. 211). Richard Müller selbst berichtet von einer reichsweiten Ausdehnung der Obleute (Müller 1924, S. 161).

satorische Plattform", ohne sich bei eigenen Aktionsformen groß reinreden zu lassen (Müller 1924, 161).

Massenstreiks gegen den Krieg

In Streikfragen war die Hierarchie vollkommen auf den Kopf gestellt. Die Revolutionären Obleute entschieden von sich aus, wann die Zeit reif war für größere Streikaktionen. Danach zogen sie den Parteivorstand hinzu, dieser konnte dann zustimmen oder es sein lassen. Vor dem Januarstreik des Jahres 1918 etwa luden die Obleute Landtags- und Reichstagsfraktion der USPD zu einer Besprechung ein und verlangten von diesen die Unterstützung eines Aufrufs zum revolutionären Streik. Die Parteivertreter zögerten zunächst, befürchteten Verhaftung oder gar ein Parteiverbot. Sie stimmten schließlich jedoch einem allgemein gehaltenen Aufruf zu, der sofortige „kräftige Willensbekundungen der werktätigen Bevölkerung" forderte, aber nicht direkt zu Streik oder Umsturz aufrief.[6]

Letztendlich blieben die Obleute eine reine Arbeiterorganisation, der „Vortrupp des Proletariats" agierte unabhängig von den Parteiintellektuellen in Reichstagsfraktion und Vorstand der USPD. Der einzige Intellektuelle, den die Obleute als einen der ihren akzeptierten, war Ernst Däumig, ehemaliger Redakteur des SPD-Zentralorgans *Vorwärts*. Däumig war wegen seiner kriegskritischen Berichte zusammen mit weiteren Mitgliedern aus der Redaktion entfernt worden.[7] Im Sommer 1918 stieß er zu den Obleuten. Zu dieser Zeit war Richard Müller zeitweise zum Militär eingezogen worden, gemeinsam mit dem späteren Volksbeauftragten Emil Barth übernahm Däumig bis zu Müllers Rückkehr im September 1918 die Führung der Obleute (Müller 1924, 163).

Der Kurs der Obleute während des Krieges lässt sich am besten als pragmatisch-radikal beschreiben. Sie standen durchaus links von der USPD-Führung, die vor außerparlamentarischen Aktionen zurückschreckte, lehnten aber die aktionistische Demonstrationstaktik der Spartakusgruppe ebenfalls ab. Liebknecht

6 Ebenda, S. 139. Erste Sondierungsgespräche für einen erneuten Massenstreik führte Paul Blumenthal bereits im Oktober 1917 mit den USPD-Politikern Georg Ledebour und Leo Jogiches, vgl. Erinnerungsmappe Paul Blumenthal, S. 13. Zum Januarstreik insgesamt vgl. den Aufsatzband *Streiken gegen den Krieg*, herausgegeben von Lothar Wentzel und Chaja Boebel, Hamburg 2008.

7 Zur Biographie Däumigs vgl. David. W. Morgan, „Ernst Däumig and the German Revolution of 1918", in: *Central European History*, 1983, Jg. XV, Nr. 4, S. 303-331 sowie Horst Naumann, „Ein treuer Vorkämpfer des Proletariats. Ernst Däumig", in: *BzG* (Berlin), Jg. 28 (1986), H. 6, S. 801-813.

und die Spartakusgruppe forderten ständige Aktionen, Demonstrationen und Streiks. Polizeiaktionen und Zusammenstöße sollten die Situation eskalieren und letztlich die Revolution bringen. Die Revolutionären Obleute verspotteten diese Taktik als „revolutionäre Gymnastik", Richard Müller selbst verurteilte sie als idealistischen Voluntarismus, dem die Arbeiter als Masse nicht folgen würden (Müller 1924, 165ff.). Daher ließen die Obleute keine Spartakusvertreter in ihren regelmäßigen Sitzungen zu und stritten sich auf gesonderten Treffen mit Liebknecht und seinen Anhängern über die zu wählende Taktik. Trotz der Differenzen arbeiteten beide Gruppen aber bei entscheidenden Aktionen zusammen. Die politische Waffe und eigentliche Existenzberechtigung der Revolutionären Obleute war der politische Massenstreik. Dieses Kampfmittel war von Rosa Luxemburg als Lehre aus der russischen Revolution von 1905 auch für Deutschland gefordert worden. Ein Kongress aller Gewerkschaften im selben Jahr hatte dies jedoch mehrheitlich für „indiskutabel" erklärt. Der Massenstreik wurde daher in Deutschland weder durch Gewerkschaften noch durch die Partei, sondern unter dem Druck des Krieges von den Arbeitern und Arbeiterinnen selbst organisiert.

Insgesamt drei große Massenstreiks kamen auf Initiative der Revolutionären Obleute zustande: Der Solidaritätsstreik für Liebknecht im Juni 1916, der „Brotstreik" im April 1917 und der Januarstreik 1918. An diesem letzten Massenstreik nahmen in Berlin eine halbe Million Arbeiter und Arbeiterinnen teil, die Streikleitung nannte sich hier bereits „Arbeiterrat" und war Vorbild für viele der einige Monate später in der Novemberrevolution spontan überall entstehenden Räte (Schneider/Kuda 1968, 21).

Die Streikleitungen wurden überwiegend aus den Reihen der Obleute gewählt, beim Januarstreik zog man allerdings auch Vertreter von USPD und sogar der SPD hinzu, um die Basis der Aktionen zu verbreitern. Die wilden Massenstreiks, insbesondere in der Rüstungsindustrie, waren in den Augen von Militärbehörden und Regierung die wohl beängstigendsten Manifestationen des Widerstandes. Weder das Bündnis zwischen Staat, Militär und Gewerkschaftsspitzen noch Massenverhaftungen und Einziehungen nach jedem Streik konnten den Ausbruch neuer Massenstreiks verhindern. Die Initiative zu diesen Aktionen ging stets vom Kreis der Obleute aus, die USPD-Führung scheute sich aus Angst vor staatlichen Repressalien vor Streikaufrufen, die Spartakusgruppe hingegen hatte nicht annähernd den Rückhalt in den Betrieben, den die Revolutionären Obleute aufweisen konnten. Sie konnte nur lokale Streiks organisieren. Das Netzwerk der Revolutionären Obleute war also, insbesondere nach der 1917 erfolgten Ausweitung über den Großraum Berlin hinaus, die entscheidende Oppositionskraft während des Weltkrieges.

Die Funktion der Aufklärung und kritischen Meinungsbildung innerhalb der Arbeiterklasse wurde allerdings vollständig von USPD und Spartakus übernommen. Sie prägten mit ihren Zeitungen und Flugblättern die Diskussion, agitierten gegen Krieg, Burgfrieden und Belagerungszustand und entlarvten die Regierungspropaganda. Auch für die Radikalisierung der Obleute selbst war diese Agitation entscheidend, auch sie wurden erst im Verlauf des Krieges zu Revolutionären.[8] Die Obleute selbst schrieben keine Flugblätter. Sie agierten völlig klandestin und gaben erst Wochen nach der Revolution erstmals eine Presseerklärung unter ihrem Gruppennamen heraus (Morgan 1975, 209). Stattdessen beschränkten sie sich zwischen den Streiks auf die Ausweitung ihres Netzwerkes und das Gewinnen neuer Vertrauensmänner. Nur wenn sie die Stimmung innerhalb der Arbeiterklasse für reif erachteten, riefen sie einen Streik aus. Ihr Ziel war, durch wuchtige Überraschungsschläge die Militärdiktatur von Ludendorff und Hindenburg in die Knie zu zwingen.

Vom Massenstreik zur Revolution

Sowohl Deutschland und Russland waren vor 1917 autoritär regierte Monarchien, die politische Führung beider Länder berief sich im Kriege auf die Notwendigkeit der Selbstverteidigung. Als nun mit der Oktoberrevolution 1917 die radikalste Fraktion der russischen Sozialisten die Macht übernahm, änderte sich die Lage grundlegend. Die revolutionäre Regierung bot sofort Friedensgespräche an und war bereit, auf jegliche Gebietsgewinne zu verzichten. Die deutsche Regierung jedoch bestand darauf, umfangreiche Teile des russischen Reiches zu annektieren – Teile Polens und des Baltikums sowie die gesamte Ukraine. Die Schwäche des Gegners sollte ausgenutzt werden, um eigene imperiale Pläne zu verwirklichen. Dies bedeutete freilich, dass der Mythos der Selbstverteidigung endgültig zerstört war. Die Friedensgespräche stockten, der Krieg im Westen ging weiter. Auch bisher loyale Gruppen wie die Basis der mehrheitssozialdemokratischen oder die christlichen Arbeiter und Arbeiterinnen mussten nun erkennen, dass der Krieg nur gegen den Willen der Monarchie und der mi-

8 Fritz Opel bemerkt zu Recht, dass die Obleute zunächst kein eigenes politisches Konzept hatten und trotz Autonomie in der Aktion ideologische Anlehnung an Spartakus und USPD benötigten. Opel, *Der deutsche Metallarbeiter-Verband während des Ersten Weltkrieges und der Revolution,* Hannover-Frankfurt a. M. 1957, S. 55. Zur Radikalisierung der Obleute von Lohnstreiks über radikalen Pazifismus bis hin zu einer aktiv revolutionären Haltung vgl. Hoffrogge 2008, S. 25-63.

litärischen Führung zu beenden war. Eine politische Radikalisierung machte sich breit, der Ausbruch des Januarstreiks 1918 war eine direkte Reaktion auf den von der deutschen Führung sabotierten Friedensprozess. Auch nachdem Deutschland und Sowjetrussland im März 1918 in den Verhandlungen von Brest-Litowsk einen Separatfrieden geschlossen hatten, waren die Spannungen nicht beseitigt. Der Krieg im Westen ging weiter, im Osten dagegen setzten die Deutschen und Österreicher ihre Annexionswünsche durch und zeigten damit ihre ungebrochene imperiale Aggressivität.

Obwohl der Januarstreik in einer totalen Niederlage endete, so war er doch die direkte Vorbereitung der Novemberrevolution. Er hatte gezeigt, dass mit Mitteln des zivilen Ungehorsams der Friede nicht zu erzwingen war, sondern dass es eines revolutionären Umsturzes bedurfte. Dieser war jedoch nur möglich, wenn die kaiserlichen Truppen nicht mehr bereit wären, den Status quo zu verteidigen.

Die Obleute bereiteten sich in dieser Situation auf den Aufstand vor, bewaffneten sich und diskutieren über die Möglichkeit eines Umsturzes.

Die eigentliche Revolution ging jedoch nicht von Berlin aus. Die Kieler Matrosen kamen den Obleuten zuvor. Sie verweigerten angesichts der englischen Übermacht auf See einen aussichtslosen Endkampf – und waren damit die ersten Truppenteile, die der Monarchie die Treue aufkündigten. Die Matrosen legten die komplette kaiserliche Flotte lahm und traten dann die Flucht nach vorne an, um einer Bestrafung zu entgehen: mit der Besetzung von Kiel und Wilhelmshaven durch rote Matrosen hatte die Revolution begonnen.

Die Obleute standen nun unter Zugzwang: in einer Geheimsitzung am 2. November 1918 unter Teilnahme von Revolutionären Obleuten sowie Vertretern des Spartakus und der USPD war entschieden worden, nicht am 4., sondern erst am 11. November loszuschlagen. Grund für die Verzögerung war, dass man sich weder über die Stimmung in der Provinz noch über die Zuverlässigkeit der Berliner Truppen völlig sicher war. Und ein verfrühtes Losschlagen sollte auf jeden Fall vermieden werden.

Unter dem Druck der Ereignisse mussten die Pläne eilig geändert werden, kurzfristig wurde am 8. November für den nächsten Tag das Losschlagen beschlossen: alle drei Oppositionsgruppen riefen zum Generalstreik auf. Die Reaktion war überwältigend. Demonstrationszüge bewaffneter Arbeiter und Arbeiterinnen zogen vom Stadtrand Berlins ins Zentrum, es gab kaum Widerstand seitens des Militärs. Die kriegsmüden Truppen verhielten sich neutral oder schlugen sich auf die Seite der Revolutionäre. Am 9. November stürzte die Herrschaft der Hohenzollern in Berlin zusammen – die Revolution hatte gesiegt.

Die Sozialistische Republik Deutschland

Im Verlauf des 9. November versammelten sich die Obleute im Reichstag, wo gerade eine eher zufällig zusammengesetzte Versammlung von Soldatenräten tagte. Hastig wurden für den nächsten Tag die Wahl von Arbeiter- und Soldatenräten in ganz Berlin und eine Zusammenkunft derselben im „Zirkus Busch" verkündet, auf der eine Revolutionsregierung gewählt werden sollte.

Dies geschah dann auch. Statt jedoch den Revolutionsausschuss in Berlin zu dominieren und somit faktisch die Regierung zu stellen, mussten sich die Obleute aufgrund des chaotischen Verlaufs der Aktionen und der schnellen Reaktion der SPD mit einer Parität USPD-SPD in den entscheidenden Gremien abfinden. Innerhalb der USPD-Mandate stellen sie eine Person im „Rat der Volksbeauftragten" und alle USPD-Mandate im „Berliner Vollzugsrat der Arbeiter und Soldatenräte", dem vom Anspruch her ranghöchsten Gremium der Räteregierung (zu den Revolutionsorganen vgl. Materna 1978, Miller 1969). Richard Müller wurde Vorsitzender des Vollzugsrates, der Obmann Emil Barth wurde Volksbeauftragter in der neuen Regierung Ebert-Haase.

Die Obleute im Vollzugsrat lagen nun in stetigem Kampf mit den Soldatenvertretern und der SPD-Fraktion, ständige Differenzen gab es auch mit dem Rat der Volksbeauftragen. Die zunächst von Müller und Däumig propagierte Aufstellung einer revolutionären Roten Garde scheiterte. Der Vollzugsrat hatte somit keine eigene Machtbasis und die Initiative lag allein beim Rat der Volksbeauftragen, in dem die SPD-Vertreter sich gegenüber den Unabhängigen in allen entscheidenden Fragen durchsetzten. Statt einer revolutionären Räterepublik, wie sie die Obleute im Blick hatten, trieben die Dinge nun immer mehr auf eine bürgerlich-parlamentarische Republik hin. Sogar der erste Reichsrätekongress am 16. Dezember entschied sich gegen die Festschreibung des Rätesystems und für die Wahl zu einer Nationalversammlung. Richard Müller, der den Kongress selbst eröffnet hatte, schimpfte ihn deshalb wenige Tage später einen „Selbstmörderklub".[9]

Die Krise der Revolution führte im Dezember 1918 zur Krise zwischen Obleuten und USPD-Vorstand. Eine Presseerklärung der Obleute verlangte den sofortigen Rücktritt der USPD-Volksbeauftragten, eine Distanzierung der Partei von der SPD und die Führung des Wahlkampfes zur Nationalversammlung klar gegen die Mehrheitssozialisten. Müller und Däumig weigerten sich zudem, mit

9 Vgl. Rede Richard Müllers vor der Berliner Vollversammlung der Arbeiter- und Soldatenräte am 23. Dezember 1918, in: Gerhard Engel u. a. (Hrsg.), *Groß-Berliner Arbeiter- und Soldatenräte in der Revolution 1918/19*, Bd. 2, Berlin 1997, S. 16.

dem USPD-Vorsitzenden Hugo Haase auf eine Kandidatenliste für die Wahl gesetzt zu werden. Sie stellten eine eigene linke Liste unter Beteiligung Karl Liebknechts auf, was jedoch von der überrumpelten Parteibasis abgelehnt wurde. Die Obleute waren nun innerhalb der USPD isoliert.[10] Dennoch schlossen sie sich zunächst nicht der vom Spartakusbund am 1.1.1919 neu gegründeten KPD an. Wegen ihres Antiparlamentarismus und dem Vorherrschen der Syndikalisten und Ultralinken war die junge Partei den Obleuten suspekt (Hoffrogge 2008, 96ff.).

Die Rätebewegung

Die Obleute blieben in der USPD, führten ihre Politik allerdings weiterhin unabhängig vom Parteivorstand fort. Ihr Aktionsfeld war die Arbeiterrätebewegung, die sich seit Anfang 1919 aus den zunächst sehr heterogenen und und ohne Programm agierenden Rätestrukturen entwickelte. Denn obwohl das Organisationsprinzip der Obleute, die Matrosenräte und die Berliner Streikleitung von 1918 schon räteförmig waren, gab es bisher keinerlei Theorie oder Konzept für ein Rätesystem in der sozialistischen Arbeiterschaft. Wie in Russland, entstanden die Räte auch in Deutschland spontan und unabhängig aus der Praxis des politischen Kampfes heraus.[11]

Richard Müller und Ernst Däumig gründeten nun die Zeitschrift *Der Arbeiter-Rat,* entwarfen nachträglich eine eigene Rätetheorie, das sogenannte „reine Rätesystem“. Hier wurde erstmals der Entwurf einer kompletten Rätedemokratie vom einzelnen Betriebsrat über Industriegruppen- , Bezirks- und Branchenräte bis hin zu einem Reichswirtschaftsrat vorgelegt.[12]

10 David Morgan schätzt das Gewicht der Obleute in der Partei sehr hoch ein und macht unter anderem ihre parteipolitische Unerfahrenheit für die Erfolglosigkeit der Intervention verantwortlich: „With a credible program and shrewd political leadership, they could have mounted a formidable threat to the established direction, or even the existence, of the USPD. Their lack of these assets, than and later, was important for the history of the party“, in: *The Socialist Left and the German Revolution,* S. 211.

11 Als Vorläufer ist allerdings die versammlungsdemokratische Praxis der Gewerkschaftsbasis anzusehen; die Linie von der Gewerkschaftspraxis über die Obleute hin zur Rätebewegung wurde erstmals aufgezeigt von Dirk. H. Müller, *Gewerkschaftliche Versammlungsdemokratie und Arbeiterdelegierte vor 1918,* Berlin 1985.

12 Müllers und Däumigs Schriften zum reinen Rätesystem sind in Auszügen nachzulesen bei Schneider/Kuda 1968, eine ausführliche Analyse des reinen Rätesystems und ein Vergleich mit anarchosyndikalistischen Vorstellungen findet sich bei Hottmann 1980.

Anfang 1919 wurden die Forderungen nach Sozialisierung und Arbeiterkontrolle, die vom Rat der Volksbeauftragten bisher verschleppt worden waren, beständig lauter. In den Fabriken und Bergwerken sah man die Revolution noch nicht als abgeschlossen an, die Enttäuschung über die hinhaltende, seit den Januarkämpfen 1919 blutig repressive Politik der SPD wuchs innerhalb der gesamten Arbeiterschaft. Aus dieser Stimmung heraus entwickelte sich im Frühjahr 1919 eine Streikwelle im ganzen Reichsgebiet, mit Zentren in Berlin, Mitteldeutschland und im Ruhrgebiet.

Diese Streikwelle war die stärkste Machtdemonstration der Anhänger des Rätesystems, einer Bewegung die nun weit über den Kreis der Obleute hinausging und die Mehrheit der Arbeiterklasse erfasste. Insbesondere durch die mitteldeutschen Streiks, welche die Nationalversammlung in Weimar praktisch umzingelten, war die Frage „Parlamentarische Republik oder Rätesystem?“ wieder offen.

Doch die Streiks erlitten dasselbe Schicksal wie alle weiteren Versuche, die Revolution von links voranzutreiben. Sie waren lokal und ungleichmäßig verteilt, zeitlich nicht aufeinander abgestimmt und konnten somit durch die Regierung, in der nunmehr die SPD alleine vertreten war, einzeln niedergeschlagen werden.[13] Richard Müller und der Kommunist Wilhelm Koenen erkannten diese Problematik, ihr Versuch einer gesamtdeutschen Koordination der Streiks schlug jedoch fehl. Die finale Niederlage der Streikwelle markierten die blutigen Märzkämpfe in Berlin, in denen die Bezirke Lichtenberg und Friedrichshain nur unter Einsatz von schwerer Artillerie und hohem Blutzoll den aufständischen Arbeitern abgekämpft werden konnten. Regierung und rechte Freikorps hatten bewusst die militärische Konfrontation gesucht, um den Widerstand der Arbeiter zu brechen (Müller 1925b, 124-163; Morgan 1975, 230ff.).[14]

Die Integration der Räte – das Ende der Revolution

Die gewaltsame Niederschlagung des Januaraufstandes in Berlin und der Streikwelle im Frühjahr hatten alle Hoffnungen auf ein bewaffnetes Weitertreiben der Revolution zunichte gemacht. Die Nationalversammlung und somit die parlamentarische Natur der neuen Staatsverfassung waren nun Fakten, die auch die

13 Richard Müller machte später die Demoralisierung nach dem verfrühten Berliner „Januarputsch“ dafür verantwortlich, dass die Streiks in Berlin erst losgingen, als sie in anderen Gebieten schon auseinanderfielen und dass somit keine einheitliche gesamtdeutsche Streikfront entstehen konnte (Müller 1925b, S. 154).

14 Über die Märzkämpfe in Berlin existiert auch ein Zeitzeugenbericht von Franz Beiersdorf, BArch SAPMO, DY 30 IV 2/2.01.

Verfechter des Rätesystems nicht mehr ignorieren konnten. In dieser Situation kam es zu einer Kursänderung. Der neue Kompromisskurs von Richard Müller und Ernst Däumig lautete: Integration des Rätesystems in die Verfassung (Morgan 1975, 252). Vorangetrieben wurde dieser Kurs nun vor allem von den USPD-Arbeiterräten, in die die Gruppe der Obleute mehr oder weniger aufgegangen war, nachdem sie im Januaraufstand 1919 eine heftige Niederlage erlitten hatte. Denn obwohl Müller und Däumig diesen Aufstand von Anfang an als verfrüht abgelehnt hatten, hatte sich eine Mehrheit der Obleute am Aufstand beteiligt. Die Niederlage schwächte den Zusammenhalt der Obleute, aber ihre wesentlichen Akteure blieben im Rahmen des Vollzugsrates und der Arbeiterräte weiterhin gemeinsam aktiv.

Nach diesen Niederlagen wurde die Rätebewegung zu einer Betriebsrätebewegung, ihre Anhänger wollten den neuen Arbeitervertretungen soviel Macht als möglich zu sichern, um sie als Ausgangspunkt für weitere politische Kämpfe in Richtung Sozialisierung und Arbeiterkontrolle auszubauen.

Ließ der Artikel 165 in der Weimarer Verfassung noch Raum für weitergehende Kontrollrechte der Arbeiter, so bedeutete das neue Betriebsrätegesetz im Jahre 1920 eine entscheidende Niederlage der Rätebewegung. Die Betriebsräte wurden zu reinen Arbeiterausschüssen degradiert, eine Kontrolle der Unternehmensleitung oder Mitspracherechte in der Produktion hatten sie nicht. Die Betriebsräte wurden zu dem, was sie in der Bundesrepublik Deutschland auch heute noch sind: Interessenvertretungen der Arbeitenden gegenüber dem Unternehmer, der allerdings grundsätzlich Herr im Hause ist und sowohl über Produktionsmittel als auch über Unternehmensgewinne frei verfügen kann.

Der letzte Akt der Rätebewegung war der Kampf mit den Gewerkschaften um die Betriebsrätezentrale. Die Frage lautete: Organisation der Betriebsräte innerhalb der Gewerkschaften oder selbständige Dachorganisation aller Betriebsräte als revolutionäres Kampforgan? In Berlin hatte sich Richard Müller nach Auflösung des Vollzugsrates im August 1919 letzterem Zweck gewidmet. Als Nachfolger des aufgelösten Vollzugsrates wurde von ihm und anderen aus dem Kreis der Obleute eine selbständige Betriebsrätezentrale aufgebaut, die auch von den örtlichen Gewerkschaftsorganen mitgetragen wurde. Gemeinsam mit dem Kommunisten Heinrich Brandler verteidigte Richard Müller dieses Modell der selbständig-revolutionären Betriebsrätebewegung auf dem 1. Betriebsrätekongress vom 5. bis 7. Oktober 1920 in Berlin.[15]

15 Vgl. Protokoll der Verhandlungen des ersten Reichskongresses der Betriebsräte Deutschlands – abgehalten vom 5.-7. Oktober 1920 zu Berlin, Berlin 1920.

Der Übergang Müllers und einer Mehrheit der Obleute zur KPD bahnte sich hier schon an. Bei der Spaltung der USPD auf dem Parteitag in Halle wenige Tage später waren Müller und seine Genossen Verfechter des Anschlusses an die Dritte Internationale und die von Lenin gestellten „21 Bedingungen". An dieser Frage zerbrach die USPD. Müller wurde 1920 für einige Monate Mitglied im Zentralkomitee der USPD-Linken, nach dem Anschluss des linken Flügels an die KPD im Dezember 1920 wurde er Vorsitzender der Reichsgewerkschaftszentrale der KPD. Mit dem Gewinn dieses linken USPD-Flügels einschließlich eines wesentlichen Teils der Betriebsrätebewegung war die KPD nun schlagartig zur Massenpartei geworden (Krause 1975, 132-216).

In der Auseinandersetzung um die Betriebsräte trugen allerdings die Gewerkschaften den Sieg davon. Trotz eines antikapitalistischen Konsenses und feuriger Reden von Gastrednern aus Sowjetrussland konnten sich Müller und Brandler auf dem Betriebsrätekongress nicht durchsetzen. Stattdessen wurde ein Antrag Robert Dißmanns angenommen, der zwar auch die Betriebsräte als revolutionäres Kampforgan beschwor, ihre Zusammenfassung aber unter dem Dach der bisher so konservativ agierenden Gewerkschaftsführungen vorsah. Obwohl der Beschluss sich explizit und kämpferisch für den Sturz des Kapitalismus einsetzte, so bedeutete er doch faktisch die Niederlage für die revolutionäre Rätebewegung. Die Betriebsräte wurden Organe der Gewerkschaften, die selbständige politische Rätebewegung in Deutschland war damit beendet.

Die Obleute werden Leninisten

Müller, Däumig und viele weitere Obleute wirken nun in der KPD weiter, und zwar in hohen Positionen: Däumig als Parteivorsitzender, Müller als Leiter einer neu geschaffenen Reichsgewerkschaftszentrale, die aus der Betriebsrätezentrale heraus gegründet wurde. Däumig musste jedoch bereits kurz nach Antritt seinen Posten räumen, und nach der „Märzaktion" 1921 verlor auch Richard Müller seine Position. Im März 1921 hatte die KPD nach Streiks und Konfrontationen im mitteldeutschen Industrierevier um Halle und Leuna zum Aufstand gerufen. Richard Müller hielt dies für einen taktischen Fehler. Er behielt auch diesmal recht: wie schon der Januaraufstand in Berlin 1919 blieb auch die „Märzaktion" ein lokal beschränkter Aufstand, er wurde militärisch niedergeschlagen. Die Partei war jedoch nicht bereit, diese Kritik zu akzeptieren und drängte Müller in die Opposition.

Durch eine Intervention von Clara Zetkin gelang es jedoch Müller und anderen ehemaligen Obleuten, gemeinsam mit der deutschen Delegation zum III. Weltkongress der Komintern im Sommer 1921 nach Moskau zu fahren.

Zetkin vermittelte eine persönliche Begegnung zwischen Lenin und den ehemaligen Obleuten. Lenin war begeistert von ihrem Auftreten, auf dem Kongress erklärte er sich gegen die Märzaktion. Die KPD-Führung wurde gezwungen, Müller und alle anderen Oppositionellen zu rehabilitieren. Ausnahme war lediglich der ehemalige Parteivorsitzende Paul Levi, der nicht wieder in die KPD aufgenommen wurde.

Müller war von der Begegnung mit Lenin sehr beeindruckt. Noch 1924 lobte er im Vorwort einer von ihm verfassten Geschichte der Novemberrevolution Lenin als die historische Persönlichkeit, welche die Ideen von Marx praktisch umgesetzt habe (Müller 1924, 9). Dies ist interessant, denn schon kurz nach seiner Intervention zugunsten Müllers hatte Lenin ihm in einem erneuten Konflikt die Unterstützung verweigert. Als der in Moskau scheinbar begrabene Streit in der KPD Ende 1921 erneut aufkochte, distanzierten sich Lenin und Trotzki von der Opposition, die sie nur wenige Monate zuvor noch entschieden unterstützt hatten. Im Interesse der Einheit der Partei verdammten sie die Kritiker und erlaubten der KPD-Spitze, Müller und viele andere aus der Partei auszuschließen (Tosstorff 2004, 392-395).

Trotz dieser „unterlassenen Hilfeleistung“ lobte Müller Lenin in seiner Revolutionsgeschichte. Der erste Band erschien 1924 unter dem Titel *Vom Kaiserreich zur Republik.* Es folgten zwei weitere Bände mit den Titeln *Die Novemberrevolution* (Wien 1925) und *Der Bürgerkrieg in Deutschland* (Berlin 1925).[16] Müllers Werke bilden eine auch heute noch mehr als lesenswerte Darstellung der Revolutionszeit. Denn im Gegensatz zu fast allen anderen Zeitzeugen der zahlreichen Memoirenliteratur zur Novemberrevolution schrieb Müller keine Parteigeschichte im Sinne der SPD oder von Spartakus/KPD, sondern berichtete aus der Perspektive des Widerstandes an der Basis von den Ereignissen. Gleichzeitig plauderte er nicht nur aus dem Nähkästchen, sondern stützte sich auf eine umfangreiche Dokumentensammlung, die er in seiner politisch aktiven Zeit zusammengetragen hatte.

16 Eine Neuausgabe von Müllers Trilogie in einem Band ist 2011 unter dem Titel *Eine Geschichte der Novemberrevolution* mit einem aktuellen Vorwort von Ralf Hoffrogge im Berliner Verlag Die Buchmacherei erschienen (Anm. d. Verlags).

Das Verschwinden der Revolutionären Obleute

Nachdem die Anti-Kriegsopposition gegenstandslos geworden und die selbständige Rätebewegung eingegangen war, waren die Politikformen von Müller, Däumig und dem Kreis der Obleute an ihr Ende angelangt. Träger der politischen Kämpfe waren nun alleine die Parteien, für die ökonomischen Kämpfe waren die Gewerkschaften zuständig. Eine Arbeitsteilung, die wesentlich zum Versagen der Arbeiterbewegung im Jahre 1914 beigetragen hatte, war damit wiederhergestellt. Auch die in der deutschen Arbeiterbewegung einmalige Eigenaktivität der Basis und ihr Gewinn an Handlungsmacht gegenüber den hauptamtlichen Apparaten war mit dem Ende der Räte im wesentlichen beendet.

Den ehemaligen Obleuten fehlte längst die politische Heimat. Innerhalb der KPD waren sie seit der Absetzung Müllers und der Disziplinierung der Reichsgewerkschaftszentrale isoliert, von der SPD wollten sie nichts wissen, eine USPD als starke Mittelkraft existierte nicht mehr. Das Zusammenspiel von radikaler Basisbewegung und Parlamentsopposition einer Partei, das von Obleuten und USPD während des Krieges und auch danach teilweise sehr erfolgreich praktiziert wurde, konnte durch die sich abzeichnende Bolschewisierung der KPD nicht erhalten werden. Auch spätere, um 1921 unternommene Versuche, die Obleutebewegung als parteiunabhängige Struktur zu reaktivieren, scheiterten (Koch-Baumgarten 1986, 418ff.). Einzelne Obleute blieben in der KPD aktiv, andere wandten sich der Kommunistischen Arbeitsgemeinschaft (KAG) zu oder verließen die Politik ganz. Der Zusammenhang als solcher war schon im Januar 1919 aufgrund von Differenzen über die Januarkämpfe brüchig geworden, seine Spur verliert sich hier endgültig. Ebensowenig wie es ein Gründungsdokument gab, existiert eine offizielle Auflösungserklärung der Revolutionären Obleute.

Richard Müller blieb nach 1922 parteilos und begann eine kurze Karriere als Historiker. Bis 1925 war er als Historiker sehr produktiv, verfasste jedoch nach seiner Revolutionsgeschichte keine weiteren Werke. Nach einem kurzen Intermezzo bei der Linksgewerkschaft „Deutscher Industrieverband" um 1929 zog sich Müller endgültig aus der Politik zurück. Er erwarb sich um 1930 ein Vermögen als Bauunternehmer, war jedoch wohl nur wenige Jahre in dieser Branche tätig. Informationen darüber sind uns lediglich durch Presseberichte über heftige Mietrechtsstreitigkeiten überliefert. Widerstandshandlungen gegen den Faschismus sind von Richard Müller nicht bekannt, wahrscheinlich ist, dass er sich seit Anfang der 30er Jahre völlig ins Privatleben zurückzog (Hoffrogge 2008, 198ff.). Richard Müller starb am 11.5.1943 in Berlin, Todesursache und Grabstätte sind bis heute unbekannt.

Literatur

Boebel, Chaja / Lothar Wentzel (Hrsg.) (2008), *Streiken gegen den Krieg – Die Bedeutung der Massenstreiks in der Metallindustrie vom Januar 1918,* Hamburg: VSA.

Engel, Gerhard, Gaby Huch, Bärbel Holtz, Ingo Materna (Hrsg.) (1993-2002), *Groß-Berliner Arbeiter- und Soldatenräte in der Revolution 1918/19,* drei Bände, Berlin: Akademie.

Hoffrogge, Ralf (2008), *Richard Müller – Der Mann hinter der Novemberrevolution,* Berlin: Dietz.

— (2009a), „Räteaktivisten in der USPD – ‚Richard Müller und die Revolutionären Obleute'", in: Ulla Plener (Hrsg.), *Die Novemberrevolution 1918/1919 in Deutschland,* Berlin: Dietz.

— (2009b), „Die wirkliche Bewegung, welche den jetzigen Zustand aufhebt – Sozialismuskonzepte und deutsche Arbeiterbewegung 1848–1920", in: *PROKLA* – Zeitschrift für kritische Sozialwissenschaft, Nr. 155, Münster: Westfälisches Dampfboot.

Hottmann, Günter (1980), *Die Rätekonzeptionen der Revolutionären Obleute und der Links- (bzw. Räte-) Kommunisten in der Novemberrevolution: Ein Vergleich,* unveröffentlichte Abschlussarbeit, Göttingen.

Koch-Baumgarten, Sigrid (1986), *Aufstand der Avantgarde,* Frankfurt und New York: Campus.

Krause, Hartfrid (1975), *USPD – Zur Geschichte der Unabhängigen Sozialdemokratischen Partei Deutschlands,* Frankfurt: Europäische Verlags-Anstalt.

Materna, Ingo (1978), *Der Vollzugsrat der Berliner Arbeiter und Soldatenräte 1918/19,* Berlin: Dietz.

Miller, Susanne (1969), *Die Regierung der Volksbeauftragten 1918/1919,* Düsseldorf: Droste.

Morgan, David W. (1975), *The socialist left and the German Revolution – A history of the German Independent Social Democratic Party – 1917–1922,* Ithaca und London: Cornell University Press.

Morgan, David. W. (1983), „Ernst Däumig and the German Revolution of 1918", in: *Central European History,* Bd. 15, Nr. 4, Cambridge: Cambridge University Press, S. 303-331.

Müller, Dirk H. (1985), *Gewerkschaftliche Versammlungsdemokratie und Arbeiterdelegierte vor 1918,* Berlin: Colloquium.

Müller, Richard (1913), *Die Agitation in der Dreherbranche,* Berlin.

— (1924), *Vom Kaiserreich zur Republik,* Wien: Malik-Verlag.

— (1925a), *Die Novemberrevolution,* Wien: Malik-Verlag.

— (1925b), *Der Bürgerkrieg in Deutschland,* Berlin: Phöbus-Verlag.

— (2011), *Eine Geschichte der Novemberrevolution,* Berlin: Die Buchmacherei.

Naumann, Horst (1986), „Ein treuer Vorkämpfer des Proletariats. Ernst Däumig", in: *Beiträge zur Geschichte der Arbeiterbewegung,* Jg. 28, H. 6, S. 801-813.

Opel, Fritz (1957), *Der deutsche Metallarbeiter-Verband während des ersten Weltkrieges und der Revolution,* Hannover: Goedel.

Protokoll der Verhandlungen des ersten Reichskongresses der Betriebsräte Deutschlands – abgehalten vom 5.-7. Oktober 1920 zu Berlin, Berlin 1920.

Schneider, Dieter/Kuda, Rudolf (1968), *Arbeiterräte in der Novemberrevolution,* Frankfurt: Suhrkamp.

Tosstorff, Reiner (2004), *Profintern – Die Rote Gewerkschaftsinternationale 1921-1937,* Paderborn: Schöningh.

6. Die Bewegung der Fabrikkomitees in der Russischen Revolution

David Mandel

Dieser Beitrag verfolgt die Entwicklung der Fabrikkomitees in Russland von 1917 bis Anfang 1918, mit besonderem Schwerpunkt auf Petrograd, dem militanten Zentrum der russischen Arbeiterbewegung. Es soll dargestellt werden, wie die Fabrikkomitees, die zunächst eine grundsätzlich defensive Antwort auf die Bedrohung von Arbeitsplätzen und somit die Bedrohung der Revolution selbst waren, sich radikalisierten. Dies wurde ermöglicht und zu einem gewissen Grade auch stimuliert durch die besondere Sicht der Komitees auf die Stellung der Betriebsleitungen. Denn deren Kompetenzen wurden von den Komitees als lediglich beschränkte Vorrechte wahrgenommen, als temporär in Bezug auf den bevorstehenden Übergang zum Sozialismus. Das Kapitel schließt mit einer kurzen Darstellung des Schicksals der Komitees während des Bürgerkrieges.

Die Forderung nach Arbeiterkontrolle war vor 1917 in keinem Programm der sozialistischen Parteien Russlands enthalten. Das Ziel der erwarteten Revolution war es stattdessen, die Autokratie zu stürzen und eine demokratische Republik zu etablieren. Obwohl alle sozialistischen Parteien die Landreform und den Achtstundentag als integralen Bestandteil einer solchen Revolution ansahen und dieser damit eine unbedingt soziale Dimension zusprachen, wurde die erwartete Revolution insgesamt als „bürgerlich-demokratisch“ und nicht als sozialistisch angesehen

Die Bolschewiki änderten ihr Programm nach der Rückkehr Lenins aus dem Exil im April 1917, einige Wochen nach dem Fall der Monarchie. Sie riefen nun auf zur Übertragung der Macht von der liberal dominierten provisorischen Regierung in die Hände der Räte von Arbeitern, Bauern und Soldaten – die Sowjets. Aber sie blieben vage in Bezug auf das soziale Programm der Sowjetmacht. Lenin schrieb: „Es ist nicht unsere unmittelbare Aufgabe, den Sozialismus ‚einzuführen', sondern wir müssen nur die gesellschaftliche Produktion und die Verteilung der Produkte als Ganzes unter die Kontrolle der Arbeiterräte bringen".[1] Das russische „kontrol" bedeutet lediglich „Aufsicht" und ist damit klar unterschieden von der im Deutschen und Englischen vorhandenen Nebenbedeutung „Verwaltung". Der linksmenschewistische Chronist Suchanow schrieb, eine solche Kontrolle sei weit entfernt vom Sozialismus: „In der Tat, Kontrolle war ein zentraler Punkt in allen Arbeiterversammlungen. Aber dieser ‚Sozialismus' war immer noch sehr schüchtern und bescheiden". Er zeigte in eine andere Richtung, aber in seinem Kern ging er nicht über das hinaus, was auch die moderaten Sozialisten in der Koalitionsregierung vorschlugen.[2]

Ja. Swerdlow, Mitglied des Zentralkomitees der Bolschewiki, berichtete dem Petrograder Komitee der Partei im September 1917, es gäbe eine „ungenügende Klärung der ökonomischen Frage". Er erklärte, dass die laufende Arbeit alle Energien absorbiere. Faktisch jedoch hatten die Bolschewiki noch nicht über ihr Programm entschieden. Auf einer nationalen Konferenz der Fabrikkomitees Ende September 1917 beschwerte sich ein menschewistischer Delegierter, man könne nicht über Arbeiterkontrolle diskutieren, ohne zuerst über die Natur der Revolution zu entscheiden – die, „wie wir sagen (...) nicht sozial sondern politisch ist, aber mit einer sozialen Gärung."[3] Ein anarchistischer Delegierter äußerte sich ähnlich entschieden: „Wir erleben eine soziale Revolution".[4] Skrypnik, ein Bolschewik, ließ sich jedoch nicht festnageln: „Arbeiterkontrolle ist nicht Sozialismus. Sie ist nur eine der Übergangsmaßnahmen, die uns dem Sozialismus näherbringen."[5]

1 Lenin, V. I., *Polnoe sobranie sočinenij,* Bd. 31, Moskva: Izdatel'stvo političeskoj literatury, 5. Auflage 1962, S. 116.

2 Suchanov, N., *Zapiski o revoljucii,* Bd. 7, Moskva, Berlin i Petrograd: Z. I. Gržebina, 1923, S. 24-26.

3 *Oktjabr'skaja revoljucija i fabzavkomy,* Moskva: VCSPS, 1927, Bd. 2, S. 182, im Folgenden zitiert als „FZK."

4 Ebenda, S. 183.

5 Ebenda, S. 184.

Als Marxisten konnten die Bolschewiki in dieser Hinsicht nicht präziser werden. Russland, eine arme, überwiegend bäuerliche Gesellschaft, dennoch mit einer kämpferischen Arbeiterklasse, verfehlte in ihrer Analyse die Bedingungen für den Übergang zum Sozialismus. Aber der Weltkrieg hatte das Bedürfnis und die politischen Bedingungen zum Sturz des Kapitalismus nicht nur im entwickelten Westen, sondern auch in Russland geschaffen. Die allgemeine Krise brachte es jedoch mit sich, das Russland realistischerweise nicht auf Unterstützung durch Revolutionen im Westen zählen konnte. Der soziale Charakter der russischen Revolution und auch ihr Überleben selbst hing deshalb von den Ereignissen im Ausland ab.

Dies war die Analyse. Aber in der unmittelbaren Gegenwart wurde die Revolution durch praktische Bedürfnisse vorangetrieben. Das ökonomische Programm beinhaltete eine Art Doppelherrschaft: die Räteregierung, unterstützt durch die Fabrikkomitees, würde die Kapitalisten „kontrollieren", während diese ihre Betriebe weiter verwalteten. Die Doppelherrschaft erwies sich in der politischen Sphäre schnell als unhaltbar, weil die Bourgeoisie es schlicht verweigerte, sich von den Räten „kontrollieren" zu lassen und sich stattdessen anschickte, die Sowjets zu zerschlagen. In der Wirtschaft erwies sie die Kontrolle als ebenso illusorisch. Denn letztlich war ihre ökonomische Macht die letzte Verteidigungslinie des Bürgertums.

Zeitgenössische Beobachter und später auch westliche Historiker beschrieben die Arbeiterkontrolle oft als eine anarchistische und „instinktive" Revolte, die auf die Übernahme der Fabriken zielte.[6] Auch verständnisvollere Historiker sahen die Fabrikkomitees als eine im Grunde libertäre Bewegung für industrielle Demokratie, als einen Gegensatz zur Idee der zentralen Wirtschaftsplanung und Regulation.[7]

Die Realität war jedoch komplexer. Auch wenn die Anarchisten sich natürlicherweise von den Komitees angezogen fühlten, waren die Komitees doch von Beginn an fast überall von den Bolschewiki dominiert. Anarchistische Positionen fanden in Konferenzen der Fabrikkomitees wenig Unterstützung, während bolschewistische Resolutionen für Sowjetmacht und staatliche Wirtschaftsplanung breite Mehrheiten erhielten.

6 Vgl. Suchanov, *Zapiski,* Bd. 6, S.192-93; E. H. Carr, *The Bolshevik Revolution 1917-23,* Baltimore: Penguin, 1966, Band 2, S. 63-64.

7 Vgl. Čurakov, D. O., *Fabzavkomy v bor'be za proizvodstvennuju demokratiju,* Moskva: Prometej, 2005, S. 255-257.

Als die Komitees in der Februarrevolution 1917 erstmals gewählt wurden, setzten sie sich in den Privatunternehmen keinerlei Ziele, die über die Bestrebungen radikaler Gewerkschaften hinausgingen. Aber sie unterschieden sich von den meisten Gewerkschaften dadurch, dass die Mitgliedschaft nicht freiwillig war – die Komitees repräsentierten die gesamte Belegschaft, abgesehen von der Betriebsleitung. Wichtiger jedoch war die ihnen zugrunde liegende ideologische Orientierung: die Komitees akzeptierten die Vorrechte und Kompetenzen der Betriebsleitung nicht als legitim oder notwendig. Dass die Betriebsleitung nicht angetastet wurde, lag am Gleichgewicht der politischen Kräfte – verbunden mit der allgemeinen Entwicklung des Landes und den beschränkten Verwaltungsfähigkeiten der Arbeiter und Arbeiterinnen selbst, die ihnen zunächst nicht mehr erlaubten.

Die Februarrevolution und die Fabrikkomitees

Der Generalstreik in Petrograd, der die Garnison mit sich riss und so zur Februarrevolution wurde, war gleichzeitig eine politische Mobilisierung gegen die Autokratie und ein ökonomischer Streik gegen das Kapital. Als solcher stand er in direkter Kontinuität mit der russischen Arbeiterbewegung vor dem Weltkrieg, in der politische und ökonomische Forderungen unlösbar verbunden waren.[8] Nach der Abdankung des Zaren kehrten die Arbeiter und Arbeiterinnen nur so lange in ihre Fabriken zurück, wie es dauerte, wirtschaftliche Forderungen aufzustellen und eine Abstimmung zur Wiederaufnahme des Streiks durchzuführen. Die meisten Fabriken ignorierten den Aufruf zur Wiederaufnahme der Arbeit durch den von moderaten Sozialisten (Menschewiken und Sozialrevolutionären) geleiteten Sowjets. Grund dafür war, dass sowohl der Achtstundentag als auch Löhne „angemessen für Arbeiter und freie Bürger"[9] noch nicht erkämpft worden waren. Und jene, die die Arbeit wieder aufnahmen, hatten den 8-Stunden-Arbeitstag bereits ohne Rücksprache mit der Betriebsleitung eingeführt.

Neben besseren Löhnen und Arbeitszeitverkürzung erwarteten die Arbeiter und Arbeiterinnen von der demokratischen Revolution auch die Etablierung

8 Die auffallendste Erscheinung dieser Vermischung des Ökonomischen und Politischen war die überall anzutreffende Forderung der „höflichen Anrede", also des „Sie" statt des „Du". Der Minister für Handel und Industrie, selbst ein Unternehmer, nannte dies ausdrücklich eine politische Forderung. (Klejnbort, L. V., *Očerki rabočej intelleligencii,* 1905-1916gg., Bd. 1, Petrograd: Petropečat', 1923, S. 11.)

9 Aus der Zeitung der Gewerkschaft der Textilarbeiter, zit. nach Volobuev, P. V., *Proletariat i buržuazija v 1917g.,* Moskva: Mysl', 1964, S. 64.

eines „konstitutionellen Regimes" in den Fabriken.[10] Dies bedeutete ein Ende der autokratischen Despotie durch die Betriebsleitung. Im Jahre 1912 hatte eine Konferenz der Gesellschaft der Fabrik- und Werksbesitzer in St. Petersburg selbst die gesetzlich mögliche Minimalrepräsentation von Arbeitervertretern auf Betriebsebene abgelehnt. Jede Einmischung der Arbeiterorganisationen in Bezug auf Löhne, Einstellungen, Entlassungen und die interne Organisation der Betriebe wurde zurückgewiesen.[11] Der Weltkrieg brachte den Arbeitern und Arbeiterinnen weitere Repressionen, einschließlich der Abschaffung der Zurückstellung vom Wehrdienst.

Als die Arbeit nach dem Generalstreik wieder anlief, war der Rauswurf besonders repressiver Mitglieder der Betriebsleitungen eine der ersten Maßnahmen der Belegschaften – manchmal wurden diese dabei als Zeichen besonderer Schmach mit einem Sack über dem Kopf in der Schubkarre aus dem Betrieb gekarrt. Genauso wie in der einseitigen Einführung des Achtstundentags durch die Petrograder Arbeiter und Arbeiterinnen kann man in solchen Gesten eine deutliche Begrenzung der Akzeptanz der Leitungsbefugnisse des Kapitals erkennen. Eine Einstellung, die gestärkt wurde durch das berechtigte Gefühl der Arbeiter und Arbeiterinnen, sie hätten die Revolution gemacht und nicht das Bürgertum, das durch seine Furcht vor den Massen gelähmt war.

Kern der Idee von der „Konstitutionellen Fabrik" war allerdings die kollektive Vertretung der Belegschaft in Form von gewählten Fabrikkomitees zur „Überwachung" (*wedat*) der „inneren Ordnung" in den Fabriken. Im Radiotelegraphen-Werk beauftragte die Vollversammlung der Beschäftigten das Fabrikkomitee, Regeln und Normen aufzustellen zur Länge des Arbeitstages, zum Mindestlohn, zur Krankenversorgung, zur Verwaltung der Krankenkasse (basierend auf einem Gesetz von 1912), zur Einstellung und Entlassung von Beschäftigten[12], für die Lösung von Konflikten, die Arbeitsdisziplin, Pausenzeiten, Werkschutz, Lebensmittelversorgung[13] sowie zur Einrichtung eines permanenten gewählten Fabrik-

10 Maevskii, E., *Kanun revoljutsii,* Petrograd 1918, S. 43.

11 Kruze, E. E., *Peterburgskie rabočie v 1912-14gg.,* Moskva i Leningrad, Nauka, 1961, S. 99f.

12 Wie andere Maßnahmen auch zielte dies auf die Verhinderung von Missbräuchen durch die Direktion. Besonderen Anstoß erregte unter den Belegschaften auch die Anwesenheit von wohlhabenden Personen, die sich zur Vermeidung des Wehrdienstes in die Fabrikarbeit geflüchtet hatten.

13 Hauptsächlich durch Konsumgenossenschaften.

komitees.[14] Das Spektrum der Aktivitäten war also breit und einige der Aufgabenbereiche waren offensichtlich zur Verhandlung mit der Betriebsleitung vorgesehen. Aber es gab nicht die Absicht, die Betriebsleitung auf dem Gebiet der technischen und wirtschaftlichen Verwaltung der Produktion herauszufordern. Die Forderung nach „Arbeiterkontrolle" oder gar Arbeiterselbstverwaltung wurde in den Privatunternehmen nicht gestellt.

Dennoch zeigen die Einbeziehung von Werkschutz in den Aufgabenbereich der Fabrikkomitees und der immer wieder auftauchende Vorwurf der Inkompetenz gegenüber den davongejagten Mitgliedern der Betriebsleitung ein neues Bewusstsein der Belegschaften für die Organisation der Produktion. Dieses hier noch embryonale Bewusstsein entwickelte sich schließlich zu radikaleren Positionen, als die Arbeiter und Arbeiterinnen ihre Arbeitsplätze und die Revolution selbst durch das Kapital bedroht sahen. N. Kutler, führender Industrieller und einflussreiches Mitglied der liberalen Partei der „Kadetten", war nicht der einzige, der im Anschluss an die Februarrevolution einen „neuen Arbeitseifer" beobachtete.[15] Damit verbunden war eine veränderte Einstellung zum Weltkrieg: die meisten Arbeiter und Arbeiterinnen dachten nun, sie hätten etwas zu verteidigen: ihre Revolution. Diese „revolutionäre Verteidigungshaltung" erwies sich jedoch als sehr kurzlebig, nachdem die provisorische Regierung klargemacht hatte, dass sie an Friedensbemühungen nicht interessiert war.

In staatlichen Unternehmen fanden die Arbeiter und Arbeiterinnen allerdings zu radikaleren Positionen als in der Privatwirtschaft. Dies basierte auf der Ansicht, dass in einem demokratischen Staat die Arbeitenden an der Verwaltung öffentlicher Unternehmen beteiligt sein sollten.[16] Darüber hinaus waren die führenden Direktoren dieser Unternehmen Militäroffiziere und daher Teil des autokratischen Staatsapparates, viele von ihnen waren während der Revolution geflohen. Aber das Verlangen zur Übernahme der Betriebsleitungen währte auch hier nicht lange. Eine Konferenz der Fabrikkomitees von staatlichen Unternehmen am 15. April 1917 beanspruchte weitgehende Kontrollrechte, darunter der Zugang zu Informationen und Dokumenten sowie das Recht zur Absetzung von Direktoren, die sich „unfähig zeigten, normale Beziehungen zu den Arbeitern aufrecht zu erhalten". Aber die Belegschaften, so fuhr die Resolution fort, „wünschten unter den gegebenen Umständen nicht die Übernahme der Verant-

14 *Revoljucionnoe dviženie v Rossij posle sverženija samoderžavija,* Moskva: Akademija Nauk SSSR, 1957, S. 491f.

15 Volobuev, *Proletariat i buržuazija v 1917g.,* S. 157.

16 *Rabočij kontrol' i nacionalizacija promyšlennych predprijatij Petrograda v 1917-19gg.,* Bd. I, Leningrad: Nauka, 1949, S. 179.

wortung für die technische und organisatorische Leitung der Produktion. Bis zur vollen Sozialisierung der Wirtschaft haben die Vertreter des allgemeinen Fabrikkomitees nur eine beratende Stimme in der Betriebsleitung."[17] Der Vorsitzende des Komitees der Admiralswerft erklärte diesen Rückzug durch die Befürchtung der Arbeitenden, angesichts der der eigenen Unerfahrenheit und der Komplexität der Leitung einer Fabrik die Effizienz der Betriebe zu stören. Dasselbe Komitee beanspruchte jedoch das Recht auf Kontrolle, einschließlich des Rechtes zur Entlassung von leitendem Personal mittels Verhandlungen.[18] Zwischen Februar und Oktober 1917 hatten die Komitees in staatlichen Fabriken sichtbar mehr Macht als in privaten Unternehmen, wo die Betriebsleitung jedem Eingriff in ihre Aufgabenbereiche strikt abwehrte.[19] Auch in staatseigenen Werken gab es Berichte über gestiegene Produktivität nach der Februarrevolution. Anlässlich einer Konferenz der Fabriken der Artilleriebehörde im März 1917 beschuldigten die Belegschaften die Behörde sogar des Missmanagements und forderten ihre Abschaffung.[20]

Angst vor Sabotage und die Herausbildung von Forderungen nach Arbeiterkontrolle

Die Balance der politischen Kräfte nach der Februarrevolution machte es schwer für die Industriellen, den wirtschaftlichen Forderungen der Arbeiterschaft zu widerstehen. Dennoch sahen sie ihre Zugeständnisse als nur vorübergehend, insbesondere den Achtstundentag und die Einschränkung ihres Rechtes auf Einstellungen und Entlassungen nach Gutdünken. Nur wenige Wochen nach der Revolution begann die bürgerliche Presse eine Kampagne gegen die „egoistischen Forderungen" der Arbeiterschaft, welche angeblich die militärische Produktion unterminieren würden. Ziel war es, einen Keil zwischen Soldaten und Arbeiterschaft zu treiben und somit jene populäre Allianz zu schwächen, welche die Revolution erst ermöglicht hatte. Die Kampagne schlug fehl, denn die Arbeiter und Arbeiterinnen luden die Soldaten einfach ein, die Fabriken zu besichtigen und alles selbst in Augenschein zu nehmen. Aber die Kampagne setzte den Illusionen

17 *Revoljucionnoe dviženie v Rossij v aprele 1917g.,* Moskva: Akademija Nauk SSSR, 1958, S. 383-386.

18 CGASPb (Zentrales Staatsarchiv St. Petersburg, früher LGAORSS), f. 9391, op. 1, d. 11, l. 4.

19 FZK, S. 100. Ein Überblick zu den Aktivitäten der Komitees in staatlichen Unternehmen findet sich bei: *Fabrično-zavodskie komitety Petrograda v 1917g.* Protokoly, Moskva: Nauka, 1979.

20 CGASPb, f. 4601, op. 1, d. 10, l. 33.

der nationalen Einheit ein Ende, die im Februar entstanden waren, als das Bürgertum scheinbar alle demokratischen Kräfte gesammelt hatte. Die Kampagne erinnerte die Arbeiterschaft an die überkommene Feindschaft der Industriellen gegenüber ihren Bestrebungen.

Die Arbeiter und Arbeiterinnen begannen nun, die Erklärungen der Betriebsleitungen für brachliegende Produktionskapazitäten in Frage zu stellen – diese wurden angeblich verursacht durch Nachschubschwierigkeiten. Am 20. März machte ein Arbeiterdelegierter dem Petrograder Sowjet den Vorschlag, eine Kommission aus Fabrikdelegierten zu wählen um Inspektionen durchzuführen „mit dem Ziel einer Kontrolle", und „um sicherzustellen, dass es keinen Missbrauch gibt".[21] Anfang Mai beobachtete eine linksmenschewistische Zeitung „Produktionsrückgänge in einer ganzen Reihe von Fabriken. Bisher waren diese auf kleine und mittelgroße Unternehmen beschränkt, aber dennoch erregte dies Besorgnis unter den Arbeitern."[22] Die bürgerliche Presse bemühte sich nicht, diese Ängste zu zerstreuen: „Zwei oder drei Wochen werden vergehen", schrieb die Zeitung der liberalen Kadetten, „dann werden die Fabriken eine nach der anderen schließen."[23] Sogar die Zeitung der moderaten Menschewiki, die mittlerweile an der provisorischen Regierung beteiligt waren, warnte vor einem „italienischen" Streik der Industriellen – einem Bummelstreik, der einen Angriff vorbereiten solle: „Wir haben es mit einer anderen Kampfform zu tun – der verborgenen Aussperrung. In der Abteilung für Arbeitsbeziehungen des Sowjets (…) finden wir jeden Tag neue Bestätigungen für die Existenz eines eindeutigen Plans der Industriellen".[24] Das aus dem Englischen ins Russische übernommene Wort „lokaut" weckte bittere Erinnerungen. Im den sechs Monaten vor Kriegsausbruch waren die Petrograder Arbeiter und Arbeiterinnen von gleich drei verschiedenen, aufeinander abgestimmten Aussperrungswellen betroffen, bei denen insgesamt 300.000 Beschäftigte entlassen wurden.[25] Schon im November und Dezember 1905 hatten Massenaussperrungen der ersten russischen Revolution den finalen Schlag versetzt.

Staatliche Regulation der Wirtschaft, die die Industriellen vor Kriegsausbruch selbst gefordert hatten, um die von Misswirtschaft geplagte Ökonomie anzukurbeln, wurde von ihnen mittlerweile rigoros abgelehnt. Stattdessen gaben sie den „unangemessenen Forderungen" der Arbeiter die Schuld an der Krise. Als

21 Ebenda, f. 1000, op. 73, d. 16, l. 6.

22 *Novaja žizn'*, 10. Mai 1917.

23 *Reč'*, 13. Mai 1917.

24 *Rabočaja gazeta*, 20. Mai 1917.

25 Kruze, *Peterburgskie rabočie*, S. 328.

Mitte Mai der Liberale Minister für Handel und Industrie, selbst ein Industrieller, zurücktrat, begründete er dies mit einem eher bescheidenen Plan des Sowjets zur ökonomischen Regulierung der Wirtschaft und mit anderen „exzessiven Forderungen". Er warnte: „Falls in der näheren Zukunft keine Ernüchterung der Gemüter einkehrt, werden wir die Schließung von dutzenden und hunderten Unternehmen erleben."[26] Die Opposition gegenüber staatlicher Regulierung war das Leitmotiv des Kongresses der Vertreter von Handel und Industrie im Juni 1917.[27] Ein weiterer liberaler Kapitalist namens Rjabuschinski erklärte, dass Wirtschaftsregulierung im Westen akzeptabel sei – nicht jedoch in Russland, wo die Regierung selbst „kontrolliert" werde – durch die Sowjets.[28] Am 19. Mai 1917 erließ das Petrograder Komitee der Bolschewiki erstmals einen Aufruf zur Einrichtung von Kontrollkommissionen in den Fabriken.[29] Dem Aufruf war klar anzusehen, dass er lediglich auf Aktionen reagierte, welche die Arbeiter und Arbeiterinnen bereits aus eigener Initiative begonnen hatten. Die Bewegung für Arbeiterkontrolle entstand also „von unten". „Als unser Fabrikkomitee entstand", erklärte das Komitee der gigantischen Putilow-Werke, „hatte es weder ein Aktionsprogramm noch eine Charta für seine Aktivitäten. Als sich die Funktionen des Komitees entwickelten, wurden die eigenen praktischen Maßnahmen zur Richtschnur für spätere Leitsätze. In diesem Sinne hatte das Fabrikkomitee den besten denkbaren Lehrer – das Leben selbst."[30]

Ein Konflikt im Langezipen-Maschinenwerk [31]zeigt die Motive hinter der Bewegung für Arbeiterkontrolle. Am 27. April postierte das dortige Fabrikkomitee wachen an den Toren und verbot es der Betriebsleitung einschließlich des Direktors, das Werk vor Ende des Arbeitstages zu verlassen. Nach Angaben des von der Regierung bestellten Fabrikinspektors vermutete die Belegschaft, die Betriebsleitung sabotiere die Produktion.[32] Eine gemeinsame Kommission des Petrograder Sowjets und des Arbeitgeberverbandes war unfähig, den Konflikt zu

26 *Novaja žizn'*, 19. und 20. Mai 1917.

27 Ebenda, 2. Juni 1917; *Revoljucionnoe dviženie v Rossij v mae-ijune 1917g.*, Moskva: Akademija nauk, 1959, S. 197.

28 *Izvestija moskogo voenno-promyšlenogo komiteta,* Nr. 13, 1917, S. 15.

29 *Pravda,* 21. Mai 1917.

30 *Putilovcy v trech revoljuzijach,* Leningrad: Istorija zavodov, 1933, S. 431

31 Diese Fabrik erlebte zwischen 1912 und 1924 insgesamt 31 Streiks mit zusammengenommen 103.970 verlorenen Arbeitstagen. Sie hatte im Jahr 1917 1.200 Beschäftigte (Kruze, *Peterburgskie rabočie,* S. 73, 323).

32 *Revoljucionnoe dviženie v Rossij v aprele 1917g.*, S. 444.

lösen. Schließlich kündigte der Direktor am 2. Juni die Schließung des Werkes an. Er berief sich auf Verluste aus Rüstungsaufträgen wegen steigender Kosten, einen Rückgang der Fertigung aufgrund des Achtstundentages, einen Rückgang der Arbeitsproduktivität sowie auf Material- und Treibstoffmangel. Das lokale Fabrikkomitee wandte sich nun an den Anfang Juni gewählten Zentralrat der Fabrikkomitees. Dessen Untersuchung brachte eine lange Reihe verdächtiger Aktiengeschäfte ans Licht, woraufhin der Direktor verkündete, er habe „zufällig" 450.000 Rubel aufgetrieben – ein Darlehen eines Geschäftsfreundes, das nun die Wiederaufnahme der Produktion ermöglichen würde.[33] Inzwischen etablierte die Belegschaft Kontrollmechanismen: Nichts durfte die Fabrik ohne die Autorisierung des Komitees verlassen, seine Anordnungen waren bindend für das gesamte Personal, alle Weisungen der Direktion mussten durch das Komitee bestätigt werden, ohne vorherige Durchsicht des Komitees durften keine firmeneigenen Dokumente vernichtet werden.[34]

Indem es für sich derartige Weisungsbefugnisse beanspruchte, ging das Komitee über die ursprüngliche Konzeption der Arbeiterkontrolle hinaus, die keine direkte Beteiligung an der Betriebsleitung vorsah (es ist allerdings nicht klar, wie erfolgreich das Komitee tatsächlich bei der Umsetzung seiner Ansprüche war). Die insgesamt defensiven Motive des Komitees waren jedoch klar absehbar an seiner Erklärung, die Arbeiter hätten sich zur Annahme dieser Maßnahmen „gezwungen gesehen" wegen der Entscheidung der Direktion zur Schließung des Werkes, wegen der Verletzung einer Verhandlungsvereinbarung zur Bezahlung des Büropersonals und aufgrund seiner Weigerung, die Kontrollkommission der Belegschaft anzuerkennen.

Iswestija, die immer noch von den moderaten Sozialisten kontrollierte Tageszeitung des Sowjets, beschrieb den Konflikt als charakteristisch für eine ganze Serie von angekündigten Werksschließungen, die beim Zentralrat der Fabrikkomitees kundig wurden. Meistens hatten sich die Eigentümer auf finanzielle Verluste und Liquiditätsmangel berufen. „Aber schon beim ersten Versuch der Arbeiterorganisationen, diese Gründe nachzuvollziehen (…) stießen sie immer wieder auf komplizierte und ausgekochte Machenschaften, die auf eine Aussperrung abzielten."[35]

Dieses Phänomen beschränkte sich nicht auf die Hauptstadt. Als im Textilzentrum Iwanowo-Woschnesensk mehrere Fabriken nach den Osterfeiertagen

33 FZK, Band 1, S. 182; *Izvestija,* 17. Juni 1917; *Novaja žizn',* 19. Juni 1917.
34 *Rabočij kontrol' i nacionalizacija,* Bd. I, S. 104.
35 *Izvestija,* 17. Juni 1917.

nicht wieder öffneten und die Eigentümer Nachschubschwierigkeiten dafür verantwortlich machten, kündigte der lokale Sowjet an, dass die Arbeiter und Arbeiterinnen vollen Lohn erhalten würden, während der Sowjet eine Kontrollkommission einrichten würde. Die Fabriken wurden sofort wieder geöffnet.[36]

Arbeiterkontrolle und politische Macht

Die Idee zu einer stadtweiten Konferenz der Fabrikkomitees reifte aus der Erkenntnis heraus, dass die Kräfteverhältnisse in den isolierten Fabriken und auch die mangelnde Erfahrung der Arbeiter und Arbeiterinnen eine effektive Kontrolle unmöglich machte. Gleichzeitig stand die Gefahr eines völligen Kollapses der Industrie immer drohender am Horizont. Ein Mitglied des Organisationskomitees eröffnete die Konferenz mit folgenden Worten:

> „Ob sie wollen oder nicht, die Fabrikkomitees müssen in das wirtschaftliche Leben ihrer Fabriken intervenieren – ansonsten werden diese schließen. Alle Fabriken in Petrograd stecken in der Krise. Aber die Direktionen kümmern sich nicht darum, den Nachschub von Treibstoff und Material sicherzustellen. Die Arbeiter müssen da aktiv werden, wo es die Industriellen nicht sind. (...) Das ist eine ganz neue Aufgabe, welche die Revolution für uns bereithält. Theoretische Aufgabe der Konferenz ist es, zu definieren, wie wir dies bewältigen können. Praktische Aufgabe ist es, ein machtvolles Zentrum von Fabrikkomitees zu schaffen, dass maximalen Einfluss der Arbeiterklasse sicherstellt und anführt inmitten einer Wirtschaft, die durch den imperialistischen Krieg und das räuberische Gebaren der Großbourgeoisie völlig ruiniert wurde."[37]

Der menschewistische Arbeitsminister vertrat auf der Konferenz, die Revolution sei eine bürgerliche Revolution, weshalb die Regulierung der Wirtschaft nicht Aufgabe einer einzelnen Klasse, sondern des Staates sei – eine Position, die die Opposition der Industriellen gegenüber staatlicher Regulierung ignorierte.[38] Ein Delegierter antwortete daraufhin:

> „Für uns Arbeiter ist es klar, dass die Bourgeoisie auf geschickte Weise und auf den ersten Blick unsichtbar durch Sabotage der Produktion eine Konterrevolution vorbereitet. (...) Sabotage im Donbass, in der Textilindustrie, in einer ganzen Reihe von Petrograder

36 *Utro Rossii,* 27. April 1917.
37 FZK, Bd. 1, S. 81.
38 Ebenda, S. 84.

> Fabriken – dies verlangt das organisierte Einschreiten der Arbeiterklasse durch die sofortige Errichtung der Arbeiterkontrolle. (…) Wenn dies nicht geschieht, werden die Arbeiterorganisationen zerschlagen werden. Arbeitslose, hungrige Arbeiter werden nicht über Organisation nachdenken. (…) Es wäre dumm zu glauben, die provisorische Regierung würde ihre eigenen Kapitalisten kontrollieren. (…) Das Leben selbst hat die Forderung nach Arbeiterkontrolle hervorgebracht, aber sie wird [nur] unter einer Regierung der revolutionären Demokratie [also von Arbeitern und Bauern] realisiert werden. Bis dahin haben die Fabrikkomitees eine große Aufgabe zu erfüllen, indem sie die Arbeiterkontrolle durchführen und das Land retten.[39]

Zwei Resolutionen wurden mit überwältigender Mehrheit angenommen. Die erste forderte eine Zweidrittel-Beteiligung der Arbeiter in allen staatlichen Institutionen zur Wirtschaftspolitik sowie Kontrollrechte in den Fabriken für Fabrikkomitees, Gewerkschaften und Räte. Diese Kontrolle solle sich „schrittweise und vorsichtig, aber ohne übermäßige Verzögerungen" in eine volle Arbeiterkontrolle von Produktion und Güterverteilung entwickeln.[40] Die zweite Resolution verlangte – erstmals in einer größeren, stadtweiten Arbeiterversammlung – die Rätemacht.[41]

Wo sollte dies alles hinführen? V. Lewin, Mitglied des neugewählten Zentralrates antwortete: „Keiner weiß, wie diese Revolution enden wird. Zumindest wird sie dem Kapital einige seiner Rechte nehmen; Maximal – wer weiß ob eine russische Revolution nicht zur Weltrevolution werden wird."[42] Einige Anarchisten verlangten die Übernahme der Fabriken. Aber ein Delegierter der Bolschewiki antwortete: „Kontrolle ist noch kein Sozialismus, sie bedeutet noch nicht einmal die Übernahme der Produktion in unsere Hände. Aber sie geht bereits über die bürgerlichen Rahmenbedingungen hinaus. (…) Nachdem wir die Macht übernommen haben, sollten wir den Kapitalismus in eine Richtung führen, in der er sich selbst überleben wird. Nachdem wir die Kontrolle übernommen haben, werden wir in der Praxis die aktive Produktionsarbeit erlernen und sie zur organisierten sozialistischen Produktion hinführen."[43]

39 Ebenda, S. 105.
40 Ebenda, S. 86.
41 Ebenda, S. 114.
42 Ebenda, S. 113.
43 Ebenda, S. 126

Die Antwort des Kapitals

Dieser schrittweise Ansatz beruhte auf der Annahme, dass die Industriellen unter der „Kontrolle“ der Arbeiter und Arbeiterinnen weiterarbeiten würden. Aber das war alles andere als klar. Nach den Julitagen[44] veränderten sich die Kräfteverhältnisse vorübergehend, als die gemäßigten Sozialisten stillschweigend Repressionen unterstützten gegen die Arbeiter, Soldaten und die politische Linke, die das Zentrale Exekutivkomitee der Sowjets zur Machtübernahme aufforderten. Die Industriellen bemerkten dies und wurden aggressiver. Mit Unterstützung der Regierung verboten sie den Fabrikkomitees, sich während der Arbeitszeit zu treffen. Sie untersagten auch jede Einmischung in Sachen Einstellungen und Entlassungen, zahlten den Mitgliedern der Komitees keine Löhne mehr und versperrten den Vertretern des Zentralrates der Fabrikkomitees den Zugang zu den Fabriken.[45]

Am dritten August 1917 bestätigte der liberale Bankier Rjabuschinski vor dem Kongress von Handel und Industrie die völlige Ablehnung jeder staatlichen Regulierung durch das Bürgertum. Die Revolution war „bürgerlich“, erklärte er, und die Lenker des Staates hätten sich dementsprechend zu verhalten. „Unglücklicherweise muss wohl erst die lange Knochenhand von Hunger und nationaler Verarmung die Mitglieder der verschiedenen Räte und Komitees an der Kehle packen, bevor diese falschen Volksfreunde zur Vernunft kommen.“[46] Dies rief bei den versammelten Industriekapitänen einen „donnernden Applaus“ hervor. Aber für die Arbeiter und Arbeiterinnen war dies das offene Eingeständnis einer bevorstehenden Aussperrung. Eine Sichtweise, die unterstützt wurde durch die wachsende Zahl von Ankündigungen über drohende Schließungen und Produktionskürzungen, welche nun auch zunehmend die größeren Fabriken betrafen.[47]

In den Kreisen der Bourgeoisie wurde unterdessen der Kosakengeneral Kornilow, kürzlich zum Oberbefehlshaber der Armee ernannt, als Retter Russlands

44 Anm. d. Übers.: Bei den „Julitagen“ des Jahres 1917 handelte es sich um einen von den Bolschewiki nicht geplanten, aber von ihnen angeführten Volksaufstand gegen die provisorische Regierung. Die Bewegung wurde zurückgeschlagen, es folgten Repressionen gegen die Bolschewiki und ihre Anhänger.

45 FZK, Bd. 1, S. 193.

46 *Ekonomičeskoe položenie Rossii nakanune Velikoj oktjabr'skoj socialističeskoj revoljucii*, Moskva: Akademija nauk SSSR, 1957, S. 196, 200f.

47 Stepanov, Z. V., *Rabočie Petrograda v period podgotovki i provedenija Oktjabr'skogo vosstanija*, avgust-sentjabr' 1917g., Leningrad: Nauka, 1965, S. 140-141; *Izvestija*, 18. August 1917.

gepriesen. Als er das Kommando annahm, verlangte er die Wiedereinführung der Todesstrafe auch hinter der Front und komplette Handlungsfreiheit für die Armeeführung. (Die Todesstrafe wurde mit der Februarrevolution abgeschafft, im Juni 1917 allerdings für die Front wieder eingeführt.) Er sah sich nur gegenüber „dem eigenen Gewissen und dem Volk als Ganzes" verantwortlich.[48] Mit der stillschweigenden Unterstützung der Liberalen marschierte Kornilow Ende August 1917 auf Petrograd zu, in der erklärten Absicht, die Arbeiterorganisationen zu zerschlagen. Aber auf dem Weg in die Stadt schmolzen seine Kräfte dahin – aufgerieben durch den Einfluss von Arbeiteragitatoren, die den Truppen aus der Hauptstadt entgegengeströmt waren.

Der fehlgeschlagene Putschversuch steigerte die Aggressivität der Industriellen in den Fabriken noch, da sie sich nun in die Ecke getrieben sahen. Das Komitee der vereinigten Industrie verlangte von der Regierung Garantien über das uneingeschränkte Recht der Eigentümer auf Einstellungen und Entlassungen, Disziplinarmaßnahmen gegen die Belegschaft einschließlich Kündigungen, den kompletten Ausschluss der Arbeiterorganisationen aus der Betriebsleitung, die Beendigung aller Verpflichtungen der Direktionen gegenüber den Arbeiterorganisationen sowie die Entlassung von Arbeitern und Arbeiterinnen, deren Produktivität unter das Niveau des letzten Jahres fiel. „Ohne diese Maßnahmen zur Beeinflussung der Arbeiter droht ein völliger Stillstand der Industrie" erklärte das Komitee.[49]

Die im Wesentlichen defensive Motivation der Arbeiterkontrolle einerseits und der Widerstand der Unternehmer andererseits bedeuteten, dass anhaltende Kämpfe über die Kontrolle von privaten Unternehmen nur da auftraten, wo Massenentlassungen oder Betriebsschließungen drohten. Daher ergriff das Fabrikkomitee der ansonsten sehr radikalen Rosenkranz-Kupferwalzwerke erst im September entscheidende Maßnahmen in Sachen Arbeiterkontrolle. Es reagierte auf „Versuche der Sabotage durch die Verwaltung, begleitet von Drohungen des amtierenden Minister für Handel und Industrie, persönlich einzuschreiten und das Werk zu schließen".[50] Aber eine echte Kontrolle gelang den Arbeitern meist nicht, zumindest nicht in den privaten Unternehmen. Ende September berichtete ein Delegierter der Putilow-Werft einer Konferenz der Fabrikkomitees, dass „wir uns bewusst sind, wie oft die Fabrikkomitees sich als hilflos herausstellen, wenn sie zwar wissen, wie die Einstellung der Produktion verhindert werden

48 Suchanov, *Zapiski,* Bd. 8, S. 110.

49 *Reč',* 10. Sept. 1917.

50 *Revoljucionnoe dviženie v Rossij nakanune Oktjabr'skogo vooružennogo vosstanija v Petrograde, Moskva i Leningrad:* Akademija Nauk, 1962, S. 286-287.

kann, aber keine Maßnahmen ergreifen können (...). Sowohl staatliche als auch private Verwaltungen sabotieren, während sie sich auf die [Beschlüsse der] Gesellschaft der Fabrik- und Werksbesitzer berufen. Sie sind immer noch stark. Die Konferenz muss in erster Linie die Hindernisse aufzeigen, die das Volk davon abhalten, das Land zu retten. Diese Hindernisse sind uns von der Bourgeoisregierung in den Weg gelegt. Nur eine Reorganisation der Staatsmacht würde es uns möglich machen, unsere Aktivitäten zu entwickeln."[51]

Die Frage der Klassenkollaboration und die Bewegung weg von der „Kontrolle"

Die verbreitetste Einmischung in die Angelegenheiten der Betriebsleitung betraf letztlich nicht irgendeine „Kontrolle" sondern die Bemühungen der Komitees, Treibstoff und Material für die Fabriken zu sichern, manchmal waren auch Aufträge und Finanzen betroffen. Schon vor der ersten stadtweiten Konferenz im Mai hatten sich die Komitees getroffen, um die Versorgungslage zu diskutieren. Auf der Suche nach Treibstoff schickten sie Delegationen bis in die östliche Ukraine.[52] „Einige Wochen nach der Revolution", beobachtete ein Delegierter der Konferenz der Fabrikkomitees Ende Mai, „gab es seltsamerweise in einer Fabrik nach der anderen keinen Treibstoff, keine Rohmaterialien und kein Geld mehr. Wichtiger jedoch war, dass die Betriebsleitungen keinerlei Schritte unternahmen, das Fehlende zu beschaffen. Alle betrachteten dies als einen italienischen Streik [Bummelstreik]. Die Fabrikkomitees schickten auf der Suche nach Treibstoff Delegierte in alle Welt – zu anderen Komitees, Bahnanlagen, Lagerhäusern etc. (...) – als Ergebnis dieser Bemühungen fanden sich letztlich Öl, Kohle, Geld und Aufträge."[53]

Einige Komitees gingen noch weiter. In der Maschinenfabrik Vulkan reagierte das Komitee auf eine angekündigte Drosselung der Produktion und eventuelle Schließung mit Vorschlägen zur Reduktion von Fehlproduktion, strengerer Disziplin und zu technischen Verbesserungen. Die versammelte Belegschaft begrüßte diese Maßnahmen und entschied sich obendrein noch dazu, im Bedarfsfall Überstunden zu erlauben. Die Betriebsleitung akzeptierte alle Vorschläge bis auf die technischen Maßnahmen, die sie als Einmischung in ihre Kompetenzen ansah. Dann preschte sie voran und kündigte 640 Entlassungen an, wobei sie durchblicken ließ, dass weitere folgen mochten. Gleichzeitig halbierte sie die

51 FZK, Bd. 2, S. 121.

52 *Rabočij kontrol' i nacionalizacija*, Bd. 1, S. 70, 75, 80; *Putilovcy v trech revoljuzijach*, S. 337.

53 FZK, Bd. 2, S. 121.

Löhne der Angehörigen des Komitees und verbot dem Büropersonal die Herausgabe von Informationen zum Betriebsgeschehen. Gegen den Rat des Komitees gab die Vollversammlung der Belegschaft dem Direktor schließlich 48 Stunden Zeit, um zu verschwinden und entband das Komitee von aller Verantwortung für die Maßnahmen, die sie sonst noch ergreifen würden. Der Zentralrat der Fabrikkomitees konnte daraufhin die Regierung überzeugen, die Kontrolle des Werkes zu übernehmen. Aber das Komitee bei Vulkan berichtete, die Belegschaft habe wenig Vertrauen in die Kontrolle durch eine Regierung, die selbst nicht „demokratisch" war – also die breite Masse des Volkes nicht vertrat – während es gleichzeitig keine Arbeiterkontrolle auf nationaler Ebene gab.[54]

Das Komitee der Maschinenfabrik Neu-Parviainen verhinderte 1.630 Entlassungen, indem es Maßnahmen zur Einsparung von Treibstoff in einer Größenordnung von 30% vorschlug. Auch hier übernahm die Betriebsleitung die Vorschläge nur unter Druck.[55] Als in der staatlichen Gewehrfabrik Sestroretsk der Treibstoff ausging, entschied sich das Komitee, zur Gewinnung von Wasserkraft einen Kanal zu einem benachbarten Anwesen graben zu lassen – wobei es die Proteste des Landbesitzers ignorierte. Die Zeitung der linken Sozialrevolutionäre berichtete darüber unter der Schlagzeile „Was würde ohne Fabrikkomitees aus den Fabriken werden?"[56]

Diese Beispiele zeigen, dass die Arbeiter sich von der oft schwer fassbaren „Kontrolle" wegbewegten und übergingen zu einer aktiven Beteiligung an der Betriebsleitung. Ein Arbeiter drückte es folgendermaßen aus: „Sie sagen uns, wir sollen kontrollieren. Aber was gibt es zu kontrollieren, wenn nichts mehr da ist außer nackten Mauern?"[57] Es blieb allerdings beim formellen Ziel von „Kontrolle". Der Berichterstatter über die Arbeiterkontrolle bei der nationalen Konferenz der Fabrikkomitees im Oktober beobachtete, dass „viele Genossen darauf hinweisen, dass die Berichte [für die Konferenz] die ausführende Funktion der Fabrikkomitees nicht klar herausstellen. Dies geschah absichtlich, weil die ökonomische Funktionen der Komitees nur als notwendiges Übel angesehen wurden, die nicht in ein System übernommen werden sollten."[58]

54 Stepanov, *Rabočie Petrograda,* S. 216; *Rabočij put',* 8. Okt. 1917; *Znamja truda,* 30. Sept. 1917; *Revoljucionnoe dviženie v Rossij v sentjabre 1917g.,* Moskva, 1962, S. 326-327. Vgl. auch J. Reed, *Ten Days that Shook the World,* New York: Vintage, 1960, S. 8.

55 *Rabočij put',* 8. Sept. 1917; FZK, Bd. 2, S. 17.

56 *Znamja truda,* 1. Okt. 1917.

57 FZK, Bd. 1, S. 269.

58 FZK, Bd. 2, S. 184.

Unter den Rahmenbedingungen einer kapitalistischen Wirtschaft warfen solche Einbrüche in die Vorrechte der Betriebsleitungen die dornige Frage der Klassenkollaboration auf. Die Unabhängigkeit der Klasse, sowohl in den Fabriken als auch auf der politischen Bühne, war vor dem Krieg stets ein unumstößliches Prinzip der russischen Arbeiterbewegung gewesen. Menschewiken und mode-rate Bolschewiki, die oftmals Verbindungen zu Gewerkschaften hatten, brachten dieses Prinzip gegen die Fabrikkomitees in Stellung. D. Rjasanow, ein moderater Bolschewik mit Gewerkschaftskontakten, erklärte der nationalen Konferenz, dass „die Gewerkschaftsbewegung nicht das Kainsmal des Unternehmers trägt. Aber es ist das Unglück der Komitees, dass sie ein integraler Teil der Verwaltung sind. Die Gewerkschaft stellt sich in direkter Weise gegen das Kapital, aber ein Mitglied des Fabrikkomitees wird unfreiwillig zum Hilfsmittel des Unternehmers."[59] Gastew, ein Mitglied der Exekutive der Petrograder Metallarbeitergewerkschaft, bemerkte die „rührende Solidarität [der Komitees] mit den Betriebsleitungen". Er berichtete über Vertreter von Fabrikkomitees aus der Provinz, die in Petrograd eintrafen, um mit viel Lob für ihre jeweiligen Werke die Bestrebungen der Eigentümer nach Aufträgen und Regierungssubventionen zu unterstützen.[60] Solche Kreise beschwerten sich gleichzeitig über den Anarchismus der Komitees und warfen ihnen vor, die bornierten Gruppeninteressen ihrer Fabriken gegen das Allgemeinwohl durchsetzen zu wollen und letztlich eine Inbesitznahme der Fabriken anzustreben. Hinter dieser Art von Kritik, die im Allgemeinen jeder Grundlage entbehrte, stand der allgemeine Widerstand gegenüber Eingriffen der Belegschaften in die Kompetenzen der Betriebsleitungen im Kontext einer vermeintlich bürgerlich-demokratischen Revolution. Denn diese war das Höchste, was man sich für das rückständige Russland erhoffen konnte.

Auch Lenin kritisierte die Fabrikkomitees als „Laufburschen der Kapitalisten". Aber seine Kritik kam aus einer ganz anderen Richtung als die der moderaten Sozialisten. Er betonte, dass nur Sowjetmacht und Arbeitermehrheiten in den Regulationsorganen des Staates dafür sorgen könnten, dass die Komitees den Interessen der Arbeiter und Arbeiterinnen dienten anstatt denen des Kapitals. Wie bereits gesagt wurde, sprach sich die breite Mehrheit der Fabrikdelegierten für die Übertragung der Macht auf die Räte aus. Bis dahin mussten sie jedoch ihre Arbeitsplätze retten. Ein Delegierter antwortete Lenin: „Die Fabrikkomitees

59 Ebenda, S. 192.

60 *Pervaja vserossijskaja tarifnaja konferencija rabočich metallistov,* Petrograd, 1918, S. 7.

mussten Rohstoffe erhalten. Das ist keine ‚Laufburschenarbeit'. Wenn wir die Fabriken nicht so unterstützt hätten, wer weiß, was dann passieren würde?"[61]

Die Arbeiter und Arbeiterinnen waren in der Tat bereit, mit den Betriebsleitungen zu kooperieren, um Arbeitsplätze zu retten – sie verlangten allerdings Garantien für eine aufrichtige Zusammenarbeit. Dies sicherzustellen war die Aufgabe der Arbeiterkontrolle.

In der Baltischen Waggonfabrik etwa kündigte die Direktion die Schließung der Verluste schreibenden Automobilabteilung an. Als das Fabrikkomitee die Zahlen der Direktion in Frage stellte, stimmte der Direktor schließlich der Aufrechterhaltung der Produktion zu – unter der Bedingung, dass die Belegschaft die Produktivität sicherstelle und die Abteilung profitabel halte. Das Komitee akzeptierte diese Bedingungen, bestand jedoch im Gegenzug auf Kontrollrechten. Dies lehnte die Direktion ab, weil es dafür „keinen Präzedenzfall gebe".[62]

Eingriffe in die Kompetenzen der Betriebsleitungen wurden von den Komitees oft nur widerwillig und unter dem Druck der Basis unternommen. N. Skrypnik, ein bolschewistisches Mitglied des Zentralrates der Fabrikkomitees, berichtete seiner Partei am Vorabend der Oktoberrevolution, dass „man überall das Verlangen nach praktischen Ergebnissen beobachten kann. Resolutionen befriedigen nicht länger. Man glaubt, die Führer drücken nicht mehr die Stimmung der Massen aus. Denn erstere sind konservativer. Man beobachtet auch den gewachsenen Einfluss der Anarchisten im Moskauer Distrikt und im Narwa-Distrikt."[63]

Dieser „Konservatismus" stellte sich dar als Widerwillen, die Verantwortung der Betriebsleitungen zu übernehmen. Die Komitees waren sich nicht sicher, ob sie diese Aufgabe bewältigen konnten – insbesondere unter den Bedingungen wirtschaftlicher Zerrüttung. Die Arbeiter und Arbeiterinnen an der Basis standen diesen Problemen ferner, sie waren anarchistischen Aufrufen zur direkten Aktion eher geneigt. Darüber hinaus befürchteten die Aktiven der Komitees, sich bloßzustellen, wenn sie die Verantwortung für die Fabriken übernahmen ohne die Macht zu haben, diese auch zu retten.

Als die wirtschaftliche Situation sich verschlechterte, boten die Direktionen der staatlichen Fabriken und einiger Privatunternehmen den Komitees eine Minderheitsbeteiligung in der Betriebsleitung an. Die nationale Konferenz der Fabrikkomitees im Oktober lehnte dies mit überwältigender Mehrheit ab und bestand auf einer Kontrolle durch von den Betriebsleitungen getrennte Kom-

61 FZK, Bd. 1, S. 91-92, S. 100.

62 *Izvestija,* 17. Juni 1917. Es ist unklar, wie der Konflikt endete.

63 *Oktjabr'skoe vooružennoe vosstanie v Petrograde,* Moskva: Akademija Nauk, 1957, S. 52.

missionen.[64] Ein Mitglied des Zentralrates erklärte: „Die Mitglieder des Fabrikkomitees würden sich in Antreiber verwandeln, die die Direktion als zusätzliche Hilfe benutzen könnte, während sie selbst untätig bleibt. So etwas beobachtet man bereits in den staatlichen Fabriken. Außerdem würden dann (…) in kritischen Momenten (…) die Arbeiter all ihre Unzufriedenheit am Fabrikkomitee auslassen."[65]

Die Belegschaftsvertreter der staatlichen Fabriken vertraten dieselbe Position, wobei sie auf ihrem Recht bestanden, bei Sitzungen der Direktionen anwesend zu sein und Zugang zu allen notwendigen Informationen zu erhalten.[66]

Als man sich im frühen Oktober aufgrund von Treibstoffmangel durch eine Entlassungswelle im Umfang von 10.000 Leuten bedroht sah – was ein Drittel der Belegschaft bedeutete – diskutierte das Fabrikkomitee der Putilow-Werke ein Angebot des Ministers für Handel und Industrie über ein Minderheitenstimmrecht in einer gemeinsamen Kommission mit der Direktion. Niemand zweifelte daran, dass die Idee des Ganzen darin bestand, die Verantwortung für die Entlassungen dem Fabrikkomitee zuzuschieben – ohne ihm im Gegenzug irgendeine reale Macht zu gewähren. „Die Unternehmer versuchen gerade mit allen Mitteln, die Arbeiter dazu zu bringen, sich selbst zu peitschen. (…) Erst als herauskam, dass die Regierung ohne uns nicht kann und die Dinge sich zum Schlechten entwickelten, kam sie uns zur Hilfe." Nach langer und schmerzhafter Diskussion entschied sich das Komitee, dass es keine Gelegenheit zur Verteidigung von Arbeitsplätzen ungenutzt lassen könne und nahm das Angebot an – jedoch nur im Hinblick auf eine „Kontrolle" und unter ausdrücklicher Verweigerung jeder Verantwortung für die Leitung des Betriebes.[67]

Alle Macht den Räten! Aber wie viel Wirtschaftsmacht?

Die Fabrikräte waren nicht blind gegenüber diesen Widersprüchen. Alle, außer einigen Anarchisten, sahen die Übertragung der Staatsmacht auf die Räte als einzigen Lösungsweg. „Unsere Konferenz hat von Anfang an gesagt, dass wir unter einer bürgerlichen Regierung keine vernünftige Arbeiterkontrolle einrich-

64 FZK, Bd. 2, S. 192.

65 Ebenda, S. 174.

66 *Oktjabr'skoe vooružennoe vosstanie,* S. 110, 127.

67 *Rabočij kontrol' i nacionalizacija,* Bd. 1, S. 205; *Putilovcy v trech revoljuzijach,* S. 386-391; *Fabrično-zavodskie komitety Petrograda v 1917g.,* S. 483-487, 494-497. Die Putilow-Werke waren 1915 unter staatliche Verwaltung gestellt worden, blieben aber Privateigentum, die Aktionäre saßen im Aufsichtsrat und beobachteten die Geschäfte genau.

ten können", erklärte Skrypnik der nationalen Konferenz der Fabrikkomitees im Oktober. „Unter einer bürgerlichen Regierung über ein [nationales] Kontrollorgan zu reden, macht keinen Sinn. Deshalb kann die Arbeiterklasse die Frage der Staatsmacht nicht einfach übergehen, wie es der [anarchistische] Genosse Renew vorschlägt."[68]

Für die Arbeiter und Arbeiterinnen war die Wirtschaftskrise das drängendste und wichtigste Argument für einen Aufstand. Ein Treffen von Gewerkschafts- und Fabrikkomitees Mitte Oktober diskutierte die Situation der Lebensmittelversorgung und die Arbeitslosigkeit, man war sich einig, dass ein wirtschaftlicher Zusammenbruch unmittelbar bevorstand. Die Regierung tat nichts, außer die Dinge noch zu verschlimmern. Die Rätemacht war die „unabdingbare Voraussetzung für den erfolgreichen Kampf gegen die wirtschaftliche Zerrüttung und die Lebensmittelkrise". Die Rätemacht würde neben anderen Maßnahmen eine nationale Arbeiterkontrolle einrichten, die Industrie demobilisieren und öffentliche Beschäftigung organisieren.[69]

Wo würde die Sowjetmacht die Fabrikkomitees hinführen? Die Antwort änderte sich nicht. Jewdokimow, ein bolschewistisches Mitglied des Zentralrates, erklärte auf der Konferenz der Petrograder Fabrikkomitees im Oktober 1917 den Anarchisten, dass „ihre Forderung von der Übertragung aller Fabriken in Arbeiterhand frühreif ist. Dies würde den Übergang zum Sozialismus bedeuten. Aber in Russland ist die Zeit für den Sozialismus noch nicht gekommen. Unsere Revolution ist keine sozialistische, sondern ein Übergang. Die zahlenmäßig größte Klasse in Russland ist das Bauerntum, und die Bauern sind individualistische Kleinbürger".[70]

Bereits im August hatte ein Mitglied des Zentralrates gewarnt: „Es ist möglich, dass ein Generalstreik der Kapitalisten und Industriellen bevorsteht. Wir müssen bereit sein, die Unternehmen in unsere Hand zu nehmen, um dem Hunger zuvorzukommen, auf dessen konterrevolutionäre Kraft die Bourgeoisie vertraut."[71]

Als die Räte dann die Macht übernommen hatten, gaben die Fabrikkomitees ihre ohnehin eher formale Verweigerung jeder Leitungsverantwortung auf. Die Richtlinien des Zentralrates zur Arbeiterkontrolle verkündeten:

68 FZK, Bd. 2, S. 121.
69 *Revoljucionnoe dviženie v Rossij nakanune,* S. 119-125.
70 FZK, Bd. 2, S. 43.
71 Ebenda, Bd. 1, S. 269.

> „Die Arbeiterkontrolle in der Industrie als integraler Bestandteil des produktiven Lebens unseres Landes darf nicht im engeren Sinne von Inspektion [*rewizija*] verstanden werden, sondern muss im Gegenteil im weitesten Sinne verstanden werden als Intervention in die unternehmerische Verteilung von Kapital, Inventar, Rohmaterialien und Fertigprodukten; sie muss gesehen werden als aktive Beobachtung der korrekten und sinnvollen Vertragserfüllung, des Energie- und Arbeitskräfteeinsatzes und als Teilnahme an der rationalen Organisation der Produktion an sich, etc. etc."

Die Richtlinien beinhalteten auch das Recht, der Betriebsleitung Weisungen zu erteilen. Diese hatte dann drei Tage Zeit, um bei einem höheren Kontrollorgan der Arbeiterschaft Widerspruch einzulegen, bevor die Anweisungen bindend wurden.[72]

„Dies ist nicht der Sozialismus", insistierte der Bolschewik Skrypnik auf der Konferenz der Petrograder Fabrikkomitees im November. „Es ist ein erster Schritt. (...) Wir sind verbunden mit anderen Ländern. (...) Die Fackel unserer Revolution wird das Proletariat Westeuropas in Brand setzen. (...) Der Sozialismus wird nicht auf einen Schlag erschaffen, sondern aufgebaut durch die schrittweise Umgestaltung des gesamten wirtschaftlichen und politischen Lebens. Wir haben mit der ersten Phase dieser Umgestaltung begonnen. (...) Unsere Grundlage ist die Konzentration der Macht in den Händen der Sowjets und Rätedelegierten. Nicht alle Macht dem Rate, sondern alle Macht den Räten, auch den Räten in Fabriken und Dörfern."[73]

Diese „aktive" Auffassung von Arbeiterkontrolle erregte den Widerspruch von „rechten Genossen", wie sie das Fabrikkomitee nannte. Diese hatten Rückhalt beim allrussischen Gewerkschaftsrat und dem Gewerkschaftskongress und bestanden auf einer „passiven" Kontrolle.[74] Ihr Entwurf für Leitlinien zur Arbeit in den Fabrikkomitees sah anders aus: „Die Kontrollkommission wirkt nicht an der Betriebsleitung mit und hat keine Verantwortung für ihre Arbeit und Aktivitäten, denn diese liegt beim Eigentümer." Nur die Regierung und höhere Gewerkschaftsorgane sollten nach diesem Entwurf Weisungen der Betriebsleitung außer Kraft setzen können. Die Richtlinien sahen als Strafe für die Verletzung der vorliegenden Instruktionen oder Betriebsbesetzungen bis zu zwei Jahre

72 *Nacionalizacija promyšlennosti SSSR,* Moskva: Izdatel'stvo polističeskoj literatury, 1954, S. 78, *Izvestija,* 7. Dez. 1917; FZK, Bd. 3, Moskau, 1929, S. 1, 67-79; Bd. 4, St. Petersburg: Universität St. Petersburg, 2002, S. 416.

73 FZK, Bd. 3, S. 36.

74 Zu den Einstellungen verschiedener Gewerkschaften und Gewerkschaftsführer vgl. FZK, Bd. 3, S. 115-31.

Haft und die Beschlagnahme des Eigentums vor.[75] Man meinte, eine aktive Mitwirkung der Fabrikkomitees an der Betriebsleitung würde deren anarchistische Tendenzen verstärken, so dass am Ende jedes Komitee nurmehr die eigenen Interessen auf Kosten des Allgemeinwohls verteidigen würde.

Diese Argumentation war insgesamt gesehen unaufrichtig, denn die Konferenzen der Komitees hatten immer wieder betont, dass Arbeiterkontrolle nur im Rahmen einer staatlichen Regulierung der Wirtschaft funktionieren könne. Tatsächlich war die Notwendigkeit des Zentralismus Leitmotiv der sechsten Petrograder Konferenz der Fabrikkomitees im Januar 1918: Zentralismus zur Bekämpfung von wirtschaftlichem Chaos, zur Ressourcen und Auftragsverteilung und zur Konversion der Rüstungs- in Friedensindustrien. Der Vorschlag des Zentralrates zur Schaffung von regionalen *Sownarchosi* (Wirtschaftsräten) wurde enthusiastisch begrüßt.[76] Die Entscheidungen der regionalen Sownarchosi sollten für alle Institutionen einschließlich der Fabrikkomitees bindend sein.[77] Der Petrograder Zentralrat verschmolz letztendlich mit dem Sownarchos der Nordregion.[78]

Die Richtlinien zur Arbeiterkontrolle legten fest, dass die Fabrikkomitees dem Willen der Vollversammlung der Belegschaft verpflichtet seien, aber „gleichzeitig alle Instruktionen, Richtlinien (...) und Maßnahmen der höheren staatlichen Wirtschaftsorgane ausführen sollten und dem Staat gegenüber verantwortlich sind für die strenge Ordnung und sinnvolle Verwaltung des Unternehmens und die Unversehrtheit seines Eigentums im Einklang mit den Bedürfnissen des gesamten arbeitenden Volkes."[79] Andere Resolutionen verlangten die zentralisierte Vergabe von Treibstoff und Aufträgen.[80]

Diese Entscheidungen machten klar, dass im Konfliktfall die Entscheidungen der höheren Organe Vorrang vor lokalen Interessen hätten.[81] Auf den Einwurf eines anarchistischen Delegierten, dass die Zentralisierung unausweichlich zu „einer Form von Autokratie" führen würde, antworte ein weiterer Delegierter:

75 Ebenda, S. 93-95; *Izvestija,* 17. Dez. 1917; *Rabočij kontrol' i nacionalizacija,* Bd. 1, S. 341.

76 *Rabočij put',* Nr. 6-8, 1918. Die kompletten Protokolle finden sich in: FZK, Bd. 4.

77 FZK, Bd. 4, S. 439.

78 FZK, Bd. 3, S. 128, 286; FZK, Bd. 4, S. 26, S. 34. Zu den Bemühungen des Rates um die Reorganisation der Treibstoffverteilung vgl. ebenda sowie FZK, Bd. 3, S. 253-277.

79 FZK, Band 4, S. 417.

80 Ebenda, S. 443f.

81 Ebenda, S. 158.

„Die Fabriken müssen ihre Aktivitäten koordinieren. Wer kann das machen? Nur eine höhere Organisation, (...) die über alle Informationen verfügt, die Aufträge verteilt und weiß was jede einzelne Fabrik macht. Wir haben die Kontrolle in der Fabrik, (...) wissen, was wir brauchen. Aber die Verteilung muss zentral erfolgen. (...) Wir brauchen Organisation und Zentralisation wie Sauerstoff. (...) Sonst sind wir verloren und werden niemals aus dem jetzigen Chaos herauskommen."[82] Ein anderer Delegierter bemerkte, dass die Anarchisten trotz all ihrer Kritik nicht erklären könnten, wie sie denn nun die Wirtschaft organisieren wollten. Um konsequent zu sein, hätten sie auch die Fabrikkomitees an sich ablehnen müssen, weil auch diese die Freiheit des individuellen Arbeiters beeinträchtigen würden.[83] Die Angst vor bürokratischem Despotismus wurde zweifellos durch die vorgesehene Direktwahl hoher wirtschaftlicher Organe, die nach den Prinzipien des demokratischen Zentralismus funktionieren solle, gelindert.[84]

Vom Standpunkt der Arbeiterinnen und Arbeiter gesehen ignorierten die „rechten Genossen" die Realität wenn sie die Beschrankung auf passive Kontrolle verlangten. Es war einfach, nach zentraler Regulation zu verlangen, aber nun war sofortiges Handeln notwendig. Zu Beginn des Jahres 1918 war die Industriearbeiterschaft Petrograds von 406.312 Beschäftigten im Jahr zuvor auf 339.641 Personen gesunken, der stärkste Rückgang hatte sich nach dem Oktober 1917 ereignet. Im Mai 1918 gab es nur noch 142.915 Industriearbeitsplätze in der Hauptstadt.[85] Der Zeitung des Zentralrates zufolge sahen die Fabrikräte sich als „Grundeinheiten der höheren Institutionen zur wirtschaftlichen Regulation, die alles in ihrer Macht Stehende unternehmen, um dem von diesen Organen und Institutionen vorgezeichneten Weg zu folgen. Es ist nicht ihre Schuld, dass diese Institutionen noch nicht alle arbeiten. (...) Es ist nicht ihre Schuld, wenn die Komitees angesichts von Zeitnot, totaler Unsicherheit in diesen oder jenen Angelegenheiten und weiteren widrigen Umständen manchmal gezwungenermaßen auf eigenes Risiko und eigene Verantwortung handeln (...)."[86]

Wie zu erwarten war, bevorzugten die Eigentümer die Position der „rechten Genossen". Ein Bericht an die allrussische Gesellschaft der Ledermanufakturen vom Januar stellte fest, es existiere „eine anarchistische Strömung, vertreten

82 Ebenda, S. 180.
83 Ebenda, S. 187.
84 Ebenda, S. 421.
85 *Materialy po statistike truda severnoj oblasti,* vyp. V, Petrograd, 1918, S. 33.
86 N. Katin, „Ot rabočego kontrolja k organizacii i regulirovaniju proizodstva", in: *Novij put',* Nr. 1/2 (5/6), 14. Januar 1918.

durch die Fabrikkomitees" sowie ein „ausgeklügeltes System zum Übergang in den Staatssozialismus auf der Basis des existierenden kapitalistischen Systems, (...) unterstützt durch die Gewerkschaftsbewegung. Die Gewerkschaftsleute sind die einzigen Verbündeten der Industrie." Der Bericht zitierte zustimmenderweise einen Artikel aus der menschewistischen Presse, der die bürgerliche Natur der Revolution betonte und Respekt vor dem Privateigentum einforderte. Die Ledermanufakturen befürworteten die „passiven" Richtlinien einstimmig als „etwas, mit dem wir leben können".[87] Die Petrograder Gesellschaft der Fabrik- und Werksbesitzer rief ihre Mitglieder dazu auf, die Werke aufzugeben, falls sie mit „aktiver" Kontrolle konfrontiert würden.[88]

Der politischen Linken zugeneigte Gewerkschaften, wie etwa die Petrograder Metallarbeiter, unterstützten allerdings die „aktive Kontrolle".[89] Andererseits argumentierten die Menschewiki als Gegner der Sowjetmacht, dass „aktive" Kontrolle „den geistigen Horizont der Arbeiter an ihr eigenes Unternehmen fesseln" würde. Sie ignorierten frühere Meldungen in ihrer eigenen Presse über eine heimliche Welle von Aussperrungen zur Zerschlagung der Arbeiterbewegung und erklärten alle Berichte über Sabotage zu „demagogischen Fantasien".[90]

Solange die Fabriken gut liefen, bemühten sich die Fabrikkomitees selbst allerdings darum, die Industriellen nicht unnötigerweise durch das Bestehen auf „aktiver Kontrolle" vor den Kopf zu stoßen. Im Januar 1918 berichtete das Komitee der Putilow-Werke:

> „Bei der Verteidigung der Interessen der Arbeiter folgte das Komitee nicht nur den Prinzipien der Lösung von Konflikten zwischen Kapital und Arbeit, sondern intervenierte auch unermüdlich in das wirtschaftliche Leben der Fabrik, übernahm dabei jedoch soweit als möglich nur Kontroll- und keine Leitungsfunktionen. Alle Ergebnisse in dieser Hinsicht, alle durch das Komitee errungenen Kontrollrechte wurden ohne offenen Konflikt mit den Vertretern des Kapitals erreicht, ohne die Massen zur Verteidigung dieser Positionen zu mobilisieren, allein durch mündliche Verhandlungen und ähnliche Maßnahmen."[91]

Die Erikson-Telefonfabrik, eine Hochburg der Bolschewiki, berichtete, dass die Direktion gegenüber dem Fabrikkomitee ihre Kooperation bei der Sicherung

87 *Nacionalizacija promyšlennosti SSSR,* S. 82-86; *Rabočij kontrol' i nacionalizacija,* Bd. 1, S. 345-47; Novaja žizn', 5. Dez. 1917. Vgl. auch FZK, Bd. 3, S. 106.

88 *Rabočij kontrol' i nacionalizacija,* Bd. 1, S. 346f.

89 *Metallist,* Nr. 1, 1918, S. 13.

90 *Rabočaja gazeta,* 12. Nov. 1917.

91 FZK, Bd. 3, S. 216-17.

von Treibstoff und Material zugesichert hätte, weil diese Aktivitäten nicht zu ihren Kernkompetenzen gehörten. Aber sie lehnte die Kontrolle der Finanzen ab und drohte mit Rücktritt. Das Komitee entschied sich deshalb dazu, in dieser Hinsicht keinen weiteren Druck auszuüben – um „vorzeitige Komplikationen die zu einer Produktionsunterbrechung führen könnten, zu vermeiden".[92]

In der Chemiefabrik Tentelejewskij stimmte die Verwaltung einer passiven Kontrolle zu, während sich das Fabrikkomitee im Gegenzug dazu verpflichtete, die Exekutivrechte der Betriebsleitung zu respektieren.[93] Als die Vorsitzende der Kontrollkommission der Nowaja Bumagoprijadilnaja Baumwollwerke darauf be-stand, vor dem Gegenzeichnen eines Schecks die geplanten Ausgaben auf ihre tatsächliche Notwendigkeit zu überprüfen und dadurch den Rückzug des Eigentümers aus der Fabrik auslöste, wurde sie von ihrer Kommission gemaßregelt und abgesetzt. „Weißt du nicht, dass wir ohne Spezialisten nicht arbeiten können", wurde ihr gesagt.[94]

Diese Beispiele sprechen gegen die Darstellung von einer „anarchistischen" Arbeiterkontrolle. Es ist korrekt, dass die Richtlinien des Zentralrates für regionale Sownarchosi zunächst deren Wahl durch das Fabrikkomitee verlangten – also eine syndikalistische Position vertraten. Allerdings widersetzte sich der Rat nicht dem Vorschlag des Obersten Sownarchos, auch Vertreter der Sowjets, der Kooperativen und des technisch-administrativen Personals zu integrieren.[95]

Forderungen nach Nationalisierung

In beiden beschriebenen Formen war die Arbeiterkontrolle dennoch eine Form von Doppelherrschaft, ein Kompromiss zwischen widerstrebenden Interessen und daher naturgemäß instabil. Wie zuvor gesagt wurde, basierte die Arbeiterkontrolle auf der Annahme, die Industriellen hätten Interesse an der weiteren Leitung ihrer Fabriken. Die Forderung nach Kontrolle hatte sich jedoch ursprünglich gerade deshalb entwickelt, weil diese Annahme nicht ohne weiteres zutraf. Die Petrograder Gesellschaft der Fabrik- und Werksbesitzer riet ihren Mitgliedern zwar entgegen der eigenen offiziellen Position, die Fabriken nicht zu verlassen, solange sie irgendeinen Wert repräsentierten. Aber dies war immer weniger der Fall. Auch die Unternehmer, die sich nicht aus Furcht vor Betriebsübernahmen durch die Arbeiter an Sabotageakten beteiligten, waren nicht sehr optimistisch in Bezug auf die Aussichten für zukünftige Geschäfte. Man blickte

92 *Rabočij kontrol' i nacionalizacija*, S. 325f.
93 Ebenda, S. 285.
94 Perazič, V., *Tekstili Leningrada v 1917g.*, Leningrad, 1927, S. 142.
95 FZK, Bd. 3, S. 437-479.

besorgt auf das Ende der Militäraufträge, die aufwendige und teure Konversion zur Friedensproduktion sowie die Transportkrise, die jeden Nachschub zu einem großen Problem machte.

Es waren also Unwille und Unfähigkeit der Eigentümer zur Aufrechterhaltung der Produktion, welche die Arbeiter und Arbeiterinnen über eine passive oder aktive Kontrolle der Produktion hinaustrieben und die letztlich zur Forderung nach Übernahme der kompletten Betriebsleitungen und Nationalisierung führten. Diese Logik entfaltete sich deutlich in einem Brief der Vulkan-Maschinenfabrik an den Sownarchos der Nordregion vom März 1918:

> „Die gesamte Betriebspolitik der Direktion (...) wurde mit der Absicht zur Schließung des Werkes geführt, (...) und dass die Fabrik nicht schon dichtgemacht hat, ist einzig und allein dem Fabrikkomitee zu verdanken, dessen gesamtes Streben angesichts endloser und unüberwindlicher Hindernisse immer auf das Überleben der Fabrik zielte. (...) Die Art von Kontrolle, welche die Direktion zu akzeptieren bereit ist, ist nur ein Deckmantel. Denn während die Direktion weiter die Herrin des Unternehmens bleiben wird, wird die Verantwortung (...) allein auf den Schultern der Kontrollkommission liegen – somit wird die Doppelherrschaft nicht beendet. (...) Der Einzige Ausweg ist Nationalisierung, und dies bestätigen wir einmal mehr mit dieser Petition."[96]

Auch die „rechten Genossen" mussten das zugeben. Ju. Larin, früherer Menschewik und Mitautor der Instruktionen zur „passiven" Kontrolle, berichtete im Januar auf einem Kongress der Metallarbeitergewerkschaft:

> „Wir haben in vielen Fällen versucht, die Bewegung hin zur vollen Übernahme der Leitung abzustellen und uns auf Kontrolle zu beschränken. Aber all unsere Bemühungen sind zunichte gemacht. In der gegenwärtigen Situation kann keine der bestehenden Kräfte die Wirtschaft leiten, und oft genug wollen sie es nicht einmal. Ein Beispiel: Die Wolga-Handelsflotte, wo die Industriellen aufgehört haben, die Schiffe instand zu halten und ihre Aktivitäten insgesamt eingestellt haben. (...) Entweder wir bewegen uns vorwärts oder wir gehen unter. Ob es uns gefällt oder nicht, wir müssen die Idee der Arbeiterkontrolle verwerfen und zu einem System der Gesamtleitung der Unternehmen und der Wirtschaft des Landes übergehen."[97]

96 *Nacionalizacija promyšlennosti SSSR*, S. 351.
97 *Novaja žizn'*, 21. Jan. 1918.

Nationalisierung war der wichtigste Punkt auf der Tagesordnung der sechsten Petrograder Konferenz der Fabrikkomitees Ende Januar 1918. Die einzige strittige Angelegenheit war das Tempo – hier vertraten die Anarchisten die sofortige und komplette Übernahme der Fabriken. Die einstimmig angenommene Resolution erkannte schließlich an, dass eine sofortige Nationalisierung der gesamten Industrie nicht möglich war ohne die vorherige Schaffung eines „organisierten technischen Apparates, der mit den Interessen des Proletariats übereinstimmt" und unter der Leitung des Obersten Sownarchos arbeiten würde. Aber die Resolution verlangte nach sofortiger Nationalisierung in den Fällen, wo die Direktion die Arbeiterkontrolle nicht anerkannte, offene oder verdeckte Sabotage übte oder sich weigerte, mit der Produktion fortzufahren.

Die Konferenz schlug allerdings andere Töne an, als sie sich ebenso für die Nationalisierung von Fabriken aussprach, die in guter finanzieller und materieller Verfassung und zur Friedensproduktion geeignet waren – „weil die proletarische Republik aus den Händen der Ausbeuter nicht nur die ruinierte Wirtschaft übernimmt, die eine Last für die öffentlichen Finanzen ist, sondern auch diejenigen Unternehmen, die in der Lage sind, intensiv zu arbeiten um das Volk mit ökonomischen Ressourcen zu versorgen und die Gesundheit des Volkseigentums wiederherzustellen."[98] Dies war ein Bruch mit dem bis dahin vorherrschenden defensiven Konzept von Arbeiterkontrolle.

Aber es wäre falsch, in diesem Wechsel eine plötzliche naiv optimistische Aufwallung zu sehen. Alle, die auf der Konferenz das Wort ergriffen, zeichneten ein überaus düsteres Bild der Situation: „Wir haben hier Schilderungen gehört von Zerrüttung und furchtbaren Realitäten, die wir jedoch tatsächlich selbst erlebt haben."[99] Auch die eigenen Klassenorganisationen wurden nicht von der Kritik ausgenommen. Aber die Aufgabe hatte sich verändert: „Jeder von uns weiß, dass unser industrielles Leben zu einem Stillstand kommt und dass der Moment, an dem es ganz absterben wird, schnell näherkommt. Wir erleben nun seine Todeszuckungen. Die Frage der Kontrolle ist hierbei nicht länger wichtig. Man kann nur kontrollieren, wenn man etwas zu kontrollieren hat. (…) Alle, vom Linken bis zum rechten Flügel, stimmen in einem Punkt überein: wir müssen das wirtschaftliche Leben an sich auf einer neuen Basis aufbauen (…)." Diese Analyse spiegelte sich auch in der Resolution zur Demobilisierung, die beschrieben wurde als eine „einzigartig schwierige Aufgabe, (…) die nur das Proletariat ausführen kann, in nationalem Maßstab und auf planvolle, organisierte Weise."[100]

98 *Novij put'*, Nr. 4-5 (8-9), 1918, 13-14; Nr. 6-8 (10-12), Nr. 22-24.

99 FZK, Bd. 3, S. 241.

100 Ebenda, 241, S. 446.

Die Stimmung war jedoch nicht nur düster, sondern auch entschlossen. Einige erinnerten an das Jahr 1905, als die Revolution durch Massenaussperrungen besiegt wurde. Sie würden so etwas nicht noch einmal zulassen.[101] In seiner Begründung der Nationalisierungsforderungen erklärte der Zentralrat, es gäbe eine wachsende Anzahl von Fabrikkomitees, die sich mit der Forderung nach Verstaatlichung ihrer Fabriken an den Rat wandten. „Also ergibt sich unerwartet die praktische Frage der Nationalisierung der Produktion".[102]

Innerhalb der nächsten Monate kam die Nationalisierung langsam und auf individueller Basis voran, Verstaatlichungen erfolgten entweder als Strafmaßnahme oder zur Vermeidung von Schließungen.[103] Nach der Handelsflotte, die von den Arbeitern und Arbeiterinnen monatelang ohne Bezahlung gewartet wurde, war die Zuckerindustrie im Mai 1918 der erste Sektor, der nationalisiert wurde. Es folgten die Ölindustrie und dann die verbliebenen Werke des Metallsektors.[104] Im Juni 1918 wurde schließlich das Dekret über die Nationalisierung verabschiedet. Wie die Arbeiterkontrolle wurde auch die Nationalisierung primär als eine durch die Umstände erzwungene Politik angesehen – und nicht, wie von der Geschichtsschreibung meist dargestellt, als ideologischer Imperativ. Ein prominenter Bolschewik schrieb 1918: „Ja – ‚sozialistische Experimente', wie unsere Gegner spotten. (...) Aber dies ist keine ‚fantastische Theorie' oder ‚Voluntarismus'. Wir haben keine Wahl. Und weil sie von der Arbeiterklasse unternommen wird und weil die Kapitalisten im Laufe des revolutionären Kampfes entfernt werden, so muss es eine sozialistische Regelung sein. (...) Wird dies eine zweite Pariser Kommune werden oder wird es zum weltweiten Sozialismus führen? Das hängt von den internationalen Umständen ab. Aber wir haben absolut keine Wahl."[105]

Nach der Nationalisierung

Die Konferenz der Fabrikkomitees im Januar rief die Komitees dazu auf, die nationalisierten Fabriken zu verwalten, denn „eine Regierung der Arbeiter, Soldaten und Bauern ist stark, wenn sie auf dem Vertrauen der Arbeitenden und all ihrer Organisationen beruht. (...) Die Arbeiterkomitees sollten vor Ort an der Spitze dieser Unternehmen stehen und unter der Führung der Sownarchosi

101 FZK, Bd. 4, S. 241, S. 174-177.

102 Ebenda, S. 5, 290; *Novij put'*, Nr. 6-8 (10-12), Nr. 24.

103 *Trudy I Vserossijskogo sezda sovetov narodnogo chozjajstva,* Moskva, 1918, S. 53, 91f.

104 Carr, E. H., *The Bolshevik Revolution,* Bd. 2, S. 189.

105 Stepanov, I., *Ot rabočego kontrolja k rabočemu upravleniju v promyšlennosti i zemledeli,* Moskva, 1918, S. 4, 13-14.

arbeiten."[106] Auf den Vorschlag, die Komitees sollten sich auf einige Repräsentanten in der Direktion beschränken und nur beratend tätig werden, antwortete ein Mitglied des Zentralrates: „Das ist Extremismus, eine Art von deformiertem Bolschewismus, (...) Die Fabrikkomitees müssen auf jeden Fall an der Spitze der Fabriken stehen, (...) natürlich den Sownarchosi als staatlicher Regulationsbehörde untergeordnet, (...) weil die Komitees die Situation in ihrer Fabrik am besten kennen und die Arbeiter ihnen vertrauen." Wenn es ihnen an Fachwissen fehle, dann könnten sie das technische Personal dazuholen.[107]

Doch ein im März verabschiedetes Dekret des Obersten Sownarchos blieb weit hinter den Positionen der Komitees zurück. Es verlangte nach einem leitenden Kommissar für jede Fabrik unter seiner Aufsicht, ernannt durch die *glawki,* die Branchendirektorate des Sownarchosi. Ebenso sollten technische und Verwaltungsdirektoren eingesetzt werden. Der jeweilige technische Direktor sollte nur an die Weisungen des Kommissars oder das zuständige Direktorat der Branche gebunden sein. Der Verwaltungsdirektor jedoch sollte unter der Aufsicht eines Wirtschaftsverwaltungsrates aus Arbeitern, Angestellten, technischem Personal, der Gewerkschaft und dem örtlichen Sowjet arbeiten. Aber Arbeiter und Angestellte sollten nur die Hälfte der Ratsmitglieder stellen. Die Fabrikkomitees selbst sollten keine Anweisungen geben können, sondern sich stets an die Wirtschaftsverwaltungsräte wenden.[108]

Die Betonung des Zentralismus auf Kosten einer echten Beteiligung der Arbeiter an der Betriebsleitung sollte sich mit Beginn des Bürgerkrieges noch verstärken. Der Krieg und die immer tiefere ökonomische Krise zwangen den Sowjetstaat für die nächsten Jahre in einen verzweifelten Überlebensmodus. Diese Bedingungen stärkten die Befürworter einer autoritären Betriebsleitung, und vorher auf der Linken stehende Politiker wie Lenin und Trotzki schlossen sich ihnen an. Die Menschewiki hingegen beschränkten sich weiterhin darauf, die Autonomie der Gewerkschaften zu fordern. Innerhalb der Bolschewiki wurde die Sache der Fabrikkomitees nun von der linken Opposition vertreten, später dann von der Arbeiteropposition, die erfolglos syndikalistische Positionen verteidigte.

Es gibt einen offensichtlichen Widerspruch zwischen dem Zentralismus als wesentliches Element sozialistischer Planung, und der Selbstverwaltung als einem genauso wesentlichen Element des Sozialismus. Denn je mehr Macht das

106 FZK, Bd. 3, S. 443.
107 Ebenda, S. 293f., 255f.
108 Carr, Bd. 2, S. 92.

Zentrum hat, umso weniger bleibt den Arbeitern und Arbeiterinnen in den Fabriken. Aber dieser Widerspruch kann bewältigt werden und sogar zu einem positiven Faktor werden, wenn bestimmte Bedingungen gegeben sind: die objektiven Umstände müssen eine nennenswerte Begrenzung der Zentralmacht erlauben, und die Ökonomie muss in der Lage sein, für die Arbeiter und Arbeiterinnen wirtschaftliche Sicherheit und einem anständigen Lebensstandard zu ermöglichen. Ohne ersteres ist Selbstverwaltung bedeutungslos, ohne letzteres kann von den Arbeitern und Arbeiterinnen nicht erwartet werten, ihre Gruppeninteressen für das Allgemeinwohl zurückzustellen. Beide Bedingungen waren in Russland nicht gegeben.

Eine weitere Bedingung ist die Fähigkeit der Arbeiterklasse, die Selbstverwaltung gegen spontane Tendenzen des Staatsapparates zur Zentralisierung zu verteidigen. Auf der Januarkonferenz schlug ein Anarchist einen Zusatz für die Regelungen zur Unterordnung der Fabrikkomitees unter die höheren Organe vor. Er wollte ergänzen, dass die Pflicht zur Unterordnung nur dann bestehe, wenn die Anordnungen der höheren Organe „die Interessen des Proletariats nicht verletzen". Der Sprecher des Zentralrates antwortete, man habe solch eine Klausel zunächst vorgesehen, sich aber dann dagegen entschieden:

> „[weil] der Sownarchos, den wir selbst organisieren, sich nicht gegen uns wenden wird. Denn er ist kein bürokratisch konstruiertes Organ, sondern ein von uns gewähltes und setzt sich zusammen aus Leuten, die wir auch wieder abberufen können. (...) Vergesst nicht, dass der Sownarchos ein Klassenorgan ist. Wenn wir von Anfang an eine Einstellung des Misstrauens an den Tag legen, werden diese Organe kaum ordentlich funktionieren können. (...) Nur ein Anarchist, der im Allgemeinen jeder Führung (*werchi*) misstraut, könnte eine solche Einschränkung vorschlagen. Aber wir, das Proletariat, (...) bauen eine Führung nach dem Prinzip der vollendeten Demokratie. (...) Wenn diese Organe sich wirklich von den Massen abwenden, werden wir selbstverständlich eine solche Einschränkung einführen. In der Tat, wir würden diese Organe stürzen und vielleicht eine neue Revolution machen müssen. Aber bisher meinen wir, dass der Rat der Volkskommissare unser Rat ist und dass die Institutionen, die er einrichtet, mit uns übereinstimmen."[109]

Diese Antwort spiegelte das Selbstvertrauen von Arbeitern und Arbeiterinnen wieder, die bereits drei Revolutionen angeführt hatten. Aber die gesellschaftlichen Bedingungen unterminierten schon bald die Unabhängigkeit der rus-

109 FZK, Bd. 4, S. 316, 323f.

sischen Arbeiterklasse, deren Mitglieder sich durch Arbeitslosigkeit zerstreuten oder in den neuen Staatsapparat und die Armee integriert wurden. Diejenigen, die weiterhin in der Industrie arbeiteten, waren bald durch Hunger, Kälte und Krankheiten demoralisiert. Auf derselben Konferenz schlug ein Delegierter eine gegenteilige Ergänzung vor: die Komitees sollten ihren Generalversammlungen nicht folgen, wenn diese Beschlüsse gegen das Allgemeinwohl fällten. Ein Mitglied des Zentralrates antwortete: „Es wäre unangemessen für uns, die wir uns auf die proletarischen Massen stützen, solch eine Bedingung einzuführen, die diese Massen unter alle Kritik stellt. (...) Soweit ich die Arbeiter in den Fabriken kenne, kann ich euch sagen, Genossen, dass wir sie für besonnen genug ansehen können und dass sie keine Beschlüsse fällen werden, die ihr Fabrikkomitee nicht ausführen kann, weil sie den Interessen des Landes widersprechen würden."[110]

Aber es wurden der Konferenz auch Beispiele vorgetragen, die diese Ansicht in Zweifel stellten. Ein Delegierter beobachtete:

> „Einige Fabriken werden nicht gebraucht und müssen geschlossen werden. Hier braucht es einen Staatsapparat, der das regeln kann. (...) Genosse Bleichmann sagt: ‚Übernehmt die Fabriken und basta!' (...) Ich würde diese Genossen Anarchisten gerne fragen (...) wie sie sich gegenwärtig zu den unaufgeklärten Massen verhalten. Sprechen Sie offen mit ihnen? Ich weiß nicht, was ich den Leuten sagen soll, die nach Geld schreien. Ich kam zu spät (...), denn die Dinge laufen nicht gut bei uns im Betrieb: wir müssen hundert Leute entlassen. Da hast du die Anarchie (...) , aber nicht die (...), über die Genosse Bakunin geschrieben hat. Das wäre ja der Himmel auf Erden. Aber bis dahin müssen wir durch all diese Debatten durch, wenn jeder Arbeiter nicht nur eineinhalb Monatslöhne Abfindung will, sondern zwei oder drei Monate abgreifen möchte (...)."[111]

Andere antworteten, dass solche Konflikte hauptsächlich bei den neuen Arbeitern aufträten, die frisch vom Land in die Stadt gekommen waren. Aber ein Streit zwischen den Komitees der Trugolnik-Gummifabrik und den Putilow-Werken machte klar, dass das Problem tiefer ging. Trugolnik hatte Treibstoffreserven, die über das vom Zentralrat gesetzte Dreimonatslimit hinausgingen. Gleichzeitig litten die Putilow-Werke bei ihrer Umstellung auf Friedensproduktion unter-Massenerlassungen und Treibstoffmangel. Trugolnik wollte seine Überschüsse nur für einen exorbitanten Preis verkaufen und argumentierte, man müsse Kos-

110 Ebenda, S. 318-320.
111 Ebenda, S. 284.

ten für neu angeschaffte und nun leerstehende Treibstofftanks wieder reinholen. „‚Ihr müsst alleine auskommen, wir werden nichts geben.‘ Das mag patriotisch sein und gut für die Trugolnik-Arbeiter (...) Aber es ist nicht gut für unser Land und für die Arbeiterklasse, die sich verzweifelt bemüht, die Industrie neu zu beleben.“[112] Die Konferenz entschied, daß von nun an alle Treibstoffvorräte, die über einen Zweimonats-Nachschub hinausgingen, unter die alleinige Kontrolle des regionalen Sownarchos gestellt würden.[113]

Die Widersprüche Zentralismus und Selbstverwaltung spitzten sich mit der Zeit zu. Im Juni berichtete die Metallabteilung des nördlichen Sownarchos:

> „Die Komitees ignorieren alles und verteidigen die Interessen ihres eigenen Bereichs, um Unterstützungen und Vorteile zu bekommen. (...) [Sie] versuchen, geschlossene Unternehmen wieder in Betrieb zu nehmen, auch wenn es dafür keine objektive Basis gibt. (...) Die Informationen, die wir von ihnen bekommen, sind immer einseitig. (...) [Sie] haben oft genug die Behörden belagert, Aufträge zusammengerafft, Vorteile herausgeschlagen (...) und ihre Fabrik ohne Genehmigung des Sovnarkhoz wiedereröffnet. Unglücklicherweise kann die Mehrheit der so erlangten Produktionsaufträge nicht erfüllt werden, gar nicht zu erwähnen, dass sie die Arbeit unserer Abteilung durcheinander bringen. Wir werden die Kontrolle über alle Bestellungen übernehmen müssen und sie im Sinne des übergeordneten Staatsmechanismus neu organisieren. Das wird nicht gehen ohne einen Kampf der Arbeiterregierung gegen die Arbeiterorganisationen.“[114]

Auf dem ersten Kongress der Sownarchosi im Mai verteidigte N. Ossinski, ein Mitglied der linken Opposition innerhalb der Bolschewiki, die Fabrikkomitees. Aber auch er begann damit, den „absoluten Verfall der Produktivkräfte“ zu beklagen. Dieser habe „einen Extrempunkt erreicht, an dem die Wirtschaft zu sterben anfängt.“ Er argumentierte, es sei notwendig zu einem minimalistischen Überlebensmodus zu wechseln, einer „knauserigen“ Wirtschaftspolitik, bei der der Staat die existierenden Produktivkräfte monopolisieren und strengste Buchhaltung beim Verbrauch von knappen Ressourcen erzwingen müsse. Dennoch kritisierte er im Folgenden die zentrale Ernennung von Kommissaren zur Lei-

112 Ebenda, S. 338-339, 354-356; *Novaya zhizn'*, 28. Jan. 1918.

113 *Novij put'*, Nr. 4-5 (8-9), 1918, Nr. 14.

114 *Nacionalizacija promyšlennosti i organizacija socialističeskogo proizvodstva v Petrograde,* Bd. I, Leningrad: Leningradskij universitet, 1958, S. 99.

tung der Fabriken. Er verlangte mindestens eine Zweidrittelbeteiligung der Belegschaft in der Direktion. „Es ist alles eine Frage der allgemeinen Bedingungen. (...) Wenn es weder Brot noch Geld gibt, dann wird die Produktion auch mit Kommissaren schlecht vorangehen – die sind dann nämlich auch gezwungen, mit zentral verwalteten Gütern oder Fabrikeigentum Handel zu treiben."[115]

A. Rykow, Vorsitzender des Obersten Sownarchos, antwortete, indem er einen Artikel von Ossinski selbst zitierte: „Die Bewahrung der existierenden Produktivkräfte (...) ist nur möglich durch deren absolut systematische Konzentration; für die effizienteste Nutzung der vorhandenen technischen Kräfte ist es unabdingbar, diese Kräfte auf nationaler Ebene von einem einzigen Zentrum aus zu leiten."[116]

G. Lomow, ebenfalls Mitglied der linken Opposition, war im selben Widerspruch gefangen. „Die Bestellung von Kommissaren aller Art zieht nicht nur lokale Kräfte ab, die für die Steigerung der Produktion und Stärkung der Produktivkraft nötig wären, sondern verringert und zerstört auch jede Energie vor Ort." Aber nur Minuten später bemerkte er, dass „Arbeiter und Bauern sich in ihren häuslichen Hüllen verpuppen wie die Maden und nur dann Lebenszeichen zeigen, wenn es um die Befriedigung ihrer eigenen persönlichen Bedürfnisse geht. Alles ist kaputt. Wir haben die vitalen und kreativen Kräfte des Landes völlig unterdrückt. Alles taucht unter und existiert nur für sich alleine."[117]

Diese Erörterungen konnten in beide Richtungen gedeutet werden, was auch geschah. Als aber das Überleben der Revolution auf dem Spiel stand und gleichzeitig die soziale Basis der Befürworter einer Fabrikdemokratie mehr und mehr zerstreut und demoralisiert wurde, waren die Vertreter einer zentralisierten, autoritären Produktionsleitung im Vorteil. Alle stimmten überein, dass es ohne eine Revolution im Westen keine Hoffnung gäbe. Aber während die linke Opposition dies als Argument gegen das Aufgeben sozialistischer Prinzipien zugunsten des Überlebens der Revolution benutzte, zogen andere den umgekehrten Schluss: die Niederlage der Russischen Revolution wäre ein harter Schlag für die revolutionären Bewegungen des Westens und daher sei es besser, die sozialistischen Prinzipien für einige Zeit zu opfern.

Die letztendliche Entwicklung der Betriebsverfassungen während des Bürgerkrieges bedarf noch weiterer Untersuchungen. Neuere Forschungen auf Basis

115 *Trudy I Vserossijskogo sezda sovetov narodnogo chozjajstva,* S. 57-66.
116 Ebenda, S. 98
117 Ebenda, S. 74f.

von Archivmaterial bestätigen das fortgesetzte Drängen der Arbeiter und Arbeiterinnen auf einer Beteiligung an der Betriebsleitung. Es wurde herausgefunden, dass sich die Komitees von einigen der größten Fabriken in Petrograd auch weiterhin an der Leitung ihrer Werke beteiligten und in einigen Fällen sogar die volle Macht im Betrieb ausübten – im Gegensatz zur offiziellen Politik. Dasselbe galt für Formen von kollegialer Betriebsleitung, meistens in Form eines starken Fabrikkomitees. Auch dies widersprach der offiziellen Politik einer zentralen Leitung durch eine Person.[118]

Auch nach der Unterdrückung der beschränkten Gewerkschaftsrechte in der zweiten Hälfte der 1920er hörten die sowjetischen Behörden niemals auf, zumindest Lippenbekenntnisse zur Arbeiterselbstverwaltung abzugeben. Als Gorbatschow die Perestroika in Gang setzte und diese zunächst als sozialistische Erneuerung porträtierte, versuchte er, dieser Ideologie neues Leben einzuhauchen – wenn auch in begrenzter und widersprüchlicher Form. Aber erst nachdem er sich ab 1989 die Wiederherstellung des Kapitalismus zu eigen machte und die Maßnahmen zur Selbstverwaltung zurückzog, entwickelte sich in Russland erneut eine echte Bewegung für Arbeiterselbstverwaltung.[119] Sie wurde allerdings durch die „Revolution von oben“ abgeschnitten, noch bevor sie eine radikale Basis und ein klares Programm entwickeln konnte.

Literatur

Carr, E. H. (1966), *The Bolshevik Revolution 1917-23,* Bd. 2, Baltimore: Penguin.

Ekonomičeskoe položenie Rossii nakanune Velikoj oktjabr'skoj socialističeskoj revoljucii (1957), Moskva: Akademija nauk SSSR.

Fabrično-zavodskie komitety Petrograda v 1917g. Protokoly (1979), Moskva: Nauka.

Gogoleskij, A. V. (2005), *Revoljucija i psichologija.* Političeskie nastrotnija rabočich Petrograda v uslovijach bol'ševistskoj monopolii na vlast' 1918-1920, St. Petersburg: Universität St. Petersburg.

118 Gogoleskij, A. V., *Revoljucija i psichologija.* Političeskie nastrotnija rabočich Petrograda v uslovijach bol'ševistskoj monopolii na vlast' 1918-1920, St. Petersburg: Universität St. Petersburg, 2005, S. 216; Kap. 6. Dies bedeutet nicht notwendigerweise, dass die Komitees noch von ihren Generalversammlungen kontrolliert wurden – eine Frage, die noch weitere Forschungen erfordert.

119 Vgl. meinen Aufsatz „‚Destatization‘ and the Struggle for Power in the Soviet Economy“ in: R. Miliband und L. Panitch (Hrsg.), *The Socialist Register 1991,* London: Merlin, 1991, S. 95-127.

Klejnbort, L. V. (1923), *Očerki rabočej intelleligencii,* 1905-1916gg., Bd. 1, Petrograd: Petropečat'.

Kruze, E. E. (1961), *Peterburgskie rabočie v 1912-14gg.*, Moskva i Leningrad: Nauka.

Lenin, V. I. (1962), *Polnoe sobranie sočinenij,* 5. Auflage, Bd. 31, Moskva: Izdatel'stvo političeskoj literatury.

Maevskij, E. (1918), *Kanun revoljutsii,* Petrograd.

Mandel, David (1991), „,Destatization' and the Struggle for Power in the Soviet Economy", in: Ralph Miliband und Leo Panitch (Hrsg.), in: *The Socialist Register 1991,* London: Merlin.

Materialy po statistike truda severnoj oblasti (1918), vyp. V, Petrograd.

Nacionalizacija promyšlennosti i organizacija socialističeskogo proizvodstva v Petrograde (1958), Bd. I, Leningrad: Leningradskij universitet.

Nacionalizacija promyšlennosti SSSR (1954), Moskva: Izdatel'stvo polističeskoj literatury.

Oktjabr'skaja revoljucija i fabzavkomy, Moskva: VCSPS, 1927-29 (2002), Bde. 1-3, 1927-29; Bd. 4, St. Petersburg: St Petersburg University.

Oktjabr'skoe vooružennoe vosstanie v Petrograde (1957), Moskva: Akademija Nauk.

Perazič, V. (1927), *Tekstili Leningrada v 1917g.,* Leningrad.

Pervaja vserossijskaja tarifnaja konferencija rabočich metallistov (1918), Petrograde.

Putilovcy v trech revoljuzijach (1933), Leningrad: Istorija zavodov.

Rabočij kontrol' i nacionalizacija promyšlennych predprijatij Petrograda v 1917-19gg., Bd. I, Leningrad: Nauka, 1949.

Reed, John (1960), *Ten Days that Shook the World,* New York: Vintage. Dt.: Reed, John, *Zehn Tage, die die Welt erschütterten,* Berlin: Dietz, 1957.

Revoljucionnoe dviženie v Rossij nakanune Oktjabr'skogo vooružennogo vosstanija v Petrograde (1962), Moskva i Leningrad: Akademija Nauk.

Revoljucionnoe dviženie v Rossij posle sverženija samoderžavija (1957), Moskva: Akademija Nauk SSSR.

Revoljucionnoe dviženie v Rossij v aprele 1917g. (1958), Moskva: Akademija Nauk SSSR.

Revoljucionnoe dviženie v Rossij v mae-ijune 1917g. (1959), Moskva.

Revoljucionnoe dviženie v Rossij v sentjabre 1917g. (1962), Moskva.

Stepanov, I. (1918), *Ot rabočego kontrolja k rabočemu upravleniju v pro-myšlennosti i zemledeli,* Moskva.

Stepanov, Z. V. (1956), *Rabočie Petrograda v period podgotovki i provedenija Oktjabr'skogo vosstanija, avgust-sentjabr' 1917g.*, Leningrad: Nauka.

Suchanov, N. (1923), *Zapiski o revoljucii,* Bd. 6-8, Moskva, Berlin i Petrograd: Z. I. Gržebina.

Trudy I Vserossijskogo sezda sovetov narodnogo chozjajstva (1918), Moskva.

Volobuev, P. V. (1964), *Proletariat i buržuazija v 1917g.*, Moskva: Mysl'.

Čurakov, D. O. (2005), *Fabzavkomy v bor'be za proizvodstvennuju demokratiju,* Moskva: Prometej.

Zeitungen und Zeitschriften

Izvestija; Izvestija moskogo voenno-promyšlenogo komiteta; Metallist, Novaja žizn'; Novij put'; Pravda; Rabočaja gazeta; Reč', Rabočij put'; Utro Rossii; Znamja truda.

Übersetzung aus dem Englischen: Ralf Hoffrogge*

* Für die Transkription der russischen Namen, Begriffe und Literaturangaben danke ich Kerstin Bischl und Helena Schäfer.

7. Fabrikräte in Turin 1919/1920: „Die einzigen authentischen gesellschaftlichen Vertreter der proletarischen Klasse“[1]

Pietro di Paola

> Ich meine der Fabrikrat war eine andere Vorgehensweise, um die Arbeiterklasse wirklich zu einen. Als sich alle Fabrikräte in Turin trafen, galten sie als die höchste Autorität. Sie standen über der Partei und über der Gewerkschaft. Und das vereinte uns; tatsächlich stimmten die anarchistischen Gewerkschafter mit uns überein, auch einige katholische Gewerkschaften stimmten mit uns überein...
>
> Battistat Santhià, mündliches Zeugnis, in: Bermani, *Gramsci, gli intellectuali e la cultura proletaria*

Das Auftauchen und die rasche Ausbreitung von Fabrikräten in Turin 1919 und 1920 zeigte die Innovation und das revolutionäre Potenzial dieser Form von Arbeiterorganisation. Umgekehrt zeigte das schließliche Scheitern der Bewegung die inhärenten Schwächen von Arbeiterräten und die Komplexität ihrer Widersprüche.

Die Fabrikräte waren das Ergebnis des Höhepunktes einer weit verbreiteten Militanz, von unabhängigen lokalen Aktionen und von einer Konfrontation,

1 Resolution von Turiner Fabrikdelegierten, zit. nach Amadeo Bordiga, „Towards the Establishment of Workers' Councils in Italy“, in: *Il Soviet*, Bd. III, Nr. 1, 2, 4, 5, 7, 1. und 11. Januar; 1., 8., 22. Februar 1920.

die unmittelbar nach dem Ersten Weltkrieg unter den Industriearbeitern Turins und des übrigen Italien entstand. Diese neue Organisationsform schuf eine bedeutsame Verschiebung in der Selbstwahrnehmung der Arbeiter, nämlich vom „Lohnempfänger" zum „Produzenten" (Masini 1951, 9). Der Charakter des industriellen Konfliktes, mit dem die Fabrikräte zu tun hatten, verschob sich. Er erweiterte sich vom wirtschaftlichen in den politischen Bereich, von den Verhandlungen und der Lenkung der Beziehungen in der Industrie zum Versuch, die vollständige Kontrolle über die Industrie zu bekommen. Doch stieß dieser Versuch nicht nur auf heftige Gegnerschaft der Industriellen, sondern griff auch in den Aktivitätsbereich der traditionellen Arbeiterorganisationen ein: in den des nationalen Gewerkschaftsverbandes Confederazione Generale del Lavoro (CGdL) und in den der Italienischen Sozialistischen Partei (PSI). Ein weiterer Konfliktbereich, besonders innerhalb der CGdL, betraf die Rolle und den Beteiligungsgrad von nicht gewerkschaftlich organisierten Beschäftigten bei der Entscheidungsfindung. Für die Organisatoren der Fabrikräte galten alle Arbeitenden als „Produzenten" und hatten deswegen theoretisch das Recht, sich aktiv an der neuen Organisation und ihrem Leitungsorgan zu beteiligen.

Wenn auch die Militanz und Spontaneität beim Entstehen von Fabrikräten Schlüsselfaktoren waren, so war ihre schnelle Ausbreitung und Konsolidierung in Turin und dem Umland der Kraft der Gruppe, die die Zeitung *L'Ordine Nuovo* (*Neue Ordnung*) herausgab, und der Kraft der anarchistischen Genossen in der örtlichen Sektion der Eisen- und Stahlgewerkschaft, der Federazione Italiana dei Operai Metallurgici (FIOM), geschuldet. Die jungen Intellektuellen (Antonio Gramsci, Palmiro Togliatti, Umberto Terracini und Angelo Tasca), die mithalfen, *L'Ordine nuovo* seit dem Frühjahr 1919 zu organisieren, erbrachten einen entscheidenden Beitrag sowohl zum theoretischen Rahmen wie auch zum praktischen Aufbau der Fabrikräte.

Sie verwandten viel Zeit auf die praktische Forschungsarbeit zum Studium der „kapitalistische(n) Fabrik als notwendige Form der Arbeiterklasse, als politischen Organismus, als das nationale Territorium der Arbeiterselbstregierung" (Gramsci 1967, 73). Die Zeitung *L'Ordine Nuovo* wurde zu einem Organ der Analyse und Untersuchung, das „nicht auf Abstraktion (...), sondern auf der realen Erfahrungen der Massen" beruhte (Montagnana 1952, 111). Gramsci und Togliatti befragten Arbeiter über jeden Aspekt des Produktionssystems und über ihr Leben in den Fabriken:

„In der Arbeitskammer[2], in den Parteizentren, ja sogar in der Tram. (...) Wir verstanden nicht, warum sie mit ihren Fragen so sehr insistierten. Sie wollten wissen (...), wie der Produktionsprozess ablief, wie die Fabriken ausgestattet waren, wie die Produktion organisiert war, über welche Qualifikation die Ingenieure verfügten, die Beziehungen zwischen den Handarbeitern und die Gründe für Geldbußen. Und der befragte Arbeiter musste sich sehr anstrengen. Es wäre ihm lieber gewesen, zumindest in der Freizeit, nicht über die Dinge nachzudenken, die ihn sechs Tage die Woche krank machten" (Santhià 1956, 60).

Gleichzeitig spielte auch die libertäre Gruppe in Turin und anarchistische Arbeiter – vor allem Pietro Ferrero, der örtliche Gewerkschaftssekretär der FIOM, sowie Maurizio Garino – wichtige Rollen beim Vorantreiben der Fabrikräte. Im Gegensatz zur Position der Anarchisten in der Unione Sindicale Italiana argumentierte diese Gruppe, man müsse sich an den reformistischen Gewerkschaftsorganisationen beteiligen, um die Reformisten von innen bekämpfen und Kontakte zu den breiteren Arbeitermassen knüpfen zu können (Masini 1951, 12).

Einer der entscheidenden Gründe für den Erfolg dieses Organisationsform wurzelte in den „bereits im Bewusstsein der Arbeitermassen latent vorhandenen Bestrebungen" (*L'Ordine Nuovo*, 1919b), da „die traditionellen Institutionen der Bewegung unfähig waren, ein solches Aufblühen von revolutionären Tätigkeiten zu ermöglichen" (*L'Ordine Nuovo*, 1919a). Nach dem Krieg brachen überall in Italien in Industrie und Gesellschaft Proteste von nie gesehener Intensität und Größe aus. Die Mitgliedschaft in den Gewerkschaften, in der Sozialistischen Partei und in der anarchistischen Bewegung stieg massiv an; doch die meisten sozialen Konflikte dieser Zeit waren von einem unvergleichlich höheren Niveau an Autonomie gegenüber der Partei und den Gewerkschaftsorganisationen als früher gekennzeichnet. Die Unzufriedenheit des einfachen Volkes brach spontan und unerwartet in Gestalt von Protesten gegen Preissteigerungen und Brotmangel aus, es kam zu Landbesetzungen und -wegnahmen, zu Meutereien und Streiks (Bianchi 2006). Die Gewerkschaften bemühten sich, diese Kampfesenergie zu kanalisieren. In den Fabriken war dies ein wichtiges Thema, denn die Unternehmer waren bereit, beträchtliche Konzessionen zu machen, weil sie zu dieser Zeit große Investitionen vornahmen, um ihr Produktionssystem auf die Erfordernisse des Friedens weg von den Notwendigkeiten des Krieges umzustellen. Sowohl für die Industriellen wie für die Gewerkschaften war das Bestehen von repräsentativen Organen im Betrieb wesentlich.

2 Die Arbeiterkammer (Camera del Lavoro) war (und ist) ein Mantel, unter dem sich die verschiedenen Gewerkschaften innerhalb einer bestimmten Region zusammenfanden.

Während des Krieges war diese Funktion von Vertretern der Gewerkschaft, zu denen auch die Commissioni Interne (interne Kommissionen) gehörten, wahrgenommen worden. Die meisten arbeiteten auch nach dem Krieg weiter (Clark 1977, 36-45). Einerseits garantierten die internen Kommissionen den Fabrikmanagern die Umsetzung von nationalen oder örtlichen Vereinbarungen, aber auch die Lösung von Auseinandersetzungen auf Betriebsebene. Andererseits konnten die Gewerkschaftsvertreter die vollständige Kontrolle über die Entwicklung der industriellen Beziehungen und der betrieblichen Konflikte erreichen. Ein im Februar 1919 erzieltes nationales Abkommen erkannte die internen Kommissionen formal an; besonders wichtig war die Einführung des Achtstundentags für Metallarbeiter. Dieses Abkommen etablierte ein langes und kompliziertes System von Verhandlungen vor Streiks, schloss wilde Streiks aus und verpflichtete die Gewerkschaften implizit zu einer Periode „sozialen Friedens", was sich allerdings als illusorisch erwies (Castronovo 2005, 83; Maione 1975, 7-12).

Die Vertreter der internen Kommissionen waren Gewerkschaftsmitglieder, die gemäß einer von Gewerkschaftsoffiziellen erstellten Liste ohne Diskussion zwischen den Kandidaten ausgewählt wurden. Mehr noch, die Nominierung dieser Kandidaten erfolgte weitgehend aufgrund der Persönlichkeit und des Charismas. Daher waren die internen Kommissionen eher „Organe der Gewerkschaften" als Vertreter der Arbeitenden insgesamt (Terracini 1920; Magri 1947, 184-187). Die Gewerkschaften sahen in den Arbeitskräften einen geschlossenen, uniformen Körper, als ob Tausende Arbeiter dieselbe Bewegung machten und dieselbe Aufgabe erfüllten. Das war der Tatsache geschuldet (...), dass die Gewerkschaft den Arbeiter nur in seiner Fähigkeit als Lohnempfänger sah" (Terracini 1920).

Diese Vorgaben machten die internen Kommissionen unfähig, der wachsenden Unruhe unter den Arbeitenden zu begegnen. Bei FIAT etwa wurden die internen Kommissionen von den Arbeitergruppen, die Druck auf das Management ausüben konnten, systematisch links liegen gelassen (Castronovo 2005, 86). Trotzdem „entstand in den internen Kommissionen selbst eine Tendenz, die offiziellen Prozeduren zu umgehen, als ihre Haltung im Vergleich zu den Gewerkschaften kämpferischer wurde" (Soave 1964, 13).

Außerdem forderte das exponentielle Wachstum der Mitgliedschaft der örtlichen Organisationen (die FIOM hatte mehr als 20.000 Mitglieder, die Arbeitskammer über 90.000) die Wirksamkeit der Vertretungsstrukturen der Arbeiterbewegung und ihre Beziehung zu der wachsenden Zahl von erst kürzlich organisierten oder den nicht organisierten Arbeitenden heraus.

Auf dem Weg zu den Fabrikräten

„Wie können die ungeheuren gesellschaftlichen Kräfte, die der Krieg entfesselt hat, beherrscht werden? Wie können sie diszipliniert und wie kann ihnen eine politische Form gegeben werden (...)? (...) Wie kann man eine Verbindung von der Gegenwart zur Zukunft schaffen (...)?"
Gramsci und Togliatti, nicht gezeichneter Artikel „Arbeiterdemokratie", in: *L'Ordine Nuovo*, 21. Juni 1919

Im Frühjahr 1919 kam es in diversen Publikationen der Arbeiterbewegung zu einer Debatte und in den Räumen der sozialistischen Clubs von Turin zu hitzigen Diskussionen über den Umbau der internen Kommissionen. Die Debatte drehte sich um mehrere Themen: Das System der Repräsentation und seine Funktion, die Beziehungen zwischen gewerkschaftlich organisierten und unorganisierten Arbeitern, die Rolle von qualifizierten Arbeitern und von Weißkrägen in der Arbeiterbewegung. Zur Debatte gehörte auch die Analyse der Erfahrungen von Fabrikräten in verschiedenen anderen Ländern, darunter Großbritannien, Deutschland, Ungarn, Russland und den Vereinigten Staaten. Die Suche nach einer Alternative zur herkömmlichen betrieblichen Organisation hatte begonnen.

Im März schlug Alfonso Leonetti in einem Artikel in der Zeitschrift *L'Avanguardia* die Gründung eines „italienischen Sowjet aus den in den italienischen Fabriken bestehenden industriellen Organisationen" vor (Levy 1999, 142). Gegen Ende Juni nahm *L'Ordine Nuovo* das Thema wieder auf. Gramsci und Togliatti sahen in den internen Kommissionen – sobald sie von den von den Unternehmern durchgesetzten Beschränkungen befreit wären – „den Keim einer Arbeiterregierung, den Keim eines Sowjets"[3] (Gramsci 1967, 73). Statt Organen der Arbeiterdemokratie, die sich mit Konfliktfällen und der Disziplin beschäftigen, sahen sie in den internen Kommissionen „Organe der proletarischen Macht (...), die den Kapitalisten in allen seinen Leitungs- und Verwaltungsfunktionen ablöst" (Gramsci 1980, 40). Im August verkündete Ottavio Pastore die Idee von einem unterschiedlichen Vorgehen bei der Wahl der internen Kommissare. Obwohl er klarstellte, die internen Kommissionen seien die Schöpfung der Gewerkschaften und keine Oppositionsorgane, schlug er vor, die Arbeiter jeder Einheit in der Fabrik, gleich ob Gewerkschaftsmitglieder oder nicht, sollten ihre „Arbeitsplatzkommissare" wählen.

3 Levy betont, die Betonung bei Gramsci habe nicht nur auf Bezirkskomitees, sondern auch auf betrieblichen Organisationen gelegen (Levy 1999, 144f.).

Die Mitglieder der internen Kommission würden dann von diesen Kommissaren ausgesucht. Doch sprach dieser Vorschlag der internen Kommission immer noch ihre traditionelle Rolle zu und versuchte, den Einfluss nicht gewerkschaftlich organisierter Arbeiter zu beschränken (Pastore 1919). Pastore berichtet, dass einige Arbeiter bereits die neue Organisationsform ausprobiert hätten. Und in der Tat war das System kurz zuvor in der Centro-Fabrik von FIAT angenommen worden. Die interne Kommission war zurückgetreten, und man beschloss, eine auf Zeit gewählte Kommission zu bestimmen, die das Mandat hatte, neue Wahlen anzusetzen, die nach Arbeitseinheiten ablaufen sollten. Doch wurde die neue Kommission nur von Gewerkschaftsmitgliedern gewählt (Magri 1947, 187).

In der Tat wurde die Struktur der Fabrikräte nicht nur durch theoretische Diskussionen bestimmt, sondern auch durch „praktische Erfahrungen, die die definitive Form diese Organe bestimmten" (Montagnana 1952, 116). Die Turiner Arbeiter richteten ohne vorherigen Plan Fabrikräte ein: „Sie schlugen, vielleicht auf chaotische Weise, aber spontan, einen neuen Weg ein". (Togliatti 1919)

Der erste Fabrikrat wurde Anfang September bei FIAT Brevetti geschaffen. Über zweitausend organisierte und unorganisierte Arbeiter nahmen an der Abstimmung teil. Jede Werkstatt und jede Abteilung wählte ihre Kommissare. Zweiundvierzig Kommissare wurden gewählt; bis auf einen, der prompt zurücktrat, waren sie alle Gewerkschaftsmitglieder (*L'Ordine Nuovo*, 1919d).

In den folgenden Wochen wurden in fast allen metallverarbeitenden Fabriken, aber auch in der Chemieindustrie und in anderen Fabriken in Turin Abteilungskommissare gewählt und Fabrikräte aufgestellt, die über 50.000 Arbeiter vertraten (Spriano 1971, 54).

L'Ordine Nuovo pries diese Entwicklungen und ermutigte die Delegierten zu künftigen Taten (*L'Ordine Nuovo* 1919c). Am 17. Oktober wurde in Turin die erste Versammlung von Abteilungskommissaren mit Vertretern von über 30.000 Arbeitenden abgehalten. Man sah die Bildung von Fabrikräten an einem „point of no return" angekommen: Mit dem neuen System, der Exekutivkommission – diese Bezeichnung wurde von der Versammlung anstelle von interner Kommission angenommen –, wurde ein direkter Ausdruck der Arbeiter und ihrer Ideen geschaffen. Die Versammlung betonte, dass die beiden dringendsten Probleme, „das der Stimmberechtigung der Nicht-Gewerkschaftsmitglieder und die Beziehung zu den Gewerkschaften, auf eine allgemeine und systematische Art und Weise gelöst werden müssen, damit es diese Massenorganisationen leichter haben" (*Avanti*!, 1920). Drei Tage später wurde ein Studienkomitee für die Fabrikräte gegründet; in den folgenden Monaten sollte dieses Komitee helfen, Theorie und Praxis miteinander zu verbinden.

Die Beziehungen zwischen Fabrikräten und Gewerkschaften und die Frage des Stimmrechts von Nicht-Gewerkschaftsmitgliedern waren eng miteinander verbunden. Die sich daraus ergebende Debatte zeigte unterschiedliche Konzeptionen von Arbeiterorganisationen nicht nur in ihren Beziehungen zur Industrie und Politik, sondern auch hinsichtlich der Entwicklung der revolutionären Bewegung. Der Anarchist Garino schrieb darüber:

> „Im Hinblick auf die Beziehungen zu den Gewerkschaftsorganisationen wurden drei Ideen vorgetragen. Die erste meinte, die Räte sollten in der Gewerkschaft agieren, so dass ihre Autonomie beendet worden wäre. Die zweite, die von Gramsci und den Sozialisten von *L'Ordine Nuovo* unterstützt wurde, wandte sich gegen diese Integration und sah die Räte als revolutionäre Organe an, die sich darauf vorbereiteten, die Macht zu übernehmen. Die dritte schließlich, die von uns Anarchisten vertreten wurde, sah in den Räten revolutionäre Organe außerhalb der Gewerkschaften, die nicht nur die Macht übernehmen, sondern sie auch zerstören konnten“ (Lattarulo und Ambrosoli 1971/2009).

Die Präsenz von Anarchisten in der Rätebewegung in Turin war bedeutend: Anarchisten wurden „in unvergleichlich hoher Zahl als Betriebskommissare gewählt”. Die Anarchisten übten auch Einfluss auf die örtliche FIOM aus: Hundert Aktivisten gehörten zur FIOM und drei der neun Mitglieder des Exekutivkomitees, das im November 1920 eingerichtet wurde, waren Anarchisten (Levy 1999, 150). Außerdem unterstützten sowohl die Unione Anarchica Italiana (UAI) wie auch die Unione Sindicale Italiana (USI) die Fabrikrätebewegung.[4]

Als Mittel des revolutionären Kampfes wurden die Räte von den Anarchisten als exzellente Instrumente für die unmittelbare Aktion und als Garantie für die fortlaufende Produktion sowohl während wie nach der Revolution betrachtet. Der Fabrikrat, der unter den Beschäftigten das Bewusstsein ihrer Rolle als Produzenten entwickelte, bekräftigte die Tendenz zur Enteignung, indem er „den Klassenkampf auf sein natürliches Gebiet führte“ (Garino 1920). Doch für die Anarchisten konnten Fabrikräte nur in einer revolutionären Periode effizient arbeiten; unter anderen Umständen konnten aus ihnen leicht Organe der Klassen-

4 Der erste Kongress der UAI, eine nationale Föderation von anarchistischen Gruppen, die im Juli 1920 in Bologna gegründet worden war, nahm eine Resolution zur Unterstützung der Fabrikräte an. Die USI war 1912 vom revolutionären Flügel der sozialistischen Gewerkschaftsbewegung gegründet worden. Nach dem Krieg waren die Anarchisten und die Syndikalisten der Direkten Aktion die bestimmende Kraft in der USI, die vom Anarchisten Armando Borghi geführt wurde.

kollaboration werden. Ein weiteres Problem war, dass Fabrikräte die Kontrolle des Staatsapparates abbauten, ohne ihn aber zu zerstören. Sie wären also ineffizient, wenn nicht eine organisierte politische Kraft eingreifen konnte, um den Staat zu stürzen, ein Thema, dem sich *L'Ordine Nuovo* nicht widmete.

Des weiteren durften für die Anarchisten Fabrikräte nicht mit Sowjets verwechselt werden: „Während der Rat eine Koalition aller Produzenten ist, ist der Sowjet ein politisches Organ, durch das die autoritären Kommunisten ihre Macht ausüben möchten" (Garino 1920). Garino unterstrich, dass er sich gegen politische Sichtweisen für die Zukunft der Fabrikräte verwahrte:

> „[Gramscis] Zustimmung zu unserem Vorschlag für Fabrikräte machte genau beim Thema des Staates, der Diktatur des Proletariats, Halt. (...) Er sagte zu mir: „Wir arbeiten jetzt nicht nur zusammen, sondern wir müssen das bis zum Sturz des Kapitalismus fortsetzen. An diesem Punkt werden wir und ihr, sofern es verschiedene Einschätzungen von uns Kommunisten und euch gibt, jeder seinen Weg gehen." (...) Bisher haben wir in der praktischen Aktion, in den Gewerkschaften, bei der Vorbereitung der Revolution, ja ihrer bewaffneten Vorbereitung zusammengearbeitet."

In seiner Diskussion mit Gramsci gab Garino deutlich zu verstehen, dass sich die Revolution zur Diktatur einer Partei entwickeln könnte:

> „Ich sagte: Schau, Gramsci, ich meine, dass die Diktatur des Proletariats sich schließlich in eine Diktatur einer Partei verändern und degenerieren wird, oder schlimmer, in die einer Person. Gramsci antwortete: ‚Nein, Nein, Garino! Das kann nicht passieren, die Partei wird es nicht erlauben, dass ein Mann das Ruder der Macht ergreift und tut, was er mag.' ‚Ich bin nicht überzeugt', sagte ich, ‚und ich werde dir sagen, was ich glaube. Wenn ihr die Macht übernehmt, werden wir als erste erschossen'. Gramsci stampfte auf seinen Fuß, mit seinem buschigen Kopf: ‚Garino, Garino, nein, sag' das nicht, das wird nie geschehen!' Ja, mit Gramsci gab es eine unglaublich enge Beziehung" (Garino, mündliches Zeugnis in: Bermani 2007, 298).

Gramscis Suche nach einer Organisationsform, um das parlamentarische System zu ersetzen, und „seine Konzeption eines auf der Industrie gegründeten Sozialismus entwickelte sich über einen langen Zeitraum" (Levy 1999, 138). Aber im Frühjahr 1919 konzentrierten sich Gramsci und die Herausgeber des *Ordine Nuovo* vor allem auf die internen Kommissionen als einer Form der Selbstregierung der Arbeiterklasse, etwas, was mit dem Sowjet verglichen werden konnte, weil sie mit ihm einige Merkmale teilten (vgl. Gramsci 1967, 73).

Eine der theoretischen Grundlagen für die Schaffung von Fabrikräten lag in der Idee der Eroberung des Staates. *L'Ordine Nuovo* machte deutlich, dass:

> „nach den revolutionären Erfahrungen Russlands, Ungarns und Deutschlands (...) der sozialistische Staat sich nicht in den Institutionen des kapitalistischen Staates verkörpern kann, sondern (...) in einer grundlegend neuen Schöpfung. (...) Die Formel ‚Eroberung des Staates' muss in diesem Sinne verstanden werden: es muss ein neuer Staatstypus geschaffen werden, der aus den Erfahrungen der Vergesellschaftung der proletarischen Klasse hervorgeht, und den demokratisch-parlamentarischen Staat ersetzt. (...) [Es] muss sich ein neuer Typ von Institutionen; Institutionen, die die Person des Kapitalisten in den administrativen Funktionen und in der industriellen Macht ersetzen und in der Fabrik die Autonomie der Produzenten verwirklichen" (Gramsci 1967, 32f.).

Fabrikräte, die „unter den in der gegenwärtigen historischen Periode durch die Struktur des Kapitalismus für die Arbeiterklasse geschaffenen Bedingungen entstehen", waren der Kern für diese neue Organisation. Sie stellten ein Modell des proletarischen Staates dar, weil die Einheit der Arbeiterklasse in der Praxis in den Fabrikräten realisiert wurde. „Auf Abteilungsebene werden die Arbeiter in Teams unterteilt, und jedes Team stellt eine Einheit dar (eine Arbeitsgruppe). Der Rat besteht aus Delegierten, die die Arbeiter in jeder Abteilung auf beruflicher Basis selbst wählen. (...) Der Rat beruht auf dieser konkreten, organischen Einheit des Berufes, wie sie durch die Disziplin des industriellen Prozesses geschaffen wird" (*L'Ordine Nuovo* 1919e).

Fabrikräte wurden als Produkt der historischen Entwicklung gesehen, die die traditionellen Arbeiterorganisationen überflüssig machen sollten: „Die Berufsgewerkschaften, die Arbeitskammer, die industriellen Föderationen und die Allgemeine Konföderation der Arbeit sind alles Typen von proletarischer Organisation, die für eine vom Kapital dominierte historische Periode spezifisch sind. Man kann sagen, dass sie in bestimmter Weise ein integraler Bestandteil der kapitalistischen Gesellschaft sind und eine Funktion haben, die einem Regime des Privateigentums inhärent ist" (ebd.).

Im kapitalistischen System können sich die Arbeiter nur auf den Verkauf ihrer Arbeitskraft und ihres beruflichen Könnens verlassen; Gewerkschaften sind als Organisationen „Experten in dieser Art von Verkauf, sie können Marktbedingungen kontrollieren, Verträge abschließen, kommerzielle Risiken einschätzen und wirtschaftlich profitable Handlungen vornehmen." Da Gewerkschaften die Arbeiter nicht als Produzenten, sondern als Lohnempfänger organisieren, sind sie nichts Anderes „als eine Form der kapitalistischen Gesellschaft, nicht ein potenzieller Nachfolger dieser Gesellschaft" (ebd.). Tatsächlich hatten alle Errungenschaften und Siege der Gewerkschaften dieselbe Grundlage: das Prinzip des Privateigentums und die Ausbeutung des Menschen durch den Menschen. Daher erweist sich das Handeln der Gewerkschaft, wenn es in der eigenen Sphäre verbleibt und die üblichen Methoden anwendet, als gänzlich ungeeignet, die kapitalistische Gesellschaft umzuwerfen oder die Diktatur des Proletariats zu verkörpern (ebd.). Laut den Theoretikern von *L'Ordine Nuovo* können Fabrikräte, da sie ja auf den „Produzenten" und nicht den „Lohnempfängern" beruhen, nicht von einer Gewerkschaft koordiniert oder ihr untergeordnet werden. Im Gegenteil, ihr Auftauchen würde zu radikalen strukturellen Veränderungen in den Gewerkschaften führen (*L'Ordine Nuovo* 1920c). Solange aber das kapitalistische System bestehen bleibt, bleiben die Gewerkschaften eine unverzichtbare Form zur Verbesserung der Lebensbedingungen der Beschäftigten.

Sowohl die Anarchisten als auch *L'Ordine Nuovo* machten Druck, damit die unorganisierten Arbeiter an den Wahlen der Betriebskommissare teilnehmen konnten. Ihr Ausschluss hätte bedeutet, „die Fabrikräte zu bürokratischen Organen zu machen, ohne ihre Klassen- und Vereinigungsfunktionen; sie wären zu einem Mechanismus der Verbindung der Gewerkschaftsoffiziellen mit der Fabrik geworden" (Santhià 1956, 66).

Bereits im Sommer 1919 hatte Andrea Viglongo betont, wenn man nur Gewerkschaftsmitgliedern das Wahlrecht einräumte, dann kämen die internen Kommissionen unter den Einfluss der Gewerkschaften und würden dadurch ernsten Schaden nehmen. Damit sie ihren vollen Einfluss ausüben könnten, müssten die internen Kommissionen von allen Arbeitern gewählt werden, selbst wenn das einen radikalen Umbau der Gewerkschaften verlangte. Die Rolle der internen Kommissionen sei es nicht nur, Disziplin am Arbeitsplatz zu wahren, sondern auch, die Arbeiterklasse darauf vorzubereiten, die Kapitalisten in der Leitung der Fabriken zu ersetzen; alle Arbeiter, und nicht nur die Gewerkschaftsmitglieder, müssten sich an einer Sowjetrepublik beteiligen (Viglongo 1919).

Der Vorschlag, auch unorganisierten Mitgliedern die Teilnahme an den Wahlen der internen Kommissionen zu gestatten, stieß auf heftige Gegnerschaft von Seiten der FIOM und der CGdL. Tatsächlich war das Wahlsystem für die Bestimmung der Beziehung zwischen den neuen Organen und den Gewerkschaften entscheidend. Zwei miteinander verbundene Themen standen zur Debatte: Wer von den Arbeitern hatte das Recht, die Betriebskommissare zu wählen; und in welchem Umfang sollten die Kommissare entscheiden, wer ins Gewerkschaftskomitee oder andere Organe gewählt werden sollte?

Für Emilio Colombino, Mitglied des nationalen Sekretariats der FIOM, bedeutete eine Wahlerlaubnis für unorganisierte Arbeiter, dass der Betrieb und nicht die Arbeiterklasse gemäß den korporatistischen Interessen die Gewerkschaft führen würde, wodurch sie in ihrer Existenz bedroht würde. Fabrikräte sollten Hilfsorgane sein, denn die Gewerkschaften seien der Ausdruck der Arbeiterklasse und nicht des Arbeitsplatzes. Die Mitglieder der gewerkschaftlichen Führungsorgane müssten die fähigsten und erfahrensten Gewerkschafter sein und dürften somit nicht auf der Grundlage ihrer Rolle im Produktionsprozess bestimmt werden (Colombino 1920, 26-29).

Im formalen Rahmen wurde die erste Diskussion über die Beziehung zwischen den Fabrikräten und den Gewerkschaften auf dem Jahrestreffen des örtlichen Zweiges der FIOM von Turin am 1. November 1919 abgehalten. Vor dem Treffen stellte die Versammlung der Betriebskommissare ein Programm der Betriebskommissare auf, das eine Prinzipienerklärung und Regularien für die Fabrikräte enthielt (Comitato di Studio dei Consigli di Fabbrica 1920).

Das erste Prinzip lautete, dass „Fabrikkommissare die einzigen, wirklich gesellschaftlichen (wirtschaftlichen und politischen) Vertreter der proletarischen Klasse sind, weil sie nach allgemeinem Stimmrecht von allen Arbeitern ihres Betriebes gewählt wurden". Daraus ergebe sich, dass „die Kommissare (...) eine gesellschaftliche Macht verkörpern, und weil sie von allen Proletariern gewählte Gewerkschafter sind, sie auch den Willen der Gewerkschafter in diesen Organisationen selbst vertreten können".

Bei einigen Widersprüchen betonte das Dokument die verschiedenen Funktionen von Handwerks- und Industriegewerkschaften und Fabrikräten. Es erkannte an, dass die Gewerkschaften eine unverzichtbare Organisationsform darstellen und dass die Handwerks- und Industriegewerkschaften „in ihren Funktionen fortfahren und individuelle Kategorien von Arbeitern organisieren müssen, um Verbesserungen bei den Löhnen und den Arbeitsstunden zu erreichen". Aber das Programm der Betriebskommissare machte auch deutlich, dass die Gewerkschaften gemäß dem Willen der Arbeitermassen zu handeln hätten, wie sie von den Kommissaren vertreten würden, und nicht umgekehrt:

> „Die Gewerkschafter in den Räten akzeptieren fraglos, dass über Disziplin und Ordnung beim einzelnen oder kollektiven Handeln in der Industrie von den Gewerkschaften entschieden wird, sofern die Direktiven für die Gewerkschaften von den Fabrikkommissaren als den Vertretern der Arbeiterklasse kommen. Sie lehnen jedes andere System, welches die Gewerkschaften einsetzen möchten, um den Willen der organisierten Massen zu erken-

nen, als künstlich, ineffizient und falsch ab“ (Comitato di Studio dei Consigli di Fabbrica 1920).

Auf dem Treffen präsentierten Giovanni Boero und Garino, die die Fabrikkommissare vertraten, eine Erklärung, die feststellte, dass die Gewerkschaften der direkte Ausdruck des Willens ihrer Mitglieder sein sollten, wie er durch die direkt am Arbeitsplatz entstandenen Organe ausgedrückt werde. Die Offiziellen der FIOM wandten sich gegen dieses Vorgehen. Ihr Sekretär, Uberti, lehnte den Vorschlag ab, dass das ausführende Komitee der örtlichen Zweige der Gewerkschaften von den Fabrikräten Anweisungen bekommen sollte. Er verurteilte auch die Praxis, Nichtmitgliedern die Teilnahme an den Abstimmungen zu erlauben, ein Prinzip, das in seinen Augen im Gegensatz zum eigentlichen Daseingrund der Gewerkschaftsbünde und der Arbeitskammer stand. Der einzige Punkt, bei dem sie nachgaben, war die Einrichtung von Betriebskommissaren, aber nur unter der Kontrolle der Gewerkschaften und als Instrument, die demokratische Beteiligung einer zunehmenden Zahl von Arbeitern zu steigern.

Der von Boero und Garino vorgestellte Antrag erhielt die Mehrheit der Stimmen und die Vertreter von Fabrikräten gewannen die Kontrolle über die örtliche Sektion der FIOM. Ein paar Tage später kommentierte der Führer der Sozialistischen Partei, Serrati, diesen Sieg in der Zeitung *Avanti!* Er zeigte sich bestürzt, wie man denken könne, dass die Organe der Einheit der Arbeiterklasse von nicht gewerkschaftlich organisierten Arbeitern geschaffen werden könnten – jenen, „die bislang als Zuschauer an der Seite gestanden haben, mit dem Skeptizismus des Konservativen oder dem Individualismus des Anarchisten. (...) Zu behaupten, Gewerkschaften seien überholte Organe, zeugt von großer Oberflächlichkeit und ist äußerst gefährlich für die Zukunft des Proletariats“ (Serrati 1919).

Obwohl der Antrag zugunsten der Fabrikräte durchgegangen war, wurde die offizielle Linie der FIOM prompt auf einer nationalen Konferenz in Florenz ein paar Tage später bestätigt. Es wurde ein Antrag verabschiedet in dem es heißt:

> „Der Kongress der Metallarbeiter (...) erklärt, dass die Gewerkschaftsorganisation über die ganze Verantwortung für die Bewegung und Aktivität der Klasse sowohl innerhalb wie außerhalb der Fabrik verfügen muss (...). Er weist die Gewerkschaftsmitglieder auf die Gefahr und die Folgen für die Gewerkschaft hin, die durch die Errichtung neuer Organisationen verursacht sind, von denen man annehmen kann, dass sie die Gewerkschaften überrennen möchten, die derart unter den dominierenden Einfluss der nichtorganisierten Massen geraten könnten“ (Antonioli und Bezza 1978, 121-124).

Gemäß diesem Antrag war das Experiment mit den Fabrikräten nur als Fortsetzung der Arbeit der internen Kommissionen und bei Koordination durch die Gewerkschaft erlaubt.

Eine ähnliche Konfrontation ereignete sich im Dezember auf dem Kongress der Arbeitskammer von Turin; der Unterschied war, dass in diesem Fall alle Industrien betroffen waren. Der Antrag zur Unterstützung der Fabrikräte und zugunsten eines Wahlrechtes für Unorganisierte ging durch: „Ab diesem Zeitpunkt wurde die Bewegung der Fabrikräte von den reformistischen Führungen der FIOM und der CGdL, aber auch vom maximalistischen Direktorat der PSI als gegen die Gewerkschaft gerichtet gebrandmarkt" (Levy 1999, 146).

Die neue Institution stieß auch auf starken Widerstand von Seiten der Mehrheit der Industriellen. Auf einem nationalen Kongress des Bundes der Industriellen warnte Gino Olivetti vor dem gefährlichen Charakter des italienischen Systems der Räte, verglichen mit den russischen oder den deutschen Erfahrungen. Eine Institution zu tolerieren, die die Macht des Managements in der Fabrik untergrub, stand außer Frage: „Es ist unmöglich, in einer Firma eine Doppelherrschaft zu etablieren. (...) Bis ein kommunistisches System durch die Gesetzgebung eingerichtet ist, ist die Einführung von Fabrikräten nicht akzeptabel" (*L'Ordine Nuovo* 1920a). Zu Anfang März 1920 erklärte die Allgemeine Konföderation der Industrie ihre klare Gegnerschaft zur Einrichtung von Fabrikräten.

Der Aprilstreik

> „April 1920 – man sprach vom ‚Uhrzeigerstreik', weil die Industriellen zum Tageslicht zurückkehren wollten, um Zeit zu sparen. Sie stellten die Uhr ohne Rücksprache mit den Fabrikräten, mit der internen Kommission zurück. (...) Es handelte sich um eine Machtfrage, eine Frage der Entscheidung (...) Wer sollte den Arbeitsrhythmus in der Fabrik organisieren? Es ging um einen Konflikt über Macht."
>
> Leonetti, mündliches Zeugnis in: *Gramsci, gli intellettuali e la cultura proletaria*

Am 20. März 1920 besuchten der Präsident des Bundes der Industriellen, De Benedetti, Olivetti und der Besitzer von FIAT, Giovanni Agnelli, den Präfekten von Turin, um sich über die verbreitete Disziplinlosigkeit in den Fabriken und die hartnäckigen und unvernünftigen Forderungen der Arbeiter zu beklagen. Die drei Männer machten klar, dass sie eine allgemeine Aussperrung durchführen wollten, um diese Situation zu beenden. Der Präfekt warnte sie vor den schädlichen Konsequenzen einer Aussperrung und schlug vor, sie sollten sich allen ungerechtfertigten Forderungen in den Weg stellen und jeden Bruch der internen Regularien bestrafen.[5] Vier Tage später informierte er den Innenminister, dass die Industriellen seinen Vorschlägen gefolgt seien.

Im Stahlwerk FIAT Acciaierie schloss das Management eine Abteilung, weil die Arbeiter unter Protest den Arbeitsplatz verlassen hatten, denn sie hätten keine Antwort auf ihre Forderung nach einer ergänzenden Bezahlung der Mitglieder der internen Kommission bekommen. Bei Industrie Metallurgiche, das ebenfalls zu FIAT gehörte, hielten die Arbeiter die Produktion an, weil Mitglieder der internen Kommission wegen Unbotmäßigkeit entlassen worden waren – sie hatten ohne Erlaubnis die Zeiger der offiziellen Betriebsuhr von der Sommerzeit auf die Standardzeit zurückgestellt.[6]

Etwa eintausend Arbeiter lehnten das erste Abkommen ab, das zwischen der Gewerkschaft und dem Management zur Lösung des Problems erzielt worden war, und weigerten sich, die Fabrik zu verlassen.[7] Sie wurden sodann von der Polizei gezwungen, hinauszugehen. Der Innenminister sandte dem Präfekt eine klare Anweisung, ohne Zögern zu handeln, die Armee zur Verteidigung der Fabriken einzusetzen, alle Versammlungen zu verbieten, gefährliche Charaktere unter Beobachtung zu halten und Aufrührer zu verhaften.[8] In den folgenden Tagen übernahm die Armee die Kontrolle über die Fabriken, um möglichen Besetzungen durch die Arbeiter zuvorzukommen; die Offensive gegen die Fabrikräte war gestartet worden.

Am folgenden Tag stimmten die Unternehmer dem Widerruf der Entlassung der Mitglieder der internen Kommission bei Industrie Metallurgiche zu, aber mit dem Vorbehalt, dass diese Leute ein Jahr lang nicht wiedergewählt werden durften. Diese Bedingung wurde als eine unakzeptable Einmischung in die Wahl von Arbeitervertretern angesehen. Außerdem betonten die Unternehmer, in Zukunft müssten die internen Kommissionen unter strikter Einhaltung der Regularien des nationalen Abkommens handeln.

Am 26. März wählen die Fabrikkommissare aller metallverarbeitenden Fabriken ein Aktionskomitee und für den folgenden Tag wurde ein Streik ausgerufen. Der Streik wurde von 30.000 Arbeitern unterstützt.

5 Präfekt Taddei an den Innenminister, 20. März 1920, Archivio Centrale dello Stato, Divisione Generale Pubblica Sicurezza, 1920 b. 102.

6 Die Sozialisten und die Gewerkschaften waren gegen die Einführung der Sommerzeit, weil sie das als Rückkehr zur Praxis während des Krieges ansahen.

7 Präfekt Taddei an den Innenminister, 24. März 1920, ACS, PS 1920, b. 102.

8 Der Innenminister an den Präfekten von Turin, 24. März 1920, ACS, PS 1920, b. 102.

> „Die besten Versammlungen, an die ich mich erinnern kann, fanden in den Fabriken statt. Das Publikum und die Sprecher, alle in Arbeitskleidung, verdeutlichten ihre Sichtweise. Alle waren sie dort: Die Facharbeiter in ihren weißen Krägen, die ungelernten Arbeiter und die Lehrlinge. Damals verstanden alle, dass das Spiel äußerst ernst war und dass den Kampf zu verlieren für jeden bedeuten würde, einen ganz großen Verlust zu erleiden" (Montagnana 1952, 120).

Die beiden Streitpunkte wurden als prinzipiell eingeschätzt. Doch – wie schon vom Präfekten berichtet – der Fokus der Auseinandersetzung lag im Ansinnen der Industriellen, Normen und Regulierungen für die internen Kommissionen einzuführen, die „in einigen Fabriken eine Ablehnung des Status quo, dem man zugestimmt hatte oder der implizit akzeptiert worden war", darstellte.

Nach einigen Treffen wurde anfänglich ein Abkommen erreicht. In den Fabriken von Industrie Metallurgiche stimmten der Arbeitervertreter zu, dass die interne Kommission die Zeiger nicht hätte verstellen sollen, dass die Betriebskommissare zurücktreten sollten, dass die Arbeiter keine Bezahlung für die Zeit der Niederlegung der Arbeit bekommen sollten und dass die örtliche Abteilung der FIOM vor dem Streik hätte konsultiert werden müssen. Was noch wichtiger war, sie stimmten zu, dass „die örtliche Abteilung der FIOM versprechen sollte, die internen Kommissionen auf ihre eigentlichen Aufgaben der Absicherung der Interessen der Beschäftigten[9] bei Lohnabkommen und Fabrikregularien hinzuweisen" (Clark 1977, 102).

Bei Acciaierie planten die Manager nicht nur, die Arbeiter für ihren wilden Streik zu bestrafen, sondern forderten auch, dass vor Arbeitsaufnahme ein Abkommen über die Rolle der internen Kommissionen geschlossen werden müsste, und auch „im Hinblick auf die in bestimmten Fällen nötigen Klarstellungen, in denen in einigen Fabriken Zugeständnisse gemacht worden waren, die auf einer weitreichenden Interpretation der Regularien beruhen, ist es wesentlich, dass solche wichtigen Details geklärt werden" (Clark 1977, 102).

Sodann wurden, im Versuch, die Auseinandersetzung auf die nationale Ebene zu bringen, die Arbeitskammer und das nationale Komitee der FIOM gebeten, den Verhandlungen beizutreten. Der nationale Sekretär der FIOM, der Reformist Bruno Buozzi, führte die Diskussion. Am 8. April wurde ein Abkommen erzielt. Die Arbeiter bei Acciaieries sollten eine symbolische Strafe von einem Stundenlohn bezahlen, und das Geld sollte in ihren Unterstützungsfonds für Arbeitslose gehen. Die Diskussionen über die Regularien in der Fabrik wurden

9 Präfekt Taddei an den Innenminister, 13. April 1920, ACS, PS 1920, b. 102.

verschoben. Der Präfekt sah das Ergebnis als „einen großen Sieg für die Industrie“ an, weil das Abkommen auch Beschränkungen des Wirkungskreises der internen Kommissionen vorsah. Die Punkte des Abkommens wurden jedoch vom örtlichen Zweig der FIOM und von der Versammlung der Fabrikkommissare abgelehnt. Deswegen wurde eine Abstimmung bei den Turiner Metallarbeitern abgehalten, an der sich von den 50.000 Wahlberechtigten 11.579 beteiligten. Es ergab sich eine Mehrheit von 794 Stimmen zugunsten des Abkommens. Nach zwei stürmischen Treffen entschied man, am 12. April an die Arbeit zurückzukehren.

Als die Arbeitervertreter das Abkommen unterzeichnen wollten, kam der wahre Grund des Streits zum Vorschein. Die Industriellen behaupteten, das Problem der Regulierung der internen Kommissionen sei nicht gelöst, und stellten einen Vorschlag vor, der sie der meisten Funktionen und Möglichkeiten der Aktion beraubt hätte.[10] An diesem Punkt war der Streit nun bei der eigentlichen Existenz der Fabrikräte angelangt. Am 13. April lehnten die Fabrikkommissare den Vorschlag ab, und am folgenden Tag bildeten die Arbeitskammer und die örtlichen und die Sektionen der Provinz der PSI ein Aktionskomitee. Für den 17. April wurde für den ganzen Piemont der Generalstreik ausgerufen.

Die Behörden verboten alle öffentlichen Treffen. Der Präfekt forderte viertausend zusätzliche Soldaten zur Unterstützung der dreitausend, die sich bereits in der Stadt befanden, an.[11]

> „Turin befand sich im Belagerungszustand. Vom ersten Tag an gab es laufend Verhaftungen, vor allem von unseren Genossen; und der erste war unser Freund Garino, einer der aktivsten Anarchisten bei den Metallarbeitern von Turin. (...) In Turin wurden alle öffentlichen Gebäude in Kasernen umgewandelt, bewaffnete Fahrzeuge patroullierten andauernd in den Straßen, es wurden Nester mit Maschinengewehren auf den Palästen und Kirchen errichtet“ (Volontà 1920).

Während der Verhandlungen legten Buozzi und die Arbeitervertreter unterschiedliche Vorschläge zur Regulierung der internen Kommissionen vor. Aber für die Industriellen war der wichtigste Punkt die Fabrikräte, von denen in den früheren Abkommen überhaupt nicht die Rede war. Sie verlangten, dass die Gewerkschaften die Fabrikräte ablehnen sollten. Weder von Buozzi noch von den Gewerkschaftsvertretern gab es einen Versuch, die Verhandlungen in Richtung

10 Der Präfekt von Turin an den Innenminister, 11. April 1920, ACS, PS 1920, b. 22.

11 Der Präfekt von Turin an den Innenminister, 14. April 1920, ACS, PS 1920, b. 22.

Anerkennung dieser Organisationsform zu steuern. Das hätte die volle Unterstützung der CGdL und der PSI auf nationaler Ebene erfordert.

Das Exekutivkomitee der Fabrikkommissare hatte schon zu Beginn der Verhandlungen das politische Problem der Anerkennung der Fabrikräte klar benannt:

> „Die Form des Fabrikrates hängt von der politischen und wirtschaftlichen Stärke der Arbeiterklasse ab. (...) Es steht außer Zweifel, dass die Industriellen ein friedliches Funktionieren des Fabrikrates weder anerkennen noch erlauben werden, da es ja dessen Ziel ist, das kapitalistische System zu zerstören. (...) Man würde die Räte nur anerkennen, wenn ihre Vertreter versprächen, sich auf Handlungen zu Arbeitskontrakten zu beschränken und sich anzupassen. (...) Um für einen Fabrikrat die Anerkennung zu erhalten, müsste er Abkommen unterzeichnen und alle gesetzlichen Beschränkungen einhalten, die die Industriellen einzuführen gedenken. Dies liefe auf den Tod der neuen Arbeiterinstitution hinaus, die nur entstehen und sich entwickeln kann, wenn sie die Freiheit bekommt, zu manövrieren und ihre Tätigkeit im Hinblick auf die sich verändernden Notwendigkeiten des revolutionären Prozesses und der Psychologie der Arbeiterklasse zu verändern" (*L'Ordine Nuovo* 1920b).

Zur gleichen Zeit wurde in Mailand der nationale Parteitag der PSI abgehalten. Der Führer der CGdL, Ludovico D'Aragona, kam nach Turin. Das Aktionskomitee sprach sich für die Ausweitung der Aktionen auf das ganze Land aus: Ein nationaler Generalstreik war nun der einzige Weg, um den Protesten einen erfolgreichen Abschluss zu verschaffen. Am 21. April veröffentlichte das Studienkomitee der Arbeiterräte ein nationales Manifest, in dem die Arbeiterklasse und die Bauern aufgerufen wurden, dem Kampf zur Verteidigung der Arbeitskommissare und der Fabrikräte beizutreten (*Umanità Nova* 1920).

Das Manifest wurde in der anarchistischen Zeitung *Umanità Nova* und der Turiner Ausgabe der *Avanti!* veröffentlicht. Aber die Ausgaben von *Avanti!* in Rom und Mailand weigerten sich, den Aufruf zu drucken. In der Tat weigerten sich die nationalen Führer, den Konflikt auszuweiten, und forderten stattdessen ein volles Verhandlungsmandat. Am gleichen Tag traf sich D'Aragona mit Olivetti. Nach zwanzig Tagen Streik in den metallverarbeitenden Fabriken und zehn Tagen Generalstreik – dem längsten Streik in der Geschichte des Piemont – akzeptierte D'Aragona alle Bedingungen, die die Industriellen schon früher vorgetragen hatten. Am Abend des 22. April wurde der Streik abgeblasen. Die Gewerkschaftsführer brauchten zwei weitere Tage, um den Widerstand der Arbeitskommissare zu überwinden, die die Arbeit, ohne ein Abkommen zu unterzeichnen, wieder aufnehmen wollten; das war eine klare Ablehnung der Vermittlerrolle der Gewerkschaften.

> „Wir zweifeln sehr, dass die Führer der italienischen Sozialistischen Partei es wagen werden – öffentlich, klar und ohne Euphemismen – zuzugeben, dass der Streik der Metallarbeiter und der Generalstreik in Turin und dem Piemont mit der größten Niederlage geendet hat, derer man sich in der Geschichte des italienischen Proletariats erinnern kann" (Mussolini 1920).

Schlussfolgerungen

Obwohl Gramsci und Togliatti die Bedeutung des Protestes, die mehr auf politische als auf wirtschaftliche Ziele ausgerichtet war, betonten, hatte die Niederlage des längsten und am stärksten unterstützten Streiks, der je im Piemont stattgefunden hat (vgl. Gramsci 1967, 90), deutlich negative Auswirkungen für die Arbeiterbewegung. Die italienischen Arbeiter wurden Zeugen des inkonsistenten und widersprüchlichen Charakters der Sozialistischen Partei: Das Ausmaß der Kluft zwischen ihren revolutionären Zielen und ihrem politischen Handeln und die tiefe Spaltung ihrer Führung wurden sichtbar. Mehr noch, das Gefühl, von den Offiziellen der FIOM und der CGdL betrogen worden zu sein und der daraus folgende Groll verbreiteten sich schnell in der Region und schufen Vorurteile der Arbeiterbewegung gegenüber der Bürokratie. In einem anderen Bereich untergrub das Scheitern der Fabrikräte die Autorität von *L'Ordine Nuovo*, die sich unfähig gezeigt hatte, die Bewegung zu führen. Trotz ihrer entscheidenden Rolle in der Arbeiterklasse Turins wurde das Fehlen von Wirkung von *L'Ordine Nuovo* im nationalen Rahmen deutlich, besonders in den leitenden Hierarchien der Sozialistischen Partei und in den Gewerkschaften.

Der Führer der radikaleren „maximalistischen" Fraktion der PSI, Amadeo Bordiga, sah in der Niederlage eine Bestätigung seiner früheren Kritik an den Räten. In seiner Zeitung *Il Soviet* hatte er *L'Ordine Nuovo* und die Bewegung der Fabrikräte immer wieder kritisiert. Für Bordiga war die Partei – die von der reformistischen Fraktion gesäuberte Sozialistische Partei – das revolutionäre Organ und die bewegende Kraft zur Übernahme der politischen Macht. Ohne eine Sowjetrevolution konnten die Fabrikräte nur reformistische und Organe der Klassenkollaboration sein. Nach einer erfolgreichen Revolution konnten sie als Expertenorgane bestehen, die sich auf die Verwaltung der Produktion konzentrieren, jedoch ohne jede politische Funktion. Die deutlichen Unterschiede zwischen der Bordiga-Fraktion und der Gruppe von *L'Ordine Nuovo* schufen für die Arbeiter den Eindruck, dass es keine effektive zentrale Führung gab, die in der Lage war, die Fabrikrätebewegung auszuweiten (Pepe 1970, 121). Tatsächlich breiteten sich Fabrikräte außerhalb des Piemont nur sehr schwach aus.

Das Scheitern zeigt die ungelösten Widersprüche in der Beziehung zwischen Fabrikräten und nationalen Gewerkschaftsorganisationen. Trotz Gramscis Versuch, die beiden Organe getrennt zu halten, war klar, dass für einen Großteil der Bewegung die Fabrikräte in Opposition zu den reformistischen Gewerkschaften standen. Auf dem nationalen Kongress der FIOM im Mai 1920 war das Experiment mit den Fabrikräten ein Objekt bitterer Kritik und von Angriffen durch die meisten Gewerkschaftsführer (Antonioli und Bezza 1978, 571f.). Das Problem der Beziehung zwischen dieser Form der Arbeitervertretung und den Gewerkschaften führte auch zur Debatte zwischen Gramsci und Tasca im Frühjahr 1920 (Spriano 1971, 89-92). Auf dem Kongress der Turiner Arbeitskammer Ende Mai 1920 trug Tasca einen Antrag vor, der die Position der Gewerkschaftsführer auf lokaler Ebene wieder herstellen sollte: Die internen Kommissionen sollten fortbestehen, aber ohne die Möglichkeit, über Politik zu entscheiden; die örtlichen Gewerkschaftsvertreter sollten nicht von den Betriebskommissaren gewählt werden. Politische Entscheidungen sollten bei der Gewerkschaftsführung verbleiben. Tascas Antrag „erwies sich für die örtlichen Gewerkschaftsführer als annehmbar und ging leicht durch“ (Levy 1999, 163).

Auch das Problem der Beziehung zwischen den Räten und der Sozialistischen Partei blieb ungelöst und damit die Frage des Potenzials von Fabrikräten als revolutionären Organen, sofern sie nur in den Fabriken und ohne Unterstützung von äußeren politischen Bezugspunkten arbeiteten.

Es kam zu Streitereien zwischen den Sozialisten und den Anarchisten. Die Anarchisten waren „enttäuscht und wütend wegen des Scheiterns des Streiks“. Sie klagten die Sozialisten des Verrats an und verurteilten „was ihrer Meinung nach eine falsche Auffassung von Disziplin war, die die Sozialisten an ihre feige Führung gebunden hatte“ (ebd., 161). Im August, als Wahlen zur Exekutive der PSI in Turin anstanden, verfolgte *Avanti!* bereits seit sechs Wochen eine Kampagne gegen die anarchistische Verseuchung der Turiner Arbeiterbewegung (ebd., 163). Alle diese Probleme breiteten sich erneut und mit noch viel dramatischeren Konsequenzen während und nach den Fabrikbesetzungen im Herbst 1920 aus. Die folgende faschistische Offensive sollte die Arbeiterbewegung und ihre Organisationen in Bälde zerstören.

Erst nach mehreren Jahrzehnten tauchte der Kampf für die Einsetzung von Fabrikräten in Italien wieder auf: in den 1970er Jahren, neuerlich eine Zeit starker Militanz und kreativer Aktion der Arbeiterklasse.

Literatur

Antonioli, M. and Bezza, B. (1978), *La FIOM dalle origini al fascismo.* 1901-1924, Bari: De Donato.

Avanti! (1920), „Cronache. La prima assemblea dei Consigli di fabbrica", Turin, 20. Oktober.

Bordiga, Amadeo (1920), „Towards the Establishment of Workers' Councils in Italy", in: *Il Soviet,* Bd. III, Nr. 1, 2, 4, 5, 7; Januar 1, 11, Februar 1, 8, 22.

Bermani, Cesare (2007), *Gramsci, gli intellettuali e la cultura proletaria,* Mailand: Cooperativa Colibrì.

Bianchi, Roberto (2006), *Pane, pace, terra.* Il 1919 in Italia, Rom: Odradek Edizioni.

Castronovo, Valerio (2005), *Fiat. Una storia del capitalismo italiano. 1899-2005,* Mailand: Rizzoli.

Clark, Martin (1977), *Gramsci and the revolution that failed,* New Haven and London: Yale University Press.

Colombino, Emilio (1920), *I Consigli di fabbrica nel Movimento Sindacale,* Varese: Tipografia Varesina.

Comitato di Studio dei Consigli di Fabbrica Torino (1920), *Regolamento dei Commissari di reparto,* Turin: Tipografia Alleanza.

Garino, M. (1920), „Relazione sui consigli di fabbrica e di azienda presentata da M. Garino al congresso della Unione Anarchica Italiana, Bologna 1-4 luglio 1920", in: *Umanità Nova,* Juli.

Gramsci, Antonio; Togliatti, Palmiro (1980) [21. Juni 1919], „Arbeiterdemokratie", in: A. Gramsci, *Zu Politik, Geschichte und Kultur,* hrsg. von Guido Zamis, Frankfurt/M.: Röderberg, S. 38-42.

— (1967) [12.7.1919], „Die Eroberung des Staates", in: A. Gramsci, *Zur Philosophie der Praxis,* hrsg. von Christian Riechers, Frankfurt/M.: S. Fischer, S. 29-34.

— (1967) [August 1920], „Das Programm des *Ordine Nuovo*", in: A. Gramsci, *Zur Philosophie der Praxis,* hrsg. von Christian Riechers, Frankfurt/M.: S. Fischer, S. 72-79.

— (1967), „Die Turiner Fabrikrätebewegung (Bericht an das Exekutivkomitee der Kommunistischen Internationale vom Juli 1920)", in: A. Gramsci, *Zur Philosophie der Praxis,* hrsg. von Christian Riechers, Frankfurt/M.: S. Fischer, S. 89-100.

Lattarulo G. und R. Ambrosoli (1971/2009), „I consigli operai. Un'intervista con il compagno Maurizio Garino“, in: *A*, April 1971. Auf englisch in: *The Italian Factory Councils and the Anarchists*, hrsg. von Anarchist Federation London, London: Stormy Petrel, S. 17-18.

Levy, Carl (1999), *Gramsci and the anarchists*, Oxford: Berg.

L'Ordine Nuovo (1919a), „La conquista dello stato“, 12. Juli.

— (1919b), „Ai Commissari di reparto delle officine Fiat-centro e brevetti“, 13. September.

— (1919c), „Cronache“, 13. September.

— (1919d), „Sindacati e consigli“, 11. Oktober.

— (1920a), „L'opinione degli industriali sui consigli di fabbrica“, 25. März.

— (1920b), „Il parere del C. E. sui consigli di officina“, 27. März.

— (1920c), „La relazione Tasca e il congresso camerale di Torino“, 5. Juni.

Magri, Francesco (1947), *Controllo operaio e consigli di azienda in Italia e all'estero*, Mailand: Editrice Accademia.

Maione, Giuseppe (1975), *Il biennio rosso.* Autonomia e spontaneità operaia nel 1919–1920, Bologna: Il Mulino.

Masini, Pier Carlo (1951), *Anarchici e comunisti nel movimento dei Consigli a Torino.* Primo dopoguerra rosso 1919-1920, Turin: Gruppo Barriera di Milano.

Montagnana, Mario (1952), *Ricordi di un operaio torinese*, Rom: Edizioni Rinascita.

Mussolini, Benito (1920), „Dura lezione“, in: *Il Popolo d'Italia*, 25. April.

Pastore, O. (1919), „Il problema delle commissioni interne“, in: *L'Ordine Nuovo*. 16. August.

Pepe, Antonio (1970), „Einleitung“, in: *Lotta di classe e democrazia operaia.* I metalmeccanici ed i consigli di fabbrica, Bd. I., hrsg. von der FIOM, Rom: La tipografica.

Santhià, Battista (1956), *Con Gramsci all'Ordine Nuovo*, Rom: Editori Riuniti.

Serrati, G. (1919), „Perché non si equivochi“, in: *Avanti!*, 4. November.

Soave, E. (1964), „Appunti sulle origini teoriche e pratiche dei Consigli di fabbrica a Torino“, in: *Rivista Storica del Socialismo*, Bd. 7, Nr. 21, S. 14.

Spriano, Paolo (1971), *L'Ordine Nuovo e i Consigli di fabbrica*, Turin: Einaudi.

— (1975), *The occupation of the factories*, London: Pluto Press.

Terracini, Umberto (1920), „I Consigli di fabbrica: vicende e problemi, dall'Inghilterra alla Russia, dalla Germania a Torino“, in: *L'Almanacco Socialista*, Mailand.

Togliatti, P. (1919), „L'Assemblea della sezione metallurgica Torinese“, in: *L'Ordine Nuovo,* 8. November.

Umanità Nova (1920), 21. April.

Viglongo, A. (1919), „Verso nuove istituzioni“, in: *L'Ordine Nuovo,* 30. August.

Volontà (1920), 1. Mai.

Williams, Gwyn A. (1975), *Proletarian order,* London: Pluto Press.

Übersetzung aus dem Englischen: Paul B. Kleiser

8. Arbeiterdemokratie in der spanischen Revolution 1936/1937

Andy Durgan

Hinsichtlich der sozio-ökonomischen Erfahrungen ging die revolutionäre Bewegung in Spanien im Sommer 1936 weiter als die meisten vergleichbaren Bewegungen im Europa des 20. Jahrhunderts. Doch im Unterschied zu Russland 1917 oder Deutschland 1918 entstanden statt Arbeiterräten eine Myriade von Komitees, die die Basis für eine neue und stark fragmentierte revolutionäre Demokratie abgaben. Diese Organe wurden sowohl von der mächtigen spanischen libertären[1] Bewegung inspiriert und waren gleichzeitig das Ergebnis der praktischen Bedürfnisse der Arbeiter und Bauern, die mit einem faschistischen Aufstand des Militärs und dem zeitweiligen Zusammenbruch des Staates konfrontiert waren.[2]

Vorgeschichte

Die Idee, die Arbeiterklasse sollte die Gesellschaft leiten, war unter den organisierten Beschäftigten in Spanien in den ersten Jahrzehnten des 20. Jahrhunderts

1 Man beachte, dass die Begriffe „libertär“ und „anarcho-syndikalistisch“ in diesem Kapitel austauschbar sind, weil beide Begriffe den Charakter der revolutionären Komitees beschreiben.

2 Zu Revolution und Bürgerkrieg vgl. Broué und Teminé 2008 (dt. Frankfurt/M. 1968/1975); Bolloten 1991; eine Einführung in die Debatten der Geschichtsschreibung gibt Durgan 2007.

Gemeingut. Insbesondere die libertäre Bewegung hatte solche Konzepte mittels verschiedener Formen der Volkserziehung und der Propaganda propagiert.

Der spanische Anarchismus verfügte über keine einheitliche Sichtweise, wie eine zukünftige Gesellschaft aussehen sollte, doch es fehlte ihm weder an Ideologen noch Ideen, wenn es galt, Pläne oder Entwürfe für solch einen Eventualfall auszuarbeiten. Die anarchistischen Strategien für die soziale Revolution waren unterschiedlich: Sie reichten vom revolutionären Generalstreik der Massen über verschiedene Formen der direkten Aktion bis zum bewaffneten Aufstand. Alle Strömungen sahen konkrete Organisationsformen – gleich ob Gewerkschaften oder Gemeinschaften auf Ortsebene – als bedeutsam für das revolutionäre Projekt an. Im Gegensatz zu den Libertären waren die spanischen Möchtegern-Marxisten weniger produktiv, wenn es darum ging, Alternativen zur bürgerlichen Demokratie aufzuzeigen. Die Sozialistische Partei (PSOE) mit ihrer deterministischen Vorstellung von Marxismus sah den Sozialismus als unvermeidlich an und meinte damit kaum mehr als staatliche Kontrolle; jedoch war für sie die unmittelbare Aufgabe die Vollendung der bürgerlichen Revolution und nicht der Sozialismus.

Als im April 1931 (nach dem Thronverzicht von Alfons XIII., d. Ü.) die Republik eingerichtet wurde, rief die kleine spanische Kommunistische Partei (PCE) zum Sturz der „bürgerlichen Republik" auf und wollte „alle Macht den (nicht existierenden) Räten" geben; damit stieß sie auf Indifferenz, ja Feindseligkeit. Doch der Enthusiasmus für die neue parlamentarische Demokratie hielt nicht lange vor. Im Kontext einer sich verschärfenden Wirtschaftskrise wurden die von der CNT, der anarcho-syndikalistischen Gewerkschaft geführten Streiks unterdrückt und gesellschaftliche Reformen von der Rechten systematisch blockiert. In der Folge durchliefen in den beiden ersten Jahren der Republik sowohl die mächtige anarchistische wie auch die sozialistische Bewegung einen Prozess der Radikalisierung.

In der CNT gewannen die radikalen anarchistischen Gruppen, vor allem die in der Federación Anarquista Ibérica (FAI) organisierten, zunehmend an Einfluss. Nun starteten Sektionen der CNT eine Reihe von bewaffneten Aufständen – im Januar 1932, im Januar und Dezember 1933 –, in denen verschiedene Formen revolutionärer Komitees entstanden, die vergleichbare Organe vorwegnahmen, die 1936 eine bedeutsame Rolle spielen sollten. In der Zwischenzeit war in der sozialistischen Bewegung ein „revolutionärer" linker Flügel unter Führung des altgedienten Gewerkschaftsführers Francisco Largo Caballero entstanden. In den Wahlen vom November 1933 hatten die Sozialisten mit ihren kleinbürgerlichen Verbündeten von der Radikalen Partei gebrochen und favorisierten eine Regierung der „sozialistischen Parteien". Die Führung der CNT drängte die Arbeitenden, die Wahlen zu boykottieren, und trug dadurch zum Sieg der Rechten bei.

Man war weitgehend der Ansicht, dass die neue Regierung nur eine Station auf dem Weg zu einem quasi-faschistischen Regime unter der Partei der klerikalen Reaktion Confederación Espanola de Derechas Autónomas (CEDA) sein würde. Die Ereignisse in Deutschland und Österreich bestärkten auf der Linken den Glauben, dass nur ein bewaffneter Aufstand und eine soziale Revolution verhindern könnten, dass die spanische Arbeiterbewegung ein ähnliches Schicksal erlitt. Als Antwort wurden „Arbeiterbündnisse gegen den Faschismus" gegründet, zuerst in Katalonien im Dezember 1933 und in den späteren Monaten in vielen Teilen des Landes. Diese Bündnisse wurden von Delegierten der bestehenden Arbeiterorganisationen gebildet: aus Sozialisten, dissidenten Kommunisten (den eigentlichen Inspiratoren der Bündnisse), den Gemäßigten aus der CNT (Treintistas) und aus keinem Verband angehörenden Gewerkschaften (Durgan 1996, 240-266).

Es gab nur wenig Übereinstimmung unter den beteiligten Organisationen, welches die genaue Rolle der Bündnisse im revolutionären Prozess sein sollte. Nur der dissident-kommunistische Bloque Obrero y Campesino und die Trotzkisten verteidigten die entscheidende Rolle von Arbeiterräten für die Schaffung einer künftigen sozialistischen Gesellschaft. Dies bedeutete, dass die Bündnisse eher durch Wahlen von unten „demokratisiert" werden sollten, statt einfach Gremien von Vertretern existierender Organisationen zu sein.

Die Ereignisse zeigten bald sowohl die Beschränktheiten als auch das Potenzial der Bündnisse als Machtorgane. Nach dem Eintritt der CEDA in die Regierung im Oktober 1934 rief die Sozialistische Partei zu einem Generalstreik auf, um sich dem „Faschismus" in den Weg zu stellen. Ohne klare Führung und Organisierung brach der Streik rasch zusammen. Die Ausnahme war Asturien, weil es dort Bergarbeiter gab, die von der Wirtschaftskrise bedroht waren. Dort gab es lokale Traditionen der Solidarität sowie die Tatsache, dass die gesamte Arbeiterbewegung, die CNT eingeschlossen, die Bündnisse unterstützte. Die Kommunikation, die wirtschaftlichen Aktivitäten und die militärische Verteidigung wurden durch die Bündnisse koordiniert; dadurch wurden sie schnell zur einzigen Autorität in der Region und zur Grundlage einer revolutionären Regierung. Die Kommune von Asturien wurde nach zwei Wochen heroischen Widerstandes niedergeworfen, doch sie erwies sich als ein wichtiger Meilenstein auf dem Weg zu Krieg und Revolution.

Angesichts der Wahlen im Frühjahr 1936 und ermutigt vom sozialdemokratischen Flügel der PSOE und der PCE, wurde eine Volksfront-Koalition der gesamten Linken von den kleinbürgerlichen republikanischen Parteien bis hin zur POUM[3] gebildet. Der allgemeine Kontext einer wachsenden Radikalisierung in den folgenden Monaten straft die Behauptung Lügen, wonach der Sieg der Volksfront eine Unterstützung für die liberale Demokratie dargestellt habe. Die organisierten Arbeiter waren massenhaft zu den Wahlen gegangen, um eine Amnestie für die Tausenden nach dem Oktober 1934 Verhafteten zu erreichen und einen Sieg der Rechten zu verhindern. Das Fehlen einer Initiative zur Einheit bei den linken Sozialisten und den Anarcho-Syndikalisten bedeutete, dass es keine Wahlalternative zur Volksfront gab.

Obwohl die republikanischen Parteien in der Regierung saßen, argumentierten die linken Sozialisten, die „Revolution" sei der einzige für die Arbeiterklasse offene Weg. Was diese Revolution mit sich bringen sollte, war überhaupt nicht klar. Eher als durch demokratisch gewählte Sowjets sollte der Sozialismus durch eine Diktatur der Partei eingeführt werden, die mit der Diktatur des Proletariats verwechselt wurde. Die Passivität der linken Sozialisten – irgendwie glaubten sie, das republikanische Projekt würde von selbst zusammenkrachen – zusammen mit ihren ideologischen Unklarheiten erklärt teilweise das Ausbleiben einer unabhängigen Rolle in der kommenden Revolution.

Die CNT wiederum, die sehr unter der Repression gelitten hatte, optierte auf ihrem Kongress im Mai 1936 für eine Aufgabe der Aufstandsstrategie zugunsten eines „revolutionären Bündnisses" mit der UGT. Trotzdem wurde auf dem Kongress die meiste Zeit damit zugebracht, eine Vision der künftigen libertären Gesellschaft auszuarbeiten. In den verabschiedeten Dokumenten – die auf etwa 150 Vorschlägen aus den verschiedensten Gewerkschaften beruhten – machte die örtliche Kommune der Gewerkschaft als Basisorganisation des täglichen Lebens Platz. Trotz der Intensität der Debatte in der CNT sollte sie zwei Monate später laut Xavier Paniagua in die Revolution eintreten, „ohne die grundlegendsten ökonomischen Konzepte einer Klärung zugeführt zu haben" (Paniagua 1982, 265-272).

3 Die Partido Obrero de Unificación Marxista wurde im September 1935 auf der Basis des BOC und der Trotzkisten gegründet. Die neue Partei war gegen die Volksfront, weil diese „Klassenkollaboration" betrieb, entschloss sich aber, das Wahlbündnis zu unterschreiben, als es ihr nicht gelang, die anderen Arbeiterorganisationen davon zu überzeugen, eine „Arbeiterfront" aufzubauen; vgl. dazu Durgan 2006, S. 35-38.

Die Komitees

Der Putsch der Militärs vom 18. Juli 1936 teilte Spanien in zwei antagonistische Zonen. Er rief auch den weitreichenden Widerstand der Arbeiterbewegung und den Beginn einer sozialen Revolution hervor. Mit dem Zusammenbruch von großen Teilen der Infrastruktur des republikanischen Staates ging die Organisierung des tagtäglichen Lebens, die schon bald von den Härten des Krieges massiv betroffen war, direkt auf die Arbeiterklasse und ihre Organisationen über. Die Beteiligung an der sich entwickelnden revolutionären Bewegung war nicht auf die aktivsten Sektoren der organisierten Arbeiterklasse beschränkt; lokale Studien zeigen den hohen Grad der Beteiligung der Massen allgemein. Besonders traten nun viele Frauen erstmals ins politische Leben ein und spielten ein führende Rolle bei den Mobilisierungen hinter der Front (Pozo 2002, 28; Durgan 2007, 79-87).

Barcelona, das Epizentrum der Revolution, sah, was Chris Ealham als die „größte Fiesta der Revolution im Europa des 20. Jahrhunderts" beschrieben hat. Die Arbeiterkontrolle ging zur Expropriation des Eigentums und der Neueinteilung der sozialen Bedürfnisse über. In einigen der ärmsten Stadtteile war schon vor dem Krieg eine Kultur des Widerstandes und der Besetzung städtischen Raums entstanden. Auf dieser Grundlage ergab sich ein embryonaler Prozess sozialer Transformation. Nicht nur besetzen Parteien und Gewerkschaften in großer Zahl Gebäude, auch Kirchen, die Häuser der Reichen und andere Gebäude wurden zu Hospitälern, Schulen, Volksgaststätten, Warenhäusern und Werkstätten umgewandelt (Ealham 2005, 113, 122-127).

Nachdem der bewaffnete Widerstand der Arbeiterklasse den militärischen Aufstand in mehr als der Hälfte des Landes besiegt hatte, wurde der Militärputsch zum Bürgerkrieg. Eine der unmittelbarsten Konsequenzen der Niederlage des Aufstandes des Militärs war die fast vollständige Desintegration des republikanischen Staates in den Gebieten, die nicht unter faschistischer Kontrolle standen. Die Macht ruhte nun auf einer Myriade von lokalen und regionalen Komitees. Die meisten dieser Komitees bestanden aus Vertretern bestehender Organisationen und ähnelten in diesem Sinn den Bündnissen der Arbeiter von 1934.

In vielen Gemeinden übernahmen die Komitees die Funktion der Gemeindeverwaltung. Die alten Verwaltungen verschwanden oft komplett. Wo örtliche Gemeinderäte weiterhin bestanden, waren diese den revolutionären Komitees untergeordnet oder wurden von ihnen kontrolliert. Eine der ersten Handlungen dieser Komitees war es, Eigentumstitel zu verbrennen, die Kirche (wenn sie nicht niedergebrannt worden war) in ein Warenhaus oder eine Werkstätte umzuwandeln und das Land zu kollektivieren. Auch in Städten war das Vorgehen ähnlich. Barcelona kann dafür als Beispiel dienen:

> „Die CNT-Verteidigungskomitees, die in revolutionäre Nachbarschaftskomitees umgewandelt wurden, organisierten – weil jedes Motto von irgendeiner Organisation fehlte und sie ohne stärkere Koordinierung blieben, abgesehen von den revolutionären Initiativen, den jeder Moment verlangte – Hospitäler und Hallen für das Essen der einfachen Bevölkerung; sie konfiszierten Autos, LKWs, Waffen, Fabriken und Gebäude, suchten nach privaten Wohnungen und führten Verhaftungen von verdächtigen Personen durch und bauten auch ein Netzwerk von Unterstützungskomitees auf" (Guillamón 2007, 80).

Die meisten richteten Unterkomitees ein, um diese zahlreichen Aufgaben zu erledigen. Häufig finanzierten sie sich selbst durch Enteignungen oder indem sie von örtlichen Geschäften eine „Kriegssteuer" einzogen. Einige Komitees hatten ihre eigene Presse: Sie hatten jeweils die örtliche konservative Zeitung übernommen.

Die Komitees richteten bald ihre eigenen Sicherheitskräfte ein, „Kontrollpatrouillen" oder „Hinterlandmilizen" – sowohl um willkürliches Morden zu beenden als auch um Konterrevolutionäre zu unterdrücken. Die Opfer der Repression waren in der Regel Mitglieder von rechten Organisationen, Grundbesitzer, Industrielle und Pfarrer. Der verbreitete Charakter dieser Repression in den ersten Wochen des Krieges im republikanischen Hinterland war ein – wenn auch ziemlich widerliches – Spiegelbild der Radikalisierung der Massen und stand in starkem Kontrast zu den bürgerlich-demokratischen Ansprüchen der Volksfront.

Die Komitees setzen sich auch unverzüglich zur Aufgabe, Milizen zu rekrutieren und auszurüsten, um sie an die Front zu schicken. Diese Milizen hatten bald einen Umfang von 150.000 Kämpfern und Kämpferinnen, wozu auch frühere Truppen der Armee zählten. Gewöhnlich wurden sie nach demokratischen Prinzipien organisiert, vor allem die Milizen der CNT. Die Menschen, die die Offiziere ersetzten, wurden von der Mannschaft entweder gewählt oder von den linken Organisationen ernannt. Die Sektions- und Kompanieführer (die an die Stelle von Feldwebeln und Unteroffizieren traten) wurden fast immer gewählt. Die zivilen Kommandanten von Milizeinheiten waren vor dem Krieg häufig Führer von Verteidigungsgruppen der Arbeitenden gewesen. Berufsmäßige Offiziere dienten als Militärberater. Es gab keine Unterschiede bei der Bezahlung oder Behandlung zwischen den Rängen. Politische Diskussionen waren häufig, doch Befehle wurden gewöhnlich fraglos akzeptiert, sobald man zur Tat übergehen musste.

Das weitreichendste System von Komitees gab es in Katalonien.[4] Hunderte solcher Organe kontrollierten vor Ort das politische, soziale und wirtschaftliche Leben; sie nahmen verschiedenste Namen an: „Revolutionskomitee", „antifaschistisches Komitee", „Verteidigungs-" oder „Milizkomitee" und – in einer Minderheit von Fällen – auch „Volksfrontkomitee" (was im übrigen Spanien verbreiteter war). Wie andernorts auch wurden die meisten „von oben" von den Arbeiterorganisationen eingerichtet; nur in kleinen Dörfern, wo diese Organisationen kaum existierten, gab es direkte Wahlen. In einigen Ortschaften wurden die Vertreter von Versammlungen der Mitglieder der Arbeiterorganisationen oder von allen Milizangehörigen oder Bewaffneten gewählt.

Die CNT dominierte die Mehrheit der Komitees in Katalonien. Weniger repräsentiert, abhängig von den örtlichen Gegebenheiten, waren die Bauerngewerkschaft Unió de Rabassaires, die POUM, die UGT und die neu gebildete PSUC.[5] Die kleinbürgerlichen Parteien wurden bisweilen in den ersten Wochen aus den Komitees ausgeschlossen, weil sie „nicht genügend antifaschistisch" waren. Doch im Unterschied zu den linken republikanischen Organisationen im übrigen Spanien war die wichtigste katalanische republikanische Partei, die Esquerra Republicana de Catalunya (ERC), eine genuine Massenpartei. Viele ihrer Mitglieder waren in der CNT, und in einigen Städten außerhalb Barcelonas waren sie im Widerstand gegen den Putsch vom Juli 1936 aktiv. Die Besonderheiten der ERC erklären ihre Anpassungsfähigkeit in den kommenden Wochen und ihre Fähigkeit, ihren Einfluss neuerlich zur Geltung zu bringen.

Eines der deutlichsten Beispiele des Bruchs mit der institutionellen Autorität in Katalonien war die Stadt Lleida – die bald strategische Bedeutung bekommen sollte, weil sie eine Durchgangsstation zur Aragon-Front bildete. Hier wurden die ERC und andere „bürgerliche" Parteien aus dem Volkskomitee ausgeschlossen, das nun die Stadt leitete; der Einfluss der POUM bestimmte, dass nur die Organisationen der Arbeiterklasse repräsentiert waren. Eine Vollversammlung von Gewerkschaftskomitees debattierte und ratifizierte die Entscheidung des Komitees; dabei handelte es sich wirklich um ein „Arbeiterparlament". Das erste Volksgericht in Katalonien, das eingerichtet wurde, um die Feinde der Republik abzuurteilen, wurde im August in jener Stadt eingerichtet, und die Sozialbrigade

4 Die einzig vollständige Studie der revolutionären Komitees bezieht sich auf Katalonien; vgl. Pozo 2002.

5 Die Partit Socialista Unificat de Catalunya wurde im Juli 1936 von der katalanischen Kommunistischen Partei, der katalanischen Föderation der PSOE, der sozialdemokratischen Unió Socialista de Catalunya und der linksnationalistischen Partit Català Proletari gegründet.

der Arbeiter kontrollierte die Straßen und machte Jagd auf Konterrevolutionäre. Unterkomitees für Landwirtschaft und Versorgung wurden ebenfalls geschaffen, und ein Stadtkomitee ersetzte den Stadtrat (Sagués 2005, 71-76).

Tatsächlich waren die Organisationen der Arbeiterklasse in fast allen wichtigen Komitees in Katalonien, obwohl Republikaner dabei waren, in der Mehrheit. Doch wenn man die Unterscheidung treffen will zwischen revolutionären und Volksfrontorganisationen, dann lag die Mehrheit zumeist bei den letzteren. Beispielsweise stellten im wichtigen Sabadell-Verteidigungskomitee die Arbeiterorganisationen neun der elf Vertreter, doch CNT und POUM nur vier.

Neben den lokalen Komitees wurden in den ersten Tagen des Kriegs auch Organe auf Regional- und Provinzebene eingerichtet. Einige, wie etwa das katalanische Comité Central de Milicies Antifeixistes (CCMA), die Junta von Biscaya oder der Rat von Aragonien, funktionierten als „wahrhaft autonome Regierungen“. Es gab grundlegend drei Typen von diesen regionalen Komitees. Im einen Extrem fand man regionale Volksfronten, die sich um den Gouverneur herum gebildet hatten, auf der andern den von Anarchisten geführten Rat von Aragonien. Zwischen diesen beiden Extremen gab es jene Komitees, in denen die jeweils regional mächtigste Organisation über den meisten Einfluss verfügte (Broué 1982, 38, 42f.).

Das CCMA, das häufig als eine embryonale Arbeiterregierung dargestellt wird, wurde am 21. Juli mit Vertretern von allen linken und Arbeiterorganisationen unter die Aufsicht der katalanischen Regierung, die Generalitat, gestellt. Der katalanische Präsident Lluis Companys hoffte, den Widerstand gegen den Militärputsch durch die Schaffung eines einheitlichen Organs außerhalb der Regierung, das deshalb für die Anarcho-Syndikalisten akzeptabel war, kanalisieren zu können. Etwas früher am gleichen Tag hatte eine außerordentliche Versammlung der CNT beschlossen, die Bildung des CCMA zu akzeptieren und jede Möglichkeit, die Macht zu übernehmen, abzulehnen, da dies bedeuten würde, eine „libertäre Diktatur“ zu errichten. Die Mehrheit der Volksfront im neuen Komitee wurde von den Anarcho-Syndikalisten nicht als Problem angesehen, denn sie glaubten, die Revolution sei dank ihrer bewaffneten Stärke sicher.[6]

Die erklärte Intension des CCMA war, nicht die Generalitat zu ersetzen, doch in der Praxis geschah genau dies. Wie der anarchistische Führer Adad de Santillán

6 Das CCMA wurde von jeweils drei Vertretern der ERC, der CNT und der UGT, zwei von der FAI und jeweils einem von der PSUC, der POUM, der Acció Catalana Republicana und der Unio de Rabassaires gebildet.

gesagt hat, war das CCMA gleichzeitig „das (katalonische) Kriegsministerium, das Innen- und das Außenministerium, und es leitete die Aktivitäten sowohl der wirtschaftlichen wie der kulturellen Organisationen. (Es war) der legitimste Ausdruck der Volksmacht" (zit. nach Bernecker 1982, 390). Neben der Koordination der Organisierung, Verproviantierung und Verschickung der Milizkolonnen an die Front errichtete das CCMA Unterkomitees für Transport, Gesundheit, Bildung und – besonders wichtig – Versorgung und Sicherheit.

Sein erstes Dekret ging über die Erhaltung der „revolutionären Ordnung", und es richtete sofort „Kontrollpatrouillen" zur Durchsetzung der Ordnung ein, die aus Mitgliedern aller linken Organisationen bestanden, vor allem aber der CNT.[7] Die Patrouillen wurden zu einem der langlebigsten Symbole der proletarischen Revolution in Barcelona. Für die gemäßigteren Teile der Bevölkerung waren die Patrouillen ein ungemütliches Beispiel für die revolutionäre Macht. Eine Macht, die durch ihren halbautonomen Status verstärkt wurde. Ohne die Zustimmung von irgendeiner Organisation richteten sie anfänglich ihre eigenen Gerichte ein, um an verdächtigen Konterrevolutionären Gerechtigkeit zu vollziehen. Neben den Patrouillen hatten die CNT und die anderen Organisationen und Nachbarschaftskomitees noch ihre eigenen bewaffneten Sicherheitseinheiten.

Parallel zum CCMA richtete die Generalitat den Consell d'Economia de Catalunya ein, um „die Revolution (und) die Kollektivierung der Wirtschaft zu koordinieren". In der Praxis handelte dieser Wirtschaftsrat unabhängig von der katalanischen Regierung und wurde von der CNT dominiert (Cendra 2006).

Das CCMA versuchte ebenfalls, seine Autorität bei den lokalen Komitees außerhalb von Barcelona durchzusetzen. Es insistierte darauf, sie sollten nur als Rekrutierungsorgane für die Miliz dienen, und es weigerte sich sogar, jene Komitees anzuerkennen, bei denen nicht alle antifaschistischen Organisationen Mitglied wurden. Sein Erfolg war aber beschränkt, und die meisten lokalen Organe erfreuten sich auch weiterhin eines großen Ausmaßes an Autonomie, sogar wenn sie aus Vertretern derselben Organisationen gebildet waren, die im CCMA waren.

Ansonsten übten in der republikanischen Zone die verschiedenen regionalen und auf Provinzebene tätigen Komitees unterschiedliche Grade an militärischer, wirtschaftlicher und politischer Kontrolle aus. In Valencia beruhte das exekutive Komitee des Volkes (CEP) auf den Parteien, die das Programm der Volksfront

7 Ende Oktober bestanden die Kontrollpatroullien aus 931 Aktivisten, etwa 400 waren CNT-Mitglieder (Guillamón 2007, 89).

unterzeichnet hatten. Zusammen mit den Anarcho-Syndikalisten hatten die Arbeiterorganisationen neun Vertreter und die republikanischen und regionalen Parteien vier. Die Zentralregierung in Madrid ernannte in dieser Stadt eine rivalisierende Junta, die die Auflösung des CEP verlangte. Doch es war die Junta, die bald gezwungen war, abzutreten, als die Kräfte des Exekutivkomitees Ende Juli die Kasernen stürmten, die noch in der Hand der Rebellen geblieben waren. Das CEP war nun die einzige Autorität in der Stadt und richtete Kommissionen ein, um die nötigsten Aufgaben zu bewerkstelligen: Versorgung, Transport, Gesundheit, Justiz, Bankwesen und Steuern, Milizen und Krieg, Propaganda, Presse und Kommunikation, Landwirtschaft, Handel und Industrie. Anfang November 1936 richtete das CEP einen Wirtschaftsrat mit Vertretern der Gewerkschaften ein, um die Produktion zu planen. Es weitete die Kollektivierung auf alle Arbeitsplätze aus, sofern die Besitzer die Rebellen unterstützt hatten oder wenn in ihnen mehr als fünfzig Arbeiter beschäftigt waren. In der Realität übernahm die jeweilige Gewerkschaft die Leitung der enteigneten Betriebe, ohne dass sie sich um die Zahl der Beschäftigten oder die politische Zugehörigkeit des Besitzers gekümmert hätte. So wie beim katalanischen Gegenstück waren die Versuche des CEP, die äußerst unterschiedlichen lokalen Komitees in der Region zu koordinieren, nicht besonders erfolgreich (Girona 1986, 32-73; Bosch 1983, 21, 67, 385).

In einigen Bereichen versuchten sich bekämpfende Komitees, ihre jeweilige Autorität durchzusetzen. Dies war in Murcia der Fall, wo es zwei wichtige Komitees gab: Eines im Zentrum der Verwaltung und Landwirtschaft, der Hauptstadt der Provinz, das von den Sozialisten geführt wurde, und das andere im industriellen und Handelszentrum Cartegena, das von den Anarcho-Syndikalisten geführt wurde (González Martinez 1999). Genauso gab es in Asturien zwei rivalisierende Komitees: Das Provinzkomitee in Sama, das von den Sozialisten kontrolliert wurde, und das Kriegskomitee in Gijón, das – obgleich dort auch Sozialisten und Republikaner Mitglied waren – von „den Anarchisten dominiert wurde". Das Komitee von Gijón kontrollierte die Küste und das sie umgebende Gebiet. Es baute in den Nachbarschaften und auf Fabrikebene zahlreiche Zwischenkomitees auf, die für die Sicherheit, die Dienstleistungen und die Industrie zuständig waren (González Muñiz et al. 1986, 37, 88; Radcliff 2005, 134).

In Andalusien verhinderten lokale Traditionen die Vereinigung der verschiedenen Komitees (Bernecker 1996, 489). Das mächtigste Komitee in der Region war das Komitee von Malaga für öffentliche Sicherheit, das aber trotz seiner Autorität kaum über die Stadt hinausreichte. Wie in den meisten andern Komitees waren auch hier die Arbeiterorganisationen hegemonial. Die CNT spielte eine entscheidende Rolle, denn sie stellte die Mehrheit der Kämpfer, verfügte über Massenunterstützung und kontrollierte das Wirtschaftsleben. Obwohl die Stadtverwaltung von Malaga weiter existierte, wurden die Rechten aus ihr herausgesäubert. Im Unterschied zu vielen Städten in der republikanischen Zone weigerte sich hier die CNT, in ihr mitzuwirken, und machte sie damit wirkungslos (Lorenzo 1969, 161; Nadal 1988, 138-145).

Der Rat von Aragonien war ziemlich außergewöhnlich, weil er sich zu Anfang allein in den Händen der Anarchisten befand. Er wurde durch ein Plenum der Gewerkschaften in Bujaraloz Anfang Oktober errichtet; es gab die klare Intention, den „Exzessen" der Milizkolonnen in der Region ein Ende zu setzen und „die wirtschaftlichen, sozialen und politischen Aktivitäten zu leiten"; zu diesem Behufe wurden sieben Abteilungen gegründet. Er organisierte seine eigene Polizei, führte Beschlagnahmungen durch, setze rigide Mechanismen bei der Verwaltung der Wirtschaft durch, leitete den Export von großen Mengen an Öl, Mandeln und Safran und den Import von anderen Gütern und nutzte den Apparat des Rates vor allem, um die Macht der CNT zu konsolidieren (Bernecker 1982, 133-170, 418-430).

Kollektivierung

Im Juni 1937 stellte die Zeitung des Verbandes der sozialistischen Landarbeiter in Valencia fest: „Jede Revolution hat ihre charakteristischen Eigenschaften: In England war es das Parlament, in Frankreich die Menschenrechte, in Russland die Sowjets; (in unserer Revolution) die Kollektive" (Casanova 1988, 79). Die weitverbreitete Kollektivierung der Landwirtschaft, Industrie und Dienstleistungen war das eindeutigste Beispiel für die Arbeiterkontrolle und die direkte Demokratie während der spanischen Revolution. Der Charakter dieses Prozesses unterschied sich von Region zu Region und besaß vor dem Krieg nur wenige Vorbilder. Die meisten Kollektive hatten eine äußerst praktische Zielsetzung: die Produktion und die Dienstleistungen am Laufen zu halten, sie an die besonderen Bedingungen des Krieges anzupassen und die Ernte einzubringen, um sowohl die Front wie das Hinterland zu versorgen.

Bei den Dienstleistungen und in die Industrie wurde von den Arbeitenden oder den republikanischen Autoritäten auf verschiedene Weise eingegriffen: Sozialisierung, Kollektivierung, Arbeiterkontrolle, Kooperativen, Überführung in gemeindlichen oder Staatsbesitz. Die betroffenen Eigentümer waren vor allem jene, die den Putsch des Militärs unterstützt hatten. Einige Unternehmen wurden übernommen, ohne auf die politische Ausrichtung des Eigentümers zu achten. Wo die Eigentümer oder Manager im Betrieb verblieben, arbeiteten sie gewöhnlich als Techniker oder Berater.

Die Kollektivierung war dort üblich, wo die CNT am stärksten war: in Katalonien, Valencia und Städten wie Malaga oder Cartagena. In Katalonien wurden vierzig Prozent der Industrie und Dienstleistungsbetriebe enteignet; in Barcelona selbst lag der Prozentsatz bei fast achtzig. Die meisten Firmen wurden in den ersten Tagen nach dem Militärputsch spontan übernommen, bevor noch die CNT dazu Anweisungen an ihre Mitglieder ausgeben konnte. Schon der Augenschein zeigte, dass die große Mehrheit der in Industrie und Dienstleistungen in Barcelona Beschäftigten die Kollektivierung unterstützte. Die Kleinbourgeoisie, die Staatsbeamten und die Techniker waren zwar gegen den Militärputsch, traten jedoch zumeist für Privateigentum oder staatliche Kontrolle ein. Parallel zur Kollektivierung wurde von der katalanischen Regierung und den Gewerkschaften eine Kriegsindustrie aufgebaut, die aber unter der Kontrolle der Regierung stand.

Für die CNT war die Kollektivierung ein Mittel für ein Ziel, nämlich die Sozialisierung der wirtschaftlichen Produktion. Sowohl lokal wie regional machten die Anarcho-Syndikalisten Pläne für die kommenden Monate, um die Grundlage für eine neue Ökonomie zu legen. Auf regionaler und stadtweiter Ebene wurden viele Industrien zu Assoziationen zusammengefasst, um die Produktion zu koordinieren. Das Ziel solcher Assoziationen war die Sozialisierung jeder Einzelindustrie, wobei die Produktion und die Profite dem Gemeinwohl untergeordnet sein sollten.

Die kollektivierten Firmen wurden von Fabrikräten geleitet, in denen sowohl Hand- wie Kopfarbeiter vertreten waren und in einigen wenigen Fällen auch die früheren Besitzer. Diese Räte wurden auf Massenversammlungen oder aus den bestehenden Gewerkschaftsgruppen gewählt. Auch wenn sie gewählt wurden, bestanden sie zumeist aus anerkannten Gewerkschaftsführern oder -aktivisten. Es gab auch Unterkomitees, die sich mit verschiedenen Aspekten der Leitung der Kollektive befassten. Obwohl die unabhängigen Gewerkschaftskomitees den Betrieb aufrecht erhalten mussten, verschlechterten sich die Arbeitsbedingungen nicht; in der Praxis setzten die Gewerkschaften ihre klassische Rolle nicht immer um, da sie ja ins Management der Betriebe eingebunden waren. Das Niveau der Beteiligung der Arbeitenden bei der Entscheidungsfindung unterschied sich von Betrieb zu Betrieb. Im Allgemeinen wurde die Entscheidungsfindung erleichtert, und die meisten Mitglieder der Fabrikräte arbeiteten weiter in den Fabriken und erhielten einen Lohn gemäß ihrem beruflichen Status, wobei man Sorge zu tragen suchte, dass keine innere Bürokratie entstand.

In der Mehrheit der Kollektive gab es Bestrebungen, die Lohnunterschiede zu verringern. Es wurden medizinische Dienste eingerichtet, aber auch Rentenpläne aufgestellt. Auch Kinderkrippen wurden bisweilen organisiert, was auf die Arbeit von Frauen in der Industrie verweist. Bildung und Qualifizierung wurden vorangetrieben, und es wurde gelegentlich auch jenen Arbeit verschafft, die sich vorher in „gefährlichen Arbeiten" als „Prostituierte, Spieler oder Boxer" verdingt hatten (Castells 2002, 136).

Die Kollektivierung der Industrie und der Dienstleistungen fand unter extrem ungünstigen Bedingungen statt – bis Ende 1937 war die Industrieproduktion um die Hälfte gefallen. Der Krieg führte zu Engpässen bei Rohstoffen, dem Verlust von Märkten, der Unterbrechung von Handel und Transport und dem Fehlen von Menschen im Arbeiteralter (das teilweise durch die Eingliederung von Frauen in den Arbeitsprozess aufgefangen wurde). Der Zorn über späte oder Nicht-Zahlungen durch staatliche Organe schuf weitere finanzielle Schwierigkeiten. Es gab auch die Notwendigkeit, die Produktion den Bedürfnissen des Militärs anzupassen. Weitere Schwierigkeiten erwuchsen dadurch, dass Techniker oder Kopfarbeiter Gegner der Kollektivierung oder zumindest von egalitäreren Lohnstrukturen waren. Es gab auch Probleme mit der Disziplin oder fehlenden Anstrengungen sowie der Tatsache, dass viele Beschäftigte mit den Verwaltungsaufgaben überfordert waren (Castells 2002, 135).

Trotz all dieser Hindernisse waren viele städtische Kollektive überraschend effizient, vor allem wenn sie sich zu Assoziationen zusammengeschlossen hatten. Neben den sich im Allgemeinen verbessernden Arbeitsbedingungen wurden auch administrative und strukturelle Reformen durchgeführt: So wurde die Buchführung zentralisiert, was die Erstellung von Statistiken und Bilanzen erleichterte. Es gab auch einen drastischen Abbau von Zwischenhändlern: Produzenten und Konsumenten kamen in engen Kontakt. Forschung wurde angeregt, aber auch der Ersatz von Einfuhren, um dem Zusammenbruch des Handels zu begegnen. In einigen Fällen waren die Fabriken und die Lager, als sie nach dem Krieg ihren früheren Besitzern zurückgegeben wurden, in einem besseren Zustand als vor der Übernahme durch die Beschäftigten.

Am weitesten ging der Prozess der Kollektivierung auf dem Land. 1937 gab es über 1.500 ländliche Kollektive, an denen anderthalb Millionen Menschen beteiligt waren. Obgleich das östliche Aragonien und die Levante die wichtigsten Zentren der Kollektivierung der Landwirtschaft waren, gab es auch Hunderte von Kollektiven in Andalusien und Neu-Kastilien. Das meiste kollektivierte Land hatte großen Grundbesitzern oder Sympathisanten des Faschismus gehört oder wurde auf der Grundlage des freiwilligen Zusammenschlusses von kleinen

Parzellen übernommen. Während in einigen Fällen die Kollektivierung von außen durchgesetzt wurde, war es überwiegend so, dass die Initiative von den armen Bauern und den Landarbeitern ausging (Bosch 1983; Casanova 1985, 1988).

Ländliche Kollektive wurden gewöhnlich von einem gewählten Komitee geleitet und sorgten für den gemeinsamen Gebrauch von Düngemitteln, Saatgut und Maschinen. In vielen Fällen beteiligten sich auch Handwerker und Händler. Oft wurden neue Schulen und Kulturzentren gegründet und Kampagnen zur Alphabetisierung gestartet. Die meisten Kollektive beschränkten sich nicht auf wirtschaftliche Fragen, sondern übernahmen oft auch die Verantwortung für das wirtschaftliche, soziale und politische Leben des Dorfes insgesamt.

Formal erkannte die CNT die Rechte der kleinen Landbesitzer an, auf individueller Basis das Land weiterhin zu bebauen, doch in der Praxis wurden einige gezwungen, kollektiv zu arbeiten (Bernecker 1996, 541f.). Die Bauern verweigerten sich der Kollektivierung oder unterstützten sie je nach ihren Klasseninteressen, wobei die armen und landlosen unter ihnen verständlicherweise die eifrigsten Befürworter waren. In Valencia beispielsweise wurde die Kollektivierung von ärmeren Bauern, Pächtern und Landarbeitern unterstützt, wohingegen die konservativen kleinen Grundbesitzer massiv dagegen waren. Katalonien war ein Sonderfall; dort waren die meisten Bauern dagegen, die individuelle Bestellung ihrer Böden aufzugeben, und die Kollektivierung fand hauptsächlich dort statt, wo die Bauern oder Pächter ärmer waren. Die Provinz Jaen fällt aus dem Rahmen, weil dort kleine und mittlere Landbesitzer zusammen mit Bauern und Pächtern in die Kollektive eintraten (Garrido González 1979).

In Valencia gab es keine Präzedenzfälle von Kollektivierungen und Landbesetzungen. Während des anarchistischen Aufstandes vom Januar 1933 wurden nur wenige Beispiele eines libertären Kommunismus in die Praxis umgesetzt. So kann man die Welle von Kollektivierungen 1936 nur durch den besonderen Kontext des Krieges verstehen. Außerdem unterschieden sich die 343 eingerichteten Kollektive stark: Sie reichten von libertären Experimenten bis hin zu einfachen Kooperativen. Doch trotz der Probleme der Koordinierung, des unzureichenden Transportwesens, des Verlusts von Märkten und des Fehlens von Düngemitteln fand man laut Gewerkschaften die am effizientesten arbeitenden Kollektive genau in dieser Region (Lorenzo 1969, 151).

Zu einer Kollektivierung der Landwirtschaft, in die sowohl die CNT wie die UGT eingebunden waren, kam es auch in Andalusien, Kastilien und Murcia. In Andalusien hatte der Verband der sozialistischen Landarbeiter die Kollektivierung zu einem Teil seines Programms gemacht, und bereits vor dem Krieg wurde sie in einigen Fällen in den Gebieten der Latifundien umgesetzt.

Auch in Kastilien wurde die Kollektivierung bereits früher durchgeführt. Als der Bürgerkrieg begann, breitete sie sich über die ganze Region aus. Der Prozess war zu Beginn spontan, wurde dann aber von den Gewerkschaften, vor allem der UGT, übernommen. Die CNT hingegen existierte zu Beginn des Krieges in Kastilien kaum, wuchs aber während der ersten zehn Monate des Krieges von drei- auf einhunderttausend Mitglieder an, besonders unter Kleinbauern. Schließlich leiteten die Anarcho-Syndikalisten 186 der 455 Kollektive der Region. Laut César Lorenzo „waren die Kollektive so allgemein (...) und spontan" in Andalusien und Kastilien, dass es „niemand wagte, sich gegen sie zu wenden". In der Folge waren bisweilen sogar Mitglieder der PCE und der republikanischen Parteien involviert (Rodrigo González 1985; Lorenzo 1969, 160).

Im östlichen Aragonien gab es im Februar 1937 450 Kollektive mit 300.000 Beteiligten. Hier unterschied sich die Kollektivierung auf vielerlei Art von anderen Regionen. Beispielweise führten Rivalitäten in den Gewerkschaften zur Gegnerschaft der örtlichen Sozialisten. Man hat auch oft gesagt, dass die anarchistische Miliz aus Katalonien mit der Kollektivierung des Landes begann und nicht die örtlichen Bauern selbst. Laut Julián Casanova wurde die Kollektivierung in Aragonien von städtischen Revolutionären initiiert, deren Theorien mehr für landlose Landarbeiter als für die bäuerlichen Kleinbesitzer von Aragonien gedacht waren. Die vorhandenen Belege zeigen unterschiedliche Niveaus der Akzeptierung des Prozesses. Ob die Kollektivierung „erzwungen" oder „spontan" war, hing von solchen Faktoren wie der Klassenstruktur und der Art des Landbesitzes ab. Im Allgemeinen, so schließt Casanova, habe der Untergang der republikanischen Legalität in der Region mehr bewirkt als die bewaffnete Präsenz von Milizen der CNT. Der von außen kommende Druck zur Kollektivierung war am größten in der Nähe der Front und dort, wo die CNT vor dem Krieg nicht existiert hatte (Bernecker 1996, 521; Casanova 1985, 119-129).

Es war in Aragonien, wo die radikalsten Experimente der Kollektivierung stattfanden; darin zeigt sich sowohl die Armut der meisten Dörfer als auch die Tatsache, dass der Staat in dieser Region völlig zusammengebrochen war. In vielen Ortschaften ersetzte daher oft ein System von Gutscheinen das Geld. Dies geschah nicht notwendigerweise aus ideologischen Gründen, wie man oft behauptet hat, sondern wegen des Fehlens des Staates und der örtlichen Subsistenzwirtschaft, die den Gebrauch von Geld überflüssig machte. Die Verteilung der Güter und der Nahrungsmittel erfolgte auf der Grundlage der Bedürfnisse der DorfbewohnerInnen.

Das gesamte produzierte Surplus wurde wieder ins Kollektiv gesteckt. Für die AnhängerInnen libertärer Ideale gab es im Prozess der Kollektivierung einen starken ethischen Unterton, der auf das „Teilen der Armut" hinauslief – was genauso wichtig war wie das praktische Wirtschaften. Die Frauen jedoch beteiligten sich nur wenig an der Leitung der Kollektive und erhielten oft einen geringeren Mindestlohn als die Männer, was die Grenzen des Egalitarismus, sogar im revolutionären Aragon, aufzeigt.

Die Koordinierung der agrarischen Kollektive auf regionaler Ebene, besonders im ersten Kriegsjahr, wurde gewöhnlich von den Gewerkschaften der Landarbeiter vollführt, die Pläne zur Verbesserung und Organisierung der Produktion ausarbeiteten. Valencia war das Zentrum der ambitioniertesten dieser Regionalorganisationen, weil man in großem Umfang Zitrusfrüchte exportierte.[8] Der Rat von Aragon kontrollierte den Konsum und die Produktion und leitete Aus- und Einfuhren durch den Hafen von Tarragona.

Es ist schwierig, genau einzuschätzen, inwiefern die Landkollektive effektiv arbeiteten, denn man muss die ungünstigen objektiven Bedingungen einrechnen. Aber es gibt deutliche Beweise, dass die landwirtschaftliche Produktion in etwa aufrecht erhalten werden konnte, doch es gab für diese revolutionären Experimente einfach nicht genug Zeit, als dass sie Wurzeln hätten fassen können.

Den Staat wieder aufbauen

Die im größten Teil der republikanischen Zone ablaufende Revolution war abhängig sowohl von der militärischen Lage wie den Spaltungen innerhalb der Linken. Im Herbst 1936 drohte die Rebellenarmee, die Republik zu stürzen. Das Fehlen einer stark zentralisierten Autorität und die Mängel der Militärorganisation der Republik mussten überwunden werden, wenn eine Niederlage vermieden werden sollte. Für die Parteien der Volksfront[9] bedeutete dies das Ende einer Revolution, die sie als Grund für die Entfremdung der Mittelklassen und vor allem der ausländischen Demokratien, von denen sie Waffen zu bekommen hofften, ansahen. Der erste Schritt zur Änderung der Lage war die Bildung einer neuen Regierung mit Largo Caballero an der Spitze am 4. September 1936. Das unmittelbarste Ziel war die Durchsetzung eines Monopols über die bewaff-

8 Der Consejo Levantino Unificado de la Exportación Agricola wurde im September 1936 von der CNT und der UGT eingerichtet; ihm gehörten schließlich 270 Branchen und 1.500 Warenhäuser an. Es gelang ihm, 750.000 Tonnen Orangen zu exportieren – eine Zahl, die erst 1951 wieder erreicht wurde.

9 Das bezieht sich auf jene Parteien, die das liberal-demokratische Programm der Volksfront auch weiterhin unterstützten: die (gemäßigten) Sozialisten, die Kommunisten und die (liberalen) Republikaner.

neten Kräfte. Die Schaffung einer regulären Armee, der Volksarmee, wurde als Heilmittel gegen die Ineffizienz der Milizen benannt. Die Beschränktheiten der Milizen hatten auch die CNT und die POUM dazu geführt, nach einem zentralisierten Kommando zu rufen, das jedoch von den Arbeiterorganisationen kontrolliert werden sollte.

In Katalonien hofften die Anarcho-Syndikalisten, wenn sie eine direktere Beziehung zu den Parteien der Volksfront akzeptieren würden, eine Gleichbehandlung in Fragen der Repräsentation, des Nachschubs und der Waffenversorgung der Milizen zu erreichen. Daher traf die katalanische CNT die Entscheidung, das CCMA aufzulösen und sich an der Generalitat zu beteiligen; jedoch mit der Idee, sie wäre eine Art „Verteidigungsrat" und keine „Regierung". Im CCMA wandte sich niemand gegen die Auflösung. Die POUM argumentierte in ihrer Presse zugunsten des Komitees, das „die Macht übernehmen" sollte; aber sie fürchtete, sich von der CNT zu isolieren, und akzeptierte die Errichtung einer neuen Regierung, die das „sozialistische Programm" des Consell d'Economia de Catalunya umsetzen sollte.

In der neuen katalanischen Regierung, die ab September amtierte, gab es – wie zuvor schon im CCMA – eine Mehrheit der Volksfront, doch die CNT bewahrte sich zumindest für einige Zeit einen mächtigen Einfluss.[10] Die wichtigste Initiative, die vom Rat der Generalitat ergriffen wurde, war das Dekret über die Kollektivierung, das den seit Juli ablaufenden Prozess anerkannte und systematisierte. Nach diesem Dekret wurden Management-Räte in jedem Unternehmen errichtet; die Gewerkschaften sollten zusammen mit den von der Generalitat ernannten Vertretern proportional vertreten sein. Das Dekret stellte einen Kompromiss zwischen den verschiedenen Fraktionen der Regierung dar. Es setzte den spontanen Kollektivierungen ein Ende und eröffnete den Weg für eine zunehmende Staatsintervention in die Wirtschaft.

Andere von der neuen katalanischen Regierung getroffene Maßnahmen beinhalteten die Ausweitung und Kommunalisierung der öffentlichen Dienste, ein System von Volksgerichten, das der Unterstützung der Rebellen verdächtige Leute aburteilen sollte; ein Gesetz zur Regulierung der Zivilehe; ein sehr liberales Scheidungsrecht; die Möglichkeit zur Geburtenkontrolle; die Legalisierung der Abtreibung, den Einsatz von fortschrittlichen Methoden im Erziehungswesen und ein ambitioniertes Programm des Schulbaus.

10 Der Rat der Generalitat bestand aus je drei Vertretern der ERC und der CNT/FAI, sowie je einem der UGT, der PSUC, der POUM, der ACR und der Unió de Rabassaires sowie einem Berater.

Trotz dieser fortschrittlichen Politikansätze – die das Kräfteverhältnis vom Herbst 1936 reflektierten – versuchte die Mehrheit in der katalanischen Regierung, die Revolution zu untergraben. Die Konversion der örtlichen antifaschistischen Komitees in Gemeinderäte sollte sich als ein wichtiger erster Schritt hin zu diesem Ziel erweisen, der es dem ERC zusammen mit der PSUC ermöglichte, auf örtlicher Ebene an die Macht zurückzukehren. Die CNT – und etwas weniger auch die POUM – stellte die Gemeinderegierungen als einen Schritt zur Einheit hin, der nötig sei, um den Krieg zu gewinnen oder sogar die Revolution fortzusetzen. Eine Opposition gegen die Bildung der neuen Gemeinderegierungen gab es gewöhnlich eher hinsichtlich ihrer Zusammensetzung als ihrer Gründung als solche. Beispielsweise stellte in Lleida eine gemeinsame Versammlung von CNT- und POUM-Mitgliedern fest, dass „unter keinen Umständen" Mitgliedern republikanischer Parteien erlaubt werden sollte, in den Gemeinderäten vertreten zu sein (Pozo 2002, 307). In vielen Fällen existierten die Komitees neben den wieder eingesetzten gemeindlichen Autoritäten weiter und behielten die Kontrolle über die Kollektivierung und die innere Sicherheit. Dies rief gewöhnlich die Intervention der Führung der CNT hervor, die dieser ambivalenten Lage ein Ende setzen sollte. Sogar dann wurde in einem Drittel der neuen Gemeinderäte der von der Generalitat verfügten Verteilung der Vertreter und VertreterInnen nicht gefolgt (Pozo 2002, 294).[11]

Die Ereignisse in Katalonien erwiesen sich als ein Präzedenzfall für die Beteiligung der CNT an der Zentralregierung. Militärische Rückschläge hatten bei vielen anarcho-syndikalistischen Führern den Glauben verstärkt, dass eine Form einer gesamtstaatlichen Autorität entscheidend sei. Doch der Vorschlag von Mitte September, einen nationalen „Verteidigungsrat", der auf der CNT, der UGT und den Republikanern beruhen sollte, ins Leben zu rufen, scheiterte, weil sich die sozialistische Gewerkschaft weigerte, diesen Schritt auch nur zu erwägen, wenn die Arbeiterparteien außen vor blieben.

Als Anfang November Madrid von Franco bedroht wurde, willigte die CNT ein – indem sie behauptete, die Umstände hätten die Natur des spanischen Staates geändert –, in die Regierung einzutreten, um den Krieg zu gewinnen und die Errungenschaften der Revolution zu schützen. Mit der durch den Beitritt der CNT gewonnenen Autorität und durch die Kontrolle der Streitkräfte, des Kredits, des Handels und der Kommunikation konnte die Zentralregierung

11 In der Theorie hatte der neue Rat dieselbe proportionale Vertretung wie der Rat der Generalitat, vgl. Fußnote 10.

damit beginnen, ihre Autorität wieder herzustellen. Die Entscheidung, sich an der Regierung zu beteiligen, scheint von den meisten CNT-AktivistInnen akzeptiert worden zu sein. Die „tragische Realität" des Krieges setzte sich „gegen die Ideologie" durch (Peirats 2001, 172-184; Bolleten & Esenwein 1990).

Nachdem die neue Zentralregierung eingerichtet worden war und im Gefolge der Erfahrungen in Katalonien, wurden die verbliebenen antifaschistischen und revolutionären Komitees nach und nach aufgelöst oder in die neu konstituierten Regierungsorgane auf regionaler, Provinz- oder Gemeindeebene übernommen. In Andalusien wurden die antifaschistischen Komitees im November aufgelöst und durch die neuen Gemeindekomitees ersetzt, an denen auch die CNT teilnahm. In Asturien wurde der Rat von Asturien und Leon im Dezember 1936 gebildet, wobei die VertreterInnen der Arbeiterparteien über eine klare Mehrheit verfügten. In Valencia traf sich das CEP weiterhin bis Januar, doch seine Autorität wurde dadurch unterminiert, dass die Zentralregierung Anfang November in diese Stadt umzog. Obwohl gleichzeitig neue Gemeinderäte in der Levante eingerichtet wurden, war dies kein einfacher Prozess. Viele Komitee, besonders die von der CNT kontrollierten, weigerten sich zu Anfang, sich aufzulösen.

Der Widerstand war jedoch nicht von langer Dauer. Sogar der von Anarchisten geführte Rat von Aragon versuchte, sich in die republikanische Legalität einzugliedern, und er wurde im Januar 1937 durch die Beteiligung aller Organisationen der Volksfront neu organisiert, obwohl es bei der Hegemonie der Libertären blieb.

Die hintergründigen Spannungen zwischen denen, die die Revolution fortsetzen wollten, und jenen, die in ihr ein Hindernis sahen, den Krieg zu gewinnen, zeigten sich am dramatischsten in der Kampagne der PSUC und der sowjetischen Regierung gegen die „Trotzkisten" der POUM. Ein erheblicher Teil der neu gewonnenen Stärke der katalanischen Kommunisten kam aus der UGT, deren Ränge angeschwollen waren, als der Beitritt zu einer Gewerkschaft für alle Arbeitenden verpflichtend geworden war. Dieses Wachstum war besonders unter den Kopfarbeitern und Technikern sehr ausgeprägt, die sich in den Kollektiven als Gegengewicht zu den Anarchisten erwiesen. Die PSUC, wie im übrigen Land die PCE, erhielt auch Unterstützung von Teilen der unteren Mittelklassen und von Bauern, die die Revolution erschreckte.[12]

12 Das deutlichste Beispiel dafür war die Gründung des Verbandes der kleinen Geschäftsleute und Händler, der Federació Catalan de Gremis i Entitats de Petits Comerciants i Industrials (GEPCI), der sich der UGT anschloss.

Im Frühjahr 1937 begannen die Zivilisten die ganzen Auswirkungen des Krieges zu spüren. Im Hinterland der Republik gab es zunehmende Engpässe bei der Versorgung mit Grundnahrungsmitteln. Tausende von Flüchtlingen waren in die bereits gestressten Städte gekommen, die bald von heftigen Luftangriffen heimgesucht wurden. In diesem Kontext begann die PSUC eine Kampagne gegen die „Exzesse" der Revolution, die sie für die Probleme der Zivilbevölkerung verantwortlich machte. Besonders machte sie die zunehmende Lebensmittelknappheit zum Thema mit dem Slogan: „Mehr Nahrung, weniger Komitees".

Ansätze der republikanischen Behörden, in der Wirtschaft die Kontrolle zu gewinnen, waren von Maßnahmen begleitet, in Sicherheitsfragen ein Staatsmonopol zu errichten. Im Frühjahr 1937 kam es in Katalonien immer häufiger zu gewaltsamen Zusammenstößen zwischen rivalisierenden Fraktionen und zwischen der Polizei und radikalen Arbeitern. Fortdauernde Anschuldigungen der kommunistischen Presse, die POUM und andere „unkontrollierbare Leute" seien „faschistische Agenten", lieferten weitere Rechtfertigungen für Angriffe gegen die radikale Linke. Blutige Zusammenstöße auf dem Land zwischen Kollektivisten und ihren Gegnern wurden herangezogen, um im Februar 1937 die Gründung einer vereinten Polizei – die sich nun klar in den Händen des ERC und der PSUC befand – durch die Generalitat zu rechtfertigen. In der Polizei wurde die Zugehörigkeit zu einer Gewerkschaft oder einer Partei nicht gestattet.

Versuche, die Autorität der Republik allein durch administrative Maßnahmen und Propaganda wieder herzustellen, waren nicht ausreichend. Neben der POUM glaubten auch viele Anarcho-Syndikalisten immer noch, dass sie nicht zur Verteidigung der Republik, sondern für Fortschritte der sozialen Revolution kämpften. Diese nicht aufrecht zu erhaltende Situation endete am 3. Mai, als die Angriffsgarden der Republik versuchten, die Telefonzentrale von Barcelona zu stürmen, ein Symbol für die Arbeiterkontrolle in der Stadt. Daraus ergaben sich Straßenkämpfe, die sich als Wegscheide für die Revolution erweisen sollten. Der Widerstand wurde von den Verteidigungskomitees der CNT organisiert, die in den ärmeren Stadtteilen verankert waren, sowie der radikalen anarchistischen Gruppe „Freunde Durrutis".[13] Der Aufruf dieser Gruppe, „revolutionäre Juntas" zu schaffen, die auf die CNT, die FAI und die POUM gegründet sein sollten und die die „Macht ergreifen" sollten, führte sie von den andern anarchistischen Gruppen weg.

13 Buenaventura Durruti (1896-1936) war der berühmteste anarchistische Militärführer und vor dem Krieg Vertreter der direkten Aktion; er fiel bei der Verteidigung von Madrid.

Die Führung von CNT und FAI durchkreuzten trotzdem den Vorschlag der POUM, die Stadt vollständig zu übernehmen, weil sie fürchteten, dass eine solche Initiative die Lage weiter verschlimmern würde. Aufrufe von libertären Führern zu einem Waffenstillstand führten zu einem Abbau der Barrikaden und zur Vertiefung der Opposition in der CNT, die sich gegen eine Zusammenarbeit mit den Parteien der Volksfront wandte. Am Tag nach den Kämpfen begann eine verbreitete Repression gegen die radikale Linke – die Kontrollpatrouillen wurden aufgelöst, Hunderte von Anhängern der CNT-Milizen eingesperrt, die POUM illegalisiert und ihr Führer Andreu Nin ermordet.

Nach der Niederlage der Revolutionäre in Katalonien wandte die neue Regierung – die von dem gemäßigten Sozialdemokraten Juan Negrín geführt wurde und an der die CNT nicht teilnahm – ihre Aufmerksamkeit der letzten Hochburg der Revolution, Ost-Aragon, zu. Im August wurde der Rat von Aragon von der Regierung aufgelöst, seine Führer verhaftet und viele der Kollektive der Region gebrochen. Nachdem nun in Katalonien sich die politische Lage gegen die Revolution gewandt hatte, gab es zunehmende Übergriffe mittels polizeilicher Durchsuchungen, Konfiszierungen und Unterstützung der früheren Eigentümer gegen die Kollektive (Castells 2002, 135). Parallel dazu wurden die kollektivierten Industrien immer abhängiger von der katalanischen Regierung. Von den Kollektiven exportierte Güter wurden bisweilen am Hafen konfisziert, so dass sie durch die Generalitat befördert werden mussten und die Kollektive so keinen direkten Zugang zu ausländischen Devisen mehr hatten. Die Kontrolle der katalanischen Regierung über Kredite unterminierte die Kollektive weiter.

Die Stärkung des Zugriffs der Zentralregierung auf die militärische und politische Lage war mit dem Versuch verbunden, die Arbeiterkontrolle über die Wirtschaft im republikanischen Spanien wenn nicht gar zu beenden, so doch wenigstens zu regulieren. Die staatliche Kontrolle ersetzte die Kollektivierung. In den Industrien, die von der Zentralregierung übernommen wurden, wurde jede Beteiligung der Arbeitenden am Prozess der Entscheidungsfindung eliminiert und eine neue Elite von staatlichen Funktionären eingesetzt. Wie in Katalonien wurde die Kontrolle des Kredits auch dazu genützt, die übrig gebliebenen Kollektive unter staatliche Aufsicht zu stellen.

Laut Antoni Castells erwies sich die staatliche Kontrolle als ineffizient, denn gegen sie wurde von breiten Teilen der Arbeiterklasse Front gemacht; sie führte zu Demoralisierung und zu einem Rückgang in der Produktivität. In vielen Fällen zerstörte das Eingreifen des Staates die Programme für eine wirtschaftliche Rationalisierung. Die zunehmende Zahl von Bürokraten behinderte die Produktion und führte zu weiterer Unzufriedenheit unter den Arbeitenden. Der Staat verfügte auch nicht über genügend kompetente Leute und handelte häufig auf politischer Grundlage statt auf der Grundlage von Kriterien der wirtschaftlichen Effizienz. Offensichtlich war die Intervention des Staates kein Bestandteil eines sozialistischen Plans, sondern sie wurde von einer Regierung durchgeführt, die sich eine liberal-demokratische Orientierung gegeben hatte (Castells 1996).

Im Oktober 1936 hatte das Landwirtschaftsministerium, das sich in den Händen der Kommunisten befand, ein Dekret verfügt, das die Rückgabe von Land an den früheren Eigentümer erlaubte, die von den Gewerkschaften vorgenommenen Enteignungen einer Revision unterzog und den Bauern versicherte, sie könnten zwischen individueller und kollektiver Bebauung des Landes wählen. Das Dekret schuf die Kulisse für die zunehmenden Spannungen zwischen den Kollektivisten – die sich im Allgemeinen weigerten, seine Regularien zu beachten – und ihren Gegnern. Dies war insbesondere in Valencia der Fall, wo die PCE in der Federación Provincial Campesino (FPC) konservative Bauern organisierte. Mit Hilfe der Polizei setzte die FPC das Dekret dazu ein, Kollektivisten zu verhaften und Eigentum zu zerstören. Im Januar 1938 konnte die CNT von Valencia berichten, dass „die Konterrevolution in jedem Dorf aktiv war" (Casanova 1988, 38f.).

Die Offensive gegen die Landkollektive hatte äußerst verheerende Auswirkungen auf die Ernte. Der Vorsitzende des Instituts für Agrarreform gab später zu, dass die willkürliche Auflösung der Kollektive, auch der blühenden und freiwillig gebildeten, Chaos aufs Land gebracht hat. Das hatte zur Folge, dass viele Kollektive – auch in Aragonien – neu gegründet werden mussten und viele andere nicht angegriffen wurden. Im August 1938 berichtete das Institut für Agrarreform, dass sich vierzig Prozent des fruchtbaren Landes in fünfzehn Provinzen immer noch in kollektiver Bebauung befand. Es gab nun 2.213 Kollektive mit 156.822 Familien – beträchtlich mehr als 1936! Von diesen waren nur 54 Prozent nach den Vorgaben des Gesetzes kollektiviert worden – ein klares Zeichen, dass viele Mitglieder der Kollektive gegen die Vorgaben der Regierung Widerstand leisteten, und zwar trotz der radikalen Veränderung in der politischen Lage in der republikanischen Zone (Bernecker 1996, 522, 539).

Die unvollendete Revolution

Für den Sieg der Revolution wäre es nötig gewesen, dass einige Formen einer alternativen Macht errichtet worden wären; und dies nicht nur, um die wirtschaftliche Produktion zu zentralisieren, sondern vor allem, um den Krieg gegen den Faschismus zu gewinnen. Ob aus dem komplexen Netzwerk von Komitees, das ab Juli 1936 auf allen Ebenen aufgetaucht ist, eine solche Alternative hätte werden können, ist eine offene Frage.

Es gab eindeutige Unterschiede zwischen den Komitees in Spanien und den russischen Sowjets oder den deutschen Arbeiterräten; in den meisten Fällen wurde erstere nicht direkt von den Massen gewählt oder als Opposition zur Regierung aufgebaut; sie schlossen auch Vertreter der „bürgerlichen" Parteien mit ein, und ihr völlig fragmentierter Charakter hielt sie davon ab, eine Alternative zum bestehenden Staat zu werden.

Agustin Guillamón argumentiert zum Beispiel, das CCMA wäre bloß ein „Organ der Klassenzusammenarbeit" gewesen, durch das die Generalitat die Kontrolle über die öffentliche Ordnung und das Militär zurückgewann. Mehr als eine „Doppelherrschaft" habe es zwischen der Generalitat und dem CCMA eine „Duplizität der Macht" gegeben. „Embryonale Organe der Macht der Arbeiterklasse" gab es hingegen in verschiedenen Verteidigungs-, Nachschub-, Nachbarschafts- und Fabrikkomitees (Guillamón 2007, 63-68).

Doch was immer die Ansichten der Protagonisten gewesen sein mögen, objektiv waren die Komitees eine alternative Machtbasis zu einem diskreditierten und gelähmten Staatsapparat. Sogar Komitees, die mit den örtlichen Behörden zusammenarbeiteten oder nominal von diesen gebildet wurden, unterschieden sich grundlegend von ihnen. Tatsächlich ersetzten die auftauchenden Komitees, besonders auf der Ebene der Regionen und Provinzen, ohne dass sie die Konfrontation mit dem Staat gesucht hätten, viele seiner Funktionen.

Daher repräsentierte die Verbindung von Komitees, bewaffneten Patrouillen und Kollektiven im globalen Sinn eine revolutionäre Macht. Die herrschenden Klassen „hatten die Kontrolle eines erheblichen Teils des Staates" zugunsten der Arbeiterklasse verloren (Pozo 2002, 506-509). Was im größten Teil der republikanischen Zone während der ersten Wochen des Krieges existierte, kann – wie Carlos M. Rama das tut – als eine Situation einer de facto-Doppelmacht beschrieben werden (González Muñiz et al. 1986, 87).

Denn Pierre Broué schreibt:

> „Alle Elemente für eine Rückkehr des bürgerlichen Staates konnte man bereits in den neuen Organen der revolutionären Macht in Spanien, wie auch in Deutschland oder Russland, finden; von diesem Standpunkt aus stellten sie eine Form des Übergangs zur Rückkehr zu dem, was das Programm der Volksfront und die Parteien [‚die es unterstützten'] als ‚normal' ansahen, dar. (...) Bedeutete das, dass in der Situation, in der sich die neuen Organe der revolutionären Macht in Spanien im Sommer 1936 befanden, es keine Elemente gab, die einen Übergang in die entgegengesetzte Richtung ermöglicht hätten? Ganz und

> gar nicht! (...) [Fundamental] (...) gab es keinen Unterschied in der Natur der Situation in Spanien 1936 und in Russland im Februar 1917."

Was das Fehlen einer neuen, revolutionären Macht, die auf der Arbeiterklasse und den Bauern beruht, determinierte, so schließt Broué, war der Kompromiss der Arbeiterorganisationen mit der Volksfront (Broué 1982, 44-46).

Die CNT und die POUM hätten den Krieg nur gewinnen können, indem sie sich auf den durch die Revolution erzeugten Enthusiasmus gestützt hätten. Das Problem lag darin, dass die Anarcho-Syndikalisten jenseits ihres tagtäglichen praktischen Engagements in den Milizen, den Kollektiven und den verschiedenen Formen der Enteignung oder der allgemeinen Propaganda über keine Strategie verfügten, die Revolution weiterzutreiben. Für die meisten der Kader der CNT war die Revolution bereits gewonnen. Es war nicht nur unnötig, die Macht zu erobern, sondern allein schon der Versuch würde angeblich zur Errichtung einer Diktatur führen. Weder sah die CNT in den Komitees eine alternative Machtbasis, noch sah sie die Notwendigkeit, eine zu schaffen.

In den Komitees sah die Führung der CNT ein Mittel zur Kontrolle der republikanischen Autoritäten, wenigstens als Mittel zur Kanalisierung der „Kollaboration" und sogar als einen Weg, die Unabhängigkeit der Gewerkschaft zu erhalten – niemals sah sie sie jedoch als Alternative zum Staat. In Wirklichkeit, wie man am Fall des CCMA sehen kann, eröffnete die Spezialisierung und Schaffung von Organen mit Vertretern der Arbeiter und der Generalitat den Weg zu einer völligen Wiederherstellung der legalen Macht. Erst später wurde die Logik der Kollaboration mit einem neubelebten republikanischen Staat einigen Aktivisten der CNT und der FAI klar, und sie begannen tatsächlich die „Machtfrage" zu stellen; am deutlichsten taten dies die Amigos de Durruti, als sie zur Bildung von revolutionären Juntas aufriefen.

Im Bereich der Ökonomie fehlte es laut Walther Bernecker den Anarchisten, während sie sich äußerst aktiv im das tagtägliche Funktionieren der Kollektive kümmerten, an einem „kohärenten Plan", um die Wirtschaft an die Bedürfnisse des Krieges anzupassen (Bernecker 1996, 556). Der Aufbau von agrarischen und industriellen Föderationen und Assoziationen, zusammen mit immer ambitionierteren Plänen für eine Rationalisierung der kollektivierten Wirtschaft, half nur zum Teil, die Schwierigkeiten zu überwinden, denen sich die Revolution gegenüber sah. Weite Teile der Industrie litten unter dem, was Castells als den „Neokapitalismus der Arbeiterklasse" beschrieben hat; die Arbeitenden betrachteten die kollektivierten Firmen als ihr „Eigentum" und traten mit anderen kollektivierten Firmen in Konkurrenz; sie teilten sich die Profite auf, statt sie für das gemeinsame Gut zusammen zu halten (Castells 1993, 49-64).

Diese Probleme sollten nicht gelöst werden. Die Logik der Kollaboration mit dem bürgerlichen Staat führte in eine andere Richtung. Im Sommer 1937 hatten die CNT und die FAI ihre antistaatlichen Prinzipien explizit aufgegeben, indem sie sich zu „Feinden der Diktatoren" und „aller totalitären Formen von Regierung" erklärten. Sie riefen ihre Mitglieder auf, mit den bestehenden staatlichen Institutionen zusammenzuarbeiten. Gleichzeitig gab sich die FAI eine Struktur, die den losen Zusammenschluss von Gruppen zugunsten einer Zentralisierung aufgab, die einer politischen Partei näher kam. Mit der krachenden militärischen Niederlage in Aragonien im März 1938 kehrte die CNT in die republikanische Regierung zurück, die nun gänzlich in der Hand der gemäßigtsten und antirevolutionärsten Sektoren lag. Die Aufgabe der libertären Prinzipien durch die CNT wurde in einem zusammen mit der UGT unterzeichneten Manifest verkörpert, das die Rolle des Staates in Wirtschaftsfragen anerkannte und einwilligte, alles dem Kriegserfolg unterzuordnen (Bernecker 1996, 495f.).

Im Gegensatz zur CNT beharrte die POUM auf der Notwendigkeit eines neuen proletarischen Staates, wenn die Revolution überleben und der Faschismus besiegt werden sollte. Die Partei rief zur Bildung einer Arbeiterregierung auf, die von einer Versammlung von VertreterInnen der Arbeiter-, der Bauern- und der Kombattantenkomitees gewählt werden sollte. Diese Komitees sollten von den einfachen Leuten gewählt werden und sich somit von vielen bestehenden revolutionären Komitees unterscheiden (Tosstorff 2006, 72).

Die relative Schwäche der POUM war ein offensichtliches Hindernis, die Ereignisse maßgeblich beeinflussen zu können. Doch das bedeutet nicht, dass sie nicht mit alternativen Handlungslinien präsent gewesen wäre. Innerhalb der Partei gab es sowohl während wie nach dem Bürgerkrieg erhebliche Kritik an der Entscheidung, sich an der Regierung von Katalonien zu beteiligen. Besonders das Potenzial der Komitees als Vertreterinnen einer neuen Macht wurde später anerkannt. Einer der Führer der POUM schrieb nach dem Krieg, der Rat der Generalitat hatte „eine historische Mission (...,) die Komitees zu liquidieren" und es sei der POUM „anvertraut worden, die revolutionären Kräfte zu überzeugen", dass man dies tun müsse; danach sei sie aus der Regierung hinausgeschmissen worden (Dezember 1936), als dieser „unschätzbare Dienst" vollbracht worden war. Das wichtigste Problem für die POUM war, wie sie die Anarcho-Syndikalisten beeinflussen konnte. Da sie nicht in der Lage war, zumindest einen Teil der Massenbasis der CNT aus der politischen Unterstützung für die Volksfront herauszubrechen, war die POUM zur Isolation verurteilt – und, so könnte man sagen, die Revolution zur Niederlage (Durgan 2006, 44, 64).

Die spanische Revolution quillt von Beispielen über, wie die arbeitende Bevölkerung die Initiative ergriff, die Gesellschaft gemäß ihren Interessen zu lenken. Doch ohne eine klare politische Alternative und im Rahmen einer sich schnell verschlechternden militärischen Lage wurden diese großartigen gesellschaftlichen und wirtschaftlichen Experimente bald unterhöhlt. Die libertäre Bewegung setzte nicht alles auf eine Karte. Ihre Entscheidung stimmte mit ihren Idealen und Prinzipien zusammen. Trotzdem war die Dichotomie „Diktatur oder Kollaboration" falsch. Natürlich brauchte man eine Kollaboration in Form gemeinsamen Handelns mit dem Rest der Arbeiterklasse, um den Faschismus zu besiegen. Statt einer Diktatur wäre die Alternative eine neue zentralisierte Struktur auf der Grundlage der Basiskomitees und direkte Demokratie gewesen – doch das hätte bedeutet, dass die CNT eine Strategie des Bündnisses mit den anderen Tendenzen in der Arbeiterbewegung hätte haben müssen, vor allem mit den linken Sozialisten und der POUM. Weil sie nicht darauf vorbereitet waren, eine neue Staatsmacht aufzubauen, halfen Spaniens Anarcho-Syndikalisten mit, die alte neu zu errichten.

Literatur

Bernecker, W. L. (1982), *Colectividades y revolución social.* El anarquismo en la guerra civil española 1936-1939, Barcelona: Editorial Crítica. Dt.: *Anarchismus und Bürgerkrieg.* Zur Geschichte der Sozialen Revolution in Spanien 1936-1939, Nettersheim: Verlag Graswurzelrevolution, 2006.

Bernecker, W. L. (1996), „La revolución social", in: *La guerra civil.* Una nueva visión del conflicto que dividio España, hrsg. von S. Payne and J. Tusell, Madrid: Temas de hoy.

Bolloten, Burnett (1991), *The Spanish civil war.* Revolution and counterrevolution, Hemel Hempstead: Harvester Wheatsheaf.

Bolloten, Burnett und George R. Esenwein (1990), „Anarchists in government. A paradox of the Spanish civil war 1936-1939", in: *Elites and power in twentieth century Spain.* Essays in honour of Sir Raymond Carr, hrsg. von Frances Lannon and Paul Preston, Oxford: Clarendon Press.

Bosch Sánchez, Aurora (1983), *Ugetistas y libertarios.* Guerra civil y Revolución en el Pais Valenciano 1936-1939, Valencia: Institució Alfons el Magnànim.

Broué, Pierre und Témime, Émile (1968/1975), *Revolution und Krieg in Spanien.* Geschichte des spanischen Bürgerkriegs, Frankfurt/M.: Suhrkamp

Broué, Pierre (1982), „Los órganos de poder revolucionario: ensayo metodológico", in: *Metología histórica de la guerra y la revolución españolas,* von P. Broué et al. Barcelona: Fontamara.

Casanova, Julián (1985), *Anarquismo y revolución en la sociedad rural aragonesa 1936-1938,* Madrid: Siglo veintiuno.

—, Hrsg. (1993), *El sueño igualitario,* Saragossa: Institución Fernando el Católico.

Castells, Antoni (1993), *Les colectivitizacions a Barcelona 1936-1939,* Barcelona: Hacer.

— (1996), *Desarollo y significado del proceso estatizador en la experiencia colectivista catalana 1936-1939,* Madrid: Nossa y Jara.

— (2002), „Revolution and collectivization in civil war Barcelona 1936-9", in: *Red Barcelona.* Social protest and labor mobilization in the twentieth century, hrsg. von Angel Smith, London: Routledge.

Cendra i Bertran, Ignasi (2006), *El Consell d'Economia de Catalunya 1936-1939.* Revolució i contrarevolució en una economia colectivitzada, Barcelona: Publicacions de l'Abadia de Monserrat.

Durgan, Andy (1996), *B.O.C.* El Bloque Obrero y Campesino 1930-1936, Barcelona: Laertes.

— (2006), „Marxism, war and revolution: Trotsky and the POUM", in: „Stalinism, revolution and counter-revolution", in: *Revolutionary History,* Bd. 9, Nr. 2, London: Socialist Platform.

— (2007), *The Spanish civil war,* Basingstoke: Palgrave.

Ealham, Chris (2005), „The myth of the maddened crowd. Class, culture and space in the revolutionary urbanist project in Barcelona 1936-1937", in: *The splintering of Spain, 1936-1945: New historical perspectives on the Spanish civil war,* hrsg. von Chris Ealham und Michael Richards, Cambridge: Cambridge University Press.

Garrido González, Luis (1979), *Colectividades agrairas en Andalucia: Jaen 1931-1939,* Madrid: Siglo veintiuno.

Girona i Albuixec, Albert (1986), *Guerra y revolución al País Valencià,* Valencia: Biblioteca d'Estudis i Investigacions.

González Martinez, Carmen (1999), *Guerra Civil en Murcia.* Un anàlisis sobre el poder y los comportamientos colectivos, Murcia: Universidad de Murcia.

González Muñiz, Martin. A., et al. (1986), *La Guerra Civil en Asturias,* 2 Bde., Madrid: Ediciones Jucar.

Guillamón, Augustín (2007), *Barricadas en Barcelona,* Barcelona: Ediciones Espartaco Internacional.

Lorenzo, C. M. (1969), *Los anarquistas españoles y el poder,* Paris: Ruedo Ibérico.

Nadal, Antonio Sánchez (1988), *Guerra Civil en Málaga,* Malaga: Editorial Arguval.

Paniagua, Xavier (1982), *La sociedad libertaria.* Agrarianismo e industrialización en el anarquismo espñol 1930-1939, Barcelona: Editorial Crítica.

Peirats, José (2001/2006), *The CNT in the Spanish Revolution,* 3 Bde., Hastings: The Meltzer Press.

Pozo González, J. A. (2002), *El poder revolucionari a Catalunya durant els mesos de julol a octubre 1936.* Crisi i recomposició de l'estat, Dissertation, Universitat Autònoma de Barcelona.

Radcliff, Pamela (2005), „The culture of empowerment in Gijón 1936–1937", in: *The splintering of Spain, 1936-1945.* New historical perspectives on the Spanish civil war, hrsg. von Chris Ealham und Michael Richards, Cambridge: Cambridge University Press.

Rodrigo González, Natividad (1985), *Colectividades Agrarias en Castilla-La Mancha,* Toledo: Servicio de Publicaciones de la Junta de Comunicaciones.

Sagués San José, Joan (2005), *Una ciutat en guerra.* Lleida en la guerra civil espanyola, Barcelona: Publicacions de l'Abadia de Monserrat.

Tosstorff, Reiner (2006), *Die POUM in der spanischen Revolution,* Köln: Neuer ISP Verlag.

Übersetzung aus dem Englischen: Paul B. Kleiser

Teil III
Arbeiterkontrolle im Staatssozialismus

9. Jugoslawien: Arbeiterselbstverwaltung als staatliches Prinzip

Goran Musić

Im 20. Jahrhundert kam es üblicherweise dann zu Kämpfen um die wirtschaftliche Kontrolle durch die Arbeiter und Arbeiterinnen, wenn staatliche Macht und ihre (kapitalistischen oder staatssozialistischen) Prinzipien sich im Umbruch befanden. Im Regelfall erreichten Initiativen für direkte Mitbestimmung ihren Höhepunkt in der relativ kurzen Periode doppelten Machtanspruchs, also in der Zeit zwischen dem Niedergang der alten Ordnung und der Stabilisierung des neuen Regimes. Daher waren diese Initiativen mit breiteren emanzipatorischen Bewegungen von unten verknüpft und beruhten auf der Möglichkeit, autonom von staatlicher Macht zu handeln.

Die jugoslawischen Erfahrungen mit Arbeiterselbstverwaltung stellen eine Ausnahme dar, da dieses Prinzip einen wesentlichen Teil der offiziellen Staatsideologie sozialistischer Organisation darstellte und sich kontinuierlich und unter ständiger Leitung von oben über vier Jahrzehnte entwickelte. Erfolgreiche Modernisierungsbestrebungen und der steigende Lebensstandard der Bevölkerung ermöglichten den sozialistischen Machthabern, mit dem neuen System der Selbstverwaltung in einem Land zu experimentieren, das durch große kulturelle Vielfalt[1] und ungleiche ökonomische Entwicklung[2] gekennzeichnet war. Auf-

1 Nach dem Zweiten Weltkrieg bestand Jugoslawien aus den sechs Republiken Slowenien, Kroatien, Bosnien und Herzegowina. Serbien, Montenegro und Makedonien. Zusätzlich zu diesen sechs Nationen gab es auch eine Reihe offiziell anerkannter Minderheiten. Im Jahr 1974 erhielten die Vojvodina und der Kosovo den Status von autonomen Provinzen in der Republik Serbien.

2 Das ökonomische Profil der Föderation war ebenso heterogen wie die demographische Situation. In den 1980ern betrug das Pro-Kopf-Einkommen im Kosovo nur 72 % des Pro-Kopf-Einkommens in Slowenien; die Arbeitslosenraten wiesen ähnliche regionale Unterschiede auf.

grund dieser historischen Umstände müssen die verschiedenen Phasen der jugoslawischen Selbstverwaltung als Teil der Entwicklung staatlicher Institutionen analysiert werden und nicht als Form der Arbeiter und Arbeiterinnenbewegung. Trotz der Bedeutung der Herrschaftsstrukturen in der Entwicklung der Selbstverwaltung der Arbeitenden sind aber auch die – positiven oder negativen – Reaktionen der Klasse der Arbeitenden auf Veränderungen der politischen Bedingungen nicht zu vernachlässigen, die insbesondere an den wichtigsten historischen Wendepunkten des „jugoslawischen Wegs zum Sozialismus" eine bedeutende Rolle spielten.

Das jugoslawische Selbstverwaltungsprojekt ist eng verknüpft mit der Forderung der revolutionären titoistischen Führung, dass sozialistische Staaten nach dem Zweiten Weltkrieg unabhängig vom sowjetischen Modell eigene Entwicklungsmöglichkeiten offen stehen sollten. Die breite Unterstützung der Bevölkerung für die antifaschistischen Partisanen und Partisaninnen[3] und die Befreiung des Landes ohne Unterstützung durch die Rote Armee führten schon früh zu Konflikten zwischen den kommunistischen Parteien in Jugoslawien und der Sowjetunion. Diese Konflikte verschärften sich in den folgenden Jahren: Die jugoslawische Regierung stellte Gebietsansprüche an Italien und Österreich, bemühte sich um regionale Bündnisse mit Albanien und Bulgarien und unterstützte linke Guerillas im griechischen Bürgerkrieg. Sie äußerte sich auch zunehmend kritischer gegen die Beziehungen zwischen der Sowjetunion und den neu gegründeten Volksdemokratien in Osteuropa, die sie als ungerecht ansah, und verfolgte generell die Tendenz „Dinge nach eigenem Gutdünken zu tun" (Dyker 1990, 18). All dies führte zu erheblichen Spannungen mit Moskau, die ihren Höhepunkt im Ausschluss Jugoslawiens aus dem Kominform im Jahr 1948 fanden.

Auf der Suche nach dem jugoslawischen Weg

Diese unerwartete Säuberungsaktion der offiziellen internationalen kommunistischen Bewegung zwang die jugoslawische Regierung dazu, nach Möglichkeiten

3 Während der nationalsozialistischen Besetzung von Jugoslawien im Zweiten Weltkrieg behauptete sich die von der Kommunistischen Partei organisierte Widerstandsbewegung als stärkste antifaschistische Kraft, da es ihr gelang, die weithin populäre Forderung nach nationaler Befreiung mit Forderungen nach sozialen Reformen zu kombinieren. Die kommunistische Guerilla, die unter dem Begriff der „Partisanen" bekannt war, stellte die einzige politische und militärische Kraft dar, die die ethnischen Grenzen in der Bevölkerung überwand. Nach dem Krieg entwickelte sich diese Guerillabewegung zu einem regulären Heer mit 800.000 Angehörigen.

der Differenzierung vom herrschenden stalinistischen Konzept der Staats- und Wirtschaftsorganisation zu suchen und die Revolution der Partisanen und Partisaninnen neu zu legitimieren. Die ehemaligen Partisanen suchten bei den marxistischen Klassikern nach Alternativen und ließen sich insbesondere durch die Schriften von Marx zur Pariser Kommune und Lenins Werk „Staat und Revolution“ inspirieren, um Antworten auf die Frage zu finden, die Milovan Đilas[4] zusammenfassend formulierte: „Warum ist Stalinismus schlecht und Jugoslawien gut?“ (Rusinow 1977, 50). Die jugoslawischen Kommunisten und Kommunistinnen kamen zu dem Ergebnis, dass Staatseigentum an den Produktionsmitteln nur die niedrigste Stufe gesellschaftlichen Eigentums darstellt, die möglichst bald nach der Revolution überwunden werden muss, da sie ansonsten unvermeidlich zu zentralistischer Kontrolle des produzierten Mehrwerts durch die Staatsbürokratie und damit zu Staatskapitalismus führt. Dezentralisierung der Staatsmacht auf der Makroebene und die Abschaffung hierarchischer Organisationen in den Fabriken wurden als die wichtigsten Maßnahmen angesehen, um die sowjetischen Fehler zu vermeiden und den Prozess des „Absterbens des Staates“ zu befördern, der vor dem stalinistischen Revisionismus wichtiger Teil marxistischen Verständnisses war.

Abgesehen von vagen Erwähnungen der Pariser Kommune scheuten die jugoslawischen Kommunisten allerdings davor zurück, den neuen politischen Kurs klar mit historischen Momenten von Demokratie von unten und den alternativen sozialistischen Traditionen in Verbindung zu bringen, auf denen diese beruhten. Arbeiterräte während der russischen Revolution und dem spanischen Bürgerkrieg wurden weiterhin auf orthodox-marxistische Art interpretiert. Dies ist wohl historisch aus der Entstehung der jugoslawischen Führungsriege während der stalinistischen Säuberungen der 1930er Jahre zu erklären; zusätzlich war es aber auch notwendig, den staatsorientierten Beginn der Revolution zu legitimieren. Gemäß der offiziellen Linie war das bisher angewendete Modell der administrativen Planung ein notwendiger erster Schritt, um Ressourcen zu bündeln und die Akkumulationsrate zu erhöhen und damit den Übergang in eine neue Phase zu ermöglichen. Das Selbstverwaltungsmodell wurde so innerhalb eines nationalen Systems erklärt, als die Anwendung marxistischer Prinzipien auf den Entwicklungsstand und die spezifischen Bedingungen von Jugoslawien, und nicht als universelle Alternative zum Stalinismus oder als die Fortführung von früheren Initiativen für Arbeiter- und Arbeiterinnendemokratie.

4 Milovan Đilas war Mitglied des Politbüros und Propagandaminister. Mitte der 1950er Jahre wurde Đilas zum Dissidenten und begann, seine Kritik an der titoistischen Führung zu entwickeln, die er als die „neue Klasse“ in Jugoslawien verstand.

In den folgenden Jahren bemühte sich die offizielle jugoslawische Geschichtsschreibung allerdings um eine historische Kontinuität, die diesen radikalen Prinzipienwandel mit demokratischen Organisationsformen während der Revolution in Zusammenhang bringen sollte. Aber obwohl die breite politische Mobilisierung und Selbstorganisation der Massen während des Zweiten Weltkriegs den unabhängigen Kurs der jugoslawischen Führung ermöglichten, finden sich wenige Anzeichen für Forderungen nach Kontrolle durch die Arbeitenden während des Befreiungskriegs. Vor dem Zweiten Weltkrieg war Jugoslawien in erster Linie ein Agrarstaat und die Partisanen und Partisaninnen waren eine Guerilla-Armee, die vor allem aus Jugendlichen aus ländlichen Regionen bestand, die weit entfernt von urbanen Zentren operierten. Zwar war die Partei sehr stolz auf die proletarischen Kräfte, die sich den Partisanen und Partisaninnen anschlossen und betonten trotz Kritik von Moskau[5] deren Bedeutung für die Bewegung, aber viele dieser Pioniere der Arbeiterklasse verloren während des Kriegs ihr Leben und die Überlebenden wurden sehr schnell Teil des neuen Staatsapparats.

Einer Anekdote von Milovan Đilas zufolge wurde die Idee der Selbstverwaltung in einem Auto entwickelt, das vor einer Villa geparkt war. Unabhängig von ihrer historischen Korrektheit zeigt diese Erzählung, in welcher Form in den ersten Nachkriegsjahren politische Entscheidungen getroffen wurden – durch eine geschlossene Gruppe ehemaliger Waffenbrüder mit wenig oder gar keinem Einfluss größerer Teile der Partei oder der organisierten Arbeitenden:

> „Eines Tages – es dürfte im Frühjahr 1950 gewesen sein – kam mir der Gedanke, dass wir jugoslawischen Kommunisten nun die Möglichkeit hätten, an die Verwirklichung der ‚freien Assoziation der unmittelbaren Produzenten' nach Marx zu schreiten. Die Fabriken würden diesen Assoziationen zur Verwaltung überlassen werden, lediglich mit der Verpflichtung, Steuern zur Deckung der militärischen und anderer ‚noch immer dringender' Bedürfnisse des Staates zu zahlen. (…) Bald setzte ich diese Gedankengänge Kardelj und Kidrič auseinander, während wir in einem Auto vor der Villa saßen, in der ich lebte. Sie fühlten keine derartigen Bedenken, und so konnte ich sie nur zu leicht von der unwiderlegbaren Übereinstimmung meiner Überlegungen mit jenen von Marx überzeugen. Ohne das Auto zu verlassen, diskutierten wir etwas mehr als eine halbe Stunde. (…) einige Tage später rief mich Kidrič an, es könne sofort mit den ersten Schritten begonnen werden" (Djilas 1969a, 157; Djilas 1969b, 204).

5 Stalin übte heftige Kritik an der Bildung der sogenannten proletarischen Brigaden als Stoßtruppen während des Krieges, da Moskau sich sehr darum bemühte, die westlichen Alliierten nicht durch einen offenen revolutionären Charakter des kommunistischen Widerstands abzuschrecken.

Die neue Doktrin der Arbeiterselbstverwaltung wurde im Juni 1950 öffentlich angekündigt und gesetzlich verankert; Josip Broz Tito bezeichnete den Gesetzesentwurf als „den wichtigsten historischen Akt der föderalen Versammlung nach dem Gesetz zur Nationalisierung der Produktionsmittel" (Tito 1950). Das Kollektiv der Arbeitenden eines Unternehmens wurde damit eine unabhängige Körperschaft, die aus ihren Mitgliedern einen Arbeiterrat wählte, der grundlegende Fragen des Unternehmens diskutierte und über diese abstimmte. Der Arbeiterrat trat einmal pro Monat zusammen und wählte eine Unternehmensleitung, eine professionelle Geschäftsführung unter der Leitung eines Unternehmensdirektors, die sich um die täglichen Geschäfte kümmerte. Um eine Entfremdung des Managements vom Kollektiv der Arbeitenden zu verhindern, musste die Unternehmensleitung zu drei Vierteln aus Werktätigen aus der Produktion bestehen. Die Mitglieder wurden jährlich gewählt und konnten maximal zwei Perioden lang ihre Position innehaben. Der Unternehmensdirektor wurde von der Partei für vier Jahre ernannt, musste aber vom Arbeiterrat bestätigt werden.

Josip Broz Titos Rede an die föderale Versammlung machte den Wunsch deutlich, die Selbstverwaltung als die „klarste und überzeugendste Antwort an alle Verleumder" (Tito 1950) zu nutzen. Nach den Anschuldigungen des Kominform war der junge Staat darum bemüht, einerseits seine revolutionäre Glaubwürdigkeit in den Augen der sozialistischen Welt wieder herzustellen und andererseits sein Image im Westen zu verbessern, um in den Genuss von Entwicklungshilfe und Handelsabkommen zu kommen. Eine genauere Lektüre der Rede zeigt aber auch weitere Motive, die eher mit den zunehmenden internen wirtschaftlichen Schwierigkeiten des Landes zu tun haben als mit seiner internationalen Reputation. Anmerkungen zur Stabilisierung der Arbeitsdisziplin und rationaler Arbeitsteilung (Tito 1950) deuten wahrscheinlich auf wichtige praktische Gründe für die Einführung der Arbeiterräte hin.

Aufgrund der Wirtschaftsblockade durch das Kominform und die Gefahr einer militärischen Intervention war es unabdingbar nötig, den Konsens zwischen den verschiedenen gesellschaftlichen Schichten aufrechtzuerhalten. Daher brauchte die jugoslawische Führung innovative Konzepte, um die Arbeitsleistung ohne Zwang und ohne Konfrontationen zu erhöhen. Andrew Pienkos (1984, 59) bezeichnet die Selbstverwaltung als eigennütziges und manipulatives Instrument der Regierung, während Sharon Zukin (1981, 291-294) die Arbeiterräte als ein Mittel versteht, die zunehmende Militanz der Gewerkschaften im Angesicht chronischer Arbeitsknappheit zu brechen. Diese kritischen Einschätzungen wurden am klarsten von Susan Woodward zusammengefasst:

„Eines der wichtigsten Ziele der Einführung der Arbeiterräte in den Jahren 1949 und 1950 bestand darin, die Gewerkschaften ihrer Verhandlungsmacht zu berauben. (...) Gewählte Vertreter von Facharbeitenden in der Produktion sollten das Management dabei unterstützen, Arbeitskosten zu reduzieren. Die Arbeitenden sollten Beschränkungen von Löhnen und Leistungen zugunsten des Netto-Betriebseinkommens akzeptieren, Kapitalinvestitionen auch dann befürworten, wenn sie zu Lohnkürzungen führten, und Entlassungen von Arbeitenden zustimmen, wenn sie aufgrund budgetärer Rahmenbedingungen oder zur Modernisierung nötig wurden. Das wesentlichste Ziel der Selbstverwaltung (...) war der Versuch, Einkommenspolitiken und Finanzdisziplin ohne staatliche Einmischung und zentrale Regulierung zu erzwingen" (Woodward 1995, 261).

Die Entwicklungsjahre

Unabhängig von den ursprünglichen Motiven und engeren Zielen der neuen Form der Betriebsverwaltung ergaben sich nach der Implementierung des neuen Regimes weitreichende und oft unvorhersehbare Implikationen für das gesamte sozio-ökonomische System Jugoslawiens. Damit die neuen Maßnahmen zu möglichst schnellem Wachstum führen konnten, musste die Staatsführung makroökonomischen Spielraum für Initiativen der Arbeiterräte schaffen. Nach der Meinung der Regierung konnte dieser Spielraum am besten geschaffen werden, indem der Markt für Endprodukte und die Konsumnachfrage als Leitlinien für Managemententscheidungen und als Anreizsystem für Arbeitsproduktivität eingeführt wurden.

Die Entwicklung einer sozialistischen Wirtschaftsordnung über Marktanreize wurde bald zu einem der grundlegenden Konzepte des jugoslawischen Sozialismus, das in der „Theorie der sozialistischen Warenproduktion" zusammengefasst wurde. Nach dieser Theorie stellt das Wertgesetz ein „objektives ökonomisches Gesetz" dar, das sich auf sozialistische wie auf kapitalistische Gesellschaften auswirkt. Jeder bürokratische Eingriff in dieses Gesetz würde konterproduktiv sein und zu Bürokratisierung führen. Die selbstverwalteten Betriebe sollten frei von willkürlichem Einfluss äußerer Macht agieren, damit die Verteilung aufgrund selbst definierter Ziele nicht gestört werde (Pašić 1975, 60). Daher stellten der Tausch über Märkte auf der Grundlage des Wertgesetzes und kollektives Eigentum die einzigen objektiven Kriterien sozialistischer Verteilung dar.

Die Selbstverwaltung in Kombination mit dem Recht der einzelnen Betriebe, ihren Gewinn auf dem Markt für Endprodukte zu maximieren, führte dazu, dass die demokratische Beteiligung der Arbeiterklasse plötzlich in Widerspruch zur staatlichen Wirtschaftsplanung und den sozialen Zielen der gesamten Gesellschaft zu stehen schien. Die Einführung von „Gesellschaftseigentum" als einem weiteren Unterscheidungsmerkmal der jugoslawischen Gesellschaft hatte weitreichende Folgen für das Selbstverständnis der Arbeiterklasse. Da Unternehmen zu selbstverwalteten Einheiten wurden und Staatseigentum abgeschafft wurde, waren Arbeitende im Verhältnis zu Kapital und Staat nicht mehr als Lohnabhängige definiert, sondern als Eigentümer von Produktionsmitteln, die einen Anteil an den Einnahmen des Unternehmens erhielten. Da Arbeiterräte eher als „kollektive Unternehmer und Unternehmerinnen" denn als Kontrollorgane der Arbeitenden über das Management verstanden wurden, vergleicht Sharon Zukin sie mit den Aktionären und Aktionärinnen kapitalistischer Unternehmen, wobei der Unterschied darin bestand, dass „Teilhabe aufgrund von Beschäftigung und nicht von Anteilen" (Zukin 1981, 287) definiert wurde. Andere Autoren sehen eher Kontinuitäten zu vor-industriellen Formen moralischer Ökonomie und eine Anpassung an das Bewusstsein von Kleinbauern und -bäuerinnen, die sich am Balkan traditionell in Gemeindeassoziationen, *zadruge,* organisiert hatten.

Der Regierung gelang es nicht, die Aufwertung einzelner Betriebe zur Quelle von politischen und wirtschaftlichen Rechten durch die Schaffung eines umfassenderen politischen Raums auszugleichen, in dem potenziell die Koordination von Interessen und die Abschaffung von Missständen möglich gewesen wäre. Der Rat der Produzenten, der 1953 Teil aller gesetzgebenden Organe wurde, sollte die Produzierenden in ganz Jugoslawien politisch repräsentieren; es gelang ihm aber nie, einen Ausgleich oder Ersatz für das dominante Gesetzgebungssystem zu schaffen, das auf geographischer Repräsentation beruhte (Comisso 1979, 47). Die Bildung einer gesamtjugoslawischen Arbeiterklasse mit einem gemeinsamen Bewusstsein ihrer Interessen wurde verhindert, da Konflikte zwischen Kollektiveigentümer und regionalen Regierungen verhandelt wurden und nicht entlang der Unterscheidung zwischen Arbeitenden und Arbeitgebern.

In dieser Situation meinten die organisierten Arbeitenden, ihre Interessen am besten durch Marktreformen durchsetzen zu können. Während der 1950er Jahre wurden die zunehmende Dezentralisierung, die Reduktion von Regierungsinvestitionen und das Recht, auf dem Markt Profite zu erwirtschaften, als Sieg der „Arbeiterkontrolle" über „politische Kräfte" verstanden. Solidarität mit dem technischen Personal und dem Management innerhalb der Unternehmen, die gemeinsam mit den Produzierenden zum Einkommen des Kollektivs beitrugen, erschien sinnvoller als politische Bündnisse mit der weit entfernten Regierungsbürokratie, die von den Produzierenden nicht zur Rechenschaft gezogen werden konnte (Comisso 1979, 54). Es ist daher wenig überraschend, dass die Gewerkschaften in den ersten zwei Dekaden der Selbstverwaltung „wesentliche, wenn auch selten anerkannte" (Rusinow 1977, 115) Verbündete der liberalen Marktfraktion der jugoslawischen Führung war. Auch der Kongress der Arbeiterräte, der sich 1957 traf, um ein unabhängiges politisches Forum für direkte Produzierende auf föderaler Ebene zu schaffen, forderte die Abschaffung von staatlichen Regulierungen, Steuererleichterungen und mehr Autonomie der einzelnen Betriebe in Bezug auf Investitionen.

Die jüngere Generation der Parteikader hatte die revolutionären Erfahrungen und die ideologische Orthodoxie der Partisanen nicht mehr miterlebt und begrüßte die liberale Politik freier Märkte als eine Möglichkeit, den fortgeschritteneren westlichen Gesellschaften nachzueifern. Allerdings lösten weder die taktischen Bündnisse zwischen der Arbeiterklasse und den Liberalen auf der Makro-Ebene noch gemeinsame Interessen innerhalb einzelner Betriebe die Widersprüche innerhalb der Arbeiterräte, da die die Arbeiterklasse nicht im Konzept des Kollektivunternehmens aufging. Aufgrund der zunehmenden Bedeutung von Rentabilität für die weitere Industrialisierung und der Loslösung von Investitionen von föderalen Budgetplänen gerieten die Arbeiterräte zunehmend unter Druck, den egalitären Ethos der frühen Jahre abzulegen und die Selbstverwaltungsstrukturen nach den Grundsätzen von professionellem Management zu gestalten. Empirische Studien aus dieser Zeit zeigen, dass die Praxis der Selbstverwaltung weit hinter ihren normativen Standards zurückblieb: Die Partizipation von Fabrikarbeitern und -arbeiterinnen war gering, während das technische Personal und die Direktion erheblichen Einfluss ausübten (Prout 1895, 43). Die Arbeitenden hatten den Eindruck, dass ihnen die Zeit, die Kompetenz und die nötigen Informationen fehlten, um zunehmend komplexere Marktentscheidungen mitzutragen, daher überließen sie es dem Management, Entscheidungsgrundlagen vorzubereiten und dem Arbeiterrat vorzutragen.

Nur Betriebsleitung hatte in der Praxis das nötige Wissen für unternehmerische Entscheidungen, formal musste es allerdings jede größere Entscheidung von den Räten absegnen lassen, die mehrheitlich mit Produktionsarbeitern und -arbeiterinnen besetzt waren. Diese Praxis führte zu Patronage-Systemen, Korruption, Passivität und zynischen Haltungen gegenüber dem Selbstverwaltungssystem im Allgemeinen. Da immer klarer wurde, dass die Arbeiterräte nicht der Emanzipation der Lohnarbeit dienten, begannen die Arbeiter und Arbeiterinnen ihr Stimmrecht als Verhandlungsinstrument mit dem Management zu benutzen. Das Instrument der Mitbestimmung wurde so stark entwertet, dass es stundenlange Diskussionen darüber gab, ob der Nachtwächter das Recht auf Gratiskaffee habe, während wichtige Investitions-, Marketing-, und Produktionsentscheidungen ohne Diskussion abgesegnet wurden (Pienkos 1984, 63). Die Arbeiter und Arbeiterinnen waren bereit, die Initiative und die Verantwortung an spezialisierte Kräfte abzugeben, solange sie den Eindruck hatten, dass deren Entscheidungen sich positiv auf das Unternehmenseinkommen auswirkten. Dadurch wurde das Gefühl von Entfremdung und Misstrauen in den Kollektiven verstärkt. Ellen Turkish Comisso erstellte in den 1970ern eine empirische Studie über eine Fabrik, in der sie die Meinung eines Managers zitiert, dass die Arbeiter und Arbeiterinnen „die Mentalität der Lohnabhängigen ablegen müssen", um vorwärts zu kommen (Comisso 1979, 179). Aber das subjektive Gefühl vieler Arbeitender, dass sie innerhalb der Struktur formaler Rechte wenig wirklichen Einfluss auf betriebliche oder gesellschaftliche Entscheidungen ausüben konnten, verstärkte sich durch ihre täglichen Erfahrungen.

Trotz der Abkehr von allgemeinen Produktionsplänen und der Einführung von Endproduktmärkten war die Managementautonomie jugoslawischer Firmen in den 1950er Jahren noch weit von der kapitalistischer Unternehmen entfernt. Investitionsmöglichkeiten waren durch hohe Steuern beschränkt, Regeln für die Bilanzierung bundesweit vorgegeben, die Aufteilung von Profiten auf unterschiedliche Geldanlagen wurde strikt geregelt und der Bankensektor wie auch der Devisenverkehr unterlagen strenger politischer Kontrolle. Daher waren die Firmen von der Regierungspolitik mindestens so abhängig wie vom Markt. Nur der Produktionsfaktor Arbeit war Privateigentum, Land und Kapital waren „Gesellschaftseigentum" und daher war das Recht eines Unternehmens, sein Eigeninteresse zu verfolgen, stark durch die Verpflichtung beschränkt, breitere gesellschaftliche Ziele zu berücksichtigen. Über die folgenden vier Jahrzehnte bemühte sich der jugoslawische Staat darum, diese Spannung im Kern des Systems auszugleichen. Die Aufgabe, diese beiden Pole miteinander zu versöhnen, wurde dadurch erschwert, dass es an klar definierten und demokratischen Institutionen mangelte, die Verantwortung für breite gesellschaftliche Interessen hätten übernehmen können.

Aufgrund der raschen Dezentralisierung des Staatsapparats verblieb die kommunistische Partei die einzige bundesweite Organisation, die mit der Unterstützung der Massen rechnen konnte und die Autorität besaß, Investitionsentscheidungen auf Bundesebene zu fällen. Doch aufgrund ihrer Geschichte als Untergrundorganisation vor dem Krieg und militärischer Struktur während der Revolution war die Partei intern rigide organisiert und unfähig, sich für demokratische Impulse zu öffnen. Im ideologisch entscheidenden Zeitraum von 1948 bis 1952 fanden nur vier Plena des Zentralkomitees statt, von denen dasjenige, das zur Zeit der Gründung der ersten Arbeiterräte tagte, diese Angelegenheit nicht einmal diskutierte (Rusinow 1977, 49). Aufgrund der Autonomie der Betriebe und der Trennung zwischen Partei und Staat verfügte Tito auch über keine

Führungselite, wie sie in anderen sozialistischen Staaten existierte. Daher konnte die Partei ihre Steuerungsfähigkeit nur erhalten, indem sie Expertentum und Management rekrutierte (Woodward, 1995, 322). Dadurch aber verstanden die Arbeiter und Arbeiterinnen die kommunistische Partei immer weniger als ihre Organisation. Zwischen 1946 und 1967 erhöhte sich die Anzahl von Parteimitgliedern aus der Arbeiterklasse um 392 %, der Anteil von Verwaltungspersonal erhöhte sich im selben Zeitraum um 1.450 %. Im Jahr 1966 stellte das Verwaltungspersonal ungefähr die Hälfte der Parteimitglieder und 33,9 % der Mitglieder waren Arbeiter und Arbeiterinnen (Arsić und Marković 1984, 20).

Die damalige Parteiführung war vorsichtig bei Marktexperimenten. Das System bestand aus einer Mischung aus liberalen und sozialistischen Wirtschaftskonzepten, wobei die meisten Faktoren der Produktion und der Akkumulation nicht vom Markt beeinflusst wurden. Dadurch gewannen weder das Wertgesetz noch eine am Gebrauchwert orientierte Planwirtschaft Hegemonie über die nationale Wirtschaft. Trotzdem aber wurde die weitere Entwicklung durch die Kräfteverhältnisse im Land und globale Prozesse festgelegt. Die rasche Entwicklung in den 1950er Jahren förderte diejenigen Gruppen, die Liberalisierungsmaßnahmen als Grundlage des Wirtschaftswachstums interpretierten. Die liberale Koalition, die sich für mehr Autonomie, Dezentralisierung und Marktanzreize einsetzte, bestand aus Einheiten, die sich an Produktionsprinzipien orientierten – Firmen, Wirtschaftskammern, Berufsvertretungen und Gewerkschaften – sowie aus der politischen Führung der höher entwickelten Regionen. Diese Gruppen gewannen ihre Legitimation als Vertretung der Interessen der Arbeitenden aus der behaupteten Dichotomie zwischen den Rechten der „produktiven Arbeit" einerseits und dem „bürokratischen Etatismus" andererseits (Comisso 1979, 70).

In seiner Außenwirtschaftspolitik bemühte sich das Land zunehmend um Integration in die internationale Arbeitsteilung und Abkommen mit westlichen Finanzpartnern. Aufgrund der Abhängigkeit der internen Industrialisierung von Auslandskapital und Halbfertiggütern waren das Eindringen in westliche Märkte und der Zugang zu harten Währungen unumgänglich. Um Zugang zu protektionistischen westlichen Märkten zu finden, musste Jugoslawien allerdings internationale Handelsabkommen unterzeichnen und damit die staatliche Kontrolle über den Außenhandel reduzieren, was zu höherem Einfluss globaler Märkte führte. Der Internationale Währungsfonds unterstützte die Dezentralisierung während der ersten beiden Jahrzehnte der Entwicklung von Jugoslawien in der Hoffung auf die Durchsetzung „nicht-institutioneller ökonomischer Gesetze" (Pienkos 1984, 61). Das führte zu einem Außenhandelsdefizit, das durch erhöhte finanzielle Disziplin ausgeglichen werden musste. Anstatt jedoch Regierungsausgaben zu beschränken, wurden ganze Budgetkapitel aus dem föderalen Budget entfernt und „entweder Autoritäten übergeben, die näher an den Produzierenden waren, oder unabhängigen Agenturen mit autonomen Selbstverwaltungsmitteln, letzteres z. B. im Fall von Sozialleistungen" (Woodward 1995, 234). Ende der 1950er Jahre hatte die Selbstverwaltung also nicht nur ihr emanzipatives Potenzial innerhalb der Fabriken verloren; im Kontext der makroökonomischen Politik war sie noch dazu das wichtigste Instrument von Strukturanpassungen im Interesse der internationalen Positionierung des Landes.

Marktsozialismus

Ende der 1950er Jahre wurde es zunehmend schwieriger, die Behauptung aufrechtzuerhalten, dass zwischen den Nationalitäten im neuen sozialistischen Jugoslawien Gleichheit herrsche. Denn die Politik ausgeglichener regionaler Entwicklung, die durch die dominante Rolle der Zentralregierung bei der Allokation von Investitionen ermöglicht wurde, kam immer mehr unter den Druck widersprüchlicher Interessen der Republiken. Aufgrund der schmerzhaften Erfahrungen vor dem Zweiten Weltkrieg, als Spannungen zwischen den Republiken und ethnischen Gruppen fast zum Zerbrechen Jugoslawiens geführt hatten, bestand die titoistische Lösung darin, den Einfluss der zentralen Regierung und der Partei zu reduzieren und Marktmechanismen zu fördern, von denen man sich erhoffte, dass sie regionale Grenzen durch Profitanreize überwinden würden. Das Ergebnis dieser Politik entsprach indes nicht den Erwartungen. Die engen Beziehungen zwischen Management und politischen Eliten führten dazu, dass Regionen autark Industrialisierung vorantrieben und regionale Beschäftigung durch eine Reihe von Produktionseinrichtungen förderten, ohne sich um Verdopplungen auf nationaler Ebene oder die Langzeitperspektive der Projekte zu kümmern. In der Unterstützung dieser Betriebe kämpften die Kommunen um weitere Dezentralisierung, um regionale Märkte beherrschen zu können und direkten Zugang zu Auslandskrediten zu erreichen.

Diese dezentralisierte, gewinn- und exportorientierte Industrialisierung führte zu Engpässen in der Produktionskette und zu zunehmenden regionalen Unterschieden zwischen den nördlichen Republiken mit einem Überangebot an verarbeitender Industrie und gut entwickelten Transport- und Kommunikationsverbindungen nach Westeuropa, und den südlichen Republiken, in denen sich untergeordnete Grundstoffindustrien befanden, die von staatlichen Subventionen abhängig waren. Diese Differenzierung verstärkte die allgemeine Meinung, dass die subventionierten, „politischen Fabriken" eine Verschwendung von Investitionen darstellten, während die Wirtschaftsprojekte im Einklang mit den Marktsignalen den erfolgreichen Teil der Wirtschaft darstellten und den Fortschritt des Landes gewährleisteten. Das wichtigste Gegengewicht gegen die Aufsplitterungstendenzen der „sozialistischen Warenproduktion" bestand in der Politik zentralisierter nationaler Akkumulation, die durch den Föderalen Investitionsfonds ermöglicht wurde: Abschreibungssätze und Mindestsätze für Sparzinsen wurden festgelegt, sodass der Wert des gesellschaftlichen Kapitals erhalten wurde.

Langfristig war diese Kompromisslösung zwischen Plan und Markt nicht aufrechtzuerhalten. Die strukturellen Ungleichgewichte in der jugoslawischen Wirtschaft boten neue Chancen für die liberale Fraktion in der Partei. Diese vertrat den Standpunkt, dass politischer Einfluss zu einer irrationalen Verteilung von Investitionen zwischen und innerhalb von Sektoren beitrug. Die einzige Lösung wurde daher in der Orientierung an den Märkten für Endprodukte gesehen und in der Anpassung von Investitionen an die Erfordernisse heimischer und globaler Märkte. Außerdem waren die Liberalen der Meinung, dass der Zwang zu hoher Akkumulation den Konsum der Arbeiter und Arbeiterinnen beschränke und damit das Produktivitätswachstum hemme. Nach wie vor hatten Letztere keine absolute Kontrolle über den in ihren Fabriken produzierten Mehrwert; dies wurde als Beweis dafür verstanden, dass staatliche und bürokratische Elemente noch immer die Entwicklung der Selbstverwaltungsbeziehungen in der Produktion hemmten. Die organisierten Arbeitenden kämpften gleichfalls um Reformen, von denen sie sich höhere Löhne erwarteten, und um die Verwirklichung des ursprünglichen revolutionären Verteilungsgedankens „jedem nach seiner Arbeitsleistung".

Die lokale Organisation wirtschaftlicher Interessen machte einen nationalen Konsens über grundlegende wirtschaftliche Fragen so gut wie unmöglich. Wichtige Durchbrüche bei politischen Entscheidungen kamen nur durch direkte Interventionen von Josip Broz Tito zustande, der als höchster Vermittler und unumstrittenes Symbol der Revolution anerkannt war. Mit zunehmender Sprengkraft der parteiinternen Konflikte wurde die liberale Lösung, endlose Diskussionen durch einen unpersönlichen Schiedsrichter zu ersetzen, immer attraktiver. Der Markt eignete sich für diese Rolle, da er unsichtbar und scheinbar rational war. Die Marktexperimente der Führung hatten zu Rekordwachstum geführt und westliche Märkte schienen für eine weitere Integration der jugoslawischen Wirtschaft offen zu sein. Außerdem bot das titoistische Verständnis des Sozialismus dazu keine ernstzunehmende Alternative. Der einzige Ersatz für den Markt war Zentralisierung, aber eine Rückkehr zu administrativer Kontrolle und ideologischer Strenge war zu diesem Zeitpunkt undenkbar. Ende der 1950er Jahre war es an der Zeit für eine qualitative Änderung der Interpretation und Praxis der jugoslawischen Selbstverwaltung.

Im Jahr 1965 kam es zu einem Wendepunkt, an dem die unausgesprochenen Tendenzen der Jahre zuvor zur offiziellen Parteilinie wurden, die allgemein als „Marktsozialismus" bekannt wurde. Die Reformen Mitte der 1960er Jahre waren nicht bedeutsam „aufgrund dessen, was sie schufen, sondern aufgrund dessen, was sie abschafften" (Prout 1985, 47). Aus vielen kleinen Reformen entstand ein neues Staatskonzept, mit dem sich die Führung zu liberalen Ansichten bekehrte. Die Autonomie der Unternehmen wurde erheblich verstärkt, indem die Regierungsbesteuerung von 60 % auf 30 % des kollektiven Einkommens gesenkt wurde. Die Arbeiterräte konnten nun frei zwischen Konsum und Akkumulation entscheiden (Comisso 1979, 73). Der Staat zog sich aus der Wirtschaft zurück und gab den Unternehmen die Freiheit, unabhängig Verträge mit anderen Unternehmen und ausländischen Partnern zu schließen. Die Summe dieser Betriebsentscheidungen bestimmte die industriellen Leistungen und die Investitionsstrukturen auf der Makroebene. Ein komplexes System vielfältiger Währungskurse wurde durch einen einheitlichen Kurs ersetzt und der Außenhandel wurde insgesamt liberalisiert (Schrenk et al. 1979, 26-27). Der Anteil der föderalen Regierung an der Gesamtfinanzierung von Investitionen war bis 1963 auf 22,5 % gefallen; Entscheidungen über die Verteilung von Investitionen auf der Makroebene wurden spezialisierten Banken und dem Wettbewerb am Kapitalmarkt überlassen (Dyker 1990, 63). Die föderalen Jahres- und Fünf-Jahres-Pläne existierten zwar weiter, hatten aber einen rein informatorischen Charakter, da keine institutionelle Ebene diese Ziele durchsetzen konnte.

Die Reaktion der Arbeiterräte war vorhersehbar. Der Verfassungszusatz von 1968 gab den Kollektiven beinahe völlige Handlungsfreiheit; diese Freiheit nutzten die Räte, um ihre eigenen Strukturen zu entwickeln, Statuten neu zu formulieren, Entscheidungskompetenz an verschiedene spezialisierte Exekutivausschüsse abzugeben und die verpflichtenden Quoten für Beschäftigte in der Produktion in den Räten abzuschaffen – insgesamt also dazu, die Unternehmen so weit als möglich wettbewerbsfähig zu machen (Prout 1985, 57). Das alte Konzept des Rats der Produzenten in den Repräsentativorganen des Staatsapparats wurde aufgegeben; statt dessen wurden vier getrennte Kammern geschaffen, die dem territorialen Prinzip besser entsprachen.

Die wichtigste Änderung dieser Reformwelle war aber vermutlich die Auflösung des „Föderalen Investitionsfonds" und die Gründung des „Föderalen Fonds für Transferzahlungen an weniger entwickelte Republiken". Mit diesem Schritt wurde das ursprüngliche Konzept einer integrierten Entwicklung des ganzen

Landes aufgegeben. Die Profitlogik hatte sich durchgesetzt und so wurden die Gebiete mit hohen Kapitalerträgen als Spitzen des Wirtschaftswachstums anerkannt, während die weniger entwickelten Gebiete mit Solidaritätstransfers unterstützt wurden. Dadurch wurden die Republiken als wichtigste Wirtschaftseinheiten anerkannt und die Rolle der Föderation beschränkte sich auf Verteilungsfunktionen. Die solidarischen Transferleistungen zwischen den Republiken wurden schnell ein umstrittenes Thema, das politischen Manipulationen in den Republiken Tür und Tor öffnete, da in den Zeiten wirtschaftlicher Stagnation jede Zahlung an eine Region einen Verlust für eine andere Region darstellte.

Am Ende der 1960er wurden die Reformen allgemein als gescheitert angesehen. Am Höhepunkt der Reformen, in den Jahren 1964 bis 1967, betrug das durchschnittliche jährliche Wirtschaftswachstum 2,9 Prozent, während es von 1961 bis 1964 10 Prozent ausgemacht hatte, und von 1957 bis 1960 12,7 Prozent (Rusinow 1977, 202). Im Jahr 1965 betrug die Arbeitslosenquote 8,8 Prozent, insgesamt waren ungefähr 326.800 Menschen arbeitslos – und dies trotz einer massiven Migrationspolitik nach Westeuropa. In den frühen Jahren der Planwirtschaft wurde das Lohngefälle auf das Verhältnis 1:3,5 beschränkt; 1967 erreichte es das Verhältnis 1:20, abhängig von der Industrie und dem Betrieb, in dem man beschäftigt war. Die Ungleichheit zwischen den Betrieben stellt sich noch dras-tischer dar, wenn man die verschiedenen sozialen Dienst- und Nebenleistungen berücksichtigt, die durch die Selbstverwaltung auf die Ebene der Betriebe verlagert worden waren, z. B. Wohnbau, Zuschüsse zu Transportkosten, günstige Verpflegung, Bildungsmaßnahmen und Konsumkredite.

Der Rückzug des Staates erlaubte Industrien mit hohen Löhnen intensive Kapitalbildung, während Betriebe der Grundstoffindustrien sich gezwungen sahen, die Löhne zu erhöhen, und Investitionen nur mit der Unterstützung von Banken tätigen konnten. Große Handelsbetriebe nutzten die Gelegenheit, Firmen mit finanziellen Problemen zu übernehmen, sodass Zulieferfirmen Teil des eigenen Unternehmens wurden. Damit konnten diese Großbetriebe den Verkauf von Rohmaterialien steuern und lokalen Firmen untersagen, bei anderen Betrieben zu kaufen. Aufgrund der Beziehungen zwischen Betriebsdirektoren und den politischen Autoritäten der Republiken ging diese Entwicklung Hand in Hand mit der Entstehung eines „technokratischen Managementwesens" (Prout 1985, 30).

Die letzte Revolution von oben

In den 1960ern herrschte eine Atmosphäre, in der sich jede/r von irgendjemandem ausgebeutet fühlte, ohne dass sich klare Grenzlinien zwischen Ausbeutenden und Ausgebeuteten ziehen ließen. Die Landwirtschaft fühlte sich von der

Industrie bedroht, die Industrie von den Banken, die Grundstoffindustrien von den verarbeitenden Industrien, kleine Firmen von größeren, weniger entwickelte Gebiete von den reichen Republiken, und die besser entwickelten Republiken von den Handelsmonopolen in Belgrad. Die steigende Unsicherheit führte daher nicht zu Netzwerken politischer Solidarität von unten, die in der Lage gewesen wären, die Atomisierung der Selbstverwaltung zu überwinden. Daher geriet die jugoslawische Version des Sozialismus Ende der 1960er Jahre in eine ernste Identitätskrise. Es entstand der Eindruck, dass es kein klares Konzept und Ziel hinter den vagen Bekenntnissen zu Selbstverwaltung und „Brüderlichkeit und Einheit" gab (Pienkos 1984, 62). Das Regime, das früher Konflikte selbstbewusst hinter verschlossenen Türen geregelt hatte, schien nun unfähig, die inneren Widersprüche zu lösen, die es selbst geschaffen hatte, und zu verhindern, dass die steigende Frustration die Straßen erreichte. Zwischen 1968 und 1972 geriet die titoistische Führung von allen Seiten unter Beschuss, entlang der vertikalen und horizontalen Bruchlinien, die durch die Reformen geschaffen worden waren. Dem Studierendenprotest im Sommer 1968 folgte die ethnische Protestbewegung in der Provinz Kosovo, die mehr Rechte für die albanische Bevölkerung in der Föderation forderte, sowie nationalistische Proteste in Kroatien am Beginn der 1970er, die mehr Liberalisierung und Autonomie der Republiken verlangten.

Die Proteste im Kosovo und in Kroatien spiegelten die allgemeinen Entwicklungen innerhalb der Partei wider und benutzten das offizielle Verständnis der Selbstverwaltung für die Forderung nach Dezentralisierung und regionalen und nationalen Rechten im Bereich der Wirtschaft und der Politik. Die Studierendenproteste waren politisch sehr viel interessanter, da es ihnen gelang, einen alternativen Diskurs der Selbstverwaltung zu entwickeln, der sich ausschließlich an die Arbeiterklasse wandte, ohne sich an regionalen Differenzen zu orientieren. Aufbauend auf den Ideen der *Praxis*-Gruppe[6] sozialistisch-humanistischer Intellektueller an den Universitäten und der internationalen 1968er-Bewegung vertraten die Studierenden die Position, dass die Entstehung einer technokratischen Elite in den Unternehmen und die neue Kraft des Nationalismus eine Folge der Einführung autonomer Unternehmen war, die miteinander auf Märkten konkurrierten. Nebojša Popov beschreibt, dass das Regime sich darum bemühte, direkte Kommunikation zwischen den Studierenden und den Arbeitenden zu

6 Die im Jahr 1964 gegründete Zeitschrift *Praxis* stellte den Mittelpunkt von Aktivitäten kritischer linker Akademiker und Akademikerinnen dar, die sich international um die Weiterentwicklung neuer linker Politik bemühten. Unter anderem organisierte Praxis Sommerkurse auf der Adriainsel Korčula, an denen führende marxistische Intellektuelle teilnahmen, und übersetzte die Werke dieser Intellektuellen.

verhindern, indem die Partei als einzige offizielle Verbindung zwischen den Unternehmen und der Gesellschaft fungierte und die Studierenden durch organisierte Wachen und Aktionskomitees der Unternehmen physisch am Zutritt zu den Fabriken gehindert wurden (Popov 2008, 87).

Diese Sicherheitsvorkehrungen sind nur vor dem Hintergrund der zeitgleichen Entwicklungen innerhalb der organisierten Arbeitenden verständlich. Im vorhergehenden Jahrzehnt hatten sie die Kontrolle der Räte an das Management abgegeben, um ein höheres Kollektiveinkommen und höhere Löhne zu erzielen. Die zunehmende Abhängigkeit individueller Arbeitsentlohnung vom freien Markt hatte aber negative Auswirkungen auf den Lebensstandard von Beschäftigten in der Produktion und gefährdete Arbeitsplätze. Der Grundsatz des jugoslawischen Sozialismus, auf den sich auch die Wirtschaftsliberalisierung bezog, lautete „Verteilung nach Arbeitsleistung". Während der Reformen wurde deutlich, dass dieser Satz von den Beschäftigten in der Produktion und dem Management vollkommen verschieden interpretiert wurde.

Ellen Turkish Commissos Beschreibung des Arbeitsethos in jugoslawischen Unternehmen macht deutlich, dass Arbeiter und Arbeiterinnen diesen Satz wörtlich verstanden und daher den Gegenwert für die im Produktionsprozess investierte Arbeitsleistung erwarteten. Das Management vertrat hingegen das Prinzip, dass die Verteilung nach den „Arbeitsergebnissen" erfolgen sollte, sodass Löhne sich nicht nach der Qualität und Quantität individueller Arbeit bestimmen, sondern nach der Fähigkeit der Firma, ihre Produkte herzustellen und zu vermarkten (Comisso 1979, 159-171). Daher stellt das Ende des zweiten Jahrzehnts der jugoslawischen Selbstverwaltung auch das Ende der schwierigen Koalition zwischen den Arbeitern und Arbeiterinnen und dem liberalen Flügel der Partei dar. In den 1960er Jahren intensivierten sich die Streiks in Jugoslawien und beim Gewerkschaftskongress 1968 forderten die Arbeiter und Arbeiterinnen eine entschiedenere Vertretung ihrer Interessen durch die Funktionärsschicht. In der Folge politisierten die Arbeitenden ihre Forderungen weiter und verließen den engen Rahmen der einzelnen Betriebe (Carter 1982, 159-207).

Um die Kontrolle über die Wirtschaft wieder zu gewinnen und die Partei zu disziplinieren, begann die jugoslawische Führung die letzte und ambitionierteste Rekonstruktion des Selbstverwaltungsprojekts auf allen Ebenen. Nachdem die Demonstrationen im Kosovo niedergeschlagen waren und die Studierendenbewegung befriedet worden war, nutzte die Partei die Aktivitäten des radikaleren Flügels der nationalen Bewegung in Kroatien als Anlass für eine Säuberung der Parteiapparate aller Republiken von nationalistischen und liberalen Elementen. In der Folge griff die Führung auch hart gegen linkes Lehrpersonal und oppositionelle Kreise an der Universität Belgrad durch. Damit wurde das Ende des laissez-faire-Sozialismus eingeleitet. Schädliche und selbstsüchtige Monopole sollten abgeschafft werden, ohne nützliche Marktmechanismen zu gefährden, und die Partei sollte wieder an den gesellschaftlichen und wirtschaftlichen Prozessen beteiligt werden, ohne zu einem hierarchischen Parteiapparat zurückzukehren. Die Betriebe wurden in Basisorganisationen assoziierter Arbeit (BOAL) unterteilt, die die kleinste Einheit darstellten, deren Produkten oder Dienstleistungen ein Marktwert zugewiesen werden konnte. Jede dieser kleinen Einheiten verfügte über eigene Organe der Selbstverwaltung, schloss sich freiwillig, auf Vertragsbasis, den größeren Organisationseinheiten an und schickte Delegierte in die zentralen Arbeiterräte. Jedes Unternehmen wurde in eine Föderation von BOALs mit völliger rechtlicher und politischer Unabhängigkeit umgewandelt.

Die Beziehungen zwischen den Unternehmen und dem Staat wie auch zwischen verschiedenen Unternehmen wurden in ähnlicher Art gestaltet. Statt aufgezwungener Regulierungen von oben übernahmen die Unternehmen die Initiative, eine Reihe von „gesellschaftlichen Pakten“ mit lokalen Kommunen und „Selbstverwaltungsübereinkommen“ mit anderen BOALS und Arbeitsorganisationen zu schließen. Von diesem komplexen Netz von Pakten und Abkommen erhoffte man sich eine stärkere Kontrolle der organisierten Arbeiterinnen über die blinden Kräfte der Warenproduktion und die technokratischen Elemente in den Selbstverwaltungsbeziehungen. Die neue Wirtschaftsplanung sollte durch die Aggregierung einer Reihe vereinbarter „gesellschaftlicher Pakte“ auf nationaler, regionaler oder sektoraler Ebene durchgesetzt werden (Prout 1985, 73-77). Auch die sogenannten sozio-politischen Organisationen (Parteiorganisationen, Jugendorganisationen, Gewerkschaften etc.) erhielten einen prominenteren Platz in den Unternehmen. Die Selbstverwaltungsorgane sollten nun eng mit den lokalen Teilen der nationalen Massenorganisationen zusammenarbeiten und die Arbeiterinnen wurden aufgefordert, zugleich in beiden Strukturen aktiv zu werden. Die Aktivitäten dieser Organisationen sollten die Unternehmen enger mit breiteren gesellschaftlichen Interessen verbinden.

Zugleich wurde zum ersten Mal nach der Abschaffung des Rats der Produzentinnen versucht, eine autonome Repräsentation der Wirtschaft im politischen Apparat einzuführen; dies sollte durch eine Erneuerung der Kammern-Struktur umgesetzt werden. Jede gesetzgebende Versammlung von der kommunalen Ebene bis zu den Republiken bestand nun aus drei getrennten Kammern, die aus Delegierten der Kommunen, Arbeiterinnenorganisationen und sozio-politischen Organisationen bestanden (Schrenk et. al. 1979, 45). Es ist allerdings bezeichnend, dass die Kammer der assoziierten Arbeit nie Teil der höchsten gesetzgebenden Versammlung des Landes, der Föderalen Versammlung, wurde. Diese Schritte im Sinne einer direkten Arbeiterinnendemokratie trugen nicht zur Öffnung eines politischen Raums bei, der die Entwicklung von Alternativen zu den bestehenden regionalen und ethnischen Allianzen ermöglicht hätte. In Wirklichkeit wurde nur eine minimale Korrektur der Verfassung von 1974 erreicht, die paradoxerweise viele Forderungen der nationalen Bewegungen aufgegriffen und die Republiken als die wichtigsten Instanzen für politische Verhandlungen innerhalb des Landes etabliert hatte.

Die Fähigkeit der Führung zur Mobilisierung der Massen verringerte sich mit jeder neuen Reform. Die neue Revolution von oben blieb hoch formalistisch und war auf zahlreiche Gesetzgebungsakte in extrem bürokratischer Sprache verteilt. Obwohl die Reform zur Steigerung der Macht der Direktproduzentinnen gedacht war, gelang es ihr nie, die Arbeiterinnen zu begeistern, die die Reform entweder als eine irrationale und problematische Zerstörung integrierter Produktionsprozesse verstanden oder als eine Vervielfältigung der Bürokratie und als „leeres Gerede". Zwar stellte das Management sicher, dass die Betriebsstrukturen den neuen Gesetzen entsprachen, aber die neuen Organisationsstrukturen funktionierten nur oberflächlich, um die Autoritäten zu befriedigen, damit jede/r wieder weiterarbeiten konnte wie zuvor. Der praktische Einfluss der Änderungen war enttäuschend:

> „Es ist aufschlussreich, dass die Analyse der größten wirtschaftlichen Schwächen Jugoslawiens im Sozialplan 1976-1980, der in der Mitte der 1970er geschrieben wurde, fast identisch mit der Analyse aus der Mitte der 1960er ist. Beide weisen auf Ungleichgewichte im Wirtschaftswachstum in den Sektoren der Fertigungswirtschaft, der Rohmaterialien und der Infrastruktur hin, die grundlegend für die Instabilität der Wirtschaft verantwortlich sind, (...) Es ist fast so, als ob die Zeit stillgestanden wäre" (Prout 1985, 70).

Resignation

Der Tod von Josip Broz Tito im Jahr 1980 fiel zeitlich mit steigenden Ölpreisen auf dem Weltmarkt und verschlechterten Handelsbedingungen für Entwicklungsländer zusammen. Seit Jahrzehnten hatte das Land seine Entwicklung auf die Integration in die internationale Arbeitsteilung aufgebaut. Die weltweite Rezession in den späten 1970ern traf Jugoslawien härter als jedes andere sozialistische Land; die steigenden Preise von Rohmaterialien, Ersatzteilen und Halbfertigprodukten – die alle für den Export gebraucht wurden – führten zu erhöhten Produktionskosten und geringerer Wettbewerbsfähigkeit. Auch die Zinsen der Anleihen stiegen stark an und im Jahr 1981 befand sich die jugoslawische Regierung mit mehr als 20 Milliarden US-Dollar Auslandsschulden am Rande des Bankrotts (Sörensen 2009, 77). Aufgrund der langen Wirtschaftskrise entstand der Ruf nach neuen Reformen. Die einst so hoch gelobte einzigartige Erfahrung der Selbstverwaltung wurde von den Kräften der Regierung mehr und mehr als Modernisierungshindernis angesehen.

Im Laufe der 1980er wurde eine Reihe von „Stabilisierungsprogrammen" eingeführt, um die internationale Wettbewerbsfähigkeit zu erhöhen und die galoppierende Inflation in Griff zu bekommen. Diese Programme bestanden hauptsächlich aus Reduktionen des kollektiven Konsums und strikteren Marktparametern zur Bewertung von Unternehmen. Die Sparmaßnahmen belasteten in erster Linie die Industriebeschäftigten im vergesellschafteten Teil der Wirtschaft. In den ersten drei Jahren der 1980er verringerten sich die durchschnittlichen Realeinkommen um 33 %. Im Jahr 1988 war der Lebensstandard der Arbeiter und Arbeiterinnen in der vergesellschafteten Wirtschaft wieder auf dem Niveau von 1960 (Schierup 1992, 86). Schätzungen gingen davon aus, dass eine effizienzorientierte Wirtschaftsreform zwei von acht Millionen Arbeitskräften arbeitslos machen würde. In Kombination mit einer Million von Personen, die bereits arbeitslos waren und einer steigenden Zahl von „Gastarbeitern und -arbeiterinnen", die aufgrund der Rezession in Westeuropa nach Jugoslawien zurückkehrten, stellte diese Entwicklung eine ernst zu nehmende Bedrohung des sozialen Friedens dar.

Und in der Tat führten diese Politiken zu Bewegungen von unten und zu Unruhen an der Spitze der Gesellschaft. Mobilisierungen der Arbeiter und Arbeiterinnen stellten in dieser Zeit die wichtigsten Initiativen von unten dar und wurden von der Bevölkerung schweigend akzeptiert und positiv aufgenommen. Im Jahr 1980 waren landesweit 247 Streiks von insgesamt 13.507 Arbeiter und Arbeiterinnen verzeichnet worden; 1988 kam es zu 1.851 Streiks von 386.123 Arbeitern (Marinković 1995, 83). Damit befand sich Jugoslawien unter den europäischen Ländern mit der höchsten Zahl an Streiks. Während sich Streiks in früheren Jahrzehnten gegen das Unternehmensmanagement richteten und innerhalb der Fabriken abspielten, waren die Arbeitenden nun darum bemüht, ihre Forderungen mit breiteren politischen Fragen zu verknüpfen und die Missstände in Märschen, Demonstrationen und Kundgebungen vor den Regierungsgebäuden öffentlich zu machen. Sie protestierten gegen die Austeritätspolitik und die politischen Kräfte, die diese vorantrieben, und verteidigten insgesamt das titoistische Erbe durch Streiks und Proteste, die sich der Symbole der Partei bedienten. Ihre Forderungen reichten von Lohnerhöhungen bis zur Mitsprache von

Delegierten der organisierten Arbeitenden in politischen Debatten der föderalen Versammlung.

Diese Massenbewegungen verdeutlichten die Hilflosigkeit der Selbstverwaltungsinstitutionen – die meisten der Streiks und Aktionen wurden außerhalb dieser Strukturen organisiert. Aber trotz ihrer schlechten Erfahrungen mit den konkreten Ausformungen der Selbstverwaltung, vertraten die Arbeiter und Arbeiterinnen die allgemeinen Werte und Interpretationen des jugoslawischen Sozialismus und entwickelten ihre Reformideen innerhalb dieses Konzepts. Wie Susan Woodward zeigte, entwickelten sich die Forderungen nach einem Mehrparteiensystem nicht auf Druck der Bevölkerung, sondern wurden von Politikern aufgebracht, die nach mehr regionaler Macht strebten, und von der nationalen Intelligenzija, die nach politischem Einfluss strebte (Woodward 1995a, 45).

Die steigende Unzufriedenheit in der Bevölkerung erreichte auch die Partei. Einfache Parteifunktionäre und lokales Management von Staatsbetrieben bemühten sich um Zusammenarbeit mit verschiedenen Protestgruppen in den Republiken. Die Krise erreichte im Herbst 1988 ihren Höhepunkt, als sich der Bund der Kommunisten von Jugoslawien unter der Führung von Slobodan Milošević öffentlich von der gemeinsamen Linie der föderalen Regierung gegen die Straßenproteste verabschiedete und begann, ausgewählte Demonstrationen politisch zu unterstützen. Diese Gruppe der serbischen politischen Elite definierte das bisher hegemoniale Verständnis der Dichotomie zwischen den „Ausbeutenden und Ausgebeuteten" auf neue, nationalistische Art und organisierte eine Welle von Kundgebungen in Serbien und den umliegenden Republiken, bei denen die bisher klassenbasierte Bewegung für nationalistische Ziele benutzt wurde. Diese nationalistischen Mobilisierungen von oben, die als „anti-bürokratische Revolution" bekannt wurden, eröffneten die Möglichkeit zu einer gewaltsamen Desintegration des Landes.

Durch das Unternehmensgesetz und das Gesetz über Auslandsinvestitionen aus dem Jahr 1989 wurde die Selbstverwaltung als wichtigstes Modell der Unternehmensorganisation de facto abgeschafft; hundertprozentiges ausländisches Eigentum an Unternehmen und die Rückführung der Profite in die Herkunftsländer der Eigentümer wurden ebenso erlaubt wie die Aufteilung der Arbeits- und Kapitalmärkte (Warner 1990, 216-219). Die Gewerkschaften stellten sich nicht gegen die Abschaffung der Selbstverwaltung, da sie hofften, dass die Arbeiterklasse auf einem nationalen Arbeitsmarkt nicht mehr atomisiert sein und durch Kollektivvertragsverhandlungen mehr gesellschaftlichen Einfluss erhalten würde. Nach Kriegsbeginn gewannen jedoch „nationale Interessen" die Oberhand über Klassenfragen, sodass Klassenpolitik kaum mehr Öffentlichkeit fand.

Es ist der jugoslawischen Arbeiterklasse nie gelungen, die institutionellen Möglichkeiten der Selbstverwaltung auszunützen, um sie von einem Instrument der herrschenden Bürokratie zu einem authentischen Motor demokratischer Kontrolle von unten zu machen. Trotz oder gerade wegen der Fülle von Institutionen, die im Rahmen des Selbstverwaltungssystems gegründet wurden, fehlte es den Arbeitern und Arbeiterinnen an konkreten Möglichkeiten, ihre Forderungen mitzuteilen und durchzusetzen. Die Selbstverwaltungsräte als wichtigste Strukturen konnten nicht als Organe von demokratischem Dissens dienen, da ihre Hauptfunktion das Management von Betrieben und nicht die Vertretung der politischen Interessen der Arbeiter und Arbeiterinnen war. Sozio-politische Organisationen innerhalb der Betriebe waren zu eng mit der Bürokratie vernetzt, als dass sie abweichende Meinungen hätten zulassen können.

Im großen Rahmen wurde der offensichtliche Gegensatz zwischen den individuellen Eigeninteressen von Betrieben und Regionen und der Gesellschaft in ihrer Gesamtheit nie durch eine zentralisierte, demokratische Kontrolle der Volkswirtschaft durch die Arbeiterklasse aufgelöst. Aufgrund des Fehlens solcher Strukturen konnte eine gemeinsame Politik nur durch den Konsens der politischen Eliten der Republiken erreicht werden. Bis zum Ende der jugoslawischen Föderation wurde Selbstverwaltung in erster Linie als Mittel zu größerer Autonomie und lokaler Kontrolle verstanden. Nachdem das Land auseinandergebrochen war, hatten die Eliten kein Interesse mehr an Selbstverwaltung. Die Arbeiterbewegung aber war nicht stark genug, um dem Konzept neue Bedeutung zu geben und es als Leitlinie in einem neuen sozio-ökonomischen Kontext zu nützen. Zwei Jahrzehnte nach dem Ende der Selbstverwaltung stellt dieses Konzept daher ein ambivalentes Erbe der jugoslawischen Geschichte dar, das bisher weder von sozialen Bewegungen wieder aufgegriffen noch von den Sozialwissenschaften neu bewertet wurde.

Literatur

Arsić, Mirko und Dragan R. Marković (1984), *68. Studentski bunt i društvo,* Belgrad: Prosvetni Pregled.

Carter, April (1982), *Democratic reform in Yugoslavia.* The changing role of the party, London: Frances Pinter.

Comisso, Ellen Turkish (1979), *Workers' control under plan and market.* Implications of Yugoslav self-management, New Haven: Yale University Press.

Djilas, Milovan (1969a), *The unperfect society.* Beyond the new class, London: Methuen.

Djilas, Milovan (1969b), *Die unvollkommene Gesellschaft.* Jenseits der „Neuen Klasse", Wien usw.: Molden.

Dyker, David A. (1990), *Yugoslavia: Socialism, development and debt,* London: Routledge.

Johnson, A. Ross (1972), *The transformation of communist ideology.* The Yugoslav case, 1945-1953, Cambridge: MIT Press.

Marinković, Darko (1995), *Štrajkovi i društvena kriza,* Belgrad: Institut za političke studije.

Pašić Najdan (1975), „Self-management in Yugoslavia: Some impending problems", in: *Self-management.* New dimensions to democracy, hrsg. von Ichak Adizes und Elisabeth Mann Borgese, Santa Barbara: Clio Press.

Pienkos, Andrew (1984), „Socialist transition in the capitalist world-economy. The Yugoslav experience", in: *Insurgent Sociology,* Bd. 12, Nr. 1/2, S. 57-69.

Popov, Nebojša (2008), *Društveni Sukobi – Izazov Sociologiji.* Beogradski Jun 1968, Belgrad: Službeni Glasnik.

Prout, Christopher (1985), *Market socialism in Yugoslavia,* London: Oxford University Press.

Rusinow, Dennison (1977), *The Yugoslav experiment: 1948-1974,* London: Royal Institute of International Affairs.

Schierup, Carl-Ulrik (1992), „Quasi-proletarians and a patriarchal bureaucracy: Aspects of Yugoslavia's re-peripherialization", in: *Soviet Studies,* Bd. 44, Nr. 1, S. 86.

Schrenk, Martin und Cyrus Ardalan und Nawal A. El Tatawy (1979), *Yugoslavia.* Self-management socialism and the challenges of development, Baltimore: John Hopkins University Press.

Sörensen, Jens Stilhoff (2009), *State collapse and reconstruction in the periphery.* Political economy, ethnicity and development in Yugoslavia, Serbia and Kosovo, New York: Berghahn Books.

Tito, Josip Broz (1950), Workers manage factories in Yugoslavia, Pamphlet, Belgrad, 26. Juni, www.marxists.org/archive/tito/1950/06/26/htm.

Warner, Malcolm (1990), „Yugoslav ‚self-management' and industrial relations in transition", in: *Industrial Relations Journal,* Bd. 21, Nr. 3, S. 209-220.

Woodward, Susan L. (1995a), *Socialist unemployment.* The political economy of Yugoslavia. 1945-1990, Princeton: Princeton University Press.

— (1995b), *Balkan tragedy.* Chaos and dissolution after the cold war, Washington, DC: Brookings Institution Press.

Zukin, Sharon (1981), „The representation of working-class interest in socialist society. Yugoslav labor unions", in: *Politics & Society,* Bd. 10, Nr. 3, S. 281-316.

Übersetzung aus dem Englischen: Monika Mokre

10. „Gebt uns unsere Fabriken zurück!"

Polen 1944-1981: zwischen Widerstand gegen Ausbeutung und Kampf um Arbeitermacht

Zbigniew Marcin Kowalewski

Die sowjetisch dominierte Volksrepublik Polen[1], die von 1944 bis 1989 existiert hat, war eine der Gesellschaftsformationen des Übergangs vom Kapitalismus zum Sozialismus, die in der Peripherie des globalen kapitalistischen Systems entstanden. Diese Peripherie war im historischen Prozess der industriellen Revolution hinter dem westlichen Zentrum zurückgeblieben (Aldcroft 2006). Polens abhängiges kapitalistisches System der Zwischenkriegszeit behinderte die industrielle Entwicklung der Nation; dessen Sturz durch die Rote Armee nach dem Zweiten Weltkrieg ermöglichte es, dass diese Revolution stattfand. Im neu industrialisierten Volkspolen hörte der Warentausch auf, die allgemeine Form der sozialen Beziehungen zu sein, aber die Dominanz der Bürokratie blockierte den Übergang zu den neuen geplanten Beziehungen. Diese Dominanz basierte auf einem doppelten Widerspruch: dem Widerspruch zwischen der Zerstörung der Dominanz des Kapitalismus im nationalen und regionalen Rahmen und dem Fortbestehen dieser Dominanz im Weltsystem sowie dem Widerspruch zwischen der Beseitigung der kapitalistischen Ausbeutungsbedingungen und der Anwendung der Produktivkräfte, die im Schmelztiegel eben dieser Beziehungen entstanden waren. Je mehr die Produktivkräfte dem Kapitalismus angepasst waren, desto mehr behinderten sie die Entwicklung von nicht-ausbeuterischen Beziehungen (Rey 1977: 130; Rey 1985: 131; Turchetto 1995 u. 2007).

1 Dies war der offizielle Name von 1952 bis 1989.

Die Bürokratie war nicht eine genuin herrschende Klasse, sondern eine parasitäre Schicht (Post 2000). Ihre politische Dominanz basierte nicht auf einer spezifischen Produktionsweise, obwohl sie in der Lage war, Mehrarbeit von den Arbeitern zu erpressen. Die Ausbeutung, der die Arbeiter ausgesetzt waren, war jedoch nur ein blasser Widerschein der herrschenden Produktionsbedingungen innerhalb des kapitalistischen Weltsystems. Die Unfähigkeit der Bürokratie, neue Produktivkräfte zu entwickeln, oder die, über die sie verfügte, sich „real zu subsumieren" (Marx 1982, 1021, 1024), führte zu starken Tendenzen in Richtung Überausbeutung (Auspressung von absoluter Mehrarbeit) und Entsozialisierung von Produktivkräften.

Der Einsatz von Paletten, der eine technische Revolution im Transportwesen bedeutete, ist eine gute Illustration für die Tendenz, die der bürokratischen Dominanz innewohnt. Ende der 70er Jahre, nach 15 Jahren Anstrengungen von sechs Regierungskommissionen, Paletten einzuführen, ging der Transport von Ziegelsteinen folgendermaßen vor sich: Anstatt die Ziegelsteine zu Beginn des Produktionsprozesses auf Paletten zu laden, wurden sie per Hand in die Zugwaggons getragen, vom Waggon an die Bahnhofsstation, von der Bahnhofsstation in die wartenden Lkws, von den Lkws zum Bauplatz, und erst am Ende, als der manuelle Prozess auf ein unüberwindbares technisches Hindernis stieß, wurden die Ziegelsteine auf die Paletten geladen, damit der Kran sie in den 18. Stock des im Bau befindlichen Hochhauses transportieren konnte (Kusmierek 1980).

Ticktin hat ironisch festgestellt, dass zur Abteilung I (wo die Produktionsmittel produziert werden) und zur Abteilung II (wo die Konsumptionsmittel produziert werden) in der politischen Ökonomie des „real existierenden Sozialismus" eine wachsende Abteilung III hinzugefügt wurde: die Reparatur der Produktionsmittel. Wenn eine Reduzierung der Anzahl der Arbeiter, die die Maschinen bedienen, einhergeht mit einer Erhöhung der Anzahl der Arbeiter, die sie reparieren, wird der Widerspruch zwischen den Erfordernissen der Vergesellschaftung der Produktivkräfte und der Atomisierung, die im Arbeitsprozess vorherrscht, praktisch unüberwindbar (Ticktin 1973). Einer der Manifestierungen dieses Widerspruchs war der geringe oder gegen Null tendierende Gebrauchswert der massiven Produktion von Konsumgütern und Produktionsmitteln, in denen sich die soziale Natur der Arbeit nicht niederschlug. Ein anderer war der umfassende Mangel an Arbeitskräften, -mitteln und -gegenständen auf der einen Seite und dem Überfluss derselben in den Betrieben, in denen sie während „toter Zeiten" gelagert, wenig genutzt oder in Reserve gehalten wurden, in Erwartung „harter Zeiten" in den Schlussphasen der Erfüllung der Produktionspläne. Die übersteigerte Nachfrage nach Arbeitskraft in den Betrieben garantierte Vollbeschäftigung, dem entscheidenden Faktor zur Legitimierung des „real existierenden Sozialismus“ (Pravda 1981, 46).

Die Formen des Arbeitsprozesses, der vom Kapitalismus übernommen und weder der Bürokratie noch der Arbeiterklasse subsumiert war, wurden durch den Widerspruch zwischen der permanenten Tendenz zur Überausbeutung und der ständigen Tendenz zu Widerstand gegen diese Ausbeutung zerrissen. Der Widerstand der Arbeiter nahm die Form von hoher Arbeitsrotation, Abwesenheit und einer weitgehenden, jedoch nur teilweisen Arbeiterkontrolle des Produktionsprozesses an. Filtzer (1986) hat aufgezeigt, wie außerordentlich schnell und umfangreich der Prozess war, mit dem die neue Arbeiterklasse, die letztlich aus der stalinistischen industriellen Revolution kam, vollbrachte, was Arnot (1981, 1988) die „negative Arbeiterkontrolle“ nannte. Obwohl abgetrennt und vereinzelt, war es der Weg, auf dem der einzelne Arbeiter oder ein kleines Arbeiterkollektiv in der Lage war, sich einen bestimmten Teil der Arbeitszeit anzueignen, die Arbeitsgeschwindigkeit zu bestimmen, es zu vermeiden, Normen und Aufgaben zu erfüllen, Rationalisierungen und Innovationen umzusetzen, darauf zu drängen nach Zeit bezahlt zu werden, obwohl auf Stückbasis arbeitend usw. Die tayloristische Form der Arbeitsorganisation, die die Bürokratie vom Kapitalismus übernommen hatte, führte zu etwas, das man als „arhythmischen Taylorismus“ beschreiben könnte und einen eklatanten Widerspruch in sich selbst darstellte (Urgense 1982).

Die Arbeiter griffen nur zur Waffe des Streiks, wenn die Überausbeutung der Arbeit so stark war, dass die konventionellen Methoden der „negativen Arbeitskontrolle“ nicht mehr in der Lage waren, die Effekte, die zu einer Blockade der vollständigen Reproduktion der Arbeitskraft führten, zu neutralisieren oder zu konterkarieren oder die Arbeitskraft drohte substantiell entwertet zu werden. Massenstreikbewegungen waren die Hauptformen der Erprobung von Kräftekonzentration, Kampfpotential und Erfahrungen. Ein qualitativer Sprung im Prozess der „Klassenakkumulation“ fand statt, wenn die Arbeiter Fabriken besetzten. Unabhängig von den Forderungen der Streikenden führte jeder Besetzungsstreik über die Grenzen des bürokratischen Regimes hinaus, indem er praktisch die Frage aufwarf, wer die Fabriken kontrollierte: die Bürokraten oder die Arbeiter. Während die Besetzungsstreiks diese Frage episodisch aufwarfen, taten dies Arbeiterräte, die von allen Arbeitern eines Betriebs gewählt wurden, permanent, indem sie eine Gegenmacht zum bürokratischen Management institutionalisierten und ein Kampforgan der Arbeiterselbstverwaltung konstituierten (vgl. Trotzki 1997, 124f.). Die historische Erfahrung der Arbeiterbewegung in Volkspolen hat bewiesen, dass „Klassenkampf ein Prozess ist, der die

Arbeiterklasse hervorbringt" (Lebowitz 2003, 179-184) und dass der Kampf für und die Ausübung von Arbeiterkontrolle „als eine Vorbereitung von Situationen von Doppelmacht in Verbindung mit einer Eroberung der ganzen politischen Macht" gesehen werden muss (Panzieri 1976, 23).

1945: die erste politische Enteignung der Arbeiterklasse

Die Befreiung Polens durch die Rote Armee und die Machtübernahme durch die stalinisierte Arbeiterpartei führte 1944/1945 zur Überwindung des kapitalistischen politischen und ökonomischen Systems. Bereits während der Nazi-Okkupation hatte der deutsche Imperialismus die polnische industrielle Bourgeoisie enteignet. Der Untergang dieses Imperialismus ging einher mit dem generellen Ruf nach Nationalisierung der fundamentalen Produktionsmittel. Eine breite Bewegung zur Übernahme verlassener Betriebe durch die Arbeiter und deren Wiederingangsetzen unter der Leitung von Arbeiterräten (*rada zakladowa*), die ad hoc gebildet wurden, fand die Unterstützung der neu entstehenden Staatsmacht. Diese Macht, noch sehr schwach, hatte keine andere Wahl, als auf die organisatorische und produktive Initiative der Arbeiter als einem entscheidender Faktor für die industrielle und ökonomische Rekonstruktion des Landes zu setzen.

Nichtsdestoweniger war dies für die zahlreichen kommunistischen und linkssozialistischen Kader keine pragmatische, sondern eine programmatische Frage: Sie wollten, dass alle Macht in der Industrie nicht nur dem neuen Staat übergeben wurde, sondern ebenso der Arbeiterklasse selbst. Aber das Regierungsdekret über Arbeiterräte vom Februar 1945 gab diesen nur begrenzte Rechte an der Leitung der Unternehmen teilzunehmen. Nachdem das Dekret im Mai in Kraft trat, wurde es elf Tage später durch eine Anweisung des Industrieministeriums annulliert, die die völlige und ausschließliche Macht des Betriebsleiters betonte. Dieser unzulässige Akt stellte einen erfolgreichen Handstreich der Bürokratie dar, die sich schnell innerhalb des ökonomischen Apparates des Staates konsolidierte. Die Arbeiterräte, die nun nicht nur von der Möglichkeit, die Unternehmen zu führen ausgeschlossen waren, sondern auch von jedem Recht des Co-Managements, wurden in die Gewerkschaften integriert, die bald in „Transmissionsriemen" der Regierungspartei und faktisch des Staatsapparates umgewandelt wurden (Golebiowski 1961; Kowalewski 2007). Der Niedergang dieser ersten Selbstorganisationsbewegung der Arbeiterklasse wurde bald gefolgt von Streikbewegungen gegen Lebensmittelkürzungen, geringe Löhne und die Anhebung der Arbeitsnormen sowie die Verlängerung des Arbeitstages (Kaminski 1999).

Mit der Überwindung der großen Hürden, die der abhängige Kapitalismus einer Entwicklung der Produktivkräfte entgegen setzte, war es schließlich möglich, eine extensive Industrialisierung der Landes zu erreichen. Zwischen 1950 und 1956 wuchs die Zahl der Industriearbeiter um 70 %. Zwischen 1938 und 1958 wuchs die Beschäftigungsrate in der Industrie in Bezug auf die gesamte wirtschaftlich aktive Bevölkerung um mehr als das Vierfache. Die neue Arbeiterklasse löste die „ältere“ Klasse auf, die Trägerin der Klassen-Praxis, -Erfahrungen und -Erinnerungen war. Die neue Arbeiterklasse gab sich eher leicht dem Ansteigen der Ausbeutung durch Stachanowismus[2] und „sozialistischen Wettbewerb“ hin, lernte aber auch durch „Negativkontrolle“ über den Arbeitsprozess Widerstand zu leisten und auf rudimentäre Art die Waffe des Streiks zu nutzen. Zwischen 1951 und 1953, während der intensivsten Phase der Industrialisierung, gab es eine neue Streikwelle. Die Macht der Bürokratie, die im Rahmen der Polnischen Vereinigten Arbeiterpartei (PZPR), dem Rückgrat der Staatsmaschinerie, politisch organisiert war, zeigte sich viel fragiler, als sie schien.

1956: die Bewegung der Arbeiterräte

Im Juni 1956 erlebte die Stadt Poznan (Posen) zum ersten Mal eine Kombination von massiven überbetrieblichen Streik und Straßendemonstrationen. 100.000 Arbeiter versammelten sich auf einem öffentlichen Platz. Es gab auch Versuche des bewaffneten Aufstands durch Teile der neuen Arbeiterklasse, aber sie wurden durch die ältere Arbeiterklasse nicht unterstützt. Die Bürokratie antwortete mit der Besetzung der Stadt durch 10.000 Soldaten und 360 Panzer. Es gab 58 Tote. Die aufkommende ernsthafte politische Krise des bürokratischen Regimes verhinderte jedoch, dass diejenigen, die zu Waffen gegriffen hatten, zu Gefängnisstrafen verurteilt wurden (Jastrzab 2006).

Nur vier Monate später erhob sich die Arbeiterklasse erneut. Ihre progressivsten Sektoren organisierten demokratisch gewählte Arbeiterräte. In dieser Zeit, während der dramatischen Tage im Oktober, griffen diese aktiv und entschieden in eine neue Regimekrise ein. Unter der Leitung von Lechosław Goździk, einem

2 Der Stachanowismus, benannt nach Alexei Stachanow, einem sowjetischen Bergarbeiter im Donez-Becken, dessen Team 1935 seine Arbeitsleistung um das Siebenfache steigerte, zielte offiziell auf eine Steigerung der industriellen Produktion durch die Verwendung von effizienteren Arbeitsteilungs- und Arbeitstechniken ab. In Wirklichkeit zielte es auf eine drastische Beschleunigung und Intensivierung der menschlichen Anstrengung ab, analog zu Forderungen, die in kapitalistischen Unternehmen an Arbeiter gestellt werden. Ergebnis des Stachanowismus waren Produkte von niedriger Qualität und desorganisierte Arbeitsprozesse; die Arbeiter setzten ihm als einem Mittel brutaler Überausbeutung massiven Widerstand entgegen. Seine Anwendung nahm nach Stalins Tod schrittweise ab.

jungen kommunistischen Führer der Warschauer Automobilwerke, agierten die Arbeiterräte in einer Allianz mit der Studentenbewegung, mit den antistalinistischen Reformsektoren der PZPR und mit den Truppenkommandeuren des Innenministeriums – bereit einer möglichen militärischen sowjetischen Invasion sich entgegenzustellen. Gepanzerte Einheiten der Sowjetarmee marschierten von ihren Basen im westlichen Teil Polens auf Warschau zu.

Das Hauptziel dieser fortschrittlichen Arbeiterräte war es, eine Selbstorganisierung als Basis für eine sozialistische Arbeiterdemokratie zu schaffen, die sie anstrebten. Ein vager Bezugspunkt war dabei der jugoslawische „Selbstverwaltungssozialismus". Für die radikale Linke – die so genannte „Oktober-Linke" –, die die Bewegung des demokratischen Sozialismus anführte, hieß die zu beantwortende zentrale Frage: Wer verfügt über die Produktionsmittel – die Bürokratie oder die Arbeiterklasse?

„Innerhalb der Ideologie der radikalen Linken war das Konzept der Arbeiterklasse fundamental. Die Arbeiterklasse war der wichtigste Sektor der Gesellschaft, die Avantgarde und die treibende Kraft der Veränderungen, die zu einem Ende der Ausbeutung und zur klassenlosen Gesellschaft führen können. Die ‚Oktober-Linke' war überzeugt, dass nur die Arbeiter, die die Produktionsmittel kontrollieren, die politische Demokratie erreichen können" (Friszke 2010, 29, 32). „Wenn die Arbeiterräte es erreichen könnten, die Macht in den Betrieben zu übernehmen, könnte eine wirkliche Revolution stattfinden und die Macht (...) würde von der Bürokratie an die organisierten Arbeitern übergehen" (Kuron 2002, 31).

Das Gesetz über die Arbeiterräte, dem der Sejm (Parlament) auf Druck der Oktober-Linken und der Arbeiterbewegung im November 1956 zustimmte, schrieb fest, dass „der Arbeiterrat das Unternehmen im Namen der ganzen Belegschaft führt". Viele andere Artikel dieses Gesetzes begrenzten die Reichweite dieser Bestimmung, wenn sie nicht in direktem Gegensatz zu ihr standen; dennoch war es ein großer Erfolg. Allerdings verhinderte die neue Führung der PZPR unter Führung von Wladyslaw Gomulka jegliche Koordination der Arbeiterräte sowie die Einrichtung eines Arbeiterparlaments oder eine Kammer der Selbstorganisation, die die demokratische Organisierung und Planung der Entwicklung der gesamten Nationalökonomie übernehmen könnte. Gomulka unterdrückte auch den Streik der Automobilarbeiter in Łódź und schloss das Wochenblatt *Po Prostu,* das Organ der „Oktober-Linken", als es den Slogan „Alle Macht den Arbeiterräten" ausgab (Lopienska/Szymanska 1986).

Die Räte waren in mehr als 3.300 Fabriken aktiv. Im Dezember 1958 verabschiedete das Parlament ein neues „Gesetz zur Arbeiterselbstverwaltung", das ihre Rolle auf das Niveau von „Organen der Mitbestimmung der Arbeitermacht in der Führung von Unternehmen“ herabstufte, die Räte aber gleichzeitig dazu zwang, die „Mitbestimmung“ mit den Komitees der Parteiorganisation und der von der Bürokratie kontrollierten Gewerkschaft zu teilen. Indem die Arbeiterräte derart entmachtet wurden, waren sie zu einem langsamen, aber sicheren Ausbluten verurteilt (Sowa 1979).

Während der so genannten „kleinen Stabilisierung“ des Gomulka-Regimes, die auf der Stabilität des Verhältnisses von Preisen und Löhnen basierte, wuchs der Lebensstandard der Arbeiter und der Bevölkerung im Allgemeinen. Zwischen 1957 und 1960 stiegen die Reallöhne um 20 %, und die Streikaktivitäten nahmen im Vergleich zu der Periode vor 1956 um das Vier- bis Fünffache ab: von etwa 80 bis 100 Streiks zu etwa 20 Streiks pro Jahr.

1970: Bluthochzeit an der Ostseeküste

Anfang der 1960er Jahre entwickelten sich an der Universität von Warschau studentische Gruppen der linken Opposition, geführt von zwei ehemaligen führenden Mitgliedern der „Oktober-Linken“, Jacek Kuron und Karol Modzelewski. Die Veröffentlichung des Offenen Briefs an die Partei – Kritik des bürokratischen Regimes, Aufruf für eine antibürokratische Revolution und Programm für die Errichtung einer Arbeiterdemokratie durch ein nationales System von Arbeiterräten – war der Grund für die erste Verhaftung von Kuron und Modzelewski (Friszke 2010, 81-353). Fünfzehn Jahre später, die Autoren hatten dem darin vertretenen politischen Programm längst abgeschworen, diente der Offene Brief, der außerhalb der unmittelbaren Zirkel der Autoren kaum bekannt war, einigen Mitgliedern und Führern der Gewerkschaft „Solidarność“ als fundamentale politische und programmatische Referenz. Daher ist es richtig, wenn Barker (1982) in diesem Brief das „missing link“ der Vorgeschichte von „Solidarność“ sieht.

Im März 1968 entfachte die von Kuron und Modzelewski geführte Gruppe an der Universität von Warschau eine studentische Rebellion für sozialistische Demokratie, die auf alle Universitäten des Landes übergriff. Es war die einzige Massenbewegung in der Volksrepublik Polen, die nicht aus der Arbeiterklasse kam (Eisler 2006; Oseka 2008; Kowalewski 2008a; Friszke 2010, 472-883). Obwohl die Studentenbewegung sie zur Unterstützung aufforderten, verhielten sich die Arbeiter bis zu ihrer eigenen Erhebung im Dezember 1970 weitgehend ruhig.

Aus Protest gegen Preissteigerungen zwischen 16 % und 31 % für Basiskonsumprodukte kam es zu Massenstreiks, kombiniert mit Demonstrationen und Straßenkämpfen in den Industriestädten an der Ostseeküste, besonders in Gdansk (Danzig) und Szczecin (Stettin). Polizei und Militär intervenierten und töteten 44 Personen. In Gdansk, wo das Gebäude des Provinzkomitees der PZPR besetzt und in Brand gesetzt wurde, waren es die jüngsten Arbeiter, die die Hauptkraft der verwegensten direkten Aktionen gegen die repressiven Kräfte bildeten. Ihre fehlende Erfahrung in Massenkämpfen war entscheidend für die Entfaltung des Aufstandes in der Stadt. An einigen Orten kam es zu einem schwachen Aufstand und führte zu einer Situation der „Doppelmacht". In Gdynia (Gdingen), wo der Aufstand besser organisiert war als in Gdansk, wurden die lokalen Behörden gezwungen, eine Vereinbarung mit dem städtischen Streikkomitee zu treffen und ihm praktisch die Lokalregierung zu übergeben. Die prompte Antwort des Regimes, das die Gefahr der Etablierung von lokaler Arbeitermacht sah, war ein Massaker an 18 Arbeitern durch Panzertruppen der Armee (Domanski 1991; Eisler 2000a).

In Szczecin setzten Arbeitergruppen während der Straßenkämpfe Gebäude der Provinzkomitees der Partei und der Gewerkschaften in Brand und erstürmte die Polizeipräsidien; 13 Arbeiter wurden getötet und 28 gepanzerte Fahrzeuge zerstört. Die Straßenkämpfe endeten mit dem Aufruf zum Generalstreik, kombiniert mit Fabrikbesetzungen. Dies war der erste Massen-Sitzstreik in der Volksrepublik Polen und das erste Mal, dass das Recht auf freie Organisation in Gewerkschaften gefordert wurde. Das städtische Streikkomitee mit seinem Hauptsitz in der Warski-Werft, das Arbeiter aus mehr als 120 Unternehmen repräsentierte, etablierte in Szczecin eine veritable Arbeitermacht. Trotz der Belagerung durch die Armee und die starke Repression konnte die „Doppelmacht" in der Stadt über fünf Tage gehalten werden (Glowacki 1989; Paziewski 2000, 2008; Wegielnik 2010a).

Als ein Resultat der Aufstände war Gomulka gezwungen, sein Amt nieder zu legen, weil er die Intervention der Armee und den Einsatz von Waffen gegen die Arbeitermassen autorisiert hatte. Er wurde als Parteivorsitzender der PZPR durch Edward Gierek ersetzt, den mächtigen Parteiboss von Oberschlesien, der größten Industrieregion des Landes. Gierek erkannte die Natur der Aufstände an der Ostseeküste als Aufstände der Arbeiterklasse und die Notwendigkeit, die Beziehungen der Partei zu den Arbeitern zu verbessern und den „real existierenden Sozialismus" zu reformieren.

Die Rebellion endete, aber als einen Monat später in Szczecin neue Streiks organisiert wurden, ging Gierek in einer beispiellosen Geste zur Warski-Werft und nahm persönlich an den langen Debatten mit den Delegierten des Streikkomitees teil. Er traf sich auch mit den Arbeiter-Delegierten in Gdansk. Er versprach „das Land zu entwickeln, den Sozialismus zu stärken und den Lebensstandard der Arbeiter zu erhöhen". Er versprach auch, dass nie wieder auf die

Menschen geschossen würde (Wacowska 1971; Wegielnik 2010b). Doch erst der große Streik von 55.000 Arbeiterinnen der Textilindustrie in Łódź im Februar 1971 zwang Gierek dazu, die Preiserhöhungen zurückzunehmen, die Gomulka verordnet hatte (Mianowska/Tylski 2008).

Nahezu einen Monat nach der Rebellion der Gdansker Arbeiter gab es auf der Lenin-Werft demokratische Wahlen zur Erneuerung aller Körperschaften der dreigeteilten „Konferenz der Arbeiter-Selbstverwaltung“, die durch das Gesetz aus dem Jahr 1958 etabliert worden war: der Arbeiterrat, der Unternehmensrat der Gewerkschaft und das Betriebskomitee der Partei. In der Nord-Werft, ebenfalls in Gdansk, gab es Selbstverwaltung auf der Ebene der Brigaden. Auf der Warski-Werft in Szczecin wurde das Streikkomitee zu einer unabhängigen demokratischen Vertretung der Arbeiter, die „Arbeiterkommission“ genannt wurde.

Die Hauptaufgabe der Arbeiterkommission – von Gierek akzeptiert – war es, Kontrolle über die Wahl der Körperschaften der „Konferenz der Arbeiterselbstverwaltung“ auszuüben, um zu garantieren, dass sie demokratisch abliefen. In vielen anderen Betrieben in Szczecin gab es ebenfalls demokratische Wahlen zu diesen Organen. Nach drei Wochen wurde die Arbeiterkommission formal aufgelöst, aber sie funktionierte informell weiter, und einige ihrer Führer waren auch im Gewerkschaftsrat der Werft aktiv. Während der offiziellen Feier zum 1. Mai in Szczecin organisierten die früheren Arbeiterkommission einen „Schwarzen Marsch“, mit dem sie gegen die Straffreiheit der Verantwortlichen für die blutige Repression vom Dezember demonstrierten; aber zerfiel die informelle Kommission langsam aufgrund der harten Schläge der politischen Polizei, darunter Morde oder Mordversuche (Baluka/Barker 1977; Krasucki 2007; Wegielnik 2009, 2010c).

Die erste Hälfte der „Gierek-Dekade“ war durch eine explosive ökonomische Expansion gekennzeichnet. Reallöhne und Einkommen wuchsen um 42 %, aber zur gleichen Zeit gab es ein beispielloses Wachstum der sozialen Ungleichheit: 30 % der Bevölkerung lebten unter der Armutsgrenze. Die zentrale politische Macht – traditionell schon prekär – verlor die Kontrolle über die Balance der Kräfte zwischen den verschiedenen „branchenbezogenen und territorialen Einflussgruppen“ innerhalb der Bürokratie. Der enorme Druck, der durch die mächtigen Gruppen, die die Schwerindustrie kontrollierten, auf den Akkumulationsfonds ausgeübt wurde, was durch westliche Darlehen verstärkt wurde, reduzierte die Konsumptionsrate und störte die bürokratische Planung (Malewski 1985). Die Auslandsverschuldung gegenüber den kapitalistischen Staaten, die um das 25-fache stieg, erstickte die Ökonomie, während das chaotische Investitionsverhalten ihre Ordnung zerstörte und die massive Orientierung auf den Export den Binnenkonsum strangulierte.

Die Möglichkeiten für eine extensive industrielle Entwicklung nahmen definitiv ab, da diese wesentlich auf der Erzielung eines absoluten Mehrprodukts basierte. Die bürokratische Kontrolle, die mehr und mehr die ökonomische Entwicklung und die Sozialisierung der Produktivkräfte bremste, verhinderte eine intensive industrielle Entwicklung, die auf dem Wachstum von Arbeitsproduktivität basierte. Der Effekt war eine wachsende Ausbeutung der Arbeitskraft durch die Ausdehnung des Arbeitstages und die Erhöhung der Arbeitsintensität. Der Arbeitstag der Bergarbeiter wurde zu einem 11-Stunden-Tag in einer 6-Tage-Woche ausgeweitet, zusätzlich sollte an 42 Sonntagen pro Jahr gearbeitet werden. Während der zweiten Hälfte des Jahrzehnts brach eine akute sozioökonomische Krise aus, die eine Revolution auslöste. Ihr Motor war der Widerspruch – zusätzlich verursacht und verschlimmert durch eine Anhäufung weiterer Widersprüche, die zu einer Explosion verschmolzen – zwischen der wachsenden Tendenz zur Vergesellschaftung der Produktionsmittel und ihrer Kontrolle durch eine parasitäre Schicht. Die Streikaktivitäten begannen wieder anzuwachsen und näherten sich dem Niveau der 40er und 50er Jahre an.

Die bedeutendsten Bewegungen waren die Streikaktionen und Demonstrationen gegen die Preiserhöhungen, die im Juni 1976 zeitgleich mit Demonstrationen in den Industriestädten Radom (wo ein Generalstreik losbrach, das Gebäude des Provinzkomitees der Partei niedergebrannt wurde und Straßenkämpfe mit Polizeikräften stattfanden); Ursus (ein Vorort von Warschau, wo die Arbeiter die nationalen und internationalen Hauptzugverbindungen blockierten) und Plock. Diesmal nahm die Regierung die Preiserhöhungen sofort zurück, die Armee intervenierte nicht, die Polizei schoss nicht in die Menge, aber die verhafteten Arbeiter wurden brutal geschlagen und Dutzende von Arbeitern wurden zu mehrjährigen Haftstrafen verurteilt (Pawlowicz/Sasanka 2003; Sasanka 2006; Sasanka/Stepien 2006). Die Repression gegen die Arbeiter reaktivierte die frühere linke Opposition, die nach ihrer Zerschlagung 1968 von ihrem marxistischen Gedankengut und anti-bürokratischen revolutionären Programm Abstand genommen hatte. Auf einer rein demokratischen Basis gründete diese wiederbelebte Opposition das Arbeiter-Verteidigungskomitee (KOR). Die Untergrundzeitung *Robotnik* (Arbeiter), die von einer der KOR-Gruppen veröffentlicht wurde, trug dazu bei, die Grundlagen für eine unabhängige Arbeiterbewegung zu legen.

1980/81: eine Arbeiterrevolution

Am 1. Juli 1980 entschied die Regierung, dass alle Fleischprodukte, die in den Kantinen und Kiosken der Unternehmen angeboten wurden, auf Grund der ökonomischen Krise zu „kommerziellen" Preisen zu verkaufen sind, die viel höher waren als die normalen Preise. Das war der sprichwörtliche Tropfen, der das Fass zum überlaufen brachte. Er verursachte eine große Streikwelle im Juli in Lublin und im August in Gdansk und Szczecin. In Gdansk lautete der Slogan, den die streikenden Arbeiter an das Tor der Lenin-Werft hängten: „Arbeiter aller Betriebe: vereinigt euch!" In Szczecin lautete der Slogan, der in der Halle angebracht war, wo sich das Streikkomitee der Warski-Werft traf: „Ja zum Sozialismus, nein zu seinem Verzerrungen". Die Streiks weiteten sich auf andere Industriezentren des Landes aus.

Die Akkumulation von historischer Erfahrung von Repression führte zu einem bemerkenswerten Wandel im Verhalten der Streikenden. Dieses Mal entschieden die Arbeiter, die aus der blutigen Repression und den chaotischen Entwicklungen während der Arbeiteraufstände 1970 und 1976 gelernt hatten, nicht auf die Straße zu gehen. Stattdessen wiederholten sie, was Jahre vorher die Szczeciner Arbeiter getan hatte: Sie besetzten die Fabriken, in denen sie dazu in der Lage waren, sich selber zu organisieren, Kontrolle über den Kampf auszuüben und demokratisch zu diskutieren und zu entscheiden, wie gekämpft werden soll. Die erste der 21 Forderungen, die von dem überbetrieblichen Streikkomitee in Gdansk aufgestellt wurde, lautete: Legalisierung von Gewerkschaften – unabhängig von der Partei und den Arbeitgebern; die zweite lautete: Garantie des Streikrechts.

Durch die innere Krise paralysiert, unterließ es das Regime, Gewalt anzuwenden. Es akzeptierte – zunächst – Verhandlungen unter der strikten Kontrolle der streikenden Arbeiter mit den drei existierenden überbetrieblichen Streikkomitees, die in den Werften in Gdansk und Szczecin und in dem Steinkohle-Bergwerk in Jastrzebie-Zdroj existierten. Dann akzeptierte das Regime in den Vereinbarungen, die mit diesen Komitees erzielt wurden (am 30./31. August sowie am 3. September) ebenso wie mit dem überbetrieblichen Arbeiterkomitee mit Sitz im Stahlwerk in Katowice (am 11. September) alle Forderungen einschließlich der radikaleren. Die Vereinbarungen hielten fest: „Es wird die Notwendigkeit anerkannt, neue selbstverwaltete Gewerkschaften zu schaffen, die die Arbeiterklasse wirklich repräsentieren." Und: „Das neue Gewerkschaftsgesetz wird das Streikrecht der Arbeiter garantieren" (Paczkowski/Byrne 2007, 66-80). Sofort – auf der Basis der Streikkomitees – organisierten die Arbeiter im ganzen Land die überbetrieblichen Komitees oder überbetrieblichen Arbeiterkommissionen der unabhängigen selbstverwalteten Gewerkschaft „Solidarność". Diese regionalen Komitees und Kommissionen unterstützten den Aufbau der neuen Gewerkschaft in allen Arbeitsstätten.

„Solidarność" überschritt die Grenze der traditionellen Formen der Industriegewerkschaft, indem sie in ihrer grundsätzlich regionalen Organisationsstruktur die Einheit der Arbeiterklasse schuf – jenseits und oberhalb ihrer sektoralen Interessen. Sie war keine Konföderation von Branchen-Föderationen, sondern eher eine nationale Föderation von regionalen Gewerkschaftsorganisationen, die wiederum die Gewerkschaftsorganisationen der einzelnen Arbeitsstätten zusammenschlossen. Diese einzigartige Organisationsform gab der polnischen Arbeiterbewegung eine eindrucksvolle Kapazität der Mobilisierung, des Kampfes und der Ausübung von Gegenmacht.

Die neue Gewerkschaft entdeckte die klassischen Prinzipien der Arbeiterdemokratie wieder und reproduzierte sie intern. Die regionalen Delegierten-Generalversammlungen waren souveräne Organe: Sie trafen alle fundamentalen Entscheidungen auf regionaler Ebene frei und wählten die Regionalleitungen, die damit beauftragt wurden, die Entscheidungen in die Praxis umzusetzen. Die Regionalleitungen wiederum waren nur den regionalen Versammlungen verantwortlich und untergeordnet und nicht der nationalen Führung. Die Regionalversammlungen ratifizierten auch die Entscheidungen, die von der aus Regionaldelegierten zusammengesetzten nationalen Kommission von „Solidarność" getroffen wurden, um die Gültigkeit, die Opportunität und die regionale Durchführbarkeit der Entscheidungen zu bestätigen. Die Gewerkschaftsführer der Organisation wurden auf allen Ebenen demokratisch gewählt. Sie waren denjenigen, die sie gewählt hatten, gegenüber rechenschaftspflichtig und waren jederzeit abrufbar (Garton Ash 1983; Barker 1986; Kowalewski 2008b). Im Laufe ihres ungeheuren und schnellen Aufstiegs organisierte „Solidarność" mehr als neun Millionen Lohnarbeiter, etwa 55 % der gesamten Lohnarbeiter. Dies marginalisierte die bisherigen bürokratischen Gewerkschaften.

Die Möglichkeit einer konfliktreichen aber belastbaren Koexistenz – nach der „gemäßigte Kräfte" auf beiden Seiten suchten – erwies sich als bloße Illusion, als die Spannungen und Konfrontationen sich häuften und immer akuter wurden. Um von der Bürokratie die versprochenen Gehaltserhöhungen sowie die legale Anerkennung von „Solidarność" ohne Erwähnung der „führenden Rolle der PZPR", den Samstag als freien Tag, den Zugang zu den Massenmedien etc. zu bekommen, war es nötig, Warnstreiks zu beginnen und mit länger dauernden zu drohen. Im Oktober 1980 und nochmals im März 1981 war ein unbegrenzter Generalstreik mit Fabrikbesetzungen fast schon ausgerufen. Wen einer dieser beiden Streiks wirklich stattgefunden hätte, wären die Konsequenzen schwer vorhersagbar gewesen; sie hätten höchstwahrscheinlich direkt zu einer revolutionären Krise geführt. Das bürokratische Regime – durch innere Widersprüche und Fraktionierungen tief destabilisiert – hatte keinen klaren Kurs mehr. Die PZPR verlor die Kontrolle über ihre Wählerschaft. Die Hälfte ihrer Mitglieder war „Solidarność“ beigetreten, während viele ihrer Basis-Organisationen autonom wurden, unter einander in Form von „horizontalen Strukturen“ koordiniert und oft mit der unabhängigen Gewerkschaft verbunden.

Wieder einmal war Polen von der Möglichkeit einer sowjetischen Militärintervention bedroht. „In der Geschichte der sozialistischen Gesellschaften war dies die schwerste Krise, in der die Arbeitsbeziehungen (...) zum Fokus eines Kampfes um die Lösung der ökonomischen Krise und der politischen Macht wurden“ (Petkov/Thirkell 1991, 183).

1981: der Kampf um die Arbeiterselbstverwaltung

In vielen Unternehmen warfen die Arbeiter Manager heraus, blockierten die bürokratische Ernennungen und hinterfragten das bürokratische Management der Industrie. Unter den Aktiven und Mitgliedern von Solidarność war das Gefühl oder die Überzeugung weit verbreitet, dass in so einem Staat wie der Volksrepublik Polen der legitime Besitzer der Produktionsmittel die Arbeiterklasse war und dass es notwendig sei, sie der Bürokratie zu entreißen. Die Leute sagten: „Eine Gewerkschaft ist zu Schutz da; zur Leitung des Betriebs brauchen wir auch einen Arbeiterrat.“

Im Januar 1981 erklärte die regionale Führungsgruppe von Solidarność in Łódź, dass sie jeden Versuch zurückweise, die bereits toten „Konferenzen der Arbeiterselbstverwaltung“ wieder zu beleben, und wies grundsätzlich jede Idee einer „Mitbestimmung“ der Arbeiter mit der Bürokratie in der Betriebsleitung zurück. Zum ersten Mal wurde der Ruf nach einer „echten Arbeiterselbstverwaltung“ laut, die als „Übertragung aller Macht in den Betrieben auf die Arbeiterräte“ definiert wurde (Kowalewski 1881a; Phelps 2008). Der Standpunkt, der von dieser regionalen Führungsgruppe vertreten wurde, der einen Bezug auf die Erfahrung mit den Arbeiterräten 1956 beinhaltete, hatte einen sehr starken Einfluss auf die Organisation und die Entwicklung der Bewegung für die Arbeiterselbstverwaltung landesweit. In den Fabriken dieser Region und vieler anderer Regionen begannen die Arbeiter – basierend auf der Unterstützung durch die Gewerkschaftsorganisationen von Solidarność – „konstituierende Komitees der Arbeiterselbstverwaltung“ zu organisieren und Arbeiterräte zu wählen.

Ab Juli 1981 bildeten sich in der wachsenden Bewegung der Arbeiterselbstverwaltung im nationalen Maßstab zwei unterschiedliche Tendenzen heraus. Die eine davon, das Netzwerk der Solidarność-Gewerkschaftsorganisationen der führenden Betriebe hatte ihr Hauptquartier in Gdansk. Sie forderte, dass die Fabriken den Arbeitern zurückgegeben werden und legte ein Projekt für ein „Gesetz des Sozialen Betriebs" vor. Während es die Idee unterstützte, dass das Management der staatlichen Unternehmen in die Hände der Arbeiterräte übergehen sollte, warf es die Frage nach der Steuerung der gesamten Nationalökonomie nicht auf, sondern schlug eine Ersetzung der imperativen zentralen Planung durch ein indikatives Modell und die Verbreiterung der Warenbeziehungen vor. Die andere Tendenz, die interregionale Initiative für die Kooperation der Arbeiterräte, traf sich in Lublin. Diese Tendenz verfolgte die Errichtung von regionalen Koordinationen und von einer nationalen Koordination, um ein integriertes System von Arbeiterräten aufzubauen, das die Steuerung und Planung der Entwicklung der gesamten Wirtschaft und Gesellschaft in die Hand nehmen sollte. Sie forderte außerdem die Installierung einer zweiten Kammer des Sejms, eine Kammer der Selbstverwaltung, die als Arbeiterparlament gedacht war. Wäre dieses Ziel erreicht, hätte man die „Doppelmacht" auf die höchste Ebene gebracht und nicht nur die Frage aufgeworfen, wer die Wirtschaft kontrolliert, sondern auch die, wer den Staat kontrolliert.

Anfangs war die Machtverteilung zwischen diesen beiden Tendenzen recht ausgeglichen. Dann aber neigte sich die Waage zur zweiten Tendenz, als sie mehr und mehr Unterstützung durch die Basisaktivisten der Bewegung der Arbeiterselbstverwaltung bekam. Seit dem Herbst 1981 hatte diese Tendenz die führende Rolle in der Bewegung inne (Kowalewski 1985 u. 1988; Jakubowicz 1988).

Der erste nationale Kongress der Delegierten von Solidarność, der in zwei Runden im September und Oktober 1981 in Gdansk stattfand, war die repräsentativste und demokratischste Versammlung in der Geschichte der polnischen Arbeiterbewegung. Er wurde auch die große Arena für die Kämpfe der verschiedenen Tendenzen, die sich herausgebildet hatten. Die Frage der Arbeiterselbstverwaltung wurde zum Hauptthema der Debatten während des Kongresses und zugleich die Hauptstreitfrage zwischen dem Kongress und dem Regime. Zu dieser Zeit waren in rund 20 % der öffentlichen Betriebe Arbeiterräte aktiv, besonders in den großen, die in den großen Konzentrationspunkten des Industrieproletariats lagen. Die radikalere Tendenz ging mit voller Kraft voran. Der Standpunkt, den sie vertrat, war die Basis für die historische programmatische Resolution, die der Kongress beschloss.

In dieser Resolution forderte Solidarność „eine selbstverwaltete und demokratische Reform auf allen Ebenen der Verwaltung“; einer Reform, „die Plan, Selbstverwaltung und Markt miteinander verbindet“ und „nur dann verwirklicht“ kann, „wenn eine Massenbewegung der Belegschaften existiert“. „Organisatorische Grundeinheit der Wirtschaft muss das gesellschaftliche Unternehmen sein, über das die Belegschaft, repräsentiert durch den Arbeiterrat, verfügt, und das operativ vom Direktor geleitet wird, der nach einer entsprechenden Ausschreibung durch den Rat berufen und durch ihn auch entlassen wird.“ „Die Reform sollte die Planung vergesellschaften. Der Zentralplan muss die Bestrebungen der Gesellschaft widerspiegeln und von der Gesellschaft akzeptiert werden. Deshalb sind öffentliche Diskussionen über den Zentralplan notwendig.“ „Eine authentische Arbeiterselbstverwaltung wird die Grundlage für eine selbstverwaltete Republik sein“ (Solidarność 1981; dt. 1983, 300, 301, 316).

Der nun eröffnete Weg war ziemlich klar. Die selbstverwaltete Republik sollte „nach dem Modell der ‚Arbeiterräte‘ erbaut werden, das Erbe einer der fruchtbarsten Strömungen des europäischen Sozialismus“, und „um die bessere Verteilung des gesellschaftlichen Reichtums zugunsten der Arbeiterlöhne ebenso wie eine wahre soziale Demokratie in den Unternehmen zu gewährleisten, (...) sollten die Arbeiter sowohl Fundament als auch Spitze aller zukünftigen politischen Konstrukte sein“ (Bafoil 2000, 81). Das war der höchste Punkt, den die „moralische Ökonomie“ der Arbeiterklasse im „real existierenden Sozialismus“ je erreicht hat (Rossman 2005).

Der erste Teil des Kongresses von Solidarność endete mit der Annahme einer Resolution, die eine Panikreaktion des Regimes auslöste. In dieser Resolution, die vom Regime als gegen die Verfassung der Republik verstoßend verurteilt wurde, warnte der Kongress davor, falls der Sejm die Gesetze über die Arbeiterselbstverwaltung und über die Unternehmen, die von der PZPR vorgeschlagen wurden, verabschiedet, werde Solidarność zu deren Boykott aufrufen. Ein großer Teil der Parlamentsabgeordneten – durch diese Ankündigung abgeschreckt – entschied, nicht für die beiden bürokratischen Projekte zu stimmen, bis ein Kompromiss mit Solidarność erreicht und dessen Billigung garantiert ist. Zum ersten Mal lief das Regime Gefahr, seine Stimmenmehrheit im Parlament, die ihm stets mechanisch und auf der ganzen Linie garantiert war, zu verlieren. Seine Auflösung beschleunigte sich.

Zum Erstaunen der Mehrzahl der Delegierten des Gewerkschaftskongresses nutzte Lech Wałesa, der Präsident von Solidarność, die Unterbrechung des Kongress, um dem Regime zu helfen. In Verletzung der Prinzipien der Gewerkschaftsdemokratie, die in der Solidarność galten, und in Verletzung der Souveränität des Kongresses erreichte er eine Vereinbarung mit dem Sejm, die einen enormen Rückschritt für die Bewegung der Arbeiterselbstverwaltung bedeutete. Am Tag vor der Eröffnung der zweiten Runde des Gewerkschaftskongresses verabschiedete der Sejm die umstrittenen Gesetze zur Lesung ins Parlament ein, um Solidarność vor vollendete Tatsachen zu stellen. Die zweite Runde begann mit einem Sturm der Entrüstung. Viele der Delegierten verurteilten die Vereinbarung, die Wałesa getroffen hatte und unterzogen ihn einer unbarmherzigen Kritik, die seine Führerschaft unterminierte, die bis dahin nicht in Frage gestanden hatte. Die Gesetzgebungsaktion wurde als Kriegserklärung aufgefasst; als Antwort nahm der Solidarność-Kongress mit einer großen Mehrheit der Stimmen eine neue Resolution an, die von den radikalen Sektoren vorgeschlagen worden war. Sie erklärte, die Gewerkschaft werde den Kampf für eine wirkliche Arbeiterselbstverwaltung bedingungslos unterstützen, gemäß dem Willen und den Zielen der Arbeiter. Sie schlug außerdem vor, selber ein nationales Referendum zu organisieren, damit die Arbeiter demokratisch zwischen den Gesetzen, die der Sejm erlassen hatte, und dem Projekt, das von Solidarność unterstützt wird, wählen können.

Zur gleichen Zeit entschied das Regionalbüro von Solidarność in Łódź, den Kampf für die Arbeiterselbstverwaltung durch die „Taktik des aktiven Streiks" (auch bekannt als „work-in strike") zu aktivieren und zu radikalisieren. Diese Taktik bestand darin, eine große Streikbewegung mit Fabrikbesetzungen zu schaffen, die von der Gewerkschaft geführt wurden. Die Bewegung sollte von einer „passiven" Besetzung fortschreiten zu einer „aktiven", von einem „sit-in" zu einem „work-in". Dies bedeutete, dass die Produktion während des Streiks von den Arbeitern wieder aufgenommen wurde, zunächst unter Anleitung der Streikkomitees. Und dann sollte die Macht über die Betriebe, die durch direkte Aktionen erobert worden sind, an die Arbeiterräte übergehen (Kowalewski 1981b). Diese Idee fand in vielen Sektoren von Solidarność großen Anklang. Die Regionalorganisation von Solidarność in Łódź baute darauf, dass sich Gewerkschaftsorganisationen in anderen Regionen diesem Kurs folgen würden und begann den Streik vorzubereiten. Für Kennedy (1991, 101) gibt es keinen Zweifel, dass „Kowalewski richtig argumentiert, dass ein regionaler Streik in Łódź andere Provinzen ebenfalls in den Kampf gebracht hätte" und dass „der aktive Streik, wie Kowalewski bestätigt, eine revolutionäre Strategie war", die „die Selbstbeschränkung von Solidarność überwand." Das Regime verurteilte die Idee als einen offenen Versuch, die Macht zu übernehmen; die Idee wurde auch von den moderaten Wałesa-Anhängern stark kritisiert, die für die Strategie der so genannten „selbstbeschränkten Revolution" eintraten, bei der die Machtfrage nicht gestellt werden sollte. Das Kräfteverhältnis auf dem „zivilen“ Schlachtfeld neigte sich zusehends zugunsten der unabhängigen Arbeiterbewegung, die sich mehr und mehr radikalisierte (Kowalewski 1982).

Der aktive Streik wurde aber nie ausgelöst, da das Regime durch die Verhängung des Kriegsrechts schneller handelte. Ohne die Führung durch eine Arbeiterpartei, die eine politische Führung im Einklang mit der Dynamik und den Bestrebungen der Arbeiterklasse garantieren konnte, und angesichts der unvorteilhaften Kräfteverhältnisse auf internationaler Ebene war die Bewegung nicht in der Lage, die Machtfrage zu lösen. Die Bürokratie erwies sich dazu in der Lage, dies zu tun, allerdings nur durch Verschiebung der Konfrontation von der zivilen Arena auf das militärische Schlachtfeld, wo sie die überwältigende Vormachtstellung besaß und die Massenbewegung schutzlos war.

Am 13. Dezember 1981 wurde ad hoc, völlig außerhalb der verfassungsmäßigen Ordnung, der „Militärische Rat zur Nationalen Rettung“ unter dem Vorsitz des ersten Sekretärs der PZPR und Ministerpräsidenten General Wojciech Jaruzelski geschaffen. Der Militärrat rief den Kriegszustand bzw. das Kriegsrecht aus, internierte an die 10.000 Aktivisten von Solidarność in Lagern, umstellte alle von den Arbeitern besetzten Betriebe mit Panzern und zerschlug die Bewegung der Arbeiterklasse. Von dieser Niederlage, die den Weg für die Restaurierung des Kapitalismus in Polen neun Jahre später ebnete, erholten sich die Arbeiter nicht mehr.

Dennoch haben, wie Marx sagen würde, die Kämpfe für die Arbeiterselbstverwaltung in Polen „durch die Tat, statt durch Argumente, bewiesen (...), dass Produktion auf großer Stufenleiter und im Einklang mit dem Fortschritt moderner Wissenschaft vorgehen kann ohne die Existenz einer Klasse von masters“ und dass „die politische Ökonomie der Mittelklasse [Bourgeoisie] in hellem Tageslicht vor der politischen Ökonomie der Arbeiterklasse (erlag)“ (Marx 1962, 11; vgl. Lebowitz 2003).

Literatur

Aldcroft, Derek H. (2006), *Europe's Third World.* The European Periphery in the Interwar Years, Aldershot: Ashgate.

Arnot, Bob (1981), „Soviet Labour Productivity and the Failure of the Shchekino Experiment“, in: *Critique,* Nr. 15.

— (1988), *Controlling Soviet Labour.* Experimental Change from Brezhnev to Gorbachev, Armonk, New York: M. E. Sharpe.

Bafoil, François (2000), „La classe ouvrière post-communiste: Des ‚héros au pouvoir' à l'exclusion des ‚petites gens' ", in: *Genèses,* Bd. 31, Nr. 1.

Baluka, Edmund/Barker, Ewa (1977), „Workers Struggles in Poland", in: *International Socialism,* Nr. 94.

Barker, Colin (Hrsg.) (1982), *Solidarnosc: The Missing Link?* A New Edition of Poland's Classic Revolutionary Socialist Manifesto. Kuron & Modzelewski's Open Letter to the Party, London: Bookmarks.

— (1986), *Festival of the Oppressed.* Solidarity, Reform, and Revolution in Poland, 1980-81, Bookmarks, London.

Domanski, Pawel (Hrsg.) (1991), *Tajne dokumenty Biura Politycznego.* Grudzień 1970, London: Aneks.

Eisler, Jerzy (Hrsg.) (2000a), *Grudzień 1970 w dokumentach MSW,* Warszawa: Bellona.

— (2000b), *Grudzień 1970.* Geneza – przebieg – konsekwencje, Warszawa: Sensacje XX Wieku.

— (2006), *Polski rok 1968,* Warszawa: IPN.

Filtzer, Donald (1986), *Soviet Workers and Stalinist Industrialization.* The Formation of Modern Soviet Production Relations, 1928-1941, London: Pluto Press.

Friszke, Andrzej (2010), *Anatomia buntu.* Kuron, Modzelewski i komandosi, Krakow: Znak.

Friszke, Andrzej; Stola, Dariusz; Eisler, Jerzy (2000), *Kierownictwo PZPR w czasie kryzysow 1956, 1968 i 1970,* Warszawa: ISP PAN.

Garton Ash, Timothy (1983), *The Polish Revolution. Solidarity, 1980-82,* London: Jonathan Cape.

Glowacki, Andrzej (Hrsg.) (1989), *Robotnicze wystapienia w Szczecinie 1970/1971.* Wybor dokumentow i materialow, Szczecin: Uniwersytet Szczecinski.

Golebiowski, Janusz Wojziech (1961), *Walka PPR o nacjonalizacje przemyslu,* Warszawa: Ksiazk i Wiedza.

Jakubowicz, Szymon (1988), *Bitwa o samorzad 1980-1981,* London: Aneks.

Jastrzab, Lukasz (2006), *Rozstrzelano moje serce w Poznaniu.* Poznanski Czerwiec 1956 r. – straty osobowe i ich analiza, Warszawa: Comandor.

Kaminski, Lukasz (1999), *Strajki robotnicze w Polsce w latach 1945-1948,* Wrocław: Gajt.

Kennedy, Michael D. (1991), *Professionals, Power, and Solidarity in Poland.* A Critical Sociology of Soviet-type Society, New York: Cambridge University Press.

Kowalewski, Zbigniew Marcin (1981a), *„Solidarność“ i walka o samorzad zalogi,* Łódź: Zarzad Regionalny NSZZ „Solidarność“ Ziemi Łódź kiej.

— (1981b), *O taktyce strajku czynnego,* Łódź: Zarzad Regionalny NSZZ „Solidarność“ Ziemi Łódź kiej.

— (1982), „Solidarnosc on the Eve“, in: *Labour Focus on Eastern Europe,* Bd. V, Nr. 1/2.

— (1985), *Rendez-nous nos usines!* Solidarnosc dans le combat pour l'autogestion ouvrière, Paris: La Brèche.

— (1988), *Poland: The Fight for Workers' Democracy,* San Francisco: Walnut.

— (2007), „Robotnicy chcieli socjalizmu“, in: *Trybuna Robotnicza,* Nr. 6 (18), 7 (19), 19 (31), 20 (32).

— (2008a), „Marzo 1968 in Polonia. Un interludio studentesco tra le lotte operaie“, in: Cinzia Arruzza (Hrsg.), *Cosa vogliamo? Vogliamo tutto.* Il '68 quarant'anni dopo, Roma: Edizioni Alegre.

— (2008b), „Solidarnosc“, in: Antoine Artous, Didier Epsztajn, Patrick Silberstein (Hrsg.), *La France des années 1968.* Une encyclopédie de la contestation, Paris: Syllepse.

Krasucki, Eryk (2007), „Antypochod 1 maja 1971 r. w Szczecinie“, in: *Biuletyn Instytutu Pamieci Narodowej,* Nr. 7.

Kuron, Jacek (2002), „Lechosław Goździk i jego czas historyczny“, in: Kazimierz Kozlowski (Hrsg.), „Wasz Goździk naszym Goździkiem“. Droga zyciowa i aktywnosc polityczna Lechosława Goździka, Szczecin: Archiwum Panstwowe.

Kusmierek, Jozef (1980), „O czym wiedzialem“, in: *Raport o stanie narodu i PRL,* Paris: Institut Littéraire.

Lebowitz, Michael A. (2003), *Beyond Capital.* Marx's Political Economy of the Working Class, 2. Ausg., Houndmills u. New York: Palgrave Macmillan.

Lopienska, Barbara N.; Szymanska, Ewa (1986), *Stare numery,* London: Aneks.

[Malewski, Jan] Smuga, Cyril (1985), „Ni plan, ni loi de valeur. Sur la logique de l'accumulation et la crise économique en Pologne“, in: *Quatrième Internationale,* Nr. 19.

Marx, Karl (1962), „Inauguraladresse der Internationalen Arbeiter-Assoziation", in: Karl Marx/Friedrich Engels, *Werke,* Bd. 16, Berlin: Dietz.

— (1982), *Capital.* A Critique of Political Economy, Bd. 1, Harmondsworth, Middlesex: Penguin/NLR.

Mianowska, Ewa; Tylski, Krzysztof (Hrsg.) (2008), *Strajki łodzki w lutym 1971.* Geneza przebieg i reakcje wladz, Warszawa u. Łodz: IPN.

Oseka, Piotr (2008), *Marzec '68,* Krakow: Znak.

Panzieri, Raniero (1980), „The Capitalist Use of Machinery: Marx versus the ‚Objectivists'", in: Phil Slater (Hrsg.), *Outlines of a Critique of Technology,* London: Ink Links; Atlantic Highlands: Humanities Press.

Paczkowski, Andrzej; Byrne, Malcome (Hrsg.) (1987), *From Solidarity to Martial Law.* The Polish Crisis of 1980-1981. A Documentary History, Budapest: Central European University Press.

Pawlowicz, Jacek; Sasanka, Pawel (2003), *Czerwiec 1976 w Plocku i wojewodztwie plockim,* Torun: Wyd. Adam Marszalek.

Paziewski, Michal (2000), „Rewolta uliczna 17-18 grudnia '70 w Szczecinie", in: Pawel Bartnik, Kazimierz Kozlowski (Hrsg.), *Pomorze Zachodnie w tysiacleciu.* Praca zbiorowa, Szczecin: Polskie Towarzystwo Historyczne.

— (2008), „Dramatyczny tydzien – opis wydarzen, ofiary, pytania badawcze – Szczecin", in: A. Friszke, H. Sikora (Hrsg.), *Konferencja Grudzień '70 – Pamietamy,* Gdansk: Fundacja Centrum Solidarnośći.

Petkov, Krastyu; Thirkell, John E. M. (1991), *Labour Relations in Eastern Europe.* Organisational Design and Dynamics, London u. New York: Routledge.

Phelps, Christopher (2008), „Solidarnosc inLodz: An Interview with Zbigniew Marcin Kowalewski", in: *International Labor and Working-Class History,* Bd. 73, Nr. 1.

Post, Charles (2000), „Ernest Mandel and the Marxian Theory of Bureaucracy", in: Gilbert Achcar (Hrsg.), *The Legacy of Ernest Mandel,* London: Verso. Dt.: „Ernest Mandel und die marxistische Theorie der Bürokratie", in: Gilbert Achcar (2003) (Hrsg.), *Gerechtigkeit und Solidarität.* Ernest Mandels Beitrag zum Marxismus, Köln: Neuer ISP Verlag.

Pravda, Alex (1981), „Political Attitudes and Activity", in: Jan F. Triska, Charles Gati (Hrsg.), *Blue Collar Workers in Eastern Europe,* London u. Boston: Allen & Unwin.

Rey, Pierre-Philippe (1977), „Contradictions de classe dans les sociétés lignagères", in: *Dialectiques,* Nr. 21.

— (1985), „Production et contre-révolution", in: *Canadian Journal of African Studies/Revue Canadienne des Ėtudes Africaines,* Bd. 19, Nr. 1.

Rossman, Jeffrey J. (2005), *Worker Resistance under Stalin.* Class and Revolution on the Shop Floor, Cambridge, Massachusetts: Harvard University Press.

Sasanka, Pawel (2006), *Czerwiec 1976. Geneza – przebiega – konsekwencje,* Warszawa: Instytut Pamieci Narodowej.

Sasanka, Pawel; Stepien, Slawomir (2006), *Czerwiec 1976: Radom, Ursus, Plock,* Warszawa: Instytut Pamieci Narodowej.

Solidarność (1981), „Program NSZZ ‚Solidarność' uchwalony przez I Krajowy Zjazd Delegatow", in: *Tygodnik Solidarność,* Nr. 29. – Deutsch: „Programm der Gewerkschaft ‚Solidarnosc'", in: Barbara Büscher u. a. (Hrsg.), *„Solidarnosc".* Die polnische Gewerkschaft „Solidarität" in Dokumenten, Diskussionen und Beiträgen 1980 bis 1982, Köln: Bund-Verlag.

Sowa, E. (1979?), [Historia rad robotniczych po 1956 r.], Katowice. Unveröffentlichtes Manuskript im Besitz des Verfassers.

Ticktin, Hillel (1973), „Toward a Political Economy of the USSR", in: *Critique,* Nr. 1. Dt.: „Zur politischen Ökonomie der UdSSR", in: H. Ticktin u. a. (1981), *Planlose Wirtschaft.* Zum Charakter der sowjetischen Gesellschaft, Hamburg: Junius.

— (1992), *Origins of the Crisis in the USSR.* Essays on the Political Economy of a Disintegrating System, Armonk, New York: M. E. Sharpe.

Trotzki, Leo (1997), *Der Todeskampf des Kapitalismus und die Aufgaben der Vierten Internationale.* Das Übergangsprogramm, Essen: Arbeiterpresse.

Turchetto, Maria (1995), „Ripensamento della nozione di ‚rapporti di produzione' in Panzieri", in: *Ripensando Panzieri trent'anni dopo,* Pisa: Biblioteca Franco Serantini.

— (2007), „I ‚due Marx' e l'althusserismo", in: Riccardo Bellofiore (Hrsg.), *Da Marx a Marx?* Un bilancio dei marxismi italiani del Novecento, Roma: Manifestolibri.

URGENSE (1982), „Un taylorisme arythmique dans les économies planifiées du centre", in: *Critiques de l'économie politique,* Neue Folge, Nr. 19.

Wacowska, Ewa (Hrsg.) (1971), *Rewolta szczecinska i jej znaczenie,* Paris: Institut Littéraire.

Wegielnik, Tomasz (2009), „Szczecinska Komisja Robotnicza: Grudzień geneza Sierpnia".
Dieser und die folgenden Artikel von T. Wegielnik sind zu finden auf: http://www.sedinum.stetinum.pl.
— (2010a), „Pierwszy strajk generalny w PRL".
— (2010b), „Strajk styczniowy roku 1971".
— (2010c), „Po wielkich strajkach 1970/1971".

Übersetzung aus dem Englischen: Tom Beier

Teil IV
Antikolonialer Kampf, demokratische Revolution und Arbeiterkontrolle

11. Indonesien: Arbeiterkontrolle in Java 1945/1946

Jafar Suryomenggolo

Nach dem Zweiten Weltkrieg, während die kolonialisierten Nationen in Asien und Afrika noch immer nach ihrer nationalen Unabhängigkeit strebten, begrüßten neue unabhängige Länder die Absicht ihrer einheimischen Bevölkerung, die Kolonialregime zu beenden und einen tiefgreifenden Wandel der bestehenden geopolitischen Situation zu bewirken. Seit den 1950er Jahren hat eine Vielzahl von Studien die soziopolitischen Zusammenhänge dieser Veränderungen auf der Ebene staatlicher und gesellschaftlicher Interaktion untersucht. Insbesondere auf das Zusammenspiel zwischen postkolonialem Staat und Arbeiterbewegung haben Sozialwissenschaftler dabei ihr Augenmerk gerichtet, in der Hoffnung, dadurch Aufschluss über die Natur der politischen Struktur eines neuen Staates zu erhalten. Eine häufig gewählte Methode ist hierbei die Verwendung der Arbeiterbewegung als einer Art Brennglas, in dem die unterschiedlichen Kräfte und ihr Zusammenwirken beim Entstehen eines unabhängigen Staates betrachtet werden können und wie diese – im Unterschied zum kolonialen Vorläufer – eine neue freie Gesellschaft schaffen.

Über die letzten 50 Jahre hat diese Methodik in verschiedenen Länderstudien zu tiefschürfenden Erkenntnissen geführt (auch im Fall anderer Untersuchungen mit komparativem Ansatz). Sie zeigen, dass die Wechselwirkungen zwischen entkolonialisiertem Staat und Arbeiterbewegung auf jeden Fall zu komplex sind, um auf eine eindimensionale Sicht verkürzt werden zu können.

Einige Studien, hauptsächlich über den afrikanischen Kontinent, haben einen bedeutenden Forschungsbeitrag geleistet, indem sie den ausgedehnten zeitlichen Ablauf der Erfahrungen der Nation dokumentiert und dabei die Verbindung der Arbeiterbewegung mit dem postkolonialen Staat im Kampf um die Unabhängigkeit erhärtet haben. In dieser Hinsicht stellt die Analyse der Ursprünge der Verbindung von Staat und Arbeiterbewegung eine Bereicherung für den historischen Hintergrund der Nation dar.

Studien über koloniale Gesellschaften haben bewiesen, dass im komplexen räumlichen System der Ausbeutung unter dem Kolonialstaat die einheimische Arbeiterschaft die wichtigste Voraussetzung für die fortgesetzte Warenproduktion bildete, die vom Mutterland konsumiert wurde. Einheimische Bauern wurden von ihrem Land vertrieben, um als abhängige Arbeiter auf Anweisung als Arbeitskräfte für das ökonomische System der Kolonie bereit zu stehen. Diszipliniert durch das in die Kolonien übertragene Rahmenwerk „moderner" industrieller Technologien, dienten einheimische Arbeiter den Interessen des Kolonialstaats. Deshalb bildete bei den Einheimischen die Anhäufung der gegen den Kolonialismus gerichteter Erfahrungen, die im Nationalismus gesammelt wurden, die wesentliche Organisierungskraft bei der Entstehung von Gewerkschaften in den Städten der Kolonie. In Französisch- und Britisch-Afrika, wie von Frederick Cooper (1996) vermerkt, war die Entstehung von Gewerkschaften tatsächlich als Kampfansage gegen die Kolonialpolitik gemeint. Der Kolonialstaat mit seinem repressiven Apparat und seinen ausbeuterischen Strukturen gegenüber Afrikas Ressourcen wurde von den einheimischen Arbeitern voller Zorn betrachtet; dies erschuf ein Verlangen nach nationaler Befreiung. In vielen Teilen des kolonialisierten Asiens ermöglichten Gewerkschaften den einheimischen Arbeitern eine gemeinschaftliche Erfahrung von brüderlicher Gleichheit, welche die lokalen und kulturellen Grenzen zwischen ihnen überschritt – indem sie gleichermaßen ein Gegengift gegen das auf Rassismus fußende hierarchische Kolonialsystem wie die nötige moderne Organisationsmacht lieferten, mit der sie sich gegenüber der korrupten Bürokratie des Nationalstaats behaupten konnten.

In dieser Hinsicht ist die Geschichte der Gewerkschaften in der kolonialen Landschaft eine Geschichte kolonialer Repression und des Widerstands einheimischer Arbeiter gegen den Staat als Verkörperung dieses erniedrigenden Systems. Wegen ihrer historischen Militanz gegen den Kolonialismus erwies sich die Arbeiterbewegung in Asien und Afrika als möglicher Verbündeter für eine Mobilisierung der Volksmassen. Es ist also allgemein anerkannt, dass die einheimischen Gewerkschaftsführer ein wesentlicher Bestandteil – in einigen Ländern die bestimmenden Akteure – der nationalistischen Bewegung in den Kolonien waren, deren Hauptziel es war, die (koloniale) Macht zu übernehmen, um die Kontrolle über die nationalen Ressourcen zu erhalten.

Sobald diese Führer ihre Kolonialherrn erfolgreich aus dem Land vertrieben hatten, begannen sie mit dem Aufbau eines Staates, der ausdrücklich ihren nationalistischen Hoffnungen entsprach. In diesen neu gestalteten unabhängigen Ländern wurde der Staat nicht länger als eine Bedrohung betrachtet, wie es unter der Kolonialherrschaft der Fall gewesen war, sondern vielmehr als Verkörperung ihres Kampfes für die eigene Nation gesehen – darin eingeschlossen die Hoffnungen der Arbeiter auf Befreiung vom kolonialen kapitalistischen System. Aufgrund ihrer Verknüpfung mit der nationalistischen Ideologie unterstützte die Arbeiterbewegung diese Staatenbildung und hoffte, dass der Staat im Austausch Schutzmechanismen für die einheimischen Arbeiter aufstellen würde, die sie unter der Kolonialherrschaft nie genossen hatten. Einstweilen waren die Institutionen des jungen Staates noch immer zerbrechlich, aufgrund der soziopolitischen Umstände, die der Kolonialstaat hinterlassen hatte, so dass die Unterstützung seitens der Arbeiterbewegungen von substanzieller Bedeutung war.

Für diese neu gegründeten Staaten war es notwendig, eine Anhängerschaft unter den Arbeitern zu entwickeln, um die nationalistische Regierung in ihrer jungen Form zu stärken und zu unterstützen. Aufgrund dessen erhielten Arbeiterfragen erhebliche Bedeutung; es war richtungsweisend für den neuen Staat, diese Belange aufgrund der Vermächtnisse der Kolonialzeit zu gestalten und einen verheißungsvollen Pfad zu entwerfen, um es der Arbeiterbewegung zu ermöglichen, ihre Ziele unter der neuen Regierung zu erreichen. Der Hauptgrund dafür war, wie Kassalow (1963, 258) in seiner vergleichenden Studie über Arbeiterbewegungen in Nachkriegsländern hervorhebt, dass „obwohl die Arbeiterklasse verhältnismäßig klein ist, der Charakter dessen, was in diesen Ländern passiert, sie politisch wichtig werden lässt."

Allerdings haben viele Studien nachgewiesen, dass die Arbeiterbewegung später einfach – manchmal überlistet oder geködert – in die Projekte der postkolonialen Staaten eingespannt wurde, und das aus einer Vielzahl von Gründen, die wenig mit Arbeit zu tun hatten. In Vietnam war die Entwicklung unabhängiger Gewerkschaften mit keinen Schwierigkeiten belastet, bis die Kommunistische Partei Vietnams – die Hauptwiderstandsgruppe im Kampf gegen die französische Kolonialmacht – die Macht über den Kurs der Revolution übernahm und verfügte, dass „die Gewerkschaften eine der Massenorganisationen sind, welche die Parteipolitik ausführen" (Nørlund 2004, 108). Die Partei nutzte den Moment und erklärte sich zur Repräsentantin der Arbeiterklasse und löste folglich die Autonomie der Arbeiterbewegung auf, welche in ihr Programm der Staatenbildung eingegliedert wurde. In Botswana waren die Führer des postkolonialen Staats schnell in der Umstrukturierung und Übernahme der Kontrolle über die Arbeiterbewegung und erklärten, dass „die Gewerkschaften eine Rolle für sich entwerfen sollten, die den Bedürfnissen des Landes entspricht und nicht (...) eine importierte Gewerkschaftsphilosophie, mit einer Volksgeschichte und Vorstellungen, wie sie sich in jahrelangem Zank in Europa herausgebildet haben, übernehmen sollten" (Mogalakwe 1997, 77). Dies macht deutlich, dass die meisten nationalistischen Anführer in Asien und Afrika zum Schutz ihrer eigenen politischen Ziele dazu motiviert waren, die Arbeiterbewegung zu neutralisieren und den politischen Raum in den neuen unabhängigen Staaten selbst zu besetzen. Mehr oder weniger erfolgreich nutzten sie eine Rhetorik, in der Klassenkämpfe als „europäische" oder „westliche" Perspektive gesehen wurden, und erreichten so, dass sich die Arbeiterbewegung dem postkolonialen Staat unterordnete.

Dieses Kapitel deutet daraufhin, dass der postkoloniale Staat der Arbeiterbewegung zur Verfolgung ihrer Ziele politischen Raum (wie limitiert auch immer) hätte gewähren können; dieser hätte auch wieder zurückgenommen werden können, unter besonderen Umständen, in denen der Staat mit Problemen seiner eigenen Entwicklung konfrontiert war. Im Falle Indonesiens mögen Arbeiterbewegung und nationalistische Anführer einander im Kampf um nationale Unabhängigkeit ergänzt haben, gleichzeitig aber verfolgten sie ihre eigenen Zielsetzungen und dies führte nach der Auflösung des Kolonialregimes häufig zu Spannungen.

Dies ist genau, was in Java, Indonesien, während der ersten Monate der Unabhängigkeit 1945/1946 geschah. Nach der Niederschlagung der japanischen Besatzungsarmee wie der einfallenden niederländischen Truppen, die versuchten, das inzwischen unabhängige Indonesien zu re-kolonialisieren, begannen die Arbeiter Kontrolle über die Fabriken, Bahnhöfe und Plantagen zu übernehmen. Von Anfang August 1945 bis zum Januar 1946, während der Staat Indonesien noch dabei war, zu verschmelzen und Institutionen auszuprägen, starteten Arbeiter ihren Organisationsschub, indem sie Arbeiterräte gründeten, die sich selbständig um diese öffentlichen Einrichtungen kümmerten. Dieses Kapitel behauptet weiterhin, dass Arbeiterkontrolle nicht lediglich ein historischer Unfall ist, sondern vielmehr die Kapazität besitzt, die Arbeiter auf den Geschmack von Macht und Autonomie zu bringen. In der Tat schuf die Arbeiterkontrolle im Falle Indonesiens die Grundpfeiler für die Ausbildung einer unabhängigen Arbeiterbewegung in der Entwicklung eines postkolonialen Staates, trotz ihres Auftretens während einer Phase sozialer Instabilität, die den politischen Übergang von kolonialer zu postkolonialer Ordnung kennzeichnet.

Die Arbeiterschaft und der neue indonesische Staat in der Revolution

Der 17. August 1945, der Tag an dem die Unabhängigkeitserklärung Indonesiens unterzeichnet wurde, ließ nur wenig Vorbereitungszeit zur Herausbildung eines neuen Staates. Eile war geboten, um das Machtvakuum angesichts der globalen Verhältnisse, in erster Linie den katastrophalen Ereignissen in Japan, zu füllen. Dazu notiert Kahin (1952, 138): „Die Einrichtung einer Regierung für die neu ausgerufene Republik verlief zügig", und innerhalb einer Woche war die erste Verfassung entworfen. Obwohl die neue Regierung sich mit den Niederländern konfrontiert sah, die nur darauf warteten, unter der Schirmherrschaft der Zivilverwaltung von Niederländisch-Indien (NICA) mit ihren Truppen zurückzukehren, hatte sie anhaltenden Erfolg mit der Einrichtung der notwendigen Institutionen und dem Ausbau staatlicher Aufgaben in unterschiedlichen Bereichen. Von Anfang an war die Republik darauf erpicht, als normaler Staat zu agieren. Es gab eine Anzahl formaler Grundprinzipien, welche die notwendige soziopolitische Struktur eines souveränen Staates umrissen, und einen geordneten Rahmen mit Büros und Dekreten von der Zentralregierung in Jakarta – welche später nach Yogyakarta verlegt wurde –, um die Abläufe zu verwalten und das Militär aufzubauen. Diese Bauteile staatlicher Institutionen waren wohlgeplant, zumindest auf dem Papier.

Die republikanischen Kabinette jedoch wechselten alle paar Monate und wurden eins nach dem anderen ersetzt. In der Realität war die Bandbreite der Regierungsziele limitiert und aufgrund von Budgetgrenzen gehemmt, so dass nicht einmal Kabinettsmitglieder regelmäßig jeden Monat ihr Gehalt erhielten. In diesen frühen Tagen der Unabhängigkeit begannen viele staatliche Institutionen gerade damit, sich einzurichten und versuchten, die Gesellschaft mit eindrucksvollen Regeln und Anordnungen zu durchdringen. Der Handlungsspielraum des Staates, die Institutionen und die Instrumente begannen gerade erst Form anzunehmen – wie es auch beim Djawatan Kereta Api (dem Eisenbahnamt) der Fall war, siehe unten.[1] Somit kann die revolutionäre Zeit als frühe Phase in Indonesiens staatlicher Entstehungsphase gesehen werden. Inmitten des revolutionären Eifers nahm der indonesische Staat in einem Prozess von Versuchen und Irrtümern Form an.

1 Nur unter Vorbehalt kann man die neu ausgerufene Republik als normalen Staat mit voll funktionsfähiger Verwaltung bezeichnen. Innerhalb der Regierung wetteiferten Elite und Politiker um ideologischen Einfluss, doch das Bild des starken Staats als Leviathan war im täglichen Leben kaum zu finden.

Während der Staat damit beschäftigt war, sich zu organisieren, hielten Aktivisten der Arbeiterbewegung eine Generalversammlung auf nationaler Ebene ab. Am 15. September 1945 wurde in Jakarta die Barisan Buruh Indonesia (BBI Indonesische Arbeiterfront) gegründet, mit der Absicht, die Arbeiter aus den unterschiedlichen Industrien zu vereinen und zu koordinieren (Sandra 1961). Dieses Treffen und die BBI selbst wurden aktiv von Iwa Kusumasumantri unterstützt, dem Minister für Arbeit und Soziales. Es gibt Grund zu der Annahme, dass er weiterhin inoffiziell die Beschlüsse der BBI in der Regierung unterstützen konnte.[2] Abgesehen von seiner langen persönlichen Beteiligung an der Arbeiterbewegung, zeigt Kusumasumantris Engagement deutlich die aktive Rolle des Staates bei der Unterstützung von Gewerkschaftsgründungen.

Die Arbeiterbewegung hatte bewiesen, dass sie ein kritischer Verbündeter war, der durch Massenmobilisierungen während des historischen Kampfs gegen den Kolonialismus seine politische Bedeutung für den neuen indonesischen Staat bewiesen hatte (siehe Ingleson 1981, Shiraishi 1990). Als eine Quelle zivilen Widerstands in der Zeit, als die Armee noch nicht existierte, war die BBI anerkannt und galt als lenkende und mobilisierende Kraft während des Unabhängigkeitskampfs. Demzufolge wurde die Arbeiterbewegung auf nationaler Ebene als Arm des Staates betrachtet.

Spontane Akte der Arbeiterkontrolle

Während Arbeiter-Aktivisten auf nationaler Ebene eine Allianz zur Stärkung der Unabhängigkeitskräfte schmiedeten, hatten Arbeiter dies auf lokaler Ebene bereits Wochen zuvor mit derselben Zielsetzung begonnen. Diese Arbeiter würden tun, was nötig war, um die Unabhängigkeitserklärung (die sie aus dem Radio kannten) zu verteidigen und zwar mit oder ohne Unterstützung des Staats; sie trafen sich in regionalen Gruppen und waren für den Schutz bereit. Es war in dieser „reinen" nationalistischen Stimmung, dass die Arbeiter begannen, der japanischen Besatzungsarmee die Kontrolle über Fabriken, Farmen und Bahnhöfe zu entreißen.

Die Bahnarbeiter waren die ersten, die sich engagierten, indem sie ihre Bahnhöfe übernahmen. Sie waren wagemutig, von ihrem Vorhaben überzeugt und entschlossen, ihre nationalistischen Überzeugungen zu verwirklichen und in die Tat umzusetzen. Dies führte sie dazu, die Übernahme des Zentralbüros am

2 Anderson (1972, S. 213) notiert, dass Iwa Kusumasumantri die Forderungen der BBI nicht nur inoffiziell unterstützt habe, sondern auch „die BBI offiziell als einzige Repräsentantin der vereinten Arbeiter von Java anerkannt hatte".

Hauptbahnhof anzustoßen, wie sie in dieser Darstellung beschrieben wird (Panitia Penjusun Buku 1970, 29):

> „In Jakarta war das Verlangen, die Macht von der japanischen Besatzungsarmee zu übernehmen, so überwältigend, dass in der Nacht des 3. September ein Treffen in Bruder Banderos Haus abgehalten wurde, um die einzelnen Schritte zu diskutieren, wie man die japanische Armee entmachten würde. Am nächsten Morgen, ohne überhaupt die Neuigkeiten von diesem nächtlichen Treffen abzuwarten, wurde die Übernahme des Büros zur Erkundung der Westgebiete in Jakarta durchgeführt. Ab dem 4. September 1945 wurde die Leitung des Eisenbahnbüros in Jakarta der japanischen Armee entrissen."

Am selben Tag unternahmen Arbeitskollegen eines anderen Bahnhofs, dem Manggarai-Bahnzentrum, eine ähnliche Aktion (Sutter 1959, 293):

> „Im Manggarai-Bahnzentrum in Jakarta beschlossen Bahnarbeiter eine Resolution im Namen aller Bahnarbeiter Indonesiens, die besagte, dass das Schienensystem Indonesiens ab diesem Tag Eigentum der Milik Negara Republik Indonesien (Staatseigentum) sei. Indonesische Arbeitskräfte wurden aufgerufen, sich als Staatsangestellte zu betrachten und ein Komitee unter Führung von Soegandi wurde gegründet, das die Übernahme der Bahnhöfe unterstützen sollte."

Obwohl nicht koordiniert, verbreiteten sich die Neuigkeiten aus Jakarta in anderen Regionen Javas. Ende September hatte die Initiative dieser jungen indonesischen Arbeiter zu dem Punkt geführt, dass Bahnhöfe überall in Java zur *Milik Negara Republik Indonesia*, zum Staatseigentum der Republik Indonesien erklärt worden waren. Neben dem Erhalt der Lebensfunktionen der Bahnhöfe als öffentlicher Raum ebenso wie als Ort für Transporte hatten die Bahnarbeiter eine weitere entscheidende Aufgabe während der Revolution: Sie mussten die Bahnhöfe bewachen und sie unter republikanischer Kontrolle halten. In Bahnhöfen überall in Javas großen Städten formierten diese Arbeiter Gruppen, um den Übernahmeprozess zu vollenden. Am 5. Oktober wurde dieser Übernahmeprozess ziemlich reibungslos vollendet und anschließend förmlich verkündet, dass alle Bahnhöfe Javas nicht länger unter der Kontrolle der japanischen Armee stünden; keinem einzigen japanischen Soldaten war es gestattet, einen Bahnhof, ein Büro oder einen Betrieb zu betreten (Prawitokoesoemo 1946).

Mit der Übernahme der Bahnhöfe agierten die Gruppen der Eisenbahner nach einem Plan mit nationalistischer Zielsetzung. Ähnliches wurde von den

Plantagenarbeitern Javas berichtet;[3] die gleiche nationalistische Zielsetzung lieferte den anfänglichen Impuls für ihre Aktionen, genau wie für die späteren Gruppierungen, die sicherstellen wollten, dass der Übernahmeprozess unter ihrer Kontrolle blieb. Die Eisenbahner bildeten an jedem Bahnhof eine Einheit, welche sicherzustellen hatte, dass die ihnen zugeteilten Aufgaben entsprechend erfüllt wurden, so dass ihre Arbeitsstelle am Bahnhof zu ihrem Hauptbezugspunkt wurde. Dieser Aufbau von Gruppen nach Gebieten verlief auch bei Arbeitern anderer Industrien ähnlich.

Diese Aktionen endeten nicht mit der physischen Kontrolle über die Bahnhöfe. Aufgrund der instabilen politischen Situation realisierten die Bahnarbeiter, dass sie zur Verwaltung des Schienensystems verpflichtet waren, und zwar obwohl ihr Wissen und ihre Fähigkeiten oft nicht ausreichten – und dies zwangsläufig ohne jegliche Unterstützung von Seiten der Regierung. Die Übernahme der Kontrolle verlief relativ einfach, wie in vielen Berichten beschrieben, aber ab dem Zeitpunkt, an dem die Arbeiter die Stationen in den Händen hielten, begannen sie damit, sich in eine neue Richtung zu organisieren. Die Aufgabe, die Arbeitsabläufe des Schienensystems zu verwalten, machte ein sofortiges verantwortliches und einsatzfähiges System der Selbstorganisation notwendig.

Adam Malik (1950, 71), ein *pemuda-* (Jugend-) Anführer dieser Zeit, der Zeuge des Phänomens war, erinnert sich an die Übernahme des Hauptbahnhofs in Jakarta. Die Arbeiter wählten Verantwortliche aus ihrer Gruppe, und diese Individuen „schworen ihren Eid und gaben ihr Versprechen in der oberen offenen Halle des Bahnhofs Jakarta vor den darunter stehenden Arbeitern, Jugendlichen und der allgemeinen Öffentlichkeit". Später bildeten sie in jedem Büro zur Gebietserkundung[4] eine Gruppe, die als *dewan pimpinan* (Rat der Anführer) bekannt war – ihre Ursprungsform des Primus unter pares. Dieser Rat der An-

3 Anders als ihre Gegenparts in den Plantagengebieten Javas, die aktiv die Pflanzungen übernahmen, unternahmen die Plantagenarbeiter in Nord-Sumatra keine solchen Aktionen und „waren kaum Kandidaten für revolutionäre Militanz", da es „nur wenig Raum für Arbeiteraktivismus auf den Landgütern gab und nur Kontaktmöglichkeiten mit dem nationalistischen Untergrund jenseits der Grenzen" (Stoler 1983, S. 163).

4 Seit der Phase der niederländischen Kolonialisierung zu Beginn des 20. Jahrhunderts war das Eisenbahnnetz Javas – ähnlich wie die verwaltungstechnischen Belange in Java – aufgeteilt in drei „Erforschungsgebiete": Westen, Mitte und Osten. Jedes wurde von einem Büro in der jeweiligen Region verwaltet. Diese wurden koordiniert und beaufsichtigt von der Balai Besar (Zentralstelle) in Bandung, im Westen Javas. Gegen Ende März 1946 wurde die Zentralstelle nach Cisurupan (in den westlichen Bezirk Javas) verlegt. Für ein Jahr, bis zum Mai 1947, zog sie nach Gombong und Kebumen

führer beaufsichtigte, verwaltete, koordinierte und verfügte letztlich über die Amtsgewalt über das Schienensystem.

Selo Soemardjan (1957, 194) beschreibt ebenso, basierend auf seinen persönlichen Beobachtungen und Erfahrungen als „Mitglied des Verwaltungsdienstes während dieser Zeit", eine ähnliche Begebenheit unter den Arbeitern der Zuckerplantage von Yogyakarta:

> „Ein Treffen aller einheimischen Fabrik- und Feldarbeiter war einberufen worden, um über den Zustand der Fabrik zu entscheiden und festzulegen, in welcher Art die offenen Positionen ausgefüllt werden sollten. In der Besprechung wurde einstimmig entschieden, dass der frühere Besitzer des Unternehmens nicht anerkannt wurde, aber keine Entscheidung getroffen, was die zukünftige Eigentümerschaft betraf. Die zweite Entscheidung war, dass die gegenwärtigen Arbeiter die Fabrik und die Zuckerrohrplantage weiter betreiben sollten. Die Verwendung der Einnahmen sollte von einem Vorstand bestimmt werden, dessen Zusammensetzung die frühere technische Belegschaft berücksichtigen und deren Kopf der Direktor sein sollte. Mit überwältigender Mehrheit wurde ein Mann gewählt, der zuvor der Assistent eines europäischen Zuckeranalysten gewesen war und der den Vorsitz des Treffens geführt hatte; er war der einzige mit einer spezialisierten Ausbildung in der Zuckerproduktion (genau genommen eine einjährige Schulungsphase). Die anderen offenen Stellen wurden mit den ranghöchsten und ältesten Arbeitern der jeweiligen Branche besetzt."

Hieran kann man sehen, dass die Farmarbeiter dem gleichen Weg folgten wie die Bahnarbeiter. Der erste Schritt um die Arbeiten auf der Plantage zu organisieren, besteht in einem Treffen zur Vereinigung der Gruppe und danach findet die Wahl eines Bevollmächtigten statt, der die Anweisungen der Verwaltung überwacht.

Diese ersten Ansätze der Übernahme von Kontrolle über die Abläufe seitens der Arbeiter selbst schufen eine Situation, in der beispielsweise die Vollmacht über die Plantage bei einem ihrer eigenen Kollegen lag, der über mehr Kenntnisse und Erfahrung verfügte. Die gewählten Räte der Anführer übernahmen die Verwaltungsaufgaben und waren den Arbeitern gegenüber verantwortlich, da sie verstanden, dass die Kontrolle über die Produktion in ihren Händen lag. Die Fähigkeiten der Anführer waren der anerkannte Grund, warum sie in der Ausgestaltung der Dinge das letzte Wort hatten – insofern, als die Bahnarbeiter

(in Zentral-Java). Später, nach dem ersten niederländischen Militärangriff im Juli 1947, zog sie nach Yogyakarta.

billigten, dass ihre Anführer Ordnung und Disziplin in den Abläufen der Eisenbahnlinien einführen würden.[5]

Es gibt keine Aufzeichnungen über außenstehende Anstifter, die versuchten, die Übernahme der Macht seitens der Arbeiter von oben zu steuern oder das Bewusstsein der Arbeiter mit Propaganda zu beeinflussen. Stattdessen entwickelten sich die Arbeitergremien organisch während der Revolutionsphase, die Arbeiter begriffen ihre Tätigkeit als nationalistische Pflicht im besten Interesse der jungen Nation. Die Selbstorganisation der Arbeiter entstand als adäquate Antwort auf die instabilen sozioökonomischen Umstände dieser Tage, und die Arbeiter wählten letztlich diesen Pfad der Unabhängigkeit, um die Einrichtungen zu kontrollieren.

Nach der Wahl von Mitgliedern für die verantwortlichen Positionen begannen die Arbeiter, ihre vorgesehenen Arbeitsstellen zu übernehmen. Die Bahnarbeiter verwalteten und koordinierten nach der Übernahme der Kontrolle das Eisenbahnsystem ihrer jeweiligen Region unter Aufsicht des Rats der Anführer, dem *dewan pimpinan*. Die Arbeitsorganisation basierte immer noch auf der während der japanischen Besatzung geschaffenen Hierarchie, welche die Arbeiter in drei Bereiche unterteilte – hoch, mittel und niedrig –, aber jetzt war es den Arbeitern nicht mehr vorgeschrieben, irgendeinem japanischen Soldaten oder weißen niederländischen Kolonialherrn Bericht zu erstatten. Die meisten Bahnarbeiter blieben auf ihren bisherigen Positionen, abgesehen von den wenigen, die als Mitglieder des dewan pimpinan ausgewählt worden waren, und führten ihre vertrauten Pflichten aus, um wie immer die Sicherheit des Eisenbahnbetriebs zu gewährleisten. Monatelang konnten die Arbeiter so den Betrieb aufrecht erhalten, und die Abläufe der Bahn während dieser Zeit waren wie Sutter (1959, 359) vermerkt „ziemlich reibungslos (…) [trotz] der Kämpfe und Störfälle, die mit der Ausweitung englischer (und niederländischer) Brückenköpfe vermehrt auftraten", sie verbanden Javas Großstädte trotz der Besatzungsmächte. Durch ihre während der japanischen Besatzungszeit erworbenen Fähigkeiten waren diese jungen Arbeiter unter der Führung und Verwaltung ihrer eigenen Räte der Anführer während der ersten Monate der Unabhängigkeit in der Lage, das

5 Ich habe kein Dokument gefunden, das Unzufriedenheit der Arbeiter mit ihrem Rat der Anführer beschreibt oder wie die Macht innerhalb des Rates der Anführer im Fall eines Machtmissbrauchs überprüft und entzogen werden konnte. Eine solche Unzufriedenheit mag aufgetreten sein; allerdings gab es eine allgemeine Übereinkunft, dass die Arbeiter den gewählten Rat als das Entscheidungsgremium im Bahnbetrieb akzeptierten, und der Rat scheint seiner Verantwortung gut nachgekommen zu sein.

Eisenbahnsystem zu betreiben, zu koordinieren und erfolgreich der Öffentlichkeit zu dienen.[6]

Jetzt, da Leitung und Einsatz dieser öffentlichen Industrien unter Kontrolle der Arbeiter standen, war ein Punkt erreicht, an dem die Bahn- und Plantagenarbeiter dazu angeregt wurden, ihre Lebensumstände zu verbessern – ausgerichtet auf ihre Bedürfnisse als Arbeiter –, indem sie die organisatorischen Kapazitäten ihrer Gruppen ausdehnten. Nachklingende Erinnerungen an die armseligen Arbeitsbedingungen während der niederländischen Kolonialzeit und speziell unter der japanischen Besatzung regten den Wunsch nach Verbesserungen an. Bei den Bahnarbeitern waren die Bahnhöfe direkt nach Übernahme von den japanischen Machthabern zu den Zentren ihrer organisatorischen Aktivitäten geworden. Nicht nur waren die Arbeitsbedingungen auf den Bahnhöfen unterdurchschnittlich, darüber hinaus erhielten die Arbeiter ihren Lohn nicht regelmäßig und waren so nicht in der Lage, für ihre alltäglichen Bedürfnisse zu sorgen. Inzwischen kamen die Arbeiter zu dem gemeinsamen Entschluss, dass sie bei der Weiterführung ihrer Pflichten als Gruppe verantwortlich waren und als solche eine Form kollektiver Belohnung hatten – sie waren sich darüber im Klaren, dass diese ihrer Natur nach informell und provisorisch war –, um denSchienenbetrieb aufrecht zu erhalten.[7] Eine ähnliche Situation ergab sich auch im Fall der Plantagenarbeiter, wie Selo Soemardjan (1957, 195) bezeugt:

> „Der Direktor und der Vorstand wussten nicht, wem sie verantwortlich waren und kommunizierten ihren Arbeitskollegen jede wichtige Entscheidung durch niederge-

6 Aufzeichnungen zufolge mussten die Bahnarbeiter mit einem Mangel an Ausrüstung und mit dem Betreiben alter Züge mit ineffizienten Maschinen zurechtkommen. Aufgrund eines Mangels an Kohle mussten die Arbeiter mindestens 25.000 Tonnen Teakholz am Tag sammeln, um die Bahn am Laufen zu halten. Das war eine verbreitete Situation, der sich die Bahnarbeiter täglich gegenüber sahen, sogar bis Ende 1947. Vergleiche AMK 1947.

7 Nachdem die Regierung (gegen März 1946) erfolgreich einige der wichtigsten Firmen und Plantagen übernommen hatte, die zuvor unter Arbeiterkontrolle standen, sorgte die Lohnfrage für ernsthafte Sorgen unter den Arbeitern, die als Staatsdiener galten. Im Mai 1946 entwarf die Regierung einen Lohnsatz für Staatsdiener, der bald zu tiefer Verbitterung in der Arbeiterbewegung führte, da er die höher gestellten Arbeiter (die Beamten) bevorzugte. Die Gewerkschaften reichten Protest ein, und die Verhandlungen dauerten zwei Jahre an. Mit einigen Änderungen entwarf die Regierung 1948 schließlich einen neuen Lohnsatz für Staatsdiener.

schriebene Ankündigungen auf den Informationstafeln. Als zusätzlichen Anreiz für die Arbeiter entschied der Vorstand, ihnen einen Teil der Zuckerproduktion zu überlassen. Jeder erhielt einen Anteil Zucker, je nach seiner Position in der Hierarchie. Ein anderer Teil der Zuckerproduktion wurde zur Unterstützung der Guerillatruppen zur Seite gelegt. Beziehungen außerhalb der Fabrik wurden vom Direktor wahrgenommen, der von den Mitgliedern des Vorstands unterstützt wurde. Auf diese Weise funktionierte die Fabrik mehrere Monate lang als autonome Organisation und widerstand jeder Beeinflussung von außen."

Was einmal Eigentum der niederländischen Kapitalisten oder des Kolonialstaats gewesen war, lag nun enteignet in den Händen der Arbeiter – inklusive der Produktion. Die Arbeiter kamen zu der Erkenntnis, dass sie das Recht über die Produkte ihrer eigenen Arbeit auf der Plantage besaßen. Unter eigener Führung verwalteten sie ihren Arbeitsplatz, hielten die Produktion am Laufen und sahen die Situation schließlich im Gesamtzusammenhang der Verteidigung ihrer ökonomischen Interessen. Dieses System der Selbstverwaltung erlaubte ihnen, ihre Arbeit zu behalten und so die Mühsal dieser Zeit zu überstehen.

Diese Form der Organisation und Produktion war von großer Bedeutung für ein neues unabhängiges Land am Rande des wirtschaftlichen Chaos, in dem die Arbeiter ihre wirtschaftlichen Interessen in Zeiten der Kürzungen lebensnotwendiger Güter schützen mussten. Anstatt auf herkömmliche Taktiken wie Streiks, Sabotage oder die Stillegung der Fabriken, in denen sie während der Kolonialzeit gearbeitet hatten, zurück zu greifen, koordinierten sie die Abläufe unter sich selbst. Als sie dieses Selbstverwaltungssystem organisierten, schufen die Arbeiter einen Aufbau, in dem die Aufteilung der Arbeit nicht auf dem sozialen Status basierte, sondern schlicht auf den Aufgaben die jeder verrichtete. Dies stand in starkem Gegensatz zu den hierarchischen und rassistisch diskriminierenden Arbeitsbedingungen, welche die Arbeiter früher unter dem Kolonialsystem gewohnt waren.

Zudem ermächtigte das Selbstverwaltungssystem die Arbeiter, indem es ihnen erlaubte, die Kontrolle zu übernehmen, Entscheidungen zu treffen, umzusetzen, was sie entschieden und die Resultate ihrer eigenen Anstrengungen (um) zu verteilen – all das wurde von den Arbeitern selbst durchgeführt ohne Aufsicht einer Instanz über ihnen. Die Räte der Anführer, obwohl sie mit Leitungskompetenzen ausgestattet waren, handelten als Repräsentanten der Arbeiter, indem sie all ihre kollektive Arbeit zusammenfügten. Unter dem niederländischen Kolonialsystem war die Produktion von Waren (speziell im Fall der Zuckerplantagen) auf die Nachfrage des Weltmarkts ausgerichtet und unter der japanischen

Besatzungsarmee diente die Arbeitskraft der Arbeiter allein der Unterstützung des Feldzugs (Brown 1994).

In diesem neuen System der gemeinsamen Koordination und Selbstverwaltung war die Richtschnur der industriellen Anordnungen die Horizontale, im Gegensatz zu der vertikalen Struktur der industriellen Organisation, wie es im kapitalistischen System gebräuchlich ist. Selbstorganisation war also das Phänomen, das dem kapitalistischen Kolonialsystem der Produktion und seinen Stützpfeilern die Stirn bot: der rassistisch begründeten Aufteilung der Arbeit, marktwirtschaftlichen Produktionszielen, unangefochtenen Privilegien der Kolonialangestellten und dem auf liberalen Rechtsgrundlagen basierenden Konzept des Privateigentums. Weiterhin stellten die erfolgreichen Arbeitsabläufe – wie sie sich in den reibungslosen Abläufen der Bahn und der ausgezeichneten Arbeit auf den Plantagen zeigten – die Notwendigkeit eines befehlshabenden Patrons in Frage, sei es nun ökonomisch (der Arbeitgeber) oder politisch (der Staat). Exakt wegen dieser Begleiterscheinung war dem Experiment der Selbstorganisation der indonesischen Arbeiter nur eine kurze Lebenszeit beschieden.

Der politische Diskurs über „Selbstverwaltung" versus „Syndikalismus"

Ende 1945 hatte sich der Staat politisch stabilisiert, die Zentralregierung war gefestigt und richtete ihre Aufmerksamkeit auf die Selbstverwaltung der Bahnhöfe und Plantagen. Diese sah der Staat mit tiefer Besorgnis. Da die Plantagen die Hauptproduktionsstätten Javas waren und das Bahnsystem der Haupttransporteur dieser Produkte, machte ihre strategische Bedeutung aus Sicht der Regierung staatliche Kontrolle wünschenswert – wenn nicht unerlässlich. Angesichts der wachsenden Zahl industrieller Fabriken und Plantagen unter der Selbstverwaltung der Arbeiter vermutete die Regierung, dass die Ausbreitung dieses sozialen Phänomens der allgemeinen wirtschaftlichen Stabilität nicht dienlich sei oder kein investitionsfreundliches Klima schaffen würde, da einige Unternehmen, rechtlich gesehen, immer noch den Niederländern gehörten.[8] Da die Arbeiter de facto Kontrolle über die Einrichtungen hatten, aber nicht rechtlich Besitzer waren, stellte die Selbstorganisierung ein wirtschaftliches Dilemma für den neuen Staat dar. Anfang 1946 versuchte der Staat, die Kontrolle über Javas Bahnhöfe und Plantagen wiederzuerlangen.

8 Soemardjan (1957, S. 196) schreibt, dass die Arbeiterkontrolle „in fast allen im ausländischen Besitz stehenden Firmen in der Provinz anhielt".

Außerdem fürchtete der Staat die Selbstorganisierung der Arbeiter als eine potenzielle Quelle politischer Instabilität. Im November 1945 wurde ein parlamentarisches Kabinett als Regierungsform des neuen indonesischen Staates eingeführt. Diese Form wurde teilweise deswegen gewählt, weil die Staatschefs Sukarno und Hatta (Präsident beziehungsweise Vizepräsident) erkannten, dass die früheren politischen Instrumente ungeeignet waren, um den Wildwuchs der Parteiengründung ihrer politischen Rivalen abzuwehren. Überdies wollten sie der restlichen Welt zeigen, dass das neue Indonesien keine Marionette der japanischen Armee, sondern vielmehr ein demokratischer Staat mit echter gesetzgebender Gewalt unter Führung des neu umgewandelten Komite Nasional Indonesia Poesat (KNIP – Zentrales Indonesisches National-Komitee) als Übergangsparlament war. Tatsächlich wurden viele politische Parteien, die entweder auf linksgerichteten Ideen oder einer religiösen Neigung basieren, während dieser Zeit des politischen Wandels gebildet.

Während die Regierung von Sozialisten oder Linken verschiedener Art dominiert wurde, hatten sie keine Hochburg im Parlament, dessen Mitglieder unterschiedliche Gruppen der Gesellschaft repräsentierten. Zwischenzeitlich betrat Tan Malaka, ein angesehener kommunistischer Anführer, der während der niederländischen Kolonialzeit im Exil gewesen war und kurz nach der japanischen Besatzung Javas im Juli 1942 zurückkehrte, die nationale Bühne und gewann schnell genug politische Macht durch öffentliche Unterstützung, dass er sich gegen die Regierung stellen konnte. Im Besonderen schlug er die Beschlagnahmung aller ausländischen Unternehmen ohne jeden Ausgleich vor, obwohl er nicht ausdrücklich sagte, dass sie der Kontrolle der Arbeiter unterstellt sein sollten.[9] Tan Malaka gründete die Schirmorganisation Persatuan Perdjuangan (die Kämpfende Front), die den Lauf der Revolution anführen sollte, die er befürwortete.

Dieser Entwicklung folgend begannen sich Arbeiteraktivisten auf nationaler Ebene vom Staat loszulösen. Unter dem scheinbar demokratischen Klima der Politik des neuen Staats sah der Arbeiterführer Sjamsu Harja Udaja – trotz abweichender Meinungen innerhalb der BBI – die Chance für die Arbeiterbewegung,

9 Kahin (1952, 172) erwähnt drei Quellen der Unterstützung für Tan Malaka: sein persönliches Charisma als Anführer mit herausragenden Visionen, einige Politiker und Militärs die mit Sjahrirs Strategien unzufrieden waren und den „anschwellenden Strom des Nationalismus, der es vielen Menschen erschwerte, die Verhandlungen mit den Niederländern gutzuheißen." Für Tan Malaka und seine Organisation Persatuan Perdjuangan (die Kämpfende Front) siehe: Anderson 1972, Kap. 12, S. 269-295. Für das Leben Tan Malakas siehe Mrázek 1972.

die eigene politische Agenda voranzutreiben. Er mobilisierte die Bewegung, die Partei Partai Buruh Indonesia (PBI – Indonesische Arbeiterpartei) aufzustellen, die bald darauf, am 15. Dezember 1945, ihren ersten Kongress abhielt. Mit dieser neuen Form der Arbeiterorganisierung stießen Aktivisten der nationalen Ebene die Arbeiterbewegung in die politische Arena auf der Suche nach Macht.

Eine von der Arbeiterbewegung selbst gegründete politische Partei war ein klares Indiz für ihre Unzufriedenheit mit dem Staat. Diese Entwicklung wurde von der Führungsschicht der Regierung als Abrücken von der vorherigen Loyalität der Arbeiterbewegung verstanden; sie glaubte, dass der Aktivismus der Arbeiterbewegung unter staatlicher Kontrolle auf ein Minimum reduziert und zudem die entstehende Regierung unter allen Umständen unterstützt werden sollte. So zweifelte das sozialistische Kabinett unter Sjahrir (November 1945 bis März 1946) an der Loyalität der Arbeiterschaft und ihrer weiteren Unterstützung, möglicherweise in der Furcht, sie werde ihre eigenen Ziele verfolgen oder sich von Oppositionsgruppen mobilisieren lassen. Die PBI hatte in engem Kontakt mit Tan Malakas Gruppe Persatuan Perdjuangan gestanden, die sich offen gegen Sjahrirs Verhandlung mit den Niederländern gewandt hatte; das so entstandene politische Abkommen, der Linggadjati-Vertrag legt in einer seiner Bestimmungen „die Anerkennung aller Ansprüche ausländischer Bürger seitens der Republik auf Entschädigung und Wahrung ihrer Rechte und ihres Eigentums innerhalb des von der Republik kontrollierten Gebiets“ fest.[10]

Im Lichte dieser Entwicklungen zog der indonesische Staat die Arbeiterbewegung wieder als Verbündeten während der Revolution in Betracht. Die Selbstorganisierung der Arbeiteraktivisten innerhalb der Industrie wurde nun als „politischer“ Aktivismus betrachtet. Im Gegensatz zu Minister Kusumasumantri, der schon vorher Pro-Arbeiterbewegungs-Strategien vertreten und gefördert hatte, fürchtete der Staat, dass die Arbeiterbewegung die Kontrolle über die nationale Wirtschaft übernehmen könnte sowie ihre Ambitionen in der politischen Arena Ab diesem Zeitpunkt wurde die Arbeiterbewegung als vom Staat getrennte Einheit betrachtet, die überwacht und deren politische Manöver vorhersehbar sein mussten.

Ab dem Sjahrir-Kabinett wurde die Arbeiterbewegung als Gegenspieler gesehen, dessen Macht den Staat gefährden oder diesen gar übernehmen könnte. Die Arbeiterbewegung wurde wiederholt an ihre Pflicht zur Verteidigung der Nation und zur Bindung an den Unabhängigkeitskampf erinnert. Auf der lokalen Ebene

10 Siehe Wolf (1948, S. 43f.) für eine Analyse dieser Übereinkunft.

bezeichneten die regierenden Eliten die Selbstorganisation der Arbeiter als „anarcho-syndikalistisch" – ein aus der marxistischen Literatur geborgter Begriff, um die Gefahren und Risiken von Arbeitern außerhalb staatlicher Kontrolle zu beschreiben[11]; allerdings war diese Bezeichnung nicht gewählt, um die aktuellen Prozesse der Arbeiterkontrolle zu beschreiben, sondern vielmehr um das Phänomen abzulehnen und zu verurteilen.

Der Gebrauch des Begriffs „Syndikalismus" brachte den politischen Diskurs dazu, die Arbeiterkontrolle neu zu betrachten. Im Gegensatz zu den eigentlichen Selbstorganisationspraktiken der Arbeiter implizierte er, dass ihre Handlungen in der Industrie immer schon eine politische Ebene gehabt hätten und dass Arbeiterkontrolle im besonderen eine Herausforderung staatlicher Autorität darstellt. Im Kontext der indonesischen Revolution war der Begriff „Syndikalismus" zweischneidig; es wurde anerkannt, dass die Arbeiterbewegung die Macht hatte, Massenmobilisierungen für den Staat zu veranstalten und ebenso wurde gefürchtet, dass sie die Macht hatte, die vorhandene Regierung in ihren Kindertagen zu stürzen. Diese „proletarische Macht" der Arbeiterbewegung wurde gefeiert, bewundert und für funktional gehalten, aber gleichzeitig für ihre potenzielle Gegenreaktion gefürchtet.

Weit davon entfernt, die Arbeiterbewegung niederzuhalten oder zu zähmen, sorgte sich Sjahrir mehr darum, sie unter staatlichen Einfluss zu bekommen, um das Bild einer demokratischen Regierung aufrecht zu erhalten. Er erkannte, dass die Unterdrückung der Arbeiterbewegung nur ihre Militanz stärken würde. In einem kurzen, 1933 publizierten Manuskript (wiederaufgelegt 1947) schrieb Sjahrir, dass „die Arbeiterbewegung nicht all ihre Kraft auf den Unabhängigkeitskampf unter Preisgabe ihrer eigenen Zielsetzungen verwenden sollte" (25). Daraus können wir schließen, dass er einkalkuliert haben muss, dass die Arbeiterbewegung ein eigenes Programm verfolgen könnte und dass der Staat nicht mit ihrer vollen Unterstützung rechnen konnte. Die beste Strategie des Staates wäre dann, die Arbeiterbewegung in seinem Interesse zu leiten. Aus diesem Grund war Einbindung der angemessene Weg, mit der Arbeiterbewegung umzugehen.[12]

11 Reid (1974, S. 125) schreibt, dass „Abdulmadjid und seine Kollegen (den Begriff) aus Holland mitgebracht hatten".

12 NEFIS Publicatie Nr. 11, datiert auf den 27. Juni 1946 (061300), notiert, „der Trend der Regierungsstrategie besteht darin, die Gewerkschaften ständisch aufzuteilen (sic) anstatt syndikalistisch." Dieses Dokument wurde freundlicherweise von Professor Benedict Anderson zur Verfügung gestellt.

Es war Vizepräsident Hatta, der die Selbstorganisierung der Arbeiter auf der Yogyakarta Wirtschaftskonferenz im Februar 1946 öffentlich als „Syndikalismus" kritisierte (Sutter 1950, 377). Das Ziel der Konferenz war der Entwurf einer Blaupause für die nationale Wirtschaft; deswegen warnte Hatta, mehr als Ökonom denn als Politiker, die Gruppen der Arbeiterbewegung davor, „den Syndikalismus als ökonomische Demokratie zu missdeuten oder willkürlich ihre Verwalter abzusetzen ohne Wissen oder Zustimmung der Regierung" (Sutter 1959, 393). Es bestehen kaum Zweifel daran, dass Hatta in den Berichten der Lokalregierungen nicht darüber informiert wurde, wie schwierig es war, die Arbeitergruppen unter staatlicher Kontrolle zu halten. Seine Einschätzung der politischen Situation hätte die Arbeitergruppen beunruhigen müssen, die zu diesem Zeitpunkt keine organisatorische Alternative sahen, suchten sie doch immer noch nach einer Form, die es ihnen ermöglichte, ihren nationalistischen Hoffnungen ebenso gerecht zu werden wie ihre Interessen als Arbeiter zu schützen.

Obgleich die PBI unter Sjamsu versuchte, die Arbeiter zu radikalisieren und die Methoden der Selbstorganisierung weit zu streuen, in der Annahme, die Unzufriedenheit der Arbeiter mit der wirtschaftlichen Lage könnte dazu genutzt werden, die Regierung zu stürzen (Anderson 1972, 251-256), teilten andere linke Parteien – obwohl sie Sjahrirs Regierungsprogramm nicht unterstützten – den Verdacht der regierenden sozialistischen Partei gegenüber politischem Arbeiteraktivismus. Anscheinend gab es übereinstimmende Ansichten unter den politischen Eliten, speziell der linken, in Hinsicht auf die Einschätzung des Phänomens als potenzieller Gefahr für die nationale Wirtschaft. Darüber hinaus unterstützten viele prominente nationale Anführer aufgrund ihrer Marxinterpretation die Selbstorganisation der Arbeiter nicht und werteten sie einfach als „Syndikalismus" ab – eine besonders unter urbanen Intellektuellen häufig zu findende Haltung.[13] In Abwesenheit der Vorgesetzten (oder einer anderen, den Kapitalismus repräsentierenden Klasse) sollte die nationale Wirtschaft ihrer Ansicht nach von staatlichen Autoritäten verwaltet werden; die Arbeiterbewegung war dabei Baustein unter ihrem Kommando. Überdies vertraten sie alle die Meinung, dass es der Selbstorganisation nicht gestattet sein sollte sich als permanente Institution zu etablieren. Da es sich um die wichtigsten vorher in ausländischer Hand befindlichen Wirtschaftssektoren handelte, bestärkten sie die Arbeiter darin, die Kontrolle über die Unternehmen der Zentralregierung zu übertragen.

13 Viele sozialistische Anführer richteten „Arbeiterkurse" ein, um die Massen in marxistisch-sozialistischen Ideen zu unterweisen. Diese Ausbildungen führten später zur Einrichtung des „Marx-Hauses" in Madiun.

Aus Sicht der Arbeiter sollte durch die permanente Kontrolle über die Plantagen und Schienenwege kein anderes politisches Ziel erreicht werden als die Aufrechterhaltung öffentlicher Einrichtungen. Die Bahnarbeiter begriffen die Bedeutung des Transportwesens während dieser fordernden und gefährlichen Periode, und indem sie den Bahnbetrieb gut leiteten und aufrechterhielten, so wie sie es in „normalen" Zeiten getan hatten, glaubten sie ihren Beitrag zur Verteidigung der nationalen Unabhängigkeit zu leisten. Obwohl Arbeitergruppen als von der Lokalregierung schwer zu kontrollieren dargestellt wurden, gibt es keine Berichte, dass Arbeiter auf lokaler Ebene die Praxis der Selbstverwaltung genutzt hätten, um spezifische politische Ziele zu verfolgen. Offensichtlich stellte die Arbeiterselbstverwaltung ein neues Phänomen dar, das erst noch begriffen werden musste. Das versuchten die nationalen politischen Eliten zu nutzen, um sie abzuschotten oder sie so zu kanalisieren, dass sie ihren eigenen politischen Zielen am besten diente – statt den Arbeitern selbst zuzuhören und zu würdigen, was sie erreicht und geopfert hatten, um die nationale Unabhängigkeit zu unterstützen. Indem sie die Stimme der Arbeiter ignorierten, gelang es den Eliten, die Selbstverwaltung entlang der Grenzen ihres politischen Vokabulars und ihrer politischen Ziele zu verengen.

Nach Hattas Rede in Yogyakarta lenkte die Regierung ihre Aufmerksamkeit auf die Überwindung der Situation. In Ermangelung eines konkreten Planes bestand ihr allgemeines Ziel einfach darin, die Kontrolle über die selbstverwalteten Arbeitsplätze zu erlangen und die mögliche Bedrohung durch die Arbeiterbewegung auf lokaler Ebene zu zähmen.

Auch Arbeiteraktivisten auf nationaler Ebene unterstützten das Ziel, die Selbstverwaltungspraktiken der Arbeiter zu bändigen und die Situation unter Kontrolle zu bringen. Dies ergab sich deutlich aus der offiziellen Erklärung der BBI zu dieser Frage (BBI 1946). In dieser Erklärung wurde die Schuld bei den Arbeitern auf der lokalen Ebene gesucht. Ihnen wurde eine „Fehlkonzeption der wahren Bedeutung des Sozialismus" zugeschrieben, und die Selbstverwaltung wurde als nicht mehr denn eine „*Kinderziekte*" (Kinderkrankheit) abgetan – erneut ein aus dem Niederländischen geborgtes politisches Etikett –, „[die] in der Geschichte der indonesischen Arbeiterbewegung nicht verwurzelt ist". Die BBI empfahl der Regierung „sofortige und korrekte Handlungen zu verfolgen", um das Folgende zu erreichen:

1. Die Ausweitung und Vertiefung der Information und Ausbildung der Arbeiter, um sie zu wahren Arbeitskämpfen anzuleiten sowie Bemühungen zur Festigung der nach wie vor unbeständigen Arbeiterorganisationen;

2. Die Koordinierung aller aufgegebenen Einrichtungen, Plantagen und Fabriken, indem die Kooperation der Produktionsleiter gewonnen wird und eine standhaftere Haltung hinsichtlich des Status' einiger entscheidender Unternehmen im ausländischen Besitz, die noch unter Arbeiterkontrolle standen;

3. Die Säuberung der Arbeiterbewegung vom Einfluss schädlicher Personen oder Gruppen, da es zu den Verantwortlichkeiten der Arbeiterführer gehörte, zurückhaltend zu operieren.

Allgemein wurde die offizielle Erklärung der BBI so aufgefasst, dass sie dazu dienen sollte, die Regierung unter allen Umständen zu unterstützen. Obwohl sie beanspruchten, die Vertreter der Arbeiter zu sein, begriffen die Arbeiteraktivisten auf nationaler Ebene dennoch nicht wirklich, was auf dem Spiel stand. Tatsächlich hatten die Aktivisten der nationalen Ebene, als sie nach dem Arm des Staates riefen, um die Selbstverwaltung zu kontrollieren und „die Arbeiterbewegung zu säubern" der Regierung einen Blankoscheck ausgestellt, sich in die Angelegenheiten der Arbeiterbewegung einzumischen. Spätere Ereignisse zeigten, dass die BBI tatsächlich keinen starken Zugriff auf die lokale Ebene hatte, auf der die Arbeiter aus eigenem Antrieb kämpften. Indem sie die Selbstverwaltung einfach als „Kinderkrankheit" abtat, spielte die BBI den realen Fortschritt der Selbstorganisation der Arbeiter herunter und band die Bewegung stattdessen an den Staat.

Die Regierung erkannte allerdings, dass ihre institutionellen Kapazitäten noch zu beschränkt waren, um die Selbstverwaltungspraktiken völlig zu beseitigen. Anfangs handelte die Regierung je nach spezieller Situation. Die Bahn wurde von oben mittels Regierungsanordnungen (*makloemats*) zentralisiert. Leitung und Verwaltung der Bahn wurden unter einer neuen Regierungsinstitution zentralisiert, dem Djawatan Kereta Apin (Eisenbahnbüro), das einen Vorstand schuf, der 27 Abteilungen und Teilbereiche repräsentierte. Die Vorstandsmitglieder wurden exklusiv von der Zentralregierung ernannt; seine Einsetzung löste formal den *dewan pimpinan* der Arbeiter auf.

Danach wurde im Wissen, dass es für den Staat schwierig – wenn nicht theoretisch unmöglich – sein würde, die weit verbreiteten Selbstverwaltungspraktiken in anderen Industriezweigen nur unter die Kontrolle der Zentralregierung zu bringen, am 20. März 1946 verkündet, dass „alle früher von der japanischen Regierung kontrollierten Unternehmen von nun an von den Regionalregierungen der Republik verwaltet würden" (Reid 1974, 125). Anschließend transformierte sich die Selbstverwaltung, als die Arbeiter ihren dewan pimpinan umgestalteten, um eine unabhängige Gewerkschaft zu gründen. Unter der staatlichen Politik, die Selbstverwaltung zu beenden, verlegten die Arbeiter ihre Organisierungsaktivitäten schnell in den Aufbau neuer Organisationen, die ihre nationalistische

Orientierung bewahren und kanalisieren konnten, während sie zugleich ihre Interessen als Arbeiter verteidigten.

Die historische Bedeutung der Arbeiterkontrolle für Indonesien

Wie wir im Fall des Verhältnisses von Arbeiterschaft und Staat in Indonesien zwischen 1945 und 1950 gesehen haben, muss die revolutionäre Situation, der die Indonesier gegenüber standen, in Betracht gezogen werden, um den Charakter der organisierten Arbeiterschaft dieser Zeit zu verstehen. In dieser entscheidenden Periode arbeitete der indonesische Staat verzweifelt daran, seine Ressourcen zu konsolidieren und seine Macht zu etablieren. Da die Revolution in Indonesien spontan war und die sich daraus ergebenden wirtschaftlichen Bedingungen verheerend waren, ergab sich für die indonesische Arbeiterbewegung eine beispiellose Gelegenheit, ihre eigenen Interessen zu verfolgen, statt ihren Kampf nur auf die Verteidigung der nationalen Unabhängigkeit zu fokussieren.

Die indonesische Arbeiterbewegung suchte auch nach einer möglichen Rolle in diesem kritischen Augenblick der politischen Ereignisse und konnte daher nicht ohne weiteres auf das Gefüge des postkolonialen Staates begrenzt werden. Diese Situation lieferte den Arbeitern auf Java den materiellen Kontext, bei relativer Abwesenheit staatlicher Macht Autorität über die Produktionsmittel zu behaupten. Sie schuf einen Raum für die Arbeiterbewegung, um Selbstkontrolle zu erlangen und selbst über ihren Weg zu bestimmen, weit über die vorherigen Fähigkeiten und das Wissen der Arbeiter hinaus. In dieser Periode der Staatsbildung verstärkte die Arbeiterkontrolle die Verhandlungsposition der Arbeiterbewegung, so dass der postkoloniale Staat mehr bedenken musste, als die Arbeiterbewegung einfach in seinen Machtbereich aufzunehmen.

Offenkundig machte die Erfahrung der Selbstverwaltung die indonesischen Arbeiter in ihren eigenen Organisationen selbstbewusst. Obwohl die Arbeiterkontrolle und die von den dewan pimpinan ausgeübte Selbstverwaltung der Bahnstationen und Plantagen nur wenige Monate vorhielt, bereitete diese Erfahrung die Arbeiterbewegung darauf vor, eine starke Verteidigung gegen den Normalisierungsdrang des postkolonialen Staates zu ihrer Zähmung aufzubauen.

Die indonesische Arbeiterbewegung hatte entdeckt, dass sie nationalistische Entschlossenheit umwandeln konnte in die Beförderung der Interessen ihrer Mitglieder unter der Selbstverwaltung der Bahnstation und Plantagen. Dies diente wiederum als Baustein für die politische Kapazität der Bewegung und mit der Zeit für ihre politische Stärke gegenüber dem postkolonialen Staat. Das führte zu Indonesiens postkolonialer Arbeiterbewegung der 1950er Jahre, die taktieren und ihre Interessen zum Schutz ihrer Mitglieder organisieren konnte, und erlaubte es ihr, eigene Initiativen zu ergreifen und bot ihr ein Mittel, die ihr vom Staat zugedachte Rolle zu vermeiden und sich ihrer gar zu erwehren. So hatte die Beziehung zwischen Staat und Arbeiterschaft in Indonesien eher einen dialektischen Charakter statt eines geradlinigen, bei dem der Staat der Entwicklung einer unabhängigen Arbeiterbewegung sofort bestimmte Beschränkungen auferlegen konnte, etwa durch Akte von Zwang und Gewalt, wie es in Ägypten der Fall war (vergleiche Beinin and Lockman, 1998) oder durch Kooptierung über die Beförderung eines nationalen Arbeitsgesetzes, wie es im frankophonen Afrika (Cooper 1996) und auf den Philippinen der Fall war (Kerkvliet 1999).

Literatur

AMK [Young Railway Workers] (1947), „The Republican railways", in: *Voice of Free Indonesia*, Nr. 61, 319-320.

Anderson, Benedict (1972), *Java in a time of revolution.* Occupation and resistance, 1944-1946, Ithaca, New York: Cornell University Press.

Barisan Buruh Indonesia [BBI] (1946), in: *Merdeka*, 11. Mai.

Beinin, Joel und Zachary Lockman (1998), *Workers on the Nile.* Nationalism, communism, Islam and the Egyptian working class, *1882-1954,* Kairo: The American University in Cairo Press.

Brown, Colin (1994), „The politics of trade union formation in the Java sugar industry, 1945-1949", in: *Modern Asian Studies,* Bd. 28, Nr. 1, S. 77-98.

Cooper, Frederick (1996), *Decolonization and African society: The labor question in French and British Africa,* Cambridge, UK: Cambridge University Press.

Ingleson, John (1981), „Bound hand and foot. Railway workers and the 1923 strike in Java", in: *Indonesia,* Nr. 31, April, S. 53-87.

Kahin, George (1952), *Nationalism and revolution in Indonesia,* Ithaca, New York: Cornell University Press.

Kassalow, Everett (1963), „Unions in the new and developing countries", in: *National labour movement in the postwar world,* Hg. Everett Kassalow, Chicago: Northwestern University Press.

Kerkvliet, Melinda Tria (1999), Manila workers' union, 1900-1950, Dissertation, University of Hawaii.

Malik, Adam (1950), *Riwajat proklamasi 17 Agustus 1945,* Jakarta: Widjaja.

Millen, Bruce (1963), *The political role of labor in developing countries,* Washington DC: The Brookings Institution.

Mogalakwe, Monageng (1997), *The state and organised labour in Botswana.* „Liberal democracy" in emergent capitalism, Aldershot: Ashgate Publishing.

Mrázek, Rudolf (1972), „Tan Malaka: A political personality's structure of experience", in: *Indonesia,* Nr. 14, Oktober, S. 1-48.

NEFIS (1946), Publicatie Nr. 11 (061300), 27. Juni, aus der persönlichen Sammlung von Professor Benedict Anderson.

Nørlund, Irene (2004), „Trade unions in Vietnam in historical perspective", in: *Labour in Southeast Asia.* Local processes in a globalised world, hrsg. von Rebecca Elmhirst und Ratna Saptari, London: Routledge Curzon und International Institute of Social History.

Panitia Penjusun Buku (Hrsg.) (1970), *Sekilas lintas 25 tahun perkereta-apian, 1945-1970,* Bandung: PNKA.

Parwitokoesoemo (1946), „Kereta Api didalam perdjoeangan kemerdekaan satoe tahoen," in: *Kereta Api,* Nr 24, S. 18-20.

Reid, Anthony (1974), *The Indonesian Revolution, 1945-1950,* Hawthorn, UK: Longman.

Sandra (1961), *Sedjarah perkembangan buruh Indonesia,* Jakarta: Pustaka Rakjat.

Shiraishi, Takashi (1990), *An age in motion.* Popular radicalism in Java, 1912-1926, Ithaca, New York: Cornell University Press.

Sjahrir (1947), *Pergerakan Sekerdja,* Yogyakarta: Sarekat Buruh Pertjetakan Indonesia.

Soemardjan, Selo (1957), „Bureaucratic organization in a time of revolution", in: *Administrative Science Quarterly,* Bd. 2, Nr. 2, S. 182-199.

Stoler, Ann Laura (1983), In the company's shadow. Labor control and confrontation in Sumatra's plantation history, 1870-1979, PhD thesis, Columbia University.

Sutter, John (1959), *Indonesianisasi.* Politics in a changing economy, 1940-1955, Bd. 2: The Indonesian economy during the revolution, Data paper Nr. 36-II, Cornell University.

Wolf, Charles Jr. (1948), *The Indonesian story.* The birth, growth and structure of the Indonesian republic, New York: John Day.

Übersetzung aus dem Englischen: Sarah Ernst

12. Algerien: Von der Arbeiterselbstverwaltung zur staatsbürokratischen Lenkung

Samuel J. Southgate

Im algerischen Zusammenhang bezieht sich Selbstverwaltung auf eine Volksbewegung, die in der unmittelbaren Folgezeit der Unabhängigkeit von 1962 aufkam. Diese Bewegung wurde in erster Linie von der ländlichen Arbeiterklasse gebildet, die die Kontrolle der kolonialen Besitztümer an sich riss, die von der Siedlerbevölkerung (*pieds-noirs*) aufgegeben wurden, nachdem diese massenhaft das Land verlassen hatte, als die zwischen der französischen Regierung und der Nationalen Befreiungsfront *Front de Libération Nationale* (FLN) erzielten Vereinbarungen umgesetzt wurden. Die Arbeiter in den Städten übernahmen in der chaotischen Folgezeit der Befreiung auch kleinere Geschäftsbetriebe und Fabriken. Diese Aktionen waren eine vollendete Tatsache für die neue Regierung, die aus den Folgen eines Bruderzwistes innerhalb der nationalistischen Bewegung hervorgegangen war. Ohne von den Führern der FLN jemals als eine für das Algerien nach der Unabhängigkeit geeignete Form wirtschaftlicher Organisation ins Auge gefasst worden zu sein, bot die Selbstverwaltung beiden Teilen eine praktische Lösung für die unmittelbaren wirtschaftlichen Probleme und später dann ein mächtiges ideologisches Wappenzeichen, das die vorgeblich begeisterte Annahme des Sozialismus durch das Land verkörperte.

Tatsächlich stellte die Selbstverwaltung oder *autogestion* eine Art Gründungsmythos für den algerischen Staat dar. Allerdings wurde die Selbstverwaltung durch die Regierung Ben Bella zunächst formalisiert und dann theoretisiert und durch eine Gesetzgebung, welche die Arbeiterkontrolle scheinbar institutionalisierte, in der Praxis bald in erheblichem Ausmaß eingegrenzt. Während die die *autogestion* umreißenden Gesetze inhärente Widersprüche enthielten, sind die der Schwächung der Selbstverwaltung zugrunde liegenden Ursachen jedoch in der Dynamik der algerischen Gesellschaft auf ökonomischer, sozialer und politischer Ebene zu finden. Das vorliegende Kapitel wird versuchen, diese Dynamik unter Betrachtung der Geschichte der *autogestion* und durch die Untersuchung der Faktoren, die ihre Verheißungen zu toten Buchstaben gemacht haben, begreifbar zu machen.

Angesichts einer Reihe extremer Umstände, die im Moment der Unabhängigkeit vorherrschten – eine massive wirtschaftliche Krise, die Abwanderung von nahezu einer Million *colons* (Siedler), die von acht Jahren Krieg angerichtete Zerstörung und die Vertreibung von drei Millionen Menschen –, mögen wir uns dazu veranlasst sehen, uns zu fragen, ob das algerische Beispiel zu Vergleichszwecken tauglich sein kann. Dennoch teilt diese Wahl nicht nur wesentliche Ähnlichkeiten mit anderen Beispielen von Arbeiterkontrolle, von denen viele ebenfalls in Momenten gesellschaftlicher Krisen entstanden sind, sondern bietet auch die Möglichkeit, eine Anzahl theoretischer Fragen zu beleuchten, insbesondere unter Berücksichtigung der Rolle der Staatsbürokratie, der Beziehung zwischen Selbstverwaltung und Staat, der Logik von „ökonomischer" und „politischer" Macht unter Arbeiterkontrolle und der Natur von Klassenkämpfen unter solchen Umständen. Diese Fragen sollte man im Kopf behalten, wenn wir nun die Geschichte der *autogestion* in Augenschein nehmen.

Algerien in der Unabhängigkeit: Krise und Konflikt

Als die französische Regierung und die nationalistischen Führer der FLN im Frühjahr 1962 in Evian über die algerische Unabhängigkeit verhandelten, begann ein Exodus. Tausende von *colons* französischen und anderen europäischen Ursprungs – von deren Familien viele seit Generationen in Algerien ansässig gewesen waren – verließen das Land. Auch wenn die Vereinbarungen den Status und das Eigentum dieser Siedler garantierten, zogen es die meisten vor, nach Frankreich auszureisen, als die koloniale Ordnung gestürzt wurde. Ein Rinnsal von Zehntausenden wurde zur Flut, als die Unabhängigkeit beschlossen wurde. Insgesamt etwa 900.000 Siedler – fast der gesamte Bevölkerungsanteil der *colons* – flohen aus dem Land und hinterließen eine verheerende Lücke in der algerischen Wirtschaft (Ruedy 2005, 185; Stora 2001, 124). Als die Siedler fortgingen, verkauften sie überstürzt und häufig zu Tiefstpreisen ihre Nachlässe an algerische Spekulanten. Andernorts wurden Besitztümer in der Obhut algerischer Manager gelassen oder „zeitweise" geschlossen. In vielen Fällen wurden Liegenschaften ganz einfach aufgegeben. Letztendlich wurden eine Million Hektar Land und 700 Industrieunternehmen zurückgelassen (Lazreg 1976, 49).

Da die koloniale Wirtschaft die *Pied-Noir*-Bevölkerung bevorzugt behandelt hatte, konfrontierte deren Exodus den entstehenden algerischen Staat mit einem riesigen Problem. Der Weggang der *colons* beraubte das Land nicht nur der breiten Mehrheit seiner wirtschaftsführenden Klasse, sondern war begleitet von einer Massenflucht von Kapital, was am Ende von fast acht Jahren Krieg schwere Auswirkungen auf die Wirtschaft hatte.[1] Zusätzlich hatten, als der Krieg sein Ende erreichte, die Siedler und insbesondere diejenigen, die sich in der terroristischen *Organisation Armée Secrète – OAS* (Organisation Geheimarmee) – gruppiert hatten, viel vom gesellschaftlichen Kapital des Landes vernichtet. Nach der panischen Flucht in Richtung Frankreich blieben nicht mehr als 30.000 *colons* übrig (Ruedy 2005, 185f.).

Die Zerstörung fügte der Infrastruktur des Landes Schaden zu und fand eine Entsprechung in der Armut seiner Bevölkerung. Abgesehen von den Toten, die letztlich in die Hunderttausende gingen, wurden mehr als zwei Millionen Algerier aus „konzentrationslagerähnlichen Lagern" entlassen, in denen die Dorfbewohner als Teil der französischen Politik des *regroupement* interniert worden waren (Amin 1970, 127). Mehrere tausend Flüchtlinge begannen aus Tunesien und Marokko zurückzukehren; insgesamt waren drei Millionen algerische Landbewohner während des Krieges vertrieben worden (Ruedy, 190). Schließlich waren die verschiedenen „Clans" der heterogen zusammen gesetzten FLN in einen Bruderkrieg verstrickt, bis die außerhalb des Landes angesiedelte *Armée de Libération Nationale* nach Algier eilte, um ihre Widersacher in der provisorischen Regierung – *Gouvernement Provisoire de la République Algérienne* (GPRA) – und deren Guerillakämpfer im Landesinneren niederzuwerfen. Dieser Konflikt war Ausdruck langjähriger strategischer und ideologischer Differenzen innerhalb der FLN (Stora 2001, 180-185).

Es lohnt sich, die Struktur der algerischen Gesellschaft zum Zeitpunkt der Unabhängigkeit in Betracht zu ziehen, nachdem die Erfahrung von 132 Jahren französischer Kolonialherrschaft die autochthonen gesellschaftlichen Formationen substanziell verändert hatte.[2] In den ländlichen Gebieten führte die Enteignung durch die Kolonialisten zur Verarmung der algerischen Bauernschaft, der

1 Zahlen zu der wirtschaftlichen Situation jener Zeit siehe Ruedy 2005, S. 195; Bennoune 1988, S. 89-90; Amin 1970, S. 129-134; Stora 2001, S. 124.

2 Zu weiteren Einzelheiten über die Klassenstrukturen im kolonialen Algerien siehe auch Lazreg 1976; Bennoune 1975.

die meisten fruchtbaren Böden gewaltsam entrissen wurden. Die Bauern wurden dazu gezwungen, sich entweder für den Kampf um die Fortsetzung ihrer vorherigen Lebensweise zu entscheiden, ihre Arbeitskraft an die französischen Grundbesitzer zu verkaufen oder in die Städte, bis nach Paris, abzuwandern (Bourdieu 1961, 134-192). Die Bauern blieben in ihrer breiten Mehrheit, soweit sie konnten, auf dem Land, eine beträchtliche Anzahl entschied sich jedoch für letztere Möglichkeit.

Die koloniale Wirtschaft ist häufig als „duale Ökonomie" mit einem „modernen" technischen europäischen Sektor neben einer „traditionellen" algerischen Wirtschaft gekennzeichnet worden. Obwohl diese Formulierung in mancherlei Hinsicht wenig hilfreich ist, gab es in diesem Zusammenhang in der Landwirtschaft zweifellos ein Dualität, wo ausgedehnte koloniale Besitztümer von einer ländlichen algerischen Arbeiterklasse bearbeitet wurden, die zur Zeit der Unabhängigkeit 130.000 ständige und 450.000 saisonale Landarbeiter erreicht hatte. Als die Wanderungsbewegung vom Lande in die Stadt, und somit die städtische Bevölkerung, während des Krieges dramatisch anwuchs, entwickelte sich in den Fabriken der *colons* und in anderen Unternehmen eine kleine städtische Arbeiterklasse. Dennoch blieb diese Klasse mit etwa 110.000 Arbeitern gering an Zahl, was weitgehend der Beschaffenheit der Wirtschaft geschuldet war.

Auf die koloniale *métropole* ausgerichtet, war die Wirtschaft auf den Export von Rohstoffen und Primärerzeugnissen ausgelegt und wurde als Absatzgebiet für in Frankreich hergestellte Konsumgüter genutzt. Demzufolge hatte Algerien einen kleinen herstellenden Sektor und eine unbedeutende Großindustrie. Die in Frankreich lebende algerische Arbeiterklasse, die aus 400.000 *émigrés* bestand, war von geringerer Bedeutung als das einheimische zwei Millionen Menschen umfassende städtische „Sub-Proletariat", das ein Ergebnis der Enteignung der Bauernschaft und der hohen Wachstumsrate der Landbevölkerung war (Bennoune 1988).

Während der Kolonialismus zur Schaffung diese Klassen beigetragen hatte, hatte er die Entwicklung anderer sozialer Schichten behindert. Da die Algerier systematisch von der politischen und wirtschaftlichen Macht ausgeschlossen waren und die Wirtschaftsstrukturen die Entwicklung eines einheimischen industriellen Sektors erschwerten, konnte sich eine heimische Bourgeoisie nicht in adäquater Weise entwickeln. Dabei gab es Überreste einer ausgedehnten grundbesitzenden Klasse auf dem Land und den Keim einer unternehmerischen Bourgeoisie in den Städten, die jedoch beide vom Kolonialismus unterdrückt wurden. Dennoch existierte für Algerier ein begrenztes Maß an sozialer Mobilität und so hatte sich eine kleinbürgerliche Schicht entwickelt. Häufig zog diese französisch erzogene, frankophone und in den freien Berufen positionierte Klasse Vorteile aus verschiedenen Gesichtspunkten der geringen Konzessionen, die die Franzosen einer politischen Repräsentation der Algerier einräumten. Sie hatte von den französischen Reformen profitiert, die in vermehrter Weise Algerier in niederrangige Positionen der kolonialen Verwaltung brachten, zur gleichen Zeit aber die Kader für eine frühe nationalistische Bewegung stellten, die eine Anpassung an Frankreich forderte (Bennoune 1988, 93f.).[3]

Es war die ländliche Arbeiterklasse, die in dem Chaos vor und unmittelbar nach der formalen Unabhängigkeit Algeriens am 5. Juli 1962 die Kontrolle über die kolonialen Besitztümer an sich riss. Auf den Farmen, die übernommen worden waren, bildeten die Arbeiter Leitungskomitees zur Fortführung der Produktion. Es gibt zahlreiche Fälle solcher Übernahmen, obwohl – der damaligen Situation geschuldet – darüber nur wenige dokumentierte Berichte vorliegen. Ein von Blair zitiertes Beispiel stammt aus einem ausgedehnten landwirtschaftlichen Besitztum auf der Atlashochebene in der Nähe von Médéa, das aus Weinbergen und Weizenfeldern bestand. Als der französische Patron und seine Familie im Juni 1962 „auf Urlaub“ gingen und zur Weinlese nicht zurückkehrten, „führten der algerische Vorarbeiter und 150 Arbeiter den Gutsbetrieb genau wie in der Vergangenheit fort“. Nach einer provisorischen Regierungsverordnung im August „wurde das Gut für leer stehend erklärt und von einem gewählten Leitungsgremium übernommen. Am Tor des Gutshauses erschien neben der Inschrift ‚Domaine Malevalle 1914‘ (Gutshof Malevalle 1914) eine weitere, die mit schwarzer Kreide hingekritzelt war und besagte: ‚Ferme Collective Malevalle Bien Vacant 1962‘ (Kollektivfarm Mallevalle herrenloser Gutshof 1962)“ (1970, 47).

Ein ähnliches Phänomen ergab sich in den städtischen Gebieten, in denen Fabriken und kleine Unternehmungen beschlagnahmt wurden. Die *Union Générale du Travailleurs Algériens* (UGTA), die im Jahr 1956 gegründet wurde und unabhängig von der FLN war, spielte bei diesen Besetzungen eine Rolle, besonders im Großraum von Algier und Oran, wo ihre Führung „sich zur gewaltsamen Besetzung von Fabriken und Handelsunternehmen entschieden hatte“. Die Gewerkschaft hatte bereits im Februar 1962 eher zur Vergesellschaftung als zur Verstaatlichung von Eigentum aufgerufen und dazu festgestellt: „Die Unabhängigkeit ist unabtrennbar von der Revolution, aber die Revolution ist wichtiger als die Unabhängigkeit“ (Clegg 1971, 49). Als die *colons* begannen, das Land zu

3 Zur frühen nationalen Bewegung siehe Ruedy 2005, S. 131-133.

verlassen, rief die Gewerkschaft die Arbeiter unter der Forderung nach „Leitung und Kontrolle der Wirtschaft unseres Landes“ dazu auf, die Produktion wieder aufzunehmen. Militante UGTA-Mitglieder versuchten auch, die *autogestion* durch die Gründung von Arbeiterkomitees in den größeren Städten und auf den Farmen in den Tälern von Mitidja und Cheliff auszuweiten (Ottaway u. Ottaway 1970, 50-53). Die Bewegung für die *autogestion* war am stärksten in den reichen Küstenregionen vertreten, wo die Landwirtschaft auf großen Gütern mit konzentrierter proletarisierter Arbeitskraft organisiert war (Ruedy 2005, 198f.). Im Sommer 1962 wurden etwa 1,2 Millionen Hektar Land und 1.000 industrielle und kommerzielle Betriebe von Arbeitern übernommen und unter Selbstverwaltung gestellt. (Tlemcani 1986, 97).

Das Ausmaß, in dem diese „spontanen“ Übernahmen das „Klassenbewusstsein“ der Arbeiter zum Ausdruck brachten, ist eine Frage, die in Untersuchungen der damaligen Zeit ausführlich debattiert worden ist (Clegg 1971, 48-56; Lazreg 1976, 89). Ohne hier näher auf weitere Einzelheiten einzugehen, könnte es nützlich sein, zu erkennen, dass materielle Interessen bei ihren Aktionen zwar einen gewissen Anteil hatten, die Bildung von Arbeiterräten – eine geläufige revolutionäre Form – jedoch die vorher existierenden Produktionsverhältnisse aufhob und grundlegende Fragen über die weitere Organisation der Gesellschaft aufwarf.

Eine wichtige Erwägung besteht darin, dass die Arbeiter nicht die Einzigen waren, die einen Anspruch auf die ehemalige koloniale Wirtschaft erhoben. Einzelne algerische Spekulanten, Guerillakämpfer, Armeeoffiziere und Bürokraten, sie alle bereicherten sich selbst, indem sie Geschäftsanteile der *colons* für sich reklamierten, wobei sie zuweilen „illegale Arbeiterräte“ vertrieben (Tlemcani 1986, 97). Der Weggang der *colons* „bereitete den Weg für die schnelle Bereicherung wie auch für eine aufsteigende soziale Mobilität der privilegierten Gesellschaftsschichten“ (Bennoune 1988, 96). Darüber hinaus war es vorstellbar, dass die *colons* zurückkehren würden, denn viele von ihnen waren unter der Behauptung abgereist, sie würden nur „Urlaub“ nehmen. Es gab keinerlei Hinweis im Abkommen von Evian, der darauf hätte schließen lassen, dass der Besitz der *colons* gewaltsam enteignet werden würde, und in der Tat versicherte die provisorische Führung den Siedlern, dass ihr Eigentum in einem unabhängigen Algerien garantiert würde. In der Augustverordnung forderte die Führung die Distriktpräfekten dazu auf, verlassene Besitztümer zu schützen, die als *biens-vacants*, das heißt als herrenlose Güter, bekannt waren. Es gab keine drohende Nationalisierung, aber die französischen Eigentümer kehrten nicht innerhalb der 30-Tagesfrist zurück, nach der die Präfekten dazu ermächtigt waren, Verwalter zu ernennen. Dies löste einen „wilden Ansturm“ der besitzenden Klassen auf die

Registrierung und Beanspruchung von *biens-vacants* aus (Ottaway u. Ottaway 1970, 51; Clegg 1971, 47; Blair 1970, 46).

Als dann die *autogestion* durch die Ben Bella-Regierung im Herbst legalisiert wurde, wurde dadurch ausdrücklich festgestellt, dass die Rechte der *colons* respektiert würden und die Siedler zurückkehren konnten und in die neuen Leitungsstrukturen einbezogen würden. Das Tempo der Besetzungen durch die Arbeiter beschleunigte sich noch, sowohl nach dem Regierungserlass vom August als auch nach der Bestätigung durch Ben Bella. Inmitten des Ansturms auf die Übernahme verlassener Besitztümer und gegen den rechtlichen Zusammenhang gerichtet, kann die Beschlagnahmung der Produktionsmittel durch die Arbeiterklasse als ein Bestreben interpretiert werden, diese gegen die Aneignung durch die besitzenden Klassen Algeriens oder die Errichtung eines neokolonialistischen Systems zu schützen. Tatsächlich gab es viele Fälle von Konfrontationen zwischen Arbeitern und Präfekten oder Vertretern der algerischen Bourgeoisie im Hinblick auf verlassenes Eigentum. Clegg liefert zwei Beispiele dafür: in Céligny wurden Feldfrüchte und Gebäude, die von Algeriern gekauft worden waren, von „wütenden Bauern, die das Gefühl hatten, von diesem Geschäftsabschluss nicht profitiert zu haben“ verbrannt, während bei Meloug der Subpräfekt mit Unterstützung der örtlichen Armee einen privaten algerischen Eigentümer in die Leitung eines Landgutes eingesetzt hatte, der jedoch von Landarbeitern vertrieben wurde, die das Anwesen bereits besetzt hatten (1971, 48). Während die nationalistische Bewegung durch Überwindung der kolonialen Ordnung die politische Unabhängigkeit erreicht hatte, demonstrierte die algerische Arbeiterklasse, was dies auf dem ökonomischen Schauplatz bedeutete. Im Zuge dieser im Entstehen begriffenen Auseinandersetzung über die Selbstverwaltung warf in diesem Stadium die kommende Schlacht um die wirtschaftliche Zukunft des Landes ihre Schatten voraus.

Formalisierung und Neutralisierung der Arbeiterkontrolle

Die Arbeiterselbstverwaltung war von den höheren Kadern der FLN niemals als eine geeignete Form der wirtschaftlichen Organisation für ein zukünftiges unabhängiges Algerien ins Auge gefasst worden; tatsächlich war die nationalistische Bewegung unfähig gewesen, eine stimmige Vision ihrer Pläne für das Land zu umreißen. Am nächsten kam dem das so genannte Tripolis-Programm, das im Mai 1962 für den Parteikongress in der libyschen Hauptstadt verfasst worden war. Das Dokument, das die politischen Verwerfungslinien innerhalb der Bewegung wiedergab, richtete sich gegen die „kleinbürgerlichen“ und „paternalistischen“ Instinkte der FLN-Führer und rief zu einer volksdemokratischen, von den ländlichen Massen geführten Revolution auf. Seine Vorschläge drehten sich um drei Hauptfelder: eine Agrarreform mit Landumverteilung und mit der Bildung von Staatsfarmen, staatliche Planung mit Arbeiterbeteiligung, sowie Nationalisierungen und staatlich gelenkte Industrialisierung. Trotz seiner Analyse der algerischen Gesellschaft ging das Tripolis-Program „nicht über die verschiedenen Verlautbarungen hinaus, die von der FLN während des Krieges herausgegeben worden waren" und favorisierte eindeutig staatliche Vorgehensweisen gegenüber der Arbeiterkontrolle (Lazreg 1976, 125).

Im September 1962 war Ben Bella dann, unterstützt von der Armee, an der Macht und sah sich einer politischen Landschaft gegenüber, die sich sehr von der unterschied, die im Tripolis-Programm skizziert worden war. Die Wirtschaftstätigkeit war eingebrochen, die Regierung verlor an Steueraufkommen, ihr Defizit schwoll an, und sie sah sich der Belastung ausgesetzt, sowohl die Wirtschaft als auch eine durch die Auswirkungen des Krieges und vielfältige sozioökonomische Krisen in Aufruhr befindliche Gesellschaft stabilisieren zu müssen. Was die Dinge noch schlimmer machte, war, dass die Verwaltung selbst sich in einem Durcheinander befand. Ein Großteil der Staatsangestellten war nicht mehr da – einschließlich 300.000 Arbeiter, die für die administrative und wirtschaftliche Leitung des Landes verantwortlich waren –, das heißt die Regierung fand sich unfähig, auch nur ihre grundlegendsten Funktionen auszuüben (Stora 2001, 124).

In diesem Zusammenhang hatte die Regierung kaum eine andere Wahl, als die a*utogestion* zu befürworten, zumal die Selbstverwaltung einige lebenswichtige Bereiche der Wirtschaft in Gang hielt. Selbstverwaltung passte auch gut zur populistischen Rhetorik der FLN, in der alle Fraktionen davon sprachen, einen „algerischen Sozialismus" aufzubauen. Darüber hinaus war die *autogestion* die populärste Basisbewegung im Land und hatte „von der nationalen Vorstellungskraft Besitz ergriffen"; deshalb setzte sich Ben Bella, ohne zu zögern, an ihre Spitze (Ruedy 2005, 199). Innerhalb eines Monats nach der Machtübernahme hatte er das *Bureau National Pour la Protection et Gestion des Biens-Vacants* (BNBV – Nationales Büro zum Schutz und zur Verwaltung leerstehender Güter) eingerichtet, um einen Überblick über die verlassenen Besitztümer zu erhalten und Wege zur Reglementierung der *autogestion* zu untersuchen. Mit einer Reihe von im Herbst 1962 erlassenen Dekreten sorgte Ben Bella für die Schaffung von Verwaltungskomitees für leerstehende Landgüter, Industrieunternehmen, Bergwerke und Handwerksbetriebe. Die Dekrete verboten sodann Geschäfte auf verlassenem französischem Besitz und schufen eine nationale Vertriebs- und Handelsagentur für selbstverwaltete Landwirtschaft (Blair 1970, 49f.).

Diese offizielle Unterstützung der *autogestion* hatte eine unmittelbare Wirkung auf die Landarbeiter, die keine Zeit verloren und auf tausenden von weiteren Ländereien Mechanismen der Selbstverwaltung einrichteten. So kamen zum Beispiel die Arbeiter des Landgutes Bluchette in Saïda, in der Nähe von Oran, im Haupthaus der 690.000 Hektar umfassenden Ländereien zusammen und wählten ein Verwaltungskomitee: „In der darauf folgenden Woche gingen zwanzigtausend Leute an die Arbeit..." Örtliche FLN-Aktivisten spielten auch bei der Etablierung der Arbeiterkontrolle auf den verlassenen Farmen eine wesentliche Rolle, zum Beispiel in Saint Eugène, wo 74 Farmen reaktiviert wurden, wobei jeder Betrieb von einem Komitee geleitet wurde, dessen neun Mitglieder fünf Arbeiterdelegierte einschlossen. Blair zitiert ein örtliches FLN-Mitglied, welches die Rolle der Partei erläutert: „Drei Monate lang haben wir uns um alles gekümmert, wir gingen hinaus und mobilisierten die Leute, erklärten ihnen unsere Aufgaben und halfen ihnen bei der Aufstellung von *Comités de Gestion* (Verwaltungskomitees)" (Blair 1970, 50). Dabei sollte hervorgehoben werden, dass diese Übernahmen – weit entfernt davon, eine Neuerung darzustellen, die etwa auf der Gesetzgebung von Ben Bellas Regierung beruhte – nur die Ausweitung eines Ad-hoc-Prozesses waren, der bereits seit der Unabhängigkeit im Gange war.

In der im Fluss befindlichen politischen Situation, die sich um den Zeitpunkt von Ben Bellas Befürwortung der *autogestion* herum entwickelte, wurden einige bemerkenswerte Beispiele von Erfindungsreichtum in die Tat umgesetzt, die auf die Möglichkeiten der kreativen Kräfte hindeuteten, die durch Arbeiterkontrolle mobilisiert werden könnten. Ein hervorragender Fall findet sich in diesem Zusammenhang auf den Ländereien rund um die Stadt Cherchell, einer Küstenstadt westlich von Algier. Dort nahmen im Frühherbst etwa 2.400 Arbeiter an der Reaktivierung von 90 Farmen und Weingütern teil und bildeten Komitees zur Aufrechterhaltung des landwirtschaftlichen Maschinenparks, wie auch zum Zweck der Gesundheits- und Sozialfürsorge. Am Interessantesten aus ökonomischer Sicht war dabei, dass die Arbeiter die gegenseitige Abhängigkeit von Industrie und Landwirtschaft hervorhoben und eine örtliche Olivenölfabrik wieder eröffneten, die während des Krieges aufgegeben worden war:

> „Einhundert Fabrikarbeiter organisierten ein Komitee, räumten den Schutt beiseite, reparierten die Maschinen und nahmen mit Tonnen von aus den Siedlerbetrieben abgezweigten Rohstoffen die Produktion auf. Auf einer die ganze Nacht andauernden Versammlung beschlossen sie, dass die ersten Jahresgewinne zu gleichen Teilen auf vier Zwecke aufgeteilt werden sollten: auf Steuern und Abgaben, auf die Reparatur und den Kauf von Maschinen, auf Darlehen an örtliche landwirtschaftliche Verwal-

> tungskomitees und das Übrige als Sonderzahlungen an sich selbst. Sie erklärten ihre Solidarität mit ihren ‚Bruderarbeitern auf den Farmen' und planten die Bereitstellung neuer Arbeitsplätze für jahreszeitlich arbeitslose Farmarbeiter durch die Verarbeitung alternativer Feldfrüchte während der Nebensaisonzeiten" (Blair 1970, 51f.).

Solche unabhängigen Initiativen, die die Bewegung der *autogestion* von ihrem Beginn an getragen hatten, wurden – beginnend mit der Übernahme der UGTA bei ihrem Kongress im Januar 1963 – von Regierungsmaßnahmen allmählich erstickt. Die Führerschaft der 300.000 Mitglieder starken Gewerkschaft hatte ihren Wunsch zum Ausdruck gebracht, autonom zu bleiben und zu diesem Zweck im vorangehenden Dezember mit der Regierung ein Abkommen unterzeichnet. Trotzdem war bereits offensichtlich, dass Ben Bella nicht willens war, die Existenz rivalisierender Zentren politischer Macht innerhalb eines Systems zu dulden, über das er eine unsichere Vormachtstellung erlangt hatte. Darüber hinaus befand sich die Gewerkschaft in bedeutsamen ideologischen Differenzen mit der Regierung. Auf ihrem Kongress wurde die Forderung der UGTA nach Autonomie und Recht auf Streik von Führern der FLN kritisiert und die Organisation daraufhin unter Regierungskontrolle gebracht (Clegg 1971, 117f.).

Dass die Ausschaltung der UGTA im März von der Verkündung von Dekreten gefolgt wurde, die Struktur und Organisation des selbst verwalteten Sektors formalisierten, weist seitens der Regierung keinen Widerspruch auf. Stattdessen offenbarte dies den Wunsch der Regierung Ben Bellas, jede alternative Form von Macht zu begrenzen. Die Märzdekrete wurden von einer kleinen Clique von Beratern Ben Bellas innerhalb des BNBV entworfen und steckten die Basisstrukturen und -funktionen des gesamten selbstverwalteten Sektors ab, indem versucht wurde, die heterogenen, aus dem Stegreif entwickelten Schöpfungen der Arbeiter zu formalisieren und zu regulieren. Zu der Gruppe, die diese Dekrete entwarf, gehörten auch der ehemalige Führer der Vierten Internationale, Michalis Raptis (auch bekannt als Michel Pablo), der die FLN während des Krieges unterstützt hatte, sowie Mohamed Harbi und andere Trotzkisten. Die Dekrete führten auch zum Entstehen einer Anzahl von nationalen Behörden, einschließlich des Nationalen Büros für Agrarreform – *Office National de la Réforme Agraire* (ONRA), dem die Zuständigkeit für die Beaufsichtigung des selbstverwalteten Sektors übertragen wurde. Insgesamt 22.000 koloniale Farmen, die eine Million Hektar von Algeriens bestem Agrarland umfassten, 450 Fabriken und Tausende von Werkstätten und Handwerksbetrieben wurden der *autogestion* unterstellt. Die Dekrete erstreckten sich nicht auf die gesamte Ökonomie, sondern nur auf die biens-vacants und Eigentum „von nationaler Bedeutung". Die Beibehaltung eines gemischten Wirtschaft und Konkurrenz von Privatunternehmen förderten den schrittweisen Niedergang des Sektors (Clegg 1971, 59; Ottaway u. Ottaway 1970, 39).

Es lohnt sich, einen Moment lang die Struktur der Selbstverwaltung zu umreißen, wie sie in den Märzdekreten dargelegt wurde, auch wenn in Wirklichkeit der Sektor kaum nach diesen Richtlinien funktionierte. Theoretisch bestand die souveräne Funktionseinheit der Selbstverwaltung in einer Versammlung, die aus allen Vollzeitarbeitern bestand und die mindestens einmal alle drei Monate zusammentreten sollte. Die Versammlung wählte aus ihrer Mitte einen Arbeiterrat mit einer Mindestzahl von zehn Mitgliedern – plus einem weiteren für jeweils fünfzehn Arbeiter ab einer Zahl von dreißig Arbeitern – bis zu einer maximalen Gesamtzahl von einhundert Mitgliedern. Die Ratsmitglieder wurden für einen Zeitraum von einem bis zu drei Jahren gewählt und sollten sich mindestens einmal im Monat versammeln. Auf der nächsten Ebene wählte der Rat oder in seiner Abwesenheit die Versammlung ein Leitungskomitee von drei bis elf Personen, das mindestens einmal im Monat zusammentrat und aus seinen Reihen einen Vorsitzenden wählte. Sowohl der Rat als auch das Komitee sollten zu mindestens zwei Dritteln aus Produktionsarbeitern bestehen. Die Komiteemitglieder wurden für drei Jahre gewählt, während die Amtszeit des Vorsitzenden ein Jahr betrug. An der Spitze dieser Pyramidalstruktur stand ein Direktor, der die Interessen des Staates vertrat. In Übereinstimmung mit diesen Dekreten hatte der Rat langfristige Entscheidungen über den Kauf von Maschinen, die Beschaffung von Darlehen und Ähnliches zu treffen. Das Komitee sollte das Gremium sein, das seine Haupttätigkeit in der alltäglichen Tagesverwaltung hatte, einschließlich der Aufstellung von Entwicklungsplänen, der Organisation von kurzfristigen Darlehen, dem Kauf von Rohstoffen und Ausrüstungen sowie der Buchführung. Der Vorsitzende war damit beauftragt, alle Selbstverwaltungsorgane zu beaufsichtigen, alle Finanzdokumente zu unterzeichnen und das Unternehmen vor dem Gesetz zu vertreten. Die Befugnisse des Direktors waren ausgedehnter. Er war verantwortlich für die Überprüfung der Rechtmäßigkeit aller Geschäfte des Unternehmens, die Führung der Konten, die Unterzeichnung aller Dokumente und die Berichtsführung über alle Verwaltungsgremien. Das letzte der vier im März verkündeten Dekrete ermöglichte eine Gewinnaufteilung zwischen Arbeitern, Unternehmen und Staat, von denen jeder zum Erhalt eines Drittelanteils berechtigt war (Ministry of Information 1963, 54-66).

Wir können eine Anzahl von Widersprüchen erkennen, die in der Struktur der *autogestion* angelegt waren. Einerseits schufen die Dekrete dadurch eine Teilung zwischen Vollzeit- und Saisonarbeitern, dass letztere wegen ihres „fehlenden langfristigen Interesses" von der Teilnahme an der Selbstverwaltung ausgeschlossen waren, sodass *de facto* der größere Teil der Arbeiter – etwa 450.000 gegenüber 130.000 Vollzeitlandarbeitern – von der Teilhabe an der *autogestion* ausgeschlossen war. Darüber hinaus war die Struktur dazu geeignet, doppelte Personalstrukturen innerhalb der Unternehmen zu erzeugen (Bennoune 1976, 94; Hermassi 1972, 198). Die Aufgaben des Rates, der als Vermittlungsgremium zwischen der Arbeiterversammlung und dem Komitee gedacht war, waren nicht deutlich von denen des Komitees abgegrenzt, während die Funktionen der Versammlung selbst – theoretisch das Souveränitätsorgan – auf eine reine Absegnungsinstanz hinausliefen. Dann gab es einen Direktor, dessen Zuständigkeiten sich großteils mit denen des Vorsitzenden überschnitten und folglich war hier „die Saat für einen fast unvermeidlichen Kompetenzkonflikt" gelegt. (Clegg 1971, 65). Der vom Staat ernannte Direktor war mit seinen beachtlichen Zuständigkeiten häufig das einzige gebildete Mitglied eines landwirtschaftlichen Unternehmens, was ihm reichlich Gelegenheiten einräumte, seine Rolle zu missbrauchen. Die Dekrete versäumten es, die Beziehung zwischen den Unternehmen und dem ONRA auszuformulieren, und außerdem gab es keine zugelassenen Arbeitervertretungen, weder innerhalb der Behörde noch auf nationaler Ebene. Ruedy beschreibt die Dekrete als „ein Kompromisspaket von sich überschneidenden Kompetenzen und verwirrenden institutionellen Richtlinien, deren Anwendung bei den weitgehend analphabetischen Landarbeitern nahezu unmöglich war" (2005, 199).

All diese strukturellen Mängel fanden schließlich auf verschiedene Weise ihren Ausdruck, da das Potential der *autogestion* bereits im Entstehen weitgehend abgewürgt wurde. Die diesem bürokratischen Apparat immanente Schwäche wurde zu einer Quelle funktioneller Störungen und zum Mittel für die Verwaltung und ihre Dienststellen, um den selbst verwalteten Sektor zu erdrücken. Sie behinderten nicht nur seine Leistungsfähigkeit auf wirtschaftlichem Niveau, sondern erstickten auch die demokratischen und partizipatorischen Versprechen der *autogestion*, wie sie sich in der Praxis herausgebildet hatte.

Die *autogestion* hatte bereits eine zentrale Stelle in der offiziellen Ideologie von Ben Bellas Regierung inne und hatte deren Popularität wesentlich erhöht. Die Frage nach Ben Bellas eigener Ausrichtung bezüglich der Selbstverwaltung ist schwierig zu beantworten und von Widersprüchen durchzogen. So konnte er in einer Rede zur Ankündung der Märzdekrete Aussagen wie diese machen: „Der verlassene Besitz wird von heute an vom Staat verwaltet", während er zugleich das Gegenteil behauptete, indem er verkündete: „Algerien gehört euch, und es obliegt ganz allein euch, der Welt zu beweisen, dass die algerische Revolution zur Vorhut sozialistischer Erfahrungen dieser Generation gehören kann und wird" (Hollingworth 1963). Gleichermaßen war er – was seine Verbündeten betrifft – fähig, Trotzkisten wie Pablo und Harbi zu umarmen und daneben solche Leute wie den Landwirtschaftsminister Ali Mahsas und den Finanzminister Bachir Boumaza, die eindeutig gegen die Autonomie des Sektors der *autogestion* eingestellt waren. Eine solche Unstimmigkeit spiegelt das unstabile politische Gleichgewicht Algeriens nach der Unabhängigkeit, aber auch die Widersprüche der nationalistischen Bewegung wieder: anti-kolonialistisch und sich selbst als revolutionär betrachtend, die gedachte Rolle der Bauernmassen konkretisierend und gleichzeitig der nationalen Entwicklung einen Vorrang gegenüber der gesellschaftlichen Veränderung einräumend. Diese Widersprüche sollten sich schließlich in dem gradlinigen Staatskapitalismus der Jahre unter Boumedienne ganz von selbst lösen, als der Gedanke der Arbeiterkontrolle endgültig zu den Akten gelegt wurde. Einstweilen war jedoch Ben Bella daran gelegen, die *autogestion* auf weitere Wirtschaftssektoren auszudehnen, da die Arbeiter sich über wachsende Bürokratisierung, Staatsaufsicht und die Ausgliederung essenzieller Gesichtspunkte aus der Kontrolle der Arbeiter beschwerten.

Die Neutralisierung der Selbstverwaltung

Als die Märzdekrete erlassen worden waren, wurde offensichtlich, dass die Selbstverwaltung nicht in Übereinstimmung mit den Regierungsvorschriften gehandhabt wurde. In vielen Fällen fanden die Wahlen zu den Räten und Komitees nicht statt oder die Direktoren und Vorsitzenden verhielten sich wie neue Eigentümer. Überall betrieben ehemalige Guerillakämpfer Farmen als persönliche Lehensgüter, und innerhalb der *autogestion* herrschte ein chronischer Engpass an qualifizierten Technikern und Buchhaltern, was dazu führte, dass die Farmen 1963 zum Zweck der gemeinsamen Nutzung qualifizierten Personals zu größeren Einheiten zusammen gelegt wurden. Außerdem gab es das Problem der wachsenden Bürokratisierung durch das ONRA, eine Dienststelle des Landwirtschaftsministeriums, das allmählich den selbst verwalteten Sektor beherrschte. Innerhalb eines Monats nach den Märzdekreten hatte es die Kontrolle sowohl über die Guthaben als auch über den Vertrieb der Farmen übernommen, sodass durch die Kontrolle über die wesentlichsten Eingänge und Ausgänge der Betriebe die selbst verwalteten Landgüter in Wirklichkeit „de facto zu Staatsfarmen wurden" (Ruedy 2005, 200).

Nur zwei Monate nach dem Erlass der Dekrete startete Ben Bella am 15. Mai eine landesweite „demokratische Neuorganisation", um deren ordnungsgemäße

Umsetzung zu gewährleisten, obwohl ihre Ergebnisse nicht eindrucksvoll waren.[4] Anstatt die offensichtlichen Defizite der formalisierten Strukturen in Angriff zu nehmen, trieb Ben Bella das ganze Jahr 1963 hindurch die Selbstverwaltung weiter voran. Etwa um diese Zeit fanden die ersten größeren Nationalisierungen europäischer Besitztümer in einer Gesamtgrößenordnung von rund 600.000 Hektar statt, die die Landgüter der wohlhabendsten und bedeutendsten Siedler umfasste, Übernahmen, die bei den Algeriern äußerst populär waren (Griffin 1973, 398; Coryell 1964, 7f.; Joesten 1964). Im Juli verabschiedete die Nationalversammlung ein Gesetz zur Nationalisierung illegal erworbenen Besitzes und nahm einen Monat später eine neue Verfassung an, welche „die autogestion zur Hauptwaffe im Kampfe gegen Armut und wirtschaftliche Abhängigkeit erklärte" (Ruedy 2005, 200). Im Oktober wurde die *autogestion* dann weiter ausgedehnt, als Ben Bella auf theatralische Weise die Nationalisierung allen verbliebenen Siedlerlandes verkündete, was bedeutete, dass sich die Selbstverwaltung nun über 2,3 Millionen Hektar oder ein Viertel der landwirtschaftlichen Nutzfläche des Landes erstreckte und Ende 1964 mit Beschäftigung von 200.000 Arbeitern in 2.284 Einheiten organisiert war.

Ben Bellas Entscheidung zur Nationalisierung allen Landes, das sich in französischem Besitz befand, war sicherlich politisch angebracht: während er die Machtstrukturen als Staatsoberhaupt, Regierungsoberhaupt und Generalsekretär der FLN beherrschte und den Rückhalt der Armee besaß, unterlag er, was jedwede volkstümliche Basis betraf, wachsender Isolierung. Daher setzte er verstärkt auf die „Politik der Gesten", um Unterstützung von den Nutznießern seiner politischen Maßnahmen einzusammeln (Ruedy 2005, 199-202). Nichtsdestoweniger waren die Nationalisierungen gewiss populär: etwa 200.000 Algerier versammelten sich in der Hauptstadt, um die Ankündigung zu hören, die von einer Spruchbänder und Fahnen schwingenden Menge als „entschiedene und heftig beklatschte Aktion" begrüßt wurde, die die Erfüllung des Versprechens der Entkolonisierung zu sein schien (Blair 1970, 65).

Um seine politischen Probleme zu bewältigen und Ärger vom schlecht funktionierenden selbstverwalteten Sektor abzulenken, berief Ben Bella zwei Kongresse der Arbeiter in der *autogestion* ein; der erste – für Landarbeiter – fand im Oktober 1963 statt, während der zweite – für den industriellen Bereich – im März des folgenden Jahres abgehalten wurde. Diese Kongresse bewiesen, dass der gesamte Bereich der *autogestion* zutiefst unfunktionell war; die Arbeiter machten

4 Eine gute Beschreibung dieses Zeitabschnittes findet sich bei Blair 1970, S. 54-61.

all ihren Beschwerden Luft, die seit den Märzdekreten aufgekommen waren. Während die Kongresse bis zu einem gewissen Ausmaß eine Unterfütterung des Rückhaltes für das Regime erreichten und Ben Bella ihre Beispielhaftigkeit für „wirkliche Demokratie“ bejubelte, wurden die verabschiedeten Resolutionen von seiner Regierung straff kontrolliert und demonstrierten erneut den Unwillen des Regimes, eine echte demokratische Mitwirkung durch die Arbeiter zuzulassen (Ottaway u. Ottaway 1970, 106-115).

Die 2.500 Delegierten des Landarbeiterkongresses legten eine lange Beschwerdeliste bezüglich der Arbeitsabläufe in diesem Bereich vor, die auch das unzureichende Vorhandensein von Finanzmitteln zum Betrieb der Farmen, Engpässe bei den staatlichen Vertriebsstellen, das Fehlen landwirtschaftlicher Maschinen und einen Mangel an ausgebildetem Personal enthielten. Sie beklagten außerdem, dass die Märzdekrete noch immer nicht richtig umgesetzt wurden, erklärten, dass das ONRA die Autonomie der unter *autogestion* stehenden Farmen nicht respektiere, aber auch keine technische Hilfe zur Verfügung stelle. In zahlreichen Fällen hatte sich die Macht in den Händen weniger Mitglieder des Leitungskomitees konzentriert und auf „vielen Farmen übernahmen der Präsident oder der Direktor das leerstehende Wohnhaus und mit ihm die Lebensweise des französischen *colon*“. Die Arbeiter beklagten auch Probleme von Unterschlagung, Korruption und die vom ONRA beaufsichtigte Zahlung der Löhne, die häufig monatelang in Verzug war. Die Konferenz stimmte Resolutionen zu, die von FLN-kontrollierten Kommissionen entworfen worden waren, aber selbst diese fanden nur willkürliche Anwendung (Ottaway u. Ottaway 1970, 65f., 109f.).

Der Industriearbeiterkongress sah die Regierung wegen ihrer Handhabung des selbst verwalteten Sektors erneut unter Beschuss. Die Anstellung qualifizierter Techniker war auch in diesem Bereich ein Problem; gegen Ende 1963 waren in 450 Firmen nur 25 Direktoren ernannt worden. Diese Firmen wurden darüber hinaus behindert, weil die Verwaltung bei der Vertragsvergabe keine selbstverwalteten Betriebe begünstigte und oft ihre Rechnungen nicht pünktlich bezahlte. Die Regierung machte unglaublicherweise diese Betriebe auch noch haftbar für Steuern und Schulden, die auf ihre früheren französischen Eigentümer zurückgingen, und behinderte sie somit von Beginn an. Neben diesen Problemen wurden die selbstverwalteten Industrieunternehmen dazu gezwungen, sich wegen Finanzierungen an private Banken zu wenden, weil es für sie schwierig war, Darlehen von der Regierung und ihrer Zentralbank zu erhalten. Es lohnt sich, daran zu erinnern, dass die *autogestion* in einer gemischten Wirtschaft stattfand und sich dem Wettbewerb mit einem privaten Sektor ausgesetzt sah, der ihr zahlenmäßig fünffach überlegen war. Wiederum war die Wirkung der auf dem Kongress verabschiedeten Resolutionen gering und ihre Umsetzung uneinheitlich (Ottaway u. Ottaway, 64-66, 110-114).

Trotz dieser Probleme wurde die Selbstverwaltung von Ben Bella und seiner Regierung weiterhin hervorgehoben. Gemäß der Charta von Algier, die im April 1964 auf dem ersten Kongress der FLN seit der Unabhängigkeit verabschiedet worden war, wurde die *autogestion* festgelegt und zur allmählichen Ausdehnung auf die ganze Wirtschaft und die örtliche Regierungsführung bestimmt. Unterdessen sollte sie, begleitet von Nationalisierungen und einer zentralen Wirtschaftsplanung, durch eine Agrarreform und die Einrichtung von Kooperativen im privaten Farmsektor weiter entwickelt werden (Ottaway u. Ottaway 1970, 119-122). Die FLN wurde in ihrer Charta als Partei der revolutionären *Avantgarde* dargestellt, die den Willen der Massen zum Ausdruck brachte und die Bedrohung seitens der „bürgerlichen Bürokratie" zu zügeln vermochte. Diese Darstellung war jedoch gänzlich falsch, wie Ruedy bemerkt: „Um 1964 herum war die FLN bereits zu einem wesentlichen Mittel des Aufwärtsstrebens für diejenigen Algerier geworden, die darauf bedacht waren, ihre materielle und gesellschaftliche Stellung zu verbessern" (Ruedy 2005, 205).

Wenn die Selbstverwaltung während der Ära Ben Bella verstümmelt wurde, so wurde sie nach dem Sturz seines Regimes im Juni 1965 endgültig vernichtet. Kurz vor dem *Staatsstreich*, der von Ben Bellas früherem Verbündeten Houari Boumedienne, dem Kopf der Militärs, angeführt wurde, schien ein Wechsel in der Führung des Regimes möglich gewesen zu sein. Dies war ganz besonders der Fall, weil die Führerschaft der vom Staat kontrollierten UGTA von einer aufstrebenden Schicht von Aktivisten herausgefordert wurde. Nach der Übernahme der Gewerkschaft hatte es im Januar 1963 und das ganze Jahr 1964 hindurch eine Welle von Streiks gegeben, von denen viele direkt politisch waren: entweder stellten die Arbeiter dabei das falsche Versprechen der *autogestion* in Frage oder sie versuchten, die Regierung dazu zu nötigen, private Firmen zu nationalisieren, indem sie die französischen Eigentümer dazu zwang, ihre Unternehmen aufzugeben. Diese Streiks machten deutlich, dass trotz der wachsenden Bürokratisierung der Selbstverwaltung die UGTA-Mitglieder noch immer in der Schlacht um die Ausrichtung der Wirtschaft engagiert und von der Idee der *autogestion* begeistert waren. Die Wochenzeitung der UGTA *Révolution et Travail* verbreitete im Juni 1964 die Forderungen eines halben Dutzends von Gewerkschaften und rief dazu auf, „die Institution der Arbeiterkontrolle gegenüber den Unternehmensleitungen im privaten Sektor durch die Anwendung der Gesetze entsprechend unserer [sozialistischen] Option" durchzusetzen. Ein vorheriger zehntägiger Streik bei der französischen Ölfirma *Compagnie Générale de Géophysique* hatte mit einer Vereinbarung über die Teilung der Unternehmensleitung mit den Arbeitern geendet (Braestrup 1964). Doch trotz der lautstarken Unterstützung für die Ausweitung und Verstärkung der Selbstverwaltung – eine Sache, mit der sich Ben Bella persönlich sehr eng identifizierte – gab es kaum irgendeinen Protest, als er gestürzt wurde, so schlecht mobilisiert war die hinter ihm stehende Anhängerschaft in der Bevölkerung.

Boumedienne beabsichtigte, das Land in eine völlig andere Richtung zu führen; er war von einer Schicht von Technokraten umgeben, die von Ben Bellas enger Anlehnung an die Selbstverwaltung in wachsendem Maße beunruhigt gewesen waren. Obwohl er die populistische Rhetorik der *autogestion* verwendete, unterwarf Boumedienne diesen Bereich einer ökonomistischen Logik, indem er argumentierte, dass die einzelnen Unternehmen profitabel sein müssten und die meisten waren dies nicht (Singh 1966, 455). Ebenso hielt er die Arbeiter für die Fehler in ihren Firmen verantwortlich, im Gegensatz zu den Bürokraten, die meist die Macht über sie ausübten. Auf jeden Fall setzte sein Regime rasch eine Welle von Reprivatisierungen in Gang und löste selbstverwaltete Unternehmen im Einzelhandels- und im Tourismussektor auf. Boumediennes breiteres Wirtschaftsprogramm bestand in der Bildung von nationalen Konzernen, um die Kontrolle über strategische Sektoren der Wirtschaft zu übernehmen. Seine Berater sahen die Etablierung von sich stark industrialisierenden Produktionszweigen und die Nationalisierung ausländischer Firmen als Grundlage für Entwicklung und ökonomische Unabhängigkeit. Jedenfalls wurde das Modell der *autogestion* im sich ausdehnenden „sozialistischen Sektor" im Wesentlichen verworfen und der Begriff der „Rücksprache" mit den Arbeitern wurde zum neuen Denkmodell innerhalb der stetig wachsenden Zahl von *sociétés nationales*, die Leitungsorgane hatten, die unmittelbar von einem Ministerium der Regierung ernannt wurden.[5] Als das ONRA 1967 von Boumedienne abgeschafft wurde, wurde die Aufsicht über die selbstverwalteten Farmen lediglich auf das Landwirtschaftsministerium übertragen, das die Zentralisierung der Kontrolle des Sektors vorantrieb.

Die Machtübernahme durch Boumedienne bereitete dem ins Stocken geratenen dreijährigen Experiment der *autogestion* ein Ende, aber seine Führerschaft stand ebenso für Kontinuität wie für Veränderung. Die Richtung, die er Algeriens Zukunft gegeben hatte – hin zu einem in wachsendem Maße konsolidierten Staatskapitalismus, zu bürokratischer Kontrolle und zur Logik des Profits innerhalb des selbstverwalteten Sektors, fort vom Gedanken der Arbeiterkontrolle als

5 Zur Diskussion um ein „sozialistisches Management" siehe Branine 1994. Mehr über die Entwicklung eines Staatskapitalismus in Algerien bei Farsoun 1975.

auf die gesamte Wirtschaft auszudehnendem Modell –, war bereits von der Ben-Bella-Administration vorgezeichnet (Helie 1973, 473). Beide Führer benutzten die Sprache des Populismus und den nationalen Mythos der *autogestion* auch dann noch, als der Sektor in kritischer Weise geschwächt wurde.

Bisher haben wir einige der strukturellen und operativen Probleme der Selbstverwaltung betrachtet und in aller Kürze einige ihrer unmittelbaren Ursachen dargestellt. Um ein tieferes Verständnis der Gründe für das Scheitern der Arbeiterselbstverwaltung im algerischen Kontext zu gewinnen, müssen wir nun zu einer Analyse der grundlegenderen Dynamiken voranschreiten, die während dieses Zeitraums im Spiel waren, und sehen, wie sie die Entwicklung der *autogestion* beeinflusst haben.

Selbstverwaltung und Klassenkampf

Während die Frage des „Klassenbewusstseins" bereits früher beiseite geschoben wurde, muss man die Einstellungen und das Niveau der Arbeiterklasse hinsichtlich der politischen Bildung in Betracht ziehen und wie diese sich auf die Rolle auswirkte, die sie bei der Verteidigung der *autogestion* spielte. In einer Studie von 1960 fand Bourdieu heraus, dass es einer großen Zahl von Arbeitern an so genanntem „gewerkschaftlichen Bewusstsein" zu fehlen schien und sie individuelle Lösungen zur Erreichung höherer Lohnniveaus bevorzugten (Clegg 1971, 106). Darüber hinaus blieben in vielen Fällen nach der Unabhängigkeit die alten Hierarchien am Arbeitsplatz erhalten: *autogestion* bedeutete lediglich einen Personalwechsel vom *patron* zum Direktor (Lazreg 1976, 94). Diejenigen, die die Struktur der *autogestion* erdacht hatten, sahen in der Gewinnbeteiligung einen entscheidenden Mechanismus, der es den Arbeitern ermöglichen würde, die Betriebe als ihr Eigen anzusehen – auch wenn die Eigentümerschaft natürlich beim Staat verblieb. Obwohl es zweifelhaft ist, ob ein solches System seine Zielsetzungen erreicht hätte, wurde es niemals in die Praxis umgesetzt; die Gewinne wurden nie mit den Arbeitern geteilt.

Politische Organisiertheit innerhalb der Arbeiterklasse war auch nach der Etablierung der *autogestion* nur minimal verbreitet. Die UGTA besaß nur eine geringe Mitgliedschaft unter den Landarbeitern – der Mehrheit der Arbeiter –, und die Gewerkschaft wurde 1963 frühzeitig kaltgestellt. Obwohl Ben Bellas Regierung die Gewerkschaft häufig dazu aufrief, die Arbeiter für die *autogestion* zu mobilisieren, so war sie natürlich nicht in der Lage, diese Rolle zu spielen. Außerdem erfüllte die FLN niemals irgendeine Art von organisatorischer Rolle unter den algerischen Massen; trotz verschiedener Debatten im Jahr 1962, ob sie den Linien einer „Massenpartei" folgend strukturiert sein oder eher eine Rolle als „*avant-garde*" spielen sollte, war sie während des Unabhängigkeitskrieges auf Grund der effektiven Aufstandsbekämpfungsmaßnahmen Frankreichs und der Verschiebung der Schwerpunktkämpfe auf äußere Fronten in wesentlicher Weise ausgehöhlt worden. Sobald das von Ben Bella hastig geschaffene Politbüro dann im Sommer 1962 die Kontrolle der Partei an sich gerissen hatte, bestand sie praktisch nur noch aus seinen Gefolgsleuten.

Gleichwohl lohnt es sich, daran zu erinnern, dass auch ohne eine solche politische Organisierung die algerischen Arbeiter im Sommer 1962 nahezu auf spontane Weise eine neue ökonomische Organisationsform geschaffen hatten, die mit Erfolg die Wirtschaft in Gang hielt. Die Bewegung der *autogestion* hatte einen Ad-hoc-Charakter und besaß variable Strukturen: zuweilen wurden Betriebe durch einen gewählten Arbeiterrat geleitet, ein anderes Mal wurden sie nach hierarchischen Mustern geführt, die denen ähnelten, die zum Kolonialsystem gehörten. Durch die Übernahme der *autogestion* als ein Kernstück ihrer offiziellen Ideologie verlieh Ben Bellas Regierung dieser Bewegung einen Ansporn, und die Märzdekrete bildeten tatsächlich in schematischer Form viele Facetten der demokratischen Neuerungen der Arbeiter ab, wobei sie auch einige Aspekte der jugoslawischen Selbstverwaltung einbezogen. Dieses System besaß jedoch eine ihm innewohnende Schwäche, die die Bürokratisierung der Selbstverwaltung ermöglichte. Dabei erzeugten die Dekrete den Spalt, durch den die Selbstverwaltung aufgebrochen werden konnte; die im Spiel befindlichen sozialen Kräfte sorgten für die notwendige Hebelkraft.

Worin bestanden diese sozialen Kräfte? Man kann den Kampf um die Selbstverwaltung als eine Auseinandersetzung zwischen widerstreitenden Klassen innerhalb des neuen algerischen Staates analysieren, die im Sommer 1962 begann und als teilweise verschleierter ideologischer Kampf fortdauerte. Es ist eindeutig, dass es Unstimmigkeiten innerhalb der FLN darüber gab, wie die Wirtschaft vorankommen sollte, wobei einige einen auf staatliche Institutionen fixierten Entwicklungsansatz favorisierten, während andere eher einer Erscheinungsform der Arbeiterkontrolle verpflichtet waren. Gerade im letzteren Fall jedoch überwog ein eher pädagogischer Ansatz gegenüber Arbeitern, die nicht damit vertraut waren, ohne die Hilfe einer „*avant-garde*" selbst die Initiative zu ergreifen (Bennoune 1988, 104; Ottaway u. Ottaway 1970, 68; Singh 1966, 449; Hermassi 1972, 198f.).

Es ist entscheidend, anzumerken, dass – selbst nach Ausdehnung der Selbstverwaltung durch die Nationalisierungen – dieser Sektor eine Minderheit in der algerischen Wirtschaft bildete und neben privaten und ganz und gar staatlich gelenkten Sektoren existierte. Außerdem übernahm und reaktivierte der Staat das kapitalistische Rechtssystem des französischen Kolonialstaates, wobei sogar das rückschrittliche Arbeitsgesetzbuch beibehalten wurde. Daher befand sich die Selbstverwaltung in einer ökonomischen, rechtlichen und politischen Umgebung, die zutiefst feindlich ausgeprägt war. Während der gesamten Erfahrungspraxis mit der *autogestion* erhöhten sich die Besorgnisse der Arbeiter hinsichtlich des Aufkommens einer „bürokratischen Bourgeoisie", die mithilfe des ONRA, seiner örtlichen Direktoren und des Landwirtschaftsministeriums operierte. Solche Besorgnisse wurden, wie bereits festgestellt, auch im Programm von Tripolis und in der Charta von Algier der FLN zum Ausdruck gebracht. Sie bestätigten sich in der Nachunabhängigkeitsverwaltung, die für die Beaufsichtigung des selbstverwalteten Sektors und den Erlass der Gesetzgebung verantwortlich war, die zur Konsolidierung und Ausdehnung dieses Sektors gedacht war (Helie 1973, 468; Tlemcani 1986, 88, 90f.).[6] Der größere Teil dieser Verwaltung bestand aus Algeriern kleinbürgerlicher Herkunft, die in der kolonialen Bürokratie niederrangige Positionen eingenommen hatten (Stora 2001, 129). Es gab einen erstaunlichen Mobilitätsgrad bei solchen Verwaltungsmitarbeitern, die rasch das Vakuum an der Spitze der Hierarchie füllten, als ehemalige Partisanen und politische Funktionsträger begannen, die niederrangigen Positionen einzunehmen. Außerdem gab es auch Tausende von französischen Verwaltungsgehilfen, die in der neuen Staatsbürokratie eine führende Rolle spielten. Diese Verwaltung wuchs nach der Unabhängigkeit in enormem Umfang an (Ottaway u. Ottaway 1970, 83f.; Tlemcani 1986, 91). Deshalb sollte es wenig überraschen, dass die wachsende Bürokratie die *autogestion* nicht gerade voller Begeisterung in die Tat umsetzte und die Selbstverwaltung in vielen Fällen zum Scheitern brachte. Aus derselben Klasse stammend wie jene individuellen Spekulanten, die versuchten, Siedlerland zu kaufen und in ihren Besitz zu bringen, waren sie meist strikt gegen einen Ausbau der Arbeiterkontrolle eingestellt.

Einige haben den Kampf um die Macht im neuen Algerien mit den Begrifflichkeiten von Ideologie, persönlicher Macht und widerstreitenden „Clans" erklärt (Quandt 1969; Zartman 1975; Entelis 1986). Da jedoch diese Begriffe unser Verständnis der Zusammenhänge prägen, werden die Dynamiken des Kampfes um die *autogestion* am besten durch eine Darstellung der Klassenkämpfe beleuchtet. Dabei ist es von entscheidender Bedeutung, festzustellen, dass die nationalistische Bewegung nicht in einer sozialen Revolution engagiert war, sondern in einem Unabhängigkeitskrieg, in dem die Klassenunterschiede um

6 Ein ausgezeichneter Bericht über die Klassenkämpfe im Algerien nach der Unabhängigkeit findet sich in Bennoune 1976.

der nationalen Sache willen ignoriert wurden. Wie Bourdieu während des Unabhängigkeitskampfes bemerkte: „Obwohl die Konflikte zwischen den Klassen nicht bewusst erlebt oder explizit zum Ausdruck gebracht werden und obwohl sie verdeckt bleiben oder abgeschwächt scheinen, da das allgemeine Gefühl der beherrschten Gesellschaft von Opposition gegen die dominierende europäische Gesellschaft gekennzeichnet war, sind diese Konflikte dennoch potentiell vorhanden" (1961, 191). Wenn etwas als Revolution beschrieben werden kann, dann war dies die Übernahme der Produktionsmittel durch die Arbeiterklasse mittels *autogestion*. Dass sich andere Klassen einer solchen Übernahme energisch widersetzten, wird ausführlich durch die dokumentierten Auseinandersetzungen mit Elementen des Kleinbürgertums und der ländlichen Bourgeoisie um die Kontrolle aufgegebener Besitztümer veranschaulicht. Was sich danach in Folge der Errichtung einer Art von Doppelherrschaft durch die Arbeiter im Sommer 1962 ergab, war eine sich lange hinziehende Auseinandersetzung bezüglich der *autogestion*, die über die gesamte Herrschaft Ben Bellas hinweg und bis hinein in die Regierungszeit Boumediennes andauerte. Dieser Konflikt fand seinen Ausdruck in politischer und ökonomischer Programmatik, Gesetzesdekreten und vor allem in bürokratischen Manövern, die die Selbstverwaltung selbst nach den vom Ben-Bella-Regime aufgestellten Bedingungen fehlschlagen ließ. Erst die Bürokratie schuf die Bedingungen, unter denen die *autogestion* als unwirtschaftlich angegriffen werden konnte.

Die Rolle dieser Bürokratie stand sowohl unter allgemeinen theoretischen Bedingungen als auch im Zuge einer besonderen Betrachtung Algeriens im Mittelpunkt der Debatte. Im vorliegenden Fall argumentiert Tlemcani, dass die Staatsbürokratie eine „neue Klasse" bildete, indem er behauptet, dass diese scharf von anderen Klassen abgegrenzt sei, und indem er ihre Existenz als „reale gesellschaftliche Struktur" bestimmt, die den Arbeitsprozess kontrolliere, die Verteilung des Mehrwertes organisiere und zwischen den Interessen anderer Klassen vermittle (1986, 6-10).[7] Dementsprechend benutzte diese aus Militärs, Kolonialverwaltung und kleinbürgerlicher Führerschaft der nationalistischen Bewegung bestehende „Oligarchie" ihre politische Macht (in Form des Staates), um durch Nationalisierung, Zentralisierung der *autogestion* und die Bildung von nationalen Konzernen die wirtschaftliche Macht zu erobern. Lazregs Darstellung (1976) ist hier nuancierter, indem sie die Staatsbürokratie als Kampfarena betrachtet,

7 Auch Clegg (1971) erörtert diesen Begriff einer „neuen Klasse" (S. 185f.). Siehe auch die entsprechende Diskussion bei Tlemcani und Hansen 1989.

in der verschiedene Klassen und Klassenfraktionen aufeinandertreffen.[8] Indem sie den Staat sowohl als Produzenten als auch als Reproduzenten von Klassen kennzeichnet, zeigt sie auf, dass technokratische und militärische Fraktionen des Kleinbürgertums in Gegnerschaft zur Bourgeoisie nach der Unabhängigkeit politische Macht übernommen haben. Die Ziele dieser Kleinbourgeoisie, deren Führerschaft aus dem radikal nationalistischen Flügel der FLN hervorgegangen war, stimmten glücklicherweise überein: nationale Entwicklung, ökonomische Unabhängigkeit und der Aufbau eines Staatskapitalismus. Obwohl dieser Weg paradoxerweise der Entmannung der Arbeiterkontrolle bedurfte, war er auch dabei hilfreich, in Algerien eine industriekapitalistische Klasse herauszubilden.

Wenn wir allerdings die Staatsbürokratie analysieren, dann wird deutlich, dass diese das entscheidende Instrument bei der Untergrabung und Zerschlagung der Form der *autogestion* gewesen ist, wie sie von der Arbeiterklasse selbst geschaffen worden war. Sobald die Selbstverwaltung formalisiert worden und die Ad-hoc-Eingriffsmöglichkeiten der Arbeiter aufgelöst worden waren, blieben die Produktionsbeziehungen im Hinblick auf den einzelnen Arbeiter die gleichen: der Staat besaß das Unternehmen, die Arbeiter erhielten einen Lohn, das Niveau von Möglichkeiten demokratischer Teilhabe war gering, und die wesentlichen Bereiche der Entscheidungsfindung lagen außerhalb ihrer Reichweite. Obwohl sich die Arbeiterklasse in einigen der wichtigsten Wirtschaftsbereiche der Kontrolle über die Produktionsmittel bemächtigt hatte, hatte sie sich weder daran gemacht, die Arbeiterkontrolle von sich aus auszudehnen, noch einzelne Betriebseinheiten in größerem organisatorischen Rahmen zusammenzuführen. Folglich war der Prozess im Herbst 1962 faktisch zum Stillstand gekommen, und die Regierung sah sich in die Lage versetzt, die Verantwortung für die Bewegung zu übernehmen.

Schwächen in Organisation und politischer Bildung ermöglichten diese Übernahme, wobei die UGTA unfähig war, nach Januar 1963 noch eine bedeutende Rolle zu spielen, und die FLN weder die Massenpartei noch die *avant-garde* war, die ihre verschiedenen Fraktionen gefordert hatten. Diese Schwäche war auch ein Produkt der nationalistischen Bewegung an sich. Obwohl letzten Endes erfolgreich beim Sturz der kolonialen Ordnung, ließ das praktische Fehlen jedweder Klassenanalyse der algerischen Gesellschaft seitens der FLN die Masse dieser Gesellschaft unvorbereitet für die beginnende Klassenauseinandersetzung, die im Sommer 1962 bereits sichtbar wurde (Pfeifer 1985, 4). Die bestehenden sozi-

8 Siehe auch Pfeifers Behauptung einer „relativen Autonomie" des algerischen Staates (1985).

alen Bedingungen müssen ebenfalls benannt werden: die algerische Arbeiterklasse war in einer vorwiegend ländlichen, bäuerlich basierten Gesellschaft, die in der Folgezeit der Unabhängigkeit von sozialen Verwerfungen erschüttert wurde, nur eine winzige Minderheit. Schließlich konnte die *autogestion* konzeptuell mit einem radikalen nationalen Diskurs von ökonomischer Unabhängigkeit gepaart werden, der durch einen „Prozess von Konkretion und Interpretation" am Ende erlaubte, die Selbstverwaltung einer wirtschaftlichen Logik zu unterwerfen, die ihre ureigenste Grundlage unterminierte. Solch ein Diskurs, der von Boumedienne sehr stark zum Einsatz gebracht wurde, veranschaulicht die Art und Weise, in der Ideologie zum Kampffeld an sich wird (Lazreg, 131) für eine *autogestion*, die ihre fortdauernde Kraft als Gründungsmythos des algerischen Staates behalten hat, lange nachdem sie ihres Inhaltes entleert worden ist.

Literatur

Amin, Samir (1970), *The Maghreb in the Modern World.* Algeria, Tunisia, Morocco, Harmondsworth: Penguin.

Bennoune, Mahfoud (1976), „Algerian Peasants and National Politics", in: *MERIP Reports,* Nr. 48, S. 3-24.

— (1988), *The Making of Contemporary Algeria, 1830-1987,* Cambridge: Cambridge University Press

— (1975), „The Origins of the Algerian Proletariat", in: *Dialectical Anthropology* 1.1-4, S. 201-224.

Blair, Thomas Lucien Vincent (1970), *The Land to Those Who Work It.* Algeria's Experiment in Workers' Management, Garden City, New York: Anchor Books.

Bourdieu, Pierre (1961), *The Algerians,* Boston: Beacon Press.

Braestrup, Peter (1964), „‚Worker Control' sought in Algeria", in: *New York Times,* 11. Juni, S. 10.

— (1965), „Ben Bella Plans Reform in Labor", in: *New York Times,* 17. Januar, S. 8.

Branine, Mohamed (1994), „The Rise and Demise of Participative Management in Algeria", in: *Economic and Industrial Democracy,* Bd. 15, Nr. 4, S. 595-630.

Clegg, Ian (1971), *Workers' Self-Management in Algeria,* London: Allen Lane.

Coryell, Schofield (1964), „Algeria's Self-Managing Institutions", in: *Africa Today,* Bd. 11, Nr. 2, S. 7f.

Entelis, John P. (1986), *Algeria: The Revolution Institutionalized,* Boulder, Colorado: Westview Press.

Farsoun, Karen (1975), „State Capitalism in Algeria“, in: *MERIP Reports,* Nr. 35, S. 3-30.

Griffin, Keith B. (1973), „Algerian Agriculture in Transition“, in: *Man, State and Society in the Contemporary Maghrib*, hrsg. von I. William Zartman, London: Pall Mall Press.

Helie, Damien (1973), „Industrial Self-Management in Algeria“, in: *Man, State and Society in the Contemporary Maghrib*, hrsg. von I. William Zartman, London: Pall Mall Press.

Hermassi, Elbaki (1972), *Leadership and National Development in North Africa.* A Comparative Study, Berkeley: University of California Press.

Hollingworth, Clare (1963), „Takeover in Algeria. Abandoned Property Goes to Workers“, in: *The Guardian,* 30. März, S. 1.

Joesten, Joachim (1964), *New Algeria*, Chicago: Follett Publishing Company.

Lazreg, Marnia (1976), *The Emergence of Classes in Algeria.* A Study of Colonialism and Socio-Political Change, Boulder, Colorado: Westview Press.

Ministry of Information (1963), *Documents on Self-Management (Auto-Gestion)*, Documentation and Publications Department, Bone, Algeria.

Ottaway, David und Ottaway, Marina (1970), *Algeria.* The Politics of a Socialist Revolution, Berkeley: University of California Press.

Pfeifer, Karen (1985), *Agrarian Reform Under State Capitalism in Algeria*, Boulder, Colorado: Westview Press.

Quandt, William B. (1969), *Revolution and Political Leadership.* Algeria, 1954-1968. Cambridge, Massachusetts: M.I.T. Press.

Ruedy, John (2005[2)], *Modern Algeria.* The Origins and Development of a Nation, Bloomington, Indiana: Indiana University Press.

Singh, K. R. (1966), „The Algerian Experiment in Socialism“, in: *International Studies,* Bd. 8, Nr. 4, S. 444-456.

Stora, Benjamin (2001), *Algeria 1830-2000.* A Short History, Ithaca: Corn.

Tlemcani, Rachid (1986), *State and Revolution in Algeria*, London: Zed Books.

Tlemcani, Rachid, und William W. Hansen (1989), „Development and the State in Post-Colonial Algeria“, in: *Journal of Asian and African Studies,* Bd. 24, Nr. 1/2, S. 114-133.

Zartman, I. William (1975), „Algeria: A Post-Revolutionary Elite“, in: *Political Elites and Political Development in the Middle East*, hrsg. von Frank Tachau, Cambridge, Massachusetts: Schenkman.

Übersetzung aus dem Englischen: Klaus Lehmann

13. Argentinien: Arbeiterkontrolle in Mendoza 1973

Gabriela Scodeller

Im Jahr 1973 entwickelte sich in Argentinien ein intensiver Prozess von Arbeitsplatzbesetzungen. In diesem Kapitel wird die Erfahrung in der Provinz Mendoza im zentral-westlichen Teil des Landes beschrieben, wo die staatlichen Unternehmen und Institutionen das wesentliche Kampffeld darstellten. Die Besetzungen von regionalen Ablegern staatlicher Unternehmen wurden von Arbeitern und Arbeiterinnen vollzogen, die in der Folge Modelle von Selbstverwaltung und Selbstorganisierung erfanden, ausarbeiteten und implementierten, die die Ausübung von Arbeiterkontrolle innerhalb des Staatswesens darstellten.

Die Kämpfe der Arbeiter und Arbeiterinnen verliefen seit 1955 wegen der anhaltenden Militärdiktaturen und des Verbots der peronistischen Partei in nicht institutionalisierten Kanälen. Mit der Rückkehr zur Demokratie im Mai 1973 sahen viele Arbeiter die Notwendigkeit, die in fast zwei Jahrzehnten Auseinandersetzungen erarbeiteten Organisationsinstrumente in das politisch-institutionelle Feld zu überführen. Arbeiterdemokratie und Arbeitermacht, entstanden und erhalten von klassenbewussten und mobilisierten Basisgruppen, wurden als nützliche Werkzeuge angesehen, um den Staat von unten zu transformieren.

Angesichts der Widersprüche und Komplexitäten in einer Phase des Anstiegs von Klassenkämpfen stellen die Erfahrungen in Argentinien 1973 ein höchst interessantes Untersuchungsfeld dar. Die Entwicklung der Ereignisse zeigt, dass der Kampf um die Macht am Arbeitsplatz nicht immer bedeutet, die Regierung oder die Arbeitgeber in Frage zu stellen. Dieses Fallbeispiel erlaubt es außerdem, über die praktischen Grenzen und Schwierigkeiten nachzudenken, mit denen sich die Arbeiter und Arbeiterinnen im Rahmen der Versuche der Arbeiterkontrolle innerhalb des Staates konfrontiert sahen.

Soziale Kämpfe im Argentinien der siebziger Jahre

Nach dem Staatsstreich des Jahres 1955 schafften es die Peronisten – Argentiniens stärkste Partei –, vorwiegend dank der Unterstützung von Arbeitern und Unterklassen, achtzehn Jahre in der Illegalität zu überleben. In all diesen Jahren entwickelte die breite peronistische Bewegung eine Vielzahl verschiedener Kampftaktiken, militärische Aufstände, Wahlboykott und Industriesabotage mit eingeschlossen, und bildete Bündnisse mit anderen politischen und gesellschaftlichen Kräften und wurde in Fabrikbesetzungen, Stadt- und Landguerillas und Massenrebellionen aktiv. Im Verlauf dieser Kämpfe und Organisierung ging die argentinische Gesellschaft insgesamt dazu über, ihre wesentlichen Institutionen in Frage zu stellen. Innerhalb der peronistischen Bewegungen bestanden jedoch unterschiedliche Ziele nebeneinander. Während einige gegen die Militärregierung und für die Rückkehr ihres exilierten Anführers Perón kämpften, ohne die kapitalistischen Gesellschaftsverhältnisse in Frage zu stellen, kämpften andere gegen das Regime selbst, überschritten die Systemgrenzen und verwandelten ihren Kampf in einen Kampf für eine revolutionäre Veränderung (Bonavena et al., 1998).

In diesem Kontext sollte der bewaffnete Kampf, der in dieser Phase aufkam, als Ausdruck einer spezifischen Etappe im politisch-militärischen Klassenkampf betrachtet werden. Aber die Ausübung der direkten materiellen Gewalt beschränkte sich nicht auf die bewaffneten Guerilla-Organisationen, denn die radikalisierten Massen übten Formen des popularen bewaffneten Kampfes aus, um die Schließung staatlicher Unternehmen zu verhindern. Der Prozess politischer Radikalisierung einiger Sektoren der Gesellschaft verstärkte sich noch mit der Militärdiktatur der „Argentinischen Revolution“ (1966-73), und die Frage der Klassenmacht wurde mit Entschiedenheit auf die Tagesordnung gesetzt.

Als Antwort auf diese gesellschaftliche und politische Krise implementierte die Regierung des Generals Alejandro Augustín Lanusse die „Große Nationale Übereinkunft“ (Gran Acuerdo Nacional, GAN), die einen regulierten Übergang aus der Diktatur zur Demokratie mittels des Aufrufs zu demokratischen Wahlen suchte. Das Ziel war, die Institutionalisierung des Gesellschaftskonflikts und die Massen politisch zu entwaffnen, um so die Rückkehr zum traditionellen argentinischen Herrschaftsparadigma unter der parlamentarischen Demokratie zu gestalten. Die Wahlen vom März 1973 gewannen die Peronisten, auch wenn

Perón selbst nicht antreten durfte, und im Mai desselben Jahres übernahm der Peronismus, im Bündnis mit kleineren Parteien und vertreten durch den neuen Präsidenten Hector Cámpora, nach 18 Jahren Repression erneut die Regierung. Wie einige Studien es anmerkten, „war es aus strategischer Sicht ein bürgerlicher Sieg, da seine strategische Verteidigung durch die Einführung von Wahlen erfolgte. Allein die Tatsache zu wählen, bedeutete in jenem Kontext eine politische Entwaffnung der Massen. Dennoch gehört aus taktischer Sicht der Sieg den popularen Sektoren, die mit dem Erfolg an den Urnen den Triumph davontrugen" (Bonavena et al. 1998, 106).

Im Gegensatz zu den eigentlichen Zielen der GAN nahm die gesellschaftliche Mobilisierung der Arbeiterklasse nicht ab, sondern wuchs sogar noch an. Das gesellschaftliche Klima der Euphorie, das die kurze Regierungszeit von Präsident Cámpora charakterisierte, fand ihren Ausdruck in den Besetzungen öffentlicher und privater Arbeitsstätten im gesamten Land. Auch wenn diese Ereignissen nur kurz währten, waren sie von hoher Intensität und daher bedeutend. Unter den neu veränderten Umständen war der gemeinsame Feind, die Diktatur, weggefallen, und das zu dem Regime antagonistische gesellschaftliche Feld begann angesichts der sich verstärkenden internen Differenzen zu zersplittern.

Mit dem Antritt des peronistischen Gouverneurs Alberto Martínez Baca in der Provinz Mendoza wurden viele der Praktiken der popularen Organisationen zu staatlichen Politiken. In den ersten Monaten wurden zahlreiche Ämter an Anführer der Revolutionären Tendenz[1] (*Tendencia Revolucionaria*) vergeben. Die Mobilisierungs- und Organisationsfähigkeit der revolutionären Gruppen war vor allem nach dem *Mendozazo*[2] gewachsen. Allerdings erkannten die reaktionärsten rechten Fraktionen innerhalb der Regierung schnell die Herausforderung der

1 Die Revolutionäre Tendenz vereinte peronistische Gruppen, die sich mit einer sozialistischen Transformation identifizierten, darunter die bewaffneten Organisationen (Montoneros und Fuerzas Armadas Revolucionarias), militante Jugendgruppen an Universitäten (Juventud Universitaria Perónista), Mittelschulen (Union de Estudiantes Secundarios) und in Gewerkschaften (Juventud Trabajadora Perónista), sowie Organisationen aus armen Wohnvierteln (Movimiento Villero Perónista).

2 Der Volksaufstand Mendozazo am 4.4.1972 in Mendoza wurde durch die ständige Polizeirepression gegen Gewerkschaften und Demonstranten hervorgerufen, die in der Ermordung von Demonstranten durch die Polizei gipfelte. In den folgenden Tagen breiteten sich die Proteste über die Stadt aus und verwandelten sich in eine Rebellion. Diese stellte einen Bruch mit der herrschenden Gesellschaftsordnung dar. Die Polizei schoss scharf und wandte tödliche Gewalt gegen den Aufstand der Arbeiter und Arbeiterinnen an.

Staatsmacht und förderten ein Vorgehen, um die populare Macht zu behindern und Einfluss und Kontrolle zurückzugewinnen.

Ab 1973 können wir drei große politisch-soziale Kräfte ausmachen: Peronismus an der Regierung, die revolutionären Organisationen und das traditionelle Herrschaftssystem (Marín 1984). Während die revolutionären Bewegungen zunehmend von den popularen Sektoren isoliert wurden und die traditionellen Eliten versuchten, einen Konsens für „Ordnung" zu schaffen, stärkte die Spaltung des Peronismus diese beiden Kräfte (Izaguirre 2009). Dieser Konflikt zwischen antagonistischen Fraktionen durchlief die gesamte Gesellschaft, teilte den Peronismus in das, was als rechter (orthodoxe bzw. historische Sektoren der Partei sowie die Gewerkschaftsbürokratie) und linker Flügel (Sektoren der Revolutionären Tendenz) bekannt wurde. Der rechte Flügel identifizierte sich mit der Losung „Peronistisches Vaterland" (*Patria Peronista*) und der linke Flügel mit „Sozialistisches Vaterland" (*Patria Socialista*).

Mit Antritt der Regierung von Martínez Baca in Mendoza wurde die Auseinandersetzung zwischen diesen beiden peronistischen Fraktionen sichtbarer: Martínez Baca wurde von der Revolutionären Tendenz unterstützt, während der Vize-Gouverneur Carlos Mendoza, ein Führer der Metallergewerkschaft (Unión Obrera Metalúrgica – UOM), der stärkste Vertreter der peronistischen Rechten war. Nach zahlreichen Auseinandersetzungen schaffte es dieser Sektor im Juni 1974, den Gouverneur mit einem politischen Prozess von seinem Amt zu suspendieren. Das war Teil einer landesweiten Politik, die von dem erneut zum Präsidenten gewordenen Perón ausging und darauf zielte, jene Gouverneure zu stürzen, die der Revolutionären Tendenz anhingen. Seit der Vizegouverneur die Macht in der Provinz ausübte, stiegen die repressiven Maßnahmen und die Zensur an, von den Universitäten bis hin zu den popularen Vierteln. Die reaktionärsten Fraktionen übernahmen wieder die Initiative im Klassenkampf.

Genau wie auf nationaler Ebene wurde eine Etappe eingeleitet, in der die Kräfteverhältnisse immer ungünstiger für die Massenbewegung wurden. Es standen sich ungleiche Kräfte gegenüber, denn sie befanden sich in unterschiedlichen Stadien ihrer Entwicklung: während die eine – pro-revolutionäre – den Moment ihrer Formierung durchlebte, war die andere – konterrevolutionäre – bereits konsolidiert.

Die landesweiten Besetzungen

Eine der letzten Aktionen, die die „Argentinische Revolution" unternahm, um sich in der Administration der neuen Regierung zu halten, war die Ernennung von Funktionären, die die politische Kontinuität der Diktatur garantieren sollten. Das wurde von denen, die die im März 1973 siegreiche Regierung unterstützten, als Bremse der zu entwickelnden Politik verstanden. Diese Vorgehensweisen wurden öffentlich denunziert, und es kam in der Folge zu Besetzungen, um sicherzustellen, dass in der „Regierung des Volkes" kein Platz für Funktionäre ist, die dem Volk nicht angehören.

Während der Regierung von Präsident Cámpora (25.5. bis 14.7.1973) nahmen die Kämpfe der Lohnabhängigen einen besonderen Charakter an. Der Großteil der Konflikte spielte sich auf der Ebene der Arbeiter und Arbeiterinnen ab, sei es am Arbeitsplatz oder in der Gewerkschaft, und nahm die Form der Besetzung an. Die Besetzung der Arbeitsplätze stellte das tiefste Eindringen der Arbeiterschaft auf Unternehmer-Terrain dar, da ein Raum besetzt wurde, „der ihnen gesellschaftlich und juristisch fremd ist, den sie aber praktisch und moralisch als den ihren ansehen" (Izaguirre und Aristizábal 2002, 51).

Wenn auch die Mehrheit der Besetzungen als „gegen den Continuismo"[3] der Funktionäre und der Politiken der scheidenden Diktatur gerichtet war, so standen hinter der Losung verschiedene Motivationen, die auch Unterschiede im Kampf um die Wiederaneignung des gesellschaftlichen und politischen Systems ausdrückten. In diesem Sinne weist der argentinische Soziologe Flabián Nievas darauf hin, dass der Kampf um die Besetzungen letztlich „sich mehr um die soziale denn um die politische Ordnung drehte, welcher die verschiedenen sozialen Kräfte von innen einen neue Bedeutung verleihen wollten, mehr im Sinne einer Aneignung als Bekämpfung" (Nievas 1999, 359).

In seiner Studie über die landesweiten Besetzungen unterscheidet Nievas (1999, 351-393) vier Etappen. Die erste reicht vom Tag des Amtsantritts Cámporas (25. Mai) bis zum 3. Juni. Die zweite beginnt am 4. Juni, als die Besetzungswelle anlief, und dauert bis zum 14. Juni, als Abal Medina, der Generalsekretär der justizialistischen Partei (PJ), ein Ende der Besetzungen forderte. In dieser Etappe gab es landesweit über fünfhundert Besetzungen, von denen mehr als 350 zwischen dem 11. und dem 15. Juni erfolgten. Der Aufruf von Abal Medina zeigte unmittelbare Folgen: Die Zahl von Besetzungen ging abrupt zurück, auch wenn sie dann in Fabriken und Gewerkschaftsbüros noch intensiver wieder aufgenommen wurden. Mit dem Aufruf wurden außerdem die am wenigsten politisierten Gruppen, die unter dem Banner des Kampfes gegen die systemische Kontinuität standen, demobilisiert, womit die Auseinandersetzung direkter auf

3 *Continuismo* bezeichnet in Lateinamerika die Beständigkeit einer Partei oder politischen Kraft an der Macht.

die Konfrontation unter den organisierten Gruppen selbst überging. Die dritte Etappe umfasst die Zeit zwischen dem 15. und dem 20. Juni, dem Tag des „Massakers von Ezeiza“[4]. Die vierte Etappe begann am 21. Juni und reicht bis zum Sturz der Regierung Cámporas, am 13. Juli. Mendoza zeigte während jener Tage eine große Aktivität; es war gemeinsam mit der Provinz Tucumán die viertwichtigste Provinz, was die Zahl der Besetzungen anging[5] (Bonavena u. Nievas 1999, 1). Wie wir sehen werden, hat sich die Mehrzahl der Besetzungen in der zweiten und dritten Etappe zugetragen.

Hinter der Losung des „anticontinuismo“ stehen eine Reihe unterschiedlicher sozialer Subjekte, mit oft widersprüchlichen Interessen. Nievas unterscheidet die verschiedenen Arten von Besetzungen. Unter der Losung „Besetzungen für das sozialistische Vaterland“ listet er die Aktionen der Neuen Linken[6] auf, sowie jene Aktionen, die – obwohl nicht von linken Organisationen durchgeführt – ihrer Ausrichtung entsprachen (Nievas 1999, 364-372). Der Autor sieht in diesen Aktionen einen antikapitalistischen Gehalt, wenn auch mit unterschiedlichem Grad an Bewusstsein hinsichtlich der Implikationen dieses Vorgehens. Hier verortet er die Besetzungen 1. durch politisch-militärische Organisationen der Linken, 2. durch die bewaffneten Organisationen und Vorfeldorganisationen der peronistischen Linken und 3. die „Besetzungen durch die Basis“.

Andererseits sind da die „Besetzungen für das peronistische Vaterland“, die vom Autor als reaktionär bewertet werden, sei es wegen ihres Gehalts, sei es, weil sie spät erfolgten, als Antwort auf die Besetzungen durch den Protagonismus des linken Sektors. Im Allgemeinen wurden diese Aktionen von kleineren Gruppen durchgeführt als die anderen. Hier finden wir 1. die Besetzungen, die von der peronistischen Rechten ausgingen, und 2. die „Präventivbesetzungen“, also jene, die gemacht wurden, um zu verhindern, dass der Ort von linken Kräften besetzt

4 Das war die größte politische Massenversammlung, aus Anlass der Rückkehr Peróns nach Argentinien. Dort standen sich die verschiedenen politischen Linien gegenüber, die Teil der peronistischen Bewegung waren.

5 „Die andere Besonderheit (nur vergleichbar mit den Geschehnissen in der Stadt Rosario) ist, dass in umgekehrter Proportion zu dem, was im ganzen Land passierte, zwei Drittel der Besetzungen von Studierenden durchgeführt wurden.“ (Bonavena u. Nievas 1999, S. 207)

6 Mit „Neue Linke“ ist eine heterogene Mischung von politischen, sozialen und kulturellen Gruppen gemeint, die sich über unterschiedliche Protestformen gegen die herrschende gesellschaftliche Ordnung ausdrückten. Sie teilten eine gemeinsame Sprache und den Horizont gesellschaftlicher Veränderung und wurden als Teil eines Ganzen wahrgenommen, trotz ihrer Unterschiede (Tortti 1999, S. 207).

würde. Beide wollten im Unterschied zu den Vorgenannten den Status Quo zu erhalten (Nievas 1999, 373-381).

Landesweit machten die Besetzungen, die sich auf das „sozialistische Vaterland" bezogen, 54 % der gesamten Besetzungen aus, während die Besetzungen für das „peronistische Vaterlands" 46 % bildeten. Doch während erstere eine allgemein höhere Aktivität aufwiesen, konzentrierten sich die zweiten auf Schlüsselbereiche (Medien, Gesundheitszentren, öffentliche Organe und Unternehmen). Ein weiteres Element, das Nievas anführt, ist die Anzahl an Aktiven auf beiden Seiten. Während die Besetzungen für „das sozialistische Vaterland" von Massenbeteiligung zeugten, wurden jene für das „peronistische Vaterland" von kleinen Gruppen (nicht mehr als 40 Personen) vollzogen, die im Allgemeinen mit Schusswaffen ausgestattet waren.

Die Besetzungen in Mendoza[7]

Wenn man die verschiedenen Elemente berücksichtigt, die von Nievas in seiner Analyse der landesweiten Besetzungen angeführt werden, können wir in der Provinz Mendoza feststellen, dass die Dynamik eine Reihe von Eigenarten aufwies. Wie die folgende Tabelle zeigt, fand im Gegensatz zu dem landesweiten Vorgehen mehr als die Hälfte dieser Aktionen nach dem offiziellen Aufruf, sie aufzuheben (14. Juni), statt. Außerdem führten die Arbeiter und Arbeiterinnen der Basis sie weiter und nicht die politisch-militärischen Organisationen.

Tabelle 1: Zeitpunkt der durchgeführten Besetzungen

Gesamt (100 %)	18
Phase 1 (25.05. – 03.06.)	0
Phase 2 (04.06. – 14.06.)	8 (44,4 %)
Phase 3 (15.06. – 20.06.)	9 (50,0 %)
Phase 4 (21.06. – 13.07.)	1 (5,5 %)

7 Im Folgenden wird ein Teil der Forschung für die Doktorarbeit präsentiert, der auf zeitgenössischen journalistischen Quellen und mündlichen Interviews basiert (Scodeller 2009).

Wie Tabelle 2 zeigt, wurden nur 16,6 Prozent der Aktionen von Gruppen durchgeführt, die mit konservativen Kräften verknüpft waren. Die Besetzungen durch diese Fraktion fanden in drei Provinzdependancen statt: Straßenbauamt der Provinz, Bewässerungshauptamt und Radio LV4 aus San Rafael. Im Gegensatz dazu wurden 83,3 Prozent der Besetzungen von einer sich entwickelnden gesellschaftlichen Kraft durchgeführt, die ihre Unterstützung für die gerade gewählte Regierung kombinierte mit einer Politik der „nationalen und sozialen Befreiung" und mit der Infragestellung der Form, in der die verschiedenen Arbeitsfelder organisiert waren. Zusätzlich formulierte sie die Teilhabe der Arbeiterschaft an den Ebenen der Entscheidungsfindung als einzigen Weg, die Erfüllung der Interessen der Arbeiterklasse zu garantieren.

77,7 Prozent der Besetzungen wurden von Arbeitern und Arbeiterinnen der Basis durchgeführt ohne die – zumindest ausdrückliche – Vermittlung politischer oder politisch-militärischer Organisationen, allerdings mit der von Gremien oder gewerkschaftlichen Gruppen, denen sie angehörten. Die Organisierung und Planung der Besetzungen verlor an Bedeutung, sie waren eher durch spontaneistischen Charakter geprägt.

Diese Besetzungen durch die Basis fanden in zwölf öffentlichen Behörden und Unternehmen statt[8]: der Bank für Sozialvorsorge (Banco de Previsión Social), dem Nationalen Straßenbauamt, dem Transportunternehmen der Provinz Mendoza (Empresa Provincial de Transportes de Mendoza, EPTM), dem zentralen Busbahnhof, der Behörde für Verkehr und Transport, dem Wasserversorgungs- und Kanalbauamt (DOSS), dem Hochbauamt, der Erwachsenenbildungsdienst, der Ferroviario-Poliklinik von Mendoza, der Rentenversicherungsanstalt, dem Stipendiateninstitut und dem Geodäsie- und Katasteramt.

Im Privatsektor waren dieselbe Dynamik und Charakteristik bei den Besetzungen der argentinischen Telefongesellschaft wie auch im Gewerkschaftsbüro der „Bauarbeiterunion der Republik Argentinien" (UOCRA) zu beobachten. Nur eine der Besetzungen erfolgte durch die peronistische Linke, die von LVS Radio Libertador. Besetzungen durch linke politisch-militärische Organisationen fanden nicht statt.

8 Die Studie dieser Art von Besetzungen wird anhand der Analyse von zwei Fällen vertieft: des Provinztransportunternehmens (EPTM) und des Wasserversorgungs- und Kanalbauamts (DOSS).

Tabelle 2: Akteure der Besetzungen

Gesamt:	18	(100 %)
Seitens des „Sozialistischen Vaterlands“ (insgesamt):	15	(83,3 %)
davon: – von politisch-militärischen Organisationen der Linken:	0	
– von der peronistischen Linken:	1	(15,5 %)
– von der Basis:	14	(77,7 %)
davon: – von öffentlichen Gebäuden:	12	(66,6 %)
– von privaten Organismen:	1	(5,5 %)
– von Gewerkschaftssitzen:	1	(5,5 %)
Seitens „Peronistisches Vaterland“ (insgesamt):	3	(16,6 %)
davon: – von der peronistischen Rechten	2	(11,1 %)
– präventive Besetzungen	1	(5,5 %)

In Mendoza war die Mehrheit der untersuchten Fälle als „effektive“ Besetzungen anzusehen (55,5 %), gefolgt von den „symbolischen“ Besetzungen (44,4 %) – symbolisch, sei es wegen ihrer kurzen Dauer oder weil die entsprechenden Dienstleistungen weiterhin von den Beschäftigten zur Verfügung gestellt wurden.

Alle Besetzungen „für das sozialistische Vaterland“ beruhten auf Entscheidungen, die bei Versammlungen an den Arbeitsplätzen getroffen wurden. Das stellt einen Unterschied zu den Besetzungen für das „peronistische Vaterland“ dar, bei denen kleine Gruppen agierten, ohne einen größere Beteiligung zu erreichen. Außerdem wurden Letztere von anderen Gruppen von Arbeitern und Arbeiterinnen bekämpft, was die Entfaltung eines wichtigen politischen Kampfes innerhalb der Arbeiterklasse aufzeigt.

Die Gesamtheit der Besetzungen betraf Orte, die die Arbeiterschaft als ihre eigenen ansah. Nur einer davon war eine Gewerkschaftszentrale (UOCRA), während die anderen an Arbeitsplätzen durchgeführt wurden. Der Staatsapparat erscheint als wichtigstes Feld der Konfrontation, da 88,8 Prozent der Aktionen um die Aneignung desselben vollzogen wurden. Dies muss im Rahmen der Auseinandersetzung zwischen antagonistischen Tendenzen gesehen werden, die die Gesellschaft in ihrer Gesamtheit durchzog und die ihren Ausdruck im Peronismus auf lokaler Ebene fand. Der Kampf zwischen diesen beiden internen Tendenzen wurde deutlicher sichtbar, als einige Minister der Provinzregierung von der „Allgemeinen Konföderation der Arbeit“ (Confederación General del

Trabajo, CGT) der „marxistischen Infiltration“[9] angeklagt wurden. Erinnern wir uns, dass „nicht nur wichtig war, wen man ersetzte, sondern – und vor allem – wen man an der Spitze beließ“ (Nievas 1999, 353). In der Tat ergaben sich jenseits des Problems des *continuismo* der Funktionäre, die aus der Diktatur kamen, weitere Achsen der Konfrontation, die die Auseinandersetzung zwischen antagonistischen politischen Kräften zeigten, wenn auch diese noch diffus erschienen.

Als ein Beispiel der Kommuniqués, die aus den Versammlungen im Rahmen der Besetzungen hervorgingen, manifestierten die Arbeiter und Arbeiterinnen der Bank für Sozialvorsorge folgende Ziele: „a) die reale Berufung der Basis für die Leitung der Institution muss aufgezeigt werden; b) es müssen Genossen ernannt werden, die fähig sind, Maßnahmen zur nationalen Befreiung und zum Wiederaufbau zu organisieren“ (*Diario Mendoza,* 29. Juni 1973, S. 8). In der Ferroviario-Poliklinik forderte man, dass dem Personal Partizipation an den Leitungsebenen gegeben werden solle, damit es „die Gesundheits- und Arbeitspolitik mitbestimmen“ könne (*Diario Mendoza,* 17. Juni 1973, S. 6). Im gleichen Sinn wurden die Arbeiterversammlungen bei der Rentenversicherungsanstalt und dem Stipendiateninstitut als „Instrumente zur Systemveränderung“ definiert (*Diario Mendoza,* 19. Juni 1973, S. 6).

Nach Aussage eines Beteiligten waren die Besetzungen „... eine Form des Ausdrucks, eine Form, an der Machtübernahme teilzunehmen. Ich glaube, letztlich war es ein wenig das. Die Genossen, die Bauarbeiter, ich glaube, als sie die Zentrale besetzen, schicken sie den Typen, der da vorher zuständig war, zum Teufel, plötzlich spürten sie, dass ein Teil der Macht, und wenn sie noch so klein wäre, auf einmal, endlich, schließlich, in ihren Händen war (...)“ (Interview mit Luis María Vázquez, 2005).

Jedoch muss darauf hingewiesen werden, dass auch wenn diese Aktionen objektiv ein Infragestellen des Eigentums und einer bestimmten Form von gesellschaftlicher Organisation darstellten, die Tatsache, dass sie sich zu Gunsten der neuen Regierung (bürgerlichen Charakters) aussprachen, zeigt, dass nicht angestrebt wurde, das politisch-gesellschaftliche System zu überwinden, sondern es sich wiederanzueignen und es mit neuer Bedeutung zu versehen. Was war Inhalt und Form dieses neuen Staates, den die Arbeiter wollten?

9 Die CGT hatte Martínez Baca schon vor seinem Amtsantritt als Gouverneur eine Liste übergeben, auf der jene Personen standen, die wegen ihrer ideologischen Neigung keine Regierungsämter erhalten sollten. Sowohl der Gouverneur als auch der Gewerkschaftsgeneralsekretär Fiorentini hatten Rückhalt.

Grenzen und Möglichkeiten von Arbeiterkontrolle im Rahmen des Staates an zwei Beispielen

Die Besetzungen waren relativ kurzlebige Angelegenheiten, mit mehr oder weniger Erfolg, je nach Fall. Interessant sind aber nicht so sehr die Aktionen selbst, sondern der Prozess, der sich dadurch an den Arbeitsstellen intern entwickelte. Die bedeutendsten Erfahrungen in dieser Hinsicht fanden in der Provinz Mendoza im Transportunternehmen EPTM und im Wasserversorgungs- und Kanalbauamt (DOSS) statt.

Beide, sowie alle Besetzungen auf staatlicher Ebene, hatten die Unterstützung der Arbeitervertretung: die „Gewerkschaft der öffentlichen Arbeiter und Angestellten" (Sindicato de Obreros y Empleados Públicos, SOEP). Diese war etwa ein Jahr zuvor entstanden – nach dem Mendozazo – und hatte sich die Charakteristiken der kämpferischen Gewerkschaftsarbeit jener Zeit zu eigen gemacht. In jenen Jahren entstand eine beträchtliche Zahl gewerkschaftlicher Organisationen, die charakterisiert waren durch die zentrale Rolle der Delegierten und den Aufruf zur massiven Beteiligung der Arbeiter aus der Basis an Versammlungen, Streiks und Mobilisierungen. Die kämpferische Haltung war von einer starken internen Demokratie begleitet. Diese Arbeiterorganisierungen definierten sich als antibürokratisch, gegen die Arbeitgeberverbände gerichtet, antiimperialistisch und in vielen Fällen auch als klassenorientiert.

In Zeitungserklärungen zu den Besetzungen erklärten die Führungskräfte der SOEP:

> „Die Besetzungen (...) entsprechen genau der Linie, die unsere Organisation festgelegt hat. Das heißt Mobilisierung der Basis zur Unterstützung der revolutionären Verwaltung des Genossen Gouverneur. (...) Die Gewerkschaften als Hauptkräfte für den Aufbau des Vaterlands für die Arbeiter müssen das Vorgehen der vom Volk gewählten Genossen garantieren, mit dem massiven Rückhalt der Arbeiterklasse, damit unsere Anführer die ehrliche und kämpferische Linie beibehalten können, die den Weg zur nationalen und sozialen Befreiung schafft" (*Diario Mendoza,* 15. Juni 1973, S. 9).

Am Donnerstag, dem 14. Juni 1973, entschied eine Personalversammlung des Transportunternehmens EPTM, den Betrieb zu besetzen, da sowohl deren Stabilität als auch die Auszahlung des nächsten Lohnes fragwürdig erschienen. Die Arbeiter hinterfragten die Passivität der Unternehmensleitung bezüglich künftiger Investitionen und die Lösung verschiedener Probleme der Arbeit. Sie kündigten an, dass die Besetzung anhalten würde, bis die Regierung eine neue

Leitung ernennen würde, die „für eine echte nationale und soziale Befreiung mit einer größeren Partizipation des Personals in der Leitung sind“ (*Diario Mendoza,* 15. Juni 1973, S. 5).

Die Besetzung des EPTM – durchgeführt mit Unterstützung der SOEP – verkündete die Auflösung des Direktoriums und die Annullierung aller hierarchischen Ebenen (Chef, Rechnungsprüfer und beisitzender Anwalt). An deren Stelle wurde ein provisorisches Direktorium ernannt, das aus vier Angestellten bestand, bis die Regierung die neuen Autoritäten ernannt haben würde. Die SOEP informierte, dass „die von den Arbeitern und Angestellten der Niederlassung entschiedene Maßnahme der zwingenden Notwendigkeit gehorcht, dass die Entscheidungsmacht und ihre Führung des Betriebs von den wahren Repräsentanten des Volkes wahrgenommen werde“ (*Diario Los Andes,* 15. Juni 1973, S. 6). Sie schlugen vor, dass ein Gewerkschaftsdelegierter, der mehr als fünfzehn Jahre in dem Betrieb arbeitete, die Leitung übernehmen sollte.

Laut den Gewerkschaftsaktivisten „verwaltet sich das Unternehmen seit drei Tagen, seit es vom Personal übernommen wurde, perfekt selbst“ (*Diario Mendoza,* 16. Juni 1973, S. 6). Während der Besetzung funktionierte der Trolleybus-Service weiter. Auf der Karosserie der Busse wurden große Plakate angebracht, auf denen zu lesen war: „Trolleybus, der vom Personal übernommen wurde, für eine effektive und echte nationale und soziale Befreiung“ (*Diario Los Andes,* 15. Juni 1973, S. 6).

Hinsichtlich dieser Erfahrung erinnert sich der Gewerkschaftssekretär der SOEP:

> „Er wurde besetzt, der Betrieb wurde besetzt, der Verantwortliche zum Teufel geschickt und die Leitung des Betriebs übernommen. Die Ernennungen fanden unter den Genossen statt. Es fand eine Versammlung statt, zu der wir auch gegangen sind. Es wurde ein Genosse seitens der Werkstätten ernannt, einer von den Fahrern, einer aus der Verwaltung. Sie bildeten die Leitung, ernannt von der Versammlung, und fingen an, den Trolley, das Unternehmen, zu leiten. Also als Ausführende, so als wären sie politische Exekutivorgane. Und das war der Betrieb, der am längsten besetzt war, der am längsten in den Händen der Arbeiter war… Ich erinnere mich nicht, ob es ein Monat war, zwei Monate, es war ziemlich lang. Und wenn Du gesehen hättest, wie es klappte, die Faulpelze hielten ihn am Laufen… man musste hervorstechen… und sie hielten den Betrieb am Laufen, ein Wunder! Es war eine Arbeiterverwaltung. Eine öffentliche Institution mit Arbeiterverwaltung…“ (Interview mit Luis María Vázquez, 2005).

Gemäß dem Gewerkschaftssekretär verwalteten die Arbeiter die Fabrik während der Besetzung, die ein bis zwei Monate dauerte, effektiv (weder die beteiligten Beschäftigten noch Zeitungen ermöglichten die genaue Dauer der Besetzung zu rekonstruieren). Die Erinnerung einer der Betriebsdelegierten ist etwas anders:

> „In jenen Jahren besetzten wir alles, wie du sehen konntest. Wir übernahmen die Trolleybusse, weil wir einen selbstverwalteten Betrieb wollten. (...) Das Ziel war, dass es selbstverwaltet sein sollte, mit Arbeiterkontrolle in dem Trolleybusunternehmen. (...) Zu dem Zeitpunkt wurde alles besetzt, die Schulen... Es war ein Moment des Aufschwungs, in dem das Volk über sein Leben und seine Rechte entscheiden wollte, und erobern wollte, was es noch nicht hatte. Also in diesem Kontext ermutigten wir uns, das Trolleybusunternehmen zu besetzen. Denn, was wir wollten, war die Arbeiterkontrolle, es sollte ein Betrieb sein, der von den Arbeitern selbstverwaltet wird."

Die Delegierte erinnert sich weiter an das Ende der Besetzung:

> „Einige Forderungen konnten durchgesetzt werden, aber nicht, was wir vorgeschlagen hatten... Auf alle Fälle wurde die Kontrolle der Rechnungsbücher erreicht (...) die Arbeiterkontrolle über die Produktion wurde nicht erzielt. Aber dafür die Partizipation der Delegierten, die Kontrolle über Ein- und Ausgang, wo es vorher keinen Zugang gab... Aber der Betrieb wurde aufgelöst, ja, ich sag' dir, die Axt... (sie macht mit der Hand die Geste eines Schnitts, als Symbol für den konterrevolutionären Prozesses, der sich näherte)" (Interview mit Nora Moyano, 2005).

Zum anderen wurde am 15. Juni nach einer Personalversammlung das Wasserversorgungs- und Kanalbauamt (DOSS) für drei Stunden besetzt. Vom Gouverneur wurde eine Reihe juristischer Schritte eingefordert, um die Arbeitsfähigkeit des Amtes zu garantieren. Auch hier ernannte die Versammlung ein provisorisches Direktorium als Ersatz für die bisherigen Funktionäre. Es wurde gefordert, die neue Leitung aus einer von den Arbeitern vorgeschlagenen Liste zu ernennen und ihnen die Kompetenz zu erteilen, die Behörde entsprechend dem neuen „Gesetz der Autarkie" umzubauen (das beschlossen, aber noch nicht in Kraft getreten war). Ebenso forderten die Arbeiter die Ergänzung eines Artikels dieses Gesetzes zur Zusammensetzung des Direktoriums, mit dem Ziel, dass es mit Vertretern des Personals und der Nutzer besetzt würde.

Der mit der Besetzung begonnene Prozess zeugt von dem kreativen Inhalt, der die direkte Aktion begleitete. Der Finanzsekretär der SOEP berichtet: „Man schuf sieben Gruppen, wobei jede Gruppe ein Restrukturierungsprojekt für das DOSS entwickeln musste. Die sieben Vorschläge wurden zu einem zusammengeführt, dieser Vorschlag wurde dann als Gesetzesinitiative bei der Legislative eingereicht (...) In diese Initiative integrierten wir einige für uns sehr wichtige Aspekte... doch letztlich wurde sie nicht verabschiedet" (Interview mit Marcos Berro, 2005).
In besagter Initiative[10] wurde vorgeschlagen, dass zwei Personalvertreter Teil des Direktoriums (das aus neun Mitgliedern bestand) sein sollten. Die Begründung lag in

> „der Notwendigkeit, dass dieser Sektor, der die Pläne und Programme entwickelt, aktiver Teilhaber an Entscheidungen sein sollte, denn er ist es in seiner Gesamtheit, der die Problematik und die Komplexität, denen sich das Amt täglich ausgesetzt sieht, im Detail kennt. Andererseits wird ermöglicht, dass die Arbeiterklasse als wichtigster Akteur und zentrales Nervensystem des nationalen Lebens mittels einer regulären und organischen Partizipation in der Leitungspraxis reift" (Lilloy 1973, 10).

Ein anderer in diesem Direktorium vertretener Sektor waren die Nutzer öffentlicher Dienste, mittels Kooperativen oder Nachbarschaftsorganen. Dies war der „Notwendigkeit geschuldet, die Partizipation der Nutzer der Dienstleistungen an den Entscheidungsfindungen einzuführen und umzusetzen ..." (Lilloy 1973, 9). In beiden Fällen wäre es die Exekutive, die die Mitglieder des Direktoriums bestimmen würde, aus drei Vorschlägen von jedem Sektor.

Die Gesetzesinitiative hob die Vorteile hervor, die Trinkwasserversorgung mittels eines dezentralisierten Organs in die Hände der Provinz zu geben, da sie als Teil der „kollektiven Bedürfnisse nicht mit einem liberalen Kriterium der Privatinitiative überlassen werden darf" (Lilloy 1973, 2). Die Arbeiter rechtfertigten die Notwendigkeit eines Kontroll-, Koordinations- und Ausführungsorgan der Provinz mit der „Notwendigkeit eines direkteren Kontakts zwischen dem offiziellen Organ und der Basis bzw. den Empfängern der öffentlichen Dienstleistung" (Lilloy 1973, 2).

10 „Gesetzesinitiative zur Erschaffung des Wasserversorgung- und Kanalbauamtes als autarke Behörde". Sie wurde vom Provinzabgeordneten des justizialistischen Blocks der Linken, Rubén R. Lilloy, eingebracht. Mendoza, 10. Oktober 1973.

Welches waren die Hindernisse, um diese Erfahrungen mit der Zeit weiter zu entwickeln? Der Finanzsekretär der SOEP weist auf die Schwierigkeiten hin, die das geringe Niveau der technischen und politischen Ausbildung der Arbeiter – aber auch der Aktivisten und Gewerkschaftsführer – darstellte:

> „Unser großes Interesse war es, Vorläufer der Selbstverwaltung auszumachen. (...) Unsere Erfahrung (...) und unsere Kenntnis von Selbstverwaltungsmechanismen war sehr begrenzt. (...) das Niveau der Vorbereitung der Arbeiter der verschiedenen Organe vielleicht nicht ausreichend, um eine Verantwortung dieser Größe anzunehmen. Wir wollten, dass die Unternehmen und Organe alle selbstverwaltet sind. Bei einigen hatten wir mehr Erfolg als bei anderen.
>
> Zum Beispiel im Wasserversorgungs- und Kanalbauamt, wo ich arbeitete, wurde ein Ingenieur ernannt, ein Experte, ein Wasserversorgungsingenieur. Nun gut, damit hatte diese Verwaltung eine höhere technische Garantie als andere Orte, an denen es das nicht gab. (...) Auf Vorschlag der Gewerkschaft wurde ein Prozess interner Debatte mit allen Arbeitern eingeleitet.
>
> Das gesamte Personal wurde in sieben Arbeitsgruppen aufgeteilt, in denen alle Fragen angesprochen werden konnten, vor allem der Arbeiter mit den geringsten Ressourcen, die all de,m was wir erlebten, am meisten außen vor standen. (...) Wir wollten, dass die Facharbeiter ihr Wissen in Diskussionen mit allen Arbeitern teilen. In vielen Fällen, das kannst du dir vorstellen, war der Wissensstand sehr sehr niedrig" (Interview mit Marcos Berro, 2006).

Diese Überlegungen erlauben den Schluss, dass es, jenseits des ungünstigen Kontexts, der sich ab 1974 auftun sollte, die Arbeiter in ihrer Gesamtheit nicht über die notwendigen theoretisch-politischen Werkzeuge verfügten, um die Herausforderungen dessen anzunehmen, für das sie nach eigener Aussage kämpften: ein Staat in Arbeiterhänden. Während die Fahnen der Selbstverwaltung oder der Arbeiterkontrolle hochgehalten wurden, wurden Praktiken der Mitverwaltung oder Partizipation im Rahmen des Staates umgesetzt. Ein Hindernis war, dass die Basis der Arbeiter, aber auch ihre Führung mehr zur direkten Aktion und zur Mobilisierung bereit waren als sich der Bedeutung ihrer Taten bewusst.

Dies hängt damit zusammen, dass im Gewerkschaftsleben der Epoche allgemein die politische Bildung und die Instanzen der Reflexion der eigenen praktischen Erfahrung nicht als Teil der Kampfdynamik selbst verstanden wurden. In diesem Sinn erklärt der Sekretär der SOEP, der Gewerkschaft, die die Besetzungen der verschiedenen staatlichen Behörden und Institutionen unterstützt hatte: „Wir wurden geboren und begannen zu kämpfen... wir hatten keine Zeit, einen Moment innezuhalten, um auf etwas zu schauen“ (Interview mit Luis María Vázquez, 2005).

Gemäß dem italienischen Theoretiker Antonio Gramsci zeigt dieses Insistieren auf der Praxis des Kampfes, dass es sich um eine geschichtliche Phase handelt, in der *das Neue* noch nicht organisch entstanden war – auch wenn es sich auf dem Weg befand (Gramsci 1999, 1036f.). Diese Instanzen theoretisch-politischer Schulung und Reflexion der eigenen Erfahrung und der anderer (Bündnispartner und Feinde) treten für gewöhnlich in Momenten des Anwachsen von Klassenkampf in den Hintergrund, denn es wird davon ausgegangen, die Lehre sei wertvoller, wenn sie direkt auf dem Schlachtfeld erfahren wird, wo man – wie Marx, Lenin und Luxemburg sagen würden – in Tagen lernt, was anderenfalls Jahre dauert. Dagegen sind diese Momente grundlegend, um über die nötige Kenntnis zu verfügen, um jede Situation analysieren und den Kampf strategisch organisieren zu können; besonders in einer Zeit (wie die hier dargelegte), in der auf nationaler und weltweiter Ebene die Offensive der konterrevolutionären Kräfte begann.

Kampf um die Wiederaneignung des Staates

In diesem Kapitel wurden Kampfformen beschrieben, die keinen institutionalisierten Formeln folgten, die vom System vorgegeben waren. Die Besetzungen stellten die herrschende Gesellschaftsordnung in Frage, ein Prozess, der mit Sicherheit von verschiedenen Bewusstseinsniveaus begleitet wurde. Die Arbeitsplätze wurden – im Rahmen eines bürgerlichen Staates – objektiv zu Territorien, auf denen die Unternehmer von den Arbeitern enteignet wurden. Aber die Mehrheit der Besetzungen wurde subjektiv nicht gegen, sondern in Verteidigung einer Regierung durchgeführt, die als „Volks- und Arbeiter-Regierung“ angesehen wurde – gegen eine andere Fraktion innerhalb derselben Verwaltung. So zeigt der untersuchte Prozess einerseits, dass der Klassenkampf sich durch politische Auseinandersetzungen innerhalb der Arbeiterklasse selbst manifestiert. Andererseits zeigt er die Komplexität der Periode, indem die noch ungelösten Widersprüche einer gesellschaftlichen Kraft, die sich noch in der Herausbildung befindet, deutlich werden.

Die Besetzungen drückten die Infragestellung der hierarchischen Ordnung aus, als Produkt der direkten Aktion, die von den Arbeitern seit 1955 entwickelt wurde in einem Prozess, in dem die Macht neu gedacht und aufgebaut wurde. Die Besetzungen drücken ein höheres Ausmaß an Autonomie aus, da sie die Notwendigkeit der direkten und mehrheitlichen Partizipation der Arbeiter an der Machtausübung anerkennen als einzige Form, den Aufbau eines politischen

Projekts zu garantieren, das ihre Interessen als Klasse ausdrückt. Das Problem liegt darin, dass diese Interessen auf sehr unterschiedliche Weisen verstanden wurden.

Als sich 1973 mit der Rückkehr zur parlamentarischen Demokratie ein neues Kampffeld eröffnete, sah die Arbeiterschaft in ihrer Gesamtheit die Dringlichkeit, die zuvor aufgebauten theoretischen und methodologischen Werkzeuge auf die politisch-institutionelle Ebene zu tragen. Der gewählte Aktionstyp (die Besetzungen) mit dem Ziel, Personen, die dem „eigenen" politischen Projekt nahestanden, in wichtige Posten zu bringen, zeigt, wie versucht wurde, das, was in der gewerkschaftlichen Praxis bereits getan wurde, auf eine politische Ebene zu transferieren. Doch der Kampf um den Aufbau der Arbeiterdemokratie ging über die Gewerkschaftsebene hinaus.[11] Das heißt, es wurde versucht, die auf Ebene der Gremienkämpfe akkumulierte Erfahrung (eine Macht, die auf mobilisierter Basis und Arbeiterdemokratie aufbaute), in den Staatsapparat zu übertragen, um ihm eine andere Form und einen anderen Inhalt zu geben. Es wurde verstanden, dass es vom Arbeitsplatz aus und mittels der den Arbeitern eigenen Methoden möglich war, die Form der Konstruktion von Macht neu zu definieren.

Trotzdem ist die Beziehung zwischen Form und Inhalt weder unmittelbar noch linear. Wozu wollten diese Arbeiter an der Entscheidungsfindung teilhaben? Was waren ihre Ziele? Während die erhöhte gesellschaftliche Aktivität glauben machte, dass alle einen revolutionären Wechsel anstrebten, waren unterschiedliche Ziele im Spiel. Das wurde in jenem Moment nicht verstanden, wegen des Gewichts, das auf praktische Momente gelegt wurde, was sich in ein bedeutendes Hindernis verwandelte.

Hinzu kam, dass diese Fraktion der Arbeiterschaft, als Teil der pro-revolutionären gesellschaftlichen Kräfte – die sich in einem Anfangsstadium ihrer Entwicklung befanden –, nicht die wachsende Offensive der gesellschaftlichen Kraft konterrevolutionären Charakters wahrnahm, die schon voll konstituiert war und in diesen Jahren begann. In diesem Kontext und ausgehend von der Komplexität der Periode, ist zu hinterfragen, ob es möglich war, solide zu einer Transformation revolutionären Charakters voranzuschreiten, bewusst im Aufbau und in der Akkumulation einer Macht neuen Typs, wenn die Dynamik des Kampfes weitergeht und wenn sie wegen höherer strategischer Ziele jeweils nicht genug von kollektiven Instanzen der Reflexion dieser Praxis begleitet war.

11 In seiner Untersuchung der Besetzungen auf Landesebene beobachtete Nun die enge Verbindung zwischen der Auseinandersetzung um Gewerkschaftsdemokratie und den Forderungen nach Arbeiterkontrolle (Nun 1973, S. 223-232).

Die Berichte über die Besetzungen in der Provinz Mendoza im Juni 1973 zeigen, dass im Argentinien der siebziger Jahre das hohe Mobilisierungsniveau nicht mit einem entsprechenden Klassenbewusstsein korrespondierte, denn es bestand eine große Heterogenität hinsichtlich der Ziele, für die gekämpft wurde. Wie Nievas unterstreicht, teilten in den sogenannten Besetzungen für ein sozialistisches Vaterland nicht alle einen antikapitalistischen Inhalt.

In den Besetzungen verknüpften die Arbeiter und Arbeiterinnen ihre Unterstützung bestimmter Regierungspolitiken mit der Forderung nach Partizipation an Entscheidungsfindungen mit dem Ziel, die Erfüllung ihrer Interessen als Arbeiterklasse zu garantieren. Doch in der Definition dieser Interessen traten Unterschiede auf. Für einige bedeutete das die Überwindung der kapitalistischen Gesellschaftsverhältnisse. Für andere reichte die Partizipation der Arbeiterschaft an den Produktionsprozessen oder an der staatlichen Verwaltung, ohne das Verhältnis Kapital-Arbeit in Frage zu stellen. Eine der Interviewten fasst zusammen, was die Gesamtheit der Arbeiterschaft mit diesen Aktionen suchte: „Das Volk wollte über sein Leben entscheiden und über seine Rechte und das erobern, was es noch nicht hatte" (Moyano 2005). Nach Jahren des Verbots und der Zensur unterschiedlicher Art zeigt der Besetzungsprozess den Wunsch nach Beendigung der Unterdrückung, aber nicht notwendigerweise der Ausbeutung.

Literatur

Bonavena, Pablo; Nievas, Flabián (1999), „Las tomas estudiantiles en la Provincia de Mendoza durante el camporismo", in: *Actas de las VII Jornadas Interescuelas/ Departamentos de Historia*, Bariloche: Universidad Nacional de Comahue.

Bonavena, Pablo; Maañón, Mariana; Nievas, Flabián; Paiva, Roberto; Pascual, Martín; Zofío, Ricardo (1998), *Orígenes y desarrollo de la guerra civil en Argentina.* 1966-1976, Buenos Aires: Eudeba.

Gramsci, Antonio (1990), Escritos políticos (1917-1933), Mexiko D.F.: S. XXI.

— (1999) *Gefängnishefte, Band 5,* Heft 8, §{169}, Einheit der Theorie und der Praxis, Hamburg: Argument.

Izaguirre, Inés; Aristizábal, Zulema (2002), *Las luchas obreras.* 1973-1976, Buenos Aires: IIGG, FSOC-UBA.

Izaguirre, Inés (2009), *Lucha de clases, guerra civil y genocidio en la Argentina,* Buenos Aires: Eudeba.

Lilloy, Rubén R. (1973), Proyecto de ley creando la Dirección de Obras y Servicios Sanitarios como ente autárquico [Gesetzesentwurf zur Erschaffung des Wasserversorgungs- und Kanalbauamtes als autarke Behörde], Mendoza, 10. Oktober

1973. Marín, Juan Carlos (1984), Los hechos armados. Un ejercicio posible, Buenos Aires: CICSO.

Marín, Juan Carlos (1984), *Los hechos armados.* Un ejercicio posible, Buenos Aires: CICSO.

Nievas, Flabián (1995), „Hacia una aproximación crítica a la noción de ‚territorio' ", in: *Nuevo Espacio. Revista de Sociología,* Nr. 1, Buenos Aires: UBA, S. 75-92.

Nievas, Flabián (1999), „Cámpora: primavera-otoño. Las tomas", in: Pucciarelli, Alfredo (Hrsg.), *La primacía de la política.* Lanusse, Perón y la Nueva Izquierda en tiempos del GAN, Buenos Aires: Eudeba, S. 351-393.

Nun, José (1973), „El control obrero y el problema de la organización", in: *Revista Pasado y Presente,* Neue Folge, Jg. IV, Nr. 2/3, Juli/Dezember, S. 205-232.

Scodeller, Gabriela (2009), Conflictos obreros en Mendoza (1969-1974): cambios en las formas de organización y de lucha producto del Mendozazo, La Plata: nicht veröffentlichte Doktorarbeit.

Tortti, María Cristina (1999): „Protesta social y ‚Nueva Izquierda' en la Argentina del GAN", in: Pucciarelli, Alfredo (Hg.): *La primacía de la política.* Lanusse, Perón y la Nueva Izquierda en tiempos del GAN, Buenos Aires: Eudeba, S. 205-234.

Quellen

Tageszeitung *Los Andes,* Mendoza, Juni 1973.

Tageszeitung *Mendoza,* Mendoza, Juni 1973.

Zeitschrift *CLAVES para interpretar los hechos,* Mendoza, Juni-Juli 1973.

Interviews

Marcos Berro, Angestellter des Amts für Wasserversorgung und Kanalbau, und Finanzsekretär der SOEP (1972 bis 1974), Mitglied des Basisperonismus (PB), Interview vom Juli 2005.

Nora Moyano, Angestellte der Generalschulleitung und Delegierte der SOEP (1972 bis 1974), Mitglied der „Unabhängigen Basisgruppe" und der „Klassistischen Gruppierung 1. Mai", Interview vom Juli 2005.

Luis María Vázquez, Angestellter des Provinzrechnungshofes und Gremiensekretär der SOEP (1972 bis 1974), Interview vom Juli 2005.

Übersetzung aus dem Spanischen: Günter Pohl

14. Arbeiterräte in Portugal 1974/1975

Peter Robinson

Ende der 1960er Jahre war Portugal unter dem faschistischen Regime von Salazar das am wenigsten entwickelte Land in Westeuropa. Im Norden gab es eine große arme Bauernschaft, im Süden Großgrundbesitz und um Lissabon und entlang der Nordküste in der Region Porto relativ kleine und konzentrierte Industriezentren. Ausländisches Kapital und multinationale Konzerne wurden von der billigen Arbeit und vorteilhaften Bedingungen angezogen und bauten große, moderne Fabriken auf, vor allem im Industriegürtel um Lissabon. Aber sie wurden vom unzureichenden Netz von Banken und Finanzdiensten im Land und dem Mangel an Arbeitskräften zusehends frustriert. Auch die Unruhe unter den Arbeitenden nahm zu. Man schätzt, dass zwischen Oktober 1973 und März 1974 über 100.000 Lohnabhängige aus etwa 200 Firmen für höhere Löhne demonstrierten und etwa 60.000 Streiks durchführten. Andere Kampfformen waren Dienst nach Vorschrift, Demonstrationen, Versammlungen vor den Fabriktoren, die Verweigerung von Überstunden und Beschwerdelisten.

Portugal hatte als erstes europäisches Land ein Kolonialreich erobert und wollte es noch halten, als die anderen Nationen das ihre längst losgeworden waren. Obwohl keine Aussicht bestand, die Befreiungsbewegungen in den portugiesischen Kolonien in Afrika zu besiegen, floss fast die Hälfte der Staatsausgaben in die Armee. Man tadelte die Armee für die militärischen Rückschläge.

Unter den mittleren Rängen der Armee entstand ein geheimes Netzwerk – das Movimento das Forças Armadas (MFA – Bewegung der Streitkräfte). Bis April 1974 war es ihm gelungen, die Unterstützung von 300 Offizieren aus allen Gattungen zu gewinnen und unter dem Titel „Demokratie, Entwicklung und Entkolonisierung" das erste Programm zu erstellen.

Die MFA stand hinter dem problemlos erfolgten Staatsstreich vom 25. April 1974; das Regime, das fast 50 Jahre bestanden hatte, fiel in weniger als einem Tag in sich zusammen. Rote Nelken wurden zum berühmten Symbol der Revolution. Soldaten steckten sich solche Nelken in ihre Gewehrläufe. Die MFA hatte gemeutert, suchte aber nach einer gesellschaftlichen Basis, um ihre Haltung zu legitimieren und die benötigte Massenunterstützung zu bekommen. Das Motto „die MFA ist mit dem Volk, und das Volk ist mit der MFA" gewann rasch eine enorme Popularität.

Der Sturz des Faschismus in Portugal am 25. April führte zu einer Gesellschaftskrise, die zwanzig Monate andauerte. In dieser Zeit kam es zu einer bemerkenswerten demokratischen Erhebung der Bevölkerung von unten. Feiern verwandelten sich schnell in Kämpfe am Arbeitsplatz mit wirtschaftlichen und politischen Forderungen, die jedoch selten zusammengeführt wurden. Einige Streiks dauerten nur ein paar Stunden – andere Monate lang. Lohnforderungen wurden planlos erhoben. In den Großunternehmen, besonders den multinationalen Konzernen, waren wirtschaftliche Forderungen von Forderungen nach einem *saneamento,* einer Entlassung aller Leitungsmitglieder mit faschistischen Verbindungen begleitet. Diese Forderung wurde auch in über der Hälfte der Firmen mit mehr als 500 Beschäftigten durchgesetzt. Im Mai waren wenigstens 158 Betriebe in heftige Auseinandersetzungen, darunter 35 Fabrikbesetzungen verwickelt. In vier Betrieben wurden Leitungsmitglieder als Gefangene genommen (Santos et al. 1976).

Vor dem 25. April gab es unter verschiedenen Namen bei auftauchenden Konflikten geheime kurzlebige Arbeiterkomitees. Das hohe Niveau der Kämpfe zwang sie, sich häufig zu treffen. Bis Ende Mai 1974 wurden Kommissionen, Räte und Komitees der Arbeitenden an fast allen Arbeitsplätzen in der Region Lissabon gebildet. Für gewöhnlich nahmen sie die Bezeichnung Comissões de Trabalhadores (CTs) an. Man schätzt, dass zwischen Mai und Oktober 4.000 solcher CTs entstanden, einer an fast jedem Arbeitsplatz, die zumeist nach Versammlungen der Beschäftigten (*plenários*) gegründet wurden (ebd., Kapitel 1). Die Versammlungen wurden kollektiv kontrolliert, indem jederzeit abberufbare Delegierte auf Zeit gewählt wurden. Es wurden nicht nur Fabriken besetzt, sondern auch leere Häuser und Wohnungen. Die Organisation der Mieter und

Pächter war unvergleichlich größer als alle vergleichbaren Vereinigungen in Europa. Volkskliniken und Kulturzentren schossen aus dem Boden. Diese Studie konzentriert sich auf einige der CT-Instanzen, die sich nicht nur mit anderen CTs, sondern auch mit Mieterorganisationen, Landarbeitern und besonders Mitgliedern der Streitkräfte trafen.

Arbeiterräte

Sowjet ist das russische Wort für Rat. Für revolutionäre Zeiten ist es typisch, dass die Menschen, die mit spezifischen Themen, die nach praktischen Lösungen verlangen, konfrontiert sind, ihre Kämpfe dadurch koordiniert haben, dass sie Organe gewählter Delegierter einrichtet haben. Man kann hier die Pariser Kommune von 1871 anführen, als nach der militärischen Niederlage gegen Preußen die Arbeiter und Arbeiterinnen von Paris gegen die Truppen der Regierung Widerstand geleistet haben, als diese versuchten, ihnen die Artillerie wegzunehmen. Sie errichteten einen unabhängigen Staat. Als Karl Marx die Pariser Kommune verteidigte, schrieb er:

> „Aber die Arbeiterklasse kann nicht die fertige Staatsmaschinerie einfach in Besitz nehmen und diese für ihre eignen Zwecke in Bewegung setzen. (...) Ihr wahres Geheimnis war dies: Sie war wesentlich eine Regierung der Arbeiterklasse, das Resultat des Kampfs der hervorbringenden gegen die aneignende Klasse, die endlich entdeckte politische Form, unter der die ökonomische Befreiung der Arbeit sich vollziehen konnte" (Marx 1962, 336, 342).

Wie es Marx beschrieb, wurden die Mitglieder der Kommune von 1871 gewählt, konnten jederzeit abberufen werden und wurden wie Arbeitende bezahlt. Die Kommune konnte sich nur ein paar Wochen halten, doch sie führte Maßnahmen durch, für die ein Parlament viel länger gebraucht hätte: Sie stellte Grundrentenzahlungen ein, schaffte die Nachtarbeit in Bäckereien ab und ermöglichte die freie Rückgabe von verpfändeten Gütern. In Paris gab es damals wenige große Fabriken und die Kommune beruhte auf Wahlen nach Stadtteilen. Als es später wieder zur Ausbildung einer Arbeiterdemokratie kam, beruhte diese sehr viel stärker auf denBetrieben.

Die vorliegende Studie greift auf andere Forschungsarbeiten zurück, die ich unternommen habe[1] und beleuchtet – in chronologischer Reihenfolge – vier por-

1 Ich arbeitete 1975/76 neun Monate in Portugal als politischer „Organizer" und kehrte öfters dorthin zurück, um weitere Studien zu machen und vor allem politische AktivistInnen zu befragen. Einzelheiten zu den Interviews finden sich in meiner Ar-

tugiesische Beispiele von „Arbeiterräten", Organisationen, in denen sich Arbeitende aus verschiedenen Betrieben zusammenfanden, nämlich:
– die Inter-Empresas (Mai 1974-März 1975);
– die CRTSMs (Revolutionäre Räte der Arbeiter, Soldaten und Seeleute), (April 1975-Juni 1975);
– Volksversammlungen (Juni 1975-November 1975);
– Das Kampfkomitee von Setúbal (Oktober 1975-November 1975).

In Portugal gab es viele andere Beispiele von Volksmacht und räteähnlichen Formationen, aber auf Englisch wurde darüber wenig veröffentlicht.[2] Meine Studie konzentriert sich auf die Räte der Arbeitswelt, wobei wir in Erinnerung rufen, dass dazu auch die Kasernen der Soldaten gehören. Bei der Analyse dieser Strukturen möchte ich mich mit den folgenden Themenstellungen beschäftigen:
– die Tiefe der Vertretung an den Arbeitsplätzen;
– das Ausmaß der Vertretung über die Arbeitsstätten hinaus;
– die Verantwortlichkeit und das Recht auf Abberufung;
– die Eigenaktivitäten, die direkte Macht der Arbeitenden und das Potenzial für eine alternative Macht.

Es besteht eine große Notwendigkeit, historische Vorgänger zu studieren und vergleichende Studien anzufertigen. Es könnte sein, dass die von mir gewählten Themenstellungen als Richtschnur dienen könnten, wenn andere Arbeiterräte betrachtet werden.

„Auf der Seite der Arbeiter"

Bevor wir die Entwicklungen in den Arbeiterräten diskutieren, ist es wichtig, einige der Kräfte zu erwähnen, die in der Arbeiterbewegung aktiv gewesen sind. Die PCP (Kommunistische Partei Portugals) hatte eine respektable Tradition der Gegnerschaft zum Faschismus, und am 25. April 1974 verfügte die Partei über einen Kader von vielleicht 5.000 Mitgliedern mit einer erheblichen Basis und

beit *Workers' Councils in Portugal in 1974-75;* diese Studie stützt sich stark auf Interviews, so dass ich hier nur die Interviewten und das Datum angebe.

2 Das Centro de Documentação 25 de Abril, das zur Universität Coimbra gehört, hat viele wichtige Dokumente und bibliografisches Material aus dieser Zeit gesammelt. Es hat eine annotierte Bibliografie veröffentlicht, vgl. Chilcote 1987. Mit dem Gabinete de Investigações Sociais verbundene WissenschaftlerInnen haben ausführlich über die Arbeitskämpfe geschrieben. Eine Reihe von Fällen kann man in ihrer Zeitschrift *Análise Social* finden. Der Band I von *O 25 Abril e as lutas sociais nas empresas* (Santos et al.) bringt einen nützlichen Überblick über die Kämpfe am Arbeitsplatz.

und einigem Einfluss in der Arbeiterklasse. Als Partner in der Provisorischen Regierung spielte die PCP sogleich ihre Triumphkarte aus, ihren Einfluss in der Arbeiterbewegung. Sie distanzierte sich sofort von den wilden Streiks und den sie unterstützenden Arbeiterkommissionen (bei denen sie wenig Einfluss hatte). Binnen zwei Wochen organisierte sie eine Demonstration gegen Streiks und klagte die Arbeiterkommissionen an, „ultralinks" zu sein, „das Spiel der Rechten zu spielen" und „Lakaien der Bosse" zu sein.

Während sie mit der MFA zusammenarbeitete, investierte die PCP ihre Mittel nicht in die Aufbauarbeit am Arbeitsplatz, sondern in eine alternative Machtbasis – die Intersindical. Die Intersindical war 1970 als ein loser Zusammenschluss von relativ unabhängigen Gewerkschaften entstanden. Binnen Wochen nach dem Staatsstreich stieg die Zahl der Mitgliedsgewerkschaften von 22 auf etwa 200 an und verwandelte sie in eine nationale gewerkschaftliche Dachorganisation. Es bildete sich auch eine kleinere Rivalin, die mit der Sozialistischen Partei verbunden war.

Die Übernahme von Gewerkschaften durch die Intersindical wurde häufig in Zusammenarbeit mit dem Arbeitsministerium erreicht. In einigen Fällen, jedoch keineswegs hauptsächlich, handelte es sich bei den Gewerkschaften um leere Hülsen. Obwohl es Gewerkschaften gab, waren sie keineswegs der „natürliche Weg" des Zusammenschlusses der Arbeitenden. Nur gelegentlich – etwa in den Textilfabriken – gehörten die Arbeitenden einer einzigen Gewerkschaft an, und das Gewerkschaftskomitee arbeitete dann wie eine Arbeiterkommission.

Arbeiterkommissionen entstanden spontan. Viele der führenden Aktivisten in den Arbeiterkommissionen waren Mitglieder der PCP. Sie waren bestürzt über die Angriffe der PCP auf die Arbeiterkommissionen. Sie verließen die PCP oder wurden ausgeschlossen und das Resultat war, dass viele marxistisch-leninistische (häufig maoistische) Sekten entstanden. Es gab auch Revolutionäre aus anderen Traditionen, jedoch war ihre Zahl gering. Eine solche Gruppe war die PRP/BR (Revolutionär-Proletarische Partei/Revolutionäre Brigaden – die beiden Organisationen hatten sich 1972 vereinigt), die vor dem 25. April 1974 zahlreiche Angriffe auf militärische Einrichtungen ausgeführt hatten, sodann die MES (Bewegung der linken Sozialisten), die 1970 als ein Netzwerk von sozialistischen Foren entstanden war und zu denen auch Gewerkschafter, Katholiken und Studenten gehörten. Die Arbeiterbewegung zog auch Anarcho-Syndikalisten an, die von der Vorstellung einer Bewegung über den Parteien angezogen wurden (einige würden sogar sagen, sie seien gegen die Parteien gewesen).

Die Inter-Empresas

Sofort nach dem 25. April wurden Beziehungen zwischen den Fabriken geknüpft. Die wichtigste Fabrik mit 10.000 Beschäftigten war die Lisnave Reparaturwerft, die modernste und zweitgrößte Werft dieser Art in Europa. Artur Palácio arbeitete jahrelang bei Lisnave und war von Anfang an Mitglied der Lisnave-Arbeiterkommission. Er stellte Berichte über die Treffen von Delegierten zusammen:

> „Ich nahm an fünfzehn oder zwanzig Treffen teil, weiß aber nicht mehr, wie oft sie sich trafen. Es handelte sich nicht um reguläre Treffen, sondern solche, die im Bedarfsfall zusammengerufen wurden. Ich glaube, dass die Initiative, die Inter-Empresas zu bilden, von der Lisnave-Werft selbst ausging, ich bin mir aber nicht sicher. (...) Am ersten Treffen nahmen über 200 Menschen teil, es wurde auf der Lisnave während des Mai-Streiks abgehalten. (...) Das erste Treffen im Mai hatte den Charakter einer Unterstützerversammlung für die Streikenden. 25 contos [= 25 000 escudos, 1974 etwa 6 000 DM] wurden für die bei Sorefame Beschäftigten gesammelt. (...) Es gab viele Leute, die Erfahrungen mit Arbeiterstreiks gesammelt hatten, so welche von CUF, Parry & Son, S.R.N., Olho de Boi [eine Werft], Cergal, Applied Magnetics und Sogantal. Einige der Fabriken besaßen noch nicht einmal eine Arbeiterkommission, es kamen einfache Arbeiter aus diesen Fabriken" (Palácio 1982).

Es handelte sich um informelle Treffen, „ein Platz für die Menschen, sich zu treffen und zu diskutieren". In den ersten Tagen war das Netzwerk unter einer Fülle von Namen bekannt. Palácio benutzte den Begriff „inter-comissões". Neben der Organisierung von Kollekten halfen die inter-empresas bei der Organisierung von Demonstrationen in Verteidigung von Arbeitenden, die von der Regierung – bisweilen mit Waffengewalt – und in jedem Fall von der PCP und der Intersindical angegriffen wurden.

Beispielsweise rief die Regierung am 19. Juni die Armee gegen tausend PostarbeiterInnen zu Hilfe, die in den Streik getreten waren. Zwei Kadetten der Armee verweigerten ihre Teilnahme und wurden verhaftet. AktivistInnen der Inter-Empresas waren an der Organisierung einer Demonstration zur Unterstützung der Kadetten beteiligt.[3]

Die Auseinandersetzung am Flughafen von Lissabon führte zu einer militärischen Besetzung der Büroräume, der Gefangennahme von fünfzehn Aktivisten

3 Im Unterschied zur Kommunistischen Partei hat die Sozialistische Partei den Streik insgeheim unterstützt und den demokratischen (nicht von der PCP abhängigen) Charakter der Streikorganisation betont. Dadurch erreichte sie eine Reputation als „demokratisch" und „links" – was sich später als wichtig herausstellte.

und der Entlassung von 280 Arbeitenden. Eine Protestdemonstration von 4.000 Beschäftigten der TAP (nationale Fluggesellschaft), darunter alle Wartungsarbeiter, zwang die Regierung, die fünfzehn freizulassen, doch die 280 wurden am folgenden Tag gefeuert. Einige Tausend TAP-Beschäftigte traten sodann am 27. September in den Streik und organisierten eine Demonstration; das Inter-Empresas-Netzwerk spielte eine bedeutende Rolle bei der Organisierung der Unterstützung durch Delegationen aus anderen Unternehmen und bei der Planung einer größeren Demonstration für Samstag, den 29. September. Die Industriesoziologin Fátima Patriarca berichtet vom Treffen am 29. September wie folgt:

> „Jede Organisation machte Treffen. Die Boten liefen von einem zum nächsten Treffen, um Kontakt zu halten. Die wichtigsten AktivistInnen befanden sich auf dem Treffen der Inter-Empresas. Es war eine Intervention eines Delegierten der Lisnave-Werft und Mitglied der PRP, der die Demonstration vorschlug. Er war noch nicht einmal Delegierter im eigentlichen Sinn. (…) Die Intersindical unterstützte sie nicht, verurteilte sie aber auch nicht. Es gab auch praktische Gründe, nicht an der Demonstration teilzunehmen" (Patriarca 1980).

Schließlich fand am 28. eine Demonstration von etwa 40.000 Menschen statt, die im Hinblick auf die Standards jener Zeit sicherlich nicht groß war. Aber die Spannung löste sich; daher sprach Fátima von den „praktischen Gründen". Präsident Spinola rief die sogenannte „schweigende Mehrheit" zu einer Demonstration auf, die an jenem Tag zu einem Marsch von 300.000 Leuten führte. Führende Industrielle hatten sich mit ihm und ein paar Generälen getroffen; sie kamen zum Ergebnis, dass der Einsatz bewaffneter Streitkräfte nötig geworden sei, um die Linke anzugreifen und die Ordnung wieder herzustellen. Sie behaupteten, sie hätten ein Mandat der Bevölkerung, einen Staatsstreich zu organisieren. Am 28. zogen es viele Beschäftigte vor, nicht nach Lissabon zu fahren. Denn in der Nacht zuvor hatten Soldaten und Zivilisten Barrikaden errichtet und Autos gesucht, die nach Lissabon fuhren. Die Regierung sah sich gezwungen, den Marsch der „schweigenden Mehrheit" zu verbieten, und dieses Scheitern führte zum Rücktritt von Spinola und zu einer Stärkung der Linken, aber auch des Bündnisses zwischen MFA und der Bewegung der einfachen Bevölkerung.

Nach dem 28. September konsolidierten die CTs ihre Macht und die Inter-Empresas machten ihrem Namen Ehre. Die Treffen waren offen und von den Kommissionen wurden immer mehr Leute delegiert. Es wurde ein offizielles Bulletin veröffentlicht und die Zusammentreffen fanden nun wöchentlich statt.

Ab Januar 1975 stand der Kampf gegen die Arbeitslosigkeit im Zentrum; ein Beispiel waren die Tausend ArbeiterInnen der Lissaboner Filiale des Elektrogeräteherstellers Efacec/Inel, die sich an die Inter-Empresas wandten, um eine Demonstration zu organisieren (Vgl. Eface/Inel 1976, S. 39-42). Ein Arbeiter der TAP nannte das Inter-Empresas-Vorbereitungstreffen vom 2. Februar 1975 „das größte Zusammentreffen, an das ich mich erinnern kann. Bei Voz de Operário trafen sich etwa 1.000 Menschen. Es handelte sich um das Treffen zur Vorbereitung der Demonstration. Entscheidend war die Unterstützung der Beschäftigten von Lisnave" (8.Mai 1982).

Zwischen 37 oder38 CTs (die Zahl schwankt) waren damals beteiligt, und man rief für den 7. Februar zu einer Demonstration auf. Auf dem vorangetragenen Transparent war zu lesen:

> „Arbeitslosigkeit ist die unvermeidliche Folge des Kapitalismus. Daher möchten ihn die Arbeitenden zerstören und eine neue Welt aufbauen."

Doch es war nicht der Ruf nach einer neuen Welt, die das Bündnis zwischen der Regierung und der MFA gefährdete. In der letzten Minute wurde ein weiteres Motto hinzugefügt: „NATO raus – nationale Unabhängigkeit!" Dies geschah, weil sich ein Teil der US-Flotte in Lissabon aufhielt und an einem NATO-Manöver teilnahm. Alle Parteien der Koalitionsregierung wandten sich gegen die Demonstration, die schließlich verboten wurde. Die PCP meinte, „jeder Zusammenstoß mit NATO-Truppen würde die Interessen der Reaktion begünstigen". Octávio Pato von der PCP trat sogar im Fernsehen auf und riet der Bevölkerung, den Matrosen der NATO-Flotten Blumen zu überreichen. Doch die MFA musste über ihre Haltung nachdenken. Die französische Tageszeitung *Libération* kommentierte:

> „Zufällig fand das monatliche Delegiertentreffen der MFA an einem Donnerstag statt. Es wurde erwartet, dass es die Demo verbieten würde. (...) Am Freitagmorgen verlangten Mitglieder der Kommissionen [also der Inter-Empresas] die COPCON zu sehen [den neu geschaffenen internen Sicherheitsdienst]. Am Ende des Treffens wurde erklärt, die MFA habe keine Einwände gegen die Demo" (Big Flame 1975, 15f.).

Es demonstrierten 80.000 Menschen. Palácio von der Lisnave-Werft berichtete aus seiner Sicht:

> „Die Demonstration traf auf ihrem Weg überall auf Polizei und Offiziere. Sie wollten uns entmutigen oder aufhalten. Die Demonstration hielt nie an, obgleich es diverse Versuche gab, sie zu stoppen. Die Armee blockierte die Straßen, die zur US-Botschaft führten. (...)

Durch das Megafon fragte ich die Leute, ob sie weitergehen wollten. (...) Die Leute wollten sich nicht verarschen oder behindern lassen. Daher ging ich zu einem Offizier und sagte ihm, die TeilnehmerInnen der Demo möchten durchgehen. Und das taten wir dann. (...) Als die Demonstranten weitergingen, drehte ihnen die Polizei den Rücken zu, richteten ihre Waffen auf das Gebäude und beteiligten sich an den Sprechchören" (Palácio 1982).

Libération berichtete, dass die Leute ihre Freude herausschrieen und dass diese Szene helfe, „das heutige Portugal zu verstehen". Die Demonstration führte zu einer Lockerung der Bindungen zwischen PCP und MFA und ebnete den Weg für die zukünftige Zusammenarbeit zwischen der MFA und der Volksmacht. Die MFA hatte Meinungsverschiedenheiten mit der PCP und begünstigte die Entwicklung einer autonomen Arbeitermacht.

Diese Demonstration war die bedeutendste Einzelaktion, die von den Inter-Empresas organisiert wurde, aber auch im Hinblick auf ihre Rolle beim Zusammenschluss der kämpferischsten Betriebe. Es war auch ihre letzte große Initiative. Hinter den Kulissen hatten die Inter Empresas aufgrund verschiedener kombinierter Faktoren bereits an Boden verloren. Die PCP hatte eine Strategie entwickelt, sie von innen zu bekämpfen und versucht, die Arbeiterkommissionen zu sich herüberzuziehen:

„In dieser Zeit übernahm die PCP die Kontrolle über verschiedene Unternehmen wie die Lisnave-Werft, Setenave, Siderurgia, Efacec (dies dauerte allerdings lange) und Sorefame. In den Fabriken verfügte sie über die Mehrheit. Als sie die Kontrolle übernahm, vereinigte sie die CTs mit der Intersindical" (Interview mit Lisvave-Beschäftigten, 8. Februar 1982).

Carlos Nuñez, ein Mitglied der PRP und Delegierter des „Ad-hoc-CT" von Lisnave im Mai/Juni 1974, erzählte mir, wie die PCP die Kontrolle über Lisnave übernahm:

„Die PCP hatte ihr Niveau der Aggressionen und Repression in den Fabriken angehoben und scheute auch vor physischer Gewalt nicht zurück. (...) Die Treffen wurden manipuliert, so dass nur Mitglieder der PCP oder ihnen Nahestehende überhaupt sprechen konnten. Sie gingen mit Listen herum, auf denen die zu Unterstützenden standen und sagten den Leuten, wen sie wählen sollten. Es wurde ein neues Sekretariat gewählt, das sechs Mitglieder der PCP, vier Mitglieder der Sozialistischen Partei und ein bis zwei der revolutionären Linken umfasste" (6. März 1984).

Die PCP trat nun für die CTs ein und organisierte am 2. Februar eine „Nicht-Partei-Konferenz", an der 191 CTs aus dem ganzen Land teilnahmen.

Die Inter-Empresas wurden von der PCP und den Gewerkschaften übel angegriffen; viele der Revolutionäre der radikalen Linken machten scharfe Gegenangriffe und das politische Sektierertum war überall zu sehen und hatte negative Folgen. Die Marxisten-Leninisten (Maoisten) waren gegen die bestehende Führung der Gewerkschaften extrem feindselig eingestellt; diejenigen Gewerkschaften, die sich nicht ausreichend am 25. April beteiligt hatten, wurden als Relikte des Faschismus angesehen, wohingegen diejenigen, die von der PCP dominiert wurden, als Sozialfaschisten gebrandmarkt wurden. Es war unklar, ob sie die Gewerkschaften ersetzen, umgehen oder erweitern wollten. Doch in der Praxis kümmerten sich auch diese Gewerkschaften um „Brot- und Butter-Forderungen".

11. März 1975

Die Inter-Empresas verloren massiv an Unterstützung, so sehr, dass man in ihnen bald nur noch eine Art marxistisch-leninistische Frontorganisation mit einer sehr disziplinierten Basis in den Fabriken sah. Die Inter-Empresas schrumpften vor allem durch den Gang der Ereignisse und die Radikalisierung der MFA. Diese Entwicklung wurde durch den Putschversuch von Spinola und seiner Unterstützer am 11. März 1975 vorangebracht. Wiewohl der 11. März eine amateurhaft vorgenommene und ziemlich verzweifelte Aktion war, gelang es ihr hervorragend, das Bündnis zwischen Soldaten und Beschäftigten zu zementieren. Innerhalb von Stunden nach dem Angriff wurden an allen Hauptstraßen Barrikaden errichtet; bisweilen benützte man enteignete Bulldozer, LKWs oder Zementmischer. Soldaten fraternisierten offen mit Arbeitenden beim Bau der Barrikaden und der Übergabe von Gewehren. Bewaffnete Arbeiter requirierten Autos und die bei Rádio Renascença Streikenden gingen an ihre Arbeit zurück und besetzten den katholischen Radiosender, um die „Revolution zu verteidigen".

Die MFA traf in schwindelerregender Geschwindigkeit Entscheidungen, institutionalisierte sich selbst und richtete einen neuen höchsten Regierungsrat ein, den Rat der Revolution. Die erste Tat dieses Revolutionsrates nach dem 11. März war die Verstaatlichung der portugiesischen Banken und Versicherungsgesellschaften. Nach dem Scheitern des Staatsstreichs vom März nahmen die Landbesetzungen dramatisch zu. Die Bedeutung der Kämpfe der Landarbeiter kann nicht überschätzt werden, und zum ersten Mal seit Menschengedenken wurde die Abwanderung von Arbeitenden vom Land in die Städte zurückgedreht.

Das CRTSMs-Projekt

Im Gefolge des 11. März entschied die PRP/BR, die aus den Inter-Empresas hinausgedrängt worden war, es sei nun an der Zeit, die CRTSMs (Revolutionäre Räte der Arbeiter, Soldaten und Matrosen) formell zu lancieren. Dies war der erste Versuch, Arbeiter mit Soldaten in einer andern als einer Parteiorganisation zu vereinigen. Die Vertretung sollte Delegierte aus den Kasernen auf der Basis, dass Soldaten Arbeiter in Uniform sind, umfassen. Die PRP/BR kam aus einer Tradition des Guerilla-Krieges, die die Rolle von wenigen Menschen betonte, welche die Macht durch einen bewaffneten Aufstand ergreifen wollten und dabei im Namen der Arbeitenden handelten.

Der Jahrestag des Sturzes des alten Regimes, der 25. April 1975, wurde gewählt, um erstmals Wahlen gemäß dem allgemeinen Stimmrecht durchzuführen. Ein Wochenende zuvor nahmen Hunderttausende von Menschen an Wahlversammlungen statt, aber 660 eine ganz andere Art von Versammlung: Die Gründungskonferenz der CRTSMs. Dies schloss VertreterInnen (keine Delegierten) aus 161 Fabriken wie Lisnave, Setenave, TAP und – was ganz bedeutsam war – 21 militärische Einheiten ein. Die Presse und die Organisatoren bemerkten schnell, dass zahlreiche Soldaten Uniform trugen. Diese Versammlung war damals die einzige, bei der es nicht um die Wahlen ging. Stattdessen stellte sie ein anderes System der Staatsmacht vor. Der Titel der Wochenzeitung der PRP/BR namens *Revolução* lautete „Stimmt für revolutionäre Räte – für die Diktatur des Proletariats". Christopher Reed berichtete im *Guardian:* die „Arbeiter planen eine Kontrolle nach Art der Sowjets" (1975).

Bei den Wahlen gingen 5.666.696 Menschen, 91,73 Prozent der Wahlberechtigten, zu den Urnen. Die Sozialistische Partei gewann mit 37 Prozent. Die neugewählte Konstituierende Versammlung war nicht die höchste Körperschaft, sondern vor allem ein Beratungsgremium der MFA, die immer noch den Präsidenten ernannte. Die Unterordnung der Wahlgewinner unter die Streitkräfte wurde zur Quelle zunehmender Spannungen. Innerhalb von 24 Stunden kam es zu Sprechchören bei einer Demonstration der Sozialistischen Partei, als die Demonstrierenden „Nieder mit der MFA" riefen. Dies war der erste offene Konflikt zwischen einer größeren politischen Partei und der MFA.

Nach den Wahlen fand es die MFA zunehmend schwierig, ihre zerbrechliche Einheit zu wahren. Es gab einige Gespräche über die Weigerung, die Macht zu übergeben, und auch eine Debatte über eine gütige Diktatur. Eine andere Idee war, die MFA sollte sich in eine Partei umwandeln. Die eingeschlagenen Optionen, ausgleichend zu wirken und Konzessionen nach beiden Seiten hin zu machen, wurden immer mehr zu einem riskanten Spiel. Es gab zahlreiche Umbildungen.

Das Projekt von CRTSMs wurde von Leute aus dem Innern der Streitkräfte, aus dem COPCON, aufgegriffen; dazu gehörte auch der Kommandant Otelo Saraiva de Carvalho, der Architekt des Putsches vom 25. April, der nach einer Basis außerhalb der Armee suchte, eben das nationale Netzwerk dieser Räte. Die CRTSMs riefen zu einer Demonstration für den 17. Juni auf. Diese Demonstration von etwa 30.000 Menschen war politisch gesehen eine der radikalsten seit dem 25. April, denn sie forderte die politischen Parteien und ihre Einrichtung, die verfassungsgebende Versammlung, heraus. Bewusst wurden Slogans zur Unterstützung der MFA weggelassen. Die wichtigsten Parolen waren „Für eine revolutionäre Regierung ohne Parteien" und „Für eine sozialistische Revolution". Am Tag der Demonstration wurde eine dritte Parole hinzugefügt: „Sofortige Auflösung der Konstituierenden Versammlung!" Der Demonstration wurde ein straßenbreites Transparent vorangetragen, auf dem stand: „Fora com a canalha: O poder a quem trabalha!" (Weg mit den Ausbeutern, die Macht den Arbeitenden!)

Die CRTSMs waren an der Oberfläche sehr politisch und sagten, sie wären „der erste Sowjet des revolutionären Portugal", aber sie waren gegen die Parteien und riefen zur Bildung „einer revolutionären Regierung ohne politische Parteien" auf. Die Verachtung für Parteipolitik passte gut zur militärischen Tradition der MFA und ihrer Rolle, Ausdruck verschiedener Klassen zu sein und zwischen ihnen zu vermitteln. Das bedeutete, dass diese etwas dünkelhafte Organisation mit relativ wenigen Wurzeln in den Fabriken dank einiger Offiziere über beträchtlichen Einfluss verfügte und die Ereignisse mitgestaltete.

Die popularen Versammlungen

Die populare Macht war keine Rhetorik. Jeden Tag übernahmen in massivem Umfang Beschäftigte ihre Fabriken. Das Ausmaß der Fabrikbesetzungen erinnerte an Turin 1920, an Katalonien 1936 oder Frankreich 1936 und 1968. Die Besetzung von Land, Fabriken und von Häusern und Wohnungen zog viele Leute, die sonst ausgeschlossen gewesen wären, weil sie nicht in Fabriken arbeiteten, in die Selbstverwaltung.[4] Es wurde erklärt, ein Golfplatz an der Algarve stehe nun allen offen, ausgenommen den Mitgliedern. Rádio Renascença hängte ein

4 Ein bisschen Vorsicht ist angebracht. Viele Besetzungen entstanden durch die Notwendigkeit der Leitung, weil die Besitzer und Grundeigentümer die Unternehmen aufgegeben hatten. Im Allgemeinen waren die Firmen unter Arbeiterkontrolle die kleineren Unternehmen und nicht die kämpferischsten.

Live-Mikrofon über die Straße, so dass bei jeder Demonstration oder Debatte diese Politik der Straße sofort live gesendet werden konnte.

Nach einem Arbeitskampf übernahmen die Arbeitenden *República* in ihre Kontrolle und gaben die Zeitung im Namen der Bewegung der Volksmacht heraus. Das Statement der Beschäftigten vom 24. Mai erklärte: „*República* gehört nunmehr keiner Partei mehr. Alle fortschrittlichen Parteien werden dieselbe Behandlung erfahren, die nur von der Wichtigkeit der Ereignisse abhängen soll." Doch dieser Akt beraubte die Sozialistische Partei ihrer wichtigsten Zeitung und führte zu vielen hitzigen Streitereien über das Recht, zu veröffentlichen und die Freiheit der Rede. Dies hatte eine große Bedeutung, denn die Sozialistische Partei war bis zum 25. April verboten gewesen.

Vierundzwanzig Stunden nach der Demonstration der CRTSMs erklärte der Revolutionsrat der MFA: Die „MFA lehnt die Diktatur des Proletariats ab, die von der bewaffneten Miliz unterstützt wird, denn sie passe nicht in ihr bereits feststehendes pluralistisches Konzept der portugiesischen Revolution". Binnen weniger Tage stimmte die Generalversammlung der MFA mit knapper Mehrheit den „Leitlinien für das Bündnis zwischen der Bevölkerung und der MFA" zu, die auch als MFA-Povo-Pakt bekannt geworden sind. Dadurch gelang es vorübergehend, die PCP, die fünfte Division der mit der MES verbundenen Offiziere, COPCON, und auch einige der Unterstützer der CRTSMs zusammenzuführen. Das Ziel war, eine parallele Macht zum Staat und dem parlamentarischen System zu schaffen. Die Organisationen der Poder Popular sollten integriert werden und als Volksversammlungen in pyramidaler Form unter dem Schutz der MFA stehen.

Die Annahme des MFA-Povo-Paktes zusammen mit dem fortwährenden Scheitern der Regierung von Soares und der Sozialistischen Partei, die Rückgabe von *República* und *Renascença* (wo Massendemonstrationen die MFA zwangen, ein Veto gegen die Regierungsentscheidung einzulegen, den Sender der Kirche zurückzugeben, und den Arbeitern zu erlauben, die Kontrolle zu behalten), durchzusetzen, führte zum Rücktritt der Regierung. Dieser Rücktritt vom 10. Juli – dem Tag, an dem *República* wieder erschien – führte zur Bildung einer weiteren provisorischen Regierung, der fünften, unter Vorsitz von General Vasco Gonçalves (der der PCP nahe stand); sie bestand vorwiegend aus Kommunisten und Weggefährten. Dies war die erste Regierung, an der die Sozialistische Partei oder die konservative PPD (Partido Popular Democrático) nicht beteiligt waren.

Die Pontinha Popular Versammlung wird oft als lebendes Beispiel von Poder Popular angeführt. Das Pontinha-Regiment von Ingenieuren war das Kommando-Hauptquartier für den Staatsstreich vom 25. April. Die meisten Soldaten hatten eine Lehre als Mechaniker oder Facharbeiter. Die Versammlungen ihres Regimentes wurden zum Vorbild für andere Einheiten. Die Soldaten und Offiziere etablierten direkte Beziehungen zur lokalen Bevölkerung und bauten mit militärischer Ausrüstung Straßen und Brücken. Nach dem versuchten Staatsstreich vom 11. März 1975 wurden die Treffen zwischen Arbeitern und Soldaten weit besser organisiert. Die erste gemeinsame Versammlung wurde kurz vor dem MFA-Povo-Pakt abgehalten; es beteiligten sich 17 Fabriken und 30 örtliche Mieterkommissionen. Auf dem Höhepunkt waren 200 Delegierte von den entsendenden Vereinigungen anwesend.

Es wurde viel über populare Versammlungen diskutiert – *República* erwähnt zumindest 38 – und es gab zahlreiche Planungssitzungen für viele andere. Obwohl sie formal gegründet wurden, kamen nur wenige ins Arbeiten. Gewöhnlich waren die stabileren jene, die tatsächlich die Funktion einer lokalen Regierung einnahmen. Die Versammlungen wurden von Mitgliedern der Einwohner-Kommissionen dominiert, die weit zahlreicher erschienen als die Arbeitenden. Mitglieder dieser Versammlungen verbrachten viele hundert Stunden damit zu, Aktionen zu planen und manchmal auch auszuführen.

Das Kampfkomitee von Setúbal

Es war eine Zeit schneller Radikalisierung und Polarisierung. Während des „heißen Sommers“ 1975 und bis in den Herbst hinein wurden eine Reihe von Organisationen wie die armen Bauern des Nordens, die *retornardos* (Rückkehrer) aus den Kolonien, die Sozialistische Partei und die Katholische Kirche immer kühner und gewannen Zulauf. Am 13. Juli wurden die Büros der PCP in Rio Major nördlich von Lissabon niedergebrannt, es folgten die Zerstörung der Büros von PCP und MDP und von Wohnungen führender örtlicher Mitglieder in ganz Nord- und Mittelportugal. Die Sozialistische Partei deckte große und zum Teil gewalttätige Demonstrationen gegen die fünfte provisorische Regierung, bei denen eine Parodie des populären MFA-Slogans gerufen wurde: „Das Volk ist *nicht* mit der MFA“. Dies war von Entwicklungen innerhalb der militärischen Gruppierung um Melo Antunes und seiner „Gruppe der neun“ (Offiziere) begleitet, die von Beginn an bedeutende Mitglieder der MFA gewesen waren. Antunes und die Gruppe der Neun waren als Gegner des faschistischen Regimes glaubwürdig und konnten trotz ultralinker Polarisierung nicht leichthin als „Faschisten“ abgetan werden. Die fünfte provisorische Regierung wurde am 19. August zum Rücktritt gezwungen, die folgende sechste brachte die Sozialisten, die Volksdemokraten und einige ursprüngliche Mitglieder der MFA wieder ins Amt; die Kommunisten erhielten das Ministerium für Öffentliche Arbeiten. Die PCP war in der Tat zum ersten Mal seit dem 25. April an den Rand geraten. Die Krise führte zu einer Spaltung der MFA, und „das Gespenst von inneren Unruhen war real“ (siehe Maxwell 1995, 152).

Das Comité de Luta de Setúbal (Kampfkomitee) wurde in Reaktion auf den Versuch der 6. provisorischen Regierung vom 29. September, alle Radiosender, besonders aber Rádio Renascença zu schließen, gegründet. Zu diesem Zeitpunkt versuchten einige Volksversammlungen, ihre Organisationen wieder aufzubauen und weniger Rücksicht auf die inzwischen hoffnungslos gespaltene MFA zu nehmen. Es war kein Zufall, dass das Comité de Luta sich Kampfkomitee nannte – und nicht Volksversammlung. Vertreter der Kasernen trafen sich in der Nacht vom 29. auf den 30. September mit solchen von Arbeiter- und Bewohnerkommissionen und brachten das auf den Weg, was als das fortgeschrittenste Beispiel einer Arbeiterrats in Westeuropa seit dem Zweiten Weltkrieg in die Geschichte eingehen sollte.

Setúbal verfügte, zusätzlich zu den 4.000 Arbeitern der Setenave-Werft, über einige Fabriken, die zu neu errichteten und kämpferischen Industrien gehörten. Vergleicht man Setúbal mit anderen portugiesischen Städten, dann gab es dort eine hohe Konzentration von HandarbeiterInnen. Das erste eigentliche Treffen fand am 6. Oktober 1975 statt und 500 Beschäftigte kamen. Es war das erste von acht Treffen. Die Struktur, die bis zum 25. November aufrecht erhalten wurde, bestand in wöchentlichen Treffen der Arbeiter- und Bewohnerkommissionen (Gewerkschaften und andere Organisationen der einfachen Bevölkerung hatten Rede- aber kein Stimmrecht). Die Treffen begannen um neun oder 9 Uhr 30 abends und dauerten bis ein Uhr morgens. Bei jeder Sitzung stellten die Mitglieder die Tagesordnung für das nächste Treffen zusammen. Die Beteiligung lag im Durchschnitt bei 300 bis 500 Personen, doch es gab auch kleinere Treffen und gemeinsame Treffen mit Gruppen wie dem Stadtrat (Dows et al. 1978, Downs 1980).

> „Von Beginn an legte man die Betonung auf die Notwendigkeit, die Arbeit auf die realen Probleme der Stadt und der Fabriken hin zu orientieren, wodurch die Einheit der Arbeitenden in der Praxis ermöglicht wurde“ (Downs 1980, 319).

Nach Diskussionen über die nationalen Themen des Tages machte sich das Komitee daran, eine Reihe von praktischen Handlungen zu organisieren und zu koordinieren. Die Liste ist beeindruckend. Die erste größere Aktion war die Organisierung „der größten Demonstration in Setúbal von Soldaten und der Bevölkerung“ seit dem 1. Mai, die schließlich am 16. Oktober stattfand.

In einem Treffen am 13. Oktober stimmte das Komitee für die Unterstützung aller Übernahmen von Zeitungen durch die Beschäftigten. Mit der moralischen Unterstützung des Komitees sperrten die Arbeiter von *O Setubalense* den Eigentümer ein und übernahmen die Zeitung am 21. Oktober selbst.

Am folgenden Tag wurde das Zentrum für regionale Agrarreform in Alcácer do Sal (südlich von Setúbal gelegen) durch eine Bombe zerstört. Landarbeiter besetzten ein anderes Haus in Alcácer do Sal und machten daraus ihr neues Zentrum. Die Unterstützung wurde vom Komitee koordiniert, das auch Zivilisten als Verstärkung hinschickte; auch Soldaten kamen zu Hilfe und gaben Bürgern Gewehre. Für viele war die bedeutendste Errungenschaft die Verteilung von agrarischen Produkten durch ein Konsumentenkomitee, das aus gewählten Delegierten des Komitees bestand.

Die Vitalität der Bewohnerorganisationen war ein wichtiger Beitrag zum Leben des Komitees und sie waren bereits dabei, alle leerstehenden alten und neuen Häuser zu besetzen; es wurden Kriterien entwickelt, wie die Miete ans Einkommen gebunden werden sollte, wobei auch das Alter des Gebäudes, die Lage und Größe, die Größe der Familie und andere Kriterien einfließen sollten, und die Miete sollte ans Kampfkomitee und nicht an den Landbesitzer bezahlt werden (Downs 1980, 323).

Die von Anfang an vertretenen Einwohner-Kommissionen waren Bairro do Liceu, 4 Caminhos, Matalhildos und São Gabriel. Die folgenden Arbeiterkommissionen waren im Sekretariat vertreten (die Zahl der Beschäftigten steht in Klammern): Setenave-Werft (4.000), Entreposto – eine Autofabrik (731); Secil – eine Zementfabrik (1.000); SAPEC chemische Produkte (949); Conservas Unitas – Fischkonserven (98); Bronzes Cetobriga – Bronzeverarbeitung (24) (Dows et al. 1978)

Eine der führenden Beteiligten, Isabel Guerra, sagte mir: Während die CTs in den Volksversammlungen willkommen waren, wurden ihre Stimmen in der Praxis durch die ganz unmittelbaren Probleme der Bevölkerung übertönt. Das geschah sogar im Comité de Luta de Setúbal:

> „Das Komitee war eine Einheitsfront, die trotz politischer Differenzen durch die gemeinsamen Aktivitäten zusammengehalten wurde. Ich lernte, dass die Leute zusammen diskutieren und lernen können, auch wenn sie politische Differenzen haben. Ich erinnere mich an eine politische Debatte, die einer von der PCP, der MES, UDP, LCI, PRP und der MRPP organisierten Demonstration vorausging. Es wurde entschieden, dass man sich konsensuell auf gemeinsame Parolen einigen sollte. Dazu wurde nicht abgestimmt. Man

wollte diskutieren, bis eine gemeinsame Lösung gefunden sei. Und so geschah es" (Guerra 1984a).

Der 25. November 1975 und die Antwort von Setúbal

Es ist ziemlich unmöglich, die darauf folgenden Drehungen und Wendungen zu erklären. Die sogenannte amtierende Regierung konnte nicht amtieren, vor allem weil sie sich nicht auf die Streitkräfte stützen konnte. Viele Einheiten, vielleicht die Mehrheit, hatten der „Revolution" Gehorsam geschworen und man konnte ihnen nicht „trauen".

Der revolutionäre Prozess wurde am 25. November von relativ kleinen Streitkräften von 200 Kommandos, die ausgesandt wurden, um eine Revolte von Fallschirmjägern auf vier Luftbasen zu ersticken, brutal niedergeschlagen. Während dieses Tages brachen alle linken Einheiten in der Armee zusammen, was die Kommandos sehr überraschte, weil sie einen leichten Erfolg davontragen konnten. Real war das Ausmaß physischer Gewalt bescheiden.

Hinter der Planung dieser militärischen Aktion standen die „Gemäßigten" der Sozialistischen Partei und die Offiziere der „Gruppe der neun" um Melo Antunes – es war also kein Putsch der Rechten. Diese Offiziere hatten mit der konservativen Rechten nichts zu schaffen, sie waren alle bedeutende Mitglieder der MFA von Beginn an. Die Volksbewegung suchte nach einem von außen kommenden Feind, nicht einem aus der MFA oder aus dem Spektrum der politischen Linken. Die Alternativen schienen Sozialismus oder Barbarei zu sein. Die große Mehrheit der Linken dachte, dass es binnen weniger Monate zu heftigen bewaffneten Auseinandersetzungen zwischen den Klassen kommen würde. Der Kommandant der COPCOM, Otelo Saraiva de Carvalho meinte, „was mich beunruhigt, ist die mögliche Chilenisierung von Portugal (...). Sie bauen Tötungsmaschinen auf. Maschinen der Repression. Damit können sie ein neues Chile schaffen. Mich treibt diese Angst um" (Faye 1976, S. 49f.).

Die Neofaschisten hatten keine reale Machtperspektive. Die portugiesische herrschende Klasse hatte selbst unter den Unannehmlichkeiten eines rechten und autoritären Regimes gelitten. Auch war der Mord an Allende in Chile 1973, auf den das Pinochet-Regime folgte, für das Big Business und die CIA nicht so inspirierend, wie es sich die Linke immer vorstellte.

Gerüchte über einen bevorstehenden Putsch waren endemisch und ein erschöpfendes Thema des politischen Lebens; auch in Barreiro, von Lissabon aus gesehen auf der anderen Mündungsseite des Tagus (Tejo), läuteten die *bombeiros voluntários* (freiwillige Feuerwehr) ihre Glocken bei jeder Andeutung eines „Putsches" und die Bevölkerung, die häufig in den frühen Morgenstunden geweckt wurde, lief auf die Straße, um dort zu entdecken, dass es sich um einen Fehlalarm handelte. Wahrscheinlich hätten sich die Arbeiter und Soldaten einem konservativen Putsch physisch in den Weg gestellt. Die „Gemäßigten" um die Gruppe der Neun erklärten, es werde ein Aufstand vorbereitet. Der gegen die Linke gerichtete Zug wurde damit gerechtfertigt, dass es die Linke selbst gewesen sei, die den Putsch vorbereitete. Diese Vorbereitungen waren weit weniger fortgeschritten als die „Gemäßigten" und die Rechten anzunehmen beliebten.

Doch es stimmt sicherlich, dass Teile der Linken mit dieser Vorstellung geliebäugelt hatten. Die Leute um Otelo wollten einen kurzen Prozess. Oft sahen Teile der Linken das Militär als ihre Form des kurzen Prozesses. Die Kehrseite des Interesses am Militär war die Ablenkung, was den „Gemäßigten" in die Hände spielte. Aus Setúbal konnte man vernehmen:

„Eine damit verbundene Schwäche war, dass die Probleme der Soldaten auf den Treffen nicht offen diskutiert wurden. Die PRP war mehr daran interessiert, diese auf eine mehr konspirative Weise zu behandeln. Am 25. November griffen Bauarbeiter zu den Bulldozern und versperrten die Straßen nach Setúbal, so dass die Pagnards, die Wagen der Armee, nicht in die Stadt eindringen konnten. Sie machten den ersten Zug" (Guerra 1984b).

Die Bauarbeiter kontaktierten das Comité de Luta und riefen sie dazu auf, um die Stadt herum Barrikaden zu errichten. Das Comité baute ein geheimes Radio auf, das ein paar Tage lang sendete. Das Rathaus wurde besetzt. Isabel Guerra sagte:

> „Wir versuchten die Organisationen zu kontaktieren, auch die Gewerkschaften und die kulturellen Vereinigungen. Wir riefen zu einer Demo außerhalb der Kasernen auf. (…) Das Problem am 25. November war, dass weder die Gewerkschaften, noch die von der PCP kontrollierten CTs ein Interesse daran hatten, (…) so dass sie die Leute nicht mobilisierten. (…) Im Regiment übernahmen die Soldaten von einem Hauptmann Waffen und kontrollierten die Lage, solange sie konnten. (…) Der 25. November zeigte, dass das Comité de Luta auch in Krisenzeiten funktionieren konnte. Aber das Problem (…) des Komitees und auch der CTs lag darin (…), dass die AktivistInnen in dieser Zeit meistens eine kämpfende Minderheit blieben. Diese Schwäche ist sehr bedeutsam, um die Offensive des 25. November verstehen zu können. Die Diskussionen, die im Komitee stattfanden, konnte man am Arbeitsplatz nicht führen. Es handelte sich (…) um eine politische (…) Diskussion einer Minderheit – der Intelligenz in der Arbeiterbewegung. Sogar bei den CTs-Delegierten im Comité handelte es sich um Leute, die zwar ehrlich und anerkannt waren, doch den Ideen des Comité de Luta bereits offen gegenüber standen" (1984a).

Die Aktivisten und Aktivistinnen im Comité entschieden sich, keinen Aufstand zu wagen, nicht, weil sie das nicht gekonnt hätten, sondern weil sie isoliert geblieben wären, weil es kein nationales Netzwerk von gleichgesinnten Organisationen gab. Der 25. November 1975 war ein Wendepunkt, und der revolutionäre Prozess lief aus.

Überlegungen

Der Stress der Zeit des Sturzes des Faschismus und dem Aufstieg der Konterrevolution verwischte den Unterschied zwischen Faschismus und Kapitalismus. Viele Linke meinten, es gäbe nur eine Lösung, den Sozialismus – und es stehe die Entscheidung zwischen Sozialismus und Barbarei an. Hier handelte es sich um eine Unterschätzung der Fähigkeiten des Kapitalismus, sich zu modernisieren und zu reformieren, indem er die Hilfsmittel der sozialen Demokratie einsetzt.

Die Sozialistische Partei spielte eine wesentliche Rolle; ihre Argumente für freie Rede, Arbeiterkontrolle, für „Fortschritt, Demokratie und Sozialismus ermöglichten es ihr, sich an breite Teile der Bevölkerung zu wenden" (Birchall 1979). Solche Versprechen auf Reformen, die ein Gemeinplatz sind, waren damals in Portugal unbekannt.

Kenneth Maxwell argumentiert überzeugend, dass die Gärung wichtig für den Übergang zur Demokratie ist: „Die Stärke kam aus der Tatsache, dass es sich um eine aus dem Kampf geborene Demokratie handelte". In der Tat trug die relativ friedliche Auflösung zur Entwicklung der portugiesischen Demokratie bei. Maxwell meint, „die portugiesische Erhebung glich eher den europäischen Revolutionen der 1820er Jahre und von 1848 als den großen Revolutionen 1789 in Frankreich oder 1917 in Russland". Das bedeutet jedoch nicht – und Maxwell behauptet es auch nicht –, dass die Bewegung für den Wandel nur oberflächlich gewesen wäre (1995, 4).

Tatsächlich scheiterte die Revolution und hat wenig Bleibendes zurückgelassen. 1974 und 1975 waren alle Mauern voller revolutionärer Wandgemälde. Heute sind sie völlig verschwunden. Den Siegern passt es in den Kram, zu betonen, auf wie friedliche und legale Weise sie an die Macht kamen. Es besteht die Gefahr, aus der ganzen Geschichte eine Art Modell für kapitalistische Entwicklung zu machen, und damit die Aufstände und Revolten jener Zeit als pure Einbildung abzuwerten.

In jener Zeit war der westliche Kapitalismus über die Ereignisse in Portugal ziemlich bestürzt. In Spanien herrschte immer noch ein faschistisches Regime und es sah nach einem möglichen Kollaps aus. Vorsichtige Schätzungen der spanischen Regierung zeigten, dass es 1974 1.196 Streiks in der Industrie gab, an denen sich 669.861 Beschäftigte beteiligten. In anderen europäischen Ländern kam es zu Unruhen unter Soldaten. In Italien nahmen über tausend Soldaten in Uniform und mit Taschentüchern vor dem Gesicht an einer Demonstration zur Unterstützung der portugiesischen Arbeiter und Soldaten teil. Die Ereignisse in Portugal fanden nicht im luftleeren Raum statt, sondern es kam dazu, weil es Portugal nicht mehr schaffte, in der Isolation zu verharren. Es ist die erste Aufgabe eines Historikers, die Ereignisse zu erfassen und festzuhalten.

Als die Organisationen der Arbeitenden mit besonderen Problemen befasst wurden, die nach kollektiven Lösungen verlangten, koordinierten sie ihre Kämpfe mit anderen Arbeiterkomitees, mit Organisationen der BewohnerInnen, mit LandarbeiterInnen und besonders mit Mitgliedern der Streitkräfte, indem sie höhere Körperschaften von gewählten und abberufbaren Delegierten einrichteten.

Von den vier beschriebenen Organisationsformen hatten die Treffen der Inter-Empresas wohl die tiefste Verwurzelung am Arbeitsplatz, doch die TeilnehmerInnen an den Treffen der Inter-Empresas konnten nicht immer behaupten, ihre Fabriken zu repräsentieren. Sie verloren gegenüber der PCP an Gewicht, als sich diese systematischer auf die CTs konzentrierte und als sich eine Gewerkschaftsbewegung entwickelte. Auch das politische Sektierertum, besonders der Marxisten-Leninisten, war nicht gerade hilfreich.

Die Inter-Empresas halfen auch, einfache Soldaten ihren Vorgesetzten zu entfremden. Solches geschah häufig, aber die Inter-Empresas waren von Anfang an führend dabei. Die drei folgenden Beispiele zeigen, wie sich Arbeitende und Soldaten zusammenfanden – eine potenziell mächtige Verbindung.

Im Unterschied zu den anderen in dieser Studie untersuchten Beispiele waren die CRTSMs eine nationale Organisation. Die anderen Beispiele können keine Vertretung von 161 Organisationen vorweisen, von den 21 Militäreinheiten erst gar nicht zu reden. Trotzdem gab es ein gewisses Auseinanderfallen zwischen den tagtäglichen Kämpfen und dem großen „politischen Projekt" und in der Praxis konnte der Revolutionäre Rat keine tiefen Wurzeln an den Arbeitsplätzen schlagen.

Die popularen Versammlungen bezogen auch Mieter und andere lokale Basisorganisationen mit ein. In diesem Bericht konnten wir auf die zahlreichen Beispiele nicht eingehen. Jedoch blieben die Versammlungen häufig dabei stecken, Ausweitungen der lokalen Verwaltung zu sein und ihre Politik fiel inkohärent aus, weil sie ein ambivalente Haltung zur Regierung und den ihnen helfenden Offizieren einnahmen.

Die Errungenschaften des Comité de Luta de Setúbal waren inspirierend. Das Comité war potenziell in der Lage, zu helfen, den Widerstand gegen den 25. November zu koordinieren, doch wollte es keinen Aufstand organisieren, teilweise weil es keine nationale Infrastruktur gab, aber auch, weil sehr viele Menschen in Setúbal im 25. November keine Rückkehr der extremen Rechten sahen. Während der zwanzig Monate besetzen Hunderttausende von Beschäftigten ihre Arbeitsplätze, das Land oder die Häuser und Zehntausende von Soldaten rebellierten. Niemand konnte voraussagen, dass so viele so schnell lernen und die Ideen in die Praxis umsetzen würden, die aus den Ausgebeuteten heraussprudelten, als sie begannen, zu versuchen, die Kontrolle über ihr eigenes Geschick zu übernehmen. Ich meine, dass das Ausmaß und die Tiefe der Rätebewegung der Arbeitenden einen wichtigen, ja den fundamentalsten Indikator für die Tiefe eines revolutionären Prozesses darstellt.

Vielleicht hätten die Räte stärker sein können, aber

> „so ermöglicht das reflektierte und kraftlose Licht des Mondes, wichtige Schlussfolgerungen über das Sonnenlicht zu machen." (Trotzki 1973, 186)

Es war eine außerordentliche Zeit, eine Zeit, die weiterhin studiert und gefeiert werden sollte.

Literatur

Barker, Birchall, Gonzalez, Poya und Robinson (1979), *Revolutionary rehearsals.* London: Bookmarks.

Bermão, Nancy (1986), *The revolution within the revolution.* Workers control in rural Portugal, Princeton: Princeton University Press.

Big Flame (1975), *Portugal: A blaze of freedom,* Birmingham: Big Flame Publications.

Birchall, Ian (1979), „Social democracy and the Portuguese revolution", in: *International Socialism,* zweite Folge, Nr. 6, Herbst.

Chilcote, Ronald H. (1987), *The Portuguese revolution of 25 April 1974,* Coimbra: Universidade Coimbra.

Cliff, Tony (1975), „Portugal at the crossroads", in: *International Socialism* , erste Folge, Nr. 81-82, special edition, London. Dt.: *Portugal vor der Entscheidung,* Frankfurt/M. 1975: Sozialistische Arbeitergruppe (SAG).

Downs, Charles (1979), *Revolution at the Grass Roots:* Community Organizations in the Portuguese Revolution, Albany, New York: State University of New York Press.

— (1980), *Community organisation, political change and urban policy.* Portugal 1974-1976, PhD thesis, University of California at Berkeley.

Dows, C.; da Silva, F.N.; Gonçalves, H.; Seabra, I. (1978), *Os Moradores e a Conquista da Cidade,* Lissabon: O Armazén das Letra.

Efacec/Inel Arbeiter (1976), Jornal da greve (suspensa) dos trabahadores da Efacec/Inel Lisboa, Lissabon: Efacec/Inel.

Faye, Jean-Pierre (1976), *Portugal: The revolution in the labyrinth.* Nottingham: Spokesman Books.

Hammond, John (1988), *Building popular power.* Workers' and neighborhood movements in the Portuguese revolution, New York: Monthly Review Press.

Harman, Chris (1975), „Portugal, the latest phase", in: *International Socialism,* Nr. 83 (November), London.

Mailer, Phil (1977), *Portugal: The impossible revolution?* London: Solidarity.

Marx, Karl (1962), „Der Bürgerkrieg in Frankreich", in: *Marx Engels Werke* (MEW), Bd. 17, Berlin: Dietz.

Maxwell, Kenneth (1995), *The making of Portuguese democracy,* Cambridge: Cambridge University Press.

Patriarca, Fátima (1978), „Operários da Lisnave de 12 Sept. 1974", in: *Análise Social,* Nr. 56.

Porch, Douglas (1977), *The Portuguese armed forces and the revolution,* London: Croom Helm.

Reed, Christopher (1975), „Workers plan control Soviet style", in: *Guardian* (UK), 25. April.

Robinson, Peter (1999), *Portugal 1974-1975: The forgotten dream,* London: Socialist History Society.

— (1989), *Workers' councils in Portugal 1974-1975,* M Phil thesis, Centre for Sociology & Social University, Open University, 1989.

Santos, Maria de Lourdes Lima, Marinús Pires de Lima, und Vitor Matias Ferreira (1976), *O 25 de Abril e as lutas sociais nas empresas,* 3 Bde., Porto: Afromento.

Sunday Times Insight Team (1975), „Portugal: The year of the captains", in: *Sunday Times,* London.

Trotzki, Leo (1973), *Geschichte der russischen Revolution,* Bd. 1, Februarrevolution, Frankfurt/M.: Fischer Taschenbuch Verlag

Interviews:

Guerra, Isabel (1984a), Interview mit dem Autor, 6. März.

— (1984b), Interview mit dem Autor, 6. April.

Lisnave Arbeiter (1982), Interview mit dem Autor, 8. Februar.

Nuñez, Carlos (1984), Interview mit dem Autor, 6. März.

Palácio, Artur (1982), Interview mit dem Autor, 8. Februar.

Patriarca, Fátima (1980), Interview mit dem Autor, 9. Januar.

Übersetzung aus dem Englischen: Paul B. Kleiser

Teil V
Arbeiterkontrolle gegen kapitalistische Restrukturierung im 20. Jahrhundert

15. Großbritannien: Arbeiterkontrolle und die Politik der Fabrikbesetzung in den 1970er Jahren

Alan Tuckman

Am 30. Juli 1971 hörten die an den Toren der Upper Clyde Shipbuilders (UCS) versammelten Pressevertreter, wie Jimmy Reid, der Vorsitzende des Vertrauensleutekörpers der Glasgower Werften, „die erste Kampagne dieser Art überhaupt in der Geschichte der Gewerkschaftsbewegung" ankündigte:

> „[Die Werftarbeiter] werden nicht streiken. Wir machen noch nicht einmal eine bloße Betriebsbesetzung. Wir übernehmen die Werften, weil wir uns weigern, die Entscheidungen anonymer Männer hinzunehmen. Wir sind keine Streikenden. Wir sind verantwortliche Menschen, und wir werden uns würdevoll und diszipliniert verhalten. Wir wollen arbeiten. Wir sind keine, die wilde Streiks durchführen" (BBC 1971).[1]

Der Grund für diese Ankündigung war die Einstellung der finanziellen Förderung durch die Regierung. Dadurch rutschten die Werften offiziell in den Bankrott und kamen in die Hände eines Insolvenzverwalters, dessen Aufgabe darin bestand, jegliche noch vorhandenen Werte für die Gläubiger sicherzustellen und auszuzahlen. Schon die Anwesenheit der Presse vor den Werfttoren zeigte ihre Erwartung, dass die Vertrauensleute Widerstandsaktivitäten gegen die Schließung an den Tag legen würden. Reid hatte jedoch klargestellt, dass dies keine bloßes „sit-in", also eine Betriebsbesetzung ohne Aktivität, werde. Die Vertrau-

1 Siehe auch McGill 1972; Foster und Woolfson 1986.

ensleute organisierten ein „work-in", erhielten also die Produktion des besetzten Betriebes aufrecht, und bauten damit in den folgenden 18 Monaten im Wesentlichen ein System der Doppelmacht[2] auf, wodurch die Aktion im folgenden Jahrzehnt zum Fokus und zur Inspiration für über 260 Betriebsbesetzungen durch Arbeiter in Großbritannien wurde.[3]

Die Logik der Fabrikbesetzung im Kapitalismus

Reid unterschied das „work-in" auch vom Streik, der traditionellen Waffe im Waffenarsenal der Arbeiter. Ein Streik, bei dem die Arbeiter ihre Arbeitskraft zurückhalten, bedeutet, dass sie ihren Arbeitsplatz verlassen, was in Zeiten drohender Schließung möglicherweise kontraproduktiv ist. Das „work-in" bei UCS führte dazu, dass diejenigen, die vom Insolvenzverwalter entlassen worden waren, jeden Tag zur Arbeit kamen, ohne dafür jedoch Lohn zu erhalten. Während diese Aktionsform für den gesamten Zeitraum bestimmend war, erlangten jedoch andere Besetzungen eine weitergehende Befehlsgewalt über die Arbeitsplätze. Fabrikbesetzungen wohnt die Infragestellung der grundlegenden Prinzipien der Kontrolle des Privateigentums inne, indem Arbeiter mittels ihrer geleisteten Arbeitskraft Kontrolle über den Arbeitsplatz einfordern und diejenigen, die über Eigentumsrechte verfügen, ausschließen.

Eine Besetzung stellt auch die Grenzen des Verkaufs der Arbeitskraft an das Kapital in Frage, da es die Zugangsrechte über die zeitlichen Grenzen des Arbeitsvertrages hinaus ausweitet. In einem Kommentar war kürzlich zu lesen: Die „Besetzung einer Fabrik ist eine Taktik des Klassenkampfes – es geht nicht

2 Von Lenin in der Februarrevolution von 1917 geprägter Begriff, der die Situation beschrieb, in der die Sowjets und die russische provisorische Regierung um die Legitimität kämpften. Lenin setzte darauf, dass die Sowjets in dieser instabilen Situation die Staatsmacht ergreifen könnten. (Anm.d.Ü.)

3 Diese Zahl der Betriebsbesetzungen im Jahrzehnt nach dem UCS-work-in wurde durch die Auswertung von Zeitungsberichten im beschriebenen Zeitraum gewonnen. Ausgewertet wurden Tageszeitungen, die über Arbeitskonflikte und Tarifauseinandersetzungen berichteten; hauptsächlich die *Financial Times*, die *Times* (London), der *Guardian,* sowie einige Wochen- und Monatspublikationen, wie etwa der *Socialist Worker* und *Labour Research*. Für bestimmte Besetzungen wurden auch Lokalzeitungen ausgewertet, wie etwa die *Manchester Evening News* zu den Auseinandersetzungen im Maschinenbaubereich und die *Hull Daily Mail* und der *Leicester Mercury* für den Betrieb Imperial Typewriters. Diese Ergebnisse wurden mit den Resultaten einer Reihe von Studien, die von dem TUSIU (1976), der Metra Consulting (1972) und Hemingway und Keyser (1975) durchgeführt wurden und die kürzere Zeiträume abdecken, abgeglichen. Für detailliertere Angaben siehe Tuckman (1985).

um die Ausübung von Arbeiterkontrolle“ (Sherry 2010, 126). Dennoch wohnen dieser Aktion auch Fragen um Kontrolle inne. Die Arbeiter eigneten sich nicht nur – für einen vielleicht auch nur kurzen Zeitraum – die Produktionsmittel an, sie erhielten auch die organisatorische Kapazität aufrecht, um das Werk am Laufen zu halten, während sie gleichzeitig ihr Handeln öffentlich rechtfertigten. Wenn bei einer Besetzung die Produktion weitergeführt wird, also ein „work-in“ stattfindet, dann gehört dazu auch die Produktionsorganisation, und es werden Elemente der Arbeiterselbstverwaltung vorweggenommen. Es wirft Fragen nach zukünftigen alternativen Formen der Organisation und der Rolle der Arbeitskräfte als auch der formellen Eigentümerschaft des Werks auf.

Die Taktik der Besetzung wirft offensichtlich weitere Fragen auf. Warum sollte diese besondere Taktik zu einem bestimmten Zeitpunkt angewandt werden? Und warum sollte eine solche Taktik dann für das nächste Vierteljahrhundert fast völlig verschwinden? Selbst wenn sie verschwunden ist: was haben die Taktik und der Zeitraum des Konflikts späteren Kampfgenerationen hinterlassen? Dieser Aufsatz kann vielleicht ein wenig Licht auf das Wiederauftauchen der Fabrikbesetzungen als Reaktion auf die Krise werfen, indem der mit der Taktik einhergehende Ausbruch an Kreativität untersucht wird (Gall 2010).

Das Ende des politischen Konsenses in Großbritannien

Anfang der 1960er Jahre begann der politische Nachkriegskonsens in Großbritannien, der auf industrieller Expansion und wirtschaftlichem Wachstum als Grundlage zunehmenden Konsumentenreichtums aufbaute, zu zerbröckeln. Die Expansion der Wirtschaft ging mit einer viel langsameren Geschwindigkeit vonstatten als bei den anderen im Wettbewerb mitkonkurrierenden Industrienationen. Bestandteil des Konsenses war auch die Eigentümerschaft des Staates an Schlüsselindustrien und -dienstleistungen, die Gesundheitsversorgung und sozialstaatliche Leistungen. Dazu gehörten auch starke Gewerkschaften, die mit der Zuspitzung der Krise zunehmend Forderungen stellten. Die Labour-Regierung unter Wilson, der 1964 ins Amt kam, setzte eine eigene, offener propagierte Form der Modernisierung in Gang und versuchte, diese mit dem Ausbruch der Pop-Kultur im Gefolge der Beatles in Beziehung zu setzen.

Das Programm schloss eine Ausweitung der Industrie- und Wirtschaftsplanung ein und sollte Großbritannien in die „Weißglut der technologischen Revolution“[4] führen. Dabei sollten Unternehmenszusammenschlüsse in bestimmten Branchen

4 Diese Wendung geht auf einen Satz aus einer Rede des damals neu gewählten Labour-Vorsitzenden Harold Wilson aus dem Jahr 1963 zurück, in dem er für die Vision der Umsetzung des Labour-Sozialismus eine moderne und geplante Technologiepolitik

– ein auch als Rationalisierung bekannter Prozess – das Land wettbewerbsfähig machen. Der Zusammenschluss von fünf Werften führte zur Gründung von UCS im Jahre 1960. In erster Linie sollte dies durch die „Industrial Reorganisation Corporation“[5], deren Zweck es war, „den strukturellen Wandel zu fördern, der die Effizienz und Wirtschaftlichkeit der britischen Industrie verbessern wird“ (Hansard 1974), bewerkstelligt werden. Der Versuch des IRC, das britische Industriekapital zu rationalisieren, erzielte bedeutsame Wirkung. Es brachte große Konglomerate zusammen, die ihre vielfachen Betriebsstandorte zu optimieren suchten, um die in Aussicht gestellte Kostenersparnis durch Massenproduktion zu erreichen. Dies führte zu Zusammenstößen mit organisierten Arbeitern, die das „Recht auf Arbeit“ verteidigten. Die konservative Opposition entwickelte die Formel einer „stillen Revolution“, wonach der Markt derart funktionieren solle, dass scheiternde Fimen – die „lahmen Enten“[6] der Wirtschaft – keine staatliche Unterstützung erhielten und so ihr Zusammenbruch zugelassen würde.

Die Erwerbslosigkeit stieg und näherte sich einer Million, eine Zahl, die als politisch nicht hinnehmbar angesehen wurde. Sowohl die Mitgliederzahlen der Gewerkschaften als auch deren Einfluss im neuen korporatistischen Staat wuchsen, wobei es eine bedeutsame Verschiebung des Einflusses hin zur Basis gab (siehe Panitch 1976 und Crouch 1977). Die Wilson-Regierung unternahm auch den ersten Versuch einer gesetzlichen Neuregelung der Arbeitsbeziehungen in diesem Zeitraum. Unter dem Titel „In Place of Strife“ (dt.: „Statt des Unfriedens“) wurde ein Gesetzentwurf verfasst, mit dem die Aktivitäten der Gewerkschaften reguliert werden sollten. Während grundlegende Laufzeiten und Bedingungen in landesweiten Tarifverhandlungen durchaus zwischen Arbeitgeberorganisationen und Gewerkschaftsfunktionären ausgehandelt wurden, lösten Verhandlungen von Vertrauensleuten auf Firmenebene diese jetzt ab. Die wachsende Bedeutung von Unternehmen mit mehreren Standorten führte dazu, dass die Vertrauensleute zunehmend standortübergreifende oder Konzernvertrauensleutekörper bildeten, um die Kommunikation über und die Koordination der Strategie zu ermöglichen.

als erforderlich erklärt, um sich so von der angeblich rückständigen Technologiepolitik der Konservativen abzusetzen. (Anm.d.Ü.)

5 IRC – Unternehmen für industrielle Neuorganisation (Anm.d.Ü.)

6 Im Original „lame ducks“. Seit dem 18. Jahrhundert Bezeichnung für bankrotte Unternehmer, die, angeschossenen Enten vergleichbar, nichts mehr gegen den Tod durch den Feind unternehmen können; in diesem Fall also untergehen oder übernommen werden. (Anm.d.Ü.)

Obgleich sie in der Öffentlichkeit als Konfliktanstifter dargestellt wurden, hatte das System der Vertrauensleute in Wirklichkeit dazu geführt, offene Auseinandersetzungen durch Verhandlungen um eine Vielzahl von „Zusatzzahlungen" zu minimieren. Begleitend zur wachsenden Stärke der Vertrauensleute wurden Schulungskurse entwickelt, die hauptsächlich an den Volkshochschulen entstanden. Diese Kurse wurden nicht systematisch geplant und waren hauptsächlich abhängig von sympathisierenden Lehrern. In den Kursen wurde die Rolle der Vertrauensleute in Bezug auf Mitgliederwerbung, Organisierung am Arbeitsplatz und Verhandlungstechniken thematisiert, und der Lehrplan wurde häufig jedes Jahr neu verhandelt, um die übergreifenderen Themen der Industrie- und Wirtschaftspolitik zu behandeln.

Nicht nur die Unterstützung für die Labourpartei und für die Konservativen zerbrach in den 1960ern. Die Kommunistische Partei, die während der Nachkriegszeit in den Gewerkschaften eine starke Basis hatte, wurde zuerst von der Abrechnung Chruschtschtows mit Stalin im Jahr 1956 und dann von der russischen Invasion in Ungarn 1956, bei der Arbeiterräte wieder in den Fokus der Organisierung von Volksaufständen kamen, getroffen (siehe zum Beispiel Anderson 1964, Lomax 1976 und Lomax 1980).

Eine „Neue Linke" entstand und untersuchte alternative Sozialismusmodelle. Einige erforschten das Potenzial der „Arbeiterselbstverwaltung" des jugoslawischen Nachkriegsregimes. Mit Bezug auf diese und auf frühere Erfahrungen von Organisationen am Arbeitsplatz vertraten einige Kommentatoren der Neuen Linken, dass es notwendig sei, sich wieder auf die Frage der „Arbeiterkontrolle" zu besinnen. In einem 1964 in der Zeitschrift *New Left Review* veröffentlichten Artikel vertrat Tony Topham, dass

> „das quantitative Wachstum der Stärke der Vertrauensleute in der Industrie, die Ursachen und Anzahl von Streiks (insbesondere lokale, spontane Streiks), bedeutende Faktoren sind, und die ganzen Konflikte, die sich um die Rolle der Vertrauensleute drehen, werden wahrscheinlich in der näheren Zukunft an Intensität zunehmen … während die zentrale Rolle der Linken darin bestehen sollte, die Entstehung klarer und ausdrücklicher Forderungen nach Kontrolle durch die Basis zu unterstützen, müssen wir doch darauf bestehen, diese nach außen hin zu verallgemeinern, um den gesamten Rahmen sozialer, wirtschaftlicher und politischer Entscheidungsfindung zu umfassen" (Topham 1964, 4).

Unter Beteiligung von Gewerkschaftssekretären, Vertrauensleuten, anderen Aktivisten und Akademikern wurde eine Reihe von Konferenzen organisiert, die

1968 zur Gründung des „Institute for Workers' Control" (IWC; Institut für Arbeiterkontrolle) führten. Obgleich es falsch wäre, im IWC eine spezifische Position oder Linie als allgemeine Richtschnur auszumachen (Barratt Brown, Coates und Topham 1975), – deckten ihre Veröffentlichungen doch eine eklektische Vielzahl von Bereichen und Perspektiven ab (Hyman 1974) –, vermittelten die zentralen akademischen Vertreter jedoch eine Sichtweise, nach der es sich bei der Arbeiterkontrolle um einen „Eingriff" der organisierten Arbeiterbewegung in das Vorrecht der Entscheidungsgewalt der Manager über die Betriebe handelt. Unter dem Motto „Öffnet die Bücher", traten sie dafür ein, dass die Gewerkschaften, und insbesondere Vertrauensleute, Verhandlungen mit dem Ziel führen sollten, größere Kontrolle über die nicht lohnbezogenen Aspekte wie Arbeitsbedingungen und -tempo zu erlangen. Gegen Ende der 1960er Jahre hatten sie mittlerweile eine Reihe von branchenbezogenen Arbeitsgruppen zur Arbeit im Hafen, in der Stahlproduktion und in anderen Branchen gegründet (Coates 1968; siehe auch Topham 1967). Die Schlüsselfiguren des IWC waren auch in der Gewerkschaftsbildung engagiert, und Pläne und Diskussionen enstanden oftmal aus den Kursen für Vertrauensleute dieser Branchen.

Die massive Erwerbslosigkeit wurde hauptsächlich auf Werksschließungen zurückgeführt, was zu Spekulationen über eine Eskalation der Arbeitskampfmaßnahmen als Widerstand gegen die Schließungen führte. Durch die zunehmende Unsicherheit auf dem Arbeitsmarkt war die Empfänglichkeit für die Inspiration durch die kürzlich stattgefundenen studentischen Sit-Ins und die Besetzung in Frankreich gestiegen. Im Februar 1969 strahlte die BBC das Fernsehspiel *The Big Flame*[7] unter der Regie von Ken Loach aus, in dem eine Besetzung der Liverpooler Docks gezeigt wurde.

Die Bedeutung und Rolle von Besetzungen in Großbritannien

Angesichts gut organisierter und potenziell kampfbereiter Belegschaften und der zunehmenden Verbreitung der Vorstellung der „Arbeiterkontrolle" ließ sich erahnen, dass ein starker Widerstand gegen die riesigen Entlassungwellen bevorstand. Während jedoch die damaligen Besetzungen hauptsächlich mit den Schließungen großer Werke in Zusammenhang gebracht wurden – und die meisten längeren Besetzungen richteten sich tatsächlich gegen die Schließungen –, hatten

7 Wörtlich: „große Flamme". Nach diesem Film benannte sich auch die 1970 in Liverpool gegründete Gruppe gleichen Namens mit einem sozialistisch-feministischem Programm, die der italienischen Gruppe Lotta Continua nahestand und deren Mitglieder vor allem in den Ford-Werken von Halewood (Liverpool) und Dagenham (London) stark organisiert waren. (Anm.d.Ü.)

viele andere eher begrenzte Ziele, wie die Abwehr von Entlassungen, Stellenstreichungen, befristeten Arbeitsunterbrechungen oder drohenden Aussperrungen. In diesem Zusammenhang ist es auch wichtig, eine allgemein akzeptierte Definition des Begriffs „Besetzung“ zu entwickeln, denn, so ließe sich sagen, der Zustand in einem Betrieb ist dann normal, wenn die Arbeitskräfte die Arbeitsplätze besetzen[8]; das traditionelle Bild eines Konflikts – eines Streiks – sieht vor, dass die Arbeitskräfte sich vom Arbeitsplatz entfernen und aus dem Betrieb zurückziehen. Viele Taktiken in betrieblichen Auseinandersetzungen, wie beispielsweise „Arbeit nach Vorschrift“ oder ein „Überstundenverbot“ – die häufig als „Aktionen unterhalb der Streikgrenze“ präsentiert werden –, erfordern, dass die Arbeiter weiterhin beschäftigt sind. Die Entwicklung eines spontanen Konflikts kann für einen bestimmten Zeitraum eine gewissermaßen „schwebende“ Situation hervorbringen, in der die Beschäftigten keine Arbeit leisten, aber dennoch im Betrieb verbleiben. Während der Rausschmiss der Fabrikleitung ein sicheres Anzeichen für eine Arbeiterbesetzung des Betriebs ist, ist er keine Voraussetzung: im Falle von UCS verblieb der Insolvenzverwalter auf der Werft.

Die „Big Flame“ und UCS

Eines der Schlüsselziele für Unterstützung durch das IRC war der Elektronik- und Stromanlagenkonzern GEC-AEI. Hervorgegangen aus dem Zusammenschluss der drei Unternehmen GEC, AEI und EE, um die Vorteile der Massenproduktion auszunutzen, wurde erwartet, dass der Konzern auf einem sich zunehmend internationalisierenden Markt seine Wettbewerbsfähigkeit erhöhte. Zum Zeitpunkt des Zusammenschlusses verfügte das Unternehmen über 135 Standorte mit 228.000 Beschäftigten, wodurch es zum größten damaligen Arbeitgeber in der Privatindustrie Großbritanniens wurde (siehe Anti Report 1972 und IWC 1969). In der sich anschließenden Rationalisierungswelle wurde eine große Anzahl von Beschäftigten entlassen (siehe z. B. Newens 1969 und Schubert 1970).

Als die Arbeiter an drei Standorten in der Region Merseyside von Betriebsschließungen bedroht waren, vereinbarten die Vertrauensleute, den Widerstand mittels einer Besetzung zu organisieren. Aufgrund von Bedenken vor dem Ver-

8 Im Original „occupation“, was sowohl „Beschäftigung/„Tätigkeit“ als auch „Besitznahme“/„Besetzung“ bedeutet. Es geht darum, dass Arbeiter einen Arbeitsplatz „besetzen“, d.h. ausfüllen können, ohne dass dies eine „Besetzung“ darstellen muss. Wenn also die Arbeiter weiterarbeiten, entziehen sie eigentlich ihre Arbeitskraft gar nicht, da dies nun nicht mehr unter dem Kommando des Kapitals stattfindet, ändert sich jedoch das Verhältnis. (Anm.d.Ü.)

lust von Abfindungszahlungen oder einer möglichen Anklage wurde dieser Vorschlag abgelehnt (siehe IWC 1969 und Chadwick 1970). Darin zeigt sich auch der Hauptwiderspruch einer Belegschaft, die von einer Betriebsschließung bedroht ist: kollektiver Widerstand auf der einen Seite; Akzeptanz der Abfindungszahlungen oder die Möglichkeit alternativer Beschäftigung. Die Gewerkschaften sind gezwungen, sich für eine Strategie zu entscheiden: entweder den Widerstand zu mobilisieren oder über die Abfindungsbedingungen für diejenigen zu verhandeln, die erwerbslos werden.

Erst im Jahr 1971, nach dem Wahlsieg der konservativen Regierung Edward Heaths, wurde die „große Flamme" durch die Besetzung bei UCS entzündet. Die Politik der Regierung bezüglich der sogenannten „lahmen Enten" führte dazu, dass sie Unternehmensanfragen nach finanzieller Förderung zurückwies, wodurch die Belegschaften von Erwerbslosigkeit bedroht waren. Die Vertrauensleute hatten die Möglichkeit einer Besetzung diskutiert, und als die Entlassungen angekündigt wurden, informierten sie die Pförtner der Werft, dass sie die Kontrolle übernommen hatten.

Wie auch bei anderen Besetzungen der damaligen Zeit, baute das „work-in" auf der gewerkschaftlichen Tradition der Werft auf. Die üblichen Spaltungen zwischen den verschiedenen Branchengewerkschaften wurden dadurch überwunden, dass aus dem „Vereinten Vertrauensleutekomitee" das „work-in Koordinierungskomitee" wurde, nachdem es sich auch auf die Vertretung der Interessen der ebenfalls von Entlassung bedrohten Vorarbeiter und Vertreter des mittleren Managements geeinigt hatte. Diese „Doppelmacht" existierte in den folgenden achtzehn Monaten. Dabei standen sich die Vertrauensleute, die die Beschäftigung aufrechtzuerhalten versuchten, und der Insolvenzverwalter, der dazu eingesetzt war, das Kapitalvermögen zu realisieren, gegenüber. Die Vertrauensleute forderten die entlassenen Werftarbeiter auf, weiterhin zum Arbeiten auf die Werft zu kommen. Während diese Aktion sich kaum als Besetzung bezeichnen lassen kann, erhielt doch das „work-in" bei UCS erhebliche Unterstützung.

Die Arbeiterbewegung und die Politik der Labour-Partei

Es kam zu Massendemonstrationen auf den Straßen Glasgows, an denen auch Politiker der Labour-Partei teilnahmen, allen voran ihr Sprecher für Industrie, Tony Benn, der gemeinsam mit Gewerkschaftsführern demonstrierte. Die Regierung war besorgt, dass es zu sozialen Unruhen kommen könnte, sobald sie versuchen würde, das „work in" zu beenden oder den Zugang zur Werft zu blockieren. Die Zusammenführung der Werften hatte zu Spannungen zwischen der von der Regierung benötigten Marinewerft und der Zivilwerft geführt, die seit dem Wechsel zu den billigeren Containern unter erheblichem Wettbewerbsdruck stand. Die militärische Rolle der Werft wurde nur wenig in Frage gestellt. Deswegen konzentrierte sich die Argumentation zunehmend auf die sozialen Kosten der Schließung (siehe IWC 1971 und Murray 1972). Mit einer Dauer von achtzehn Monaten hatte der Widerstand gegen die Schließung von UCS entscheidenden Einfluss auf die Arbeiterbewegung in Großbritannien, insbesondere in der Mobilisierung für die Besetzung, was neue Fragen bezüglich der Schließung und der Entlassungen aufwarf.

Die Besetzung bei UCS war jedoch für die folgenden Besetzungen nicht modellbildend. Die ungefähr einen Monat nach dem „work-in" bei UCS begonnene Besetzung in der Waffenfabrik Plessey, nahe bei Glasgow am Fluss Clyde gelegen, war vielleicht das erste Geschehen, das in den 1970er Jahren typisch für die Werksbesetzungen in Großbritannien werden sollte. Die Belegschaft war bereits verringert worden, und als die letzten 250 Arbeiter aufgefordert wurden, ins Werk zu kommen, um statt zu arbeiten ihre ausstehenden Löhne zu erhalten, überwanden sie das verschlossene Betriebstor.

Die Besetzung bei Plessey sollte vier Monate dauern, bevor es gelang, eine Übernahme auszuhandeln, die 70 Arbeitsplätze sicherte (siehe *Labour Research* 1972; *Times* 1972; Coates 1981, 55-56). Nach einer sich so lange hinziehenden Besetzung überraschte auch die Zahl von nur noch etwa 70 verbliebenen Besetzern kaum: dies verweist auf zwei bedeutsame Faktoren bezüglich der Entwicklung und der Erebnisse von Besetzungen. Erstens sank die Zahl der Beteiligten mit der Länge des Verlaufs, da sie andere Beschäftigungsmöglichkeiten fanden oder angesichts der Aussichten des Kampfes auch einfach zunehmend desillusioniert oder pessimistisch wurden. Wenn sich dann Lösungen abzeichneten, schien zweitens die Zahl und Qualifikation derjenigen, die weiterhin bei der Besetzung dabei waren, der Zahl der angebotenen Arbeitsplätze zu entsprechen. Der Widerstand konzentrierte sich zumeist auf die Aufrechterhaltung der Beschäftigung, auf das „Recht auf Arbeit", ohne dass es jedoch eine klare Strategie gab, wie dies durchzusetzen sei.

Ausweitung der Fabrikbesetzungen durch die Arbeiter

Ende 1971 hatten sich die Fabrikbesetzungen weiter in den Süden, hin zu den Stahl- und Maschinenbauwerken um das südliche Yorkshire herum und nach Wales hinein, ausgedehnt. Es handelte sich bei allen um Abwehrkämpfe gegen Entlassungen. Die Reflexionen über den Zusammenhang zwischen den Besetzungen und Eigentumsrechten drehten sich anfangs um die Eigentumsrechte am Verkauf der Arbeitskraft. Es herrschte die Vorstellung vor, dass man durch die Beschäftigung in gewisser Weise Eigentumsrechte erwarb, die denen eines Aktienhalters vergleichbar waren. Dies entsprach genau dem niemals ausdrücklich formulierten Ethos, mit dem Abfindungszahlungen begründet wurden. Basierend auf keynesianistischen Annahmen über die Steuerung der Mobilität von Arbeitskräften wurden sie ursprünglich eingeführt, um den industriellen Wandel zu unterstützen und die Chancen der Arbeiter zu erhöhen, aus sterbenden Wirtschaftsbranchen und –regionen in aufstrebende Bereiche zu wechseln. In der Praxis bedeutete dies jedoch die Kommodifizierung der Arbeitsplätze, da jegliche Form des „Besitzes" eines Arbeitsplatzes durch die Arbeiter durch Geldzahlungen ersetzt wurde (siehe Fryer 1973; 1981).

Deshalb kam es zu Spaltungen unter den Arbeitern, sowohl in der Frage nach dem Widerstand gegen oder die Akzeptanz von Abfindungsbedigungen als auch in Bezug auf die Frage nach der Form des Eigentums, nämlich ob öffentlich oder privat. Außer Debatten pragmatischen Charakters gab es nur wenig Diskussionen über Formen der Selbstverwaltung oder wie der Betrieb unter Arbeiterkontrolle betrieben werden könnte. Während eine Besetzung häufig als Mittel des Widerstands gegen eine anstehende Schließung vorgebracht wurde, war deren tatsächliche Ausführung eher spontanen Charakters. Die Besetzungen waren angesichts drohender Arbeitsplatzverluste eher Akte der Verzweiflung, statt planvolles Handeln, das mehr war als die Hoffnung, einen anderen Eigentümer zu finden. Wenn sich keine alternativen Käufer abzeichneten, begannen einige Besetzer jedoch Arbeiterkooperativen aufzubauen, vornehmlich aus Pragmatismus als aus einer tiefergehenden Motivation heraus.

Im Februar 1972 meldete der Schuhproduzent „Sexton, Son and Everard" Insolvenz an und verkündete, dass seine Fabriken in East Anglia geschlossen und die siebenhundert Beschäftigten entlassen würden. Auf einem Treffen stimmten die Beschäftigten fast geschlossen dafür, die Schließung durch eine Besetzung zu bekämpfen und die Maschinerie und das Lager zu kontrollieren (Wajcman 1983; *Socialist Worker* 1972). Noch vor Umsetzung des Beschlusses wurde das Unternehmen von einem lokalen Investor aufgekauft, der die Erhaltung von fünfhundert Arbeitsplätzen garantierte. Zu denjenigen, die ihre Arbeitsplätze verlieren sollten, gehörten auch fünfundvierzig Frauen eines Zweigwerks in Fakenham, das Oberleder für den Hauptstandort produzierte. Da sie sich übergangen fühlten, beschlossen sie, den Betrieb zu besetzen, als die erste Gruppe Frauen entlassen wurde. Sie verfügten über Maschinen und Lederabfälle, aus denen sie Taschen und andere Produkte mit dem Label „Fakenham Occupation Workers" (Arbeiter der Fakenham-Besetzung) für den Verkauf in der Umgegend produzierten. Die Frauen fingen an, die Perspektive in Betracht zu ziehen, in einer Arbeiterkooperative für sich selbst zu produzieren.

Das im Londoner Osten gelegene Werk von „Briant Colour Printing" wurde von den Arbeitern als Maßnahme gegen die Schließung besetzt. Sie entwickelte sich zu einem „work-in", als die Besetzer Druckaufträge erhielten, häufig von Organisationen aus der Linken oder der Arbeiterbewegung vergeben. Manche Mitglieder dieses „work-ins" scheinen die Möglichkeit des Aufbaus einer Arbeiterkooperative diskutiert zu haben, die Idee wurde jedoch abgelehnt (*Inside Story* 1973). Streikposten stellten sich in großer Anzahl vor dem Werk auf, als den Besetzern der Rausschmiss drohte, und schließlich wurde ein neuer Eigentümer gefunden. Nur vierzehn Wochen nach der Übernahme durch den neuen Eigentümer wurde das Werk jedoch erneut geschlossen. Dieses Mal konnte die Belegschaft nicht mit einer Besetzung reagieren: nachdem sie ihre Entlassungspapiere per Post erhalten hatten, gelangten sie zum Werk und stellten fest, dass es bereits verschlossen war und von einem Sicherheitsunternehmen bewacht wurde (*Labour Research* 1973a).

Auch die Arbeiter bei „Leadgate Engineering" in Durham besetzten ihren Betrieb als Maßnahme gegen dessen Schließung. Das Schließungsdatum war strategisch ausgewählt worden und hätte die Entnahme der Maschinen ermöglicht, ohne dass die geflossenen Regierungssubventionen hätten zurückgezahlt werden müssen; es hätte auch niedrige Abfindungszahlungen für die Belegschaft zur Folge gehabt. Von den dreihundert Beschäftigten besetzten jedoch einhundert das Werk, wodurch der Abbau von Maschinen verhindert wurde. Nach einer sechsmonatigen Besetzung einigten sich die Eigentümer schließlich mit den verbliebenen dreißig Arbeitern auf den Plan, eine Arbeiterkooperative zu errichten. Als Ausgleich für die noch in der Fabrik verbliebenen Maschinen konnten die Arbeiter eins der Fabrikgebäude mieten und die Kooperative erhielt einen Kredit, der durch Arbeitsaufträge für den früheren Eigentümer abgesichert war. (siehe Mooney 1973; *Labour Research* 1973b).

Die Belegschaft bei „Leadgate" schien nicht weniger zynisch über eine Arbeiterkooperative zu denken als die von „Briant Colour", aber eine Besetzung bloß um der Besetzung willen stellte keine Lösung dar. Gegen Ende des Jahres hatte die Kooperative den Kredit zurückgezahlt, sogar weitere Arbeiter aufgenommen und weitere Verträge hinzugewonnen, obgleich sie gegen Ende 1975 zusammenbrach und die Arbeit eingestellt wurde (Coates 1981, 137; siehe auch *Labour Research* 1973b).

Das Motorenteilewerk „Fisher-Bendix" in der Nähe von Liverpool hatte nach Eigentümerwechseln begonnen, eine Reihe anderer Produkte zu produzieren.

Anfang 1972 wurden Entlassungen zum Thema, und die Vertrauensleute nahmen sowohl mit UCS und Plessey als auch mit den Vertrauensleuten des nahegelegenen Merseyside-Werks von GEC-AEI Kontakt auf, die 1969 eine Besetzung diskutiert hatten (siehe Clarke 1974; Eccles 1981; Solidarity 1972). Obgleich es Diskussionen im Vorfeld gegeben hatte, war die Besetzung bei Fisher-Bendix spontan und ungeplant: ein Treffen wurde gestürmt und die Betriebsleitung aus dem Werk geschmissen, anschließend wurden die Tore verschweißt. Nachdem Harold Wilson, Wahlkreisvertreter im Parlament und zur damaligen Zeit Oppositionsführer, eingriff, konnte ein neuer Eigentümer gefunden werden, der jedoch weder für das Werk noch die Belegschaft eine langfristige Sicherheit garantierte.

Diese Besetzungen bauten auf dem Einfluss der Organisationsstärke der Belegschaft auf, die formell durch das Vertrauensleutesystem vertreten wurde. Dies stand manchmal quer zur offiziellen Gewerkschaftsstruktur, die dazu tendierte, die Entlassungen zu akzeptieren, und Misstrauen gegenüber der inoffiziellen Basisorganisation der Beschäftigten hegte. Diese Verankerung in der Vertrauensleutebewegung und die Spannungen mit den Gewerkschaften sollten in den Vorgängen um den landesweiten Konflikt im Maschinenbau am deutlichsten zutage treten.

Die Maschinenbauer von Manchester

Anfang 1972, kurz vor der Besetzung in Fakenham, übernahmen die Arbeiter von „Bredbury Steelworks" das Stahlwerk in der Nähe von Manchester und schufen ein Muster für ungefähr fünfzig nachfolgende Besetzungen in der Maschinenbauindustrie. Die Löhne und Arbeitsbedingungen in der Industrie wurden in Abkommen mit langer Laufzeit zwischen der Arbeitgebervereinigung der Maschinenbauproduzenten (Engineering Employers Federation, EEF) und dem Gewerkschaftsdachverband der Schiffs- und Maschinenbauer (Confederation of Shipbuilding and Engineering Unions) ausgehandelt, in dem sich die 31 Gewerkschaften mit Mitgliedern aus der Branche zusammengeschlossen hatten. Verhandlungen auf betrieblicher Ebene hatten jedoch zunehmend an Bedeutung gewonnen, wobei es den Vertrauensleuten gelang, in einigen Werken das Doppelte des Grundlohns auszuhandeln. Die Gewerkschaft hatte eine Lohnforderung von 25 £ pro Woche für ausgebildete Arbeiter erhoben und als Teil einer Strategie zur Bekämpfung der steigenden Erwerbslosigkeit die Einführung der 35-Stundenwoche sowie eine zusätzliche Urlaubswoche gefordert. Als die Arbeitgeber diese Forderungen ablehnten, fingen die Gewerkschaften an, die Kampagne auf die Regionen auszuweiten.

Die Region Manchester, in der die vielleicht am besten organisierte und kämpferischste Vertrauensleuteorganisation existierte, brachte die nationalen Forderungen nacheinander in den verschiedenen Werken vor. Die Bekanntgabe der Forderungen gegenüber der Werksleitung wurde häufig mit einer Durchsetzung von Sanktionen begleitet, also einer Verweigerung, Überstunden zu arbeiten, „Arbeit nach Vorschrift" zu machen, usw., worauf einige Arbeitgeber mit der Androhung von Aussperrungen reagierten (Chadwick 1973). Manche Kommentatoren neigten dazu, die Ausweitung des Konflikts zur Besetzung von ungefähr dreißig Fabriken in der Region als Ergebnis des Zusammenspiels der linken Vertrauensleute und Gewerkschaftssekretäre anzusehen. Diese kamen hauptsächlich aus der Kommunistischen Partei und einige wenige aus der Sozialistischen Arbeiterpartei[9] (Mills 1974; Darlington and Lyddon 2001). Es war jedoch die EEF, die darauf abzielte, bestimmte Werke anzugehen, wo es ihrer Ansicht nach „kommunistische Vertrauensleute"[10] gab. Der Präsident der EEF hob gegenüber Arbeitgebern hervor, „wie wichtig es ist, in dieser Situation dagegenzuhalten. Es gibt kaum Zweifel, dass eine Politik konfliktiver betrieblicher Verhandlungen den Versuch darstellt[e], die Branche mit Bezug auf Forderungen nach Lohn und Arbeitsbedingungen als gesetzesfreie Zone darzustellen. Wenn die Gewerkschaften das Gewebe unserer Einheit ausprobieren wollen, sollten wir sie über dessen Belastbarkeit nicht im Zweifel lassen" (EEF 1972).

In Werken mit Belegschaftsvertretern, die eher zum Kompromiss mit der EEF neigten, wurden den Belegschaften Lohnerhöhungen angeboten, die über der landesweiten Forderung lagen, ohne jedoch zusätzliche Leistungen anzubieten. Bei „Mather & Platts", wo es nur einen niedrigen gewerkschaftlichen Organisationsgrad gab, sah das angenommene Angebot eine Lohnerhöhung von 5,50 £ die Woche vor, was bedeutend mehr war als die Forderung, die eine Erhöhung um 4 £ vorsah, ohne Verbesserungen in Bezug auf Urlaub oder Wochenarbeitsstunden.

Der EEF lernte von der Gewerkschaft und hielt die Einheit und Disziplin unter seinen Mitgliedern aufrecht und stärkte damit die Position des Verbands, dass einzelbetriebliche Abkommen nur in Bezug auf die Lohnhöhe getroffen

9 Die Socialist Workers Party ist eine vor allem in Großbritannien wichtige trotzkistische Partei, die nicht zur IV. Internationale gehört. In der „International Socialist Tendency" war bis zu ihrer Auflösung 2007 die deutsche Organisation „Linksruck" mit der SWP verbunden. (Anm.d.Ü.)

10 Bemerkung des Regionalsekretärs der EEF in einem Interview mit dem Autor im April 1976.

werden sollten. Die meisten der von der Gewerkschaft erreichten Abkommen wurden mit Unternehmen getroffen, die nicht Mitglied der EEF waren. Die wenigen Mitglieder der EEF, deren Abkommen auch Vereinbarungen zu Urlaub und Wochenarbeitsstunden umfassten, wurden ausgeschlossen. Dieses Vorgehen stellte nicht nur einen Angriff auf die kämpferischen Vertrauensleute und eine Unterstützung der akzeptableren Form der Interessensvertretung der Belegschaft dar, sondern machte auch schon deutlich, wie anfangs die neoliberale Position in Verhandlungen aussehen sollte: Tarifverhandlungen sollten auf dem basieren, was ein Unternehmen zahlen konnte, sollten also der relativen Marktlage des Unternehmens entsprechen, anstatt äußerliche Einflüsse zu berücksichtigen, wie etwa das Subsistenzniveau der Arbeiter vor dem Hintergrund der Entwickliung der Lebenshaltungskosten.

Bis April 1972 hatten sich die Werksbesetzungen in die Region um Sheffield ausgeweitet, wo die Gewerkschaften auch identische Forderungen erhoben; in zwei Werken drohten die Arbeitgeber, den Lohn nicht auszuzahlen, als Vergeltung für Sanktionen der Gewerkschaften. Anderswo, wie zum Beispiel bei „Stanmore Engineering" in London, summierten sich zur landesweiten Forderung noch seit langem bestehende Missstände, und der Konflikt zwischen dem Arbeitgeber und den Arbeitern weitete sich zu einer Besetzung aus. Die Besetzungen wurden bis in den August hinein aufrechterhalten. Die Vertrauensleute in Manchester gaben ihren Widerstand gegen reine Lohnabkommen jedoch auf, und nach und nach disziplinierten die landesweiten Gewerkschaften Konflikte, die nicht offiziell von der Gewerkschaft abgesegnet worden waren. Der EEF lockerte seinen Widerstand gegen Tarifvertragsabschlüsse, einschließlich einiger Zugeständnisse bei der Wochenarbeitszeit und Urlaub.

Veränderungen

Das „work-in" bei UCS und die Bewegung der Besetzungen zeitigten langsam Auswirkungen. Die Regierung unter Edward Heath, die mit einem neoliberalen Programm ins Amt gekommen war, war gezwungen, eine 180-Grad-Wende zu vollführen. 1972 wurde ein neues Industriegesetz erlassen, das staatliche Interventionen zur Unterstützung von Branchen in sozial benachteiligten Gegenden oder aus Gründen des nationalen Interesses erlaubte.

Der Industrieminister erhielt die Macht, an ein Unternehmen bis zu fünf Millionen Pfund zu vergeben, bevor die Maßnahme dem Parlament zur Abstimmung vorgelegt werden musste. Um den Bankrott von Rolls-Royce zu verhindern, würde das Vorzeigeunternehmen verstaatlicht werden; ebenfalls konnte UCS unterstützt werden, damit das Überleben des Unternehmens gesichert werden könnte. Eine der Werften wurde an Marathon Oil zum Bau von Bohrplattformen für die sich ausweitende Erschließung der Ölfelder der Nordsee verkauft. Die Regierung trug sechs Millionen Pfund zum Verkauf bei und erklärte, dass es sich bei diesem Unternehmen nicht um eine „lahme Ente" handelte. Die verbliebenen Werften wurden neu organisiert und erhielten 35 Millionen Pfund Unterstützung durch die Regierung, eine Summe, die frühere Forderungen, die aber verweigert worden waren, erheblich überstieg.

Die wirtschaftliche Entwicklung verschlechterte sich, die Erwerbslosigkeit stieg weiterhin an und die Inflation bewegte sich auf doppelstellige Zahlen zu. Die Regierung führte Regelungen zur Lohnbegrenzung ein, wodurch die Löhne in allen Branchen niedrig gehalten wurden. Die Ölkrise traf die Wirtschaft 1973 und zum gleichen Zeitpunkt drohten die Bergarbeiter mit ihrem zweiten landesweiten Streik innerhalb von zwei Jahren. Es wurden weitere Notfallmaßnahmen zur Energieeinsparung eingeführt, einschließlich der Verringerung auf eine Drei-Tage-Arbeitswoche. 1974 leitete Heath schließlich Neuwahlen ein, die unter dem Thema „Wer regiert Großbritannien?" standen. Die offensichtliche Schlussfolgerung war, dass die organisierte Arbeiterbewegung zunehmend an Macht gewann.

Im März 1974 konnte Labour eine Minderheitsregierung bilden. Ihre Politik sah vor, eine Behörde für Staatsunternehmen (National Enterprise Board) zu schaffen, die öffentliche Unternehmen verwalten und ihren Anteil an der Wirtschaft erhöhen, sowie die Wirtschaftsdemokratie ausweiten sollte. Der Architekt dieser Industriepolitik sollte Tony Benn sein, der sowohl innerhalb des IWC als in der Kampagne um die UCS eine aktive Rolle innegehabt hatte; er suchte nach einem neuen Modell von Staatsunternehmen, das von einer stärkeren Einbeziehung der Arbeiter in die Entscheidungsfindung „durch die Basis" begleitet werden sollte (siehe Benn 1979). Während seiner kurzen Amtszeit, in der er mit anderen Ministern, den Gewerkschaften und seinen eigenen Beamten aneinandergeriet, hatten die Vertrauensleutekörper von mit Schließung bedrohten Werken oder Unternehmen direkten Zugang zu ihm.

Noch unter der konservativen Regierung war eine Reihe von Anträgen eingegangen, die sich auf das Industriegesetz von 1972 bezogen. Diese waren noch nicht abgearbeitet, und in einigen Fällen hatte es bereits seit längerer Zeit staatliche Interventionen und Besetzungen durch Arbeiter gegeben. Der Niedergang der Motorradindustrie erregte Besorgnis. Die Konsolidierung der verbliebenen Produzenten (bei NVT – Norton Villiers Triumph) beinhaltete den Vorschlag, Fabriken zu schließen, und schuf einen Konflikt zwischen den Belegschaften über die Vergabe von Arbeit. Die urprünglichen Vorschläge von NVT, die von der Regierung unterstützt wurden, sahen die Schließung des in Meriden, in den West Midlands zwischen Coventry und Birmingham, gelegenen Werks und die Vergabe der Arbeit an die zwei verbliebenen Werke vor. Nach Verkündung der Schließung warfen die Arbeiter in Meriden die Betriebführung aus dem Werk und besetzten es. Anfangs führten sie es als „work-in" weiter und produzierten Motorräder aus den vorhandenen Komponenten.

Die Blütezeit der Besetzungen

In der Unentschiedenheit des Wahlkampfes war zwischen NVT und den besetzenden Arbeitern in Meriden ein Abkommen getroffen worden. Dadurch sollten Maschinen, Ersatzteile, Unternehmensakten und „die beweglichen Teile der Motorenabteilung" herausgelöst werden. Der Plan übergab der zu schaffenden Arbeiterkooperative Vermögenswerte in Höhe von zwei bis sieben Millionen Pfund, die aus einer von dem Unternehmen erstellten Liste ausgewählt werden sollten, sofern vor Ende März des Jahres ein Nachweis über die Zahlungsfähigkeit der Kooperative vorliegen würde (NVT 1974). Als Benn das Industrieministerium übernahm, lag der Plan auf seinem Tisch. Zuvor waren die Regierungssubventionen für die Motorradindustrie direkt an NVT geflossen, aber Benn ermutigte die Belegschaft in Meriden jetzt dazu, ihre Pläne für eine Arbeiterkooperative formell aufzusetzen und einen Antrag auf Förderung durch das Industrieministerium nach dem Industriegesetz von 1972 einzureichen.

Benn leistete der Belegschaft von Meriden eine rasche Unterstützung. Das Werk wurde als eigenständiges Unternehmen neu gegründet, damit es 4,96 Millionen Pfund zusätzlich zu den bereits an NVT vergebenen Subventionen erhalten konnte. Dies erlaubte nicht nur die Gründung der Kooperative, sondern ermöglichte auch die Auszahlung für die verbliebenen Werkzeugmaschinen und Pläne, auf die NVT gewartet hatte. Damit standen auch sofort ein Käufer sowie zusätzliche Produktionskapazitäten zur Verfügung, und im Kern wurde eine Zulieferfirma für das Triumph Bonneville Motorrad geschaffen.

Die Erfahrung mit dem Werk in Meriden hatte die Perspektive von Benn tiefgreifend geprägt. Dadurch, dass er auf die Arbeiterkooperative, die an die Wurzeln des Radikalismus der Labour-Partei erinnerte, setzte, hatte er den scheinbar unauflöslichen Widerspruch zwischen der Ausweitung der „Sozialisierung" der Wirtschaft und der Verpflichtung zur Ausweitung der Wirtschaftsdemokratie gelöst. Die von den Arbeitern in Meriden vorgeschlagene Arbeiterkooperative schien die Lösung zu sein, insbesondere als ähnliche Pläne von den Arbeitern der Tageszeitungen von Beaverbrook in Glasgow vorgebracht wurden, die eine Besetzung gegen die Schließung ihres Unternehmens durchführten. Sie beabsichtigten, eine Tageszeitung, die *Scottish Daily News*, herauszubringen, und sollten diese für einige Monate als Kooperative führen. Andere Arbeitergruppen wendeten sich direkt an Benn. Die Arbeiter von Fisher-Bendix, mittlerweile in IPC umbenannt, waren erneut von Schließung bedroht und suchten Unterstützung. Benn ermunterte sie, zur Unterstützung ihres Ansinnens ihren eigenen Unternehmensplan vorzulegen, und riet ihnen, die Errichtung einer Kooperative zu erwägen.

Das Luftfahrtunternehmen Lucas Aerospace[11], das zur Durchführung von Unternehmenszusammenschlüssen und Rationalisierung vom IRC Förderung erhielt, hatte auch Werksschließungen vorgeschlagen. Gegen einige davon richteten sich Betriebsbesetzungen. Um die vorgeschlagene Umstrukturierung abzuwehren, hatten die Vertrauensleute aus unterschiedlichen Werken einen Konzernvertrauensleutekörper gebildet, der sich regelmäßig traf. Die Konzernvertrauensleute trafen sich mit Benn im Industrieministerium, um zu besprechen, wie die befürchteten Arbeitsplatzverluste durch die Aufnahme in das von der Regierung vorgelegte Programm zur Verstaatlichung der Luftfahrtindustrie abgefedert werden könnten. Dort forderte er sie auf, ihre eigenen Pläne zur Sicherung der Arbeitsplätze vorzulegen (Wainwright u. Elliott 1982). Der entwickelte Plan folgte der Logik, die im Widerstand gegen die Schließungen und in den Betriebsbesetzungen entwickelt und in dem Bericht „The social audit"[12] zu UCS festgehalten worden war, ging jedoch weit darüber hinaus. Zunehmend wurden die „Verwendung" der Produkte und die Produktion selbst überdacht. Der Konzernvertrauensleutekörper von Lucas stellte die Abhängigkeit von der Waffenproduktion in Frage und löste sowohl eine umfassendere Debatte über die Rüstungskonversion aus als auch über den entfremdenden Charakter der Arbeit im Kapitalismus (siehe Cooley 1980).

Benn griff manche der vom IWC entwickelten Strategien auf. Die Arbeiter wurden angeleitet, ihre eigenen Vorschläge zur Rettung ihrer Industrien vorzubringen. Die Arbeiter hatten verstanden, dass der Minister hierbei die

11 Dieser Fall aus dieser Zeit ist in der BRD aufgrund seiner umfassenderen Entwicklung eines gesellschaftlichen Alternativplans als einziger in der kritischen Wahrnehmung etwas bekannter geworden. Siehe die hervorragende Publikation: Löw-Beer 1981. (Anm.d.Ü.)

12 Wörtlich: „Die soziale Betriebsprüfung"; gemeint ist eine Betriebsprüfung, die aus Sicht der Arbeiter neben einer reinen Wirtschaftlichkeitsprüfung auch andere Größen einbezieht, die die gesellschaftliche Bedeutung des Betriebes in einer Region und die innere Verfassung desselben berücksichtigen. (Anm.d.Ü.)

Form der Kooperative gegenüber der Verstaatlichung in hergebrachter Form bevorzugte. Als die Unternehmensführung von Litton Industries im Januar 1975 Pläne zur Schließung ihrer „Imperial Typewriter“ Fabriken in Hull und Leicester ankündigte, erstellten die Arbeiter einen Plan, in dem die Unterstützung durch Benns Ministerium gefordert wurde (TGWU 1975; IWC 1975).[13] Als Benn zu einer Gruppe von Arbeitern aus Hull sprach, riet er ihnen, dass sie „zusammenhalten“ [14] müssten. Als die Fabrik in Hull am 20. Februar einen Tag früher als angekündigt geschlossen wurde, kletterten Angehörige der Belegschaft über das Tor und besetzten sie. Vor dem Werk wurde ein Schild aufgestellt, auf dem zu lesen war: „Tony unterstützt uns“. Im folgenden Monat sollte Benn jedoch an Tony Topham schreiben: „Wie ihr wahrscheinlich festgestellt habt, steht der ganze offizielle Laden 100%ig gegen Euch, und ich gebe mein Bestes, um zu verhindern, dass katastrophale Empfehlungen eingehen, damit ihr Zeit habt, Euch neu zu organisieren. Es wird sehr schwer sein, aber ich werde mein Bestes geben“ (Benn 1975).

Während Benn eine wichtige Rolle in der Mobilisierung verschiedener Gruppen von Arbeitern innehatte, führte seine Offenheit, Belegschaftsdelegationen zu empfangen – insbesondere von Arbeitern, die anscheinend kämpferisch gesinnt waren –, zu seiner Isolierung, wenn nicht gar zu seiner Verteufelung durch andere gesellschaftliche Gruppen.

Als der Konzernvertrauensleutekörper von Lucas Aerospace seinen Plan vorlegte, der Vorreiter und Symbol für „gesellschaftlich nützliche Produktion“ (Lucas 1978; Wainwright u. Elliott 1982) war, sah er sich durch ein Netz aus Bürokratie blockiert (Lucas 1979; 1982). Auch die Gewerkschaftshierarchie lehnte den direkten Zugang von Vertrauensleuten und Konzernvertrauensleutekörpern zum Minister ab, da sie beide Strukturen nicht als offizielle Belegschaftsvertretungen anerkannten. In dem kurzen Zeitraum, in dem Benn das Industrieministerium führte, war die Vergabe der staatlichen Unterstützung an Arbeiterkooperativen im Vergleich zur Gesamtförderung der in Privateigentum befindlichen Industrie nicht nur gering, sondern floss auch zum größten Teil in Schadensersatzzah-

13 Der Plan wurde hauptsächlich von Tony Topham vom IWC verfasst, der auch Dozent für Gewerkschaftsforschung an der örtlichen Universität war. Topham arbeitete mit TGWU in Hull während der Besetzung von Imperial Typewriters zusammen. Der Plan wurde als Broschüre vom IWC (1975) herausgegeben.

14 Ich danke Tony Benn für die Überlassung einer Bandaufnahme seiner Ansprache und der sich anschließenden Diskussion mit den Imperial-Arbeitern von Hull während ihrer Aktion im House of Commons am 18. Februar 1975.

lungen an frühere Eigentümer für Werke, die eigentlich bereits veraltet waren. Während alle drei Kooperativen nur kurzlebig waren, war also ihre Schließung letztlich unvermeidbar, da sie selbst mit der Förderung völlig unterkapitalisiert waren und es ihnen deshalb unmöglich war, die bestehenden Probleme zu lösen oder mittels Forschung und Entwicklung dem Unternehmen eine eigenständige Existenz zu sichern.

Der Weg zum Thatcherismus und der Niedergang der Betriebsbesetzungen

Mit Ausnahme des Zeitraums zu Beginn des Jahres 1972, in der es zum Konflikt der Maschinenbauer in Manchester kam, kam es im Zeitraum von Ende 1974 bis Mitte 1975 zu den meisten Bestriebsbesetzungen. In diesem Zeitraum kamen mehrere Faktoren zusammen: die Arbeiter sahen sich mit Betriebsschließungen und Entlassungen konfrontiert – Bedingungen, die Besetzungen hervorrufen –, und aus dem Herzen der Regierung selbst schien es die Möglichkeit zu geben, Unterstützung zu erhalten. Die drei Arbeiterkooperativen, die „Benn'schen Kooperativen", sind für den Zeitraum paradigmatisch geworden, und die Vorstellung von Kooperativenentwicklung wurde mit der von manchen Kommunalbehörden verfolgten Wirtschaftspolitik, die den sich anbahnenden Neoliberalismus der Thatcher-Regierung in Frage stellte, in einen Zusammenhang gestellt.

Die Idee der gesellschaftlich nützlichen Produktion, die von dem Vertrauensleutekörper von Lucas Aerospace entwickelt wurde, ist ein weiteres wichtiges Ergebnis dieser Periode; dessen Vorschläge, einschließlich der Entwicklung von Hybridmotoren und alternativer Energiequellen, fanden bedeutenden Widerhall in der wachsenden Umweltbewegung.

Hiermit soll nicht gesagt sein, dass Betriebsbesetzungen vollkommen verschwanden. Gegen Ende der 1970er gab es mehrere wichtige Besetzungen, wie bei Meccano, Lee Jeans, Lawrence Scott und der Zeitschrift *Time Out*. Es kam jedoch zu einem spürbaren Rückgang der Zahl an Besetzungen. Besetzungen waren immer die Angelegenheiten von Minderheiten gewesen; selbst zuvor in den 1970ern wurde dieses Taktik nur von einer kleinen Minderheit von Arbeitern, die von Werksschließungen oder Entlassungen bedroht waren, erwogen, und noch weniger setzten es um. Und wenn es zu Besetzungen kam, dann handelte es sich in der Regel um relativ spontane Aktionen einer kleinen Minderheit der Belegschaft.

Wenn Werksschließungen oder Entlassungen angekündigt wurden, sah die Gewerkschaft es meistens eher nicht als ihre Aufgabe an, den Widerstand zu organisieren, sondern die besten Abfindungsregelungen auszuhandeln. Das von der Regierung unter Wilson verabschiedete Beschäftigungssicherungsgesetz („Employment Protection Act"), sah vor, dass der Arbeitgeber bei Schließungen eine 90-tägige Frist einhalten und mit den offiziell anerkannten Gewerkschaften darüber verhandeln musste. Dies stärkte die Rolle der Gewerkschaften als Partner für die Aushandlung der Entlassungsbedingungen und trug dazu bei, dass der kollektive Widerstand zersplittert und zerstreut wurde.

Angesichts einer sich abzeichnenden Finanzkrise trat die Labour-Regierung 1976 an den IWF[15] heran, um ein Darlehen in der Höhe von 3,9 Milliarden US-Dollar zu beantragen. Die Bedingungen für die Vergabe des Darlehens sahen eine 20%ige Verringerung des Haushaltsdefizits vor. Fast drei Jahre vor der Wahl der konservativen Thatcher-Regierung wurde Großbritannien Zeuge, wie der keynesianistische Wohlfahrtsstaat zurückgeschraubt wurde. Im nationalen Gesundheitsdienst [„National Health Service" (NHS)] wurde sehr stark rationalisiert, es wurden Einheiten zusammengelegt, und kleinere Krankenhäuser, die eine spezielle Ausrichtung hatten oder kleine Gemeinden versorgten, und einige Krankenstationen wurden geschlossen. Dies führte nicht unbedingt zu Entlassungen, sondern eher zu Umsetzungen, was aber auch Widerstand hervorrief. Es kam zu einer Reihe von Besetzungen, die das Ziel verfolgten, die Krankenhäuser weiterhin zu betreiben. Im Frauenkrankenhaus Elisabeth Garret Anderson, im Zentrum Londons gelegen, kam es zu einer mehr als zwei Jahre andauernden Besetzung. In einigen Fällen wurde während dieser Besetzungen weiterhin behandelt und gepflegt; im Falle des Krankenhauses in Hounslow jedoch wurde die Besetzung von ehemaligen Beschäftigten, die im Allgemeinen innerhalb des Gesundheitsdienstes umgesetzt worden waren, und lokalen Unterstützern aufrechterhalten, obgleich die Krankenhausleitung die Patienten „überfallartig" bereits hatte abtransportieren lassen (siehe Hounslow Hospital Occupation Committee 1978). Die Besetzungen von Krankenhäusern und der Kampf um ihren Erhalt entwickelten sich denn auch anders als die Besetzungen von Fabriken.

Wird die Arbeiterbewegung wieder aufleben?

Die Besetzungen in Großbritannien in den 1970er Jahren hatten ihre Wurzeln in der starken und selbstbewussten Gewerkschaftsbewegung, die sich durch die Vollbeschäftigung im Zuge des Nachkriegskonsenses am Arbeitsplatz und in den Fabriken herausgebildet hatte. Diese Form des organisierten Widerstands wird in den 1960er und 1970er Jahren zunehmend bedroht, was sich zum Beispiel in

15 Internationaler Währungsfonds (Anm.d.Ü.)

der Ausweitung des Konflikts in der Maschinenbauindustrie im Jahr 1972 zeigte, die durch die Versuche des Managements, die Vertrauensleute zu kontrollieren, ausgelöst wurde. Bis zu den frühen 1980er Jahren hatte sich diese Bedrohung zu einem regelrechten Angriff ausgeweitet. Bereits vorher hatte es Anzeichen dafür gegeben, dass die Arbeitgeber zunehmend bereitwilliger die Bewegung angriffen und mit juristischen Mitteln versuchten, besetzende Arbeiter aus Betrieben zu entfernen. In den frühen 1980er Jahren wurde jedoch das gesetzliche Regelwerk für die Gewerkschaften und die Arbeitsbeziehungen in Großbritannien selbst verändert, was direkte Aktionen der Arbeiter erschwerte.

Woolfson und Foster zeigen in ihren detaillierten Studie der Besetzung von Caterpillar in Uddingston im Jahre 1987 auf, dass dieser die „organisatorischen Vorteile" (1988) einer starken Organisierung durch politisch aktive Vertrauensleute fehlte, über die das „work-in" bei UCS noch verfügte. Das Motiv für die Besetzung durch die Caterpillar-Arbeiter lag in der fehlenden Alternative: sie hatten im wörtlichen Sinne nichts mehr zu verlieren. Paradoxerweise stellte aber die Besetzung bei Caterpillar vielleicht nicht das Auslaufen der Welle an Besetzungen der 70er Jahre dar, sondern den Vorläufer einer neuen Welle, die in dem ganz anderen gesellschaftspolitischen Klima des Jahres 2008 Besetzungen im Windturbinenwerk Vestas und dem Ford-Teilezulieferer Visteon in Großbritannien (Gall 2012) oder bei Republic Windows and Doors in den Vereinigten Staaten von Amerika (Lydersen 2009) auslöste.

Literatur

Anderson, Andy (1964), *Hungary 56,* London: Solidarity. Dt.: *Die ungarische Revolution 1956,* Hamburg: Association, 1977.

Anti Report (1972), *The General Electric Company Limited,* London: Counter Information Services.

Barratt Brown, Michael, und Ken Coates (Hrsg.) (undatiert), *The „big flame" and what is the IWC?* Nottingham: Institute for Workers' Control.

Barratt Brown, Michael, Ken Coates, und Tony Topham (1975), „Workers' control versus ‚revolutionary' theory", in: *Socialist Register 1975*, hrsg. von Ralph Miliband und John Saville, London: Merlin Press, S. 293-307.

BBC News, 30. Juli 1971.

Benn, Tony (1975), Letter to Tony Topham, 17. März.

— (1979), „Labours industrial programme", in: *Arguments for Socialism*, hrsg. von Chris Mullin, Harmondsworth: Penguin.

Chadwick, Graham (1970), „The big flame – an account of the events at the Liverpool factory of GEC-EE“, in: *Trade Union Register,* hrsg. von Ken Coates, Tony Topham und Michael Barratt Brown, London: Merlin Press.

— (1973), „The Manchester engineering sit ins 1972“, in: *Trade Union Register,* hrsg. von Ken Coates, Tony Topham und Michael Barratt Brown, London: Merlin Press.

Clarke, Tom (1974), *Sit-in at Fisher-Bendix,* IWC pamphlet Nr. 42, Nottingham: Institute for Workers' Control.

Coates, K. (1968), *Can the workers run industry?* Sphere in association with the Institute for Workers' Control.

— (1981), *Work-ins, sit-ins and industrial democracy,* Nottingham: Spokesman.

Cooley, Mike (1980), *Architect or bee?* The human/technology relationship, Slough: Langley Technical Services/Hand and Brain.

Coventry, Liverpool, Newcastle, N. Tyneside Trades Councils (1982), *State intervention in industry.* A workers inquiry, Nottingham: Spokesman.

Crouch, Colin (1977), *Class conflict and the industrial relations crisis,* London: Heinemann Educational Books.

Darlington, Ralph, und Dave Lyddon (2001), *Glorious summer.* Class struggle in Britain, 1972, London: Bookmarks.

Eccles, Tony (1981), *Under new management.* The story of Britain's largest worker co-operative – its successes and failures, London: Pan Books.

Engineering Employers Federation [EEF] (1972), Presidential address, 24. Februar.

Foster, John, und Charles Woolfson (1986), *The politics of the UCS work-in.* Class alliances and the right to work, London: Lawrence & Wishart.

Frayn, Michael (1967), „The perfect strike“, in: *The incompatibles.* Trade union militancy and the consensus, hrsg. von R. Blackburn und A. Cockburn, London: Penguin in association with *New Left Review,* S. 160-68.

Fryer, R. H. (1973), „Redundancy, values and public policy“, in: *Industrial Relations Journal,* Bd. 4, Nr. 2, 2-19.

Fryer, R. H. [Bob] (1981), „State, redundancy and the law“, in: *Law, state and society,* hrsg. von Bob Fryer, A. Hunt, D. McBarnet und Bert Moorehouse, 136-159, London: Croom Helm.

Gall, Gregor (2010), „Resisting recession and redundancy: Contemporary worker occupation in Britain“, in: *WorkingUSA: The Journal of Labor and Society,* Bd. 13, Nr. 1, S. 107-132.

Hansard (1974), Industrial policy, *House of Commons, Debate 12 July 1974*, Bd. 876, Cc1745–846 1974/07/12. http://hansard.millbanksystems.com/commons/1974/jul/12/industrial-policy#S5CV0876P0_19740712_HOC_147.

Hemingway, J. und W. Keyser (1975). *Who's in charge?* Workers sit-ins in Britain today, London: Metra Consulting Group.

Hounslow Hospital Occupation Committee, EGA Joint Shop Stewards Committee, Plaistow Maternity Action Committee, Save St. Nicholas Hospital Campaign (1978), *Keeping hospitals open.* Work-ins at E.G.A. Hounslow and Plaistow hospitals, London.

Hyman, Richard (1974), „Workers' control and revolutionary theory", in: *Socialist Register,* Bd. 11, Nr. 11.

Inside Story (1973), „How red was Briants Colour?", in: *Inside Story,* Nr. 10.

Institute for Workers' Control [IWC] (1969), *GEC-EE workers' takeover,* Nottingham: Institute for Workers' Control.

— (1971), *UCS: The social audit,* IWC pamphlet Nr. 26, Nottingham: Institute for Workers' Control.

— (1975), *Why Imperial Typewriters must not close.* A preliminary social audit by the union action committee, Nottingham: Institute for Workers' Control.

Labour Research (1972), März.

— (1973a), Januar.

— (1973b), Februar.

Lomax, Bill (Hg.) (1980), *Eyewitnesses in Hungary.* The Soviet invasion of 1956, Nottingham: Spokesman.

— (1976), *Hungary 1956,* London: Allison & Busby.

Löw-Beer, Peter (1981), *Industrie und Glück. Der Alternativplan von Lucas Aerospace,* mit einem Beitrag von Alfred Sohn-Rethel: Produktionslogik gegen Aneignungslogik, Berlin: Wagenbach.

Lucas Aerospace Combine Shop Stewards Committee (1978), *Lucas: An alternative plan,* Nottingham: Institute for Workers' Control.

— (1979), *Democracy versus the circumlocution office,* IWC pamphlet Nr. 65, Nottingham: Institute for Workers' Control.

— (1982), *Diary of betrayal.* A detailed account of the combine's efforts to get the alternative plan implemented, London: Centre for Alternative Industrial and Technological Systems.

Lydersen, Kari (2009), *Revolt on Goose Island.* The Chicago factory takeover, and what it says about the economic crisis, New York: Melville House Publishing.

McGill, Jack (1972), *Crisis on the Clyde,* London: Davis-Poynter.

Metra (1972), *An analysis of sit-ins,* London: Metra Consulting Group.

Mills, A. J. (1974), „Factory work-ins", in: *New Society,* 22. August.

Mooney, Bel (1973), „The lessons of Leadgate", in: *New Statesman.*

Murray, Robin (1972), *UCS: The anatomy of bankruptcy,* Nottingham: Spokesman Books.

Newens, Stan (1969), „The GEC/AEI takeover and the fight against redundancy at Harlow", in: *Trade Union Register,* hrsg. von Ken Coates, Tony Topham und Michael Barratt Brown, London: Merlin Press.

Norton Villiers Triumph [NVT] (1974), *Meriden: Historical summary 1972-1974,* Coventry: Norton Villiers Triumph.

Panitch, Leo (1976), *Social democracy & industrial militancy.* The Labour Party, the trade unions and income policy 1945–1974, Cambridge: Cambridge University Press.

Schubert, J. (1970), „Big flame flickers", in: *Anarchy,* Bd. 10, Nr. 2, S. 41-42.

Sherry, Dave (2010), *Occupy! A short history of workers' occupations,* London: Bookmarks.

Smith, B. (1981), *The history of the British motorcycle industry 1945–1975,* Birmingham: Centre for Urban and Regional Studies, University of Birmingham.

Socialist Worker (1972), 11. März.

Solidarity (1972), *Under new management?* The Fisher Bendix occupation, pamphlet Nr. 39, London: Solidarity.

TGWU (1975), Threatened closure of Imperial Typewriters, Hull: The case for government aid to maintain production, and/or to establish a co-operative to assume ownership and management of the plant: A preliminary statement, Brynmore Jones Library, University of Hull, DTO unclassified papers donated by Tony Topham.

Times [London] (1972), 29. Januar.

Topham, Tony (1964), „Shop stewards and workers' control", in: *New Left Review,* Nr. 25, S. 3-15.

— (Hg.) (1967), *Report of the 5th national conference on workers' control and industrial democracy,* Hull: Centre for Socialist Education.

Tuckman, Alan (1985), Industrial action and hegemony. Workplace occupation in Britain 1971 to 1981, PhD thesis, University of Hull.

TUSIU (1976), *Worker occupations and the north-east experience*, Newcastle-upon-Tyne: North-East Trade Union Studies Information Unit.

Wainwright, H., und D. Elliott (1982), *The Lucas plan.* A new trade unionism in the making?, London: Allison & Busby.

Wajcman, J. (1983), *Women in control.* Dilemmas of a workers' co-operative, Open University Press.

Woolfson, Charles und John Foster (1988), *Track record.* The story of the Caterpillar occupation, London und New York: Verso Books.

Übersetzung aus dem Englischen: Lars Stubbe

16. Direkte Aktion von Arbeitern und Fabrikkontrolle in den Vereinigten Staaten

Immanuel Ness

Dieses Kapitel untersucht entscheidende historische Momente der Arbeiterkontrolle und Selbstverwaltung in den Vereinigten Staaten – dem kapitalistischen Modellstaat, der, wie das vergangene Jahrhundert gezeigt hat, räuberische Formen der Ausbeutung unterstützt. Während Arbeiter wiederholt für mehr Rechte kämpfen, unterstützt der Apparat des kapitalistischen Staates reflexartig die Bemühungen des Managements, durch die Unterdrückung direkter Massenaktionen absolute Dominanz zu gewinnen. Die rechtmäßige Obergewalt des Kapitals wird von Management und Gewerkschaften vorausgesetzt.

Die Vereinigten Staaten bilden den Inbegriff eines kapitalistischen Paradieses, in dem den Arbeitgebern fast immer die volle Unterstützung des staatlichen juristischen und militärischen Apparates versichert wird, um Arbeiter und Arbeiterinnen niederzuhalten, die etablierte Regeln des Betriebskampfes brechen – solange die Unternehmen nicht selbst Vereinbarungen auflösen. In fast jedem historischen Beispiel seit dem Aufkommen der Massenproduktion haben Arbeiter und Arbeiterinnen ihre Macht nur festigen können, indem sie Regeln gebrochen, gestreikt und Fabriken besetzt haben (Pope 2006). Als Folge manifestiert sich der Arbeiterdissens historisch durch Basishandeln am Arbeitplatz gegen die Anordnungen des Kapitals, des Staates und, recht häufig, kollaborierender Gewerkschaften.

Im vergangenen Jahrhundert haben sich US-Arbeiter und -Arbeiterinnen den Versuchen des Managements, Mehrwert herauszuholen – Löhne kürzen,

Arbeitsbeschleunigung aufzwingen, die Belegschaft Sicherheits- und Gesundheitsrisiken aussetzen, Kündigungen, verpflichtende Überstunden einführen und mehr – fast immer mit einer Reihe von Strategien widersetzt. Die meisten Arbeiter und Arbeiterinnen sind sich sehr bewusst, dass das Kapital zum Leben reichende Löhne ablehnt und unerbittlich den aus den Mühen vergangener und heutiger Arbeiter herrührenden Mehrwert in neue Unternehmen reinvestiert, die Niedriglohn-Arbeitskräfte und moderne arbeitssparende Technologien einsetzen.

Die Geschichte des militanten Arbeiterwiderstands gegen diese Taktiken des Industriekapitalismus liefert Beweise, dass US-Arbeiter und Arbeiterinnen mithilfe eines Repertoires von Arbeitskämpfen heftige Auseinandersetzungen zur Verteidigung ihrer Rechte geliefert haben. Das Streben nach Arbeiterselbstverwaltung im Interesse der Demokratie liegt den meisten massenhaften Arbeiteraufruhren zugrunde. Jerry Tucker, der legendäre Arbeiter und Organisator[1] der United Auto Workers (UAW), erklärt, dass wir uns von einer defensiven Haltung, die Missbrauch durch die Unternehmen verhindern will, hin zu einer offensiven Strategie bewegen müssen, um die Macht der Arbeiter zu erhöhen. Dazu „müssen sich die Arbeiter gesellschaftlichen Raum aneignen, in der Fabrikhalle wie in der Gemeinde". Daher erachtet es Tucker als notwendig, Arbeiterkämpfe zum Streben nach der gesellschaftlichen Aneignung von im Privatbesitz befindlichen ökonomischen und sozialen Ressourcen zu treiben. Letztlich erwächst der Arbeiterdissens aus unbefriedigenden Löhnen und Arbeitsbedingungen. Aber der Arbeiterwiderstand gegen das Management kann auch das unternehmerische Herrschaftsmodell herausfordern und somit kommunale Beteiligung und die Demokratisierung von Entscheidungen am Arbeitsplatz sowie die Produktion von Gütern und Dienstleistungen im Interesse kollektiver Bedürfnisse statt privater Interessen vorantreiben.

Die grundlegend revolutionäre Natur der Arbeiter etabliert sich am Arbeitsplatz und in den Gemeinden, wie Sozialisten von Marx und Lenin bis Luxemburg und Gramsci argumentiert haben. Im Widerspruch zu Karl Kautsky und den evolutionären Sozialisten erkannte insbesondere Lenin die zentrale Stellung der Arbeiter. In *Staat und Revolution* verfocht er, dass es bei der Bildung eines Sowjets nicht um eine „Verschiebung der Machtverhältnisse" gehe, „sondern um den *Sturz der Bourgeoisie,* um die *Zerstörung* des bürgerlichen Parlamentarismus,

1 „Organizing" meint im US-Kontext mehr als bloße Mitgliederwerbung oder Organisierung – nämlich eine regelrechte gewerkschaftliche *Kampagne* in und vor den Betrieben zur Verankerung der Gewerkschaft im Betrieb – und wird daher i.d.R. nicht übersetzt. (Anm. d. Ü.)

um die demokratische Republik vom Typ der Kommune oder die Republik der Sowjets der Arbeiter- und Soldatendeputierten" (Lenin 1960, 505, Hervorhebung im Original).

Trotz des sporadischen und kurzlebigen Charakters von Arbeiterräten im US-Kontext wurzelt schon die Aneignung des Arbeitsplatzes in der Eigenaktivität der Arbeiter – gegen das Kapital und gegen Arbeiter-Bürokratien, die mit der Kapitallogik der rücksichtslosen Unterwerfung der Gesellschaft konform gehen oder unfähig sind, sich ihr zu widersetzen.

Aktivismus am „Arbeitsplatz"

Die erstaunliche Geschichte der Organisierung am „Arbeitsplatz", oder an der Produktionsstätte in den Vereinigten Staaten betrachten sozialistische Gewerkschafter als die „reinste Form des Gewerkschaftswesens". 1905 wurden die anarcho-syndikalistische Industrial Workers of the World (IWW) gegründet, um den kapitalistischen Bestrebungen zu widerstehen, mit treuer Unterstützung des Staates neue Technologien und Niedriglohnarbeit einzuführen. Heute, ein Jahrhundert später, werden die Arbeiter und Arbeiterinnen immer noch mit den gleichen Versuchen attackiert, neue Technologien und niedrigere Löhne durchzusetzen. Diese Versuche verschärfen den Wettbewerb unter den Arbeitern und Konflikte innerhalb der Klasse, indem sie Spaltungen schaffen, die zu Nativismus (zum Glauben an die Überlegenheit der eigenen „Rasse") und zu Fremdenfeindlichkeit gegenüber migrantischen Arbeitern führen. Im IWW-Manifest von 1905 heißt es: „Weit davon entfernt, unterschiedliche Fähigkeiten oder Interessen unter den Arbeitern abzubilden, werden diese Spaltungen vom Arbeitgeber aufgezwungen, um die Arbeiter gegeneinander auszuspielen und zu größerer Anstrengung am Arbeitsplatz anzutreiben und jeden Widerstand gegen kapitalistische Tyrannei durch künstliche Unterscheidungen zu schwächen."

Wie dieses Kapitel über US-Arbeiterkontrolle zeigt, haben sich Arbeiter und Arbeiterinnen den Gewerkschaftsbürokratien, der vermeintlichen Mildtätigkeit des Managements und der Arbeitgeber-Herrschaft mit direkter Aktion widersetzt – statt sich auf traditionelle, von Arbeitgebern und Gewerkschaften begründete Beschwerdesysteme und Schlichtungen zu verlassen, die sich heute als so wenig effektiv wie noch nie seit den 1930er Jahren erweisen (Lynd 1992). Obschon der Erfolg niemals sicher ist, sind neue Formen demokratischen Gewerkschaftswesens, die auf Klassensolidarität basieren, grundlegend, um die absolute Kontrolle der Kapitalisten über die Arbeiter zu brechen. Doch gleichzeitig ist die organisierte Arbeiterschaft seit den 1950er Jahren – im Vergleich zu den europäischen Sozialdemokratien – ruhig geblieben und hat es versäumt, die organisierte

Arbeiterklasse zu verteidigen – aufgrund einer begründeten Angst, das Kapital könne in Niedrigkosten-Regionen abwandern, in denen größere Profite gemacht werden können, indem Mehrwert aus billiger Arbeit und fortgeschrittener Technologie gezogen wird (Arrighi und Silver 1984).

US-Sit-downs, Arbeiterkontrolle, gewerkschaftliche Organisierung: 1935-1939

Wir gehen von der Annahme aus, dass die Arbeiterschaft die demokratische Kontrolle ihrer Arbeit anstrebt und dass Fabrikübernahmen nur einen Schritt im Prozess von Arbeiterkontrolle und Selbstverwaltung bilden. Von den 1930ern Jahren bis 2010 hingen Fabrikbesetzungen von vier wesentlichen Faktoren ab:

1. der Entwicklung von Arbeiterklassenbewusstsein, gründend auf kollektiven Bedürfnissen;
2. der Kalkulation der Wirtschaftlichkeit der Fähigkeit der Arbeiter, den Kapitalisten entgegenzutreten;
3. den institutionellen Arrangements in der kapitalistischen Gesellschaft, die die Arbeiter über den Staat regulieren. Der Staat bevorzugt stets die Unternehmen gegenüber den Arbeitern, außer in Krisenzuständen, wenn aufrührerischen Arbeitern, die Kontrolle über gesellschaftliche und wirtschaftliche Ressourcen fordern, bescheidene Zugeständnisse gemacht werden;
4. der Fähigkeit und der Unterstützung der Bemühungen der Arbeiter, sich unter repressiven Bedingungen selbst zu organisieren und zu mobilisieren

Direkte Aktion bei Toledo Auto-Lite

Der Mittlere Westen der USA wurde zum Epizentrum einer massiven Welle von Fabrikbesetzungen durch die Arbeiter in Massenproduktionsindustrien, um widerspenstige Arbeitgeber zur Anerkennung der neu gegründeten Gewerkschaften zu zwingen. Nach dem Erfolg kämpferischen Basis-Aufruhrs in den 1930er Jahren, der Massen-Streikposten, Sitzstreiks und Widerstand gegen die Gewalt von Unternehmen und Regierung umfasste, erlangten Industriearbeiter eine größere Kontrolle über ihren Arbeitsplatz. Kampfgeist und das Beharren auf demokratischer Kontrolle wurden zur Norm unter den Arbeitern in der Massenproduktion – so sehr, dass die Arbeitgeber von ihrer unerbittlichen Entschlossenheit zurückweichen mussten, die Arbeiter dieser Industrien zu beherrschen und zu unterdrücken.

1934 wurde Toledo, Ohio, zum Schauplatz eines epischen Klassenkampfes, als Management und Staatspolizei eine erste Salve gegen eine wieder erwachende Arbeiter-Solidaritätsbewegung abschossen, die die Anerkennung ihrer Gewerkschaft durch Streiks zur Verbesserung von Löhnen und Arbeitsbedingungen forderte. Fest in ihrer Unterstützung für die Electric Auto-Lite Company in Toledo, führte die Regierung einen heißen Krieg gegen die Arbeiter, die mit Massen-Streikposten von bis zu 10.000 streikenden und erwerbslosen Arbeitern die Produktion anhielten. In diesem speziellen Fall hinderten die streikenden Arbeiter und Erwerbslosen rund 1.500 Streikbrecher am Betreten oder Verlassen der Fabrik. Nachdem am 24. Mai 1934 die Nationalgarde von Ohio Gasbomben warf, um eine Versammlung von 6.000 Arbeitern aufzulösen, kam es zu einer heftigen Schlacht, in der zwei Streikende getötet und über 200 verletzt wurden. Erwähnenswert ist, dass der von Mitgliedern der AFL Federal Union 18384 (einer selbständigen Gewerkschaft) begonnene Streik gegen Auto-Lite von der aktiven Teilnahme erwerbsloser Arbeiter profitierte, die in der trotzkistisch beeinflussten Socialist Party und der National Unemployed League unter Führung von A. J. Muste organisiert waren (Bernstein 1969, 221-229). Der Streik endete am 2. Juni 1934 mit einem Sieg, als Auto-Lite einer fünfprozentigen Lohnerhöhung zustimmte und die Gewerkschaft anerkannte – eine Übereinkunft, die nur durch die Arbeiter-Solidarität am Fabriktor erreicht wurde. Der Streik war der Beginn eines fünfjährigen Aufruhr in der Massenproduktion mittels direkter Aktion in den Fabriken.

Sitzstreiks der Reifenarbeiter in Akron

Die meisten Darstellungen verorten den Beginn der großen Sitzstreiks in den Vereinigten Staaten in Akron, Ohio – einem industriellen Zentrum, in dem Reifen für Kraftfahrzeuge produziert wurden. Im Januar 1936 ergriffen Arbeiter die Kontrolle über die drei größten Reifenfirmen – Firestone Tire & Rubber Company, Goodyear und B. F. Goodrich –, die sämtlich die Anerkennung der frisch gegründeten Gewerkschaft United Rubber Workers of America verweigerten und Forderungen nach gerechten Betriebsordnungen ignorierten. In der Reifenproduktion disziplinierten die großen Gummi-Unternehmen jene Arbeiter, die deren tyrannische Kontrolle infrage stellten: Als 1935 und 1936 Arbeiter gegen die Bestrebungen des Managements zur Erhöhung der Produktion durch Ausdehnung des Arbeitstages opponierten, wurden 1.500 von ihnen gefeuert (Green 1998, 153). Nachdem Firestone Tire & Rubber einen Arbeiter willkürlich suspendiert hatte und sich einem Verfahren verweigerte, begannen Arbeiter am 29. Januar 1936 mit einer 55-stündigen Besetzung der Anlage. Die Besetzung bei Firestone entfachte parallele direkte Sit-down-Aktionen für einen demokratischen Arbeitsplatz bei B. F. Goodrich und Goodyear (Pope 2006, 6-11).

Auf dem Höhepunkt der Welle von Fabrikbesetzungen widersetzten sich etwa 10.000 Reifenarbeiter in Akron gerichtlichen Verfügungen zur Beendigung der Sitzstreiks und lehnten sogar die Schlichtungsbemühungen der United Rubber Workers Union ab, bis sie sich durchsetzten und ein Anerkennungsabkommen sowie faire Betriebsordnungen erreichten. Der Historiker James Green stellt fest: „Den Arbeitern bot der Sit-down einen neuen Weg, ihre Streiks zu kontrollieren, schnelle Verhandlungen sicherzustellen und den Ausverkauf zu verhindern, den sie in der Vergangenheit erlebt hatten" (1998, 153). Der Arbeiterwiderstand gegen die Vorherrschaft des Managements in der Massenproduktion bildete eine erhebliche Herausforderung für die Arbeitgeber wie für das Kapital, das die Massenproduktion als Mittel zur Ausübung vollständiger Kontrolle durch das Eigentum an Produktionsmitteln betrachtete. Anders als bei qualifizierten Handwerkern, die verlangen konnten, dass die Arbeitgeber Gewerkschaftslöhne und Arbeitsbedingungen einhielten, glaubte das Management den Fabrikarbeitern, die nicht im Besitz der Produktionsmittel waren, einseitig Löhne und Bedingungen aufzwingen zu können.

Sitzstreik der Auto-Arbeiter in Flint

1936 hatte ein eindeutiger Arbeiteraufruhr unter den Industriearbeitern an Form gewonnen. Sie engagierten sich für die Selbstverwaltung in verarbeitenden Betrieben und standen damit in Opposition zu den Kapitalisten, die die Produktion beherrscht hatten, seit die minimale Kontrolle durch die Zunftarbeiter im späten 19. Jahrhundert verschwunden war. Die in Fabriken geformte Sit-down-Bewegung veranschaulichte Millionen von Arbeitern das demokratische Potenzial der Arbeiterkontrolle, Regeln und Gewerkschaften einzuführen, den Unternehmerdespotismus anzufechten und sogar für die Arbeiterselbstverwaltung der Fabriken einzutreten.

Sicherlich schwächte die wirtschaftliche Depression der 1930er Jahre die Verhandlungsmacht der Arbeiter durch weit verbreitete Arbeitslosigkeit und die gewaltige industrielle Reservearmee der Arbeiter, die Arbeitskosten hinunter trieb und die noch unentwickelten Gewerkschaften schwächte. Gleichzeitig erreichten Syndikalismus und Forderungen nach Arbeiterautonomie im frühen 20. Jahrhundert einen Höhepunkt. Sie beherrschten das Bewusstsein der Arbeiter, die erkannten, dass Managementtaktiken wie die Erhöhung der Produktionsgeschwindigkeit und die Steigerung der Akkord-Anforderungen ihre kollektive Verhandlungsmacht untergruben. Die Ideologie des Individualismus durch harte Arbeit verwandelte sich in eine kollektive IWW-Ideologie des „der Schaden des Einen ist der Schaden aller".

Nach einer Welle von Sitzstreiks bei Reifenherstellern und Autoteilfabriken traten im Dezember 1936 Autoarbeiter in Michigan in die bedeutendsten Sitzstreiks der US-Geschichte, um größere Kontrolle über den Arbeitsplatz zu erlangen. In Flint, Michigan, begannen Autoarbeiter am 30. Dezember 1936 eine 44-tägige Besetzung der Fisher Body Plants Nummer 1 und 2 von General Motors mit einer entscheidenden Kraftprobe: Arbeiter und UAW-Organizer widerstanden Regierungsverfügungen und Drohungen, den Aufruhr von der Nationalgarde niederwerfen zu lassen. Bei einem ersten Polizeiangriff auf die Betriebe in Flint behielten die Arbeiter die Oberhand, indem sie die Besetzung mit koordinierten Massenstreikposten vor den Fabriktoren unterstützten und verhinderten, dass Beamte der Bundes- und Staatsregierung die Sit-downs beendeten. Mit der Innen-Außen-Strategie konnten die Autoproduktion erfolgreich gestoppt sowie Legitimität und Unterstützung bei der Mehrheit der US-Arbeiter gewonnen werden.

Der Sitzstreik in Flint, der über mehr als sechs Wochen anhielt, wurde zum Kristallisationspunkt eines Klassenkampfes gegen GM, dem größten Industrieunternehmen der Welt. Die UAW profitierte von einer mobilisierten und disziplinierten Arbeiterschaft, die motiviert war, trotz der Versuche der Polizei, den Streik mit Gewalt zu lähmen, zur direkten Aktion mittels eines massiven Aufruhrs zu greifen. Ohne Frage verfügte die Besetzung durch die Arbeiter über den Vorteil sympathisierender Streikposten und einfacher Anwohner der Stadt, die sich einen Kampf mit der Polizei lieferten, als die sie vom Betrieb vertreiben wollte. In einer anhaltenden Schlacht, die bis zum frühen Morgen des 31. Dezember dauerte, feuerte die Polizei mit Gasbomben, um die Protestierenden zu verjagen, die darauf mit Steinwürfen antworteten.

Am 11. Januar – dem ersten Tag der Unruhen, genannt „Die Schlacht der rennenden Bullen" – versuchte die Polizei von Flint, die Streikposten und Arbeiter auseinander zu treiben, indem sie eine Brücke besetzte und weit reichende Tränengasgranaten abschoss. Trotz ihres Gewalteinsatzes konnte die Polizei die Betriebsbesetzung nicht beenden; die Massenstreikposten waren fest verschanzt und widersetzen sich ihrer Vertreibung, bevor nicht ein Abkommen zur Anerkennung ihrer Gewerkschaft erzielt wurde (Fine 1969, 6f.).

Die Arbeitersolidarität war ungebrochen, und aufgrund politischen Drucks lehnte es Michigans Gouverneur Frank Murphy ab, die Nationalgarde zu rufen und eine größere Konfrontation zu beginnen, die den Konflikt weiter angeheizt und zu Massenmilitanz und Empörung geführt hätte (ebd.). Die Besetzung durch die Arbeiter zeigte, dass der konventionelle Streik angesichts der unerbittlichen Opposition von GM und anderen großen Firmen nicht ausreichte, um die gewerkschaftliche Organisierung zu erreichen. Um die Gewerkschaften in der US-Autoindustrie zu verankern, mussten die Arbeiter die Betriebe besetzen und Kompromissen gegenüber hart bleiben. Die Inbesitznahme des Betriebes endete am 11. Februar 1937; einen Monat später handelte GM einen Vertrag mit der UAW aus – und gab damit erst nach jener ein Einzelfall bleibenden gewerkschaftlichen Organisierungskampagne in der Autoindustrie nach, die tatsächlich zum Erfolg führte. Nora Faires (1989) zufolge beteiligten sich etwa 80 Prozent der Arbeiter in Flint an den Streikposten und Sit-downs, die GM belagerten und schließlich kapitulieren ließen.

Im Gefolge der Besetzung durch die Arbeiter in Flint wurde eine unbeugsame Welle von Sit-down-Besetzungen in der Massenproduktionsindustrie durchs Land getragen. James Green (1998, 157) zufolge nahmen im nächsten Jahr etwa 400.000 Arbeiter an 477 Arbeitsplatzbesetzungen teil, und die Vereinigten Staaten standen an vorderster Front der weltweiten Arbeitermilitanz. Aber die Macht der Arbeiter in Produktionsunternehmen erwies sich als vergänglich, was oberflächlich betrachtet an der hartnäckigen Kampagne lag, die GM gegen die Arbeiter führte.

Obwohl die Sitzstreiks von Flint eine 25jährige Ruhe-Periode in den meisten Betrieben einleiteten, argumentiert Sidney Fine, die Erfahrung habe eine Arbeitermilitanz ausgelöst, die in vielen Betrieben anhielt:

> „Mitglieder der UAW (...) waren unwillig, die vom Management ausgeübte gebräuchliche Disziplin zu akzeptieren, und sie „hatten in vielen Betrieben monatelang freien Lauf". Die gewerkschaftlichen Vertrauensleute bedrängten die oftmals unnachgiebigen Vorarbeiter aggressiv mit den Beschwerden der Gewerkschaftsmitglieder, und, wie ein UAW-Mitglied später einräumte, „jedes Mal, wenn es zum Streit kam, neigten die Kollegen dazu, sich hinzusetzen und einfach mit der Arbeit aufzuhören" (Fine 1969, 321).

Gleichzeitig missachteten einige gewerkschaftsfeindliche GM-Manager das nach dem Sitzstreik geschlossene Abkommen, das den Weg für eine Vertretung durch die UAW geebnet hatte. In der unmittelbaren Folgezeit der Besetzung durch die Arbeiter in Flint, merkt Fine an, diskriminierten Werksleiter aktiv jene Arbeiter, die die Gewerkschaft unterstützten. Arthur Lenz, Leiter des Chevrolet-Werkes in Flint, „hatte etwa 1.000 nicht gewerkschaftlich organisierte Arbeiter mit eigens hergestellten Knüppeln bewaffnet und ließ sie durchs Werk marschieren, um gegenwärtige und potenzielle Gewerkschaftsmitglieder einzuschüchtern" (ebd.).

Aber jenseits der Drohungen und Schikanen wurde die demokratische Organisation der Arbeiter auch durch Auflagen des Bundesrechtes und das Entstehen einer Gewerkschaftsbürokratie in der UAW untergraben.

Der Triumph der Betriebsbesetzungen durch die Arbeiter galt als schwere Niederlage der US-Kapitalistenklasse. Dennoch wurde die Strategie des Sitdowns trotz ihres erwiesenen Erfolges mehr als siebzig Jahre lang durch die Zusammenarbeit zwischen Gewerkschaften und Arbeitgebern ersetzt, was die Arbeitersolidarität aushöhlte und die von den Arbeitern erreichten verbesserten Bedingungen bedeutungslos machte. Die im folgenden von der UAW geförderten Aktionen waren überwiegend konventionelle Streiks, mit denen es nicht gelang, die Mitgliederzahl und die Macht der Arbeiter in der Autoindustrie zu erhöhen oder zu halten, da sich die Gewerkschaft zu einer zentralisierten Kommandostruktur entwickelte, die Tarifverhandlungen und die vergleichsweise kraftlose Streikwaffe nutzte, um Verträge zu erzielen.

Langfristig wurden die Arbeiter von der erwartbaren Antwort des Kapitals besiegt, die allein durch Arbeitermilitanz erreichten Errungenschaften zu untergraben. GM fand – ohne nennenswerte Opposition seitens der UAW – neue Möglichkeiten, die Arbeiter zu kontrollieren und niederzuhalten: durch strenge Arbeitsordnungen, Automatisierung, Restrukturierung und der ultimativen Waffe des Drohens mit Fabrikschließungen. So sicherte das Unternehmen zugeständnisorientierte Vereinbarungen und verlegte die Produktion, wenn es ihm nützlich war. Gleichwohl haben Arbeiter-Militante stets nach innovativen direkten Aktionen gegen die Einführung von Beschleunigung der Fertigung durch Automatisierung gesucht, insbesondere während des 22-tägigen Streiks der Arbeiter in Lordstown, Ohio, im März 1972, der von der UAW-Führung nicht autorisiert wurde. Trotz ihrer Niederlage zeigten die Arbeiter die Ausdauer der Basis, sich dem Management zu widersetzen – genauso wie der bürokratischen nationalen Gewerkschaft (Garson 1994).

Sitzstreiks bei Emerson Electric und radikales Gewerkschaftswesen

An den Sitzstreik in Flint wird als Höhepunkt der aufrührerischen Arbeiterbewegung in den Vereinigten Staaten erinnert. Der Autoarbeiterstreik war eine entscheidende Entwicklung, die sich auf die Industriebetriebe im Mittleren Westen ausdehnte. In den meisten Fällen wurzelte der dramatische Anstieg der Arbeitermilitanz in der wachsenden Überzeugung unter den Arbeitern, dass für die Verbesserung ihres repressiven Arbeitslebens und ihrer Gemeinschaft Selbstorganisation entscheidend war. Die militante Bewegung für Gewerkschaftsdemokratie wurde von Aktivisten im UE (United Electrical, Radio and Machine

Workers of America) Distrikt 8 organisiert. Er war einzigartig in den Vereinigten Staaten, weil er für eine aufrührerische Art des Gewerkschaftswesens warb, die in den Prinzipien der Kontrolle der Arbeiter über ihre Organisationen, der Fabrikbesetzungen durch Arbeiter und sogar der demokratischen Gemeinwesen-Planung wurzelte. Die Sit-down-Bewegung bei örtlichen UE-Mitgliedern im Mittleren Westen war von William Sentner inspiriert, einem Syndikalisten und zugleich Mitglied der Kommunistischen Partei, der sich standhaft zu Demokratie, Antirassismus und der Ablehnung von hierarchischen Arbeiterorganisationen bekannte. 1933 erachtete Sentner die Food Workers Industrial Union, eine Organisation von Arbeitern wie Arbeitslosen, die zur KP-nahen Trade Union Unity League (TUUL) gehörte, als vorbildlich für ein unerschütterliches Bekenntnis zum militanten, antirassistischen Gewerkschafts-Organizing (Feurer 2006, 36-40). Die Food Workers Industrial Union rief einen Streik aus für Lohngleichheit bei schwarzen und weißen Arbeiterinnen, die bei Funsten beschäftigt waren, einer Nussverarbeitungsfirma in East St. Louis, Illinois, bei der 40 Prozent der Arbeiter Fürsorge bezogen. Im Mai 1933 traten 500 schwarze und 200 weiße Frauen zehn Tage lang in einen Streik, der die Löhne verdoppelte und den schwarzen Arbeiterinnen gleiche Bezahlung verschaffte, auch wenn es nicht gelang, die Anerkennung der Gewerkschaft durchzusetzen (ebd., 37f.).

Der erfolgreiche, mit Massenstreikposten geführte Streik spornte in der ganzen Region den Organisierungsschwung an, darunter die Kampagne zur Organisierung von Emerson Electric in St. Louis, einem Betrieb mit etwa 2.000 Beschäftigten, die in der Besetzung der gesamten Fabrik durch die Arbeiter gipfelte, die die Anerkennung der Gewerkschaft, höhere Löhne und standardisierte Arbeitsordnungen forderten. Sozialisten wurden vom Distrikt 8 der UE angezogen, da er kategorisch die Unterstützung der direkten Aktion von Arbeitern befürwortete, anders als die meisten Gewerkschaften des CIO (Congress of Industrial Organizations) – die selbstverständlich vom Arbeiteraufruhr profitiert hatten, der zur Anerkennung von Gewerkschaften und zu Abkommen über Tarifverhandlungen mit Arbeitgebern geführt hatte. Emerson Electric, ein rapide expandierender Hersteller von Elektromotoren und Autokühlern, hatte eine von der Firma beherrschte Gewerkschaft installiert, um die Arbeiter daran zu hindern, ihre eigene Organisation zu gründen.

1936 schlossen sich die Arbeiter von Emerson Electric systematisch dem UE Local 1102 an, das im März 1937 erklärte, es verfüge über die Unterstützung aller Arbeiter in jedem Bereich des Betriebes. Sentner, der von der CIO ursprünglich mit der Organisierung von Stahlarbeitern betraut worden war, widmete all seine Energie und Aufmerksamkeit dem Organisierungsaufschwung der UE bei Emerson Electric (ebd., 50-56). Die Gewerkschaft genoss unter den Arbeitern uneingeschränkte Unterstützung für den Sitzstreik, der umgehend am Mittag des 8. März 1937 begann. Daher erfolgte die Besetzung durch die Arbeiter auf geordnete Art. Etwa 200 der jüngsten Beschäftigten „gingen von Etage zu Etage und geleiteten die Vorarbeiter zur Tür" (ebd., 56). Als das Management aufgefordert wurde, die Anlage zu verlassen, kreisten Hunderte von Arbeitern jubelnd die Fabrik ein.

Sentner und die UE-Organizer betonten, der Sit-down wolle der Arbeiterklasse durch direkte Aktion Macht in der Fabrik und der Gemeinde verschaffen. Während des ganzen Streiks hob Sentner die Verbindung zwischen den unmittelbaren Forderungen der Arbeiter und der Frage von Gemeinschaft und Macht hervor, sowohl für die Streikenden als auch für die Öffentlichkeit. Er verknüpfte den Kampf mit dem städtischen Sozialwesen: „Unsere Organisation, die sich vorrangig für das wirtschaftliche Wohlergehen der arbeitenden Menschen interessiert, ist dennoch auch an den Auswirkungen ihrer wirtschaftlichen Stellung auf unsere Gemeinschaft interessiert" (ebd., 57).

Sentner sowie die Organizer und Arbeiter des UE Local 1102 strebten nach höheren Löhnen für Frauen; sie beendeten den Sit-down am 29. April, nachdem die Firma die Anerkennung der Gewerkschaft zugestand und Tarifverhandlungen zustimmte. Am 14. Mai erlangten die Arbeiter bescheidene Lohnerhöhungen, Sonderrechte bei langer Betriebszugehörigkeit, Beschwerdeverfahren und anderes aus dem üblichen Repertoire der Gewerkschaftsforderungen, die später dummerweise benutzt wurden, um ihre Macht einzuschränken – darunter die Kein-Streik-keine-Ausperrung-Klausel.[2]

Die UE war führend in den Kämpfen des CIO. Auf ihrem Höhepunkt wuchs sie auf 750.000 Mitglieder an, indem sie direkte Aktion, Gleichheit der Ethnien und Geschlechter, Arbeitermilitanz und demokratisches Gewerkschaftswesen vorantrieb. Dennoch wurde die UE in den späten 1940ern zum Opfer des „Red Scare"[3] und der Auffassung, die Gewerkschaft sei von der Kommunistischen Partei beeinflusst. 1949 wurde die UE aus dem CIO ausgeschlossen und durch die rivalisierende International Union of Electrical Workers (IUE) ersetzt, die nicht in Arbeiterdemokratie wurzelte (ebd. 225-238). Als unabhängige Einzelge-

2 Bestimmung in US-Tarifverträgen, wonach die Gewerkschaften während deren Gültigkeit auf Streiks und die Arbeitgeber auf Aussperrungen verzichten. (Anm.d.Ü.)

3 Als „Red Scare" werden in den USA zwei historische Phasen bezeichnet, die von starkem Anti-Kommunismus geprägt waren. Hier ist die Zeit des McCarthyismus zwischen 1947 und 1957 gemeint. (Anm.d.Ü.)

werkschaft blieb die UE lebensfähig und effektiv in der Organisation von Arbeitern durch den Appell an Arbeiterdemokratie, Klassensolidarität und Militanz. Obwohl sie wie andere Gewerkschaften auch durch Fabrikschließungen Mitglieder verlor, ließ sich die UE nicht auf massive Zugeständnisse an Arbeitgeber ein. Das im Streik bei Emerson Electric berühmt gewordene, reiche Vermächtnis der Gewerkschaft an Arbeiterkontrolle sollte den Sit-down bei Republic Windows and Doors 71 Jahre später, im Dezember 2008, vorausahnen lassen.

Gewerkschaften und Arbeitermacht am Arbeitsplatz

Resultierend aus der Flucht der verarbeitenden Industrie zu profitableren Zielen, haben sich in den Vereinigten Staaten die Forderungen der Arbeiter zwischen 1980 und 2010 nicht einmal jenen aus der Zeit angenähert, als die verarbeitende Industrie dramatisch wuchs. Aufgrund von Investitionsabbau seitens der Großunternehmen und aufgrund der Verlagerung in Niedriglohn-Produktionsgebiete verloren die Industriearbeiter überall in den Vereinigten Staaten und in einer wachsenden Zahl europäischer Länder die politische Macht der 1930er bis 1950er Jahre. In dieser Zeit wurde bedeutende Macht zur Geltung gebracht und wurden die Kapitalisten gezwungen, die entstehenden Gewerkschaften in der Massenproduktion anzuerkennen und mit ihnen zu verhandeln. Arbeitermilitanz ebnete den Weg für den Aufbau von Gewerkschaften und dann für ihre Anerkennung durch die US-Bundesregierung in der historischen National Labor Relations Act (NLRA) von 1935. Allein zwischen 1936 und 1939 besetzten US-Arbeiter 583 Fabriken, bedrohten die Hegemonie der Arbeitgeber über den Arbeitsplatz und säten Furcht unter einer wachsenden Zahl von Unternehmen. Massen-Sit-down-Aktionen in Fabriken führten zum Urteil des Supreme Court im Fall National Labor Relations Board v. Fansteel Metallurgical Corporation von 1939, das die legislativ erreichten Arbeiterrechte beschränkte, indem es die Besetzung von Fabriken durch Sit-downs wirksam untersagte (Galenson 1960, 145-148).

Die Sitzstreiks der 1930er Jahre bildeten den Höhepunkt der Macht der Arbeiterklasse in den Vereinigten Staaten. Dass die Gewerkschaften sich dem Fansteel-Urteil nicht widersetzten, zeigte ihre eigene Furcht, dass Sit-downs ihren bürokratischen Einfluss als Repräsentanten untergraben würden, die dem Management Arbeitsfrieden und freundliche Arbeitsbeziehungen lieferten. Im Folgenden unternahmen die Gewerkschaften weitere Schritte, um die Macht ihrer Mitglieder bedeutungslos zu machen, indem sie zusicherten, während des Zweiten Weltkriegs auf Streiks zu verzichten und nach der Verabschiedung des

Taft-Hartley-Gesetzes[4] 1947 von Linken geführte Gewerkschaften beseitigten. Frei von Militanz und Ideologie wurden die Gewerkschaften im Privatsektor wegen des Zynismus und des Misstrauens der Arbeiterführer den Arbeitern gegenüber zunehmend irrelevant und waren im frühen 21. Jahrhundert nahezu bedeutungslos gemacht worden.

Ab 1940 blieb der überwältigenden Mehrheit der Arbeiter kaum eine Alternative als unterdrückende Gesetze zu befolgen und die Propaganda der kapitalistischen Logik anzunehmen.

Neoliberalismus, Deindustrialisierung und Niedergang der Arbeitermacht

Zwischen den 1970er Jahren und 2010 kam es periodisch zu Arbeitsaktionen und wilden Streiks in einigen kämpferischen örtlichen Gewerkschaftsgliederungen, und militante innerbetriebliche Strategien der Autoarbeiter schwächten oder verhinderten oft Zugeständnisse. Weitgehend ohne Unterstützung nationaler Gewerkschaftsfunktionäre forderten Arbeiter die großen Autokonzerne heraus, selbst als in der produzierenden Industrie die Ausgliederung der Produktion und der Standortwechsel ins Ausland ihren Einfluss schmälerte (Brenner, Brenner, Winslow 2010). Als institutionelle Kraft entwickelte sich die organisierte Arbeiterschaft in den Vereinigten Staaten wie in Europa und darüber hinaus zum Partner des Kapitals. Abgehoben von den Mitgliedern an der Basis, offenbarte sich die organisierte Arbeiterschaft als eine Interessengruppe, die bescheidene Gesetzesreformen anstrebte, um Wachstum auf dem Arbeitsmarkt zu ermöglichen, aber ohne den Willen oder die Fähigkeit, als Klasse offensive Aktionen durchzuführen. Für István Mészáros sind gewerkschaftliche Kämpfe für eine wirkliche Partizipation der Arbeiterklasse mittels demokratischer, vollständig autonomer Selbstverwaltung in parlamentarisch-repräsentativen Systemen, die beständig die Arbeiterschaft den Interessen des Kapitals unterordnen, zum Scheitern verurteilt:

> „Denn als das ironische und in vieler Hinsicht tragische Ergebnis langer Jahrzehnte politischen Kampfes innerhalb der Grenzen der dem Kapital dienlichen politischen Institutionen erwies sich, dass unter den nun vorherrschenden Bedingungen die Ar-

4 Das nach seinen Initiatoren – dem Senator Robert A. Taft und dem Abgeordneten Fred A. Hartley Jr. – benannte und gegen das Veto von Präsident Harry S. Truman verabschiedete Gesetz schränkt die Macht der Gewerkschaften erheblich ein. (Anm. d.Ü.)

> beiterklasse in allen kapitalistisch fortgeschrittenen und nicht so fortgeschrittenen Ländern völlig entrechtet wurde. Dieser Zustand ist gekennzeichnet durch die vollständige Konformität der verschiedenen organisierten Repräsentanten der Arbeiterklasse mit den ,Regeln des parlamentarischen Spiels' (...), das den organisierten Kräften der Arbeiterschaft gegenüber massiv voreingenommen ist, und durch die alteingeführten und beständig erneuerten Machtbeziehungen der materiell und ideologisch effektivsten Herrschaft des Kapitals über die gesellschaftliche Ordnung in ihrer Gesamtheit" (2010, 11).

Sitzstreiks und Fabrikbesetzungen bleiben die grundlegenden Quellen der Arbeitermacht im Kapitalismus; wie sparsam sie auch genutzt werden, rufen sie doch Angst in der gesamten Kapitalistenklasse hervor. Fabrikbesetzungen verhindern und verzögern die Produktionsverlagerung in Niedrigkosten-Regionen und Abschreibungen der Anlagen, um Steuererleichterungen zu erlangen.

Noch bedeutsamer ist, dass die Besetzungen durch Arbeiter eine ideologische Bedrohung für Kapital und Unternehmer darstellen, da sie den Weg für eine Alternative zur kapitalistischen Herrschaft ebnen. Das Verbot von Sit-downs schwächt Arbeiter und vermindert ihre Fähigkeit, das Kapital physisch daran zu hindern, die Produktion zu lenken und weiteren Mehrwert durch Arbeitseinsparung, technologische Innovation und Standortverlagerung zu erzielen.

Zugeständnisorientiertes Verhandeln und zurückhaltender Arbeiterwiderstand

Zwischen 1940 und 2000 beteiligten sich Arbeiter und Arbeiterinnen sporadisch an Sitzstreiks, fast immer gegen den Rat der Gewerkschaft. Jedoch griffen Arbeiter nach den Stahlwerkschließungen der 1970er und 1980er Jahre oder während der Wirtschaftskrise in diesem Zeitraum, teilweise aufgrund des Urteils im Fall NLRB v. Fansteel, nicht zu Fabrikbesetzungen durch Massen-Sit-downs. Als Alternative zu Sit-downs bildeten militante Arbeiter, die Massenentlassungen unterworfen waren oder eine schwere Wirtschaftskrise durchlebten, „Arbeitslosenkomitees", wiederum ohne greifbare Unterstützung durch die Gewerkschaft (Ness 1998). In den 1980er Jahren überlebten Versuche, den Arbeitsplatz zu kontrollieren, in den Vereinigten Staaten durch Fabrik-intern durchgeführte Strategien, die von aufrührerischen Anführern eingesetzt wurden, die im Widerspruch zum vorherrschenden Modell des zugeständnisorientierten Verhandelns standen, das selbst den Anschein eines oppositionellen klassenkämpferischen Gewerkschaftswesens aufgegeben hatte.

In den 1980er Jahren hatten die Tarifverhandlungen ihr Muster gewechselt und waren nun Verhandlungen um mittelmäßige Lohnzuwächse, basierend auf der Erzielung von Produktivitätszuwächsen (LaBotz 1991, 117). Die wirtschaftlichen Rezessionen und die kapitalistischen Umstrukturierungen des vorangegangenen Jahrzehnts hatten eine neue Ära des Verhandelns erwarten lassen, das in der Kapitulation gegenüber den Arbeitgeberforderungen nach Lohnkürzungen, harschen Arbeitsordnungen, Beschleunigung des Arbeitstempos und aufgespaltenen Belegschaften bestand. Wenn die Gewerkschaften am Verhandlungstisch Zugeständnisse verweigerten, drohten die Unternehmen mit der Verlagerung der Produktion in Niedriglohnregionen mit schlechten Arbeitsbedingungen.

Die meisten Gewerkschaften willigten in den Unternehmer-Absolutismus ein, aber einige führten Widerstandskampagnen mittels innerbetrieblicher Strategien, um immerhin einen Anschein von Kontrolle über ihre Arbeit wiederzugewinnen. Jerry Tucker, der frühere Leiter der UAW Region 5 in St. Louis und spätere Kandidat für den nationalen Gewerkschaftsvorsitzenden 1992, organisierte in den frühen 1980ern effektive Innen-Strategien, um zugeständnisorientierten Verträgen entgegenzutreten. Besser als durch Streiks, meinte Tucker, konnte der Widerstand gegen zugeständnisorientierte Vereinbarungen vorangetrieben werden, wenn die Arbeiter mit ausgelaufenen Verträgen zur Arbeit zurückkehrten und sich an einer sich steigernden Strategie direkter Aktionen gegen unterdrückerische Arbeitsordnungen beteiligten. Falls die Arbeiter streikten, riskierten sie, nach den Bestimmungen des Taft-Hartley-Gesetzes dauerhaft gefeuert zu werden. Als Präsident Reagan Fluglotsen, die eine strategische Position innehaben, feuern konnte, erhielten die ständig von Firmenschließungen bedrohten Industriearbeiter einen wichtigen Denkzettel: Bleib bei der Arbeit.

Zwischen 1981 und 1983 orchestrierte Tucker innerbetriebliche Strategien in der Moog Automotive Plant und der Schwitzer Manufacturing und 1984 bei Bell Helicopter und LTV in Nord-Texas. Er durchkreuzte die Bemühungen der Arbeitgeber, zugeständnisorientiertes Verhandeln durchzusetzen. Direkte Aktionen jenseits von Streiks konnten zeitweilig die Ersetzung der Arbeiter durch andere Arbeiter verhindern.

Tucker und die Arbeiter machten sich eine innerbetriebliche Solidarität zu eigen, die die Arbeiter insgesamt mobilisierte und sie das Management untergraben ließ, indem sie sich mit den Produktions- und Vertriebsplänen bekannt machten sowie Dienst nach Vorschrift, regelmäßig wiederkehrende Bummelstreiks, Krankfeiern und Industriesabotage einführten. Für Tucker bedeutete Dienst nach Vorschrift schlicht, den Regeln des Managements zu folgen. Insofern als das Management permanent versucht, die Produktionsabläufe zu beschleunigen, ist es darauf angewiesen, dass die Arbeiter es mit den offiziellen Arbeitsregeln nicht so genau nehmen und Abkürzungen nehmen, um den Ertrag zu steigern. Wenn die Arbeiter aber den Firmenhandbüchern folgen, bleibt die Produktion immer hinter den Prognosen des Managements zurück (Tucker 2010a; 2010b). Die Strategie des Arbeiterwiderstands stellte die Forderungen der Arbeitgeber nach Zugeständnissen durch eine Solidarität in Frage, die aus der Parole der IWW stammte: „Der Schaden des Einen ist der Schaden aller".

Der Wirksamkeit der firmeninternen Strategien trat das Kapital mit Initiativen entgegen, ihre Anwendung – mit Blankovollmacht der staatlichen Arbeitsbehörden – gerichtlich und am Arbeitsplatz verbieten zu lassen. Aber auch die UAW-Funktionäre in Detroit fühlten sich vom Erfolg der firmeninternen Strategien bedroht, der die bürokratische Gewerkschaftsherrschaft und die freundschaftlichen Beziehungen mit den Arbeitgebern gefährdete.

Finanzkrise und Arbeiterkontrolle

Unter dem Vorwand der Finanzkrise zeigten sich die Kapitalisten zwischen 2008 und 2010 entschlossen, ihre Bücher von der Schuldenlast zu befreien, indem sie Fabriken schlossen und Vereinbarungen mit den Gewerkschaften auflösten. Als Antwort hat sich eine wachsende Zahl von Entlassung bedrohter, gewerkschaftlich organisierter wie nicht organisierter Arbeiter und Arbeiterinnen in Nordamerika und Europa mit Sitzstreiks und anderen Formen direkter Aktion gegen Betriebsstilllegungen gewehrt. Wo die Gewerkschaften nicht willens sind, sich dem Angriff der Unternehmer auf die Arbeiterschaft zu widersetzen, greifen militante Arbeiter zu direkten Aktionen wie Fabrikbesetzungen und Massenaufruhr und fordern, dass Fabriken wiedereröffnet oder Abfindungen verbessert werden.

Regungen einer neuen Bewegung für Arbeiterkontrolle

Der traditionelle Weg der Kollektivverhandlungen zwischen Arbeiterschaft und Management hat im frühen 21. Jahrhundert eine dramatische Wendung genommen. Die gegenwärtige Krise in der verarbeitenden Industrie hat eine wachsende Zahl offiziell anerkannter Gewerkschaften, die über staatlich gebilligte Kollektivverträge verfügen, nahezu hilflos gemacht und könnte sich steigernden direkten Aktionen der Arbeiter den Boden bereiten und möglicherweise eine militantere Arbeiterbewegung in Gang bringen. Weil Fabriken schließen und Kündigungen zunehmen – und weil die Arbeiter erkennen, dass sie den Arbeitsablauf nicht länger mit einem Streik unterbrechen können, wenn es keinen Ablauf gibt, der unterbrochen werden könnte –, greifen sie zunehmend zu militanten Aktionen, um ihre Jobs und ihre Gemeinwesen zu schützen.

Im vergangenen Jahrzehnt beschränkten sich Sitzstreiks weitgehend auf Lateinamerika und andere Regionen im globalen Süden, wo Arbeiter als Antwort auf den wirtschaftlichen Zusammenbruch Fabriken besetzten. Aber genau diese Dynamiken erreichen inzwischen den globalen Norden, wo in den Jahren 2009 und 2010 Arbeiter Fabriken besetzten und sich an anderen militanten Aktionen beteiligten. Viele dieser Aktionen standen in der syndikalistischen Tradition der direkten Machtübernahme durch die Arbeiter; in einigen Fällen handelten die Arbeiter auf eigene Faust, in anderen drängten sie lasche Gewerkschaften zur Unterstützung.

In den Vereinigten Staaten wurde der Arbeiterradikalismus jahrzehntelang im Zaum gehalten, da die Gewerkschaften den Managern Zugeständnisse anboten, vordergründig, um ihre Fabriken zu retten. Obschon die Arbeiter in den Augen der Unternehmensleiter als gefügig und willensschwach galten – „wenn die Arbeiter vom Management bedroht werden, erwagen sie ernsthaft, die Regeln zu brechen und zurück zu schlagen", so der Autoarbeiter und Aktivist Gregg Shotwell, ein militanter Arbeiter, der 2005 zum Entstehen eines Aufruhrs in der Autoteile-Industrie beitrug (Shotwell 2008).

Shotwell, der in der Delphi-Autoteile-Fabrik in Flint arbeitet, war Mitgründer der Soldiers of Solidarity (SOS), ein Basiszusammenschluss, der sich gegen die Politik des zugeständnisorientierten Verhandelns der UAW wendet. SOS bildete sich als Arbeiteraufruhr im November 2005 nach dem dubiosen Insolvenzantrag von Delphi und der matten Antwort der Gewerkschaftsführung. Die Arbeiter in den Delphi-Fabriken des Mittleren Westens befürchteten das Schlimmste – Betriebsstilllegungen und die Annullierung von Vereinbarungen über Gesundheits- und Pensionsleistungen, die gewährt wurden, nachdem die Autoteile-Abteilung 1999 von GM ausgegliedert worden war. Unabhängig von der UAW führten Basisarbeiter eine massenhafte „Dienst nach Vorschrift"-Kampagne durch, um die vom Unternehmen geplanten Massenentlassungen zu sabotieren.

Der Aufruhr bei Delphi zwischen 2005 und 2006 war keine Wiederholung des Sitzstreiks von Flint. Dennoch wurde in dieser Firma, die die Macht der Arbeiter brechen wollte, der Produktionsprozess durch direkte Aktionen am Arbeitsplatz verlangsamt, darunter geschickt organisierte Bummelstreiks und Dienst nach Vorschrift – zum Beispiel wurden Maschinen nur entsprechend der Unternehmensrichtlinien ausgebessert. Aus Mangel an funktionierender Betriebsausstattung fuhren die Delphi-Arbeiter die Maschinen herunter, ohne Unterstützung der UAW, und retteten schließlich ihre Gesundheitsleistungen und Renten. Shotwell sagt: „Ein Sitzstreik entspringt nicht aus einer politischen Philosophie, sondern er tritt auf, wenn die Arbeiter spüren, dass sie alles verlieren werden, falls sie gleichgültig bleiben und nicht handeln" (Shotwell 2008).

Die globale kapitalistische Wirtschaftskrise führt zur Abwertung von Verträgen zwischen Arbeitern und Management, die anständige Löhne und Sozialleistungen sowie ein Minimum an Jobsicherheit gegen Arbeitsfrieden getauscht hatten. Die Schließung von Industrieanlagen in Nordamerika ließ die Reihen der verzweifelten, oftmals älteren Arbeiter anwachsen, die versuchten, die einst für selbstverständlich gehaltene ökonomische Sicherheit zu erhalten. Allerdings hat die Krise zwischen 2007 und 2010 das Versagen des neoliberalen Kapitalismus aufgezeigt, ökonomische Sicherheit mit öffentlichen oder privaten Mitteln zu gewährleisten.

Obwohl die Wiederkehr von Fabrikübernahmen in der Größenordnung der Sit-downs zwischen 1936 und 1939 noch aussteht, ist ein Wiederaufleben der Basismilitanz heute greifbar. Allein in den jüngsten Jahren hat eine wachsende Zahl von Arbeitern, die bis vor kurzem als konservativ und untätig galten, ihre Angelegenheiten in ihre eigenen Hände genommen und sich auf die militanteste aller Aktivitäten eingelassen: ihre Gewerkschaften zu zwingen, ihre Forderungen zu vertreten. So stimmten, um nur ein Beispiel zu nennen, Ford-Arbeiter gegen eine – anfangs von der UAW akzeptierte – betriebliche Altersvorsorge, die Zugeständnisse wie bei GM und Chrysler eingeführt hätte.

Die Gewerkschaft UE und der Sitzstreik bei Republic Windows and Doors

In den 1990ern waren fast alle US-Gewerkschaftsführer zufrieden mit dem zugeständnisorientierten Verhandeln ohne Beteiligung der Arbeiter oder fanden sich mit ihm als Mittel ab, um zu überleben und ihre Macht zu behalten. In jüngsten Jahren haben die nationalen Gewerkschaften Arbeiter und Arbeiterinnen in den schnell wachsenden Bereichen Gesundheitswesen, Haustechnik, Vertrieb und Gastronomie organisiert. Aber mit wenigen Ausnahmen waren die meisten dieser Gewerkschaften völlig auf Anerkennung und Tarifverhandlungen auf der Grundlage einvernehmlicher Beziehungen zum Management konzentriert. Die Service Employees International Union (SEIU), deren Mitgliedschaft am schnellsten gewachsen war, erlangte Tarifabkommen mit dem Versprechen, die Mobilisierung der Arbeiter gegen andere Firmenbereiche zu beenden, in denen sich die Arbeiter organisiert hatten. Zwischen 1990 und 2010 wurden die meisten Arbeiter durch Fusionen Mitglied einer US-Gewerkschaft, ohne direkte

Beteiligung oder Mobilisierung, und in der Regel waren sie von den Verhandlungen mit dem Management ausgeschlossen.

In der verarbeitenden Industrie wurde die Macht der Arbeiter durch das Arbeitsgesetz beschränkt, das die meisten Formen kollektiven Handelns verbietet und den Arbeitgebern erlaubt, streikende Arbeiter zu ersetzen. Bei der ersten umkämpften Wahl für die Präsidentschaft der erstarrten AFL-CIO – des etablierten US-Gewerkschaftsverbandes, dessen Führung nicht in der Lage war, den Verfall gewerkschaftlicher Macht zu bremsen – wurde 1995 John Sweeney als Vertreter der „New Voice"-Plattform gewählt. Sie warb für die Notwendigkeit, dass sich die Gewerkschaftsbewegung neuen Antrieb gab und ihre Mitgliederzahl erhöhte, indem sie Nichtmitglieder organisierte. Unter Sweeneys Führung schrieb sich die AFL-CIO eine neue Organizing-Rhetorik von ökonomischer Fairness auf ihre Fahne. Die meisten Gewerkschaften appellierten mit Phrasendrescherei an die Öffentlichkeit für Gerechtigkeit und Fairness und gaben hunderte Millionen als Wahlkampfspende, um sympathisierende Politiker in der Demokratischen Partei zu wählen, um Jobs zu fördern, die direkt oder indirekt von öffentlicher Finanzierung abhängen und um die rechtlichen Hindernisse bei der Organisierung von Arbeitern zu vermindern (ein weitgehend gescheiterter Versuch).

Zwischen 1970 und 2010 stürzte die Zahl der gewerkschaftlich organisierten Arbeiter und Arbeiterinnen auf Rekordtiefen, insbesondere bei den Beschäftigten im sakrosankten Privatsektor. 2008 war der gewerkschaftliche Organisierungsgrad im Privatsektor auf 7,5 Prozent gefallen; wenige Arbeiter ließen sich von dem Vorteil einer Mitgliedschaft bewegen, mit Ausnahme der Gastarbeiter, die oft für den Mindestlohn oder weniger arbeiteten. US-Arbeiter, vor allem in der verarbeitenden Industrie, standen den Gewerkschaften mittlerweile weitgehend gleichgültig gegenüber.

Daher sticht der Sitzstreik bei Republic Windows and Doors in Chicago im Dezember 2008 besonders hervor, da er im Kontext der industriellen und ökonomischen Krise stattfand, im Unterschied zu den Sit-downs zwischen 1936 und 1939, die sich zu einer Zeit der dramatischen Expansion des verarbeitenden Gewerbes in den USA ereigneten. Der Sitzstreik bei Republic ähnelt eher den Fabrikbesetzungen im Argentinien des Dezembers 2001, einer weiteren Situation der ökonomischen Krise, in der Arbeiter bankrotte Fabriken übernahmen, die zur Schließung vorgesehen waren; dies ebnete den Weg für die Bildung hunderter Arbeiterkooperativen (Sitrin 2006).

Die größte Bedeutung der Fabrikbesetzung bei Republic zwischen dem 4. und 9. Dezember 2008 liegt im Austausch der Gewerkschaft in den Jahren vor dem Sitzstreik. 2004 verdrängten Basis-Arbeiter das Central States Joint Board

(CSJB), das vordergründig die Arbeiter im Betrieb vertrat, sie aber von den Verhandlungen ausschloss. Das CSJB hatte Ende 2001 ein zugeständnisorientiertes Abkommen mit dreijähriger Laufzeit ausgehandelt, das keine Lohnerhöhungen bot, die Arbeiter zwang, für die Krankenversicherung zu zahlen und eine Pflicht zur Mehrarbeit einschloss. In einem Interview erzählte Armando Robles, ein mexikanischer Immigrant, der maßgeblich an der Organisierung des Streiks beteiligt war, der Journalistin Kari Lydersen, dass er 2001 nicht wusste, dass die Arbeiter der Firma von einer Gewerkschaft vertreten wurden. „Robles wusste nicht einmal, dass die Arbeiter bei Republic eine Gewerkschaft hatten, bis ein Arbeitskollege ihm zeigte, wie Beiträge von seinem Gehaltsscheck einbehalten wurden. Er hatte nie Gewerkschaftsvertreter gesehen und wurde nie über Treffen informiert oder über Möglichkeiten, in Gewerkschaftsangelegenheiten zu Wort zu kommen. Das CSJB reichte selten Beschwerden im Namen der Arbeiter ein" (2009, 38).

Insbesondere zeigt Lydersen, dass die Arbeiter, vor allem Latino-Immigranten, schon vor dem Sit-down vom Dezember 2008 ohne Gewerkschaftsunterstützung zu direkten Aktionen gegriffen hatten. Im Januar 2002 traten Arbeiter in einen zweiwöchigen wilden Streik, der am 17. Januar endete, vom CSJB abgelehnt und zuerst von einem gewerkschaftlichen Vertrauensmann gebrochen wurde, der die Streikpostenkette durchschritt. Obwohl die Arbeiter keine Lohnerhöhung erreichten, zeigten sie eine bedeutsame Solidarität gegen ihren Arbeitgeber und die korrupte Gewerkschaft. Fast drei Jahre später, am 10. November 2004, organisierten sich die Arbeiter und stimmten dafür, sich der Gewerkschaft UE anzuschließen. Unter den etwa 450 bei Republic beschäftigten Arbeitern stimmten nur acht oder neun für das CSJB (Lydersen 2009, 38-42). Das neue UE Local 1110 wandte sich gegen zugeständnisorientiertes Verhandeln und war bekannt für Mitgliederbeteiligung und innerbetriebliche Organizing-Strategien.

Die wertvolle Erfahrung von Basis-Eigenaktivitäten, die in die UE eingebracht wurden, wurden in die Tat umgesetzt, als vier Jahre später die Arbeiter von Republic der größten US-Bank entgegentraten, um ihre Rechte zu verteidigen, und zwangen die Firma, sich an die Gesetze zu halten, und verhinderten die Schließung der Fabrik. Die 250 bis 280 verbleibenden Arbeiter waren auf Widerstand vorbereitet, als ihnen der Republic-Fabrikleiter Tim Widner am Dienstag, dem 2. Dezember 2008 plötzlich mitteilte, dass die Fabrik drei Tage später, am Freitag, dem 5. Dezember, dauerhaft geschlossen werde.

Nach dem 1988 verabschiedeten WARN-Gesetz (Worker Adjustment and Retraining Notification) müssen Arbeitgeber bei Massenentlassungen die Arbeiter sechzig Tage im Voraus informieren oder ihnen eine Abfindung und Gesundheitsleistungen für sechzig Tage zahlen; nicht genutzter Urlaub wird nicht bezahlt. Republic machte die Wirtschaftskrise und das Platzen der Immobilienblase dafür verantwortlich, dass der Umsatz von 4 auf 2,9 Millionen US-Dollar im Monat gefallen war. Zudem wurde den Arbeitern mitgeteilt, dass die Bank of America eine Kreditlinie gestrichen hatte, die erforderlich war, um die Firma weiter zu betreiben. Zu dieser Zeit hatte die Bank im Rahmen des 700 Milliarden US-Dollar schweren Rettungsschirms der US-Regierung für marode Finanzunternehmen einen Bundeskredit über 45 Milliarden US-Dollar und eine Bundeskreditbürgschaft über 118 Milliarden US-Dollar empfangen.

Wochen zuvor hatten Robles und andere Arbeiter die Demontage von wichtigen Produktionsanlagen in der Firma beobachtet und den UE-Organizer Mark Meinster informiert. Im Vorgriff auf die Schließungsankündigung hatten Arbeiter und Gewerkschaft gemeinsam geplant, die Fabrik zu besetzen, um die Schließung und Verlagerung der Anlage zu verhindern.

Am Dienstag, dem 2. Dezember, wurde den in der Cafeteria versammelten Arbeitern verkündet, dass sie keine Abfindungen, Gesundheitsleistungen oder Bezahlung für aufgelaufene Urlaubszeit erhalten würden. Nach Erhalt der offiziellen Ankündigung der geplanten Fabrikschließung starteten die Arbeiter eine Widerstandskampagne gegen die Bank of America und gegen die Firma Republic. Über die Forderungen der Arbeiter bezüglich des Lohnrückstandes hinaus lenkte der Sitzstreik bundesweit Aufmerksamkeit auf die Verdorbenheit des Finanzkapitals, indem er offenkundig bloßstellte, was jeder bereits wusste oder vermutete: Die Regierung schützt eifrig das Kapital und ist gleichgültig gegenüber den Arbeitern, die von Banken und Finanzinstituten zu Opfern gemacht wurden. Auch hatten die Arbeiter herausgefunden, dass Republics CEO Richard Gillman Pläne zur Verlagerung der Anlage nach Red Oak, Iowa, hatte. Zusätzlich zu ihrer Forderung nach Abfindungen, Urlaubsgeld und Gesundheitsleistungen verlangten die Arbeiter auch, dass die Fabrik – in der sie ein kollektives Klassenbewusstsein entwickelt hatten – weiter in Chicago produzieren solle.

Als Antwort auf den Ausbruch öffentlicher Unterstützung für die streikenden Arbeiter bekannten lokale und nationale Politiker öffentlich ihre Unterstützung für die Fabrikbesetzung, die gegen den private Eigentumsrechte heiligenden Fansteel-Entscheid des Supreme Court verstieß. Die Arbeiter erhielten Unterstützung von progressiven Mandatsträgern der Demokratischen Partei, vor allem vom US-Abgeordneten Luis Gutierrez, der die Republic-Arbeiter seit ihrem wilden Streik von 2003 unterstützt. Selbst der gewählte Präsident Barack Obama reagierte positiv auf die Forderungen der Arbeiter: „Wenn es um die Situation hier in Chicago geht, wo Arbeiter die Sozialleistungen und die Bezüge, die sie verdient haben, verlangen, denke ich, sie haben völlig Recht" (Pollasch 2008).

Der Sitzstreik bei Republic brachte die Regierung und die amerikanischen Unternehmer in kolossale Verlegenheit. Sie erkannten, sollte die Besetzung durch die Arbeiter nicht bald beendet werden, würde der öffentliche Widerspruch gegen den Rettungsschirm für die Finanzindustrie einen Siedepunkt erreichen.

Am 10. Dezember wurde unter wachsender öffentlicher Prüfung ein Abkommen zwischen der Bank of America und J.P. Morgan Chase vermittelt, um Republic mit den finanziellen Mitteln zu versorgen, jedem Arbeiter 6.000 US-Dollar und zwei Monate Gesundheitsleistungen zu zahlen (wie es das WARN-Gesetz verlangt). Aber die Arbeiter wollten, dass die Fabrik offen bleibt. Zwei Monate später, im Februar 2009, wurde die Firma an Serious Materials verkauft, ein Ökoenergie-Unternehmen aus Sunnyvale, Kalifornien, das seine Produktion von Fenstern und Glas ausdehnen wollte (siehe Seriousmaterials.com). Das Unternehmen erklärte sich bereit, alle früheren Republic-Arbeiter wieder einzustellen, die Gewerkschaft anzuerkennen und das Lohnniveau von vor der Fabrikschließung zu halten.

Wie bedeutsam ist der Republic-Fall für gewerkschaftlich organisierte und nicht organisierte Arbeiter und Arbeiterinnen in den verarbeitenden und in anderen Industrien? Zweifellos gelang es den Arbeitern, in einer Zeit der Massenentlassungen in Nordamerika und Europa im Gefolge der globalen Finanzkrise, all ihre Forderungen sowie die Wiedereröffnung der Fabrik durchzusetzen. Die Tatsache, dass zur selben Zeit Autoarbeiter ohne Widerstand GM und Chrysler massive Konzessionen gewährten, spiegelt die fehlende Erkenntnis wider, dass Arbeiter in der Lage sind, sich unabhängig gegen Schließungen zu wehren und sie zu stören. Republics Versuche, das Massenentlassungen regelnde Arbeitsrecht zu umgehen, mag die mangelnde Klugheit bei mittelgroßen Firmen widerspiegeln, wenn es darum geht, den Ärger der Arbeiter zu entschärfen. Wenn man allerdings bedenkt, dass viele Firmen die Produktion an Subunternehmer vergeben, könnte das Ausbluten von Jobs eine Welle von Firmenschließungen ohne angemessene Ankündigung oder Entschädigung für die Arbeiter auslösen. So reagierten Arbeiter und Arbeiterinnen zwischen 2008 und 2010 in Frankreich, Irland, Südkorea, China und Großbritannien auf unternehmerischen Betrug bei der Schließung von Fabriken mit einer Welle von Sitzstreiks, eingeschlossen jenen bei Visteon, der von Ford ausgegliederten Autoteile-Firma. In einem globalisierten kapitalistischen Umfeld destabilisiert die ökonomische Krise jene Arbeiter unverhältnismäßig, die bei großen Firmen angestellt oder von ihnen beauftragt sind.

Obwohl die Besetzungen durch Arbeiter und Arbeiterinnen von Gewerkschaften und Unternehmen gleichermaßen als überholte und ineffektive Mittel zur Verteidigung der Arbeiterrechte verunglimpft werden, verkennt dieses Argument, wie direkt die Arbeiterkontrolle die unternehmerische Vorherrschaft in Frage stellt. Der Sitzstreik bei Republic 2008 bildete das am stärksten publik gewordene jüngste Beispiel von Arbeitern und Arbeiterinnen, die die Kontrolle über ihr ökonomisches Schicksal einfordern.

Schlussfolgerungen

Die direkte Aktion von Arbeitern und Arbeiterinnen, die sich in der US-Geschichte als Sitzstreiks und Fabrikbesetzungen manifestierte, wird vom Kapital wie von Gewerkschaftsvertretern abgelehnt. Die meisten etablierten Gewerkschaften erscheinen vielen Arbeitern überholt – schlecht gerüstet, die autokratische Vorherrschaft der Unternehmer herauszufordern, mit einer trägen, bürokratischen Führung und einer Struktur, die im Gegensatz zu den Interessen vieler Arbeiter steht. Das Konzept der Arbeiterkontrolle, wie es sich die Arbeiter selbst vorstellen, wird nun sogar vom Management in Anspruch genommen, um nahezulegen – ein absonderlicher und subversiver Einfall –, dass die Firmen selbst Verkörperungen von Freiheit sein könnten: Wie Slavoj Žižek anmerkt:

> „Anstelle einer hierarchischen Befehlskette finden wir nun Netzwerke mit einer Vielzahl an Teilnehmern, mit Arbeit, die in Form von Teams oder Projekten organisiert ist, (…) So wird der Kapitalismus transformiert und legitimiert als ein egalitäres Projekt: Indem er autopoetische Interaktionen und spontane Selbstorganisation betont, hat er sogar die linksradikale Rhetorik der Arbeiterselbstverwaltung usurpiert und sie von einem antikapitalistischen Slogan in einen kapitalistischen verwandelt“ (Žižek 2009, 52).

Da das vorherrschende Modell des Business Unionism[5] den Arbeitern nicht gerecht wurde, entstehen neue Modelle der Arbeitsplatzdemokratie. Im Gegensatz zu den untauglichen und verzweifelten Bemühungen der organisierten Arbeiterschaft, die Vergangenheit zu konservieren, behaupten einige Unternehmen, den Wunsch der Arbeiter nach Emanzipation von unterdrückenden bürokratischen Strukturen anzuerkennen.

5 Business Unionism meint die Konzentration der Gewerkschaften auf Lohnfragen und Arbeitsbedingungen; die allgemeinen Lebensumstände der Arbeiter, Unternehmensstrategien oder politische Fragen bleiben weitgehend außen vor. (Anm.d.Ü.)

Die letzten Lektionen der Arbeiterkontrolle deuten auf eine Zukunft des Massen-Arbeitskampfes. Die meisten Gewerkschaften und Progressiven verunglimpfen den Sitzstreik oder die Selbstorganisation von produzierenden oder Dienstleistungsunternehmen als ein Relikt der Vergangenheit, das heutige Arbeiter nur widerstrebend verstehen oder anwenden. Die Kritiker übersehen jedoch die Tatsache, dass Streiks für Arbeiterkontrolle und direkte Aktion lebendiger Ausdruck der Opposition gegen Unterdrückung durch die Unternehmer am Arbeitsplatz sind. Mit der Rekonstituierung des Kapitals wird die Organisierung von Arbeiterkontrolle in neuen Wirtschaftssektoren neue Formen annehmen, die die Transformation wirtschaftlicher Aktivitäten und die zunehmende Bedeutung von Dienstleistungs- und öffentlichen Arbeitsplätzen reflektieren werden.

Da die Fabrik zunehmend ein Relikt der Vergangenheit wird und sich der Arbeitsprozess wandelt, werden sich die Arbeiter und Arbeiterinnen auf neuen Kampfplätzen betätigen, die die Entwicklung gesellschaftlich nützlicher Formen von Arbeit umfassen könnten. Um eine demokratische und sozialistische Zukunft voran zu treiben, werden sich die Arbeiter auf Widerstand und Aufruhr gegen die etablierten Kräfte einlassen – und die Kämpfe der Vergangenheit bleiben beständige Beispiele der Aktualität der Arbeiterselbstverwaltung und der Arbeiterkontrolle über die Unternehmen und das Gemeinwesen. Etablierte traditionelle Gewerkschaften widersetzen sich der Arbeiterkontrolle oder Selbstaktivität, die die Macht aus den Gewerkschaftszentralen an den Arbeitsplatz überführen. Um geordnete Beziehungen zu sichern, benötigen die Gewerkschaftsführer hierarchische Kontrolle und Organisationsloyalität statt Arbeitersolidarität an und zwischen den Arbeitsplätzen. Doch obwohl die Arbeitgeber eine zunehmende Dominanz über den Arbeitsplatz ausüben, bleibt die Selbstaktivität der Arbeiter gegen die kapitalistische Vorherrschaft weit verbreitet und anhaltend, wenngleich diese Vorherrschaft in den Vereinigten Staaten in Schranken gehalten wird, da Unternehmer und Regierung anerkennen, welche Macht einfache Arbeiter gegen das Kapital ausüben können. Da die Demokratie ausgehöhlt wird und autokratische Unternehmerpraktiken sich im produzierenden wie im Dienstleistungssektor ausdehnen, wächst auch der Wunsch der Arbeiter nach Emanzipation von der Unterdrückung durch die Arbeitgeber. Was fehlt, ist die gesellschaftliche Handlungsmacht, die Arbeitern praktische Alternativen zur kapitalistischen Herrschaft bieten könnte. Aber da der „horizontale Arbeitsplatz" in allen Bereichen einer Wirtschaft, die zunehmend vom Dienstleistungssektor dominiert wird, offensichtlich eine Heuchelei der Unternehmer ist, werden die Arbeiter Selbstverwaltung und Kontrolle über ihre ökonomische Zukunft fordern. Wie in der natürlichen Umwelt: Obwohl die meisten Funken oder Blitze kein

Feuer auslösen, flackert die Glut weiter in Erwartung des nächsten entflammbaren Augenblicks.

Literatur

Arrighi, Giovanni und Beverly J. Silver (1994), „Labor movements and capital migration. The United States in world-historical perspective", in: Charles W. Bergquist (Hrsg.), *Labor in the capitalist world economy,* Beverly Hills, California: Sage, S. 183-216.

Bernstein, Irving (1969), *The Turbulent years.* A history of the American worker 1933-1941, Boston: Houghton Mifflin.

Brenner, Aaron, Robert Brenner und Cal Winslow (2010), *Rebel rank and file.* Labor militancy and revolt from below during the long 1970s, London u.New York: Verso.

Bybee, Roger (2009), „Sit-down at Republic: Will it give labor new legs?" in: *Dissent* (Sommer): 9-12.

Faires, Nora (1989), „The great Flint sit-down strike as theatre", in: *Radical History Review,* Nr. 43, 121-135.

Feurer, Rosemary (2006), *Radical unionism in the Midwest, 1900-1950,* Urbana u. Chicago: University of Illinois Press.

Fine, Sidney (1969), *Sit-down: The General Motors strike of 1936-1937,* Ann Arbor: University of Michigan Press.

Galenson, Walter (1960), *The CIO challenge to the AFL.* A history of the American labor movement, Cambridge, Massachusetts: Harvard University Press.

Garson, Barbara (1994), *All the livelong day.* The meaning and demeaning of routine work, New York: Penguin.

Green, James R. (1998), *The world of the worker.* Labor in twentieth-century America, Champaign: University of Illinois Press.

Groom, B. (2009), „Why sit-ins are so 1970s", in: *Financial Times,* 7. April.

LaBotz, Dan (1991), *A troublemaker's handbook.* How to fight back where you work – and win!, Detroit: Labor Notes.

Lenin, W. I. (1960/1917), „Staat und Revolution. Die Lehre des Marxismus vom Staat und die Aufgaben des Proletariats in der Revolution", in: *Lenin Werke,* Bd. 25, Berlin: Dietz.

Lydersen, Kari (2009), *Revolt on Goose Island.* The Chicago factory takeover and what it says about the economic crisis, Brooklyn, New York: Melville House.

Lynd, Staughton (1992), *Solidarity unionism.* Rebuilding the labor movement from below, Chicago: Charles H. Kerr Publishing Company.

Mészáros, István (2010), *Historical actuality of the socialist offensive.* Alternative to parliamentarism, London: Bookmarks.

Ness, Immanuel (1998), *Trade unions and the betrayal of the unemployed.* Labor conflicts during the 1990s, New York: Routledge/Garland.

Pollasch, Abdon (2008), „Obama: Laid-off workers occupying factory in Chicago are ‚absolutely right' ", in: *Chicago-Sun Times.* 8. Dezember.

Pope, James (2006), „Worker lawmaking, sit-down strikes, and the shaping of American industrial relations, 1935-1958", in: *Law and History Review,* S. 45-113.

Sitrin, Marina (2006), *Horizontalism: Popular power in Argentina,* Oakland, California: AK Press.

Serious Materials (2010), www.seriousmaterials.com, Zugriff am 28. August 2010.

Žižek, Slavoj (2009), *First as tragedy, then as farce,* London u.New York: Verso.

Interviews

Shotwell, Greg (2008), Interview mit dem Autor, 18.-19. September.

Tucker, Jerry (2010a), Interview mit dem Autor, 8. März.

— (2010b), Interview mit demAutor, 14. August.

Übersetzung aus dem amerikanischen Englisch: Steffen Vogel

17. Arbeiterautonomie und der italienische „Heiße Herbst“: die Fabrikräte und die autonomen Arbeiterversammlungen der 1970er Jahre

Patrick Cuninghame

Dieses Kapitel erörtert die historische Entwicklung von Arbeiterräten innerhalb des italienischen Fabriksystems während des „langen 1968“. Dies geschieht auf der Grundlage zweier rivalisierender Modelle: den Fabrikräten und den autonomen Arbeiterversammlungen. In der Folge der Welle wilder Streiks im „Heißen Herbst“ von 1969 war die autonome Arbeiterbewegung bestrebt, die Gewerkschaften aus ihrer Vormachtstellung zu kippen, während die drei Gewerkschaftsverbände – CGIL[1], CISL[2] und UIL[3] – versuchten, ihre repräsentative Macht zurück zu gewinnen. Konflikte um Lohnforderungen wurden dazu benutzt, das Fabriksystem und die kapitalistische Arbeitsteilung zu destabilisieren, um so die Bedingungen für eine Gegenmacht der Arbeiter und Arbeiterinnen in der Fabrik zu schaffen. Die Fabrikräte integrierten häufig radikal verschiedene politische Positionen, mit dem Ziel, die Hegemonie der Gewerkschaften als einheitliche Organisationsform wiederzugewinnen, die immer noch dazu geeignet

1 *Confederazione Generale Italiana di Lavoro* (Allgemeine Italienische Arbeitsföderation).

2 *Confederazione Italiana dei Sindicati Lavoratori* (Italienische Konföderation der Arbeitergewerkschaften).

3 *Unione Italiana di Lavoro* (Italienische Arbeitsunion).

war, den Willen der Basis zum Ausdruck zu bringen. Die autonomen Arbeiterversammlungen stellten sich gegen Gewerkschaften und Fabrikräte und propagierten stattdessen Arbeiterautonomie und Arbeitsverweigerung als wichtigste Instrumente der Arbeiterorganisierung in Fabrikkämpfen. Dieses Kapitel kommt zu dem Schluss, dass beide Modelle zu schwach waren, um die gewerkschaftliche Hegemonie zurück zu drängen oder um die historische Niederlage der italienischen Fabrikarbeiterbewegung, die auf die Niederlage des FIAT-Streiks von 1980 folgte, zu verhindern, welche das Ende des italienischen „langen 1968“[4] markierte und mit dem globalen Aufkommen von Postfordismus und Neoliberalismus in Einklang stand. Dieses Kapitel behandelt auch den Streik und die Besetzung der riesigen FIAT-Betriebe im März 1973 durch die „Roten Halstücher“ *(fazzoletti rossi),* die für die autonome Arbeiterbewegung repräsentativsten Aktivisten. Antonio Negri (1979) betitelte sie als „Arbeiterpartei von Mirafiori“.

Italiens Bewegung für Arbeiterautonomie

Die neue soziale Bewegung *Autonomia Operaia* (Arbeiterautonomie) kann durch ihre Praxis der Arbeiterautonomie und der Arbeitsverweigerung zwischen 1973 und 1980 letztlich als post-operaistische Entwicklung des Operaismus angesehen werden. Die Zeitschriften *Quaderni Rossi*[5] und *Classe Operaia* untersuchten als erste die autonome Arbeiterbewegung, wie diese von Anfang bis Mitte der 1960er Jahre entsteht und sich während des „Heißen Herbstes“ 1969 konsoli-

4 Im „langen 1968“ in Italien blieb das Niveau gesellschaftlicher Mobilisierungen und Konflikte bis 1980 im Vergleich zu Frankreich, Westdeutschland und den USA, die vielleicht intensivere, aber kürzere Perioden harter politischer Auseinandersetzungen unmittelbar nach 1968 gekannt hatten, ziemlich hoch.

5 *Quaderni Rossi* (QR) begann 1959 mit der Veröffentlichung und wurde herausgegeben von Raniero Panzieri, einem Vorstandsmitglied der Sozialistischen Partei und seit 1960 Verleger des Einaudi-Verlages, sowie von Romano Alquati, einem marxistischen Akademiker in Turin, und unter der beachtenswerten Mitwirkung von Persönlichkeiten wie Alberto Asor Rosa (später PCI-Mitglied und ihr zentraler Kritiker an der 77er -Bewegung), Sergio Bologna, Mario Tronti, Vittorio Foa, Rieser und Fofi aus Mailand und Rom, sowie Toni Negri aus Padua. Negri, Bologna und Alquati zogen jedoch ein direkteres Eingreifen in die Fabrikkämpfe vor und spalteten sich 1964 von QR ab, nachdem der Aufstand der FIAT-Arbeiter von 1962 auf der Piazza Statuto in Turin (den sie unterstützt hatten) zu größeren Differenzen mit Panzieri geführt hatte (der diese Aktion verurteilte), um zunächst *Classe Operaia*, *Contropiano* und schließlich *La Classe* zu gründen. QR setzte seine Veröffentlichung bis 1966 mit der Herausgabe von sechs Ausgaben fort, die heutzutage als Klassiker sowohl der neomarxistischen Theorie als auch der Industriesoziologie gelten.

diert. Die Kämpfe der autonomen Arbeiterversammlungen *(assemblee autonome operaie)* und ihre konfliktreiche Beziehung zu den Fabrikräten standen im Zentrum des politischen Projektes der Autonomia. Die autonomen Arbeiter und Arbeiterinnen sahen sich selbst als eine Widerstandsbewegung gegen industrielle und technologische Restrukturierung und deren politische Grundlage – den „Historischen Kompromiss“ zwischen der Italienischen Kommunistischen Partei (PCI)[6] und den Christdemokraten (DC)[7]. Verschiedene Formen der Arbeitsverweigerung, wilde Streiks und Industriesabotage waren die hauptsächlichen „Waffen“ der autonomen Arbeiterbewegung in diesem Kampf. Ein Schlüsselaspekt der Autonomia war ihre enge Beziehung zur nichtindustriellen Arbeiterschaft, besonders im Dienstleistungssektor und unter radikalisierten Fachkräften, und zu Sektoren mit unbezahlter Arbeit, wie den „Hausarbeiterinnen“ *(operaie di casa),* des „operaistischen“ Teils der Frauenbewegung, den Arbeitslosenbewegungen im Süden sowie den Bewegungen der Studierenden an Universitäten und Oberschulen.

Als die autonomistische Arbeiterbewegung der „Massenarbeiter“ (Pozzi u. Tommasini, 1979)[8] in großen Industriekonflikten an Boden zu verlieren begann, wandte sich die *Autonomia* verstärkt den Auseinandersetzungen des „gesell-

6 *Partito Comunista Italiana*: 1921-1991, eurokommunistische Partei mit Mitte-Links-Ausrichtung, deren Wählerunterstützung 1984 einen Spitzenwert von 34% erreichte (zum einzigen Mal mehr als die DC), dann aber auf 20 bis 25 % zurückfiel. Im Jahr 2007 erfolgte ihre dritte Neugründung als postkommunistische *Partito Democrato,* nach vorheriger Existenz als *Partito Democratico di Sinistra* (1991-1998) und dann als *Democratici di Sinistra,* wobei sie jedes Mal weiter nach rechts rückte, bis sie ihre aktuelle zentristische Position erreichte. 1996 als größte Partei aus den Wahlen hervorgegangen, bildete sie die erste Mitte-Links-Regierung der italienischen Geschichte, *L'Ulivo* (Der Olivenbaum), die bis 2001 andauerte und unter der Ministerpräsidentschaft von Romano Prodi (ehemals DC) von 2006 bis 2008 erneut an der Macht war.

7 *Democrazia Cristiana*: populistische Mitte-Rechts-Partei, die ihr politische Nachkriegsdominanz bis zur Korruptionskrise der *Mani Pulite* (Saubere Hände) von 1993-1994 beibehalten konnte, nach der sie zur *Partito Popolare* wurde und rasch ihren Rückhalt in der Wählerschaft an Silvio Berlusconis *Forza Italia* verlor.

8 Das *operaistische* Konzept beschreibt die neue Klassenzusammensetzung in den Fabriken Norditaliens von den 1950er Jahren an, die hauptsächlich aus jungen ungelernten und angelernten, aus Süditalien zugewanderten Fließbandarbeitern bestand, die sich nicht mit den Gewerkschaften und der PCI identifizierten und zum Rückgrat der autonomen Arbeiterkämpfe des „Heißen Herbstes“ von 1969 wurden. Sie unterschieden sich stark von einer vorhergehenden Generation von gelernten „Werksarbeitern“ (*operaio artigiano*), die hauptsächlich Norditaliener waren und den Hauptrückhalt von Gewerkschaften und PCI bildeten.

schaftlichen Arbeiters“[9] in der postfordistischen, „diffusen“ oder „gesellschaftlichen Fabrik“ (Cleaver 2000) zu, die aus der Dezentralisierung der industriellen Produktion entstanden. Anzutreffen sind die gesellschaftlichen Arbeiter im gesamten Netzwerk Netzwerk mittelgroßer und kleiner Fabriken, einschließlich der Schwitzbuden in der Schattenökonomie[10] und ausgelagerter Familienarbeit – Formen, die eine allmähliche Schaffung nicht gewerkschaftlich organisierter, prekärer und flexibler Arbeitskräfte erlaubten.

Das zunehmend feindliche Verhältnis zwischen der autonomen Arbeiterbewegung und der PCI (einschließlich des mit ihr assoziierten Gewerkschaftsdachverbandes CGIL, der historisch eine konsensuale Position mit den Gewerkschaftsverbänden der DC und der PSI bezogen hat) in den späten 1970er Jahren führte zur Isolierung, Kriminalisierung der Autonomia als Terrorismusunterstützer und schließlich zu einer starken Repression. Dieser Vernichtungskampf führte zum Zerfall der Klassensolidarität innerhalb der Fabriken und zum Ausschluss von autonomen Aktivisten der Neuen Linken durch Unternehmensführungen und Gewerkschaften. Politische Repression kombiniert mit den wachsenden Spannungen aufgrund der postfordistischen Automatisierung, der Dezentralisierung der Produktion und den daraus resultierenden Massenentlassungen, gipfelten im Debakel des „Marsches der 40.000“ und der Niederlage des FIAT-Streiks vom Oktober 1980 – das Ereignis, dass symbolhaft für das Ende des italienischen „langen 1968“ steht.

Der Heiße Herbst und die Fabrikräte

Als „Heißer Herbst“ wurde die Zeit wilder „Schachbrett“-, und „Schluckaufstreiks“[11], innerbetrieblicher Fabrikdemonstrationen und Protestmärsche sowie Industriesabotagen bezeichnet, die – von über fünfeinhalb Millionen Arbeitern

9 Als Kategorie zuerst von Karl Marx in den *Grundrissen* im Jahre 1858 verwendet. Die Weiterentwicklung des Konzepts des „Massenarbeiters“ durch Negri (1979a; Pozzi u. Tommasini, 1979) war ein Versuch die neue Klassenzusammensetzung der „diffusen Fabrik“ zu theoretisieren; als Produkt der neuen sozialen Bewegungen, der industriellen Restrukturierung, der Marginalisierung und der entstehenden Bewegung der „Arbeitsverweigerung“. Der „gesellschaftliche Arbeiter“ bleibt aber eine kontroversere und weniger gut definierte gesellschaftliche Figur als der „Massenarbeiter“.

10 *Lavoro nero*: der postfordistische Sektor prekärer, kurzfristiger, niedrig bezahlter, ungeregelter und illegaler Arbeit im Ausbeutungsbetrieb, die heutzutage von von außerhalb der Europäischen Union kommenden Immigranten verrichtet wird.

11 Schachbrett-Streiks: verschiedene Teile der Belegschaft legen kurzfristig die Arbeit nieder; Schluckauf-Streiks: wiederholte kurzfristige Arbeitsniederlegungen der gesamten Belegschaft (Anm. d. Verlags).

(25% der Gesamtarbeiterschaft), meist ausschließlich unabhängig von Gewerkschaften und PCI eigenständig organisiert – während des Sommers 1969 durchgeführt wurden (Katsiaficas 1997). Diese beispiellose Periode industrieller Unruhen und ziviler Aufstände begann im Juli 1969 mit der Revolte von Corso Traiano in Turin (wenn nicht schon mit den ersten unabhängig organisierten Streiks in Mailand und Porto Marghera in den Jahren 1967/68), bei der ein Großteil der in den 1950er und 1960er Jahren als Schlafstadt rund um das riesige FIAT-Werk von Mirafiori erbauten Südstadt in Folge eines Polizeiangriffes auf eine Arbeiter- und Studierendendemonstration drei Tage lang in Aufruhr war.[12] Die enorme Welle der Unruhe unter der Arbeiterklasse zog sich unvermindert bis in den Herbst 1969 hin und fand ihren Höhepunkt in der gewaltsamen Besetzung des Mirafiori-Werkes im März 1973 durch eine neue Generation noch militanterer Arbeiter, die *Fazzoletti Rossi,* die sich sogar unabhängig von der Neuen Linken organisiert hatten. Von da an begannen die Auswirkungen der technologischen Umstrukturierung und der damit einhergehenden Ausweitung der Entlassungen von Arbeitskräften sowie die Wiedergewinnung des Konsens und der Kontrolle der Gewerkschaften mittels der Fabrikräte (*Consigli di fabrica*) die autonome Arbeiterrevolte zu dämpfen, die sich jedoch nichtsdestotrotz – verglichen mit dem industrialisierten Rest der Welt – bis in die 1980er Jahre auf ungewöhnlich hohem Niveau fortsetzte. Der wichtigste Aspekt des „Heißen Herbstes" aus Sicht der *operaistischen* Theorie der Klassenzusammensetzung (Cleaver 1991) war die führende Rolle der hauptsächlich nicht gewerkschaftlich organisierten, einheimischen Arbeitsimmigranten aus dem Süden, die einst in den 1950er Jahren von den großteils in der PCI und der PSI[13] organisierten norditalienischen Arbeitern als *crumiri* (Streikbrecher) gebrandmarkt worden waren. Zusätzlich spielte die „neue Arbeiterklasse" von Weisse-Kragen-Technikern, Wissenschaftlern, Fachkräften und produktionsfernem Büro- und Servicepersonal, die zuvor von den arbeiterbezogenen Vereinbarungen zwischen Gewerkschaften und Betriebsleitung ausgeschlossen waren und von den gewöhnlichen Arbeitern ebenfalls als Streikbrecher angesehen wurden, nun eine wichtige Rolle.

Der operaistische Theoretiker und Historiker Sergio Bologna, der in den frühen 1960ern als Techniker bei Olivetti gearbeitet hat, konzentrierte einen Großteil seiner Untersuchungen und Analysen auf die technisch-wissenschaftlichen Bestandteile der Arbeiterklasse in den 1970er Jahren (Cuninghame 2001). Die neu entstandenen Gruppen der Neuen Linken, die auf der Studentenbewegung

12 Siehe auch das Schlusskapitel von Nanni Balestrinis *Vogliamo tutto* mit einer bewegenden Beschreibung der damaligen Ereignisse.

13 Partito Socialista Italiana (Italienische Sozialistische Partei).

von 1967/68 basierten, waren sehr stark am „Heißen Herbst" beteiligt und noch viel mehr an seinen Nachwirkungen, insbesondere *Lotta Continua* (LC) in Turin und Rom, *Potere Operaio* (PO) in Rom, Porto Marghera (einem Außenbezirk von Venedig) und Mailand sowie *Avanguardia Operaia* (Arbeiteravantgarde) in Mailand und PdUP per il Communismo, eine fragile Allianz zwischen der Partido di Unità Proletaria (PdUP – Partei der Proletarischen Einheit) und *Il Manifesto*, in Rom.[14] Die autonomen Arbeiter brachen mit dem „ökonomischen Realismus" der PCI und den Konzern-orientierten Forderungen der Gewerkschaften, indem sie skandierten „Wir wollen alles!", höhere Lohnsteigerungen (diesmal jedoch abgekoppelt von Produktivitätsvereinbarungen), Reduzierungen der Arbeitstakte und das Ende der Lohnunterschiede zwischen den verschiedenen Abstufungen von Arbeitern und Angestellten forderten. Die Streiks wurden von örtlichen Fabrikversammlungen organisiert, über die die Gewerkschaften keine Kontrolle hatten und die auf städtischer oder regionaler Ebene koordiniert wurden. 13.000 Arbeiter wurden verhaftet und 35.000 wurden entlassen oder ausgesperrt, aber bereits im Dezember 1969 hatten die Unternehmer ihren Forderungen nachgegeben (Brodhead 1984). Die 1970 von der italienischen Regierung gesetzlich geregelten Arbeitsstatuten (*Statuto di Lavoro*) räumten den Arbeitern wesentliche Vorteile ein und erkannten durch die Institutionalisierung der Fabrikräte und der *scala mobile* (gleitende Lohnskala) formell die Selbstorganisierung der Arbeiter innerhalb der Fabriken an.[15] Trotzdem sprang der größte Ausbruch in-

14 LC, AO, PdUP und *Il Manifesto* hatten jeweils in den frühen 1970er Jahren ihre eigene Tageszeitung. Nur *Il Manifesto* besteht noch mit einer Auflage von täglich 20.000 Exemplaren. [Im Jahr 2012 steht die Zeitung wegen großer finanzieller Probleme vor dem Aus, verursacht durch sinkende Auflage und Werbeeinnahmen sowie die politisch motivierte Kürzung staatlicher Zuschüsse – Anm. d. Verlags].

15 Ein gleitendes Stufensystem, das durch automatische jährliche Erhöhungen die Löhne gegen Inflation schützen sollte. Es wurde als eine der Haupterrungenschaften der Nach-68er-Arbeiterbewegung betrachtet, aber im Zuge der Austeritätspolitik der späten 1970er Jahre mit Einwilligung der Gewerkschaftsführungen von CGIL, CISL und UIL schrittweise wieder abgebaut. Von neoliberalen Wirtschaftswissenschaftlern selbst als hauptsächliche Ursache für die Inflation angesehen, wurde es durch ein Dekret der Regierung Craxi im Jahre 1984 endgültig abgeschafft, eine Entscheidung, die 1985 in einem Referendum bestätigt wurde, das durch niedrige Beteiligung und eine fehlende öffentliche Debatte gekennzeichnet war. Seine Abschaffung stellte eine größere Niederlage für die Arbeiterbewegung dar und vertiefte die interne Krise der PCI.

dustrieller Unruhen seit dem *Biennio Rosso*[16] von 1919/20 bald von den Fabriken auf die Wohnquartiere der Arbeiter über, wo sowohl die aufkommende Frauenbewegung als auch die Studierenden (von denen viele aus Familien der Arbeiterklasse stammten) und die Gruppen der Neuen Linken in selbst organisierten Nachbarschaftskomitees (*comitati di quartiere*) aktiv wurden. Diese Komitees organisierten Miet- und Nebenkostenstreiks, die Selbstreduzierung (*autoriduzione*) der Preise für den Nahverkehr sowie Hausbesetzungen, um selbst bestimmte materielle Verbesserungen des Lebensstandards der Arbeiterklasse zu erreichen (d. h. unabhängig von Gewerkschaften und auf Parteien oder irgendeiner anderen Art von auf Delegierung oder Vermittlung beruhenden Verhandlungsformen mit dem Staat oder dem Markt). Diese Aktionen wurden nicht im Geiste des Reformismus oder Korporativismus durchgeführt, dessen die *Operaisten* (einigermaßen scheinheilig) von den Gewerkschaften beschuldigt wurden, sondern als Angriff auf die Fähigkeit des Kapitalismus zur Abschöpfung von Mehrwert durch monetäre und soziale Lohnformen (Sacchetto u. Sbrogio 2009).

Die autonome Arbeiterbewegung war danach bestrebt, die alle drei Jahre stattfindenden Verhandlungen über landesweite Industrielöhne und Arbeitsbedingungen zu einem größeren politischen Konflikt zu machen, um so die Gewerkschaften aus ihrer Vormachtstellung zu verdrängen. Der „Heiße Herbst“ wurde zu einem Kampf gegen die institutionalisierten Strukturen der Tarifverhandlungen, die dem keynesianisch-fordistischen Nachkriegspakt und dem „Goldenen Zeitalter des Kapitalismus“ innewohnten: hierarchische Aushandlung des Preises der Arbeit und ihre Verwendung – die Lohn- und Arbeitsbedingungen – zwischen Gewerkschaften und Management als Gegenleistung für erhöhte Produktivität und beschleunigte Fließbandgeschwindigkeiten (Hobsbawm 1995). Dabei wurde die Grundlage für Verhandlung und daraus resultierendem Kompromiss durch andauernde Mobilisierung und ununterbrochene Auseinandersetzung ersetzt. Konflikte bezüglich Tarifverhandlungen wurden dazu genutzt, das Fabriksystem, die kapitalistische Arbeitsteilung und die Willkürherrschaft der Unternehmensleitungen zu destabilisieren, um auf diese Weise die Bedingungen für eine Gegenmacht der Arbeiter im Betrieb zu schaffen (Balestrini u. Moroni 1998).

16 Eine revolutionäre Welle von Streiks und Besetzungen, sowie die Einrichtung von Arbeiter- und Bauernräten nach dem Sowjetmodell, wobei Gramsci und Bordiga herausragende Rollen spielten, ähnlich den Aufständen, die in Deutschland, Ungarn und anderswo auf den Ersten Weltkrieg folgten. Dies führte 1922 in Form einer Abspaltung von der PSI zur Konstituierung der PCI. Die Niederlage der Bewegung eröffnete jedoch noch im selben Jahr der faschistischen Konterrevolution den Weg.

Der „Heiße Herbst" schuf die Bedingungen für die allgemeine Verbreitung der Arbeiterräte im gesamten Fabriksystem, was aber von Beginn an eine problematische Erfahrung werden sollte. Wie bereits festgestellt, nahm die Gewerkschaftsbürokratie Anstoß an diesen direkt gewählten Gremien. Darüber hinaus waren die Räte in den rückständigeren Fabriken Gegenstand fortwährender Angriffe durch die Unternehmensführung, die deren Fähigkeit zur Koordinierung von Unruhe stiftenden Initiativen fürchtete.

Wenngleich dieselben Arbeiter sich an den Räten beteiligten, wurden die Räte auch vom linken Flügel der Arbeiterbewegung kritisiert, besonders seitens der Aktivisten von PO und LC in den Fabriken wie auch von der breiteren autonomen Arbeiterbewegung. Erstens schwächte die Wiedereinführung des Delegationsprinzips die auf der Basis der Fabrikhalle aufkommende Praxis der Selbstorganisierung. LC antwortete auf die erste Delegiertenwahl zu den Räten mit der Losung „Wir sind alle Delegierte!" Zweitens wurde auf die grundlegende Unterordnung der Räte unter die Mittlerrolle der Gewerkschaften hingewiesen. Das Prinzip, unter dem die autonome Arbeiterbewegung nach 1967 ihre Kämpfe wieder aufgenommen hatte, bestand in der strengen Trennung des autonomen Kampfes von der Verhandlungsstrategie der Gewerkschaften (Lumley 1989, Wright 2002). Dies erlaubte einen maximalen Handlungsspielraum und die Bildung neuer organisatorischer und produktiver Formen, ohne die Erfolge der Organisierung der Beschäftigten mit dem Einvernehmen der Geschäftsleitung zu verknüpfen oder unbefriedigende, von den Gewerkschaften ausgehandelte Abmachungen durchgehen zu lassen. Jedoch führten die Fabrikräte das Bindeglied zwischen Kampf und Verhandlung wieder ein und schufen damit die rechtlichen Voraussetzungen für die Wiederherstellung der gewerkschaftlichen Kontrolle über die Arbeiterselbstorganisation. Die Gewerkschaftsbürokratie sorgte für die offizielle Anerkennung und den Schutz der Räte und übernahm Verantwortlichkeiten für deren Delegierte „in der offensichtlichen Hoffnung, dass die Räte durch den Gewerkschaftsapparat aufgesaugt werden würden" (Cantarow 1973, 24). Wo immer die autonome Arbeiterbewegung Schwäche zeigte, da versuchten die Gewerkschaften, ihre Funktionäre als Delegierte zu den Räten durchzudrücken, um deren Autonomie zu neutralisieren, wie 1972 bei Pirelli in Mailand geschehen (ebd.).

Die Debatte über die Fabrikräte war schmerzlich, blieb aber ergebnislos. Die Mehrheit der mit der Neuen Linken verbundenen „Avantgardearbeiter"-Gruppen nahm daran teil, weil sie die Räte nicht nur als wichtige Instanz in Bezug auf die Selbstorganisierung ansahen, sondern auch als Mittel, um eine dominierende Stellung *innerhalb* der Gewerkschaften zu erreichen (Cantarow 1973). Ein Sektor der autonomen Arbeiterbewegung beteiligte sich von einem kritischen Standpunkt aus, in der Hoffnung, die Räte als Basis für ein „alternatives politisches Programm" nutzen zu können:

> „Die Aufgabe der Arbeiteravantgarden ist zum gegenwärtigen Zeitpunkt (…) nicht nur der Kampf für die Übertragung wirklicher Entscheidungsmacht auf die Delegiertenräte, sondern liegt auch und vor allem darin, mittels und innerhalb der Räte damit zu beginnen, die ersten Fundamente einer neuen politischen Ökonomie zu errichten, die die zukünftigen Anforderungen der Basis erfüllt; die ersten Elemente eines politischen Programms, das eine Alternative zu dem von der Bürokratie auferlegten darstellt." (Turin: *Co-ordinamento Politico Operaio*/Politisches Koordinierungskomitee der Arbeiter; zitiert in Cantarow 1973, 24).

Dennoch blieb eine radikale Minderheit unversöhnlich entschlossen, in Gegnerschaft zu den Gewerkschaften alternative Organisationsformen aufzubauen. In einem Auszug aus einem Dokument der Mailänder autonomen Arbeiterbewegung bei Alfa Romeo, Pirelli und Sit-Siemens von 1973 wird festgestellt:

> „Die Hypothese, dass sie [die Räte] das Instrument zur Basisorganisation seien, das die Arbeiterklasse als Ausdruck für ihre wachsende Autonomie einzuführen vermocht habe, ist nicht zutreffend. Stattdessen wird deutlich, dass in Konfrontation mit den Initiativen der einfachen Arbeiter und mit der Entwicklung der Arbeiterautonomie, die häufig der Kontrolle der Gewerkschaftsführer entglitten ist, sich die Letztgenannten dazu gezwungen sahen, ein eher basisorientiertes Organisationsmodell zuzugestehen, das ihnen gleichzeitig einen höheren Grad an Kontrolle verleiht. In Abwägung der Sachlage seit [ihrer] Gründung (...) können wir nicht umhin zu beobachten, dass die Gewerkschaften sie immer in ausreichender Weise zu kontrollieren vermocht haben. Man lässt sie arbeiten, solange sie [die Räte] billigen, was der festgelegten Linie folgt, und blockiert sie, sobald Basisinteressen überwiegen." (Assemblea Autonoma della Pirelli-Alfa Romeo und des Comitato di Lotta della Sit Siemens 1973)[17]

Die Beziehung der *Autonomia Operaia* zu den Rätedelegierten und der „Fabrikavantgarde" war verbunden mit unterschiedlichen politischen Kulturen und Projekten und bezeichnend für die internen Widersprüche zwischen Bewegung und politischer Organisation:

17 Alle Übersetzungen aus dem Italienischen im englischen Originalaufsatz stammen vom Autor, soweit nicht anders angegeben.

„Während sich die Gruppen der Neuen Linken zwischen der Ablehnung der Delegierten als Gewerkschaftsfunktionäre oder sogar als neue Gewerkschaftsführer und einer unkritischen Bejubelung der Fabrikräte zu einem Zeitpunkt hin und her bewegten, als deren Tätigkeit bereits entleert und eingegrenzt wurde, bildete die *Autonomia* Kollektive, Koordinierungsgruppen und ähnliches, die zwischen ihrer Eigenschaft als repräsentative Kampforgane (wodurch sie mit den Räten in Konkurrenz standen) und ihrem Wesen als Gremien, die mit einem bestimmten Projekt verknüpft waren (dem der *Autonomia*) schwankten." (Borgogno 1997, 44)

Letztlich wurden die Fabrikräte, während sie eine strukturelle Autonomie von den Gewerkschaften beibehielten, im Laufe der 1970er Jahre in deren Entscheidungsfindungsprozesse hineingezogen. Sie wurden weder „die Keimzelle einer neuen, revolutionären Gewerkschaftsdemokratie in Italien" noch die Grundlage für „eine einheitliche Industriegewerkschaft, über die die einfachen Mitglieder mittels der Räte eine stabile Kontrolle ausüben", und auch nicht zur Basis einer „zukünftigen Partei der Arbeiterklasse" wie es Cantarow (1973, 24) prognostiziert hatte. Ihre vieldeutige Natur und sektiererische Gespaltenheit schwächten ihre Glaubwürdigkeit unter der Masse der Fabrikarbeiter, die trotz ihrer wachsenden Radikalisierung und dem Wunsch nach Autonomie in Ermangelung einer glaubwürdigen Alternative „aus Gründen der ökonomischen Sicherheit immer noch auf die Gewerkschaften blickten" (ebd.).

Die kulturell bereichernde, jedoch politisch problematische Wechselbeziehung zwischen den „spontanen" autonomen Arbeitern, Studenten, gegenkulturellen Jugend- und Frauenbewegungen einerseits und den „organisierten" Gruppen der Neuen Linken andererseits verursachte in Verbindung mit Repression und der Integration der Fabrikkämpfe durch die Gewerkschaften den Niedergang der Gruppen der Neuen Linken und auch von PO. Dies sollte für die autonomen Arbeiterversammlungen unheilvolle Konsequenzen haben; die meisten dieser Versammlungen wurden, wenn auch lose, von PO lokal zusammengefasst und national koordiniert. Dies begann, wie Gambino (1999) feststellt, bereits 1970:

„Zur selben Zeit hatten die Gewerkschaften darauf verzichtet zu tun, was sie hätten tun können, und die gemäßigten Regierungen hatten eine Reihe von ökonomischen Maßnahmen eingeleitet, um die Initiative zurück zu gewinnen. Es war wie innerhalb eines Archipels: es gab hie und da einige Inseln des Widerstandes, Porto Marghera, Pirelli, sogar FIAT sowie einige Fabriken in der Toskana, Emilia-Romana, Neapel und Messina. Nach der Entscheidung der Gewerkschaftskonföderationen zur Absage des Generalstreiks [im Juli 1970] hatten wir das Gefühl, keine Gesprächspartner oder

Möglichkeiten mehr zu haben. Wir begannen Komplizen des italienischen Systems in ihnen zu sehen. Die Gewerkschaften der PCI und der PSI waren nicht an einer tief greifenden Veränderung der politischen Situation interessiert.“

Die autonomen Arbeiterversammlungen

Die Auflösung der PO im Jahr 1973 und die Etablierung der Fabrikräte brachte für die Autonomiebewegung sowohl innerhalb als auch außerhalb der Fabrik die Organisationsfrage mit sich. Die kompakte Erscheinungsform der 1968/69er Studenten- und Arbeiterbewegungen war in nicht geringem Maße dem Einfluss von *operaistischen* Intellektuellen und politischen Führern geschuldet. Durch den Beschluss der Gruppen der Neuen Linken zur Selbstauflösung in den Jahren 1973 bis 1976 verschwanden auch die organischen Verbindungen zwischen der Bewegung und den Fabrikkämpfen oder wurden einer intensiven Belastung ausgesetzt. Wie versuchte die aufkommende, aber zerstückelte Bewegung der *Autonomia* angesichts der raschen sozialen Umgestaltungen und der industriellen Umstrukturierung, denen diese Gesellschaft und die Wirtschaft unterzogen wurden, diese Verbindungen aufrecht zu erhalten?

Die Antwort ist bis zum gewissen Grad in den autonomistischen örtlichen Verhaltensweisen zu finden, die zu einer Vielzahl von Schauplätzen für Arbeitskämpfe führten, die keineswegs auf den industriellen Großbetrieb beschränkt blieben. Die Turiner Aktivisten der Arbeiterautonomie waren hauptsächlich bei FIAT angesiedelt und wurden durch das Politische Koordinierungskomitee organisiert, aber trotz der zentralen Bedeutung der FIAT-Kämpfe für die Entwicklung *operaistischen* Denkens seit den 1962er Unruhen auf der Piazza Statuto waren Industriearbeiter sowohl in der Autonomia wie den Gruppen der Neuen Linken eine Minderheit. Die einzige Ausnahme war – Lotta Continua, die sich erst 1976 auflöste.

Die Hauptverbindungen zwischen der *Autonomia* und der autonomen Arbeiterbewegung waren anderswo zu finden. In Rom organisierten die *Volsci*[18] innerhalb des in der Stadt vorherrschenden Dienstleistungssektors das „Koordinierungskomitee der autonomen Gremien der Dienstleistungsarbeiter“ (Rosso 1975, 5), das Krankenhausbeschäftigte der Poliklinik, Beschäftigte des Energieunternehmens ENEL, von Eisenbahn- und Post, Fernsehjournalisten der RAI und Al-Italia-Flugbesatzungen vereinte. In Mailand arbeiteten die Überbleibsel

18 Spitzname der Römischen Autonomisten nach der Via dei Volsci im historischen Arbeiterviertel San Lorenzo, in dem sich ihr Hauptquartier und der Sender *Radio Onda Rossa* befand.

der *Gruppo Gramsci*[19] und der PO mit den autonomen Arbeitern von Sit-Siemens, Alfa Romeo und Pirelli zusammen, und später im ausgedehnten Netzwerk der postfordistischen kleinen Fabriken des Nordens, die als das *indotto* (Hinterland) bekannt sind, und koordinierten die verschiedenen Versammlungen mittels ihrer Politischen Arbeiterkomitees (CPO). In der Region Venetien im Nordosten von Italien verfügte die *Autonomia* über eine besonders starke Präsenz unter den petrochemischen Arbeitern in Gestalt der *Assemblea Autonoma di Porto Marghera*, die 1972 gebildet und 1979 in Folge der Massenverhaftungen vom 7. April wieder aufgelöst wurde. Sbrogio (2009, 73f.), ein damals Beteiligter und ehemaliger politischer Gefangener, beschreibt, wie die Gründung der *Assemblea Autonoma* auf den historischen Parallelkämpfen der autonomen Arbeiterbewegung gegen die Unternehmer und die Gewerkschaften beruhte, wobei die Gewerkschaften als gegen die Arbeiter gerichtete Kollaborateure der Unternehmer angesehen wurden, sowie die komplexe, verflochtene Beziehung zu den örtlichen Fabrikräten und auch zu den mit der CGIL verbundenen Gewerkschaften:

> „Heute, am Dienstag, den 6. März 1973, ist es der autonomen Versammlung auf der Sitzung des Fabrikrats von Porto Marghera im Rahmen der Vertragsauseinandersetzungen gelungen, einen Antrag auf Bezahlung der ENEL[20]-Stromrechnungen der Arbeiter zu 8 Lire pro Kilowatt zu verabschieden, zu dem gleichen Preis, den die Firmen zahlen' (Potere Operaio del Lunedi, Nr. 46, 25. März 1973); dabei handelte es sich um eine Initiative des Politischen Komitees bei ENEL und anderer autonomer Arbeitergremien, die versuchten, dies auf die nationale Ebene auszuweiten." (Sbrogio 2009, 134)

Gewiss war die Beziehung zwischen der *Autonomia* und der autonomistischen Arbeiterbewegung problematischer, als dies im Hinblick auf die Gruppen der Neuen Linken gewesen war, mit ihrer strengeren leninistischen Überzeugung hinsichtlich der „Schlüsselrolle der Arbeiter" und der Unterordnung der Kämpfe anderer Sektoren der Arbeiterklasse unter diejenigen, die direkt an den Produktionsstätten stattfinden. Dies lässt sich teilweise durch die soziokulturelle und ge-

19 Eine kleine, aber dank ihrer Intellektuellen einflussreiche Gruppe der Neuen Linken, darunter Romano Madera und der später bekannte Soziologe Giovanni Arrighi, der mit seiner Zeitschrift *Rosso – giornale dentro il movimento* einen Beitrag zur Mailänder und zur nördlichen *Autonomia* geleistet hat, als diese sich 1973 mit der PO vereinigten, um in Mailand die *Autonomia Operaia Organizzata* zu bilden.

20 Ente Nazionale per l'Energia Elettrica (nationaler Stromversorger), in jener Zeit der hauptsächliche Stromlieferant.

nerationsmäßige Reibung zwischen den im Allgemeinen „abgesicherten“ fordistischen „Massenarbeitern“ und den „gesellschaftlichen Arbeitern“ (häufig Studierende in deregulierter „illegaler Beschäftigung“) der postfordistischen „diffusen Fabrik“ erklären, die sich selbst als noch stärker ausgebeutet ansahen als flexible „nicht abgesicherte“ Arbeiter. Im Folgenden bringt ein *Autonomia*-Aktivist aus dem nahe gelegenen Padua seinen Unmut über die instrumentelle Art der Beziehung zwischen den politischen Kollektiven in Venetien und den autonomen Arbeitern von Porto Marghera zum Ausdruck:

> „Sie haben einen benutzt, aber wenn irgendwer ein Problem hatte, dann haben sie ihn einfach nach Hause geschickt. Die Leute haben nichts gegessen, sie waren jeden Morgen da, um Flugblätter zu verteilen und Streikposten zu stehen, sie haben sich wirklich den Arsch aufgerissen, aber die Organisierung wurde von der autonomen Arbeiterversammlung übernommen. Wir argumentierten aber so, dass die Organisation unter Einschluss aller zu geschehen habe, dass jenseits der strategischen Diskussion die Kompliziertheit darin lag, dass wir alle Teil dieser Organisation waren (...), die ja aus Studierenden und Arbeitern bestand, da wäre es besser gewesen, sich selbst als einbeziehende Organisation zu bezeichnen und sich nicht nur als Arbeiter zu sehen, selbst wenn man sich als autonom verstand“ (Memoria 1974).

Mit der Selbstauflösung der PO im Jahr 1973, der beginnenden Absorbierung der Fabrikräte durch die Gewerkschaften und der Krise der Gruppen der Neuen Linken, wurden die ersten autonomen Arbeiterversammlungen – von denen die von Porto Marghera eine der bedeutendsten war – konstituiert, auch wenn Bobbio (1988) die Schaffung der *Assemblee Operaie Unitarie* (AOU) durch *Lotta Continua*, *Potere Operaio* und andere Fabrikaktivisten der Neuen Linken bei FIAT, Pirelli und Alfa Romeo im Jahre 1971 erwähnt. Die Versammlungen wurden als Organisationen angelegt, die breit genug ausgelegt waren, um alle „Fabrikavantgarden“ zu erfassen, und standen in Konkurrenz zu den gewerkschaftsinfiltrierten Fabrikräten. Ebenso wie Aktivisten von PO umfassten sie auch Mitglieder von LC und *Avanguardia Operaia* (AO, Arbeiteravantgarde).

Dennoch wurde die Erfahrung mit den AOU im Besonderen und den autonomen Arbeiterversammlungen im Allgemeinen von LC und AO, die sich 1973 weitgehend aus solchen „Massengremien“ zurückgezogen hatten, als gescheitert angesehen. Mit der Auflösung der PO wurden die Versammlungen zur strukturellen Grundlage für die neue Organisation der *Autonomia Operaia*. Die Hauptkraft hinter den Versammlungen war ein komplexes Netzwerk von arbeiterpolitischen Aktivisten, die aus den Kämpfen der frühen 1970er Jahre hervorgegangen waren, vor allem aus dem 1972/73er Zyklus von Streiks und Besetzungen bei FIAT, die zu dem beispiellosen Phänomen geführt hatten, das als die „Arbeiterpartei von Mirafiori" bekannt ist (Negri 1979b).

Im März 1973 besetzte in Turin eine Gruppe von zumeist jungen, autonom organisierten Arbeitern und Arbeiterinnen, von denen einige bewaffnet und mit roten Halstüchern vermummt waren, nach dem Fehlschlag eines alle Produktionsstätten umfassenden Streiks, einige Tage lang Mirafiori und andere FIAT-Fabriken, wobei sie jede Verhandlung zwischen Gewerkschaften und Firmenleitung vehement ablehnten. Durch diese Besetzung wurde „die Ablehnung der Arbeit zu einer bewussten Bewegung" (Balestrini u. Moroni 1997, 435). Während der Besetzung hatte Mirafiori „den Anschein einer uneinnehmbaren Festung" (ebd.) und die Sicherheitskräfte blieben auf Distanz. Angesichts einer solch entschlossenen Demonstration von Stärke beugte sich die Firmenleitung bald allen Forderungen der ArbeiterInnen und akzeptierte die Umsetzung von Maßnahmen der Gleichbehandlung (ebd.). Doch die Arbeiterpartei von Mirafiori konnte sich nicht auf die Ebene des Landes ausdehnen, weder in den Fabriken noch der Zivilgesellschaft, ein Spiegel der Zerbrechlichkeit des losen Netzwerkes der autonomen Arbeiterbewegung, die aus lokalen Organisationen bestand und sich den nationalen Bürokratien der Gewerkschaften und der institutionellen Linken gegenüber sah.

Die Aktivitäten der Versammlungen waren mit denen des neu entstehenden „Feldes der *Autonomia*" (*area dell' autonomia*) verbunden, in erster Linie mit den Politischen Studierendenkollektiven (*Colletivi Politici Studenteschi*) und den autonomen Kollektiven, die in den Arbeiterklassebezirken der Metropolen als Teil eines ausgedehnten informellen Konfliktnetzwerkes in Nachbarschaften, Schulen und Fabriken organisiert wurden. Trotzdem waren die Versammlungen bezüglich ihrer Kontakte zur Außenwelt nicht von diesen Verbindungen abhängig, da sie ihre eigenen Publikationen wie *Senza Padroni* (Ohne Bosse) bei Alfa Romeo, *Lavoro Zero* (Null Arbeit) in Porto Marghera und *Mirafiori Rossa* (Rotes Mirafiori) bei FIAT herstellten. Während einige der Versammlungen, besonders bei Alfa Romeo, unter Zusammenschluss mit der COBAS, der autonomen Arbeiterbewegung des öffentlichen Dienstleistungssektors, bis in die 1990er Jahre überlebten, fielen die meisten der Welle von Repression und Massenentlassungen zum Opfer, die nach 1979 in die Wege geleitet wurde.

Den Versammlungen gelang es nicht, sektiererische interne Meinungsverschiedenheiten, besonders zwischen Autonomia und Lotta Continua, zu überwinden; ein Großteil von Lotta Continua neigte zu den Gewerkschaften und der offiziellen Linken mit der Idee der Bildung einer „Regierung der Linken“, während Autonomia eine viel härtere Linie bezog. Und die Versammlungen konnten nie genügend Vertrauen hervorrufen (obwohl ihr Forderungskatalog unter den Arbeitenden häufig größere Unterstützung erhielt als die der Gewerkschaften) und sich nicht ausreichend konsolidieren, um Gewerkschaften und Fabrikräte als Organisationen der Mehrheit der Beschäftigten ersetzen zu können. Daher blieben die Versammlungen isoliert und waren nach 1978 anfällig für Beschuldigungen durch PCI und CGIL, sie seien Sympathisanten der Roten Brigaden und anderer bewaffneter Organisationen.

Unterdrückung und Niederlage der autonomen Arbeiterbewegungen

Als das Jahrzehnt dem Ende zuging, war die autonome Arbeiterbewegung sowohl in den verbliebenen Großbetrieben als auch in den postfordistischen „diffusen Fabriken“ intern gespalten aufgrund sektiererische Streitereien über taktische Fragen und in wachsendem Maße isoliert und ausmanövriert durch die wiederbelebten Gewerkschaften und die sich verschärfende Geschwindigkeit der Restrukturierung. Das Scheitern der Versammlungen und der 1977er Bewegung (von Studierenden, Arbeitslosen und Jugendlichen der Gegenkultur)[21] bei der Koordinierung und gegenseitigen Stärkung eliminierte beide als potentiell mehrheitliche gesellschaftliche Kräfte, sorgte für ihre Schwächung und machte sie anfällig für sozioökonomische Marginalisierung und politische Repression.

Am 2. Dezember 1977 kam es zwischen den Gewerkschaften und einigen der Fabrikavantgarden, die an die Überreste der gemäßigteren Gruppen der Neuen Linken angelehnt waren, auf der einen Seite und den Versammlungen auf der anderen Seite zum endgültigen Bruch. Die FLM (*Federazione dei Lavoratori Metalmecanici*), die Vereinigung der Metallarbeiter und historisch militanteste Gewerkschaft, hatte in einem letzten Versuch, die Fabrikarbeiter und die Bewe-

21 „Die Bewegung von 1977 (...) war neu und interessant, zunächst, weil sie nicht wirklich in früheren Bewegungen verwurzelt war. (...) Sie hatte eindeutig eine andere gesellschaftliche Basis, die sich von denen der Bewegungen von 1968 und 1973 unterschied. Ihre soziale Zusammensetzung beruhte auf der Jugend, die mit den politischen Eliten, auch denen von 1968, gebrochen hatte oder sie ablehnte, also auch Gruppen wie Lotta continua oder sogar Autonomia. (...) Sie brach also nicht nur mit der traditionellen kommunistischen Bewegung, sondern auch mit 1968. Sie brach auch mit der Vision des Kommunismus, denn eigentlich waren die Operaisten von sich überzeugt, die ‚wirklichen Kommunisten‘ zu sein. Die Bewegung von 1977 wollte ganz und gar nicht ‚wirklich kommunistisch‘ sein.“ (Cuninghame 2001, 96).

gungen gegen die Sparpolitik der Regierung zu vereinen, zu einer großen landesweiten Demonstration in Rom aufgerufen. Die Mailänder „Arbeiterlinke“, besonders die autonomen Arbeiter von Alfa Romeo, beriefen für den selben Tag ein landesweites Treffen zu einem Neustart der nun erlahmenden 1977er Bewegung und der Versammlungen ein.

Allerdings waren die Bewegungen zutiefst gespalten in der Frage, ob man nun am Aufmarsch der FLM teilnehmen oder durch einen getrennten autonomen Aufzug seiner Ablehnung der Kollaboration der Gewerkschaften bei der Restrukturierung Ausdruck verleihen sollte. Am Tag der Demonstration verhinderten die FLM-Ordner in einer hochgespannten Atmosphäre mit tausenden schwer bewaffneten Polizisten auf den Straßen jede Abzweigung zu den zwei getrennten autonomen Zusammenkünften an der Universität von Rom, die so beide darin scheiterten, ausreichende Kräfte zu sammeln, um einen Erfolg zu erreichen. Unterdessen marschierten 200.000 Gewerkschafter durch Rom und betonten ihre Stärke angesichts der Schwäche und Isolierung sowohl der autonomen Arbeiterbewegung als auch der Restbestände der 1977er Bewegung.

Das war eindeutig das Ende des „Fabrikpaktes“, der bisher eine mannigfaltige und streitbar militante Einheit der Arbeiterklasse garantiert hatte. Ebenso wurde dies von der *Confindustria* (dem Dachverband, der die Interessen der italienischen Industriellen repräsentiert) als Zeichen dafür angesehen, dass sie die volle Zustimmung der offiziellen Arbeiterbewegung dazu hatte, eine Kampagne politischer Entlassungen aus den großen Fabriken zu starten. In Folge des Sturzes der Regierung der Nationalen Solidarität im Februar 1978, die von der PCI unterstützt worden war, übernahmen die Gewerkschaftsverbände formell eine Position, die als „EUR-Linie“ bekannt wurde, dass heißt die korporativistische Zusammenarbeit mit der regierungsamtlichen Wirtschaftspolitik und die Normalisierung der Industriebeziehungen, die seitdem für das italienische Gewerkschaftssystem kennzeichnend gewesen sind.

Die „Moro-Affäre“ führte wenige Monate später zur Isolierung und Kriminalisierung der Autonomia Operaia und der radikaleren neuen sozialen Bewegungen, obwohl diese nichts mit der Entführung des früheren DC-Premierministers Aldo Moro und dessen Ermordung durch die Roten Brigaden zu tun hatten.[22] Gegen Ende des Jahrzehnts wurden die letzten Kämpfe gegen die Restrukturierung ausgefochten, während in den Fabriken nur noch einige Überreste der autonomen Komitees und Versammlungen vorhanden waren, deren Aktivisten in der Mehrheit aus politischen Gründen gefeuert oder einfach entlassen worden waren. Dennoch schien auf dem Höhepunkt der 1977er Bewegung der potentielle Zusammenschluss der autonomen Jugend-, Studierenden-, Frauen- und Arbeiterbewegungen kurzzeitig eine Belebung und einen revolutionären Aufschwung bei den Fabrik- und Arbeitskämpfen zu versprechen.

In Folge der Moro-Affäre von 1978 verschärfte sich das allgemeine Niveau von Repression und Angst in der gesamten Zivilgesellschaft und verursachte auf der einen Seite Demobilisierung und massiven Rückzug ins Privatleben, auf der anderen aber die wachsende Hinwendung auf bewaffnete, im Untergrund organisierte Gewalt und hinterließ nur eine verwundbare Minderheit in der „legalen" politischen Aktivität. Als die politischen und demokratischen Spielräume immer enger wurden, fand am Arbeitsplatz ein ähnlicher Prozess statt. Es wurde für die Gewerkschaften und die offizielle Linke sehr viel einfacher, ihre Opponenten in den Versammlungen und den Fabrikavantgarden der Neuen Linken als Terroristen oder Sympathisanten anzuschwärzen.

Von den Gewerkschaften wurden Listen mutmaßlicher Terroristen und Sympathisanten aufgestellt und an die Betriebsleitungen weitergegeben, genau wie die PCI die Öffentlichkeit dazu aufrief, jeden zu denunzieren, der auch nur ein Terrorist zu sein schien. Die Antwort der Roten Brigaden bestand darin, sich gegen lokale PCI- und Gewerkschaftsaktivisten in den Fabriken zu wenden, von denen einige getötet wurden oder denen ins Knie geschossen wurde. Dieser brudermörderische Konflikt, der Arbeiter gegen Arbeiter ausspielte, zerstörte schließlich, was noch von der schwachen Einheit der Fabrikräte übrig geblieben

22 Pietro Calogero, ein mit der PCI verbundener Richter, ließ am 7. April 1979 Toni Negri und andere mit Autonomia verbundene Intellektuelle verhaften und beschuldigte sie des Terrorismus und der versuchten Subversion des Staates. Seiner Theorie nach war Autonomia Operaia Organizzata (die Organisation der autonomen Bewegung in Mailand) das „Hirn" hinter den Roten Brigaden, die beiden Organisationen waren im Grunde ein und dieselbe und Negri und andere aus Autonomia seien die „geistigen Urheber" der Entführung und des Mordes an Aldo Moro 1978, dem früheren Ministerpräsidenten der DC, gewesen. Der Beschuldigte konnte beweisen, dass diese Theorie keinerlei Grundlage hatte und nur eine Entschuldigung für die Hatz auf die außerparlamentarische Linke und die Autonomia im Besonderen war. Nach einigem anfänglichen Schwanken in den frühen 1970er Jahren kritisierte Autonomia die Roten Brigaden als anachronistische und schädliche Anwendung von Methoden der Partisanen des Zweiten Weltkriegs.

war, und spielte direkt den Betriebsführungen in die Hände, die sich nun sicher genug fühlten, es mit den militantesten autonomen Arbeitern aufzunehmen und sie aus politischen Gründen hinauszuwerfen.

FIAT führte dieses Vorgehen an, indem dort Ende 1979 61 der militantesten Neuen Linken und autonomen Aktivisten wegen „moralischem Verhalten, das nicht mit dem Wohlergehen der Firma in Einklang steht" (Red Notes 1981, 71), entlassen wurden. Die Gewerkschaften reagierten auf Grund dessen, dass einige der Arbeiter der Anwendung von Gewalt bei Streiks beschuldigt wurden und weil die Gewerkschaften, genau wie die PCI, unbedingt wollten, dass diese Arbeiter ausgeschlossen wurden, nur sehr schwach. Die Initiative in Händen verkündete FIAT im September 1980 die Entlassung von 14.500 Arbeitern, „die größte Massenrausschmiss in der italienischen Geschichte" (ebd.). Ein Gefühl tiefer Wut erfüllte die Arbeiterbezirke von Turin, den letzten großen Standort der italienischen fordistischen Massenarbeiter; es war eine ähnliche Situation wie beim britischen Bergarbeiterstreik von 1984/85. Die nationalen Gewerkschaften waren jedoch von Verwirrung gelähmt, und die PCI hatte gerade erst den Pakt des Historischen Kompromisses beendet, der nun, da eine Notstandssituation mit umfassender Repression und Kriminalisierung der außerparlamentarischen Linken an dessen Stelle getreten war, den Eliten nicht länger von Nutzen war.

Die übrige italienische Fertigungsindustrie folgte dem Beispiel und setzte eine Welle von Massenentlassungen und Freisetzungen in Gang, einschließlich eines Drittels aller Arbeitskräfte bei Alfa Romeo im Jahr 1982, eine der Bastionen der autonomen Arbeiterversammlungen. Die postfordistische Deindustralisierung und Restrukturierung verstärkte die Spaltungen in der Linken, und eine um sich greifende Atmosphäre von gesellschaftlicher Angst, die durch einen „diffusen Guerillakrieg" (Quadrelli 2008, 85) und drakonische Repression des Staates verursacht und als die „bleiernen Jahre" bekannt wurde, beendete die Hegemonie des industriellen Massenarbeiters als zentralem antagonistischem Akteur der 1970er Jahre und mit ihm die Bewegung der Autonomia Operaia.

Schlussfolgerungen

Die Kämpfe der Autonomia Operaia und der autonomen Arbeiterversammlungen für gleiche Bezahlung und gleiche Bedingungen für Arbeiter und Angestellte, für die Beseitigung von Lohnunterschieden unter den Arbeitern, für „weniger Arbeit und mehr Geld", für die direkte Demokratisierung der Arbeitsbeziehungen und der Gewerkschaften und gegen Restrukturierung, gegen die Kollaboration der Gewerkschaftsbürokratie, gegen die postfordistische „diffuse Fabrik" und gegen die Informalisierung und Flexibilisierung der Arbeit, vor allem aber gegen kapitalistische Arbeit als entfremdete Tätigkeit, halfen dabei, die Beschaffenheit der Arbeitsplätze in Italien und der Institutionen zu verändern und waren ein bedeutender Beitrag zu den radikalen Veränderungen, die in den 1970er Jahren quer durch die italienische Gesellschaft stattgefunden haben. Die Autonomia Operaia und die autonomen Arbeiterversammlungen wurden durch eine Kombination aus interner Schwäche und externen politischen, ökonomischen und historischen Kräften bezwungen, hinterließen jedoch ein aktives Resterbe (im Vergleich zu der Massenhaftigkeit der 1970er Jahre) in Form der COBAS, der *centri sociali*[23] und der Netzwerke „freier Radios“, die sich nach der „Schlacht von Seattle“, den Protesten gegen die WTO, in den Kern der globalisierungskritischen antikapitalistischen „Bewegung der Bewegungen“ (Cuninghame 2010) verwandelte.

Eine der wichtigsten Verschiebungen seit den 1970er Jahren ist die Schaffung einer „Gesellschaft der Nichtarbeit“ gewesen, in der die Neukonfigurierung des „gesellschaftlichen Arbeiters“ als „autonomer [freischaffender] immaterieller Arbeiter“, der zentral für die Informations- und Cyberökonomien ist, eines der am meisten antagonistischen Subjekte ist (Virno und Hardt 1996; Hardt und Negri 2000, 2004, 2009). Die Ablehnung von Arbeit und Armut nimmt nun eher die Form eines „Exodus“ – einer Abwanderung in all ihren Varianten, einschließlich der massenhaften Migration wirtschaftlicher und politischer Flüchtlinge von den Peripherien in die Zentren der globalisierten Wirtschaft – als hauptsächlich statischem Widerstand am Ort der Produktion an.

Literatur

Assemblea Autonoma della Pirelli-Alfa Romeo und Comitato di Lotta della Sit Siemens (1973), „L'autonomia operaia e l'organizzazione (Milano febbraio 1973)“, Diskussionsdokument, www.zzz.it/~ago/operai/autop.htm [http://www.nelvento.net/archivio/68/operai/autop.htm].

23 Oftmals besetzte und zuweilen von örtlichen Regierungen bewilligte öffentliche Gebäude wie ungenutzte Schulen oder Fabriken, die von autonomistischen oder anarchistischen Gruppen (aber auch von außereuropäischen Immigranten und sogar von Fußballfans) übernommen wurden, um sie, angesichts der fehlenden Bereitstellung solcher Einrichtungen durch die örtliche Regierung, als Treffpunkte und Zentren für kulturelle, soziale und politische Aktivitäten zu nutzen. Als soziales Phänomen, das sich seitdem über ganz Europa, Nordamerika, Japan, Südkorea und Argentinien verbreitet hat, verbreitete es sich zunächst in den 1990er Jahren in Italien in über 100 *centri sociali occupati/autogestiti* (besetzten/selbstverwalteten Sozialzentren) quer durch die größeren Metropolen und Städte aus.

Balestrini, Nanni (1971/2004), *Vogliamo tutto,* Milano: Feltrinelli, 1971; Roma: Deriveapprodi, 2004. Dt.: *Wir wollen alles.* Roman der Fiatkämpfe, München: Trikont, 1972; Berlin u. Hamburg: Assoziation A, 2003.

Balestrini, Nanni; Primo Moroni (1997), *L'orda d'oro: 1968-1977.* La grande ondata rivoluzionaria e creativa, politica ed esistenziale, Milano: Feltrinelli. Dt.: *Die goldene Horde.* Arbeiterautonomie, Jugendrevolte und bewaffneter Kampf in Italien, Berlin: Schwarze Risse, Göttingen: Rote Straße, 1994.

Bobbio, Luigi (1988), *Storia di Lotta Continua,* Milano: Feltrinelli.

Borgogno, R. (1997), „Dai gruppi all'Autonomia", in: *Per il Sessantotto,* Nr. 11, S. 38-46.

Brodhead, Frank (1984), „Strategy, compromise and revolt. Viewing the Italian workers' movement", in: *Radical America,* Nr. 5, S. 54.

Cantarow, E. (1973), „Excerpts from a diary. Women's liberation and workers' autonomy in Turin and Milan – Part II", in: *Liberation,* Juni, S. 16-25.

Cleaver, Harry (2000), *Reading* Capital *politically,* Edinburgh u. Leeds: AK Press, 2000.

— (1991), „The inversion of class perspective in Marxian theory. From valorization to self-valorization", in: Werner Bonefeld, Richard Gunn, Kosmas Psychopedis (Hrsg.), *Essays in open marxism,* London: Pluto Press, S. 106-144.

Cuninghame, Patrick (2001), „For an Analysis of Autonomia – An Interview with Sergio Bologna", in: *Left History,* Jg. 7, Nr. 2, S. 89-102.

— (2010), „Autonomism as a global social movement", in: *WorkingUSA.* The journal of labor and society, Bd. 13, Dezember.

Gambino, Ferrucio (1999), Interview mit dem Autor, Padua, Juni 1999.

Hardt, Michael u. Antonio Negri (2000), *Empire,* Cambridge, Massachusetts: Harvard University Press, 2000. Dt.: *Empire.* Die neue Weltordnung, Frankfurt/M. u. New York: Campus, 2002.

— (2004), *Multitude.* War and democracy in the age of empire, New York: Penguin Press, 2004. Dt.: *Multitude.* Krieg und Demokratie im Empire, Frankfurt/M. u. New York: Campus, 2004.

— (2009), *Common Wealth,* Cambridge, Massachusetts: Belknapp Press of Harvard University, 2009. Dt.: *Common Wealth.* Das Ende des Eigentums, Frankfurt/M. u. New York: Campus, 2010.

Hobsbawm, Eric (1995), *Age of extremes.* The short twentieth century, 1914-1991, London: Michael Joseph. Dt.: *Das Zeitalter der Extreme.* Weltgeschichte des 20. Jahrhunderts. München: Hanser, 1995.

Katsiaficas, George (1997), *The subversion of politics.* European autonomous social movements and the decolonization of everyday life, New Jersey: Humanities Press.

Lumley, Robert (1989), *States of emergency.* Cultures of revolt in Italy from 1968 to 1978, London: Verso.

Memoria (1974), „Liberiamo gli anni '70“, in Memoria 7 (1974), Padua, Auszug aus einem Interview mit einem ehemaligen Kämpfer der Autonomia, www.sherwood.it/anni70/crono.htm; inzwischen nicht mehr online.

Negri, Antonio (1979a), „A note on the social worker“, in: Red Notes (Hrsg.), *Working class autonomy and the crisis.* Italian Marxist texts of the theory and practice of a class movement. 1964-79, London: Red Notes, CSE Books, S. 37-38.

— (1979b), „The workers' party of Mirafiori“, in: Red Notes (Hrsg.), *Working class autonomy and the crisis,* S. 61-65.

Pozzi, Paolo; Tommasini, Roberta (Hrsg.) (1979), *Toni Negri. Dall'operaio massa all'operaio sociale.* Intervista sull'operaismo, Milano: Multhipla edizioni.

Quadrelli, Emilio (2008), *Autonomia Operaia.* Scienza della política e arte della guerra dal '68 ai movimenti globali, Rimini: NdA Press.

Red Notes (1981), *Italy 1980-81.* „After Marx, jail!“ The attempted destruction of a communist movement, London: Red Notes.

Rosso (1975), „Il coordinamento degli organismi autonomi operai dei servizi“, in: *Rosso,* Nr. 29, November.

Sacchetto, Devi; Sbrogio, Gianni (Hrsg.) (2009), *Quando il potere é operaio,* Roma: manifestolibri.

Sbrogio, Gianni (2009), „Il lungo percorso delle lotte operaie a Porto Marghera“, in: S. Devi; G. Sbrogio (Hrsg.), *Quando il potere é operaio,* S. 12-136.

Scavino, M. (1997), „Operai nel labirinto. Le avanguardie di fabbrica e il movimento del'77“, in: *Per il Sessantotto,* Nr. 11, Dezember, S. 21-30.

Virno, Paolo; Michael Hardt (Hrsg.) (1996), *Radical thought in Italy.* A potential politics, Minneapolis: University of Minnesota Press.

Wright, Steve (2002), *Storming heaven.* Class composition and struggle in Italian autonomist Marxism, London: Pluto Press. Dt.: *Den Himmel stürmen.* Eine Theoriegeschichte des Operaismus, Berlin: Assoziation A, 2005.

Übersetzung aus dem Englischen: Klaus Lehmann

18. Rezept für Anarchie: die Besetzung von British Columbia's Telephone 1981

Elaine Bernard

Im Februar 1981 ließen die Beschäftigten der Telefonvermittlungsstellen fünf Tage lang das gesamte Netz in Kanadas westlichster Provinz British Columbia unter eigener Kontrolle laufen und besetzten das Unternehmen.[1] Diese Aktion stellte in Nordamerika einen der innovativsten Streiks überhaupt dar. Für eine kurze Zeit lief die Besetzung auf den Betrieb einer privaten Einrichtung unter Arbeiterkontrolle hinaus und erlaubte so den Beobachtern einen kurzen Blick darauf, wie eine Telefongesellschaft laufen würde, wenn die ArbeiterInnen sie führen würden.

Diese radikale Aktion entstand weder aus der traditionellen Stärke der Arbeiterbewegung und ihrer Macht, den Produktionsprozess anzuhalten, noch war es ein ehrgeiziges Manöver einer radikalen Gewerkschaft. Im Gegenteil: Die Gewerkschaft griff wegen ihrer relativen Schwäche zum Mittel der Besetzung. Damit war sie gezwungen, ihre Unterstützungsbasis auszuweiten sowie neue Verbündete zu suchen und neue Taktiken zu entwickeln. Die BesetzerInnen begriffen sich nicht nur als Teil eines Arbeitskonfliktes, sondern in einer höheren Mission zum Schutz eines öffentlichen Gutes (der Telekommunikation) vor dem Missmanagement seiner privaten Monopolinhaber, der BC Telephone.

1 Dieser überarbeitete Artikel wird mit Erlaubnis des Verlegers nachgedruckt aus *Workers, Capital, and the State in British Columbia: Selected Papers,* hrsg. von Rennie Warburton und David Coburn, © University of British Columbia Press, 1988. Der Verleger behält sich alle Rechte vor.

Die Besetzung der BC Telephone war die direkte Folge eines jahrzehntelangen Konfliktes zwischen Beschäftigten und Management über Fragen des technologischen Wandels. Die 1970er Jahre hatten das Computerzeitalter in der Telefongesellschaft eingeläutet, und die zentrale Sorge der Belegschaft angesichts dieses tiefgreifenden Umbruchs war die Arbeitsplatzsicherheit. Automatisierung bedeutete, dass weniger Beschäftigte mit geringerer Ausbildung das Telefonnetz bedienen und warten konnten. Während das Management argumentierte, dass die Jobs durch einen allgemeinen Anstieg im Informations- und Kommunikationsbereich gesichert würden, glaubten die Arbeiter nicht daran. Nach dem Zweiten Weltkrieg hatten die Beschäftigten den massiven Umbruch vom „handvermittelten" Gespräch zur automatischen Vermittlung erlebt. Bei dieser Umstellung war die Anzahl der Arbeitsplätze angestiegen, während das neue System installiert, getestet und in Betrieb genommen wurde. Aber dieser zeitweilige Anstieg war eine Täuschung, denn sobald die Mehrheit der Vermittlungsstellen automatisiert war, verschwanden die handvermittelten Ämter und mit ihnen Hunderte von Jobs.

Neue Technologie und Arbeitskonflikte der Telefonarbeiter

Eine weitere Sorge der Gewerkschaft, die mit dem technologischen Wandel verbunden war, war der fortschreitende Verlust von Verhandlungsmacht. Schon 1969, als die Gewerkschaft das erste Mal seit 50 Jahren mit Streik drohte, vertraute einer der Unterhändler des Konzerns dem Vermittler an, dass das Unternehmen keine Angst vor einem Streik hatte. Das Management war überzeugt, dass es auch während eines Streiks weiterarbeiten könnte. Außerdem wusste es, dass „noch keine Telefonarbeitergewerkschaft einen Streik gewonnen hatte", obwohl Streiks in dieser Branche „durchschnittlich 70 Tage dauerten" (Department of Labour 1969). Während der Streik 1969 kaum einen Monat dauerte, hatte das Unternehmen, wie von Management vorhergesagt, ausreichend Vorarbeiter, nicht organisierte Arbeiter und Führungskräfte, um genug Streikbrecher für den Betrieb des Netzwerks während des Streiks aufzubieten. Durch die erneute Automatisierung würde das Geschäft der Streikbrecher noch einfacher werden.

In dem Jahrzehnt vor der Besetzung gab es ständig Konflikte zwischen der Gewerkschaft und dem Unternehmen über die Auslagerung von Arbeit an Subunternehmen, Änderungen bei der Arbeitsorganisation, Versuche, tariflich vereinbarte Arbeit von organisierten an unorganisierte Abteilungen zu vergeben, Neueinstufungen von Arbeitsplätzen und die Eröffnung von Telefonläden mit Selbstbedienung. All diese Vorgänge trugen dazu bei, dass die Sorge der Beschäftigten um die Sicherheit ihrer Jobs und die Schwächung ihrer Gewerkschaft ständig wuchs. Auf der Suche nach Arbeitsplatzsicherheit führten die Beschäftigten eine defensive Auseinandersetzung mit dem Unternehmen hinsichtlich seiner Führungskompetenz. Aus der Sicht des Unternehmens gehörte die Auswahl der Technologie, die Organisation der Arbeit vor Ort und alle Entscheidungen, die nicht Teil des Tarifvertrags waren, einzig und allein in die Verantwortung der Unternehmensführung. Daher folgerte es, dass jede Veränderung von Ausrüstung und Arbeit, ohne Berücksichtigung der Konsequenzen für die Arbeitskräfte, ein selbstverständliches Recht des Managements darstellten (Bernard 1982).

Aussperrung durch den Unternehmer

In den Verhandlungen von 1977 kulminierte der Konflikt in einer dreimonatigen Aussperrung. Das Unternehmen nutzte den durch die Gesetzgebung der Regierung zur Lohn- und Preiskontrolle begrenzten Verhandlungsspielraum, um die Streichung des Kündigungsschutzes und die Aufnahme von speziellen Rechten für das Management in den neuen Tarifvertrag zu fordern. Mit der Verbreitung von Computern bei der BC Telephone wollte das Management den Kündigungsschutz lockern, um Reparatur und Wartung der Computer an andere Firmen zu vergeben. Doch die Gewerkschaft blieb eisern hinsichtlich der bestehenden Regelung, die die Weiterbeschäftigung der Gewerkschaftsmitglieder und ihre Ausbildung zum Gebrauch der neuen Technologien absicherte, womit ein entscheidender Beitrag zur Arbeitsplatzsicherheit der Beschäftigten geleistet war.

Nach dem Scheitern der Verhandlungen vom Juli 1977 führte die Gewerkschaft eine erfolgreiche Abstimmung über einen Streik durch. Die Gewerkschaft, die die Schwierigkeit erkannte, durch einen Vollstreik Druck auf die Firma auszuüben, setzte auf selektive eintägige Arbeitsniederlegungen. Die Firma begegnete der Gewerkschaftsstrategie der rotierenden Streiks mit rotierenden Aussperrungen. November 1977 war die gesamte gewerkschaftlich organisierte Belegschaft, schätzungsweise zehntausend Arbeiter, auf der Strasse, sie blieben bis Februar 1978 der Arbeit fern. Der neue Kollektivvertrag, mit dem diese Auseinandersetzung beendet wurde, enthielt folgendes: 1. Der größte Teil der Formulierungen der Klausel über Outsourcing wurde beibehalten; 2. es wurde ein besonderes Komitee von Gewerkschaft und Firma über Outsourcing und technischen Wandel gebildet; 3. die Firma garantierte, dass reguläre Beschäftigte mit einer Anstellung von zwei oder mehr Jahren ihren Arbeitsplatz nicht aufgrund von technischem Wandel verlieren würden.

Trotz der Vereinbarung des neuen Vertrages endete die Aussperrung 1977/78 weitgehend in Verbitterung. Das übliche Verfahren, nach Verhandlungen ein

Abkommen zur Wiederaufnahme der Arbeit zu unterzeichnen, verlängerte die Aussperrung um eine weitere Woche, denn das Unternehmen verlangte von jedem Beschäftigten die Unterschrift unter eine Erklärung, auf Aktivitäten am Arbeitsplatz zu verzichten und den Weisungen des Managements Folge zu leisten. Außerdem informierte das Unternehmen die Gewerkschaft, dass es die Beschäftigten nach seinem Gutdünken irgendwann innerhalb der nächsten neun Tage zurück an den Arbeitsplatz rufen würde. Die Gewerkschaft wies diese Regelungen zurück, doch das Unternehmen bestand darauf, dass die persönliche Erklärung jedes Beschäftigten eine Vorbedingung jeder Arbeitsaufnahme wäre. Die Gewerkschaft fasste den Beschluss, die Blockade zu brechen und das Ende der Aussperrung zu erzwingen, indem sie öffentlich ankündigte, dass alle Angestellten am Montag, den 13. Februar, wieder bei der Arbeit wären, ob sie nun die Erklärung des Unternehmens unterzeichnet hätten oder nicht. Die Aussicht, dass Tausende von Arbeitern sich auf dem Weg zur Arbeit vor den Gebäuden der BC Telephone in der gesamten Provinz versammeln würden, brachte das Unternehmen dermaßen unter Druck, dass ein Abkommen zur Wiederaufnahme der Arbeit ohne gewerkschaftsfeindliche Klauseln unterzeichnet wurde (*Vancouver Province* 1978; 1980).

Diese dramatische Beendigung der Aussperrung sorgte dafür, dass die Atmosphäre bei BC Telephone gespannt blieb, die meisten Beschäftigten erkannten, dass die Vereinbarung bloß eine Pause vor der nächsten Runde in dieser Auseinandersetzung war. Wenig mehr als ein Jahr später, im Herbst 1979, begannen die Gewerkschaft und die Firma neue Verhandlungen über einen Vertrag, der im Januar 1980 auslief. Die Gewerkschaft erkannte, dass ein weiterer langer und harter Kampf bevorstand, und hegte den Verdacht, die Firma habe den Eindruck, die Stärke der Gewerkschaft sei infolge der dreimonatigen Aussperrung 1977/78 angeschlagen. Diese Position der Schwäche war für die Gewerkschaft Anlass, nach neuen Taktiken zu suchen, um auf die Firma Druck zugunsten einer Vereinbarung auszuüben.

Der Kampfgeist der Arbeiterschaft

Die Gewerkschaft entwickelte wieder eine Strategie, durch gezielte Aktionen am Arbeitsplatz ökonomischen Druck auszuüben, dieses Mal aber etwas überlegter ausgerichtet. Außerdem versuchte sie, öffentlichen Druck aufzubauen, um das Unternehmen zu zwingen, den Betrieb aufrecht zu erhalten und zu verbessern, und um einer Aussperrung der Beschäftigten vorzubeugen, die sich ebenfalls negativ auf den Service auswirken würde. Der Schlüssel zu dieser Kampagne war die beispiellose Einmischung der Gewerkschaft in die Anhörung des Unternehmens zur Erhöhung der Tarife vor der Regulierungsbehörde, der Canadian Radio-Television Commission (CRTC).

In dieser bemerkenswerten Reihe von Sitzungen, die sich über rekordverdächtige 41 Tage erstreckten (die längsten in der Geschichte der CRTC), stellte sich die Gewerkschaft gegen den Antrag des Unternehmens auf Tariferhöhung, mit der Begründung, dass jede Erhöhung der Kosten für die Verbraucher von einer Verbesserung der Dienstleistung begleitet werden müsste. Die Gewerkschaft argumentierte, dass die starken Automatisierungsanstrengungen nicht darauf ausgerichtet waren, den Service für die Öffentlichkeit zu verbessern, sondern um den Verkauf von Apparaten der GTE (dem Mutterunternehmen der BC Telephone) zu fördern und dabei die Telefonteilnehmer in British Columbia durch höhere Tarife die Zeche zu zahlen zu lassen. Die Gewerkschaft stellte sich gegen die Zentralisierungspläne des Unternehmens, die durch die Schließungen von Niederlassungen den Verlust von 850 Jobs und Millionen von Dollars für die kleineren Gemeinden der Provinz bedeutet hätten. Gewerkschaftsmitglieder bezeugten, dass das Unternehmen die Servicequalität reduzieren und gleichzeitig die Preise für die Telefonversorgung erhöhen würde (CRTC 1980b; siehe auch Zeugnis in CRTC 1980a).

Indem die TelefonarbeiterInnen sich hinter die Konsumenten- und Nachbarschaftsgruppen stellten, die gegen die von der Firma verlangte Gebührenanhebung waren, spielten sie eine unschätzbare Rolle als Expertenzeugen. Sie waren Experten in der Telekommunikationsindustrie, und das Eingreifen bei der CRTC trug zur Festigung dieses Bewusstseins bei. Die Anhörungen gaben der Gewerkschaft ein öffentliches Forum, auf dem sie argumentieren konnte, die Firma und nicht die Beschäftigten seien für den unzulänglichen Service und hohe Telefongebühren verantwortlich. Die Gewerkschaft ging in die Offensive, indem sie den Plan des Managements für das künftige Telefonnetz in Frage stellten. Die Beschäftigten hatten das traditionelle Terrain der Regelung von Löhnen und Sozialleistungen verlassen und warfen die Frage der Verwendung der neuen Technologie durch die Firma auf, sie verlangten, dass die Firma ihr Programm rechtfertigt.

Direkte Aktionen der Beschäftigten von BC Telephone

An der ökonomischen Front hatte die Gewerkschaft Anfang 1980 eine Kampagne für „Super Service" gestartet, eine Art von Dienst nach Vorschrift, bei der die Beschäftigten Regeln der Firma buchstabengetreu befolgten, so dass die Produktion auf ein Allzeittief absank. Nachdem die Firma einen Schlichtungsbericht abgelehnt hatte, eskalierte die Gewerkschaft ihre Aktionen am Arbeitsplatz. Ab dem 22. September 1980 kamen 530 Handwerker von „Special Services", einer der lukrativsten Abteilungen der Firma, zur Arbeit, lehnten jedoch alle Arbeit mit Ausnahme von dringend notwendigen Reparaturen ab. Diese Aktion zielte auf die Bereiche ab, in denen BC Telephone Geld macht, darunter die bedeutenden Geschäftsanschlüsse; sie betraf die überwiegende Mehrheit der TelefonkundInnen nicht.

Die streikenden Beschäftigten meldeten sich zur Arbeit, und machten dann „sit-ins" in den Pausenräumen, Garagen oder leer stehenden Räumen in dem Gebäudekomplex. Es gab keine Streikposten, denn der Zweck dieses selektiven Streiks war es, auf die Firma Druck auszuüben, während die Mehrzahl der Beschäftigten weiter arbeitete. Da die streikenden Beschäftigten den Kampf für die gesamte Gewerkschaft führten, erhielten sie aus dem Streikfonds der Gewerkschaft 70 Prozent ihres Bruttolohns. Zur Finanzierung dieses selektiven Streiks wurden die über zehntausend Beschäftigten, die weiterarbeiteten, gebeten, 13 Dollar pro Woche in den Streikfonds einzuzahlen.

Innerhalb von einigen Wochen führte der selektive Streik zu einem signifikanten Rückstand bei Bau- und Schaltinstallationen sowie Reparaturen. Die Firma begann, Leitungspersonal zu senden, das die streikenden Beschäftigten ersetzen sollte. Die Gewerkschaft antwortete, indem Teams von fliegenden Streikposten den Leitungsleuten an die Arbeitsplätze folgten. Wenn die Leitungsleute die Gebäude von BC Telephone verließen, folgten ihnen die Gewerkschaftsposten auf die Straße. Infolge der fliegenden Gewerkschaftsteams entschieden sich die meisten Firmen mit einer organisierten Belegschaft dafür, das Ende der Auseinandersetzung abzuwarten, anstatt das Risiko einzugehen, dass Streikposten kommen und die Arbeitsstelle geschlossen wird.

In den ersten Novembertagen erlangte das Unternehmen eine einstweilige Verfügung gegen die Streikposten der Gewerkschaft, mit der ihre Anzahl auf zwei pro Gebäudeeingang begrenzt wurde. Anfang Dezember wurde dem Unternehmen ein veränderter Wortlaut der Verfügung gewährt. Mit der neuen Version wurde dem Unternehmen erlaubt, die 530 Aktivisten, die auf Grundstücken des Unternehmen in der Provinz im Sitzstreik waren, rauszuwerfen. Sie verbot der Gewerkschaft, „jedes Gelände, das dem Kläger gehört, er gemietet hat oder auf andere Weise in seinem Besitz ist, widerrechtlich in Anspruch zu nehmen, indem sie solche Gelände besetzt und sich weigert, sie innerhalb von zehn Minuten nach der Aufforderung des Klägers zu räumen, und ohne Aufforderung des Klägers wieder zu betreten." Mit der Vertreibung der 530 Streikenden vom Eigentum des Unternehmens und dem neuen Wortlaut der Verfügung schien das Unternehmen eine Aussperrung vorzubereiten (BC Telephone 1980).

Anfang 1981 begannen wieder Verhandlungen mit Hilfe eines föderalen Vermittlers, doch Mitte Januar wurden sie wieder abgebrochen. Eine Woche darauf begann die Firma mit selektiven Beurlaubungen. Ab Mitte Januar beurlaubte die Firma mehrere hundert Beschäftigte pro Woche. Die Gewerkschaft, die den anfänglichen 530 Streikenden 70 Prozent ihres Bruttolohns gezahlt hatte, setzte diese Politik für zusätzliche Beschäftigten fort, die durch die eskalierenden Beurlaubungen auf die Strasse gesetzt wurden.

Bei der Gewerkschaftstaktik des selektiven Streiks war kalkuliert worden, dass der Arbeitgeber durch die Schließung von einigen der lukrativsten Dienste von BC Telephone nachgeben wird. Doch forderte der selektive Streik, wie der Firma gut bekannt war, auch von der Gewerkschaft einen Zoll, da die steigende Zahl von ausgesperrten Beschäftigten den gewerkschaftlichen Streikfonds leerten, letzten Endes würde die Gewerkschaft ohne Geld und mit der Aussperrung sämtlicher Mitglieder dastehen. Die Firma vermied die ungünstigen Meldungen, von denen eine Massenaussperrung begleitet wäre, dadurch, dass sie nur einige hundert Beschäftigte durch Beurlaubung für die Dauer der Auseinandersetzung aussperrte.

Einschüchterung der Beschäftigten durch das Unternehmen

Ende Januar 1981 waren annähernd 1.000 Beschäftigte nicht am Arbeitsplatz. Am 29. Januar fällte die CRTC ihre Entscheidung, dem Unternehmen die Preiserhöhung zu gestatten, mit der Auflage, bis Ende 1981 eine müsse „akzeptable minimale Servicequalität“ erreicht werden, andernfalls werde die Kommission „gegenüber dem Unternehmen angemessene Maßnahmen ergreifen“ (CRTC 1981).

Unter den Beschäftigten herrschte der Eindruck vor, dass jetzt, wo die Firma von der CRTC alles bekommen hatte, was sie verlangt hatte, eine totale Aussperrung anstand. Die Gewerkschaftsstrategie, die seit September unverändert war, begann aufgrund der selektiven Aussperrungen der Firma zu ins Straucheln zu geraten. In nichtöffentlichen Sitzungen hatte die Gewerkschaft Überlegungen über verschiedene Aktionen angestellt, die in Anbetracht einer Aussperrung unternommen werden könnten, darunter möglicherweise eine gewerkschaftliche Besetzung der Gebäude von BC Telephone. Der Streikkoordinator der Gewerkschaft hatte die StreikführerInnen vor Ort gebeten, unter den Mitgliedern diskret herumzufragen, um in Erfahrung zu bringen, ob sie gewillt sind, im Fall einer Vollaussperrung der Firma am Arbeitsplatz zu bleiben.

Die Besetzung begann am Dienstag, dem 3. Februar, als ca. zwei Dutzend Telefonarbeiter in Nanaimo und Duncan entlassen wurden, weil sie „langsam gingen“. Als Antwort auf die Entlassungen, die die Beschäftigten als ein Vorspiel zu einer totalen Aussperrung in Nanaimo deuteten, versammelte sich die Belegschaft der Vermittlung in der Kantine des Unternehmenssitzes in der Fitzwilliam Street und besetzte das Telefongebäude. Die Besetzer sicherten die Türen und postierten Gruppen von Gewerkschaftsmitgliedern am Haupteingang. Das Komitee an der Tür fragte nach den Gewerkschaftsmitgliedsausweisen und kontrollierte die Identität der Personen, die das Gebäude betreten wollten. Dem Personal der Verwaltung wurde erlaubt, im Gebäude zu bleiben, es wurde aber in eine Büroetage im Parterre verbannt. Und nach dem Verlassen des Gebäudes wurde ihnen nicht erlaubt, es wieder zu betreten. Die Arbeiter ersetzten alle Aufseher und die Besetzer übernahmen die Verantwortung für die Ausstattung der Steckvermittlungen mit Personal und die Wartung der Vermittlungsausrüstung. Vom späten Nachmittag bis zum Abend riefen Shop-Stewards[2] die Arbeiter zu Hause an und setzten Schichtpläne auf, um die Vermittlungen 24 Stunden täglich zu besetzen und Sicherheitspersonal für die Gebäude zu mobilisieren.

Die Beschäftigten halten durch

Am Abend kam Verstärkung mit Schlafsäcken, Verpflegung und Vorräten für einen längeren Aufenthalt. Die GewerkschafterInnen versicherten, in den Gebäuden zu bleiben, „bis wir unseren Vertrag haben". Um ihre Aktion zu verteidigen, erklärten die BesetzerInnen: „Wenn wir gehen, befürchten wir, dass die Öffentlichkeit vom Aufsichtspersonal schlechteren Service bekommt, denn sie haben nicht gelernt, die Apparate richtig zu bedienen." Ein örtlicher Gewerkschaftssprecher erzählte Journalisten: „Wir sind nur ganz normale Feld-, Wald- und Wiesen-Vermittlungsleute, und wenn ganz normale Leute verzweifelt genug sind, um ein Gebäude zu besetzen, dann muss die Situation schon ziemlich aussichtslos sein." Als Entgegnung auf den Vorwurf des Unternehmens, dass das Vermittlungspersonal nicht gut gearbeitet hätte, erklärte der Sprecher: „Wenn Du seit 16 Monaten ohne Vertrag arbeitest, bist Du nicht unbedingt eine Spitzenkraft. Die Motivation war ziemlich am Boden und wurde auch nicht besser". Er legte dem Unternehmen zur Last, dass es „alle im Zustand des Aufruhrs und der Verwirrung belassen hätte" und die Leute „zunehmend frustriert" wurden (*Vancouver Sun* 1981a).

2 Gewählte gewerkschaftliche Interessenvertreter im Betrieb, deren genaue Funktion weder den Betriebsräten noch den gewerkschaftlichen Vertrauensleuten in Deutschland entspricht, Anm. d. Verlags.

Die Besetzung führte zu einer völlig veränderten Atmosphäre in dem Telefongebäude in Nanaimo. Überall waren lachende Gesichter von Menschen, denen ihre Arbeit Spaß machte, zu sehen. Ein selbstgefertigtes Transparent, auf dem zu lesen war: „Under New Management, T.W.U.", hing vom Mikrowellenturm, auf kleineren Schildern hieß es: „B.C. Tel, Now 100 % Canadian Owned". Die Telefonistenstellen waren voll besetzt, erfahrene Telefonisten unterrichteten Angestellte und Handwerker in den Grundzügen der Bedienung. „Es ist fast ein Karneval, seitdem wir übernommen haben", bemerkte ein Besetzer. „Die Leute sind froh, dass sie frei sind von Vorgesetzten." Als die Nachricht von der Besetzung die Runde machte, riefen Beschäftigte von BC Telephone in der ganzen Provinz in dem Büro in Nanaimo an, um Botschaften der Unterstützung und der Ermutigung zu übermitteln (*Vancouver Sun* 1981a; *Nanaimo Times* 1981).

Im Gegensatz zu der freudigen Atmosphäre in Nanaimo nahm die Spannung in allen anderen Telefonzentren in der Provinz zu. Über zwei Monate vorher hatte die Firma eine Verfügung erwirkt, nach der Sit-ins ausdrücklich untersagt waren. Während die Gewerkschaft ihr Vorgehen als einen Schritt betrachtete, der darauf abzielte, eine Aussperrung durch die Firma zu vermeiden, dachten wenige, die Gerichte würden sich auf die Seite der Gewerkschaft stellen. Am Mittwoch tagte der Gewerkschaftsvorstand den ganzen Tag über, um über das weitere Handeln zu diskutieren, und zwei Gewerkschaftshauptamtliche wurden nach Nanaimo geschickt, um einen eigenen Blick auf die Besetzung zu werfen und dem Vorstand Bericht zu erstatten. In den anderen Telefonbüros in der ganzen Provinz führten die Beschäftigten den ganzen Tag über Diskussion über das Geschehen in Nanaimo, sie fragten sich: Wenn vom Gewerkschaftsbüro eine Aufforderung zu Besetzungen in der ganzen Provinz käme, würde ich mich daran beteiligen? Nanaimo lieferte ein treffendes Beispiel. Zeitungsartikel und Fernsehberichte aus Nanaimo zeigten, dass die Besetzung friedlich war und dass die Beschäftigten mit Freude dabei waren. Die anfängliche Reaktion der Öffentlichkeit und der Presse war nicht ungünstig. Die Nachrichtenmeldungen zeigten auch eindeutig, dass die Aktion kein Akt einer isolierten Minderheit war. Die BesetzerInnen von Nanaimo waren eine Gruppe von so unterschiedlichen Telefonbeschäftigten, wie es sie in jedem anderen Zentrum in der Provinz gab. Ein Gewerkschaftsmitglied in Nanaimo sprach aus, was viele dachten, als er erklärte: „Wir spielen hier nicht Mensch ärgere dich nicht. Ich habe eine Frau und Kinder. Ich muss von dieser Firma einen anständigen Lohn bekommen, und dafür setze ich meinen Arbeitsplatz aufs Spiel."

Die Arbeiter eskalieren die Besetzungen

Am Donnerstag, den 5. Februar, weitete die Gewerkschaft die Besetzung auf die gesamte Provinz aus, indem sie die Belegschaft morgens per Telefon aufrief, den Service zu übernehmen. Mittags hatte die Besetzung die Provinz erobert. Der Generalsekretär der Gewerkschaft verteidigte die Übernahme durch die ArbeiterInnen damit, dass als Antwort auf „Provokationen" und auf den Versuch des Unternehmens, „eine Aussperrung durchzusetzen", die ArbeiterInnen entschieden hätten, „den Telefondienst aufrecht zu erhalten, indem sie am Arbeitsplatz blieben und den Grundservice gewährleisteten". Die Gewerkschaft war vorsichtig in ihren Äußerungen, indem sie, eher defensiv, davon sprach, die „Stellen für die Grundversorgung zu besetzen" (TWU 1981).

Die besetzten Vermittlungsstellen in der Provinz wurden rasch umgewandelt. Die Leitungen wurden gebeten, entweder die Gebäude zu verlassen oder in bestimmten Bereichen zu bleiben. Der größte Teil des Leitungspersonals entschied sich dafür, nach Hause zu gehen. Vorgesetzten, Polizisten oder Reportern, die die Gebäude begehen wollten, wurde Zutritt gewährt, sie wurden auf ihren Rundgängen von Gewerkschaftsmitgliedern begleitet. In allen Gebäuden gab es zwei Hauptaufgaben: die Eingänge zu sichern, um den Zutritt zu den Gebäuden zu begrenzen, und sicherzustellen, dass die Gewerkschaft die Kontrolle behielt, und die Telefonistenstellen voll zu besetzen. An vielen Orten blieben die Streikführer die ganzen fünf Tage lang in den Gebäuden, aber die große Mehrheit der Beschäftigten verließ und betrat die Gebäude entsprechend gewerkschaftlich organisierten Schichtplänen.

Der Gewerkschaftsvorstand stellte allgemeine Regeln über das Verhalten in den besetzten Gebäuden auf, darunter die Bestimmung: „Es darf keine Beschädigung und keine Gewalt geben." Die Position der Gewerkschaft zu einem möglichen Versuch der Polizei, die Besetzer herauszuschaffen, war die Aufforderung an die Mitglieder, durch Hinsetzen oder Hinlegen passiven Widerstand zu leisten, so dass die Polizei gezwungen war, jeden und jede wegzutragen. Die Beschäftigten hielten in den meisten besetzten Gebäuden Versammlungen ab und arbeiteten Schichten, Aufgaben und „Besetzungsregeln" aus.

Dadurch dass die Beschäftigten das Sagen hatten, wurden die Regelungen, die von der Firma verlangt wurden, aufgegeben. Von den Telefonisten wurde nicht mehr verlangt, dass sie eine Flagge auf den Schreibtisch des Vorgestellten stellen, wenn sie auf die Toilette gehen. Pausen wurde genommen wie gewünscht, und keine bzw. keiner wurde zurechtgewiesen, wenn sie oder er für einen Anrufer oder eine Anruferin zu viel Zeit aufbrachte. Wenn Beschäftigte den Eindruck hatten, dass sich Anrufe aufstauten, setzten sie mehr Freiwillige als

Telefonisten ein und schulten sie an den Gerätschaften. Die Telefonisten wandelten ihre Antworten von den starren mechanischen Entgegnungen ab, die von der Firma verlangt wurden; an einigen Orten kamen die Telefonisten überein, sich auf Anfragen mit „T.W.U. directory assistance" oder „BC Tel, under workers' control" zu melden. Beschäftigte wechselten sich mit ihren Tätigkeiten ab, was zur Abmilderung der Monotonie beitrug. Viele Beschäftigten machten Rundgänge durch die Gebäude und wurden mit Tätigkeiten bekannt gemacht, von denen sie während ihrer Jahre bei der Telefongesellschaft gehört hatten, deren Ausführung sie aber nie gesehen hatten. Viele sahen zum ersten Mal andere Bereiche in den Gebäuden. In einer Reihe von Gebäuden wurden Pausenräume der TelefonistInnen in Kinderbetreuungszentren umgewandelt.

Der Hauptunterschied lag jedoch in der Atmosphäre der Kooperation und Verantwortlichkeit. Handwerker und Angestellte gewannen neuen Respekt für die TelefonistInnen und den Stress, dem sie in ihrer Arbeit ausgesetzt sind. Mehr als ein Handwerker gab die Annahme von Anrufen nach ein paar Stunden auf, weil er nicht glaubte, irgendjemand könne unter solchen Bedingungen sieben Stunden am Tag arbeiten. Zum ersten Mal seit vielen Jahren fingen TelefonarbeiterInnen an, auf ihre Arbeit stolz zu sein. Sie waren dazu imstande, ein gewisses Maß von Kontrolle und Autorität zu behaupten, dies war allerdings begrenzt, weil das Tempo und die Struktur der Arbeit von der Maschinerie diktiert wurden. Die meisten empfanden eine enorme Erleichterung, weil das Gefühl, andauernd überwacht zu werden, weggefallen war.

Die fünf Tage, an denen die Gewerkschaft die Telefonvermittlungen besetzte, waren für sie aufregend. In den meisten Teilen der Welt würde die Übernahme der Telefonvermittlungen durch die Beschäftigten den ersten Akt einer Revolution darstellen. Während die Medien die Besetzung als „Anarchie" bezeichneten, sahen die meisten in ihr eine weitere Eskalation eines lange andauernden Arbeitskonflikts (*Vancouver Province* 1981a). Durch die Übernahme der Telefongebäude war die Gewerkschaft über die normalen Grenzen von Tarifverhandlungen hinausgegangen, doch hatten die Gewerkschaftsmitglieder den Eindruck, dass die Besetzung, weil sie anders nicht dazu imstande waren, durch traditionelle Taktiken bei der Telefongesellschaft irgendeine Wirkung zu erreichen, notwendig und auch gerechtfertigt war.

Einzigartige Umstände kamen zusammen und machten es möglich, dass die Gewerkschaft in dieser Auseinandersetzung öffentliche Sympathie gewann. Die sich lang hinziehenden Anhörungen der CRTC über die Gebühren hatten dazu geführt, dass BC Telephone unter scharfer öffentlicher Kritik stand. In den breit veröffentlichten Anhörungen wurden die Menschen in British Columbia dauernd an die großen Gewinne der Firma und die Arroganz des Managements erinnert. Weil die Telefonarbeiter argumentierten, dass die Gebührenanhebung nicht gerechtfertigt sei, und die Qualität des Service kritisierten, gab es in der Öffentlichkeit nur noch wenig Sympathie für die Firma.

Unterstützung der Arbeiteraktion durch die Massen

Als das Unternehmen sich weigerte, die Schlichtungsvereinbarung zu unterschreiben, wurde es weithin für die Verschlechterungen der Arbeitsbeziehungen-kritisiert. Die Besetzung durch die Gewerkschaft war eine friedliche und disziplinierte Aktion, die auf die Bereitstellung der telefonischen Grundversorgung für die Allgemeinheit hinauslief. Für viele stellte diese Situation, mit der Möglichkeit der Kunden, mit dem Vermittlungspersonal zu plaudern, eine Neuigkeit dar. Indem die Belegschaft den Telefonbetrieb in Gang hielt, zeigte die Gewerkschaft der Öffentlichkeit deutlicher als mit jeder Presseerklärung, wie viel ihr an der Aufrechterhaltung des Betriebes lag. Mit der Gewerkschaft am längeren Hebel lag der Druck jetzt auf dem Unternehmen.

Abgesehen von der öffentlichen Unterstützung, wurde der Konflikt genau vom Gewerkschaftsdachverband in der Provinz, der BC Federation of Labour, beobachtet. Die größte privatwirtschaftliche Gewerkschaft des Dachverbandes und die International Woodworkers of America (IWA) hatten die Telefonarbeiter beim Kampf gegen die Tariferhöhungen unterstützt. Bei der Übernahme sämtlicher Fernmeldegebäude in der Provinz rief der Dachverband seine Mitglieder zu einer Sondersitzung zusammen und schlug als Strategie zur Unterstützung der TelefonarbeiterInnen vor, dass drei andere Gewerkschaften gleichzeitig streiken sollten. Der Dachverband charakterisierte den Konflikt als Teil einer breiteren Kampagne des Arbeitgeberverbandes von British Columbia, unter Einsatz von Gerichten, gerichtlichen Verfügungen und betrieblichen Untersuchungskommissionen Tarifverhandlungen abzublocken, um Konflikte zu verschleppen und Verhandlungen zu vermeiden. Als Antwort auf diesen eskalierenden Angriff kündigte der Dachverband an, ein sich schrittweise steigerndes Programm wirtschaftlich wirksamer Maßnahmen zur Unterstützung der Streikenden in Gang zu setzen. Der Präsident des Dachverbandes versprach: „Diese Streiks gewinnen wir mit der geballten Kraft unserer kämpferischen Tradition." Er bezeichnete diese neue Stufe im Konflikt als „Krieg in den Arbeitsbeziehungen gegen die Arbeitgeber von British Columbia" (BC Federation of Labour 1981).

Am folgenden Tag unterstrich die Leitung der BC Federation of Labour ihre Unterstützung für die Besetzung durch einen Rundgang des besetzten William Farrell Building in Seymour Street 768 in Vancouver. Der Besuch ließ die Moral der Telefonarbeiter ansteigen, indem er den Rückhalt des Verbands demonstrierte. In einem Kommentar über die Bedeutung dieses Rundgangs nannte die *Vancouver Province* die Aktion eine Billigung der Übernahme durch die Telecommunications Workers Union (TWU) und warnte, sie stelle ein „Rezept für Anarchie" dar. „Jetzt, wo der Präzedenzfall der Unterstützung für ein Übernahme von Eigentum gesetzt worden ist", fragte die *Province,* „könnten wir in Zukunft nicht sehen, dass beispielsweise Docker die Hafenkais übernehmen? Dass Busfahrer ihre Busse an sich reißen? Dass Kassierer die Banken übernehmen? All dies könnte auf gleiche Weise gerechtfertigt werden." (1981a)

Verbunden mit den globalen Massenbewegungen

Zufällig ereignete sich die Besetzung in einer schicksalhaften Periode der Weltgeschichte. Während der Besetzung berichtete die Presse über die Besetzung von Fabriken und Baustellen durch die Gewerkschaft Solidarność in Polen. Die meisten westlichen Regierungschefs verteidigten die polnischen Arbeiter öffentlich und verurteilten die polnische Regierung. Diese Position verhalf Besetzungen als Form des öffentlichen Widerstandes zu deutlich mehr Legitimität.

Die Offenheit, mit der die TWU Reporter in den besetzten Gebäude von BC Telephone willkommen hieß, machte deutlich, dass die ArbeiterInnen den Eindruck hatten, dass sie nichts zu verbergen und keine Angst vor öffentlicher Überprüfung haben. Durch die Presserundgänge konnte die Gewerkschaft auch die Behauptungen der Firma widerlegen, es würden Geräte beschädigt. Außerdem hatten die Besetzer Gelegenheit, ihre Sache vor der Presse zu vertreten und viele ihrer seit langem geführten Beschwerden aus erster Hand zu erklären.

Die Anfälligkeit der Gerätschaften in den von der Gewerkschaft besetzten Gebäuden machte es höchst unwahrscheinlich, dass die Polizei das Risiko einer überraschenden Räumung oder eines Überfalls eingehen würde. In der Tat war die Besetzung für die Polizei Teil einer betrieblichen Auseinandersetzung, bis die Gerichte ihr einen Vollstreckungsbefehl vorlegten, und sie hatten keine Pläne einzugreifen. Die Gewerkschaft hatte ihrerseits zugesichert, es werde keine Beschädigung der Geräte geben. Die Situation konnte sich aber bei einem Versuch zur Räumung der Beschäftigten schnell ändern. Während die Gewerkschaft die Beschäftigten aufgefordert hatte, einem Räumungsversuch passiven Widerstand entgegenzusetzen, war es schwierig vorauszusagen, wie die Beschäftigten oder die Polizei in der Hitze solch einer Konfrontation reagieren würden. Zudem konnte jede Aktion in einem Teil der Provinz umgehend an die anderen besetzten Zentren kommuniziert werden, da die Beschäftigten das zentrale Kommunikationsnetz der Provinz besetzt hielten. Zusätzlich zu den Telekommunikationsverbindungen innerhalb von British Columbia kümmerten sich die Besetzer um die Telekommunikation nach Asien, das Kommunikationsnetz für die Verteidigung von Kanadas Westküste und nationale Fernseh- und Radioverbindungen. Jeder Versuch, eine Vermittlungsstelle zu isolieren, würde eine komplette Unterbrechung der Kommunikation für Städte oder sogar Regionen erforderlich machen. Das Risiko, solch eine Unterbrechung der Kommunikationen einzugehen, war undenkbar.

Bevor sich die Besetzung auf die gesamte Provinz ausdehnte, versuchte das Unternehmen, wegen der Besetzung von Nanaimo eine Klage wegen Nichtbefolgung einer gerichtlichen Anordnung gegen die Gewerkschaft durchzusetzen. BC Telephone beklagte, dass die Verfügung vom Dezember 1980 insbesondere Sitzblockaden verboten und die Massenbesetzung gegen diese Verfügung verstoßen hatte. Für Montag, den 9. Februar, war ein Gerichtstermin angesetzt, und am Wochenende diskutierten die BesetzerInnen über das mögliche Ergebnis der Klage.

Die Beschäftigten sehen sich mit juristischen Auseinandersetzungen und gerichtlichen Anordnungen konfrontiert

Zu ihrer Verteidigung brachte die Gewerkschaft vor, dass die Besetzung durch die Entlassung der Telefonarbeiter in Duncan und Nanaimo provoziert wurde. Der Anwalt der Gewerkschaft hob den friedlichen Charakter der Sitzblockaden hervor und betonte, dass das Eigentum des Unternehmens nicht beschädigt wurde. Die Besetzung hätte tatsächlich die sich steigernden Gegensätze in der Telefongesellschaft entschärft. In der Folge diente die Gewerkschaft durch die Aufrechterhaltung des Telefonbetriebes dem öffentlichen Interesse. Mit eidesstattlicher Erklärung versicherte ein Gewerkschaftsskretär aus Nanaimo: „Es ist meine und die einhellige Meinung des Bezirks 3 [Nanaimo] der Telecommunications Workers Union, dass wir deutlich ernstere Konfrontationen zwischen der Gewerkschaft und dem Unternehmen verhütet" haben und dass sich die Beziehungen zwischen den Beschäftigten und dem mittleren Management seit der Besetzung verbessert haben (Supreme Court of British Columbia 1981).

Das Gericht wies die Argumente der Gewerkschaft zurück und prangerte die Gewerkschaft an, sie wolle allein darüber entscheiden, „was im besten Interesse der Öffentlichkeit, der Gewerkschaftsmitglieder und sogar der Firma liegt". Der Richter befand die Gewerkschaft der Ordnungswidrigkeit gegen das Gericht für schuldig und erhob die Beschuldigung: „Ein eklatanterer Affront gegen die Autorität dieses Gerichts, das Gesetz und die grundlegenden Prinzipien einer geordneten Gesellschaft ist schwer vorstellbar." Das Gericht verurteilte die Gewerkschaft zur Zahlung einer Strafe in nicht benannter Höhe, die für jeden Tag, an dem die Gewerkschaft die Besetzung fortsetzen würde, erhöht werden sollte (ebd.). Die Urteilsverkündung wurde für zwei Tage ausgesetzt, da das Gericht die Antwort der Gewerkschaft auf die Anordnung abwartete, das Gebäude zu räumen.

Beschäftigte und Gewerkschaft beenden die Besetzung

Während die Gewerkschaft versichert hatte, man werde in den Gebäuden bleiben, bis ein Vertrag unterzeichnet ist, hatte die Gewerkschaftsführung den Eindruck, der Schuldspruch des Gerichts würde schließlich mit Zwang durchgesetzt werden. Die Diskussion drehte sich um die Frage, ob die Taktik des passiven Widerstands weiter befolgt werden sollte oder nicht. Der Gewerkschaftsvorstand hatte den Eindruck, die Taktik werde die Gewerkschaft spalten, weil einige Mitglieder auf das Bleiben in den Gebäuden setzen und andere auf eigenen Entschluss herausgehen würden. Solidarität, Kooperation und das allgemeine gute Gefühl, die sich während der Besetzung aufgebaut hatten, würden verloren gehen, wenn einige Beschäftigte die Gebäude aus Angst vor Festnahme oder physischer Einschüchterung verlassen würden. Zudem könnte die Konfrontation mit der Polizei, die in dieser Taktik enthalten war, zu Schäden und Gewalt führen, die unabhängig von den Umständen der Gewerkschaft zur Last gelegt würden. Die Gewerkschaft würde die Unterstützung verlieren, die sie bislang genoss.

Eine zweite taktische Missachtung des Gerichtsspruches wurde erwogen, aber die Mehrheit meinte, dass so etwas zur Zerschlagung der Gewerkschaft führen könnte. Wenn die Gewerkschaft wegen Nichtachtung des Gerichtes verurteilt würde, müsste die TWU es nicht nur mit der Telefongesellschaft aufnehmen. Eine Verurteilung wegen Nichtachtung des Gerichtes würde bedeuten, dass die Gewerkschaft es mit der Polizei, den Gerichten und möglicherweise dem Militär, kurz: mit dem kanadischen Staat als Ganzem zu tun bekäme.

Keine dieser Optionen erschien erfolgversprechend, und so beschloss die Gewerkschaftsleitung, die Besetzung zu beenden. Mit den Arbeitern auf der Straße und der öffentlichen Meinung zu ihren Gunsten, meinten sie, könnte der Streit doch noch gewonnen werden. In einer Mitteilung an die besetzten Gebäude lobte die Gewerkschaftsführung die Telefonarbeiter für die Besetzung und stellte fest, „dass wir die Bevölkerung von British Columbia mit Telefonverbindungen versorgt haben, trotz ungezählter Provokationen, die darauf hinausliefen, uns auszusperren“. Sie bezeichnete die Rechtsprechung „als ein Geschenk des Gerichts an die Firma, die Beschäftigten auszusperren, was die B.C. Tel nicht aus eigener Kraft bewerkstelligen konnte", und versprach eine Eskalation in Form eines Streiks in der ganzen Provinz. In der Erklärung waren auch Anweisungen enthalten, die bei der Räumung der Gebäude befolgt werden sollten. Mögliche Anzeigen wegen Sabotage vorwegnehmend, instruierte die Gewerkschaft die Bezirke vor Ort, Übergabeprotokolle für alle besetzten Gebäude vorzubereiten und erst nach der Bestätigung, dass weder Telefonausrüstung noch -anlagen beschädigt waren, gemeinsam und geordnet den Rückzug anzutreten (TWU 1981b).

Die meisten Gebäude wurden am Montagabend oder am frühen Dienstagmorgen geräumt. Die einzige Ausnahme war Seymour 768, das „Nervenzentrum" von BC Telephone. Der Umzug durch das zwölfstöckige Gebäude begann am Dienstag um 9 Uhr morgens und endete zur Mittagszeit mit einer Demonstration. Gewerkschafter, vor allem Bauarbeiter aus der Altstadt von Vancouver, verließen vor Mittag ihre Arbeitsplätze und versammelten sich vor dem Gebäude von BC Telephone zu einer massiven Bezeugung von Solidarität. Die Demonstration füllte die Straße und drängte sich in ein vierstöckiges Parkhaus gegenüber dem Gebäude. Um 12 Uhr marschierten die Telefonarbeiter aus dem Gebäude heraus, mit einem Gewerkschafter vorneweg, der Dudelsack spielte.

An den ersten Tagen des totalen Streiks schickten lokale Gruppen Streikposten aus, um alles zu schließen, das irgendwie mit der BC Telephone verbunden war. Die Gewerkschaftsleitung warnte davor, dass die Gewerkschaft wegen der Missachtung einer gerichtlichen Anordnung verurteilt werden könnte und dass weitere Verletzungen der Vorschriften die Arbeitnehmervertretung in eine ungünstige Position bringen könnten. Die örtlichen Streikvorstände wurden angewiesen, die Anzahl der Streikposten auf zwei pro Gebäude zu begrenzen. Die Rückkehr auf die Straße nach fünf Tagen der Besetzung ließ die Emotionen aufwallen.

Ergebnis und Analyse der Besetzung der Beschäftigten von BC Telephone

Zum Ende der Besetzung und mit der landesweiten Aufmerksamkeit, die die Auseinandersetzung erlangt hatte, sandte der nationale Arbeitsminister seinen Hauptvermittler, um den Streit beizulegen. Verhandlungen begannen, wurden aber nach sechs Tagen abgebrochen, als das Unternehmen darauf bestand, dass jede Einigung auf einer Erhöhung der Telefontarife beruhen müsste. Diese Forderung schockierte sogar den Vermittler, der versicherte, dass „wir eine Einigung haben, aber ich komme nicht mit einer Situation zurecht, in der einer der Verhandlungspartner plötzlich einen Dritten (CRTC, die Canadian Radio-Television Commission) ins Spiel bringt". Eine Preiserhöhung in einer Tarifvereinbarung festzulegen war, in den Worten des Vermittlers, „eine Erfahrung, die ich bisher in keiner Schlichtung gemacht habe". Der Arbeitsminister nannte die Forderung „bizarr" und „absolut außerhalb des Bereiches der Arbeitsbeziehungen". Er erklärte, dass ihm „aus der Geschichte kein Fall bekannt ist, in der ein Versorgungsunternehmen jemals daran gedacht hat, so eine Klausel in einen Tarifvertrag aufzunehmen" (*Vancouver Sun* 1981b).

Auch die Zeitungen beeilten sich, den Vorschlag der Firma zu verdammen. Die *Vancouver Sun* etikettierte ihn als „Unternehmenserpressung" und urteilte, dass „die BC Telephone mit diesem Handstreich sämtliche Glaubwürdigkeit in der Auseinandersetzung verloren hat". Die *Province* nannte den Vorschlag des Unternehmens „absurd" und stellte fest, dass „kein Unternehmen eine garantierte Erstattung seiner Kosten erwarten kann. So ein Angebot kann nur von jemandem kommen, der sich im Nimmerland aufhält" (*Vancouver Province* 1981b, *Vancouver Sun* 1981c)

Als Reaktion auf die öffentliche Entrüstung willigte das Unternehmen ein, die Verhandlungen mit einem neuen Vermittler wieder aufzunehmen. Am 2. März wurde eine vorläufige Einigung erreicht. Doch der Streit war noch lange nicht überwunden. Während des Streiks hatten Aufseher insgesamt 24 Gewerkschafter wegen streikbezogener Aktivitäten entlassen. Die Gewerkschaft betrachtete diese Entlassungen als Schikane und meinte, wenn sie dem Unternehmen diese Kündigungen durchgehen lassen würde, „könnte jeder betroffene Arbeitgeber einfach Streikende entlassen, um die Gewerkschaft zu schwächen und den Streik zu brechen" (Clark 1981).

Das Unternehmen argumentierte, dass die gekündigten Beschäftigten „das Privileg zu streiken missbraucht hätten". Diese Stellungnahme erzürnte die Gewerkschafter, die meinten, dass Streiken ein Recht und KEIN Privileg sei. BC Telephone schlug vor, dass die Gewerkschaft die Wiedereinstellung der Entlassenen über das Beschwerdeverfahren in die Wege leiten sollte. Das Unternehmen drängte darauf, dass die Streikenden vor der Klärung des Schicksals der 24 die Arbeit wieder aufnehmen sollten. Dieser Vorschlag wurde von der Gewerkschaft abgelehnt, und so wurden am 6. März erneut die Gespräche abgebrochen (*Vancouver Province* 1981c).

In der letzten Februarwoche hatte der Dachverband der Gewerkschaften von British Columbia ankündigt, dass eintägige Generalstreiks in verschiedenen Regionen der Provinz zur Unterstützung der Telefonarbeiter abgehalten werden sollten. Der Dachverband warnte, dass sich diese Aktionen zu einem Generalstreik in der ganzen Provinz ausweiten könnten. Nanaimo, wo die Besetzung begonnen hatte und das als Stadt mit starken gewerkschaftlichen Traditionen bekannt war, wurde entsprechend als Zentrum des ersten Streiks ausgewählt (Calgary *Herald* 1981, BC Federation of Labour 1981b).

Am Freitag, den 6. März, war ganz Nanaimo für einen Tag blockiert. Fähren, Busse, die Papierproduktion, das Sägewerk, die Werften, Lebensmittelgeschäfte, Baustellen, regionale und nationale Behörden, Kneipen, Postämter, jeder Arbeitsplatz mit einer Gewerkschaft war ab Donnerstag Mitternacht bis Freitag Mitternacht geschlossen. Die Presse verdammte die Solidaritätsaktion, aber trotz dieser Kritik kündigte der Dachverband die zweite Solidaritätsaktion für den 20. März in East Kootenays, einem wichtigen Zentrum von Bergbau und Forstwirtschaft, an (*Vancouver Sun* 1981d).

Am 14. März vereinbarten Gewerkschaft und Unternehmen die Wiederaufnahme der Arbeit. Vorbehaltlich der Bestätigung durch die Mitglieder sollten alle Beschäftigten am 23. März zurück am Arbeitsplatz sein. Am vorhergehenden Abend sollte ein Schlichter eine verbindliche Übergangslösung für die 24 entlassenen Arbeiter vorlegen. Er war ermächtigt, die Beurlaubung von einzelnen oder allen Gekündigten zu empfehlen. Die Beurlaubten würden am Morgen des 23. März am Arbeitsplatz vorstellig werden, aber sofort wieder gehen, obwohl sie ihr volles Gehalt bis zur endgültigen Einigung bekommen würden (Hope 1981).[3] Während der folgenden Woche hielt die Gewerkschaft in der gesamten Provinz Treffen zur Ratifizierung mit den Mitliedern ab. Am 20. März wurde der Vertrag angenommen. Der Gewerkschaftsdachverband von British Columbia vertagte den zweiten eintägigen Generalstreik unbefristet.

Mit der Wiederaufnahme der Arbeit durch die Telefonarbeiter verkündete der Schlichter seinen Schiedsspruch: Zehn Beschäftigte sollten vorübergehend beurlaubt werden. Etwas mehr als eine Woche später forderte er in seinem Abschlussbericht die bedingungslose Wiedereinstellung der Entlassenen, weil der Streik gewaltfrei war. Er legte dar, dass bei mehr als 10.000 Streikenden „das reine Ausmaß der Auseinandersetzung erkennen lässt, dass es täglich zu Hunderten von Konfrontationen zwischen Gewerkschaftsmitgliedern und Aufsehern kommen muss". Er fuhr fort: „Ich kann bestätigen, dass es trotz dieser Unzahl von individuellen Zusammenstößen noch nicht einmal blutige Nasen gegeben hat." BC Telephone kündigte sofort an, dass sie gegen diese „verbindliche Entscheidung" vor dem Obersten Gerichtshof von British Columbia Rechtsmittel einlegen wür-

3 Wenn der Schlichter die Entlassung der Beschäftigten verfügt hätte, hätte die Gewerkschaft dem Unternehmen die gezahlten Löhne erstatten müssen.

de.[4] Nach 536 Tagen der Auseinandersetzung, darin ein viermonatiger gezielter Streik, eine siebentägige Besetzung in Nanaimo, eine fünftägige Besetzung aller Vermittlungsstellen in der Provinz, ein eintägiger Generalstreik in Nanaimo, die Intervention der Arbeitsminister auf Bundes- und Provinzebene, der Oppositionsführer der Provinz und eines halben Dutzend von Vermittlern, haben die TelefonarbeiterInnen einen neuen Tarifvertrag unterschrieben.

Schluss

Die Besetzung der TelefonarbeiterInnen war eine bemerkenswerte Aktion, die deutlich über die üblichen Grenzen von kollektiven Verhandlungen hinausging. Schlüssel der Auseinandersetzung war die Entscheidung der Beschäftigten, das Recht des Managements in Frage zu stellen, die Industrie nach ihrem Gutdünken zu leiten. Und für eine kurze Zeitspanne, bevor die Gewerkschaft sich den Gerichten beugte, gab es die Chance sich vorzustellen, wie es laufen könnte, wenn nicht nur die Telefonarbeiter die Telefongesellschaft leiten würden, sondern auch die Docker die Hafenkais, die Busfahrer die Busse und die Kassierer die Banken übernehmen würden.

Das Auftreten der TelefonarbeiterInnen bei den Anhörungen über die Gebührenregulierung ließ ihr neues Gespür für Ansprüche und Autorität fassbar werden, da sie sich in ihrer Rolle als Experten in der Telekommunikationsindustrie mit anderen Gewerkschaften, der Gemeinschaft und Konsumentengruppen verbündeten. Nach fast einem Jahrhundert wissenschaftlichen Managements und Verlust von fachlichen Kompetenzen erkannten die TelefonarbeiterInnen, dass sie nach wie vor die wesentlichen Produzenten und als solche die Experten für die Arbeit in dieser Industrie waren. Mit jeder technischen Entwicklung und der damit einhergehenden radikalen Umstrukturierung der Arbeit erkannten die Arbeiter, dass es dringend notwendig ist, dass sie ihre Stimme und ihre Belange am Arbeitsplatz geltend machen, bevor es zu spät ist.

Das Dilemma, vor dem die TelefonarbeiterInnen standen, bestand darin, dass sie gerade dann, als sie erkannten, dass es notwendig ist, dass sie mehr Kontrolle über Entscheidungen am Arbeitsplatz gelten machen, die betriebliche Stärke verloren, um derart große Zugeständnisse von der Firma zu gewinnen: Sie ver-

4 Der Schiedsspruch von Allan Hope bezog sich nur auf 23 Gewerkschaftsmitglieder. Einer der Entlassenen, Mort Johnson, hatte die BC Telephone wegen Verleumdung verklagt, als ihm wegen der Zerstörung von Unternehmenseigentum gekündigt wurde. Das Unternehmen entschuldigte sich später und erklärte, es habe sich um eine Verwechslung gehandelt. Nach Erhalt der schriftlichen Entschuldigung ließ Johnson die Klage gegen das Unternehmen fallen.

loren die Fähigkeit, die Produktion zum Erliegen zu bringen. In dieser Hinsicht unterscheidet sich die Erfahrung der Telefonarbeiter nicht bedeutend von dem, was mit vielen anderen Arbeitsplätzen geschieht; dort haben die Beschäftigten eine kontinuierliche Schwächung ihrer Streikwaffe erfahren, entweder durch den Einsatz von Technik und den Einsatz von außertariflichen Fachleuten in der Industrie, durch gesetzliche Regelung des Streikrechts oder durch die Rolle von Gerichten bei der Beschneidung von Streiktätigkeit. Es ist daran zu erinnern, dass die Aktion der Telefonarbeiter aus einer Position der Schwäche und nicht der Stärke heraus erfolgte. Es drängt sich die Vermutung auf, hätten die Mitglieder nicht eine Aussperrung befürchtet, auf das Versprechen der Firma vertraut, dass die Arbeitsplätze sicher sind, und den Eindruck gehabt, dass sie durch traditionellere betriebliche Aktionen ausreichend Druck auf die Firma ausüben können, hätte die Besetzung nicht stattgefunden. Das Ergebnis der Schwächung der betrieblichen Stärke von Gewerkschaften durch technischen Wandel und Automation wird nicht notwendigerweise Betriebsfrieden sein.

Bemerkenswert ist die Geschwindigkeit, mit der sich das Bewusstsein der Telefonarbeiter von 1969 bis 1981 entwickelte. Etwas mehr als ein Jahrzehnt vor der Besetzung galt die Telefongewerkschaft innerhalb der Arbeiterbewegung als „sehr arbeitgeberfreundlich". 1969 befürchtete die Führung der Gewerkschaft, dass sie ihre Mitglieder nicht zum Streik auf die Straße bekäme. 1981 hingegen bezweifelte der Gewerkschaftsvorstand ernsthaft, die Streikenden vom Ende der Besetzung überzeugen zu können.

Literatur

BC Federation of Labour (1981a), Pressemitteilung, 7. Februar.

— (1981b), Labour News, Jg. 2, Nr. 1, März.

BC Telephone Company (1980), Bulletin, Jg. 23, Nr. 192, 3. Dezember.

Bernard, Elaine (1982), *The long distance feeling.* A history of the Telecommunication Workers Union, Vancouver: New Star.

Calgary Herald (1981), „B.C. labour group planning rotating general walkouts", 4. März.

Clark, Bill (1981), Letter to the membership, 5. März 1981, UBC Library, Special Collections.

CRTC (1980a), Rate hearings, Vancouver, 30. September bis 4. Dezember.

— (1980b), T.W.U. intervention to the CRTC hearings on B.C. Telephone Company's request for a rate increase, 31. Juli, UBC Library, Special Collections.

— (1981), Telecom Decision CRTC, 81-3, British Columbia Telephone Company general increase in rate, 29. Januar 1981, 15-16, UBC Library, Special Collections.

Department of Labour (1969), Brief von D. S. Tysoe an W. P. Kelly, director, Conciliation and Arbitration branch, 26. Mai.

Hope, Allan (1981), Arbitration award, B. C. Telephone and T. W. U., 24., 25., 26., 27., 30. März.

Nanaimo Times (1981), „BC Tel sit-in sweeps province", 5. Februar.

Supreme Court of British Columbia (1981), Reason for Judgment, C804526, Vancouver, 9. Februar.

TWU (1981a), Pressemitteilung, 5. Februar.

— (1981b), Pressemitteilung, 9. Februar.

Vancouver Province (1978), „Tel union can return but...", 10. Februar.

— (1980), „Long, ruthless battle seen at B.C. Tel", 24. September.

— (1981a), „Recipe for anarchy", 10. Februar.

— (1981b), „Preposterous proposal", 19. Februar.

— (1981c), Anzeige von B.C. Telephone, 8. März.

Vancouver Sun (1981a), „Desperate workers seize B.C. Tel office", 4. Februar.

— (1981b), „Regan rips ‚bizarre B.C. Tel'", 19. Februar.

— (1981c), „Corporate blackmail", 20. Februar.

— (1981d), „Regional walkout brings island area to standstill", 6. März.

Übersetzung aus dem Englischen: Wilfried Dubois und Christine Höbermann

Teil VI
Arbeiterkontrolle 1990 – 2010

19. Arbeiterkontrolle in Indiens kommunistisch regiertem Bundesstaat: Arbeitskämpfe und Gewerkschaften in Westbengalen

Arup Kumar Sen

In seiner Vorausschau auf die dem Kapitalismus nachfolgende kommunistische Gesellschaft stützte sich Karl Marx auf Schriften seiner Vorläufer – wie Saint-Simon, Charles Fourier und Robert Owen –, die allesamt eine nachkapitalistische Gesellschaft ohne Ausbeutung des Menschen durch den Menschen voraussahen. Marx bezeichnete diese neue Gemeinschaft als „Assoziation" oder „Union" von „freien Individuen", die auf einer neuen Produktionsweise beruhte – der „kommunistischen" oder „assoziierten Produktionsweise" (siehe Chattopadhyay 2007, 247-58).

Wladimir I. Lenin füllte eine offensichtliche Lücke bei Marx, als er die Beziehung zwischen der Partei und der durch sie repräsentierten Klasse beschrieb (McLellan 1983). Er führte eine größere Debatte zu diesem Thema mit Rosa Luxemburg. Rosa bezichtigte Lenin, beim Aufbau des Sozialismus in Russland eine Politik der „Beseitigung von Demokratie" zu verfolgen: „Dekret, diktatorische Gewalt der Fabrikaufseher, drakonische Strafen, Schreckensherrschaft (...) Gerade die Schreckensherrschaft demoralisiert" (Luxemburg 1974, 361f.). Es wirkt wie Ironie, dass Lenin selbst Anfang 1921 die Sowjetunion als „einen Arbeiterstaat mit bürokratischen Auswüchsen" charakterisiert (Lenin 1961, 32).

Es war der italienische marxistische Denker Antonio Gramsci, der den *Fabrikrat* als den Schauplatz von Arbeiterdemokratie kennzeichnete. Er argumentierte, dass sich der „wahre Prozess der proletarischen Revolution nicht mit der

Entwicklung und dem Tätigwerden revolutionärer Organisationen freiwilliger oder vertraglicher Art wie politischen Parteien oder Gewerkschaften bestimmen lässt", da diese Organisationen auf dem Boden bürgerlicher Demokratie und politischer Freiheit entstanden sind (Gramsci 1978, 378). Der Fabrikrat bildet laut der Argumentation von Gramsci die Negation betrieblicher Gesetzlichkeit; sie führt die Arbeiterklasse zur Eroberung industrieller Macht. Die Macht des Rates besteht in der Tatsache, dass er aus Arbeitern und Arbeiterinnen besteht und sich folglich mit dem Bewusstsein der Arbeiterklasse in Übereinstimmung befindet, die auf der Suche nach ihrer autonomen Emanzipation vom Kapital danach bestrebt ist, bei der Begründung ihrer eigenen Geschichte ihre Unabhängigkeit und Eigeninitiative zu behaupten (ebd., 387-89).

Gramscis Diskurs über Arbeitermacht ist auf organische Weise mit seiner Vorstellung von sozialistischem Neuaufbau in einer postkapitalistischen Gesellschaft verbunden. Seine theoretischen Erkenntnisse sind auch für das Verständnis von Arbeiterinitiativen zur Selbstverwaltung in einem kapitalistischen System von Bedeutung. Durch die Darstellung von herausragenden Beispielen von Arbeiterkontrolle untersucht dieses Kapitel die Möglichkeiten und Misslichkeiten von Arbeiterkontrolle in Westbengalen, einem indischen Bundesstaat, der seit vielen Jahren von der Kommunistischen Partei regiert wird.

Eine Kooperative von Stammesarbeitern und -arbeiterinnen

Die Saongaon Tee- und assoziierte Plantagenarbeiterkooperative (Saongaon Tea and Allied Plantation Workers' Cooperative Limited) bestand aus Beschäftigten der Teeplantage *Sonali Tea Estate* und liegt im westbengalischen Bezirk Jalpaiguri in der nördlichen Region des Landes. Die Kooperative hatte über 500 Arbeiter, die Hälfte davon Frauen. Sie waren alle Stammesangehörige aus der Chotanagpur-Region von Bihar, einem von Indiens am stärksten verarmten Bundesstaaten, und meist Nachkommen von Landbewohnern, die als Vertragsarbeiter in die Teeanbaugebiete gebracht worden waren (Bhowmik 1988, 2705).

Im September 1973 beschloss das Management, dass die Plantage auf Grund der aufgelaufenen Verluste nicht länger in Betrieb gehalten werden sollte. Der Leitungsausschuss des Unternehmens verabschiedete daraufhin eine Resolu-tion, mittels der die Plantage samt ihren Verbindlichkeiten an die Beschäftigten überschrieben wurde. Diese bildeten im September 1974 die Arbeiter eine Kooperative, und die Plantage erfuhr unter ihrer Leitung einen markanten Aufschwung. Im Jahr 1977 verzeichnete die Jahresproduktion der Plantage den höchsten Ernteertrag an grünen Blättern in ihrer Geschichte, der von einer Verbesserung der Arbeitsbedingungen begleitet war. Alle Fortentwicklungsaktivitäten wurden aus den Einkünften der Kooperative aus dem Verkauf der grünen Blätter bestritten. Sie erhielt keine Kredite, Beihilfen oder Darlehen aus irgendeiner Quelle (ebd., 2705).

Die Arbeiter und Arbeiterinnen der Sonali Tea Estate wurden von ihrer Gewerkschaft, der *Cha Bagan Workers' Union*, gefördert und besonders von deren Generalsekretär bei ihrem neuen unternehmerischen Vorhaben motiviert. Eine einzigartige Besonderheit der Kooperative bestand darin, dass sie ausschließlich durch die Arbeiter und Arbeiterinnen und ohne die Hilfe eines professionellen Managements betrieben wurde. Die gesamte Leitung der Plantage wurde von ihren Stammesarbeitern unter Anleitung der Gewerkschaft vollzogen. Die Kooperative beschloss, die traditionellen Methoden zur Aufrechterhaltung der Disziplin wie Disziplinarmaßnahmen, Abmahnungen, etc. zu verwerfen. Es wurde eher Überzeugung als Zwang bei der Disziplinierung sich falsch verhaltender Arbeiter angewandt. Häufig wurden Zusammenkünfte an den Arbeitsstrecken abgehalten, um die Arbeiter davon zu überzeugen, dass jeder Schaden, der der Plantage zugefügt wurde, ihnen selbst ebenso schaden würde (ebd., 2705f.). Bemerkenswerterweise besuchten Manager der nahe gelegenen Teefelder Sonali, um sich zu erkundigen, ob die Kooperative Probleme mit der Disziplin habe. Sie waren angeblich überrascht von der Tatsache, dass die Arbeiter und Arbeiterinnen dort normalerweise zwischen 6:00 und 6:30 Uhr morgens zur Arbeit erschienen, wohingegen die nahe gelegenen Felder Probleme hatten zu gewährleisten, dass die Arbeiter sich um 7:00 Uhr einfanden (Sen 1986, M-77).

Der Erfolg der Kooperative war nur von kurzer Dauer, da die früheren Eigentümer, als sie den Erfolg der Plantage sahen, beschlossen, einen Neuanfang zu starten. Sie strengten beim Obersten Gerichthof in Kalkutta einen Prozess an, um die Rechtsgültigkeit der Kooperative anzufechten. Im Juli 1978 musste die Kooperative den Plantagenbesitz an einen Gerichtstreuhänder übergeben. In den späten 1980er Jahren fand sich der Betrieb in einen Rechtsstreit bezüglich der Eigentümerschaft über die Plantage verwickelt, wobei sämtliche Aktivitäten auf Grund einer gerichtlichen Anordnung eingestellt wurden (Bhowmik 1988, 2706).

Die Erfahrung mit der Juteindustrie

Kalkutta, einst eine vibrierende Industriemetropole, geriet in den späten 1960er Jahren in einen ökonomischen Abschwung, als die Stadt die Stilllegung mehrerer Großindustrien erlebte, darunter viele Maschinenbau- und Juteherstellungsbetriebe. In diesem bedrückenden industriellen Szenario gelang es später einer ziemlich großen Anzahl von Arbeiterkooperativen, über ein Jahrzehnt lang bis in die mittleren 1990er Jahre hinein zu überleben. Eine 1989 durchgeführte Studie machte allein in Kalkutta mehr als 20 solcher Kooperativen unter mittelgroßen Produktionsbetrieben aus (Bhowmik 1995, 29).

Ein großes Unternehmen, die New Central Jute Mills (NCJM) – die Neuen Zentralen Jutefabriken von Kalkutta –, begann von 1989 an, als Kooperative zu arbeiten, wobei der Umsatz von 56 Crore Rupien 1988-89 um 50 Prozent auf 84 Crore Rupien 1991-92 gesteigert wurde – mit einem jährlichen Betriebsgewinn von 4,69 Crore Rupien (Roy 1994, 2534).[1]

Die NCJM gehörten seit den frühen 1950er Jahren der Industriellenfamilie Sahu Jain. Die Firma machte in den 1980er Jahren eine finanzielle Krise durch, und die Beschäftigten erlebten in den Jahren 1982 bis 1987 vier Mal eine Aussperrung. Die letzte Aussperrung zwischen 1986 und 1987 dauerte fast ein Jahr an. Viele Arbeiter standen tagelang vor dem Verhungern. Einige Arbeiter kehrten in ihre Heimatstaaten Bihar und Uttar Pradesh (UP) zurück, einige begingen Selbstmord und andere wurden zu berufsmäßigen Bettlern. Die Arbeiterkooperative wurde in erster Linie gebildet, um die Arbeitsplätze zu retten. Der leitende Direktor der Firma hatte, gemeinsam mit der Lokalregierung und den politischen Führern, die Diskussionen mit den 14 Gewerkschaften unterschiedlicher politischer Überzeugungen, welche die Beschäftigten des Unternehmens repräsentierten, in die Länge gezogen. Schließlich kamen alle Gewerkschaften überein, mit dem obersten Management die Möglichkeit einer Wiedereröffnung der Firma zu diskutieren. Das oberste Management hielt eine Reihe von Zusammenkünften mit den Gewerkschaften ab, wobei einige von ihnen unter anderem ihre Unterstützung für die Idee zum Ausdruck brachten, eine Industriekooperative zu bilden. Alle Gewerkschaften zusammen beriefen eine massenhafte Arbeiterversammlung ein, um die Unterstützung der Arbeiter und Arbeiterinnen zur Gründung einer Kooperative zu gewinnen (Kandathil und Varman 2002).

Im Anschluss wurde ein Antrag an die Behörde für Industriellen und Finanziellen Wiederaufbau (Board of Industrial and Financial Reconstruction – BIFR) gestellt, eine regierungsamtliche Dienststelle, die die Aufgabe hat, die gesetzliche und finanzielle Wiederbelebung sterbender Industriebetriebe zu fördern. Schließlich wurden die NCJM mit Unterstützung der westbengalischen Regie-

1 Crore ist ein aus dem Hindi stammendes südasiatisches Zahlwort für „10 Millionen“, demnach entspricht 1 Crore 10 Millionen Rupien. Im Jahr 1989 lag der Wechselkurs bei 16 Indischen Rupien für 1 US-Dollar. So entsprach also 1989 1 Crore Rupien 625.000 US-Dollar.

rung gesetzlich in eine arbeitereigene Kooperative umgewandelt. Die Firma beschäftigte in den späten 1990er Jahren über 7.000 Arbeiter und Angestellte, von denen etwa 60 % aus den ländlichen Gebieten von Bihar und UP migriert waren (ebd.).

1989 wurde ein betriebseigenes Konsultativkomitee (Plant Level Consultative Committee – PLCC) gegründet, um ein „demokratisches System der Entscheidungsfindung" sicher zu stellen und „ein Gefühl der Zugehörigkeit und des Vertrauens unter der Belegschaft in das Funktionieren der Firma" zu erzeugen. Die Kooperative vermochte es jedoch nicht, den Beschäftigten fortlaufend volle Löhne und Gehälter zu zahlen. Die Gewerkschaften versuchten, den Arbeitern und Arbeiterinnen die finanziellen Schwierigkeiten zu erklären. Aber diese glaubten nicht, dass die Kooperative nicht genügend Mittel hatte, um ihre Löhne auszuzahlen, da sie den Nachweis erlangten, dass die Gewerkschaftsvertreter (Trade Union Representatives – TURs) und einige Betriebsangehörige mit Reisegenehmigungen versehen wurden, um an Gewerkschaftsversammlungen teilzunehmen, und dafür Teuerungszulagen erhielten.[2] Darüber hinaus legten die Arbeiter dagegen Beschwerde ein, dass die Gewerkschaften nur ihre „loyalen" Mitglieder für das PLCC nominierten, nicht jedoch die Basismitglieder, die wirklich die Probleme der Arbeitenden kannten. Infolgedessen ersetzten viele Gewerkschaften ihre PLCC-Mitglieder durch Basisvertreter.

Danach griffen die Arbeitervertreter die Thematik der Lohnzahlungen häufig und energisch auf. Von 1994 bis 1996 wurde die Auszahlung der Löhne und Gehälter oft hinausgezögert. Aber viele Arbeiter, die den „starken" Gewerkschaften angehörten, bewerkstelligten es, sich „heimlich" und mit Zustimmung der leitenden Direktoren Darlehen aus der Unterstützungskasse zu verschaffen, während anderen eine solche Möglichkeit unter Hinweis auf die missliche finanzielle Lage der Firma verweigert wurde. Dies führte zum Konflikt zwischen Arbeitern und Gewerkschaften. Danach endete ein heftiger Arbeiterprotest in einigen Grobheiten gegen Gewerkschaftsfunktionäre und einige leitende Angestellte und schließlich in einer Stilllegung des Betriebes. Nach neun Monaten wurde dann unter Ernennung eines neuen Betriebsleiters im Jahre 1997 die Stilllegung wieder aufgehoben (ebd.).

2 Die Zulagen, vergleichbar mit dem Lebenshaltungskostenanstieg, wurden auf Grundlage des Lebenshaltungskostenindexes berechnet und dem Grundgehalt zugeschlagen.

Die spektakulärste Geltendmachung von Arbeitermacht ereignete sich in der bei Phuleswar im Bezirk Howrah gelegenen Kanoria Jutefabrik. Diese wurde von 1987 bis 1991 von der Mafatlal Gruppe betrieben. Im Jahr 1991 fand die Behörde für Industriellen und Finanziellen Wiederaufbau (BIFR) mit Shiv Shankar Pasari einen neuen Finanzier, um die Fabrik weiter zu führen, der noch im selben Jahr die Zügel übernahm. In den nächsten beiden Jahren führte Pasari verschiedene Repressionsmaßnahmen ein, die auch Abzüge von den Tageslöhnen der Arbeiter (*katouti*), die Bezahlung der Arbeiter mittels eines Gutscheinsystems und die Verweigerung von Beihilfen wie PF (provident fund – beitragsfinanzierte gesetzliche Rentenversicherung), ESI (staatliche Versicherung der Angestellten) usw. umfassten. Darüber hinaus wurde pensionierten und wieder eingestellten Beschäftigten nur ein Drittel des Normallohns ohne gesetzliche Leistungen gezahlt, während gleichzeitig den regulär Beschäftigten die Bezahlung vorenthalten wurde. Ein alteingesessener Arbeiter erklärte, dass Pasari „eine Terrorherrschaft entfesselte" (Mukherjee 2001).

Im Mai 1992 kamen Arbeiter der Kanoria-Jutefabrik, während sie eine Eisenbahnblockade durchführten, um ihre Forderungen an die Öffentlichkeit zu bringen, mit einer Gruppe linker politischer Arbeiter in Kontakt, die nicht dem Mainstream angehörte und die mit dem legendären Gewerkschaftsführer Shankar Guha Niyogi zusammengearbeitet hatte.[3] 1993 ergriff diese Gruppe politischer Aktivisten die Initiative zur Gründung einer radikalen Gewerkschaft mit der Bezeichnung „Kanoria Jute Sangrami Sramik Union" (KJSSU). Ein großer Teil der 4.000 Arbeiter und Arbeiterinnen gab dieser Gewerkschaft ihre Unterstützung. Am 23. November 1993 begann eine Arbeitsniederlegung in der Fabrik, um den Forderungen der Beschäftigten Nachdruck zu verleihen. Daraufhin verkündete Pasari zur Vergeltung am 26. November die Aussperrung. Die Arbeiter und Arbeiterinnen erzwangen noch am selben Tag die Öffnung der Betriebstore und nahmen die Fabrikkantine in Beschlag. Dieses beispiellose Ereignis eröffnete eine zehnmonatige Besetzung (ebd.).

Die Mehrzahl der Kanoria-Beschäftigten stammte aus den umliegenden Ortschaften. Durch eine Reihe von Zusammenkünften in ihren Dörfern und persönliche Kontaktaufnahme gelang es ihnen, die örtlichen Bauern von der Aufrichtigkeit ihres Kampfes zu überzeugen. Die Besetzung der Fabrikkantine und die Eröffnung einer Gemeinschaftsküche bildeten die erste Phase des

3 Shankar Guha Niyogi, Sozialphilosoph und Gewerkschafter, führte eine radikale Arbeitergewerkschaft in Chattisgarh und wurde in den frühen 1990er Jahren ermordet.

Kampfes. Mit Hilfe der örtlichen Bauernschaft wurden auch in den Dörfern Gemeinschaftsküchen eröffnet. Im ganzen Land wurden Zusammenkünfte organisiert, um die Unterstützung der Arbeiter und Bauern von demokratisch gesinnten Leuten und Organisationen zu gewinnen. In dem folgenden zehn Monate dauernden Kampf wurden von den Anführern Taktiken wie *„rail roko"* (Unterbrechung der Eisenbahnverbindungen), Straßenblockaden, Hungerstreiks und andere Aktionsformen eingesetzt, um die Arbeiter in ihrem Kampf zu motivieren (ebd.).

Einer der wichtigsten Anführer des Kampfes um Kanoria, Kushal Debnath, schilderte, wie die 1993 zur Durchsetzung von Forderungen nach Teuerungszulagen gegründete Bewegung sich zu einer Kampf- und Arbeiterbewegung für das Überleben der Fabrik mittels eines Plans zur Schaffung einer Arbeiterkooperative entwickelt hat. Gemäß Debnath präsentierten die Arbeiter und Arbeiterinnen vier Vorschläge:

> „Der Betreiber selbst (Pasari) kann nach Ablösung der Arbeiteranteile die Fabrik betreiben;
> Jeder andere Einzelbesitzer kann nach Ablösung der Arbeiteranteile die Fabrik betreiben;
> Die Regierung selbst kann die Fabrik betreiben;
> Wenn alle oben angeführten Überlegungen fehlschlagen, werden die Arbeiter die Fabrik durch die Bildung einer eigenen Kooperative betreiben" (Debnath 2003).

Am 1. Oktober 1994 wurde die Fabrik nach Abschluss eines dreiseitigen Abkommens zwischen der BIFR, der Betriebsleitung und den Gewerkschaften von Kanoria wieder eröffnet. Gemäß diesem Abkommen erklärte sich die Betriebsleitung dazu bereit, den Beschäftigten ihre Löhne und Zulagen entsprechend der Branchenvereinbarung zu zahlen. In den nächsten sechs Jahren unterlief Pasari, der Firmeneigentümer, das Abkommen, und es gab sechsmal Betriebsschließungen. Sinkende Moral und Differenzen in der Bewegung führten im Jahr 2000 zu einer Spaltung der *Kanoria Jute Sangrami Sramik Union* (KJSSU). Ein beträchtlicher Teil der Arbeiter gründete die *Sangrami Sramik Union* (SSU) und erhielt die Unterstützung der Mehrheit der Beschäftigten. Die BIFR lehnte einen von Pasari vorgeschlagenen Erneuerungsplan ab, wobei jedoch auch der Vorschlag der KJSSU, die Fabrik durch Bildung einer Arbeiterkooperative zu betreiben, mit der Begründung abgewiesen wurde, dass diese nicht länger über die mehrheitliche Unterstützung der Arbeiter verfüge. Die BIFR vertrat die Auffassung, dass die Fabrik „wahrscheinlich auf längere Sicht nicht überlebensfähig sein würde und es infolgedessen gerechtfertigt, angemessen und im öffentlichen Interesse sei, ihre Abwicklung zu betreiben", dass heißt, sie auf Dauer zu schließen (siehe Mukherjee 2001).

Die KJSSU wandte sich an die Appellationsbehörde für Industriellen und Finanziellen Wiederaufbau (AAIFR) und legte gegen die Anordnung der BIFR Widerspruch ein. Aber auch die AAIFR wies den Einspruch zurück und hielt die Liquidationsorder der BIFR aufrecht. Die Gewerkschaft machte eine schriftliche Eingabe beim Obersten Gerichtshof von Kalkutta, in der die Entscheidungen von BIFR und AAIFR angefochten wurden, und legte dar, dass die Modernisierung der Fabrik mittels eines geeigneten Maßnahmenpaketes möglich sei. Nach Anhörung aller Parteien forderte der Calcutta High Court die BIFR im Juni 2008 zur erneuten Erörterung der Angelegenheit auf. Seitdem ist der Fall immer noch beim Gerichtshof anhängig.

Staat, Arbeit und Arbeiterkämpfe

Der Bundesstaat Westbengalen wurde mit Unterstützung einiger kleiner linker Parteien in den letzten 33 Jahren von der Kommunistischen Partei Indiens (Marxisten) – CPI (M) – regiert. Dieser Staat hat jedoch gleichwohl in den letzten drei Jahrzehnten die Schließung vieler Industriebetriebe und entsprechend viel Elend unter der betreffenden Arbeiterschaft erlebt. Biren Roy, ein altgedienter Gewerkschaftsaktivist und Führer der CITU *(Centre of Indian Trade Unions)*, hat die von der CPI (M) geführte Linksfront dafür kritisiert, in der Unterstützung alternativer Vorgehensweisen wie Arbeiterkooperativen versagt zu haben, um von Schließung bedrohte Betriebe zu retten (Fernandes 1999). Der Historiker der *Saongaon Arbeiterkooperative*, Sharit Kumar Bhowmik, hat eine ähnliche Kritik geäußert. Um es in seinen Worten zu sagen:

> „Einer der größten Nachteile für die Arbeiter ist, dass die Regierung angesichts ihrer Notlage vollkommen gleichgültig geblieben ist. Sie hätte helfen können, das Experiment zu retten, und unter Berufung auf die Bestimmungen der Tee(zusatz)gesetze von 1976 und 1983 die Plantage übernehmen können. Die Gesetze ermächtigen die Staatsregierung dazu, einen wirtschaftlich schwächelnden Betrieb ungeachtet rechtlicher Probleme für einen Zeitraum von zehn Jahren zu übernehmen. Die Plantage hätte dann an die Kooperative übergeben werden können. Oder sie hätte im Sinne der Beschäftigten zu Verhandlungen zwischen den Beteiligten einladen können, damit es zu einer einvernehmlichen Regelung kommt. Die Gleichgültigkeit der Staatsregierung fügt den Arbeitern und diesem einzigartigen Experiment zweifellos einen gewaltigen Schaden zu" (Bhowmik 1988, 2706).

Der Erfolg der Arbeiterkooperative in den Neuen Zentralen Jutefabriken ist in der Tatsache begründet, dass die vielfältigen, unter den Arbeitern tätigen Gewerkschaften, die ideologisch unterschiedlichen Dachverbänden angehören, zur Förderung der Kooperative zusammenarbeiteten, um die Interessen der Arbeiter und Arbeiterinnen zu schützen. Dies ist in Westbengalen ein seltener Fall (Bhowmik 1995, 32).

Die Mehrheit der Beschäftigten in gegenwärtig funktionierenden Arbeiterkooperativen in Westbengalen sind Mitglieder der von der CPI (M) unterstützten und dem Dachverband CITU angehörenden Gewerkschaften. Die Errungenschaften der Arbeiter und Arbeiterinnen bei der Leitung des Produktionsprozesses wurden jedoch von der CITU auf nationaler oder auf bundesstaatlicher Ebene kaum hervorgehoben. Dasselbe gilt für den AITUC (*All India Trade Union Congress*), der von der Kommunistischen Partei Indiens (CPI) unterstützt wird, einem weiteren Bestandteil der regierenden Linksfront. Hierbei darf angemerkt werden, dass die Arbeiterkooperative bei der Sonali Tea Estate ebenfalls von einer Gewerkschaft unterstützt wurde, die dem AITUC angehört. Der Generalsekretär der Gewerkschaft betrachtete die Angelegenheit von Sonali als persönliche Herausforderung und Mission. Die Gewerkschaft, der zentrale Dachverband und die Partei verwarfen jedoch seine Position und distanzierten sich in der Folge von allen derartigen Projekten. Dies belegt, dass die linken Gewerkschaftsverbände in Indien Arbeiterkooperativen nur geringe Bedeutung beimessen (Bhowmik 1995, 32; Sen 1986, M-75).

Die Kanoria-Arbeiterbewegung stellte für den Staat und die führenden Industriellen eine unmittelbare Herausforderung dar. Die verschiedenen Industrie- und Handelskammern konnten die Dreistigkeit der Arbeiter nicht akzeptieren, die darin lag, ihre „heiligen" Besitzrechte in Anspruch zu nehmen. Ihre Sprecher kritisierten die Übernahme des Fabrikgeländes durch die Arbeiter als „illegal", „unvernünftig" und „unüblich". Von einem Kommentator wurde der frühe Zweifel zum Ausdruck gebracht, dass die umfassende Kontrolle der Kapitalistenklasse über die Schalthebel der sozioökonomischen Maschinerie als Strategie zur Begegnung der Herausforderung durch die militanten Arbeiter zu Hindernissen bei der Beschaffung der Rohjute in der Fabrik und beim Verkauf des fertigen Produktes auf dem Markt führen würde (*Economic & Political Weekly* 1994, 22). Ein renommierter Gewerkschaftsaktivist, A. K. Roy, stellte die prokapitalistische Ausrichtung des Urteils des Obersten Gerichtshofes in Kalkutta bezüglich der Kanoria-Jutefabrik in Frage:

> „Wenn ein Industriebetrieb technisch-ökonomisch bankrott ist, dann sollte er abgewickelt werden, wenn er nicht wieder auf die Beine gestellt werden kann. Wenn der Unternehmer versagt und die Regierung zögert, haben die Arbeiter und Arbeiterinnen das Recht einzugreifen. Indem der Oberste Gerichtshof in Kalkutta zwar die Besetzung zugelassen, die Produktion jedoch verweigert hat, ist er nur den halben Weg gegangen, während der Oberste Gerichtshof in Allahabad in seinem historischen Urteil durch Richter R. S. Dhawan vom 15. Oktober 1992 in der Sache Kripal Ispat, Gorakhpur, das Recht der Arbeiter auf Eigentümerschaft an solchen Betrieben verkündet hat, wofür auch die Kanoria-Arbeiter kämpfen" (Roy 1994, 2533).

Das feindselige Verhalten der Industriellen und der Justiz gegenüber dem militanten Kampf der Kanoria-Arbeiter war zu erwarten. Die von der CPI (M) geführte Regierung der Linksfront hat ebenfalls eine feindselige Haltung gegen die Bewegung an den Tag gelegt. Ein Grund für dieses Verhalten liegt darin, dass die Kanoria-Arbeiter eine militante Gewerkschaft unterstützt haben und alle vier anerkannten Gewerkschaften verlassen haben, einschließlich derer, die der nationalen CITU angehören. Darüber hinaus hat die westbengalische Regierung gleichzeitig so genannte „freundschaftliche" Vereinbarungen mit privaten Wirtschaftsführern und multinationalen Konzernen ausgearbeitet, um „Kapital" anzuziehen. Offensichtlich waren die Arbeiter und Arbeiterinnen bestrebt, eine militantere Arbeiterbewegung voranzutreiben, während die etablierten Gewerkschaften ein harmonisches Verhältnis mit kapitalistischen Interessen suchten. Wenn sich die Gewerkschaften und die Kommunistische Partei der Auflehnung der Arbeiter angeschlossen hätten und sich in eindeutiger und greifbarer Weise den ausländischen Investitionen entgegengestellt hätten, die die Löhne und Arbeitsbedingungen unterminierten, wäre eine geschlossenere und mächtigere Arbeiterbewegung entstanden (ebd.).

Auf der Suche nach einer Theorie

Es kann das Argument hervorgebracht werden, es sei utopisch zu erwarten, dass Arbeiterinitiativen in einem kommunistisch regierten Bundesstaat in Indien unter dem kapitalistischen System erfolgreich sein könnten. Gramscis Konzeptualisierung des gegenhegemonialen Kampfes gegen den Kapitalismus verlangt jedoch von den kommunistischen Parteien, in den Kämpfen der Arbeiterklasse Führungsfunktionen zu übernehmen. Die in Westbengalen regierende Kommunistische Partei begegnete jedoch den Arbeiterkontrolleinitiativen mit Feindseligkeit oder Apathie. Dies ist kein Einzelfall. Die nachrevolutionäre Geschichte der Sowjetunion und die gegenwärtige Geschichte Chinas bezeugen, dass die kommunistische Partei an der Regierung nicht zu Arbeitermacht und Emanzipation der Arbeiterklasse führen. Gramscis Konzeptualisierung des *Fabrikrates* und Rosa Luxemburgs Debatte mit Lenin sind für die Konzipierung von Arbeitermacht und Arbeiterkontrolle auch im 21. Jahrhundert noch von Bedeutung.

Gramsci hatte die Erwartung, dass der Klassenkampf der Arbeiter und Arbeiteinnen durch den Fabrikrat über die „betriebliche Legalität" hinausgehen würde. In einem Land wie Indien wird der kapitalistische Staat solch einen militanten Kampf nicht dulden, die Bildung von Arbeiterkooperativen kann jedoch den Arbeitern innerhalb des kapitalistischen Systems durch legalen Kampf ein Minimum an Existenzsicherheit garantieren. Ein derartiger legaler Kampf wurde in den späten 1980er Jahren von den Beschäftigten der *Kamani Tubes Limited* im Bundesstaat Maharashtra gewonnen (Srinivas 1993). Es war ein spektakulärer Fall von Betriebsübernahme durch Arbeiter und Arbeiterinnen in der indischen Industrie. Und die militante Gewerkschaft der Kanoria-Arbeiter unternimmt einen lang andauernden legalen Kampf um Übernahme durch die Arbeiter durch die Bildung einer Arbeiterkooperative. Diese Kämpfe der Arbeiterklasse in Indien sollten die Aufmerksamkeit auf die Durchführbarkeit legaler Auseinandersetzungen lenken. Aber die Erfahrung der Neuen Zentralen Jutefabriken warnt uns davor, dass die hierarchische Kultur der Gewerkschaften in den Arbeiterkooperativen fortzuwirken vermag, indem Gewerkschaftsvertreter spezielle Privilegien genießen. Tatsächlich weisen die Arbeiterkooperativen in Indien sowohl Möglichkeiten als auch Dilemmata auf. Gramscis kluge Kritik politischer Parteien und Gewerkschaften ist jedenfalls zum Verständnis der Arbeiterpolitik in Indien noch immer von Bedeutung.[4]

Literatur

Bhowmik, Sharit Kumar (1988), „Ideology and the Cooperative Movement", in: *Economic & Political Weekly*, 17. Dezember.

— „Worker Cooperatives" (1995), Seminar, Mai.

Chattopadhyay, Paresh (2007), „Towards a Society of Free and Associated Individuals: Communism", in: Alfredo Saad-Filho (Hrsg.), *Anti-Capitalism.* A Marxist Introduction, indische Ausgabe, London: Pluto Press.

4 Ich habe beim Schreiben dieser Abhandlung von Diskussionen mit Debdas Banerjee profitiert. Mausumi Bhattacharyya lenkte meine Aufmerksamkeit auf einige mir unbekannte Unterlagen. Die Verantwortung für die dabei zum Ausdruck gebrachten Bewertungen liegt natürlich bei mir.

Debnath, Kushal (2003), „West Bengal: The Neo-Liberal Offensive in Industry and the Workers' Resistance", in: *Revolutionary Democracy*, April.

Economic & Political Weekly [Special Correspondent] 1994, „Kanoria Jute Workers' Historic Struggle", 1.-8. Januar.

Fernandes, Leela (1999), *Producing Workers: The Politics of Gender, Class, and Culture in the Calcutta Jute Mills,* indische Ausgabe, New Delhi, Vistaar Publications.

Gramsci, Antonio (1978), „The Turin Workers' Councils", in: Robin Blackburn (Hrsg.), *Revolution and Class Struggle.* A Reader in Marxist Politics, Sussex: Harvester Press.

Kandathil, George Mathew und Varman, Rahul (2002), *Contradictions of Workers' Participation.* Case Study of a Workers' Owned Jute Mill, Fachvortrag auf der 11. Konferenz der International Association for the Economics of Participation an der Katholischen Universität von Brüssel in Belgien, Juli 2002.

Lenin, Wladimir. I. (1961), „Die Krise der Partei", in: *Lenin Werke*, Bd. 32, Berlin: Dietz.

McLellan, David (1983), „Politics", in: David McLellan (Hrsg.), *Marx: the First Hundred Years*, London: Fontana Paperbacks.

Luxemburg, Rosa (1974), „Zur russischen Revolution", in: Luxemburg, *Gesammelte Werke,* Bd. 4, Berlin: Dietz.

Mukherjee, Malay (2001), „A History of the Struggle of the Workers of Kanoria Jute Mills", in: *Indian Labour Journal*, August-September.

Roy, A. K. (1994), „Kamani to Kanoria. Marxists and Workers' Co-operatives", in: *Economic & Political Weekly*, 24. September.

Sen, Ratna (1986), „Experiment in Workers' Management. Sonali Tea Garden, 1973-1981", in: *Economic & Political Weekly,* 30. August.

Srinivas, B. (1993) *Worker Takeover in Industry. T*he Kamani Tubes Experiment, New Delhi: Sage Publications.

Übersetzung aus dem Englischen: Klaus Lehmann

20. Die besetzten Fabriken in Argentinien. Wege der Arbeiterkontrolle in der Krise

Marina Kabat

Die Bewegung der Übernahme von Fabriken, die während der Wirtschaftskrise des Jahres 2001 in Argentinien entstand, hat wichtige Debatten ausgelöst. Als die Krise, die diese Bewegung angestoßen hatte, in ihrer Heftigkeit nachließ und der Kapitalismus wieder zur Normalität zurückgekehrt zu sein schien, gab es eine Diskussion über die Möglichkeiten dieser – von Arbeiterräten geleiteten – Fabriken, im neuen Kontext zu überleben und gleichzeitig ihren besonderen Charakter zu bewahren. Einige Autoren dachten, dies sei durchaus möglich; sie hielten es außerdem für machbar, auf der Basis dieser von den Arbeitern übernommenen Betriebe (*fabricas tomadas*) eine soziale Wirtschaft aufzubauen, die mit der kapitalistischen Wirtschaft koexistieren würde. Diese Erwartungen wurden sehr bald durch die Realität widerlegt. Mit der Erholung der argentinischen Wirtschaft und dem Rückgang der politischen Bewegungen wurden diese Fabriken weitgehend von der Dynamik des Kapitalismus unterworfen.

Die Fabriken durchlebten verschiedene Prozesse. Um im kapitalistischen Wettbewerb zu überleben, mussten die Arbeiterräte sich mit technischer Überholtheit, Schulden und der Verpflichtung, die ehemaligen Eigentümer zu entschädigen, herumschlagen. Viele von den Arbeitern und Arbeiterinnen kontrollierte Betriebe konnten nicht überleben. Anderen gelang es durchzuhalten, doch um den Preis der Selbstausbeutung der Beschäftigten, die weniger verdienten als Lohnabhängige in kapitalistischen Firmen. In einigen Fabriken fand eine Rückkehr zur Kontrolle des Kapitals über die Produktion statt, zum Beispiel dadurch, dass Kunden der Firma Geld liehen. Viele übernommene Betriebe hatten nicht die Mittel für das notwendige Produktionsmaterial, daher erklärten sie sich einverstanden, mit Material zu arbeiten, das die Kunden zur Verfügung stellten, die dann nur für die geleistete Arbeit zahlten. Die konkurrenzfähigeren Fabriken unter Arbeiterkontrolle entwickelten sich jedoch in eine andere Richtung. Einige stellten bezahlte Arbeitskräfte an, so dass kapitalistische Beziehungen in der Fabrik wiedereingeführt wurden.

In diesem Artikel analysiere ich die Entwicklung dieser zwei Arten besetzter Fabriken – der im kapitalistischen Sinn erfolgreicheren und jener, die größere Probleme hatten, der wirtschaftlichen Konkurrenz standzuhalten. Die Untersuchung befasst sich mit dem politischen und ökonomischen Kontext, in dem sie sich entwickelten, und konzentriert sich auf bestimmte paradigmatische Fälle wie Brukman, die Textilfabrik in Buenos Aires, und Zanón, die Keramikfabrik in der Provinz Neuquén. Untersucht werden ihre ökonomische Lebensfähigkeit, ihre Beziehungen zum Staat und die neuen Organisationsformen der Arbeit. Die Analyse basiert auf statistischen Daten, historischer Forschung zu enteigneten Fabriken in Argentinien und der Entwicklung von Arbeiterkontrolle in unterschiedlichen Perioden wirtschaftlicher Krise; verwendet werden empirische Forschung, Interviews mit Arbeitern sowie ethnographische Methoden und Beobachtungen in den Betrieben.

Ich gehe davon aus, dass die besetzten Fabriken und ihre Arbeiterräte eine der größten Errungenschaften der Arbeiterbewegung sind. Ihre Grenzen und Widersprüche zu übersehen, wird jedoch nicht dazu beitragen, sie zu bewahren. Im Gegenteil, nur eine objektive Untersuchung ihrer Merkmale und Mängel trägt dazu bei, die aktuellen Schwierigkeiten zu überwinden und ihr Potenzial für die Zukunft zu entfalten.

Eine der erdrückenden Beschränkungen besteht in der Betriebsverfassung, die sie sich zulegen müssen, um innerhalb des Kapitalismus legalen Status zu erhalten, also die Form von Kooperativen. Viele übernommene Fabriken haben sich dieser Lösung verweigert, es war jedoch die einzige für die Regierung akzeptable Option. Die übernommenen Fabriken entstanden nicht als Kooperativen. Im Gegenteil, sie entstanden als Arbeiterräte; das war bei den wichtigsten übernommenen Fabriken, darunter Zanón und Brukman, der Fall. Doch unter ökonomischem und politischem Druck sowie aufgrund von Repression beschlossen diese Arbeiterräte, sich in Kooperativen umzuwandeln.

***

Eine politische Strömung mit engen Verbindungen zur Regierung hat versucht, die Bewegung der zurückeroberten Fabriken umzulenken, um sie im kapitalistischen Sinn akzeptabler zu machen. Diese Bewegung hat die Taktik der Besetzung abgelehnt (auch wenn sie diese Taktik anfangs ebenfalls verwendet hat); sie gab Vereinbarungen als Ergebnis von Verhandlungen den Vorzug und tritt für das Kooperativenmodell als die ultimative Lösung für die Arbeiter ein. Arbeiter, die auf diese Gruppierung orientiert sind, bilden gewöhnlich als ersten Schritt eine Kooperative. Dies gilt jedoch nicht für die hier analysierten Fälle.

Aus unserer Sicht ist es wichtig, zwischen übernommenen Fabriken (in denen es einen Prozess der Besetzung einschließlich direkter Aktion gegeben hat) und dem Rest der sogenannten „empresas recuperadas“ (zurückeroberten Unternehmen) zu unterscheiden. Auch wenn beiden Gruppen manche Merkmale gemeinsam sind, sind sie das Ergebnis von ungleichen Erfahrungen, mit unterschiedlicher interner Organisierung und auseinandergehenden politischen Horizonten. Außerdem spielen Arbeiterräte in den übernommenen Fabriken eine viel bedeutendere und aktivere Rolle; in den meisten der zurückeroberten Unternehmen spielen sie kaum eine Rolle oder gibt es sie nicht. Im Fokus dieses Beitrags stehen also die übernommenen Fabriken; zurückeroberte Unternehmen werden nur zu Vergleichszwecken analysiert.

Der politische Kontext der Bewegung der Fabrikübernahmen

Die als „Argentinazo“[1] bekannte populare Erhebung, ein Arbeiteraufstand, der inmitten des finanziellen Kollaps des Landes vom 19. und 20. Dezember 2001 stattfand, setzte einen revolutionären Prozess in Gang, in dem Fabrikbesetzungen eine herausragende Rolle spielten. Die Bewegung der Übernahme der Fabriken wirkte als Katalysator der popularen Mobilisierung, von dem der *Argentinazo* begleitet war, zugleich war sie eines seiner wichtigsten Ergebnisse. Ohne die populare Mobilisierung und die Unterstützung der Organisationen, die diesen Prozess anführten, hätte sie nicht durchhalten können.

So hätte die Keramikfabrik Zanón in der südlichen Provinz Neuquén ohne die Hilfe verschiedener Organisationen, insbesondere der Erwerbslosenbewe-

1 In dem *Argentinazo* vom 19./20. Dezember 2001 forderte ein Bündnis von Klassenfraktionen den Staat heraus und stürzte mit Demonstrationen und direkten Aktionen den Präsidenten Fernando de la Rúa, der einen von multilateralen Geldgeberagenturen inspirierten neoliberalen wirtschaftlichen Anpassungsplan umsetzen wollte.

gung, keine Chance gehabt, gegen die sieben Räumungsversuche Widerstand zu leisten.[2] Das Gleiche gilt für die Textilfabrik Brukman, die sich in der Hauptstadt Buenos Aires befindet. Die Arbeiter von Brukman besetzten die Fabrik am 18. Dezember 2001, nur zwei Tage, bevor der *Argentinazo* den Präsidenten zum Rücktritt zwang. Die Besetzung von Brukman wurde sowohl von der Bewegung der *piqueteros*[3] als auch der Bewegung der *asambleas populares* (popularen Versammlungen) unterstützt. Der erste Räumungsversuch fand am selben Tag statt, an dem das erste Treffen aller popularen Versammlungen verschiedener Stadtteile stattfand. Sobald dieses beendet war, machten sich 400 Personen zur Fabrik Brukman auf, um die Arbeiterbesetzung zu verteidigen. Der Staat organisierte eine gigantische Repression, um die Arbeiter aus der Fabrik zu vertreiben. Doch trotz der Räumung erlitt die Bewegung keine Niederlage. Ein großes und lang andauerndes Zeltlager vor den Toren der Fabrik hinderte den kapitalistischen Eigentümer am Zutritt zum Betrieb. Das Camp wurde aufrechterhalten, bis schließlich die Rückgabe der Fabrik an die Arbeiter unter eigener Leitung erreicht wurde.

Im Fall von Grissinopoli, einer anderen besetzten Fabrik, installierten die Anwohner eine Sirene, die im Falle eines Räumungsversuchs die Nachbarn zu Hilfe rief. Ein letztes Beispiel von vielen, die ich nennen könnte, ist die Druckerei Artes Gráficas Chilavert. Als die Arbeiter entschieden, die Fabrik zu besetzen und die Produktion in die eigene Hand zu nehmen, umstellte die Polizei die Fabrik und versuchte zu verhindern, dass die Arbeiter mit der Produktion begannen. Aber die Anwohner organisierten sich, um den Arbeitern durch die an die Fabrik angrenzenden Häuser Verpflegung und Arbeitsmaterial zu reichen. In der Tat wurde das erste unter Arbeiterkontrolle und heimlich in Chilavert produzierte Buch aus der von der Polizei bewachten Fabrik herausgeschafft, indem es durch ein Loch in der Wand gereicht wurde, die die Fabrik vom Haus eines Anwohners trennte, der auch half, das Buch zu verbreiten und Mittel für die Arbeiter zu sammeln.

Diese Beispiele zeigen, dass die Bewegung der besetzten Fabriken ihre Wurzeln in einem breiteren Kampf hatte, der den Nährboden schuf, aus dem die-

2 Für weitere Information siehe Pascucci (2009) und Kabat (2009).

3 Die Bewegung der „piqueteros“ besteht aus Arbeitern und Arbeiterinnen, die während der argentinischen Wirtschaftskrise und der sozialen Unruhen, die sich in den 1990er Jahren entwickelten, erwerbslos wurden und in Armut lebten; sie besteht im zweiten Jahrzehnt des 21. Jahrhunderts weiter. Piquetero-Aktivisten haben Lebensmittel, Gesundheitsversorgung und soziale Dienstleistungen verlangt und eine Kampfkultur entwickelt.

se Bewegung erwuchs und der Solidaritätsaktionen und -kampagnen hervorbrachte, die es der Bewegung ermöglichten zu überleben und zu wachsen. Als diese breitere politische Bewegung schwächer wurde, wurden auch die besetzten Fabriken geschwächt. In den Jahren 2002 bis 2009 war ein relativer Rückgang des Klassenkampfs in Argentinien zu verzeichnen. Eine partielle wirtschaftliche Erholung und die politischen Konsequenzen der Repression und die Kooptation erzeugten eine relative Abnahme des Niveaus der politischen Aktivität und der Mobilisierungen. Dieser Rückgang ist jedoch nur relativ, und der Klassenkampf ist nicht auf den Stand von vor der Krise im Jahr 2001 zurückgefallen. Die Organisationen, die mit dem Volksaufstand des *Argentinazo* wuchsen, verschwanden nicht. Im Gegenteil, sie gewannen an Boden in neuen Sektoren, besonders unter Lehrern, Arbeitern der U-Bahn und Fabrikarbeitern. Mit der erneuten Wirtschaftskrise 2008 bis 2010 ist der Klassenkampf in Bereiche des Arbeitsmarkts mit Fachqualifikationen vorgedrungen, die für Lohnkürzungen und wirtschaftliche Destabilisierung weniger anfällig zu sein schienen (für eine detailliertere Beschreibung des Klassenkampfs in Argentinien siehe: Sartelli 2007).

Das Gleiche gilt für die Bewegung der besetzten Betriebe, die nach 2002 eine gewisse Abnahme erlebt hatte. Einige Fabriken konnten der Konkurrenz nicht standhalten und schlossen ihre Tore. Einige entwickelten sich in eine kapitalistische Richtung, indem sie in dem Betrieb wieder Lohnarbeit einführten. Viele wurden von der Regierung kooptiert, gaben gegen Subventionen die politische Konfrontation auf und verabschiedeten sich von ihren radikalsten Aspekten. Andere reduzierten einfach ihre politischen Aktivitäten; die Zeit, die in der Fabrik für Versammlungen und für die Entfaltung politischer Diskussionen verwendet wurde, wurde verringert, und man beteiligte sich weniger an Mobilisierungen. Es gab einige Fabriken, die in dieser Periode neu angeeignet wurden, aber sie entstanden schon mit niedrigeren Erwartungen und einer viel geringeren Konfliktbereitschaft. Während in der Periode von 2002 bis 2004 1.223 Betriebe angeeignet wurden, gab es in den folgenden vier Jahren (2005 bis 2008) nur 23 neu angeeignete Betriebe (Palomino u. a. 2005). Die Gesamtzahl von Besetzungen sank, wobei die Konfrontation in allen Fällen abnahm.

Dennoch kann es als Erfolg angesehen werden, dass es den Fabriken unter diesen schwierigen Bedingungen überhaupt gelang, zu überleben und einen gewissen Grad politischer Aktivität aufrechtzuerhalten, die in einigen Fällen, zum Beispiel im Fall Zanón, immer noch besonders wichtig ist. Das Wiederaufleben der Wirtschaftskrise hat zur Wiederbelebung der Bewegung der besetzten Fabriken geführt. Im Laufe des Jahres 2009 sind neue Fabriken besetzt worden. In diesem Kontext ist es wichtig, Lehren aus der jüngsten Vergangenheit zu ziehen; Lehren, die für die Arbeiter nicht nur in Argentinien hilfreich sind.

Die Bewegung der Fabrikbesetzungen konzentrierte sich auf die Metropolengebiete und ist besonders stark in der Provinz Buenos Aires, vor allem in den Vorstädten der Hauptstadt des Landes. Auch die Provinzen Córdoba und Santa Fe, die eine bedeutende industrielle Entwicklung vorweisen können, stechen hervor. Es gibt auch Fälle von Besetzungen in den Provinzen Neuquén, Entre Ríos, Chaco, Jujuy, Río Negro, Mendoza und Feuerland.

Die Bewegung der Fabrikbesetzungen hat sich vor allem bezüglich der unterkapitaliserten Unternehmen des sekundären Sektors konsolidiert, was eine Folge des Konzentrations- und Zentralisationsprozesses und des Bankrotts vieler Industriebetriebe ist. An zweiter Stelle befinden sich die Dienstleistungsunternehmen. Zwei Beispiele dieses Sektors sind das Hotel Bauen im Zentrum der Hauptstadt und das Unternehmen „Transportes del Oeste“. Aber auch Firmen in den Sektoren Gesundheit, Bildung und Handel sind zu finden. Innerhalb des sekundären Sektors entfallen 26 Prozent der Besetzungen auf Metallunternehmen, darunter Gießereien, Firmen für Rohr- und Gerüstkonstruktionen und Autozulieferer. Auf die Lebensmittelverarbeitung entfallen 25 Prozent. Die übernommenen Fabriken in dieser Branche sind sehr heterogen; sie reichen von großen Werken wie der Fleischfabrik Yaguané mit 470 Beschäftigen bis zu ganz kleinen Firmen wie der Bäckerei Grissinopoli oder der Pastafabrik SASETRU (Fontenla 2007).

Einschränkungen für besetzte Fabriken

Die Arbeiterinnen und Arbeiter, die die Produktion in die Hand nehmen, stehen vor verschiedenen Hindernissen und Beschränkungen. Das erste Problem, das es zu berücksichtigen gilt, ist, dass die meisten Besetzungen stattfinden, wenn der kapitalistische Betrieb schon in Konkurs gegangen ist. Nach dem in Argentinien geltenden Konkursgesetz haben die Arbeiter, die die Kontrolle über eine Fabrik übernehmen, alle Schulden zu tragen, die das kapitalistische Unternehmen hatte. Diese Schulden stellen eine beschwerliche Hinterlassenschaft dar, die die Arbeiterräte schultern müssen. Eine zweite Beschränkung entsteht aus dem rechtlichen Status, den die Enteignung mit sich bringt. Anfangs bekommen die Arbeiter die Fabrik nur zur vorübergehenden Nutzung für eine Dauer von zwei Jahren, nach deren Ablauf sie den Kapitalisten den Betrieb abkaufen müssen (wobei sie Löhne oder nicht ausgezahlte Renten, die der Kapitalist ihnen womöglich schuldet, anrechnen können). Das Problem besteht hier darin, dass der Gewinn, wenn es den Arbeitern trotz aller Schwierigkeiten gelingt, einen zu erwirtschaften, dem Wert der Firma zugeschlagen wird. Dann müssen die Arbeiter nach Ablauf der festgelegten Dauer das Unternehmen zu einem viel höheren Wert als dem kaufen, den es zu dem Zeitpunkt der Übernahme hatte. Auf diese Weise wendet sich ihre eigene Arbeit gegen sie selbst. Beispielsweise wurde die Kühlfleischfabrik Yaguané im Jahr 1997, als ihre Arbeiter sie sich aneigneten, mit 3.250.000 Dollar bewertet. Im Jahr 2004, als die Enteignung durchgeführt wurde, war ihr Wert auf 38 Millionen Dollar gestiegen (Heller 2005, 38). Dies bezieht sich auf die Fälle, in denen eine Enteignung erreicht wird, das gelingt aber in den wenigsten Fällen. Eine weitere Alternative bestand in der Vereinbarung einer Miete, die von den Arbeitern an den kapitalistischen Eigentümer gezahlt wird – eine Lösung, die durch einen privaten Vergleich zwischen den Parteien oder auf juristischem Wege zustande kommt. In vielen Fällen jedoch gibt es keine Lösung des Konflikts oder eine bloß provisorischer Art.

Wenn die Gründung einer Kooperative von einem Besetzungsprozess begleitet wurde, wurde in einer größeren Zahl von Fällen die Enteignung erreicht. Laut einer im Jahr 2004 durchgeführten Umfrage erreichte die Mehrzahl der besetzten Fabriken die Enteignung, während den Betrieben, die nicht besetzt wurden, nur in ungefähr 30 % der Fällen die Enteignung gelang (Trinchero 2004). Diese Tatsache wird sogar von denjenigen anerkannt, die der Ansicht sind, dass die Besetzung und Konfrontation sich auf irgendeine Weise negativ auf die Aneignung von Fabriken auswirken.

Die Arbeiter kämpften um eine Enteignung unter besseren Bedingungen. Die Option der Gründung einer Kooperative, welche die Fabrik auf der Grundlage des oben erwähnten Typs von Enteignungsabkommen übernimmt, war nicht die progressivste Lösung und implizierte viele Risiken. Eines dieser Risiken wurde bereits erwähnt: Die Arbeiter müssen die Verantwortung für die Schulden des Unternehmens übernehmen und dem kapitalistischen Eigentümer die Fabrik abkaufen. Die Schulden sowie die Pflicht, den Eigentümer zu entschädigen, drohen die besetzten Fabriken finanziell zu ersticken. Das zweite Problem besteht in der Änderung des rechtlichen Status der Arbeiter. Durch die Gründung der Kooperative verwandeln sich die Arbeiter in Teilhaber und verlieren alle Arbeitsrechte, die ihnen vorher zustanden. Folglich haben sie in ihrem neuen Status als Teilhaber einer Kooperative kein Recht mehr auf einen Mindestlohn oder auf Sozialleistungen (medizinische Versorgung). In den Fabriken, in denen die Arbeiter ein höheres Klassenbewusstsein entwickelten, kämpften sie aus diesem Grund für eine Verstaatlichung unter Arbeiterkontrolle sowie für die Enteignung ohne Entschädigung.

Die Verstaatlichung – die anders als in Argentinien in besetzten Fabriken Venezuelas häufiger erreicht wurde – ermöglicht den Arbeitern, ihre Arbeitsrechte zu bewahren. In Argentinien bestand das staatliche INAES (Instituto Nacional del asociativismo y economia social, Nationales Institut für Assoziationswesen und soziale Ökonomie) seit seiner Gründung 2002 darauf, dass der einzige Weg zur Anerkennung der besetzten Fabriken in der Bildung von Kooperativen besteht. Um die Regierungsaufsicht über Kooperativen zu verstärken, erließ INAES 2003 die Verordnung Nummer 2037 mit neuen Bestimmungen für Kooperativen. Vor diesem Hintergrund akzeptierten die Beschäftigten schließlich die Option der Kooperativen, um Räumungen zu vermeiden und die für den Aufbau der Produktion notwendige rechtliche Stabilität zu erlangen. Die Arbeiter von Brukman und Zanón, den beiden wichtigsten besetzten Fabriken, lehnten ursprünglich die Bildung von Kooperativen ab. Die Repression und der Mangel an wirtschaftlicher Unterstützung von Seiten der Regierung zwang sie schließlich, die Kooperativenform zu akzeptieren; die Arbeiter und Arbeiterinnen beider Fabriken leisteten dagegen fast zwei Jahre – Brukman 2001 bis 2003 und Zanón 2002 bis 2004 – Widerstand. Die Repression, die sie erlebten, und ihre erfolglosen Bemühungen um eine Verstaatlichung unter Arbeiterkontrolle wirkten wie ein Testfall für die übrigen besetzten Fabriken und hatten eine abschreckende Wirkung.

Die Arbeiterinnen der ehemaligen Fabrik Brukman bildeten erst nach einer Reihe von Auseinandersetzungen mit dem Staat eine Kooperative. Nachdem die Chefs des Unternehmens am 18. Dezember 2001 die Anlagen sich selbst überlassen hatten, besetzten die Schneiderinnen die Fabriken und setzten die Maschinen in Gang. Im März legten sie dem Parlament der Provinz Buenos Aires einen Entwurf vor, um die Verstaatlichung unter Arbeiterkontrolle zu beantragen. Im Juli begann die Legislative mit der Debatte über diesen Entwurf. Dem Zeugnis einer Arbeiterin zufolge war der Grund für die Ablehnung der Kooperativenform der, dass sie „weder Löhne noch Sozialleistungen" erhalten würden. Anfang 2003 traten die Arbeiterinnen weiterhin für die Verstaatlichung unter Arbeiterkontrolle ein.

Im gleichen Jahr verfassten die Arbeiterinnen von Brukman folgenden Vorschlag:

> Seit eineinhalb Jahren treten wir für die Verstaatlichung der Fabrik unter Arbeiterkontrolle ein. Aber wir sind nicht unnachgiebig, wie die Regierung sagt. Mitte des Jahres haben wir einen Vorschlag mit den unten genannten vier Punkten vorgelegt. Darin sagten wir, dass wir für andere rechtliche Formen offen sind. Aber wir sind

> nicht damit einverstanden, ein zum Scheitern verurteiltes ‚Mikrounternehmertum' zu akzeptieren, wie es uns die Politiker der traditionellen Parteien vorschlugen, in dem wir am Ende alles auf unsere Arbeiterschultern laden, mit enormen Schulden und Belastungen, und in dem wir am Ende die Kosten der Sozialleistungen und der Rente aus unserer Tasche zahlen müssten. Wir sind qualifizierte Arbeiterinnen und Arbeiter. Es kann nicht sein, dass die Politiker unsere Erfahrung als Arbeiter, die in den Dienst der argentinischen Gemeinschaft gestellt werden kann, mit Füßen treten. In unserem Land gibt es 19 Millionen Arme und Bedürftige und Mängel aller Art. Unsere Fabrik kann Teil der Lösung sein und ist nicht ein Problem, wie diese Herren Politiker es erachten, die auf einem anderen Planeten zu leben scheinen" (zitiert nach Vales/Hacher 2003.)

Erst nach der polizeilichen Räumung der Fabrik im gleichen Jahr und brutaler Repression gegen die Arbeiter und gegen diejenigen, die sie unterstützten, akzeptierten die Beschäftigten von Brukman die Bildung einer Kooperative als eine Form, den Konflikt positiv ausgehen zu lassen.[4]

Die Arbeiter von Zanón waren sich immer der Gefahren bewusst, die die Kooperativenform mit sich bringt. Sie glauben, dass in der Form der Kooperative eine autonome Arbeiterleitung nicht garantiert werden kann, denn diese Rechtsform fasst nicht die Organisation und das Funktionieren einer vollständigen Demokratie ins Auge. Laut den Arbeitern von Zanón steht das von der Militärdiktatur verabschiedete Kooperativengesetz im Widerspruch zur Arbeiterdemokratie. Daher gehen sie davon aus, dass sowohl die „Keramiker-Verordnung", die von der Keramikergewerkschaft (der Zanón und drei andere Fabriken angehören) erlassen wurde, als auch die „Normen des Zusammenlebens von Zanón unter Arbeiterkontrolle" den Bestimmungen des Kooperativenstatuts übergeordnet sind. In dem zuletzt genannten Dokument sind die Vorbehalte der Arbeiter gegenüber der Kooperativenform explizit benannt (zitiert in: Tirachini 2004).

Ebenso wie die Arbeiter von Brukman legten die Arbeiter von Zanón einen Entwurf für die Verstaatlichung unter Arbeiterkontrolle vor, den „Entwurf einer Arbeiterübergangsverwaltung", der mit Unterstützung der Nationaluniversität von Comahue und der Universidad de Buenos Aires entwickelt wurde. Im März 2002 begannen sie zu produzieren, und am 8. April desselben Jahres hielten sie einem erneuten Räumungsversuch stand. Zu diesem Zeitpunkt hatten sich etwa

4 [Siehe auch: http://dgpcfadu.com.ar/2006/2_cuat/v40/sitio/historia/index.html (Anm. d. Ü.).]

50.000 Personen mit ihrer Unterschrift hinter das Projekt der Verstaatlichung gestellt. Im Mai 2004, nach 27 Monaten Produktion unter Arbeiterleitung, konstituierte sich die Kooperative FaSinPat (Fábrica sin patrones – Fabrik ohne Bosse. Die Arbeiter und Arbeiterinnen betrachteten die Gründung der Kooperative als eine einstweilige Maßnahme, daher forderten sie weiterhin die Verstaatlichung unter Arbeiterkontrolle.

Die Gründung einer Kooperative ermöglicht, wie erwähnt, das erneute Auftreten kapitalistischer Verhältnisse innerhalb der Fabrik, denn es steht den Teilhabern frei, Lohnarbeitsverträge abzuschließen. Unter diesem Gesichtspunkt befinden sich einige Fabriken in einer schlechteren Situation, weil es sich um Gesellschaften mit beschränkter Haftung handelt, in denen die Kooperative der Beschäftigten nur einen Teil des Aktienpakets des Unternehmens in Händen hält, während der andere Teil von außen stehenden Investoren gehalten wird. In dieser Situation befinden sich die Kühlfleischfabrik Yaguané und die Agrarmaschinenfabrik Pauny SA. In letzterer besitzen die Arbeiter des Werks, die der „Cooperativa de Trabajo Metalúrgica Las Varillas Ltda." (Metallarbeitskooperative Las Varillas mbH) angehören, nur annähernd etwa ein Drittel des Aktienpakets (Moreno 2009).

Eine dritte Einschränkung, aufgrund derer die Option der Kooperative sich als wenig vorteilhaft erweist, besteht in dem Kapitalmangel für den Start der Produktion und in der technologischem Rückständigkeit der besetzten Fabriken. Der Kapitalmangel ist ein entscheidendes Problem, welches eine Abhängigkeit von den Zulieferern oder Kunden fördert, die die notwendigen Betriebsmittel auslegen. In vielen Fällen akzeptieren die Arbeiterräte, mit dem von Kunden gelieferten Rohmaterial zu arbeiten, und werden nur für die industrielle Verarbeitung bezahlt. Dies ermöglicht es ihnen, die Produktion wieder aufzunehmen und ihre Arbeit zu sichern, aber es mindert auch die Einnahmen, welche sich in der Regel auf die bloße Bezahlung der Arbeitskraft beschränken, und erzeugt eine Abhängigkeit von den Kunden (weil die Fabrik nicht über eigene Mittel verfügt, um die Produktion zu entfalten). Deswegen wird dieses Verfahren von den Arbeitern nur als ein vorübergehender Ausweg angesehen, mit dem man versucht, Kapital zu bilden, um sich unabhängig zu machen. In der Regel verschwindet diese Produktionsform nicht, in einigen Bereich hat sie allerdings abgenommen. Im Durchschnitt leisten die Fabriken, die ihre ökonomische Situation verbessert haben, 40 bis 50 % der Arbeit nach diesem Verfahren. In vielen Fällen mangelt es den Fabriken weiterhin an Kapital, um auf Lager arbeiten zu können, und eigenes Material wird nur bei konkreten Bestellungen verarbeitet.

In vielen Fällen ist ein Teufelskreis zu beobachten: Aufgrund des Kapitalmangels wird von Kunden geliefertes Material verarbeitetet, aber diese Option trägt zum Fortbestehen des erwähnten Mangels bei. Dementsprechend sind die Gewinne der übernommenen Fabriken sehr niedrig, was die Abhängigkeit von der Arbeit mit Material der Kunden verstärkt. Brukman zum Beispiel produzierte 2004 einen Teil nach diesem Verfahren und einen Teil mit eigenen Mitteln. Im Jahr 2008 arbeitete Brukman vollständig mit Material von Kunden. Graciela, eine Brukman-Arbeiterin, die 2008 befragt wurde, sagte:

> „Seit sechs Jahren kämpfen wir, und in Wirklichkeit geht es abwärts anstatt aufwärts. Zwar kann ich dir sagen: nein, alles ist toll, wir verkaufen an alle, aber so ist es nicht. Denn du erreichst das Wochenende und nimmst zwei Pesos mit... Es ist eine politische Frage, ich glaube, dass die Kooperativen im Kapitalismus nicht funktionieren (...) Wir kämpfen darum, selber kaufen zu können, aber bis jetzt ist alles ‚a façón'. (...) Façón ist wie einen Chef zu haben, wo du arbeitest, und das bringt viel Ärger und schafft viel Unbehagen, denn du lieferst das Material, und sie bezahlen nicht oder sie übergeben dir 90-Tage-Schecks. Sie verfahren, wie sie wollen."[5]

Ein anderes Problem in Bezug auf das Kooperativenmodell ergibt sich aus dem technologischen Rückstand der besetzten Fabriken. Im Durchschnitt sind die Anlagen der besetzten Fabriken, mit Ausnahme der grafischen Industrie, 40 Jahre alt. Die Mehrzahl der besetzten Fabriken wurde vor 1970 gebaut; eine Minderheit, weniger als 15 %, wurde nach 1990 gebaut oder erneuerte ihre Anlagen nach 1990 (Trinchero 2004). In dem Metallbetrieb IMPA (Industria Metalúrgica y Plástica de Argentina) ist die Maschinerie älter als 50 Jahre; laut einem Interview mit IMPA-Arbeitern hat die Anschaffung der Anlagen, die nach der Übernahme der Fabrik getätigt wurde, die Probleme nicht gelöst, da sie erfolgte, um vorhandene Lücken im Fabriksystem zu füllen, und nicht, um Teile zu erneuern. Viele der besetzten Fabriken wurden von ihren Eigentümern ausgeräumt, bevor Konkurs angemeldet wurde und bevor die Arbeiter die Fabrik besetzten. Die

5 Alle zitierten Befragungen, sofern keine andere Quelle erwähnt ist, gehören zum „Archivo Oral del Centro de Estudios e Investigación en Ciencias Sociales" (mündliches Archiv des Untersuchungs- und Forschungszentrum in Sozialwissenschaften, www.ceics.org.ar). Die Befragungen wurden ebenso wie die Beobachtungen, auf denen dieser Artikel basiert, von Forschern der „Grupo de Investigación de los Procesos de Trabajo" (Forschungsgruppe Arbeitsprozesse) des CEICS unter Leitung von Marina Kabat durchgeführt. Andere Forscher, die an diesem Projekt teilnahmen, sind Silvina Pascucci, Nicolas Villanova und Florencia Moreno.

Arbeiter mussten dafür sorgen, dass diese veralteten und ausgeplünderten Fabriken wieder funktionierten. In einigen Fällen mussten die von den Kapitalisten hinterlassenen Lücken gefüllt werden, indem Teile des Produktionsprozesses ausgelagert wurden. Da diese Option keinen wirtschaftlichen Vorteil bietet und außerdem einen enormen finanziellen Aufwand mit sich bringt, dem sich die Fabriken, die unter Kapitalmangel leiden, stellen müssen, wird auf diese Option nur zurückgegriffen, wenn es keine andere Alternative gibt. So wurde uns bei einer 2009 durchgeführten Befragung berichtet, dass die Metallkooperative Diogenes Taborda, die Landwirtschaftsmaschinen produziert, eine Pleuelstange benötigte, die über 40.000 Dollar kostete. Man versuchte, sie gegen eine andere Maschine zu tauschen, man beantragte Zuschüsse, um sie kaufen zu können, und als alle diese Versuche scheiterten, entschied man sich dafür, diesen Arbeitsgang auszulagern.

In anderen Fällen erzwingt das Fehlen von Anlagen nicht die Auslagerung, zieht jedoch die Wettbewerbsfähigkeit der Fabrik in Mitleidenschaft. Beispielsweise verlor Brukman im Jahr 2004 aufgrund der niedrigen Produktionskapazität der Maschinerie die Möglichkeit zu exportieren; dieses Problem wurde in den folgenden Jahren nicht gelöst. 2008 sagte eine Arbeiterin: „Wir brauchen Maschinen mit neuerer Technologie, klar, aber dafür brauchen wir ein größeres Budget." Der Preis der meisten Maschinen, die benötigt wurden, überstieg 30.000 Dollar. Die hohen Reparaturkosten der Anlagen stellten ein weiteres Problem dar. Nach der Übernahme der Fabrik kümmerten sich zwei Arbeiter um die Instandhaltung der Maschinen, aber sie hatten nicht das notwendige Wissen, um jeden einzelnen der auftretenden Schäden zu beheben. Wie bereits erwähnt, ist die Unzulänglichkeit der Anlagen ein Vermächtnis des vorherigen kapitalistischen Eigentümers. Brukman hatte eine automatische Schneidemaschine angeschafft, aber der Eigentümer zahlte sie nie ab und musste sie zurückgeben. Als die Arbeiter den Betrieb übernahmen, wurden die Stoffe also manuell zugeschnitten, und dies ist noch bis jetzt so.

Die besetzten Fabriken in der grafischen Industrie haben eine modernere Maschinerie. Da in diesem Sektor der technologische Fortschritt schneller war als in anderen, sind die Anlagen, selbst wenn sie nicht besonders alt sind, manchmal in technischer Hinsicht genauso veraltet. Der beschleunigte technische Umbruch, den die grafische Industrie durchläuft, ist ein Symptom des Konzentrations- und Zentralisationsprozesses, den diese Branche erlebt hat und der viele Firmen in den Konkurs getrieben hat. Dies erklärt auch, warum es in diesem Bereich so viele besetzte Fabriken gibt, wie den bereits erwähnten Fall Chilavert oder den jüngeren Fall INDUGRAF. Diese besetzten Fabriken gehören zu einer im höchsten Maße wettbewerbsfähigen Branche. Deshalb mussten sie, um weiterzubestehen und um die Kosten zu reduzieren, Vereinbarungen über gemeinsame Einkäufe schließen, und sie schufen ein Netz von Kooperativen.

Der Umfang der Produktion ist ein Problem, das alle besetzten Fabriken betrifft. Die meisten sind kleine, mit Ausnahme der Fleischfabriken, auf die dieses allgemeine Merkmal nicht zutrifft. Die Keramikfabrik Zanón könnte auch als Ausnahme betrachtet werden, wenn man das Problem aus einer nationalen Perspektive betrachtet; aber es ist ebenfalls eine relativ kleine Fabrik, wenn man den Wettbewerb innerhalb der Branche weltweit betrachtet. Das Problem des Umfangs verschärft sich durch die unzureichende Auslastung der installierten Kapazitäten. Im Jahr 2004 hatte die Hälfte der besetzten Fabriken eine Kapazitätsauslastung von weniger als 50 % (Trinchero 2004).

Die Veränderungen, die die Arbeiter und Arbeiterinnen in den Arbeitsprozess einführten

Die besetzten Fabriken sind ein praktisches Beispiel dafür, dass die Unternehmer überflüssig sind und dass die Arbeiter die Produktion selbst übernehmen können. Es ist nicht lange her, dass jeder einzelne der Arbeiter der heute besetzten Fabriken einen isolierten Posten innerhalb der Produktion hatte, Anordnungen seiner Vorgesetzten gehorchte und nicht die Möglichkeit hatte, seine Meinung zu äußern – nicht einmal über seine spezifische Arbeit. Nun fällen die Arbeiter kollektiv Entscheidungen über alle Aspekte der Produktion.

Die besetzten Fabriken modifizierten auch die Einkommensstruktur der Beschäftigten. Es sei daran erinnert, dass die Beschäftigten mit ihrem neuen Status als Genossenschafter keine Löhne erhalten, sondern die Gewinne der Kooperative aufteilen. Diese Auszahlungen oder die Aufteilungen der Gewinne können nach dem Grundsatz der Gleichheit erfolgen oder die alten Lohnhierarchien reproduzieren. Viele besetzte Fabriken beschlossen, Systeme der gleichen Vergütung für alle Arbeiter zu etablieren, aber einige erhielten die vorher existierenden Unterschiede aufrecht. Zum Beispiel beschloss eine Versammlung in der Kühlfleischfabrik „La Foresta", die Ungleichheiten zwischen qualifizierten und unqualifizierten Arbeitern aufrechtzuerhalten. Laut einer im Jahr 2009 durchgeführten Befragung verdienen die Arbeiter, die die höchsten Löhne beziehen, das Doppelte im Vergleich zu denjenigen mit dem niedrigsten Einkommen. Das Fortbestehen der Einkommensunterschiede kann mit der Art der Tätigkeit, die verschiedene Kenntnisse und Fertigkeiten voraussetzt, in Verbindung gebracht werden; dies ist das Argument, welches die Arbeiter für ihre Entscheidung anführen. Dennoch haben andere Fabriken mit den gleichen Merkmalen ein System der egalitären Verteilung gewählt, wie es bei der Kühlfleischfabrik Bragado der Fall ist.

Eine umfassende Analyse der besetzten Fabriken zeigt, dass der wesentliche Faktor für die Wahl eines egalitären Verteilungssystems oder die Entscheidung für differenzierte Entnahmen in der Entwicklung des politischen Bewusstseins besteht. So ist das System der egalitären Verteilung häufiger in den Fabriken, in denen bedeutendere Kampfprozesse stattgefunden haben, während es bei jenen weniger üblich ist, wo dies nicht der Fall war. Die angeeigneten Fabriken, die von ihren Beschäftigten besetzt wurden, haben in 71 % der Fälle egalitäre Einkommenssysteme. Dagegen haben die angeeigneten Fabriken, die nicht das Ergebnis einer Besetzung durch die Beschäftigten, sondern eines Abkommens mit dem Kapitalisten sind, nur in 31 % der Fälle egalitäre Einkommen (Trinchero 2004).

Der gleiche Unterschied zeigt sich in der Entscheidung, Lohnarbeitsverträge abzuschließen oder nicht. Indem die Arbeiter sich in Mitglieder einer Kooperative verwandeln, beziehen sie keine Löhne mehr und erhalten stattdessen Erlöse als Mitglieder der Kooperative. In den Fabriken mit größeren ökonomischen Schwierigkeiten führt dies zur Selbstausbeutung der Arbeiter. Ihr Einkommen kann unter das gesetzliche Mindesteinkommen sinken – selbst bei einem längeren Arbeitstag. Dagegen können die in ökonomischer Hinsicht erfolgreichsten Fabriken das Einkommen durch Abschluss von Lohnarbeitsverträgen erhöhen. Da diese Lohnarbeiter nicht zur Kooperative gehören, haben sie kein Recht, an den Versammlungen teilzunehmen, und werden faktisch von den Mitgliedern der Kooperative ausgebeutet, welche die Gewinne der Kooperative unter sich aufteilen. In manchen Fabriken, wie in der „Cooperativa de trabajo La nueva Esperanza Ltda." (Arbeitskooperative Die neue Hoffnung mbH), ist die Zahl der Lohnarbeiter fast genauso hoch wie die Zahl der der Kooperativenarbeiter. Nach einer im Jahr 2009 durchgeführten Befragung nahmen in diesem Fall 16 Mitglieder der Kooperative 14 Lohnarbeiter unter Vertrag.

In Fabriken mit einem höheren politischen Bewusstsein – das Produkt größerer Kämpfe – werden keine Lohnarbeitsverträge geschlossen. Stattdessen wird die Produktion erweitert, indem neue Beschäftigte in die Kooperative aufgenommen werden, die mit den gleichen Rechten wie die älteren Mitglieder eintreten. Bei Brukman beispielsweise hielten nur 32 der 132 Arbeiter den gesamten Kampfprozess durch und bildeten schließlich die Kooperative. Als es ihnen gelang, die Produktion zu steigern und neue Arbeiter in die Fabrik aufzunehmen, integrierten sie diese auch in die Kooperative, mit den gleichen Rechten wie die übrigen Mitglieder. Dasselbe passierte bei Zanón, wo die neuen Beschäftigten, die aufgenommen wurden, unter den erwerbslosen Arbeitern angeworben wurden, die die Besetzung der Fabrik unterstützten.

Die Veränderung der Arbeitsprozesse ist ein dritter Aspekt, der im Zusammenhang mit den von der Arbeiterleitung eingeführten Transformationen zu betrachten ist. Der Produktionsprozess[6] in diesen Fabriken hat keine radikalen Veränderungen erfahren: Der Charakter der Arbeit wurde beibehalten, sei diese manuell oder mechanisch. In gewissen Fällen wurde manche Einzeltätigkeit mechanisiert, aber aufgrund des bereits erwähnten Kapitalmangels war dies nicht besonders verbreitet. Die hauptsächlichen Änderungen im Arbeitsprozess beziehen sich dagegen auf die Aufteilung der Tätigkeiten: Man kann eine Tendenz zur Beseitigung der Trennung von Hand- und Kopfarbeit, das Auftreten von neuen Formen des Delegierens von Tätigkeiten und eine Zunahme vielfacher Qualifikation der Beschäftigten beobachten.

Es gab also durchaus wichtige Modifikationen bei der Aufteilung der Tätigkeiten unter den Beschäftigten. Eine unter den Arbeitern von Zanón durchgeführte Untersuchung zeigte, dass die Mehrzahl von ihnen (52 %) ihre Tätigkeit nach der Fabrikbesetzung verändert hatte (Chirico u. a. 2003). In den meisten Fabriken ist die Gruppe der Arbeiter, die den ganzen Verlauf des Kampfes und des Widerstandes bis zur Gründung der Kooperative unterstützte, kleiner als die, die von dem Kapitalisten beschäftigt wurde. Daher mussten bei Neubeginn des Produktionsprozesses viele Aufgaben neu zugewiesen werden. Auch die Notwendigkeit der Produktionssteigerung fördert die Vielseitigkeit der Beschäftigten. Eine Brukman-Arbeiterin erzählte beispielsweise, dass sie früher nur kleine Taschen nähte, dagegen jetzt, wenn diese Aufgabe erledigt ist, in einer anderen Abteilung mitarbeitet. Es muss auch hervorgehoben werden, dass die gemeinsam geteilte Erfahrung des Kampfes dazu beitrug, die Ressentiments unter den Arbeitern zu verringern, die sich nun das, was vorher sorgsam gehütete Geheimnisse waren, gegenseitig beibringen.

Die Notwendigkeit drängte andere dazu, neue Fähigkeiten zu entwickeln. Sergio von Brukman, der sich um die Instandhaltung des Inventars seiner Fabrik kümmert, musste seine Kenntnisse perfektionieren, um verschiedene Maschinen reparieren zu können. In Zusammenarbeit mit Ingenieuren führte er größere

6 Ich verwende die Marx'sche Definition, der zwischen „Produktionsprozess" und „Arbeitsprozess" unterscheidet. Ersteres bezieht sich auf alle technischen Phasen, die ein Produkt während der Produktion durchläuft, während „Arbeitsprozess" dazu dient, die Gesamtheit der Instanzen zu benennen, in denen die Arbeiter dem Produkt Wert zufügen. Daher konzentriert sich dieser Begriff mehr auf die Aktivitäten der Arbeiter. (Marx 1962.)

Veränderungen im Betrieb durch: „Die Leute von der Fakultät für Ingenieurwissenschaften halfen uns bei den Plänen. Mit ihnen gestalteten wir die Fabrik um; wir stellten alle Maschinen in eine einzige Etage, um Energie zu sparen und damit alle zusammen sind." (Vales/Hacher 2003) Dies trug auch zur Vereinfachung des Arbeitsprozesses bei.

In vielen Fällen, wie bei den Grafikunternehmen, schloss sich das Verwaltungspersonal dem Kampfprozess nicht an. Daher musste es von den Arbeitern ersetzt werden, als sie die Produktion neu begannen. Die bis dahin manuell tätigen Arbeiter mussten lernen, die Firma in rechtlicher, buchhalterischer und wirtschaftlicher Hinsicht zu verwalten.[7] In diesen Fällen haben die besetzten Fabriken in der Aufhebung der Teilung in Hand- und Kopfarbeit Schritte voran gemacht. In diesem Sinne können sie als Schulen betrachtet werden, in denen die Arbeiter lernen, die Gesellschaft wirtschaftlich zu leiten.

Interne Organisation der Arbeiterinnen und Arbeiter

Es existiert eine große Heterogenität unter den besetzten Fabriken, vor allem in Bezug auf die Funktionsweise der Versammlungen und den kollektiven Charakter der Entscheidungsfindung. Da die besetzten Fabriken Kooperativen bildeten und folglich die Gesetze, die die Funktionsweise dieser Einheiten regeln, einhalten müssen, sind allen bestimmte Vorgaben gemeinsam. Die Leitung liegt in der Verantwortung eines Verwaltungsrates, der aus einem Vorsitzenden, einem Sekretär, einem Schatzmeister und einem Treuhänder besteht. Diejenigen, die diese Funktionen innehaben, werden von der Versammlung gewählt, deren Häufigkeit und Zuständigkeit im Einzelfall variiert. Sie kann wöchentlich tagen, aber es gibt Fälle, in denen sie nur einmal im Jahr zusammen kommt, und dann hat sie eine eher formale als substantielle Rolle. Ebenso ist in jeder Fabrik die Rolle des Vorsitzenden und anderer für die Kooperative verantwortlicher Personen unterschiedlich. Dort, wo die Versammlung häufiger zusammen kommt, hat der Vorsitzende weniger Macht. Je seltener die Versammlungen tagen, desto größer wird das Risiko, dass sie zu formalen Veranstaltungen werden und dass die Leitung der Kooperative Entscheidungen fällt, ohne den Rest der Mitglieder einzubeziehen; in einem Kontext, in dem die Kooperativen permanentem sowohl ökonomischem als auch politischem Druck unterworfen sind, stellt das ein schwerwiegendes Problem dar.

7 Nach Informationen der Druckereiarbeiter auf der Internetseite des Kooperativennetzwerks www.redgraficacoop.com.ar/quienessomos.php.

Dies hat zum Entstehen interner Konflikte geführt. Beispielsweise musste in Yaguané die Versammlung im April 2004 den Vorsitzenden Daniel Flores, der zuvor ein Arbeiterdelegierter gewesen war, von seinem Amt absetzen. Laut Hernán Ares von der neuen Kommission, die die Kooperative leitet:

> „Es gab eine Phase unter seiner Leitung, in der die Kühlfleischfabrik wuchs: Es wurde hart gearbeitet, es wurde exportiert, Kredite wurden angefragt. (...) Man schaffte es, 6.000 Stück Vieh pro Woche zu schlachten, aber wir Arbeiter waren in der gleichen bettelarmen Lohnsituation und wurden genauso behandelt wie immer, inklusive Kündigungen" (Lavaca.org 2004).

Arbeiter des Hotel Bauen berichteten im Jahr 2008 bei einer Befragung durch das CEICS von einer ähnlichen Situation: Zwischen 2003 und 2005 musste die Leitung der Kooperative abgelöst werden, da sie versucht hatte, die Firma an einen neuen Kapitalisten zu übertragen. Die Arbeiter vereitelten diesen Versuch und reorganisierten die Kooperativstruktur in eine demokratischere Richtung. Obwohl es den Beschäftigten in den beiden genannten Fällen gelang, die entstandenen Probleme zu lösen, legen diese Fälle die Risiken, die die Kooperativenform birgt, offen an den Tag.

In einigen Fällen entwickelte sich eine komplexere Struktur. In der Grafikbranche schuf der Prozess der Betriebsbesetzung die Grundlagen für die Vereinigung verschiedener Unternehmen mit dem Ziel, ihre Produktion rentabler zu machen und ihre Eingliederung in den Wettbewerbsmarkt zu verbessern. Ein Beispiel dafür ist das Red Gráfica Cooperativa (Grafikkooperativennetzwerk), das sich im Juli 2006 zu entwickeln begann. Damals vereinigten sich sieben Kooperativen, um eine gemeinsame Arbeitsagenda aufzustellen. Nach einer Phase der Analyse der Leistungsfähigkeit ihres Zusammenschlusses wurde am 5. September 2007 das Netzwerk in Form einer Föderation gebildet. Die Gründungskooperativen waren El Sol, Artes Gráficas Chilavert, Campichuelo, Cogtal, Patricios, Ferrograf und Cooperativa de Gráficos Asociados Ltda. Zwei Jahre später, im Jahr 2009, traten drei weitere Kooperativen formal bei: Idelgraff, La Nueva Unión und Punto Gráfico. 2010 schlossen sich die Kooperativen Envases Flexibles Mataderos, Gráfica Loria, Impresiones Barracas, Montes de Oca und Visión 7 der Föderation an.[8]

8 Siehe die Informationen auf der Internetseite www.redgraficacoop.com.ar/quienessomos.php.

Das Netzwerk hat eine vertikale Organisationsstruktur. Es besteht aus sieben verschiedenen Arbeitsbereichen: Produktion, Vermarktung, Einkauf, Kommunikation, soziale Aktivitäten, Ausbildung und technische Assistenz sowie Projekte. In jedem dieser Bereiche arbeiten jeweils zwei Vertreter der Kooperativen mit, die das Netzwerk ausmachen. Diese Arbeitsbereiche treffen sich unter Vorsitz einer allgemeinen Koordination, die aus einem Mitglied und zwei Assistenten besteht – einem Verwaltungs- und einem kaufmännischen Assistenten. Der allgemeinen Koordination übergeordnet ist der Aufsichtsrat, der sich aus drei ordentlichen Vollmitgliedern und zwei Stellvertretern zusammensetzt. Ebenso wie die Treuhänderschaft werden der Vorsitzende, der Geschäftsführer und der Schatzmeister, die den Rat bilden, von einem Mitglied einer Kooperative gestellt. Die Versammlung der Assoziierten ist das Leitungsgremium der Föderation. Sie besteht aus einem jeweils einem Delegierten und einem stellvertretenden Delegierten, die von den im Netzwerk assoziierten Kooperativen benannt werden.

Abgesehen von der Kooperative, die den Arbeitern den rechtlichen Rahmen gibt, müssen sie eine Organisation schaffen, die es ihnen ermöglicht, die Produktion zu organisieren. Die Charakteristika der Arbeit in jeder Fabrik, die Anzahl der Arbeiter und wiederum ihre politische Entwicklung determinieren unterschiedliche Organisationsformen. Hier ist die Variationsmöglichkeit viel größer als im Hinblick auf die Kooperativenstruktur. Daher ist eine Verallgemeinerung nicht möglich.

Im Falle von Zanón sind gewisse interne Probleme aufgetaucht, als die Arbeiter die Fabrik übernahmen und mit der Produktion begannen. Um diese zu lösen, erstellten und beschlossen die Beschäftigten im September 2002 in einer Vollversammlung eine Art interne Satzung, genannt „Normas de Convivencia de Zanón bajo control obrero“ (Bestimmungen des Zusammenwirkens von Zanón unter Arbeiterkontrolle). Darin wurde der Grundstein gelegt, der die Organisationsdynamik regelte. Wie bereits erklärt, werden das „Reglamento ceramista“ (Keramiker-Verordnung) und die „Normas de Convivencia de Zanón bajo control obrero“ als der Kooperativenstruktur übergeordnet angesehen.[9]

In den Monaten vor der Besetzung der Fabrik hatten die Arbeiter bereits begonnen, sich in ersten Kommissionen zu organisieren (für eine detailliertere Be-

9 Es sollte erwähnt werden, dass diese Vorrangstellung im Rahmen der internen politischen Organisation der Arbeiter etabliert wird und nicht auf juristischer Ebene formalisiert ist. Angesichts eines etwaigen internen Konfliktes, der im juristischen Rahmen gelöst werden müsste, wäre demzufolge die gesetzliche Regelung, die Anwendung finden würde, jene, die das Funktionieren von Kooperativen regelt.

schreibung der internen Organisation und der Geschichte der Formierung von Zanón siehe: Aiziczon 2006). Beispielswiese schufen die Arbeiter nach dem Tod von Daniel Ferrás bei einem Arbeitsunfall im Juli 2000 eine Kommission für Hygiene und Sicherheit, deren Funktion darin bestand, die Arbeitssicherheit der Arbeiter des Betriebs zu überwachen. Die genannte Kommission setzte ihre Arbeit unter der Arbeiterleitung fort. Es muss hervorgehoben werden, dass es unter derselben einen bedeutsamen Rückgang von Arbeitsunfällen gab. Ebenfalls während der Krise des kapitalistischen Unternehmens riefen die Arbeiter, als man ihnen Löhne schuldete, die Verkaufskommission ins Leben, um zu versuchen, bei dem Abverkauf der Vorräte und folglich bei der Begleichung der geschuldeten Löhne voranzukommen. Ähnlich verhielt es sich mit der Schaffung der Kommission für Presse und Öffentlichkeitsarbeit, die versuchte, den Konflikt in die Öffentlichkeit zu tragen.

Wie Fernando Aiziczon dargestellt hat, sind alle Tätigkeiten des Produktionsprozesses des Unternehmens in 56 Abteilungen gegliedert, darunter Pulverisierung, Pressen, Produktionslinien, Öfen, Qualitätskontrolle, Labor für Masse, Glasurlabor, Wartung, Lager und Versand, Einkauf, Verkauf, Verwaltung, Wachleute, Presse und Öffentlichkeitsarbeit. In jeder der drei Schichten wird jeweils ein Koordinator pro Abteilung gewählt. Die Koordinatoren haben eine Liste zur Kontrolle des Produktionsprozesses und überblicken den Bedarf und die alltäglichen Probleme. Die Koordinatoren bilden den Rat, der das Leitungsorgan darstellt und für die Planung der Produktion verantwortlich ist. Dieses Organ schlägt einen Hauptkoordinator für die gesamte Fabrik vor. An den Treffen des Rates nehmen der Hauptkoordinator, alle Koordinatoren der Abteilungen und drei Mitglieder der internen oder Leitungs-Kommission der Keramikergewerkschaft teil. Hervorzuheben ist, dass alle Koordinatoren jeder Abteilung durch die Vollversammlung abberufen werden können. In der Tat legt die Organisationsdynamik der Fabrik die periodische Ämterrotation als Prinzip nahe, so dass alle die Möglichkeit haben, Führungsverantwortung zu übernehmen.

Die Versammlung ist das höchste Entscheidungsgremium der Beschäftigten. Einerseits werden pro Schicht Versammlungen für Informationen oder Entscheidungen durchgeführt, andererseits Vollversammlungen. Erstere finden zwei Mal pro Woche statt und sind offen. Im Allgemeinen liegen die zu diskutierende Tagesordnung und im Nachhinein die abgestimmten Resolutionen zur Information der Arbeiter am Fabrikeingang aus. In diesen Versammlungen werden verschiedene Angelegenheiten diskutiert wie zum Beispiel interne Probleme, die Disziplin etc. Falls diese Probleme wieder auftreten, wird der Sachverhalt dem Koordinatorentreffen vorgelegt und, falls nötig, in der monatlich stattfindenden

Vollversammlung entschieden. Alle Resolutionen, zu denen die Koordinatoren der jeweiligen Abteilung gelangen, sind Vorschläge an die Vollversammlung, in der sie angenommen oder abgelehnt werden.

Schlussüberlegungen

Die Bewegung der besetzten Fabriken in Argentinien wie in ganz Lateinamerika ist ein zentraler Bestandteil des politischen Prozesses in diesen Ländern. Die Besetzung von Betrieben und die Wiederaufnahme der Produktion unter Arbeiterkontrolle erweist sich als eine gigantische sozialistische Propaganda: Sie führt den Arbeitern in aller Welt ihre eigene Kraft vor und enthüllt den parasitären Charakter der Bourgeoisie. Nichts ist augenfälliger als das Beispiel der Arbeiter, die die Produktion in den durch die Kapitalisten ausgeräumten und in den Konkurs getriebenen Fabriken wieder aufnehmen.

Doch nur ein sozialistischer Ansatz kann diese Fabriken in den Stand versetzen, ihr wahres Potential erreichen. Die gegenteilige Option, sie dem Einfluss der kapitalistischen Tendenzen zu überlassen, würde sie zwangsläufig einen der beiden kapitalistischen Wege einschlagen lassen. Wenn sie sich als „erfolgreich" erweist, akkumuliert die Fabrik und ähnelt immer mehr jeder beliebigen kapitalistischen Firma. Eines der Symptome ist dann die Beschäftigung von Lohnarbeitern. Die weniger vom Glück begünstigten Fabriken müssen sich drohendem Konkurs, Selbstausbeutung und verdeckten Formen der Proletarisierung unter der realen Leitung von Kunden, die „a façón" arbeiten lassen, oder von Lieferanten stellen, die unter bestimmten Bedingungen Betriebsmittel zur Verfügung stellen. Dass diese beiden Optionen sich nicht voll ausgebildet haben, liegt daran, dass die politische Bewegung, die mit dem Aufstand des *Argentinazo* auftauchte, nicht besiegt worden ist. Ihr Fortbestehen verstärkte, inmitten eines feindlichen Umfelds, den Widerstand der übernommenen Fabriken. Ihr Weiterbestehen hat den Widerstand der übernommenen Fabriken inmitten eines widrigen Kontexts gestärkt. Die erneute Wirtschaftskrise und die Wiederbelebung der politischen Bewegung eröffnen den besetzten Fabriken neue Horizonte. In diesem Kontext müssen die Arbeiter dringend aus ihren jüngsten Erfahrungen lernen. Ich hoffe, dass dieser Artikel einen bescheidenen Beitrag zu diesem Zweck leistet.

Literatur

Aiziczon, Fernando (2006), „Teoría y práctica del Control Obrero. El caso de Cerámica Zanón, Neuquén, 2002–2005", in: *Revista Herramienta,* Nr. 31.

Chirico, Domingo, et al. (2003), „Caracterización socioeconómica de los obreros de Zanón", in: *Razón y Revolución,* Nr. 11 (Winter).

Fontenla, Eduardo H. (2007), Cooperativas que recuperan empresas y fábricas en crisis, Abschlussarbeit, Buenos Aires, Universidad Nacional de Lanus, Februar.

Heller, Pablo (2002), „Control obrero, cooperativas y fábricas ocupadas", in: *Razón y Revolución,* Nr. 10 (Frühjahr).

Heller, Pablo (2005), *Fábricas ocupadas. Argentina 2000–2004,* Buenos Aires: Rumbos.

Kabat, Marina (2009), „Unions and protest of the unemployed 1990s", in: *International Encyclopedia of Revolution and Protest,* hrsg. von Immanuel Ness, Oxford: Wiley-Blackwell Publishers.

Lavaca.org (2004), *La represión que nadie vio,* 21. Oktober, www.rebelión.org/noticia.php?id=6425.

Marx, Karl (1962), *Das Kapital.* Kritik der politischen Ökonomie. Erster Band, Buch I: Der Produktionsprozeß des Kapitals, Berlin: Dietz, (MEW, Bd. 23).

Moreno, Florencia (2009), Centro de Estudio e Investigación en Ciencias Sociales (CEICS), Potencialidades y debilidades de las fábricas ocupadas. Estudio de caso de Brukman, Pauny S.A., Frigorífico Bragado y Frigorífico La Foresta. Primer Congreso Nacional Sobre Protesta Social, Acción Colectiva y Movimientos Sociales, Buenos Aires, 30/31. März.

Palomino, Héctor/Bleynat, Ivanna/Garro, Silvia/Giacomuzzi, Carla (2005), *Empresas Recuperadas por sus trabajadores (2002–2008).* El universo, la continuidad y los cambios en el movimiento, Buenos Aires: Universidad de Buenos Aires.

Pascucci, Silvina (2009), „Piquetero movement", in: *International Encyclopedia of Revolution and Protest,* hrsg. von Immanuel Ness, Oxford: Wiley-Blackwell Publishers.

Sartelli, Eduardo (2007a), *Contra la cultura del trabajo.* Una crítica marxista del sentido de la vida en la sociedad capitalista, 3. Aufl., Buenos Aires: Razón y Revolución.

Sartelli, Eduardo (2007b), *La plaza es nuestra.* El Argentinazo a la luz de la lucha de la clase obrera en el siglo XX, 3. Aufl., Buenos Aires: Razón y Revolución.

Tirachini, Blanca (2004), „Empresas recuperadas: recuperación del derecho al trabajo", in: *Revista del Instituto Interamericano de Derechos Humanos,* Bd. 40.

Trinchero, Héctor Hugo (Leiter) (2004), Las empresas recuperadas en la Argentina: Informe del Segundo Relevamiento del Programa Facultad Abierta, UBACyT de Urgencia Social F-701 (Secretaría de Extensión Universitaria y Bienestar Estudiantil, Facultad de Filosofia y Letras, Universidad de Buenos Aires), http://www.recuperadasdoc.com.ar/Informes%20relevamientos/Segundo%20informe.pdf.

Trotsky, Leon (2002), „El control obrero de la producción", in: *Razón y Revolución,* Nr. 10 (Frühjahr). Dt.: „Über Arbeiterkontrolle der Produktion (Brief an Genossen)" (20. August 1931), in: *Schriften über Deutschland,* hrsg. von Helmut Dahmer, Frankfurt/M. 1971: Europäische Verlagsanstalt, Bd. I, S. 104-112.

Vales, Laura/Hacher, Sebastian (2003), Brukman: La confección de un destino, LaFogata, www.lafogata.org/003arg/arg5/bruk_destino.htm.

Übersetzung aus dem Spanischen: Negar Taymoorzadeh

21. Arbeiterkontrolle unter der Bolivarianischen Revolution in Venezuela

Dario Azzellini

Als Hugo Chávez im Februar 1999 sein Amt als Staatspräsident Venezuelas antrat, steckte das Land in einer tiefen Krise. Seit Anfang der 1980er Jahre mussten in dem lateinamerikanischen Staat, der von Kapitalflucht und einer fortwährenden De-Industrialisierung gebeutelt wurde, Tausende von Fabriken schließen. Entsprechend erwarteten die Menschen, die für Chávez gestimmt hatten, von ihm vor allem Wege aus der ökonomischen Misere. Mit diesem Mandat im Rücken leitete die neue Regierung eine Reihe von ökonomischen und gesellschaftlichen Reformen ein, die durch soziale Bewegungen „von unten" unterstützt wurden. Die neue Verfassung von 1999 legte die Rahmenbedingungen dieses als „Bolivarianische Revolution" bekannten Transformationsprozesses fest. Um eine „humanistische und solidarische Ökonomie" zu etablieren, sollte Venezuela seine hauptsächlich vom Öl abhängige Wirtschaft diversifizieren und insbesondere die Weiterverarbeitung der im Lande geförderten Rohstoffe ausbauen. Zudem sah die neue Verfassung die Demokratisierung des Eigentums und der Verwaltung der Produktionsmittel vor. Seit Anfang 2005 wird die Bolivarianische Revolution als sozialistische Transformation gesehen, gemäß der Chávez'schen Deklaration seiner Politik als Weg hin zu einem „Sozialismus des 21. Jahrhunderts".

Das folgende Kapitel analysiert und bewertet verschiedene organisatorische Ansätze, die die Demokratisierung des Eigentums und der Verwaltung der Produktionsmittel zum Ziel haben. Die empirischen Studien konzentrieren sich auf die Erfahrungen der Arbeiter in der staatseigenen Aluminiumhütte Alcasa und der verstaatlichten Ventilfabrik Inveval. Am Beispiel der Erfolge und Misserfolge der Mit- und Selbstverwaltung in diesen Betrieben wirft die Studie einen Blick auf die Debatten, die innerhalb der Arbeiterbewegung über die kollektive Kontrolle über die Produktionsmittel geführt wurden.

Während der ersten Jahre verstaatlichte die Regierung Kernbereiche der Ölindustrie und versuchte, die nationale Privatwirtschaft mit günstigen Krediten und protektionistischen Maßnahmen in Schwung zu bringen. Die staatliche Unterstützung nahm der private Sektor gern an, versuchte jedoch gleichzeitig, eine Demokratisierung der Produktionsverhältnisse und damit eine grundlegende Transformation der Ökonomie zu verhindern. Erst nach dem sogenannten Unternehmerstreik Ende 2002 bis Anfang 2003, der wesentlich durch eine Mobilisierung von unten niedergeschlagen wurde, konnten sich Gesetze, Maßnahmen und gesellschaftliche Praxen durchsetzen, die auf eine grundlegende Umstrukturierung der Wirtschaft abzielten. Die Regierung konzentrierte sich zunächst darauf, Produktion und Verteilung staatlicher Lenkung zu unterstellen sowie Kooperativen und Modelle gemischter Verwaltung zu fördern. Gleichzeitig wurden in einer Reaktion von unten mehrere Fabriken, die die Arbeitgeber während ihres Streiks geschlossen hatten, von der Belegschaft besetzt.

2005 nahm die venezolanische Regierung eine sozialistische Orientierung an, die eine Enteignung von Schlüsselindustrien und von unproduktiven Fabriken einleitete, ebenso wie die Stärkung und Ausweitung von Unternehmen im kollektiven oder staatlichen Besitz. Die Strategie zum Aufbau einer Wirtschaftsordnung jenseits der kapitalistischen Logik und mit der Demokratisierung von Produktionszyklen beruht auf der Ausweitung und Konsolidierung einer popularen, sozialen und kommunalen Ökonomie. Dieser Ansatz leitet sich aus einer radikalen Variante der Theorie der endogenen Entwicklung ab, die eine nachhaltige, auf Venezuelas eigenen Ressourcen aufbauende Wirtschaftsentwicklung, eine kollektive Verwaltung der Produktionsmittel und eine aktivere Rolle des Staates propagiert (Lebowitz 2006, 99).

Die Regierung machte sich die Stärkung der solidarischen, sozialen, popularen und kommunalen Ökonomie zum Ziel. Eine exakte Definition dieser Kategorien blieb jedoch aus. Bis ins Jahr 2004 förderte der Staat vorrangig die Gründung kleiner Kooperativen, wobei die verschiedenen Institutionen ihre Maßnahmen nur wenig koordinierten. Erst dann entstand mit der Gründung des Ministeriums für populare Ökonomie, kurz Minep[1], eine systematischere Vorgehensweise zum Aufbau einer alternativen Wirtschaft (Díaz 2006, 163f.). Der Schwerpunkt lag in der Förderung einer „popularen" und „kommunalen Ökonomie", die in den lokalen Communities verankert ist. Die Idee kommunaler Produktions- und Konsumptionszyklen stützt sich auf Istvan Mészáros und sein Konzept eines Übergangs zum Sozialismus, das er in seinem Buch *Beyond Capital* entwirft (Mészáros 1995, 759-770). Seitdem hat die venezolanische Regierung verschiedene Formen kollektiver, mit- und selbstverwalteter Unternehmensmodelle eingeführt, gefördert und weiterentwickelt.

Kooperativen

Bevor Chávez die Regierung übernahm, waren Kooperativen in Venezuela nicht sonderlich verbreitet. 1998 waren lediglich rund 800 Kooperativen vorwiegend aus dem Transport- und Finanzsektor registriert, die insgesamt über etwa 20.000 Mitglieder verfügten.[2] Die Verfassung von 1999 sprach Kooperativen einen besonderen Stellenwert zu, da sie der Schaffung eines sozialen und ökonomischen Gleichgewichts dienen sollen (Díaz 2006, 160-163). 2001 wurde die Gründung von Kooperativen weiter vereinfacht: Sie müssen keine Registrierungsgebühren mehr zahlen und können Steuervergünstigungen, Kredite und Staatsaufträge erhalten, wenn sie die Kooperativenrichtlinien erfüllen. Staatliche Institutionen und Unternehmen, die Verträge mit dem Staat abschließen, sind nun dazu verpflichtet, transparente Auftragsvergabemechanismen einzuhalten und Kooperativen zu bevorzugen. Außerdem versorgen neu gegründete öffentliche Banken die Kooperativen mit zinsgünstigen und flexiblen Mikrokrediten. Insgesamt hat das Ministerium, das die Entwicklung einer kollektiven kommunalen Ökonomie fördert, zwischen 2003 und 2008 umgerechnet rund eine Milliarde US-Dollar in Kooperativen investiert (Sunacoop 2009).

Diese guten Bedingungen haben eine Gründungswelle losgetreten. Die Nationale Generalverwaltung für Kooperativen (Superintendencia Nacional de Cooperativas, Sunacoop) zählte im Dezember 2009 insgesamt 274.000 registrierte Kooperativen, wovon rund 27 Prozent (73.968) zertifiziert waren. Insgesamt hatten die Kooperativen in Venezuela zu diesem Zeitpunkt rund zwei Millionen

1 Das „Ministerium für Populare Ökonomie" (Ministerio de Economia Popular, Minep) wurde 2008 in „Ministerium für kommunale Ökonomie" (Ministerio para la Economía Comunal, Minec) umbenannt; 2009 in „Ministerium für Kommunen".

2 Die Gesamtzahl variiert je nach Quelle zwischen 762 (Melcher 2008), 800 (Díaz 2006: 151) und 877 (Piñeiro 2007). Der Direktor von Sunacoop, Juan Carlos Baute, schätzte die Zahl der Kooperativen für 1998 in einem Interview auf 800 bis 900.

Mitglieder, wobei es auch Personen gibt, die mehr als einer Kooperative angehören und zudem noch eine andere reguläre Arbeitsstelle haben (Baute 2009). Im Jahr 2009 generierten die Kooperativen rund zwei Prozent des venezolanischen Bruttoinlandsproduktes, doch ihre hohe Wachstumsdynamik macht es schwer, genaue Zahlen zu bestimmen. Dazu kommt, dass viele Kooperativen eine mangelhafte Buchführung haben und die Überprüfungen durch Sunacoop dürftig und unregelmäßig sind (Ellner 2008).

Doch die Annahme, dass Kooperativen automatisch „für eine Befriedigung der gesellschaftlichen Bedürfnisse produzieren" und dass sich ihre innere Solidarität, gegründet auf gemeinschaftlichem Besitz, „von alleine auf ihre Umgebung ausbreiten" werde, erwies sich als Irrtum. Die meisten Kooperativen folgten weiterhin einer kapitalistischen Logik: Sie konzentrierten sich auf die Gewinnmaximierung, ohne die sie umgebenden Communities zu unterstützen; viele steigerten ihre Profite, statt neue Mitglieder aufzunehmen, und einige produzierten lieber für den Export, statt sich an den Bedürfnissen der lokalen Bevölkerung zu orientieren (Piñeiro 2010).

Selbst die Mehrheit derjenigen Kooperativen, die über die „Misión Vuelvan Caras" ins Leben gerufen wurden, folgte kapitalistischen Logiken. Dabei war es ein Programm für Berufsbildung und sozio-politische Schulungen, das darauf zielte, kollektive Arbeitsstrukturen zu bilden. Seit 2005 wurden mehr als hundert so genannte endogene Entwicklungszentren (Nudes) gegründet, um die Kooperativennetzwerke zu bilden und zu schulen als Nährboden einer antikapitalistischen Ökonomie. Das Programm konnte seine grundlegenden Ziele nicht erfüllen: Bevor die „Misión Vuelvan Caras" im Jahr 2007 umstrukturiert wurde, hatte sie zur Gründung von rund 10.000 Kooperativen durch 800.000 Menschen beigetragen. Das ursprüngliche Ziel war jedoch 50 Prozent höher (Azzellini 2010b, 224). Das ursprünglich gesetzte Ziel des Aufbaus einer kommunal verankerten Produktion konnte nur wenig vorangebracht werden.

Die größten Hindernisse für einen Erfolg der Kooperativen stellten die kapitalistische Orientierung ihrer Mitglieder, die Inkompetenz von Staatsbeamten und fehlendes Wissen um Arbeits- und Verwaltungsprozesse in den Kooperativen dar (Melcher 2008). Piñeiro stellte fest, dass der soziale Zusammenhalt vieler Kooperativen durch interne Konflikte unterlaufen wird. Diese werden wesentlich durch den Mangel an Erfahrung mit sozialen Beziehungen und Verwaltungsaufgaben verursacht und durch die mangelnde kollektive Supervision verstärkt (2010). Die Ursache dafür liegt zum Teil darin, dass die meisten Angehörigen der neuen Kooperativen aus marginalisierten Bevölkerungsschichten stammen, nur wenig oder keine Erfahrung mit außerhäuslicher Arbeit haben und nur über ein relativ niedriges Bildungsniveau verfügen. Zusätzlich dazu besteht das Problem der geringen Koordination unter den Kooperativen.

Nichtsdestotrotz gehen viele Unterstützer und Unterstützerinnen des Bolivarianischen Prozesses davon aus, dass sich mittelfristig ein solider genossenschaftlicher Sektor etablieren wird. Sie unterstreichen die Erfahrungen, die mit und in den Kooperativen gemacht wurden, als sehr wertvoll und sehen die Maßnahmen daher nicht als Fehlinvestition. Die Gründung vieler Kleinunternehmen, auch wenn sie nicht alle der genossenschaftlichen Philosophie entsprechen, sei als „Demokratisierung des Kapitals" innerhalb des stark monopolistisch und oligopolistisch strukturierten venezolanischen Marktes zu sehen (Ellner 2008). Doch die Gründung von Kooperativen ist nicht ohne Widersprüche. Sie kann zu einer Deregulierung der Arbeitsverhältnisse beitragen; und nur weil ein Unternehmen viele statt einen Besitzer hat, schließt dies nicht kapitalistische Funktionsweisen aus. Das Modell hat auch einige Kooperativen-Mitglieder dazu gedrängt, unternehmerische Logiken anzunehmen. Daher haben einige Arbeiter und Arbeiterinnen Kooperativeneigentum kritisiert, besonders wenn es sich um Betriebe mit gemischtem Besitzverhältnis handelt, wie etwa staatlichem und kooperativem Besitz, wo die Arbeiter ihren Teil des Unternehmens als Kooperative betreiben.

EPS: drei Namen, ein Kürzel

Mit den Unternehmen gesellschaftlichen Eigentums (Empresa de Producción Social, EPS) wurde 2005 eine neue Unternehmensform geschaffen. Ihnen kam Unterstützung durch die Regierung zu, und sie erhielten den Vorzug bei der Vergabe von Regierungsaufträgen. Im Gegenzug müssen EPS einen Teil ihres Gewinns in die Communities investieren, eine Form der Mitverwaltung in Absprache mit den Angestellten einführen und die Gründung von Kooperativen in Produktionsketten ihrer eigenen Produktion fördern. Die Eigentumsform, ob staatlich, privat oder kollektiv, war für den Status als EPS nicht von Belang. Manche Staatsbetriebe begannen daraufhin, Zulieferer-Ketten zu schaffen und Kooperativen zu bevorzugen, doch eine grundlegende Neuorientierung konnte damit nicht erzielt werden. Und der Versuch, die soziale Verantwortung mittels materieller Vorteile zu fördern, war im Großen und Ganzen nicht sonderlich erfolgreich. Viele Unternehmen registrierten sich nur als EPS, um an staatliche Unterstützung zu gelangen (Díaz 2006, 157f.).

Ab dem zweiten Halbjahr 2007 wurden offiziell keine EPS mehr gegründet. Der Begriff wurde aber weiter verwendet, nun als allgemeine Bezeichnung für Unternehmen sozialistischer Produktion (Empresa de Producción Socialista) und für Unternehmen sozialen Eigentums (Empresa de Propiedad Social)

(Álvarez/Rodríguez 2007). „Direktes soziales Eigentum" bezieht sich auf Gemeinschaftseigentum, das direkt von der Belegschaft verwaltet wird, entweder gemeinsam mit Kommunalen Räten (Consejos Comunales) – eine im Jahr 2005 eingerichtete, nicht-repräsentative Form der lokalen Selbstorganisation – oder mit der nächst höheren Ebene, den Comunas, die jeweils aus mehreren Kommunalen Räten bestehen[3]. Unternehmen sozialen Eigentums können direkt von den Kommunen selbst gegründet werden oder von staatlichen Institutionen, die diese Betriebe den Kommunen dann übertragen (Piñeiro 2010).

2007 begann die Regierung insgesamt rund 200 „sozialistische Fabriken" aufzubauen mit dem Ziel, diese als Unternehmen sozialen Eigentums beziehungsweise als Unternehmen sozialistischer Produktion (EPS Fabriken) zu etablieren.[4] Die Arbeiter und Arbeiterinnen wurden von den Kommunalen Räten ausgewählt; benötigte höhere Angestellte kamen aus staatlichen Institutionen. Diese sozialistischen Fabriken wurden dazu angehalten, nicht-marktförmige Wege des Warenaustauschs zu etablieren. Im September 2008 waren 31 EPS-Fabriken in Betrieb, davon 14 Molkereien, zehn Getreide-, vier Kunststoff- und drei Autoteilefabriken. Ende 2009 war die Zahl der EPS-Fabriken auf 70 bis 80 angewachsen (Piñeiro 2010). Das Ziel war, die Verwaltung der Produktionsstätten nach und nach den Beschäftigten und den lokalen Räten zu übertragen. Die meiste Institutionen haben jedoch wenig getan, um diesen Prozess zu organisieren.

Seit 2008 wurde die Gründung von Unternehmen sozialen Eigentums in den Communities gefördert. Ziel ist, dass sie lokale Dienste übernehmen, wie etwa den Gasvertrieb an Endverbraucher[5] oder den öffentlichen Nahverkehr, und auch eine lokale Produktion aufbauen. Im Zentrum steht vor allem, privatisierte öffentliche Dienstleistungen zu rekommunalisieren und unter kollektive Kontrolle der Communities zu stellen. Die Entscheidung über die Verwaltungsform dieser Betriebe obliegt dabei der Bevölkerung mittels der Kommunalen Räte, die

3 Solche Modelle stehen im Gegensatz zu indirektem sozialen Eigentum, etwa wenn strategisch wichtige nationale Industrien vom Staat verwaltet werden. Mehr Details zum lokalen Rätesystem in Azzellini (2010a).

4 Unter den „sozialistischen Fabriken" waren 88 Lebensmittel verarbeitende Betriebe, zwölf Chemiefabriken, 48 Maschinenbauer, acht Hersteller von Elektronikgeräten, zehn Plastik-, Glas- und Reifenfabriken, acht Transportunternehmen, vier Baufirmen und drei Betriebe aus der Recyclingindustrie. Die meisten von ihnen wurden mit Unterstützung, Expertise und Maschinen aus Argentinien, China, Iran, Russland und Weißrussland errichtet (Azzellini 2009, S. 188).

5 Kommunal kontrolliertes Einzelhandelsnetzwerk für Flüssiggas.

auch die Personalentscheidungen für die Kommunalen Unternehmen treffen. Ende 2009 hatten die Communities in Venezuela 271 Unternehmen in direktem sozialem Eigentum gegründet. Weitere 1.084 kommunale Einheiten sozialer Produktion wurden durch den Staat und die Communities gemeinsam verwaltet (ABN 2009). Dieses Modell ist damit weit vielversprechender als frühere Initiativen der kollektiven Produktion. Der Erfolg der Kommunalen Räte hat gezeigt, dass die Venezolanerinnen und Venezolaner sich weit mehr mit ihrer Community identifizieren als mit ihrem Arbeitsplatz.

Rückeroberte Unternehmen

Während und nach der Aussperrung durch die Arbeitgeber 2002/2003 übernahmen die Belegschaften mehrere kleine und mittlere Fabriken als Reaktion auf ausgebliebene Lohnzahlungen. Zunächst überließ die Regierung die Fälle den Arbeitsgerichten, doch im Januar 2005 begann sie schließlich, die Enteignungen zu autorisieren. Obwohl die Verfassung seit 2000 Enteignungen ausdrücklich ermöglicht, gab es bis Ende 2006 nur wenige, abgesehen vom Ölsektor. Im Januar 2005 wurde die Papierfabrik Venepal (heute Invepal) enteignet, im April 2005 die Constructora Nacional de Válvulas (CNV, heute Inveval), die Ventile hauptsächlich für die Ölindustrie fertigt. Beide Betriebe waren 2003 von ihren Belegschaften besetzt worden und benötigten dringend sowohl Investitionen als auch Finanzmittel, um die Produktion wieder aufnehmen zu können. Bei CNV standen die Bänder komplett still, und Venepal stellte nur für eine kurze Zeitspanne geringe Mengen verschiedener Papierprodukte her. Im Juli 2005 begann die Regierung, sich verstärkt geschlossenen Unternehmen zu widmen, mit der Folge, dass seither hunderte davon enteignet wurden.

Eine zweite Welle von Enteignungen ereignete sich 2009 und 2010, ausgelöst vom staatlichen venezolanischen Institut für Verbraucherschutz. Das INDEPABIS (Istituto para la Defensa e las Personas en el Acceso a los Bienes y Servicios) ist für die Preisaufsicht zuständig und befugt, gegen Spekulationen auf Güter des Grundbedarfs vorzugehen. Außerdem sichert es die Einhaltung arbeitsrechtlicher Standards und fördert Arbeiterräte in enteigneten Betrieben. Betroffen von Enteignungen waren seit 2009 vorwiegend Unternehmen in der Lebensmittelverarbeitung, Ölbohrungsfirmen und einige kleine Privatbanken, die in Betrugsgeschäfte verwickelt waren.

In den Jahren 2005 und 2006 war das politische Klima sehr günstig für Enteignungen von geschlossenen oder unproduktiven Unternehmen. Nachdem der Bolivarianische Prozess über den Putschversuch von 2002, den Unternehmerstreik 2002/2003 und im Referendum gegen Chávez 2004 triumphiert hatte, befand sich die Opposition in der Defensive. Dazu kam, dass die Fabrikbesetzungen zusammenfielen mit der gesamtwirtschaftlichen Notwendigkeit, die Produktion anzukurbeln. Damit fanden die Rückeroberungen „von unten" ein Echo „von oben". Im Juli 2005 verlas Chávez im Fernsehen eine Liste mit mehr als 1.000 Betrieben, welche die Arbeit entweder vollständig oder teilweise eingestellt hatten, und kündigte an, dass bei 136 geschlossenen Unternehmen eine Enteignung konkret geprüft werde (RNV 2005). Arbeitsministerin María Cristina Iglesias rief Gewerkschaften und ehemalige Arbeiter dazu auf, die unproduktiven Betriebe zurückzuerobern. Der bolivarianische Gewerkschaftsdachverband UNT verkündete daraufhin die Besetzung von mehr als 800 stillgelegten Fabriken (Azzellini 2009, 174).

Allerdings wurden nur wenige dieser Unternehmen tatsächlich besetzt. Sogar die Gesamtzahl der Besetzungen, Enteignungen und Ankäufe durch den Staat blieb weit unter den proklamierten 800 Betrieben. Das offenbarte einen Widerspruch zwischen der staatlichen Initiative, Prozesse „von unten" zu bevorzugen, und dem tatsächlichen Organisationsgrad der Arbeiterinnen und Arbeiter. Weder hatten die Belegschaften die Kraft, massive Besetzungen zu organisieren, noch zeigten die staatlichen Institutionen besonderes Engagement dabei, derartige Maßnahmen zu fördern und zu unterstützen. Lange Zeit schien Chávez der einzige in der Regierung zu sein, der für Fabrikübernahmen durch die Arbeiterschaft eintrat (Comenzana 2009b). Sogar die UNT scheiterte darin, ihre eigenen Ankündigungen bezüglich Betriebsbesetzungen auch umzusetzen. Nicht einmal ihr linker Flügel C-CURA schaffte es, massenhaft Fabrikübernahmen von unten zu organisieren, obwohl er zentral an zahlreichen Besetzungen und Arbeitskämpfen beteiligt war.[6] Ohne den Druck von unten versandete die Initiative des Präsidenten letztlich in der Bürokratie.

Enteignungen erfolgten meist erst auf öffentlichen Druck, den die Arbeiterschaft durch Mobilisierung und Besetzungen auf staatliche Institutionen ausübte. Diese Mobilisierungen entstanden in der Regel aus defensiven Situationen, meist zum Erhalt der Arbeitsplätze. Eine Radikalisierung und tiefere politische

6 Die „klassenorientierte, einheitliche, revolutionäre und autonome Strömung" war eine der größten und aktivsten Strömungen der UNT. Sie hat einen trotzkistischen Hintergrund und spaltete sich 2007 in einen Minderheitenflügel, der den Namen C-CURA beibehielt, stark arbeiterzentriert ist und die Regierung als bürgerlich ablehnt, sowie einen Mehrheitsflügel, der sich „Marea Socialista" (sozialistische Flut) nennt, der „Vereinten sozialistischen Partei Venezuelas" (Partido Socialista Unido de Venezuela, PSUV) beigetreten ist und die Regierung kritisch unterstützt.

Reflektion sind eher die Folge solcher Aktionen, anstatt ihnen voranzugehen. Und den Kämpfen um Nationalisierung gelang es nur selten, eine regionale Dynamik zu entwickeln (Lebowitz 2006).[7] Die meisten Besetzungen von Betrieben erfolgten, weil ihre kapitalistischen Besitzer sie in die Unproduktivität manövriert hatten, doch nur wenige Unternehmen konnten, wie die Wasserrohrfabrik INAF, die Produktion unter Belegschaftskontrolle wieder aufnehmen. INAF verfügt aber nur – wie viele andere durch ihre Belegschaften enteignete Unternehmen in Venezuela und in ganz Lateinamerika – über veraltete Maschinen. Um effizient produzieren zu können, benötigen die meisten Betriebe daher umfangreiche Investitionen in Infrastruktur und Technik. Die Unterstützung von Seiten des Staates ist daher entscheidend, denn außer Privatinvestoren, die kein Interesse an Arbeiterkontrolle haben, verfügt nur der Staat über derart hohe Finanzmittel. Ohne die staatliche Unterstützung müssen diese Betriebe gemäß den Regeln des kapitalistischen Marktes konkurrieren und sie übernehmen.

Seit 2007 ist ein systematischeres Vorgehen bei den Enteignungen erkennbar. Es zielt darauf, Produktionsketten aufzubauen und der Regierung und den Communities die Kontrolle über möglichst viele Aspekte der Produktion und des Vertriebs von Lebensmitteln zu verleihen, um die Lebensmittelversorgung garantieren zu können und gegen Spekulation vorzugehen. Doch das geringe Engagement staatlicher Institutionen in der Schulung der Belegschaften zur Übernahme der Produktionsprozess unter eigener Kontrolle führt zunehmend zu Konflikten zwischen Arbeitern und Arbeiterinnen und den entsprechenden Institutionen. Einige Betriebe, die aus Gründen des Verbraucherschutzes seit 2009 durch INDEPABIS enteignet wurden, haben mehr Unterstützung erfahren. Diese bemerkenswerten Ausnahmen beruhten aber in der Regel darauf, dass die Arbeiter das nötige Selbstvertrauen gezeigt haben, um die Unternehmen von sich aus zu übernehmen und zu verwalten.

Mitverwaltung, Selbstverwaltung und Arbeiterkontrolle

Cogestión (Mitverwaltung) meint eine Beteiligung der Arbeiterinnen und Arbeiter durch Partizipieren an der Verwaltung ihres Betriebes. Die cogestión wurde erstmals während des Unternehmerstreiks 2002/2003 von den Belegschaften der

7 Es gibt einige Ausnahmen. Der Kampf der Arbeiter im Stahlwerk Sidor (Siderúrgica de Orinoco), die 2007 bis 2008 für eine Verstaatlichung ihres Betriebes stritten, gehört zu den bekanntesten. Obwohl der bolivarianische Gouverneur der Region der Arbeiterschaft ablehnend gegenüberstand, genoss die Bewegung große lokale Unterstützung und erreichte schließlich, dass Präsident Chávez das Unternehmen verstaatlichte.

staatlichen Stromversorger CADELA und CADAFE ausgeübt und 2005/2006 vor allem in Betrieben gefördert, die sich ganz oder teilweise in Staatseigentum befinden. Da keine gesetzliche Grundlage für die Mitverwaltung existiert, haben sich verschiedene Modelle entwickelt. In sogenannten strategischen Unternehmen wie im staatlichen Ölkonzern PdVSA wurde die Mitverwaltung verwehrt. Der offiziellen Argumentation folgend seien diese zu wichtig, um sie der Kontrolle der Arbeiter zu überlassen. Die Befürworter der Arbeiterpartizipation sehen in der strategischen Bedeutung allerdings eher ein Argument für die Mitverwaltung. Immerhin wurde PdVSA während des Unternehmerstreiks vom Management verlassen und von den Arbeitern und Arbeiterinnen wieder in Betrieb genommen.

Über das 2005 geschaffene Regierungsprogramm *Fábrica adentro* (in der Fabrik) erhalten Privatunternehmen Zugang zu Krediten mit niedrigen Zinssätzen und staatliche Subventionen, wenn sie sich mit ihren Beschäftigten auf eine Form der Mitverwaltung einigen. Mehr als 1.000 kleine und mittelständische Unternehmen haben seither an dem Programm teilgenommen. Doch eine Beteiligung der Arbeiter und Arbeiterinnen an der Verwaltung kam nicht zustande, die Regel war eine Minderheitsbeteiligung am Eigentum. Zu Konflikten bezüglich der Einführung von Mitverwaltung und ihrer konkreten Form kam es auch in den zuvor genannten enteigneten Fabriken Inveval und Venepal.

Die staatliche Aluminiumhütte Alcasa

Unter den staatseigenen Unternehmen wurde Alcasa, Venezuelas zweitgrößte Aluminiumhütte, als eine Art Versuchsfeld für die Mitverwaltung ausgewählt. In Ciudad Guayana im Bundesstaat Bolívar gelegen, ist Alcasa Teil des staatlichen Basisindustrie-Konglomerats CVG (Corporación Venezolana de Guayana, bestehend aus 17 Betrieben), das dem Ministerium für Basisindustrien und Minen (Mibam) untersteht. Im Februar 2005 wurde Carlos Lanz, auf Vorschlag von Chávez, von der Teilhaberversammlung zum Generaldirektor von Alcasa ernannt. Lanz definierte als Ziel seiner Tätigkeit die Arbeiterkontrolle. Rund zwei Wochen nach seinem Amtsantritt wurden sämtliche Abteilungsleiter durch je drei Arbeiter und Arbeiterinnen ersetzt, die von den Abteilungsversammlungen gewählt wurden. Sie teilten sich die Leitung und erhielten dafür den gleichen Lohn wie alle anderen Beschäftigten der Abteilung. Als höchstes Entscheidungsgremium wurde eine Fabrikversammlung ins Leben gerufen, gefolgt von Arbeitsgruppen aus Sprechern und Sprecherinnen der Abteilungen[8] und den Abteilungsleitungen. Sie wurden alle in Versammlungen gewählt und konnten von diesen auch wieder abgewählt werden. So wurde in den Abteilungen kollektiv an der Basis über Arbeitsorganisation und Investitionen entschieden, wenn auch Management und Verwaltung im Wesentlichen unverändert blieben.

Die Arbeiter holten diverse Bildungsprogramme auf das Fabrikgelände und organisierten sozio-politische Schulungen, für die sie das Bildungszentrum Negro Primero einrichteten. Alcasa wandelte sich in ein EPS und gründete Kooperativen, die das produzierte Aluminium weiterverarbeiteten. Das Werk sollte nicht nur demokratisiert, sondern auch wieder produktiv und profitabel werden. In den vergangenen 17 Jahren wurde Alcasa, als Vorbereitung auf eine Privatisierung, in die Ineffizienz und in eine hohe Verschuldung manövriert.

Im November 2005 wählte die Teilhaberversammlung einen neuen Vorstand um Lanz. Drei der neuen Mitglieder stammten von der CVG, zwei waren Betriebsangehörige von Alcasa und zwei weitere Angehörige der organisierten lokalen Bevölkerung – ein Ökonom und ein Dozent der Bolivarianischen Universität Venezuelas (Prensa Alcasa 2005). Aufgrund der Veränderungen in der Fabrik konnte Alcasa die Produktion um elf Prozent steigern (Bruce 2005) und bis Ende 2006 alle über Jahre bei ehemaligen und aktuellen Arbeitern aufgelaufenen Lohn- und Rentenforderungen auszahlen. Im Juli 2006 stellte sich Lanz als Generaldirektor in der Fabrik zur Wahl und bekam 1.800 von 1.920 abgegebenen Stimmen – ein klares Votum für seinen Verbleib im Amt.

Ende 2006 unterzeichneten Alcasa und die Betriebsgewerkschaft einen neuen Haustarifvertrag, in dem auch die Konstituierung von Fabrikräten enthalten war (Prensa Alcasa 2007)[9]. Eine neue Kooperativenabteilung förderte und begleitete einen Organisierungsprozess der im Betrieb tätigen Kooperativen, der in die Gründung zwölf großer Kooperativen mündete. Deren Angehörige erhielten auf dem Betriebsgelände Zugang zu den gleichen Leistungen wie die Festangestellten – Kantine, Transport und Freizeitangebote eingeschlossen. Alle Alcasa-Abteilungen verpflichteten sich schriftlich, Kooperativen den Vorzug gegenüber Privatunternehmen zu geben, womit diese nicht mehr gezwungen waren, mit Privatunternehmen um Aufträge zu konkurrieren. Sowohl die Beschäftigten der Kooperativen als auch von Subunternehmen sollten in Festanstellung übernom-

8 Auf zehn Beschäftigte kommt ein Sprecher oder eine Sprecherin.

9 Zu der ersten Phase der *cogestión* in Alcasa unter Carlos Lanz siehe ausführlich Azzellini/Ressler 2006.

men werden. Doch all dies war im Wesentlichen auf den Einsatz der Abteilung für Kooperativen zurückzuführen. Die sozio-politische Schulung der Verwaltung wurde dagegen vernachlässigt – mit drastischen Konsequenzen.

Die Niederlage der Mitverwaltung: Ursachen und Perspektiven

Im Mai 2007 verließ Lanz Alcasa. Der Aufbauprozess der Mitverwaltung brach daraufhin zusammen, da sein Nachfolger kein Interesse daran zeigte und keine verbindlichen Statuten schriftlich fixiert worden waren. Dieser Mangel, der ursprünglich den Prozess so offen wie möglich halten sollte, führte jetzt dazu, dass die kollektiven Entscheidungen der Abteilungen nicht mehr als verbindlich angesehen wurden. Die aktive Partizipation der Arbeiter und Arbeiterinnen ging rapide zurück, und die Räte wurden erst gar nicht konstituiert. Die Produktivität von Alcasa fiel drastisch; das Werk schrieb erneut hohe Verluste. Der Großteil der Belegschaft setzte sich aber nicht für Mitverwaltung oder für Räte ein. Wie kam es, dass die Mitverwaltung so rasch zusammenbrach?

Eine zentrale Ursache ist bei den Interessen zu suchen, die auf dem Spiel standen. Angesichts der Bedeutung der Basisindustrien in der Region, vor allem des Stahlwerks Sidor, zeigten Politiker und die Fabrikverwaltung wenig Interesse, die Arbeiterbeteiligung in der Mitverwaltung zu stärken. Klientelistische Netzwerke in der CVG und der regionalen Politik arbeiteten gegen die Mitverwaltung. Weder Politiker noch das Management zeigten besonderen Antrieb, die Beteiligung der Arbeiter an der Mitverwaltung zu fördern, und die fehlenden Statuten machten es ihnen leicht. Die stärker im Transformationsprozess engagierten Arbeiter kritisieren, dass es ein Fehler gewesen sei, weder das Personal im Management noch in der Verwaltung auszutauschen. Während Lanz' Präsidentschaft leistete es passiven Widerstand; kaum war er weg, kehrten viele zu den korrupten Praxen zurück.

Nach Lanz' Weggang wuchs die Stammbelegschaft von Alcasa von 2.700 auf 3.300, doch nur 60 der neu Eingestellten stammten wie geplant aus Kooperativen. Die Mehrheit der anderen waren Verwandte, Freunde oder Klienten der alten korrupten Netzwerke. Kostbare Aluminiumreste aus der Produktion wurden wieder tonnenweise unter der Hand verscherbelt, und auch das Unternehmen selbst verkaufte wie früher Aluminium unter dem Weltmarktpreis gegen unmittelbare Barzahlung. Auch ein erneuter Wechsel an der Spitze von Alcasa im April 2008 änderte wenig. Der neue Präsident zwang die Kooperativen dazu, wieder im offenen Wettbewerb um Aufträge zu konkurrieren und stellte sich gegen die Finanzierung von Sozialprojekten der Beschäftigten in vier nahegelegenen Communities, die aus einem Sozialfonds gefördert wurden – Schulreparaturen eingeschlossen. Trotz alledem war das Experiment „Mitverwaltung" nicht umsonst. Ein Arbeiter erklärte:

> „Allein die Tatsache, dass hunderte Arbeiter den Prozess der Transformation von Alcasa gestaltet haben, ist äußerst bedeutend. Die Tatsache, dass sie auf Versammlungen ihre Meinung gesagt haben und direkt mit der Unternehmensleitung diskutierten, was in dieser Fabrik niemals zuvor geschah, ist ebenfalls eine wichtige Lehre.
> Die Arbeitsgruppen funktionierten nicht, und die engmaschige Bürokratie führte dazu, dass sich die *cogestión* in diesem Zustand befindet, gewissermaßen paralysiert [...] aber mit großen Erfahrungen und Fortschritten. Die Arbeiter haben gelernt, dass es möglich ist, den gesamten Produktionsprozess zu verwalten und zu kontrollieren. Eine große Lehre! Wo sie mir doch immer sagten, das sei unmöglich" (León 2009).

In Alcasa konnten die Beschäftigten, die für eine Arbeiterkontrolle eintreten, die Schule halten und sich zu einer wichtigen Kraft in der Belegschaft entwickeln. Sie sind an politischer Aufbauarbeit in der Region beteiligt, unterstützten eng die Sidor-Beschäftigten im Kampf um Verstaatlichung und berieten sie bezüglich Arbeiterräte und Mitverwaltung.

Dass die Basisindustrien in Venezuela modernisiert werden müssen, liegt auf der Hand. Die beste Option, um die Demokratisierung zu erreichen und die Unternehmen effizient zu gestalten, ist ein Übergang zu einem transparenten Netzwerk von Industrien unter Arbeiterkontrolle. Obwohl der revolutionäre Flügel der Arbeiterschaft der CVG-Unternehmen für Demokratie und Arbeiterkontrolle eintrat, bezog die Mehrheit der Beschäftigten keine Stellung. Doch verfügen die Verfechter der Arbeiterkontrolle über einen wichtigen Unterstützer: Im Mai 2009 nahm Präsident Chávez an einem Wochenendseminar mit mehr als 300 Arbeitern und Arbeiterinnen aus den Eisen-, Stahl- und Aluminiumhütten des CVG-Konzerns teil. Auch Arbeiter und Arbeiterinnen von Alcasa waren dort vertreten. Sie diskutierten mögliche Lösungen für die Probleme der jeweiligen Sektoren und stellten neun strategische Richtlinien für die Restrukturierung und Transformation der CVG auf. Arbeiterkontrolle über die Produktion stand ganz oben auf der Liste. Chávez autorisierte eine Ministerialkommission, die, aufbauend auf den beschlossenen Richtlinien, einen Plan entwickeln sollte.

Damit wurde der Plan „Sozialistisches Guayana 2019" geboren, den Chávez im August 2009 genehmigte. Er überging den Regionalgouverneur und den Minister für Basisindustrien und Minen (Mibam), da beide den geplanten Maßnahmen gegenüber wenig Enthusiasmus zeigten. Wie der Name andeutet, handelt es sich um ein langfristiges Vorhaben. Die Arbeiterräte wurden darin nicht von Chávez dekretiert, was die Belegschaften begrüßten, denn wenn Räte nicht aus dem Engagement der Arbeiterschaft entstehen, haben sie wenig Aussicht auf Erfolg (Trabajadores de CVG/Alcasa 2009).

Nach Monaten des Stillstands nominierte Chávez schließlich im Mai 2010 Arbeiter aus den 17 CVG-Fabriken als Generaldirektoren in ihren Fabriken. Sie stammten aus den Gruppen, die zuvor an den Workshops teilgenommen hatten. Als Generaldirektor von Alcasa wurde der Umwelttechniker und Aktivist für Arbeiterkontrolle Elio Sayago eingesetzt. Damit ging der Kampf um die Arbeiterkontrolle in eine neue Runde. In der Fabrik brach sofort ein Konflikt mit den korrupten Gewerkschaftslisten aus, die mittels eines Streiks versuchten, die Arbeiterkontrolle zu sabotieren. Einige Probleme konnte eine rasch einberufene Vollversammlung aller Arbeiter und Arbeiterinnen der betroffenen Abteilungen lösen, doch andere blieben bestehen. Insgesamt blieb offen, ob die Restrukturierung und Demokratisierung der Basisindustrien gelingen wird. Sicher ist auf jeden Fall, dass Elio Sayago, der Restrukturierungsplan für Alcasa und die Einführung von Arbeiterkontrolle die Mehrheit der Belegschaft hinter sich haben. Das zeigte sich zuletzt am frühen Morgen des 9. November 2010, als rund ein Dutzend korrupter Gewerkschaftsfunktionäre vor dem ersten Schichtbeginn in die Fabrik eindrang, die Tore mit Ketten verschloss und so versuchte, die Werksführung an sich zu reißen. Doch etwa 600 Beschäftigte der ersten Schicht begleiteten Sayago in die Fabrik und demonstrierten damit eindrucksvoll, wem ihre Unterstützung gehört (Marea Socialista 2010).

Die „rückeroberte" Fabrik Inveval

Im April 2005 wurde die CNV (jetzt Inveval) im Bundesstaat Miranda, bei Caracas, per Präsidentschaftsdekret enteignet. CNV produziert Ventile für die Erdölindustrie und gehörte dem Ex-PdVSA-Direktor und Oppositionellen Andrés Sosa Pietri. Das Werk schloss im Zuge des Unternehmerstreiks und sollte nach starken Lohnsenkungen und der Streichung von Abfindungen für die Entlassenen wieder eröffnet werden. Die Beschäftigten akzeptierten das Vorgehen nicht, und 63 von ihnen besetzten das Betriebsgelände, um die Auszahlung zu fordern. Das Arbeitsministerium ordnete an, dass die Arbeiter und Arbeiterinnen wieder eingestellt und die Löhne ausgezahlt werden, doch der Fabrikbesitzer folgte dem nicht, und die Fabrik wurde enteignet (Azzellini 2007, 51-53, Comenzana 2009a, 27-43).

Von der Enteignung zur Mitverwaltung

Die Schwierigkeiten, auf die die Beschäftigten von Inveval stießen, um die Selbstverwaltung in der Fabrik zu konsolidieren, zeigen deutlich das Wiederaufblühen des Klassenkampfes, der jenseits der kapitalistischen Ökonomie auch die Staatsbetriebe und die Institutionen durchquert. Ermutigt von Chávez' öffentlicher Unterstützung, traten die Beschäftigten von Inveval für Arbeiterkontrolle ein. Während sie ein solches Modell zu definieren versuchten, setzte sich die Bürokratie der Ministerien dafür ein, dies zu verhindern. Weder das Minep noch das Ministerium für Leichtindustrie und Handel (Milco) gelang es, die notwendige Unterstützung Invevals zu organisieren, um das Unternehmen wieder in Produktion zu bringen. Unklar bleibt, ob das aus Absicht oder aus Unwissen und Unerfahrenheit geschah – entweder folgten sie traditionell-kapitalistischen Glaubenssätzen oder sie sahen ihre Autorität durch Arbeiterkontrolle gefährdet. Es begann damit, dass nur Inveval enteignet wurde, nicht aber die in einer anderen Stadt gelegene dazugehörige Gießerei Acerven.

Die Belegschaft von Inveval lehnte den Vorschlag des Minep zur Mitverwaltung ab. Dieser sah vor, dass die Direktoren vom Staat ernannt werden – die Beschäftigten forderten dagegen eine Mehrheit der Arbeiter im Management und einen Arbeiter als Generaldirektor, ganz wie es Chávez vorgeschlagen und versprochen hatte. Nach harten Verhandlungen und acht gegenseitig abgelehnten Entwürfen wurde im August 2005 ein Abkommen unterzeichnet (Prensa INCES 2005). Inveval wurde zu einer Aktiengesellschaft, mit 51 Prozent Staatseigentum und 49 Prozent Belegschaftseigentum als gemeinsame Kooperative. Aber die Arbeiterversammlung wählte drei der fünf Direktoriumsmitglieder, darunter auch den Generaldirektor, und das Ministerium sollte die zwei übrigen Direktoriumsmitglieder ernennen, entsandte aber letztlich keine Vertreter.

Inveval nahm Mitte 2006 die Arbeit wieder auf und zahlte allen Beschäftigten den gleichen Lohn. Zuvor hatten die Arbeiter das Werk mit Material renoviert, das ihnen das Ministerium zur Verfügung gestellt hatte. Aufgrund der fehlenden Gießerei konnte das Unternehmen allerdings nur die Wartung und Reparatur von Industrieventilen anbieten. Versuche, die Ventile in privaten Gießereien herstellen zu lassen, scheiterten. Die Privatunternehmen bildeten eine Front und verweigerten die Produktion oder lieferten fehlerhafte Teile.

Sämtliche die Fabrik betreffenden Entscheidungen wurden in der wöchentlich stattfindenden Kooperativenversammlung gefällt. Doch da der Staat Mehrheitseigner des Unternehmens war, mussten alle wichtigen Entscheidungen vom Ministerium abgesegnet werden. Die Versammlung beschloss von Beginn an eine Lohnerhöhung und einen Sieben-Stunden-Tag. Ab vier Uhr nachmittags wurden verschiedene Bildungsprogramme im Werk angeboten, an denen insgesamt 37 der 63 Arbeiter und Arbeiterinnen teilnahmen. Einige wurden alphabetisiert, andere holten Schulabschlüsse nach, und wieder andere besuchten sogar Abendkurse an Universitäten. Auch sozio-politische, technische, administrative und praktische Weiterbildungen wurden angeboten. Teilweise waren diese Programme selbstorganisiert, teilweise bot sie das Personal des staatlichen Weiterbildungsinstituts INCES an. Das Ziel der Bildungsmaßnahmen war es, die gesellschaftliche Arbeitsteilung zu überwinden. Ab 2006 hatten bei Inveval nur noch der Generaldirektor, das Direktorium, die Koordinatoren der Produktionseinheiten sowie die Werksverwaltung fest definierte Aufgaben. Alle anderen übernahmen, gemäß ihren individuellen Kenntnissen und Fähigkeiten, eine ganze Bandbreite an Aufgaben.

Von der Kooperative zur sozialistischen Fabrik

Nahezu zwei Jahre lang versuchten die Arbeiter und Arbeiterinnen von Inveval, gemäß der Mitverwaltungs-Vereinbarung die Fabrik selbst zu verwalten, ohne sich von kapitalistischen Logiken leiten zu lassen. Doch letztlich stellten sie fest, dass dies nicht möglich war. Die Trennung der Arbeits- und Entscheidungssphären förderte Apathie in der Belegschaft und die Isolation der Direktoriumsmitglieder. Eine direkte Verwaltung der Fabrik durch die gesamte Belegschaft war im bestehenden juristischen Rahmen unmöglich. Die Eigenschaft als Teileigentümer drängte die Beschäftigen dazu, kapitalistische Logiken zu übernehmen, vor allem, da sie nicht nur Teilhaber am Unternehmen, sondern entsprechend auch an dessen Schulden waren. Sie kritisierten, in einen Kreislauf gezogen zu werden, in dem sie nur noch leben, um für den Schuldenabbau zu arbeiten. „Die Kooperative fördert den Kapitalismus, denn sie wurde als Teil von diesem kapitalistischen System geschaffen, und genau das wollen wir nicht (…). Wir haben doch nicht einen Kapitalisten rausgeschmissen, um 60 neue hereinzuholen!" (Gonzales 2008)

Als Präsident Hugo Chávez im Januar 2007 dazu aufrief, die Revolution durch die Bildung von Arbeiterräten zu stärken, zögerten die Beschäftigten von Inveval nicht, beriefen eine Versammlung ein, wählten einen Fabrikrat mit 32 Mitgliedern, hörten auf, als Kooperative zu funktionieren, und führten ein neues Organisationsmodell für ihr Unternehmen ein. Die Vollversammlung der Beschäftigten wurde als höchstes Entscheidungsgremium des Werks festgelegt. Sie tritt einmal im Monat zusammen und zusätzlich, wenn wichtige Entscheidungen anstehen. Ihr folgt in der Hierarchie der gewählte Fabrikrat, der aus Sprechern oder Sprecherinnen einer jeden Abteilung und aus weiteren Beschäftigten besteht.

Dieser trifft sich wöchentlich und diskutiert die Punkte, für die zuvor nur das fünfköpfige Direktorium zuständig war. Aus dem Rat heraus entstanden diverse Kommissionen, etwa für Finanzen, Verwaltung, Planung, sozio-politische Schulungen, technische Aspekte und Dienstleistungen. Alle Kommissionen bringen ihre Vorschläge in den Rat zur Entscheidung. Und jede übernommene Funktion ist durch die Vollversammlung jederzeit wieder rückgängig zu machen.

Inveval wurde auch in ein neues Eigentumsmodell überführt und ist nun komplett soziales Eigentum. Mitte 2008 wurde die Kooperative offiziell aufgelöst, die Arbeiter und Arbeiterinnen sind nicht mehr Teilhaber von Inveval, sondern direkt von Inveval angestellt. Damit hat die Belegschaft der Ventilfabrik die Mitverwaltung erfolgreich in ein Modell der Arbeiterkontrolle verwandelt. Die Beschäftigten haben Studien bezüglich der Möglichkeit des Kaufs oder der Enteignung verschiedener Gießereien und bezüglich des geldlosen Warentransfers durchgeführt. Die Schwierigkeiten mit den Ministerien, wie die verspätete Auszahlung genehmigter Gelder, bestehen weiterhin. Der staatliche Ölkonzern PdVSA erfüllt seine Verträge mit Inveval nicht und versuchte sogar, sie zu kündigen (Comenzana 2009a, 203f.). Gegen alle Widerstände aus staatlichen und privatwirtschaftlichen Institutionen haben es die Arbeiter von Inveval mit Entschlossenheit, Organisation und politischer Schulung geschafft, ihre Fabrik weiter selbst zu verwalten. Nachdem die Institutionen den wiederholten Aufforderungen, die Gießerei Acerven zu enteignen, nicht folgten und nicht einmal Chávez' Anordnung von 2008, erklärte Venezuelas Nationalversammlung am 4. Mai 2010 die Gießerei endlich zu einem Unternehmen öffentlichen Interesses, eine Voraussetzung für die Enteignung (Aporrea.org 2010).

Von der Mitverwaltung zu Räten

Bereits im Jahr 2006 hatten die Erfahrungen mit Mitverwaltung die politisch aktiveren Arbeiter und Arbeiterinnen dazu gebracht, Modelle abzulehnen, die sie in Eigentümer verwandeln. Nicht einmal ein Jahr später erklärte Chávez den Aufbau von Arbeiterräten als zu befolgende Orientierung. Doch die meisten Institutionen konzentrierten sich nach den negativen Erfahrungen mit der Mitverwaltung eher auf effiziente staatliche Verwaltung als auf Arbeiterkontrolle. In einem persönlichen Interview Anfang 2010 definierte der stellvertretende Arbeitsminister Elio Colmenares Arbeiterkontrolle als Kontrolle der Arbeiterschaft über die Verwaltungsbürokratie, um damit die Umsetzung der Staatspolitiken zu garantieren – die vermeintlich aus einem allgemeinen Interesse entstünden und auf ein allgemeines Wohlergehen abzielten (Colmenares 2010).

Die Ansichten Colmenares', die an den gescheiterten „Staatssozialismus" erinnern, spiegeln eine im Arbeitsministerium weit verbreitete Ansicht wieder. Diese wird aber nicht von der gesamten Regierung geteilt. Es existieren unterschiedliche Herangehensweisen an Verwaltungsmodelle, und die Situation ist ständigem Wandel unterworfen. Diese Diskrepanz ist teilweise dadurch verursacht, dass Widersprüche und Klassenkampf auch die staatlichen Institutionen durchdringen. Öffentlich sprechen sowohl Chávez als auch andere Regierungsmitglieder freimütig über Arbeiterkontrolle und ermutigen Besetzungen von Fabriken, die von ihren privaten Eigentümern schlecht verwalten werden. Die Enteignungen zeigen, dass ein politischer Wille zu strukturellen Veränderungen besteht. Doch über die Verstaatlichung hinaus bieten die Institutionen wenig Raum für Initiativen der Arbeiterschaft und tendieren dazu, die Kontrolle über Verwaltung und Produktion zu behalten. Die Abwesenheit einer definierten Regierungspolitik zu Arbeiterkontrolle und Enteignungen führt viele Arbeiter und Arbeiterinnen dazu, Verstaatlichung eher als eine Art Jobgarantie denn als Möglichkeit der kollektiven Selbstverwaltung zu sehen.

Inzwischen befürworten die meisten politisch aktiven Arbeiter und Arbeiterinnen Modelle, welche die Unternehmen in staatliches bzw. gesellschaftliches Eigentum verwandeln, das vollständig von den Beschäftigten und den Communities verwaltet wird (Lebowitz 2006). Für dieses Modell tritt auch das größte Forum von Arbeiterräten und entsprechenden Initiativen in Venezuela, die Sozialistischen Arbeiterräte (Consejos Socialistas de Trabajadores, CST), ein (CST 2009). Deren Debatten über Arbeiterkontrolle, Selbstverwaltung und Mitverwaltung berufen sich auf Marx, Gramsci, Trotzki, Pannekoek und die Traditionslinie des Rätekommunismus (Giordani 2009, Lanz 2007). Ebenso beziehen sie sich auf die argentinischen und jugoslawischen Erfahrungen mit der Arbeiterselbstverwaltung.

Ein Thesenpapier, das während eines landesweiten Workshops der CST entstand, kritisiert die Mitverwaltung als ungeeignet zum Aufbau eines sozialistischen Systems. Das Papier kam zu dem Schluss, das Recht auf Mitbestimmung aus dem Eigentum an den Produktionsmitteln, also dem Kapital, abzuleiten, sei ein Irrtum. Schließlich definiere sozialistische Theorie die Arbeit, sowohl Hand- wie auch Kopfarbeit, einfache wie auch komplizierte, als Ursprung des gesellschaftlichen Wohlstands und somit als Grundlage für das Recht auf Mitentscheidung. „Wenn die Aktien aber Privatbesitz einiger Arbeiter und/oder Kapitalisten sind, dann können sie nicht zugleich Eigentum anderer Arbeiter noch der Communities noch des gesamten Volkes sein. In Folge können es auch die

Überschüsse, die im produktiven Prozess erzeugt werden, nicht sein (...). Mit dem Aktieneigentum werden die Arbeiter objektiv in neue Kapitalisten verwandelt" (MinTrab 2008, 13f).

Stattdessen schlug der CST ein rätebasiertes Modell multipler und gemischter Verwaltung vor, unter Beteiligung von Arbeiterräten, Communities, Rohstoffproduzenten, Produktionskernen und – für große Unternehmen – des Staates.

Zur Zeit sind Fabriken mit Arbeiterräten noch die Ausnahme. Der erste dieser Räte wurde Ende 2006 bei Sanitarios Maracay eingerichtet und hielt sich rund neun Monate, bis zur Vertreibung der Arbeiter. Als nächstes entstanden Räte in der Wasserhahn- und -rohrfabrik INAF, die 2006 von der Belegschaft besetzt und anfangs als Kooperative weitergeführt wurde. Eine ähnliche Entwicklung fand im selben Jahr in der Textilfabrik Gotcha in Maracay statt, die ebenfalls von den Beschäftigten übernommen wurde. Die Beschäftigten bei Inveval richteten Anfang 2007 ihren Arbeiterrat ein. Andere Fabriken, meist von den Arbeitern und Arbeiterinnen in Arbeitskonflikten übernommen, führten ebenfalls Räte ein. Die Suche nach antikapitalistischen Perspektiven der Fabrikorganisation führt viele Arbeiter und Arbeiter und Arbeiterinnen zum Rätemodell.

Auf der Suche nach einer sozialistischen Wirtschaftsordnung

Während der ersten zwölf Jahre ist es dem venezolanischen Transformationsprozess gelungen, innerhalb der kapitalistischen Rahmenbedingungen eine relative Souveränität zu erlangen. Die soziale Situation konnte verbessert, die politische und ökonomische Partizipation ausgeweitet und ein anderes Entwicklungsmodell eingeschlagen werden. Die nationale Produktivität wurde gesteigert, und eine Diversifizierung der Wirtschaft hat begonnen. Ebenso setzte im privaten Sektor eine Demokratisierung der Eigentumsverhältnisse innerhalb kapitalistischer Parameter ein. Die Entstehung Hunderttausender neuer kleiner und mittelständischer Unternehmen hat es ebenso wie das staatliche Eigentum an der Lebensmittelproduktion ermöglicht, die Schlüsselstellung einiger Monopole und Oligopole auf dem venezolanischen Markt zu brechen. Und nach den Erfahrungen mit verschiedenen Verwaltungs- und Eigentumsformen ist das „direkte soziale Eigentum" zu dem von Arbeitern und zumindest offiziell auch vom Staat bevorzugtem Eigentumsmodell geworden.

Die Transformation und die Demokratisierung der Wirtschaft hat sich als die größte Schwierigkeit im venezolanischen Prozess entpuppt. Die allermeisten Unternehmen sind weder von den Belegschaften noch von den Communities verwaltet. In einem kapitalistischen Umfeld sind Aufbau und Konsolidierung kollektiver Produktionsprozesse eine große Herausforderung. Besonders Fragen der Verteilung der Arbeitsleistung und der Einnahmen haben sich als sehr problematisch und konfliktreich herausgestellt. Doch überall dort, wo die Arbeiter und Arbeiterinnen die Kontrolle über ihren Arbeitsplatz erobert haben, lässt sich beobachten, dass sie in der Regel solidarische Verbindungen mit den umliegenden Gemeinden geknüpft, hierarchische Entscheidungsstrukturen abgebaut und sich gegenüber den Arbeiterversammlungen für rechenschaftspflichtig erklärt haben. In den meisten Fällen führten sie einen gleichen Lohn für alle ein und schufen zusätzliche Arbeitsplätze.

Arbeiterräte scheinen die beste Lösung zu sein, und ihre Zahl wächst stetig. Doch ist bisher nicht absehbar, ob sich die Räte weiter ausbreiten werden oder ob sich Modelle staatlicher Verwaltung durchsetzen werden. Dass die Räte nicht von oben organisiert werden, könnte ihr weiteres organisches Wachstum ermöglichen. Ein Kampf gegen die Bürokratie ist dabei unvermeidlich, wobei die Räte den Vorteil haben, normativ „im Recht" zu sein. Historisch gesehen kamen Arbeiterräte mit dem Beginn revolutionärer Unruhen auf und wurden später durch ein bürokratisches Arbeitskommando ersetzt. Vielleicht ist die Konstituierung von Arbeiterräten ja erfolgreicher, wenn sie Zeit für Diskussionen, Organisierung, Selbstschulung und Praxis hat.

Das Nebeneinander verschiedener sozio-ökonomischer Strukturen und das Experimentieren mit unterschiedlichen Unternehmensformen sind sehr kostspielig für die Regierung. Und die private Aneignung öffentlicher Ressourcen durch klientelistische Netzwerke hat die Transformation der eigenen Wirtschaft erschwert. Wie Chávez wiederholt festgestellt hat, ist Arbeiterkontrolle das effektivste Instrument gegen Korruption, was ihre vielen Feinde erklärt.

Letztendlich kann konstatiert werden, dass in Venezuela eine Vielzahl verschiedener Maßnahmen eingeleitet wurde, um strukturelle Veränderungen in der Ökonomie sowie die Demokratisierung des Eigentums an Produktionsmitteln voranzutreiben. Einige davon zielen auf die Aufhebung der Trennung von Hand- und Kopfarbeit und auf die Überwindung kapitalistischer Verhältnisse, andere sind nur darauf ausgerichtet, letztere zu demokratisieren. Trotz aller Probleme und Irrtümer ist im Laufe des vergangenen Jahrzehnts eine erstaunliche Vielfalt an Kooperativen, EPS und anderen alternativen Unternehmensformen entstanden. Die Suche nach einer alternativen Wirtschaftsordnung steht auf der Tagesordnung.

Vorschläge wie der von Inveval zum bedürfnisorientierten geldlosen Warentransfer zeugen von einem entschiedenen Willen zur Überwindung kapitalistischer Beziehungen, selbst wenn die Umsetzung noch ungeklärt ist. Die offizielle normative Orientierung für die sozialistischen Fabriken lautet, die

Produktion soll sich perspektivisch nicht an der Nachfrage des kapitalistischen Marktes orientieren, sondern der Erfüllung der gesellschaftlichen Bedürfnisse dienen und ohne primäres finanzielles Interesse an die Konsumenten transferiert werden. Derartige Debatten sind sehr wichtig, auch wenn heutzutage die meisten Menschen den ökonomischen kapitalistischen Kategorien universelle und transhistorische Gültigkeit zuschreiben. Diese aber gehören zum Kapitalismus. Soziale Strukturen haben ja nur für und in menschlichen sozialen Beziehungen Gültigkeit. Die kapitalistischen ökonomischen Kategorien stellen also nur das Regelwerk der kapitalistisch konstituierten Gesellschaften dar, in die der Mensch „historisch eingetreten ist" (Agnoli 1999). Deshalb sollte sich die Suche nach Alternativen nicht von den Grenzen des Existierenden aufhalten lassen.

Literatur

Agnoli, Johannes (1999), *Subversive Theorie.* Die Sache selbst und ihre Geschichte, Gesammelte Werke, Bd. 3, Freiburg: Ça irá.

Álvarez R., Victor/Rodríguez A., Davgla (2007), Guía teórico-práctica para la creación de EPS. Empresas de Producción Socialista, Barquisimeto: CVG Venalum.

ABN (Agencia Bolivariana de Noticias) (2009), Los Consejos Comunales deberán funcionar como bujías de la economía socialista. Internetversion abgerufen am 30. Dezember 2010 unter: http://www.rebelion.org/noticia.php?id=98094.

Aporrea.org (2010), Declaran de utilidad pública e interés social los bienes de ACERVEN. Internetversion abgerufen am 4. Mai 2010 unter: http://www.aporrea.org/endogeno/n156623.html.

Azzellini, Dario (2007), „Von den Mühen der Ebene. Solidarische Ökonomie, kollektive Eigentumsformen, Enteignungen und Arbeitermit- und -selbstverwaltung", in: Andrej Holm (Hrsg.), *Revolution als Prozess.* Selbstorganisierung und Partizipation in Venezuela, Hamburg: VSA, S. 38-57.

— (2009), „Venezuela's solidarity economy. Collective ownership, expropriation, and workers self-management", in: *WorkingUSA:* The Journal of Labor and Society, Bd. 12, Nr. 2, Juni, S. 171-191.

— (2010a), „Constituent power in motion. Ten years of transformation in Venezuela", in: *Socialism and Democracy,* Bd. 24, Nr. 2, S. 8-30.

— (2010b), *Partizipation, Arbeiterkontrolle und die Commune.* Bewegungen und soziale Transformation am Beispiel Venezuela, Hamburg: VSA.

Azzellini, Dario/Ressler, Oliver (2006), *5 Fabriken.* Arbeiterkontrolle in Venezuela, Film, Caracas/Berlin/Wien, 81 min.

Baute, Juan Carlos (2009), „Las cooperativas no desaparecerán", in: *Últimas Noticias,* 17. Juni 2009. Internetversion abgerufen am 6. April 2011 unter: http://www.aporrea.org/poderpopular/n136615.html.

Bruce, Iain (2005), „Venezuela promueve la cogestión", in: BBC, 19. August 2005. Internetversion abgerufen am 10. November 2008 unter: http://news.bbc.co.uk/hi/spanish/business/newsid_4167000/4167054.stm.

Cormenzana, Pablo (2009a), *La batalla de Inveval.* La lucha por el control obrero en Venezuela, Fundación Federico Engels, Madrid.

— (2009b), „Inveval: a 4 años de su creación, el control obrero está más vigente que nunca", in: Aporrea.org, 28. April 2009. Internetversion abgerufen am 2. Mai 2009 unter: http://www.aporrea.org/poderpopular/a76854.html.

CST (Consejos Socialistas de Trabajadoras y Trabajadores de Venezuela) (2009), I Encuentro Nacional de Consejos Socialistas de Trabajadoras y Trabajadores de Venezuela, 27. Juni 2009, Caracas: CST.

Díaz Rangel, Eleazar (2006), *Todo Chávez.* De Sabaneta al socialismo del siglo XXI, Caracas: Planeta.

Ellner, Steve (2008), „Las tensiones entre la base y la dirigencia en las filas del chavismo", in: *Revista Venezolana de Economía y Ciencias Sociales,* Bd. 14, Nr. 1, S. 49-64.

Giordani C., Jorge A. (2009), *Gramsci, Italia y Venezuela,* Valencia: Vadell Hermanos Editores.

Lanz Rodríguez, Carlos (2007), *Consejo de Fábrica y Construcción Socialista.* Antecedentes teóricos e históricos de un debate inconcluso, Ciudad Guayana: Mibam/CVG Alcasa.

Lebowitz, Michael (2006), *Build it now.* Socialism for the 21st century, New York: Monthly Review Press.

Marea Socialista (2010), „En CVG ALCASA, Trabajadores derrotan golpe de Estado orquestado por la FBT (Movimiento 21)", Aporrea.org, 10. November 2010. Internetversion abgerufen am 6. April 2011 unter: http://www.aporrea.org/endogeno/n169305.html.

Melcher, Dorothea (2008), „Cooperativismo en Venezuela: Teoría y praxis", in: *Revista Venezolana de Economía y Ciencias Sociales,* Bd. 14, Nr. 1, S. 95-106.

Mészáros, Istvan (1995), *Beyond capital.* Towards a theory of transition, London: Merlin Press.

MinTrab (Ministerio del Poder Popular para el Trabajo y Seguridad Social) (Hrsg.) (2008), La gestión socialista de la economía y las empresas. Propuesta de trabajadores(as) al pueblo y gobierno de la República Bolivariana de Venezuela. Conclusiones del tercer seminario nacional sobre formación y gestión socialista, Valencia, 18./19. April 2008, Caracas: MinTrab.

Piñeiro Harnecker, Camila (2010), „Venezuelan Cooperatives: Practice and Challenges", unveröffentlichtes Manuskript, vorgestellt auf der 28. International Labour Process Conference (ILPC), Rutgers University (New Jersey, USA), 15.-17. März 2010.

Prensa Alcasa (2005), „Designada nueva Junta Directiva de Alcasa que tendrá por objetivo impulsar proceso cogestionario", Aporrea.org, 24. November 2005. Internetversion abgerufen am 6. April 2011 unter: http://www.aporrea.org/endogeno/n69123.html.

Prensa Alcasa (2007), „Alcasa propone activar el poder constituyente para construir Consejos de Fábrica", Aporrea.org, 20. Februar 2007. Internetversion abgerufen am 6.April 2011 unter: http://www.aporrea.org/endogeno/n90891.html.

Radio Nacional de Venezuela (RNV) (2005), „Expropiaciones de empresas cerradas anuncia Presidente Chávez", RNV, 18. Juli 2005. Internetversion abgerufen am 6.April 2011 unter: http://www.rnv.gov.ve/noticias/index.php?act=ST&f=2&t=20185.

Sunacoop (2009), „Entrevista a Juan Carlos Baute/Presidente de Sunacoop", 16. Januar 2009. Internetversion abgerufen am 6.April 2011 unter: http://www.sunacoop.gob.ve/noticias_detalle.php?id=1361.

Trabajadores de CVG/Alcasa (2009), „Control Obrero. Publicación de trabajadores de CVG/Alcasa", 16. September 2009. Internetversion abgerufen am 6. April 2011 unter: http://www.aporrea.org/endogeno/a86731.html.

Interviews

Colmenares, Elio (2010), im Januar 2010 interviewt durch Maurizio Atzeni und Dario Azzellini, Caracas.

Gonzalez, Julio (Arbeiter bei Inveval) (2008), interviewt durch Dario Azzellini.

León, Osvaldo (Arbeiter bei Alcasa) (2009), interviewt durch Dario Azzellini.

Übersetzung aus dem Englischen: Dario Azzellini und Neelke Wagner

22. Die Zwänge der Arbeiterkontrolle bei besetzten und selbstverwalteten brasilianischen Fabriken

Maurício Sardá de Faria/Henrique T. Novaes

In diesem Artikel wollen wir das Phänomen der besetzten und selbstverwalteten Fabriken (BSF) in Brasilien betrachten. Das sind Betriebe im Insolvenzverfahren, die von ihren eigenen Arbeitern übernommen und teilweise verändert wurden. Im ersten Abschnitt machen wir einen kurzen historischen Abriss der Kämpfe um Selbstverwaltung, um die BSF einzuordnen. Im zweiten Abschnitt versuchen wir, den historischen lateinamerikanischen Kontext zu erfassen, der die BSF entstehen ließ. Zur Erinnerung: Die ersten beiden Abschnitte dienen als Hintergrund für diesen Artikel.

Der dritte Abschnitt untersucht die Rolle der Gewerkschaften bei der Besetzung und Selbstverwaltung der Fabriken. Der vierte Abschnitt führt einige Statistiken an, über die Anzahl von Fabriken, Arbeitern, ihre Tätigkeitsbereiche usw. Der fünfte Abschnitt betrachtet die BSF detaillierter und versucht dabei, die Widersprüche, Grenzen und Möglichkeiten aufzuzeigen, die diese für die Entwicklung von Methoden und autonomen sozialen Beziehungen zur Organisation der brasilianischen Arbeiterklasse eröffnen. Hier wollen wir zwei Sonderfälle (Cooperminas und Catende Harmonia) hervorheben. Der sechste Abschnitt untersucht die „blockierten Fabriken" [Rechtsstatus in der Schwebe] mit der Aussicht auf Verstaatlichung unter Arbeiterkontrolle.

Im letzten Abschnitt bemerken wir, dass die BSF am Scheideweg stehen. Auch wenn sie Elemente mit sich bringen, die auf eine höhere Produktionsform hindeuten, welche auf dem Kollektiveigentum an den Produktionsmitteln und auf Selbstverwaltung beruht, machen die BSF gerade Degenerationsprozesse durch.

Wir beobachten die durch den Markt auferlegten Grenzen, den defensiven historischen Kontext, das Weltbild der Arbeiter in den BSF, die Theoriekrise der brasilianischen Linken und das Fehlen von umfassenderen Kämpfen der Arbeiter in Richtung einer „Gesellschaft jenseits des Kapitals" (Mészáros 2002). In dem Fall der Fabriken, die die Verstaatlichung fordern, hat das Fehlen einer positiven Antwort von Seiten der Regierung sie in eine Sackgasse getrieben, obwohl sie eine stärkere „Politisierung" andeuten als die BSF. Wir beenden den Artikel mit einigen Schlussbetrachtungen.

Ein kurzer historischer Abriss der sozialen Kämpfe um Autonomie

Die Selbstverwaltungsinitiativen für den Kampf und die Produktion der Mittel zum Lebensunterhalt bilden ein klares Spektrum, dessen Spur in der Geschichte seit wenigstens zwei Jahrhunderten wahrgenommen werden kann. Das Gemeinschaftsprinzip hatte eine doppelte Funktion, die erst später aufgeteilt wurde: die Organisation für die Produktion der Mittel zum Lebensunterhalt – insbesondere durch verschiedene Formen von (Produktions-, Konsum- und Kredit-) Genossenschaften (zu Beginn) – und der kollektive Widerstand gegen die sozialen Beziehungen der kapitalistischen Produktion. Indem sie den Wettbewerb zwischen den Arbeitern durch die Solidarität und die Fragmentierung durch den Kollektivismus ersetzten, bildeten die Vereinigungen einen Selbstorganisationsprozess, im Sinne seines doppelten Aspekts von Mittel und Zweck – die Selbstverwaltung ihrer Kämpfe offenbarte den Arbeitern die untrennbare Notwendigkeit, die Produktion und das soziale Leben selbst zu verwalten. Deshalb enthält die Pädagogik des Arbeiterkampfs immer eine organisatorische Dimension, indem sie die Arbeiter vereint zur Überwindung der Ausbeutung und selbst des Lohnsystems (Tragtenberg 1986).

In den Umständen eines revolutionären Bruchs oder der Verschärfung von Klassengegensätzen nehmen die Arbeiter wieder die Strategie auf, beide Seiten der gemeinschaftlichen Praxis zu verbinden: Widerstand und Produktion der Mittel zum Lebensunterhalt. Angesichts der Flucht der Arbeitgeber, oder wenn diese von der Kontrolle der Produktionseinheiten vertrieben werden, müssen die Arbeiter die Produktion der Mittel zu ihrem Lebensunterhalt auf eigene Faust wieder aufnehmen. Wenn dies geschieht, ist es am wirksamsten, die Einrichtungen zu besetzen, wie es z. B. erfolgt ist beim Aufstand der Seidenweber im französischen Lyon (*Canuts*), in der Pariser Kommune, zu Beginn der Russischen Revolution, im Spanischen Bürgerkrieg (1936-39), in Ungarn (1919 und 1956), in Deutschland (1919), in der Tschechoslowakei (1968) usw. So auch geschehen während des Generalstreiks 1968 in Frankreich und bei den Betriebsbesetzungen, die bis 1974 folgten; bei der Nelkenrevolution in Portugal (1974-1976); in Polen (1980-1983), sowie in weiteren Fällen: in Lateinamerika, u. a. in Chile unter der Regierung Allende und beim argentinischen *Cordobazo* (Volksaufstand in Córdoba, 1969); in Brasilien, mit den Fabrikkommissionen Ende der 1960er und 1970er Jahre, bis hin zu den heutigen BSF in Brasilien, Argentinien, Uruguay, Venezuela...

Besonders hervorzuheben ist, dass es in Brasilien seit dem 16. Jahrhundert unzählige Volkskämpfe gegeben hat, aus denen sich (bewusst oder unbewusst) die Vorstellungswelt der Kämpfe in der Stadt und auf dem Land zusammensetzt. Der *Quilombo dos Palmares* (eine Siedlung entflohener Sklaven) ist vielleicht die früheste und noch heute bedeutsame Erfahrung aus der Zeit nach Kolumbus.[1]

Wir machen einen riesigen Sprung, um uns dem Gegenstand unseres Artikels zu nähern: In neuerer Zeit, im Brasilien der 1960er Jahre, gab es eine aufsteigende Periode von Kämpfen usw. – mit der Entstehung der *Ligas Camponesas* (Landarbeiterverbände), mit dem Anstieg der Kämpfe städtischer Arbeiter, mit den „Basisreformen" von João Goulart (1962 bis 1964) – die einige Historiker annehmen ließ, dass Brasilien, aber auch Lateinamerika als Ganzes, sich auf den Sozialismus zubewegte. Die zivil-militärische Diktatur (1964 bis 1985) verursachte einen Bruch in den Kämpfen der Arbeiter und Bauern und warf diese nieder.

Mit der Schwächung des Militärregimes Ende der 1970er Jahre entstand die „neue Gewerkschaftsbewegung", die Landlosenbewegung (*Movimento Sem-Terra*), die Bewegung der Staudammbetroffenen (*Movimento dos Atingidos por Barragens – MAB*), der Kampf um angemessene Wohnungen usw. In den 1990er-Jahren tritt auch die Solidarische Ökonomie in Erscheinung.[2] Cruz definiert die solidarische Ökonomie als „die Menge der gemeinschaftlichen Wirtschaftsinitiativen, bei denen a) die Arbeit, b) der Besitz ihrer Betriebsmittel (Produktions-, Konsum-, Kreditmittel usw.), c) die wirtschaftlichen Ergebnisse der Unternehmung, d) die Kenntnisse über ihren Betrieb, e) die Entscheidungsgewalt über diesbezügliche Angelegenheiten von all jenen geteilt werden, die an ihr direkt

1 Wir dürfen nicht vergessen, dass es in Lateinamerika vor der Ankunft von Kolumbus extrem vielschichtige Gesellschaften gab, die auch „selbstverwaltet" genannt werden könnten. Erinnern wir uns ebenfalls, dass sie das Denken von Marx und Engels über den Kommunismus beeinflusst haben.

2 Heben wir hervor, dass die Solidarische Ökonomie in Lateinamerika stärker „politisiert" ist als in Europa, trotz einiger Berührungspunkte mit der Theorie und Praxis des „dritten Sektors".

teilnehmen, wobei zwischen den Beteiligten Gleichheits- und Solidaritätsbeziehungen angestrebt werden" (Cruz 2006, 69).

In diesem Sinne kann man sagen, dass in den 1980er und 1990er Jahren unzählige Volkskämpfe entstanden sind, beim Versuch, aus der Asche der 1960er Jahre wieder aufzuerstehen – unter ihnen die BSF und die Fabriken, die die Verstaatlichung anstrebten. Dieser kurze historische Abriss dient dazu, die Entstehung der BSF vor einem breiteren Hintergrund zu sehen: die brasilianischen Kämpfe, die sich in einem aufsteigenden Prozess befanden, unterbrochen wurden und die versuchen, wiederzuerstehen.

Wir glauben, dass die Erfahrung der BSF, unter unzähligen anderen, die „Rückgewinnung" eines Feldes im Klassenkampf darstellt, das im 20. Jahrhundert unterschätzt wurde: das der kooperativen Produktion der Mittel zum Lebensunterhalt. In dieser Dimension – welche die Organisation des Arbeitsprozesses, die eingesetzten Mechanismen der Entscheidungsfindung, die Formen der Kontrolle und Leitung der Produktionseinheiten umfasst – erweist sich der Inhalt der Selbstverwaltung als unentbehrlich. Betrachten wir nun den historischen Kontext, der zur Entstehung der BSF führte.

Der lateinamerikanische historische Kontext

Die brasilianischen Erfahrungen auf dem Gebiet der Solidarischen Ökonomie machten ab den 1990er Jahren Fortschritte, in einem defensiven Umfeld für die lateinamerikanischen Sozialbewegungen. Der Präsident Fernando Henrique Cardoso (Januar 1995 bis Dezember 2002) hat den brasilianischen Neoliberalismus vertieft, dessen Rhythmus fortan von der kapitalistischen Gier in seiner neoliberalen Spielart diktiert wurde: zunehmende Finanzmarktabhängigkeit der Wirtschaft (Chesnais, 1994: 2004) und Öffnung des Handels, geringes Wachstum, Restrukturierungsprozesse in der Produktion (Toyotismus), Übergang ohne Bruch mit der zivil-militärischen Diktatur, Reformen des Staates, die zum Abbau bestimmter staatlicher sozialer Funktionen geführt haben, Angriff auf die sozialen und Arbeitsrechte, (Re-)Privatisierungen usw., die die Arbeitslosigkeit und strukturelle Unterbeschäftigung bedeutsam erhöht haben.

Wenn wir uns auf den brasilianischen Fall beziehen, gewinnt in diesem Rahmen etwas an Kraft, was in den 1980er Jahren nichts weiter war als eine Reihe isolierter Experimente, die sich in Produktionseinheiten abspielten, welche sich in der Krise befanden, insbesondere familiengeführte Unternehmen. In den 1990ern gab es eine bedeutende Zunahme der Experimente, und am Anfang des 21. Jahrhunderts hat sich die Anzahl der Fälle stabilisiert.

Wir glauben, dass die BSF ein gewissermaßen originelles soziales Phänomen sind, das in einem bestimmten Sinne das Erbe von früheren Erfahrungen darstellt und von der lateinamerikanischen Arbeiterklasse entwickelt wurde, vor dem Hintergrund der Hegemonie des Finanzkapitals, wo der traditionelle gewerkschaftliche Kampf für formelle Beschäftigung ernsthaften Schwierigkeiten gegenüberstand. Seither haben solche Experimente gesellschaftlich bedeutend an Boden gewonnen, einschließlich der Schaffung, im Jahre 2003, des Nationalen Sekretariats für Solidarische Ökonomie (*Secretaria Nacional de Economia Solidária – SENAES*) im Bereich des Ministeriums für Arbeit und Beschäftigung der Regierung Lula.[3]

Gleichzeitig sind die BSF das Ergebnis einer antikapitalistischen „Wolke“ in Lateinamerika, die breitgefächerte Volksaufstände umfasst: die Kämpfe gegen die Privatisierung von Wasser, Strom, Gas und Erdöl, vor allem in Bolivien, Ecuador und Venezuela, die *Piqueteros* in Argentinien, die Straßen und Autobahnen blockieren, um den Güter- und Personenverkehr zu bremsen, die Kämpfe der Landlosenbewegung gegen den Großgrundbesitz und mit anderen Teilen der Gesellschaft gegen die Privatisierung von staatlichen Unternehmen usw., die Kämpfe gegen das Vorrücken des Minimalstaats für die Arbeiter und des Maximalstaats für das Finanzkapital, die Entstehung der Obdachlosenbewegung (*Movimento Sem-Teto*) in Brasilien, die BSF usw. Betrachten wir nun die Rolle der Gewerkschaften bei der Unterstützung zur Schaffung der BSF.

Die Rolle der Gewerkschaften

Seit den ersten Erfahrungen war die Ausbreitung selbstverwalteter Betriebe begleitet von einer Bewegung sanfter Öffnung der Gewerkschaften zum Thema des Genossenschafts- und Verbandswesens. Die Gewerkschaft ist gewöhnlich die erste Einrichtung, an welche sich die Arbeiter wenden, damit sie als gesetzliche Vertretung eingreift, in den Fällen eines Vergleichs oder Konkurses der Firma, in der sie arbeiten. Immer häufiger haben diese Fälle Mitverwaltungs- und Selbstverwaltungsexperimente begründet, die von der Gewerkschaft selbst vorgeschlagen wurden.

3 Quantitativ gesehen hat die Kartierung der solidarökonomischen Unternehmungen (durchgeführt vom SENAES, zusammen mit dem Brasilianischen Forum für Solidarische Ökonomie) ca. 150 BSF gefunden, von insgesamt 22.000 bereits erfassten Unternehmungen. Die Daten der Kartierung sind hier zugänglich: www.mte.gov.br/ecosolidaria/sies.asp

Diese neue Haltung trat offen hervor, als ein Teil der Gewerkschaftsbewegung die Schaffung von spezifischen Einrichtungen zur Förderung der solidarischen Ökonomie und der Selbstverwaltung unterstützte. 1994 wurde z. B. die Nationale Vereinigung der Arbeiter in Betrieben mit Selbstverwaltung und Aktienbeteiligung (*Associação Nacional dos Trabalhadores de Empresas de Autogestão e Participação Acionária – ANTEAG*) gegründet, ausgehend von einer Beratungstätigkeit, die 1991 mit der Schuhfirma Makerli in Franca (Bundesstaat São Paulo) begonnen wurde, zusammen mit lokalen Gewerkschaften. Unter den besetzten und selbstverwalteten Betrieben, die der ANTEAG angehören, sind z. B. das Projekt Catende Harmonia, Cooperminas und weitere vierzehn Fabriken. Die BSF haben mehr oder weniger homogene Standards, nach denen die Umwandlungen verlaufen – sie werden im Abschnitt über die Statistiken und Verallgemeinerungen beschrieben. Das Projekt Catende Harmonia und Cooperminas sind untypisch hinsichtlich ihrer Größe, ihres Alters und anderer Besonderheiten, die wir später hervorheben werden.

Die größte brasilianische Gewerkschaftszentrale, der Dachverband *Central Única dos Trabalhadores – CUT* („Einheitszentrale der Arbeiter"), sah sich auch der Notwendigkeit gegenüber, die lediglich reaktive Haltung angesichts des Abbaus formeller Arbeitsplätze zu ändern und die Diskussion über alternative Formen der Arbeitsbeschaffung zu verinnerlichen. Zu Beginn der ersten Experimente an der Basis der CUT-Mitgliedsgewerkschaften haben die Arbeiter keine präzise Ausarbeitung oder Definition darüber vorgefunden, was angesichts der Schließung von Betrieben im Insolvenzverfahren zu tun wäre. Am üblichsten für die Gewerkschaften waren (und sind noch) Verhandlungen, um den Arbeitern dieser Firmen die Zahlung von Abfindungen zu garantieren, wobei lediglich versucht wurde, Tricks der Arbeitgeber zu verhindern, mit denen diese die Gesetzgebung hintergehen und die Arbeitsrechte missachten konnten.

Erinnern wir uns, dass dieses Problem für die Gewerkschaftsbewegung bis dahin eine Art „Tabu" darstellte. Das Eingreifen der Gewerkschaften in die Betriebsleitung bringt eine Neudefinition der Arbeitsteilung mit sich, zwischen den Arbeitgebern und Geschäftsführern einerseits, die die Entscheidungen in den Produktionseinheiten treffen, und den Gewerkschaften andererseits, die die Arbeitszeit und den Wert der Arbeitskraft verhandeln, was wiederum zu einer Gewerkschaftsbewegung dritten Typs führt, jenseits der Dualität „Ausgleich oder Widerspruch".

1999 hat die CUT ihre Agentur für Solidarische Entwicklung (*Agência de Desenvolvimento Solidário – ADS*) gestartet. Aber das ist gewissermaßen losgelöst von den BSF-Experimenten passiert, die damals mit Volldampf liefen. Der Branche der Metallarbeiter in der CUT fiel es zu, sich mit der Organisation und Vertretung der BSF zu beschäftigen, die es an der Basis der CUT-Gewerkschaftsbewegung gab.

Angesichts der Arbeitslosigkeit, die das größte Industriezentrum des Landes heimsuchte, beschloss die Metallarbeitergewerkschaft des *ABC paulista* – das die Städte Santo André, São Bernardo do Campo, Diadema und São Caetano umfasst – die Errichtung von Genossenschaften in der Region, so dass Arbeitsplätze für ihre Mitglieder erhalten blieben. Auf ihrem zweiten Kongress 1996 hat sich die Gewerkschaft verpflichtet, das Genossenschaftswesen und die Selbstverwaltung als alternative Formen der Arbeitsbeschaffung zu verbreiten. Damit hat sie bedeutsame Schritte hin zu historischen Veränderungen unternommen, wie das Verständnis, dass sich das Recht zur gewerkschaftlichen Organisation auch auf Mitglieder von Genossenschaften auf dem Gebiet der Metallverarbeitung erstreckt (Oda 2001). Eine andere bedeutende Initiative war die Einrichtung einer Partnerschaft mit der *Lega delle Cooperative*, dem größten Genossenschaftsverband Italiens, und drei weiteren großen italienischen Gewerkschaftszentralen, mit dem Ziel des Erfahrungsaustauschs, vor allem mit Initiativen der Region Emilia-Romagna.

Noch im selben Jahr haben sich Genossenschaften, die mit Hilfe der Gewerkschaft entstanden sind (unter ihnen die vier, welche die Metallarbeitergenossenschaft *Uniforja* gebildet haben), zusammengeschlossen, um die *UNISOL* (*União e Solidariedade das Cooperativas* – Brasilianischer Verband von Kooperativen und Solidaritätsunternehmen) zu gründen, die am Anfang nur im Bundesstaat São Paulo tätig war, mit der Aufgabe, diese Initiativen zu organisieren und zu repräsentieren, und außerdem, um gemeinsam die sog. *Coopergatos* zu bekämpfen (Scheinkooperativen, die sich der genossenschaftlichen Form bedienen, um die Arbeitsverhältnisse zu prekarisieren) und jene Genossenschaften zu fördern, die „unverfälscht" oder „authentisch" genannt werden. Bald wurde das ganze Land erfasst, so dass die UNISOL Brasil entstand, der heute etwa 280 Genossenschaften und Vereinigungen angehören, von denen 25 BSF sind. Auch wenn sie etwas weniger als 10% der Experimente in der UNISOL darstellen, sind die besetzten und selbstverwalteten Betriebe für 75 % der gesamten Finanzbewegungen verantwortlich, etwa 1 Milliarde Reais (ungefähr 535 Millionen US-Dollar).

Einige Statistiken

Die BSF sind Forschungsgegenstand diverser Studien und Erhebungen gewesen. Die Hauptdaten des Informationssystems für die Solidarische Ökonomie (*Sistema de Informações em Economia Solidária – SIES*) zeigen, dass zumindest 70 solidarökonomische Unternehmen in der Tat als BSF ausgewiesen werden können, oder als Körperschaften zweiten Grades ab der Besetzung und Selbstverwaltung von Betrieben (SENAES 2007). Eine frühere Studie (Faria 2005) hat bereits 65 Experimente untersucht, an denen 12.070 Arbeiter teilnahmen, einschließlich der 4.000 des Projekts Catende Harmonia.[4]

Nach den Daten des SIES wiederum nehmen an diesen Unternehmungen ca. 10.000 Arbeiter teil, größtenteils Männer. Die juristische Hauptform ist die Genossenschaft. Die regionale Verteilung zeigt, dass sich die große Mehrheit auf den Süden und Südosten Brasiliens konzentriert, den am meisten industrialisierten Gebieten des Landes – vor allem im städtischen Bereich. Die Wirtschaftsbranchen sind hauptsächlich die (Metall-, Textil-, Schuh-, Glas-/Kristall-, Keramik-) Industrie, der Bergbau und der Dienstleistungsbereich.

Jenseits ihrer Quantifizierung hat eine Feldforschung, die 2005 bei 28 BSF-Experimenten in Brasilien durchgeführt wurde, eine Typologie der Selbstverwaltung begründet, ausgehend von Kriterien, die sich auf Betriebsleitung, Markt, Kredit, Technologie, Eigentumsform und institutionelle Teilnahme beziehen (Tauile et al., 2005). Die sieben Idealtypen, die sich ergeben, reichen von „sozial wünschenswert" – der Betrieb wird von den Arbeitern selbst verwaltet – bis hin zu „sozial inakzeptabel" – „Scheinkooperativen oder mit ausgelagerter Produktion (*outsourced*)".

Einige Forscher (Vieitez und Dal Ri 2001; Faria 2005; Novaes 2007; Henriques 2007) versuchen, den widersprüchlichen und heterogenen Charakter der untersuchten Experimente aufzuzeigen. Obwohl diese Verschiedenheit und die Widersprüche des Phänomens auch in weiteren Studien gefunden werden können, ist es trotzdem möglich, eine allgemeine Charakterisierung der brasilianischen Experimente bis Ende der 1990er Jahre zu erstellen, wie sie in verschiedenen Untersuchungen aufgezeigt wird. Wir heben folgendes hervor:

4 Die SIES-Daten sind nicht präzise bezüglich der BSF. Wir wissen, dass nur 41 Unternehmungen von repräsentativen Behörden unterstützt werden (16 von ANTEAG und 25 von UNISOL). Die Zahlen, mit denen wir in diesem Artikel arbeiten, beziehen sich auf einen Ausschnitt der Kartierung, ausgehend von der Antwort auf die Frage nach dem Hauptgrund der Entstehung der Unternehmung.

a) Fast die Gesamtheit der Experimente ergibt sich aus der Besetzung/Selbstverwaltung von Familienbetrieben, wobei der Konkurs oder der Zustand vor der Insolvenz in vielen Fällen auf einen erfolglosen Erbprozess zurückzuführen ist; nicht selten finden wir Fabriken vor, die Anfang des 20. Jahrhunderts gegründet wurden, mit einem über fünfzig Jahre alten Maschinenpark.
b) In der Regel tragen diese Betriebe umfangreiche Personalkosten mit sich, wobei gewöhnlich die Arbeiter über lange Zeit mit Gehaltsrückständen und der Verweigerung ihrer Arbeits- und sozialen Rechte leben müssen, die die Firmen ihnen monatelang, manchmal jahrelang schulden.
c) Kurz bevor die Aktivitäten eingestellt werden, mobilisieren sich die Arbeiter, um ihre Arbeitsrechte einzufordern, und in diesem Moment ergibt sich die Aussicht, die Fabrik in Betrieb zu halten, mit der Entfernung der alten Eigentümer.
d) In vielen Fällen übernimmt die Gewerkschaft die Rolle des aktiven Hauptakteurs bei der Organisation der Arbeiter, bei der Vorstellung und Diskussion der Möglichkeiten, die Firma in Betrieb zu halten, bei der Verhandlung mit den früheren Eigentümern und mit den öffentlichen und privaten Behörden, auf der Suche nach einer Finanzierung. Manchmal wird die Gewerkschaft auch mitverantwortlich für die Leitung dieser Betriebe unter Arbeiterkontrolle.
e) Es kann passieren, dass die Arbeiter auf ihre Arbeitsrechte und auf Geld aus dem Rücktritt von Verträgen verzichten, im Tausch für das kollektive Eigentum an den Produktionsmitteln des Betriebs.
f) In der großen Mehrheit der Fälle wählt man die Nutzung der Genossenschaftsform, weil eine Gesetzgebung fehlt, welche die Besonderheiten dieses neuen Phänomens in Brasilien anerkennt; gegenwärtig können es auch Aktiengesellschaften (mit beschränkter Haftung) sein.
g) Im Allgemeinen stellen wir den Gebrauch des Begriffs Selbstverwaltung fest, der sowohl die Veränderungen umfassen soll, die in der Eigentumsform der Betriebe stattgefunden haben, als auch die demokratischen Merkmale, welche die Organisation des Arbeitsprozesses und die Führungsweise der Genossenschaft leiten sollen. Dennoch ist die allgemeine Tendenz der untersuchten Experimente in Brasilien die der Beibehaltung der vorherigen Arbeitsteilung, wobei die Hauptveränderungen die Teilung der Abzüge („Gehälter"), des Überschusses („Reste") und des Entscheidungsprozesses in der Fabrik (der i.a. über Generalversammlungen abläuft) betreffen. Das führt bei der Wiederaufnahme der Aktivitäten zur Beibehaltung der Arbeiter innerhalb der Orte, die durch die Arbeitsteilung festgelegt sind, damit sie nun in einem Umfeld arbeiten, in dem das Eigentum am Betrieb kollektiv ist und von der Gesamtheit der Genossenschaftsmitglieder gehalten wird.

h) Obwohl wir Änderungen bei der Teilung der „Gehälter“ erkennen, gibt es wenige brasilianische Experimente, die sich für die egalitäre Teilung entscheiden. In der von Ruggeri (2005) geleiteten Untersuchung ist festgestellt worden, dass 44 % der argentinischen Fabriken die Gleichheit der Entlohnung praktizierten.
i) Diese neue Situation wirkt sich sicherlich auf die Motivation der Arbeiter aus, wenigstens für eine bestimmte Zeit, so dass sie eher geneigt sind, produktive Aufgaben mit mehr Einsatz und Sorgfalt auszuführen.
j) Bei diesen Experimenten kann die „Strategie der Konkurrenzfähigkeit“ auf Mechanismen zurückgreifen wie die unbezahlte Ausdehnung der Tagesarbeitszeit oder sogar die Flexibilisierung der Gehaltsmasse, um mit den Marktschwankungen Schritt zu halten. In anderen Worten: Falls es etwa unmöglich ist, die existierende Technologie zu erneuern oder in neue Technologien zu investieren, können diese Betriebe auf typische Mechanismen des absoluten Mehrwerts zurückgreifen, um ihre wirtschaftlichen Prozesse auszuführen.
k) Die Arbeiter sind wenig „politisiert“, was die Notwendigkeit einer Vereinigung ihrer Kämpfe und den Aufbau einer Gesellschaft „jenseits des Kapitals“ (Mészáros, 2002) betrifft.

Bis hierher haben wir ein sehr allgemeines Bild des gegenwärtigen Phänomens der BSF gezeichnet. Im folgenden Abschnitt werden wir, wenn auch in Kürze, einige brasilianische Experimente detailliert darstellen, um uns dem Potential, den Widersprüchen und Grenzen der Prozesse zu nähern, die die Arbeiter der BSF erleben.

Sonderfälle: Cooperminas und das Projekt Catende Harmonia

Wir wollen hier kurz zwei Fälle erwähnen, die uns passend erscheinen, um das Gebiet der BSF in Brasilien zu veranschaulichen. Der erste ist der Fall der CBCA, heute Cooperminas (in Criciúma, im südbrasilianischen Bundesstaat Santa Catarina (SC) gelegen), dessen Kampf Mitte der 80er Jahre begann und vielleicht das langlebigste BSF-Experiment darstellt. Der zweite Fall ist das Projekt Catende Harmonia, aus der Mitte der 1990er Jahre, sicherlich der größte und komplexeste Prozess der Besetzung/Selbstverwaltung eines insolventen Betriebs, der in Brasilien vorgekommen ist.

Die Cooperminas entstand aus dem Insolvenzverfahren der einstigen privaten Minengesellschaft *CBCA* (*Companhia Brasileira Carbonífera Araranguá*), die 1917 zur Kohleförderung in Criciúma gegründet worden war. Der Prozess der Eroberung des Unternehmens ähnelt fast allen anderen Fällen in Brasilien, war aber einer der ersten. Mitte 1987, nachdem die Gehälter monatelang im

Rückstand waren, werfen sich die Arbeiter in einen aktiven Kampf, um ihre Arbeitsrechte wiederzuerlangen. Der Betrieb stellt seine Aktivitäten ein. Die Arbeiter mobilisieren sich zum Schutz der Arbeitsplätze und beantragen am Anfang die Verstaatlichung der Mine. Im Prozess akzeptieren die Arbeiter die Wiedereröffnung der Firma aus der Konkursmasse, wobei die Minenarbeitergewerkschaft von Criciúma selbst Konkursverwalterin ist. Das Unternehmen hat zehn Jahre lang auf diese Weise funktioniert, bis 1997 ein Abkommen mit den alten Eigentümern geschlossen und die Schaffung der Cooperminas in die Wege geleitet wird.

Wir wollen drei Aspekte dieses Experiments hervorheben: erstens, dass die Arbeiter während dieser Zeit heftig kämpfen mussten, um die Mine unter ihrer Kontrolle zu behalten und die Zwangsversteigerung des Vermögens zu verhindern, um die Gläubiger auszuzahlen. In einem dieser Kämpfe erscheinen die Minenarbeiter in der nationalen Presse, mit Dynamitstangen um den eigenen Körper gebunden, um die Entfernung der Ausrüstung zur Aufbereitung der Kohle aus der Mine zu blockieren. Der zweite Aspekt bezieht sich auf die Arbeitsbedingungen in der Mine. Wir hatten die Möglichkeit, die Mine 1992 und 2005 unter Tage zu besuchen. Der Fortschritt, den die Minenarbeiter der CBCA bei den Arbeitsbedingungen geleistet haben, ist offenkundig. Man kann bedeutende Verbesserungen beobachten, bei der Lüftung, der Beleuchtung, der Sicherheit und der Anschaffung neuer Ausrüstungsgegenstände, die die Verschmutzung im Innern der Mine verringern. Der dritte Aspekt betrifft den Markt. Die Genossenschaft hat, wie die übrigen Minengesellschaften der Region, eine Kohlequote mit Kaufgarantie durch die Heizkraftwerke, was eine gewisse Stabilität und die Möglichkeit langfristiger Planung erlaubt.

Zu Beginn des Selbstverwaltungsprozesses der Mine haben die Arbeiter neue Einrichtungen politischer und verwaltungstechnischer Art geschaffen. Die Minenkommission wurde von den Arbeitern jeder Abteilung gewählt und war sowohl für die politischen und strategischen Entscheidungen als auch für Beiträge zur Organisation des Arbeitsprozesses verantwortlich. Die Versammlungen hatten massiven Zuspruch, an ihnen nahmen fast alle 1.200 Minenarbeiter teil. Es gab Fälle, wo der Präsident der Genossenschaft von der Generalversammlung der Arbeiter ersetzt wurde, und mehrere Fälle, in denen das Mandat von Mitgliedern der Minenkommission widerrufen wurde. Mit der Zeit jedoch stellte man eine „institutionelle Anpassung" dieser Instanzen kollektiver Macht fest, die nun vielmehr den Zustand von Kommunikationsmitteln von „oben nach unten" als von „unten nach oben" annahmen. Die bürokratische Anpassung der Mitbestimmungsinstrumente in der Mine deutet an, dass eine gewisse passive Einstellung der Arbeiter überwiegt. Die demokratische Differenzierung dieser Experimente von Widerstandsgenossenschaften führt auf diese Weise dazu, dass eine Art von genossenschaftlichem Korporatismus entsteht, wobei das Unternehmen immer mehr sich selbst zugewandt bleibt. Die geringe Beteiligung der Minenarbeiter von Cooperminas bei den übrigen Kämpfen der Arbeiter in der Region und in der Bewegung der BSF ist ein Zeichen dieser Passivität der Arbeiter und der Herausbildung bürokratischer Prozesse.

Der privilegierte Zustand der Minenarbeiter von Criciúma, was den Absatz der Produktion angeht – denn sie verkaufen die gesamte Produktion an eine große Firma (gesicherter Absatzmarkt) –, bedeutete keine besseren Bedingungen für den Fortschritt in Richtung Selbstverwaltung des Betriebs. Im Gegenteil, da der Prozess schon fast 25 Jahre andauert und die Sonderpensionierung der Minenarbeiter nach 15 Jahren stattfindet, sind viele von denen, die für die Eroberung des Unternehmens gekämpft haben, bereits in Rente gegangen. So gibt es eine Spaltung zwischen den „Neuen" und den „Alten". Das Fehlen eines systematischen Prozesses der Ausbildung zur Selbstverwaltung und der Erinnerung an die Geschichte der Kämpfe im Unternehmen haben die Entstehung eines Gefühls der Gleichgültigkeit gegenüber demokratischen Prozessen begünstigt, welche die Beteiligung der Arbeiter erfordern. Ein Beispiel dafür ist die Wahrnehmung der Versammlungen als bürokratische Rituale, mit geringer Beteiligung und wenigen tiefgehenden Debatten über die Betriebsziele. Im Lauf der Zeit verwandelten sich die Arbeiterkommissionen in Orte zur Legitimierung der Entscheidungen, die von den „Technikern" und „Managern" des Betriebs getroffen wurden. Die Aufgabe der Kommissionen scheint heutzutage vielmehr zu sein, als Puffer für interne Konflikte und als Transmissionsriemen des Firmenvorstands zu dienen.

Catende Harmonia hingegen ist das größte und komplexeste Projekt eines besetzten/selbstverwalteten Betriebs, das in Brasilien gerade läuft. Es handelt sich um eine Zuckerfabrik, die 1892 gegründet wurde, ausgehend von der alten Zuckermühle Milagre da Conceição, die 1829 gebaut worden war und selbst 48 einzelne Zuckermühlen enthält, die über eine Fläche von 26.000 Hektar verteilt sind und fünf Gemeinden der südlichen *Zona da Mata* (küstennahes Gebiet des [ehemaligen] atlantischen Regenwalds) im Bundesstaat Pernambuco umfasst: Catende, Jaqueira, Palmares, Água Preta und Xexéu. Die Fabrik hatte verschiedene Besitzer, bis sie in den 1950er Jahren zur größten Zuckerfabrik Lateinamerikas wurde, unter der Leitung des „*Tenente*" (Leutnant), wie der Oberst Antônio Ferreira da Costa genannt wurde. Unter der Führung des Tenente wurden die Eisenbahnlinie für den Absatz der Produktion und ein Wasserkraftwerk zur

Energiesicherung gebaut, außerdem die erste Brennerei zur Herstellung wasserfreien Alkohols in Brasilien.

Die Fabrik geriet Ende der 1980er Jahre in die Krise, mit der Schließung des brasilianischen Zucker- und Alkoholinstituts (*Instituto do Açúcar e do Álcool – IAA*). Die Lage spitzte sich 1993 zu, als 2.300 Zuckermühlenarbeiter entlassen wurden. Mit dieser Massenentlassung begann der Kampf der Arbeiter, die sich geweigert haben, die Häuser zu verlassen, ohne das zu bekommen, was ihnen arbeitsrechtlich zusteht. Die Gewerkschaften der Landarbeiter, mit Unterstützung der *Contag* (*Confederação Nacional dos Trabalhadores na Agricultura* – brasilianischer Landarbeiterverband), der CUT und der *CPT* (*Comissão Pastoral da Terra* – Landpastorale der linksgerichteten Bischöfe in der katholischen Kirche), haben geholfen, den Kampf für die Einhaltung der Arbeitsrechte aufrecht zu erhalten. 1995, als die Insolvenz des Unternehmens beantragt wurde, haben die Arbeiter die Kontrolle übernommen und das Projekt Catende Harmonia begonnen. Die Schulden des Unternehmens beliefen sich auf ca. 1,2 Milliarden Reais (642 Millionen US Dollar) – die größte staatliche Bank *Banco do Brasil* ist der Hauptgläubiger, mit 480 Millionen R$. Das Vermögen wird auf 67 Millionen R$ (36 Millionen US-$) geschätzt, und die Personalkosten betragen 62 Millionen R$ (33 Millionen US-$). 1998 haben die Arbeiter die Aktiengesellschaft *Companhia Agrícola Harmonia* geschaffen, um das Vermögen der alten Zuckerfabrik Catende zu empfangen. 2002 haben die Landarbeiter eine Produktionsgenossenschaft namens *Cooperativa Harmonia de Agricultores e Agricultoras Familiares* geschaffen, deren Mitglieder („Landarbeiter/innen im Familienbetrieb") Gläubiger der alten Firma sind, die auf deren Ländereien wohnen. Insgesamt umfasst das Projekt zwischen Land und Industrie etwa 4.000 Familien oder 20.000 Personen. Außer den 48 Zuckermühlen und der Zuckerfabrik (Industriepark) umfasst das Vermögen noch ein Wasserkraftwerk, eine Töpferei, eine Schreinerei, ein Krankenhaus, sieben Staudämme und Bewässerungskanäle, eine Fahrzeugflotte mit Zubehör (Traktoren, Lastwagen usw.), mehrere *„casas grandes"* (ehemalige Herrenhäuser), wovon eine in ein Bildungszentrum umgewandelt worden ist.[5] In sieben Jahren des Projekts ist die Analphabetenrate von 82 % auf 16,7 % gesunken.[6]

5 In der Zeit der Sklaverei lebten die Herren in Villen und die versklavte Bevölkerung in Hütten.

6 Für eine umfassendere Sicht auf den Zuckerrohranbau im Nordosten Brasiliens empfehlen wir das Werk von José Lins do Rego. Rego ist ein Schriftsteller aus der Schule des Nordostens, besser bekannt durch die fünf Bücher seines Zuckerrohr-Zyklus.

Anders als die übrigen Zuckerfabriken der Region hat das Projekt Catende Harmonia von Anfang an auf einen starken Zuwachs der Organisation der Arbeiter zählen können. Nach dem Kampf gegen die Entlassungen und dem Konkurs des Unternehmens haben die Arbeiter mit dem Aufbau des gemeinsamen Projekts begonnen und sich organisiert, ausgehend von den 48 Zuckermühlen (landwirtschaftliche Einheiten mit Zentren der Bewohner/Arbeiter der Fabrik), die oft schwer zugänglich sind, vor allem in der Regenzeit. Die Vertreter der 48 Zuckermühlenvereinigungen trafen sich häufiger im Projektleitungsrat, zusammen mit den 5 Landarbeitergewerkschaften und dem Fabrikarbeiterrat. Wenn es sich um eine wichtige Angelegenheit handelte, lief das Verfahren zur Fassung gemeinsamer Beschlüsse von der Aussprache in den Zuckermühlen über die Diskussionen im Projektleitungsrat (mit etwa 120 Arbeitern) bis zur Vollversammlung. Es erforderte eine riesige Anstrengung, diese letzte Instanz zustande kommen zu lassen, weil sowohl die Kommunikationsmittel noch problematisch sind (man nutzt das Radio, um die Versammlungen in der Zuckermühle zu organisieren), als auch wegen der Transportkosten für 4.000 Landarbeiter.

Dennoch war die Leitungsstruktur komplex. Es gab den Konkursverwalter, der vom Richter ernannt, aber in einer Versammlung von mehr als 3.000 Arbeitern ausgewählt wurde. Es gab den Leitungsrat, der sich mit den Beiräten und Verantwortlichen für das Exekutiv- und Projektleitungskomitee traf. Die Arbeiter haben noch die Genossenschaft Harmonia – Projekt Catende geschaffen, mit dem Auftrag, die Landarbeiter anlässlich der Enteignung zugunsten einer Agrarreform zu organisieren. So haben die Arbeiter die 26.000 Hektar Land bekommen, aber nicht die Zuckerfabrik, die als Konkursmasse verblieb. Es sind ebenfalls Frauen- und Jugendvereine entstanden. Mehrere Beratungseinrichtungen sind bei der Organisation der Arbeiter tätig, mit dem Ziel, die Produktion zu diversifizieren.

Trotz aller Bemühungen zur demokratischen Organisation der Arbeiter des Projekts Catende Harmonia haben die finanziellen Widrigkeiten und die Schwierigkeiten, Jahr für Jahr den Anbau, die Ernte und das Mahlen zu garantieren, immer die Konsolidierung einer neuen politischen Kultur im Projekt erschwert, wobei Fort- und Rückschritte in der Organisation der Feldarbeiter und in ihren Beziehungen mit den Fabrikarbeitern festgestellt wurden. Eine historisch bedingte Spaltung erschwerte die Beziehungen zwischen diesen Arbeiterkategorien. Man bemerkte sogar, dass nicht einmal das genossenschaftliche Projekt in

Seine Bücher wurden in unzählige Sprachen übersetzt. Siehe z. B. *Menino de Engenho* (*Plantagenjunge* 1932).

Teilen der Arbeiterschaft keinen Widerstand fand, vor allem wegen der Nutzung des Genossenschaftswesens durch die Arbeitgeber, um die Arbeitsverhältnisse zu prekarisieren und die Arbeiter im Nordosten Brasiliens auszubeuten. Noch heute wird der genossenschaftliche Entwurf von einem Teil der Arbeiter des Projekts misstrauisch beäugt.[7] Gleichwohl bedeuten die Mechanismen und Mitbestimmungsformen, die im Projekt Catende Harmonia festgestellt wurden, einen radikalen Wandel für die Region und die Zucker-/Alkoholbranche des brasilianischen Nordostens, die noch starke Spuren von Zwangs- oder gar Sklavenarbeit aufweist.

Vor dem Hintergrund dessen, was das Projekt Catende Harmonia bereits vollbracht hat im Sinne einer Veränderung der Arbeitsverhältnisse und der politischen Kultur, geht es weit hinaus über die bloße Besetzung/Selbstverwaltung eines insolventen Betriebs, denn es erreicht die Dimension eines alternativen Projekts wirtschaftlicher, sozialer, kultureller und politischer Entwicklung für die halbtrockene Region *Agreste* von Pernambuco. Es gilt jedoch hervorzuheben, dass dieses Projekt folgende Tatsache als Unterscheidungsmerkmal aufweist (selbst im Verhältnis zu den Ansiedlungsprojekten der Agrarreform): dass es das Land und alle Fabrikanlagen als soziales Eigentum der Gesamtheit der Projektteilnehmer bewahrt. Somit fügen sich in den Feldern die familiäre Landwirtschaft und der Zuckerrohranbau auf gemeinsamem Land aneinander.

Schließlich ist noch zu verzeichnen, dass schon Fälle von BSF in Brasilien beobachtet werden, die zur Umstellung der Produktion geführt haben, auf der Suche nach sozialen Technologien, die für den Selbstverwaltungsprozess geeignet sind. Die Fabrik Catende selbst bzw. die Genossenschaft der Agrarreformsiedlung strebt nach einer Diversifizierung der Produktion, indem sie neue Produkte entwickelt, wie z. B. eine kleine Alkoholbrennerei für die Agrarreformsiedlungen und Gemeinschaften familiärer Landarbeiter. Eine andere baut kleine Biodiesel-Maschinen, auch mit dem Ziel der Energieunabhängigkeit der ländlichen Gemeinschaften. Vielleicht sind dies die ersten Schritte, um die Herausforderung zu meistern, die solidarökonomischen Unternehmungen in einem eigenen Wirtschaftssystem zu verknüpfen, das nach anderen Grundsätzen und Effizienzkriterien aufgebaut ist. Es fehlt aber noch viel, um die Verknüpfung der BSF in einem

7 In den „Genossenschaften" der Fabrikbesitzer – einer Art Mini-Markt – wurden die Arbeiter praktisch „gezwungen", viel teurere und schlechtere Waren zu kaufen. Dieses Geschäft ist ähnlich dem „truck system". Um zu erfahren, was Genossenschaftswesen für die Fabrikbesitzer bedeutete, siehe Julião (1962 und 1972).

„System" zu erreichen, das die Selbstverwaltungsinitiativen in anderen Ländern mit einschließen soll.

Besetzte Fabriken: das Streben nach Verstaatlichung

Die drei Fabriken (Cipla, Flaskô und Interfibras), welche die Verstaatlichung gefordert haben, fanden keine positive Antwort von Seiten der Regierung und hatten offensichtliche Schwierigkeiten zu überleben. In diesen besonderen Fällen funktioniert die Bevorzugung der „Verstaatlichung unter Arbeiterkontrolle" als Kritik der Genossenschaften, die versuchen, im kapitalistischen System zu überleben. Die juristische Schwäche dieser Experimente und die mangelnde Aufgeschlossenheit der brasilianischen Regierung gegenüber den Anträgen zur Verstaatlichung von insolventen Betrieben machen die Arbeiter dieser Unternehmen schließlich anfällig für gerichtliche Vorstöße, abgesehen von den bereits ziemlich offensichtlichen Schwierigkeiten, Zugang zu Krediten und Fördermitteln zu bekommen.

Obwohl es eine ideologische Komponente gibt, diese Position zu rechtfertigen, ist bei der Rede von Verstaatlichung immer ein finanzielles Argument vorhanden, wie z. B. Stromsubventionen, aber hauptsächlich die Gehaltsgarantie, selbst in Krisenzeiten.

Auch wenn es um den Kampf für die „Verstaatlichung unter Arbeiterkontrolle" geht, meinen wir, dass in diesen Situationen folgende Tatsache nicht beachtet oder unterschätzt wird: wir leben in einem kapitalistischen Staat, mehr noch, in einem autoritären lateinamerikanischen Staat, der keine Mitbestimmungsformen anerkennt, wie sie sich in einigen europäischen Fällen ergeben haben. Zusätzlich besteht ein enormes Risiko der Bürokratisierung, wie es bei unzähligen Fällen von Betrieben passiert ist, die in den 1950er Jahren vom Staat übernommen wurden.

Dabei verfällt man in den theoretischen und historischen Irrtum, die Emanzipation der Arbeiter einzig und allein in der Form des Eigentums der Produktionsmittel zu suchen, was nur bedeutet, dass diese nun vom Staat „ausgebeutet" würden anstatt von privaten Arbeitgebern. Es fehlt die Lektion, die den Portugiesen während der Nelkenrevolution so teuer war, dass Staats- oder Privatsozialismus nicht die einzigen Optionen sind.

Der vielleicht faszinierendste Fall der Region ist die *FasinPat* (*Fábrica sin Patrón* – Fabrik ohne Chef) Zanón in Argentinien, ein Experiment, das immer die Verstaatlichung gesucht hat, dem aber die Regierungen (Néstor und Cristina) Kirchner kein Gehör schenkten. Die Taktik der Arbeiter von Zanón war, dem kapitalistischen Staat entgegenzutreten und gleichzeitig Verbündete in bestimmten staatlichen Sektoren zu suchen (öffentliche Universitäten, „technische" Beratungsinstitute, Abgeordnete usw.), von den anderen Arbeitern gar nicht zu reden. Sie haben die bürokratisierte Gewerkschaft neu belebt, die Rotation bei den strategischen Posten eingeführt, die Mottos und Leitsätze des Cordobazo von 1969 beschworen, wie das „Klassenbewusstsein", die Vereinigung der Klassenkämpfe, die Selbstverwaltung, die Überwindung des Taylorismus usw. (Aiziczon 2009; Novaes 2009; siehe auch Kapitel 20 dieses Buches für eine vertiefte Untersuchung des Zanón-Experiments).

Die BSF am Scheideweg

Nach dieser Kurzdarstellung des Zanón-Experiments wenden wir uns den Dilemmata der BSF zu.

Obwohl sie in das Warenproduktionssystem eingebettet sind und deshalb dazu neigen, die geerbten Arbeitsbeziehungen zu reproduzieren, waren die BSF in der Lage, wesentliche Veränderungen im Arbeitsprozess zu verwirklichen, vor allem in folgenden Aspekten:

a) *„Software"*: Änderungen kultureller Art, bezüglich der Teilung von „Gehalt" und Überschuss (Reste), d.h. weniger unterschiedliche oder egalitäre „Abzüge" (frühere Gehälter), egalitäre oder anteilsmäßige Fonds (Reste am Jahresende), die teilweise Anpassung der Fabrik an die Interessen der Arbeiter (Verbesserung der Arbeitsbedingungen) und die Aneignung der Kenntnisse über den Produktionsprozess, ohne Änderung der Arbeitsteilung.

b) *„Orgware"*: Aneignung des Wissens über den Produktionsprozess, mit Änderung der Arbeitsteilung.

c) *„Hardware"*: Änderungen hinsichtlich der Anschaffung von Maschinen, der Anpassungen und der Erneuerung.

Dennoch scheint die Degeneration der BSF vorzukommen wegen:

a) eines extrem ungünstigen, defensiven Umfelds, das ein Aufblühen der Selbstverwaltung und die „Ansteckung" weiterer Arbeiter verhindert, im Hinblick auf eine Gesellschaft „jenseits des Kapitals";

b) der feindlichen Umgebung – „Markt" genannt –, welche die Entwicklung der BSF abwürgt;

c) interner Probleme, wie das Fehlen des Rotationsprinzips usw.;

d) der Theoriekrise der Linken, einschließlich der BSF, was zu theoretischer Flickschusterei führt und zu einer Vermischung mit dem kapitalistischen Gedankengut, mit einer kleinen Prise Reform;

e) Zugangsschwierigkeiten zur öffentlichen Politik;

f) der „wirtschaftlichen" Isolierung unter den selbstverwalteten Unternehmungen, d.h. die produktiven Verknüpfungen nach vorne oder hinten werden nicht verwirklicht – dabei würden sie diesen Experimenten eine Trennung der Beziehungen mit dem Markt erlauben, oder wenigstens eine „Verzögerung" ihrer Vereinnahmung durch die vom Kapital beherrschten Produktionsketten;

g) der Auflagen und Einschränkungen durch den Staat bezüglich des Kaufs von Produkten und der Beschaffung von Dienstleistungen der BSF durch die Arbeiter, die zusammen mit dem staatlichen Anreiz zum Erwerb einer unpassenden konventionellen Technologie (eingebaut oder nicht in Maschinen, Anlagen und Rohstoffen zur Produktion) die wirtschaftliche Nachhaltigkeit der solidarischen Unternehmungen beeinträchtigen und sie im Prozess zur Veränderung der kapitalistischen Arbeitsteilung erschweren, durch die „sozialtechnische Angleichung";

h) einer anderen Schwierigkeit der Selbstverwaltungsprozesse, die sich aus ihrer Neigung zur Anpassung an die üblichen Normen und Formen ergibt, welche in den Betriebsanleitungen vorgesehen und institutionell anerkannt sind.

Kontraproduktive Methoden (wie die Ausarbeitung eines „Businessplans", die Verwendung toyotistischer Verfahren wie die „Einbindung" der Arbeiter) werden häufig von NGOs, technischen Beratungsstellen und öffentlichen Behörden übernommen, oftmals mit den besten Absichten.

Man beobachtet, dass die BSF weit davon entfernt sind, starke soziale Bewegungen darzustellen oder tiefergehende Bündnisse mit anderen Sozialbewegungen anzustreben. Wenn die BSF als eine Art Tsunami angefangen haben, haben sie sich unter den aktuellen Umständen in eine kleine Welle verwandelt, vor allem in Argentinien, Brasilien und Uruguay (Novaes 2007a).

Allerdings, und trotz aller Abweichungen und Degenerationen, besteht kein Zweifel, dass alleine die Existenz von unzähligen BSF (mindestens 70 in Brasilien und etwa 200 in Argentinien) eine Errungenschaft darstellt, die von den Arbeitern bewahrt und aus nächster Nähe begleitet werden soll. Vielleicht kann daraus die Inspiration hervorgehen, in Richtung der dynamischen Sektoren des Kapitalismus vorzudringen, die bislang frei von Methoden der Selbstverwaltung ihrer Arbeitsprozesse geblieben sind. In Ländern, wo die Wirtschaftsliberalen nie bereit gewesen sind, ein wenig nachzugeben („die Ringe oder die Finger abzugeben"), kann die Erfahrung der Besetzung und der kollektiven Inbesitznahme der Produktionsmittel von Unternehmen wie die Fabrik Catende, CBCA, Conforja, Fogões Geral, Cipla, Interfibras usw. nicht außer Acht gelassen werden. Es ist ebenfalls unmöglich, gleichgültig zu bleiben, nachdem man eine Fabrik betritt wie die frühere Botões Diamantina (heute Cooperbotões), im Industriegürtel um Curitiba (Hauptstadt von Paraná, einem Bundesstaat in Südbrasilien). Dort sieht man, wie die Fließbandarbeiter sich selbst um ihre Angelegenheiten kümmern. Im Sitzungssaal hängt eine Fahne der CUT. Oder im Fall der Cipla (blockierte Fabrik), wo der neu geschaffene Ausbildungsraum den Namen *Sala Ferreirinha* (Ferreirinha-Saal) erhielt, benannt nach einem einstigen Aktivisten bei den Metallarbeitern, der in der Region geboren wurde. Man kann also an die Möglichkeiten glauben, die sich auf diesem Kampfgebiet eröffnen.

Die Selbstverwaltung wird hier verstanden als eine militante Utopie, als ein Projekt gesellschaftlicher Organisation, das im Produktionsprozess des materiellen Lebens den Schlüssel findet zur Überwindung dieser Produktionsweise und zur Umwandlung des gesellschaftlichen Ganzen. Die Selbstverwaltung strebt danach, die Formen direkter Demokratie innerhalb des Betriebs auszubauen, und verknüpft sie mit Vertretungsorganen, wenn nötig.

Sie fordert die Überwindung des geteilten, fragmentierten und erniedrigten Zustands der Arbeiterschaft innerhalb des Produktionsprozesses der materiellen Existenzbedingungen. Sie bedeutet die Überwindung der Entfremdung (wenn auch nur teilweise im aktuellen Zusammenhang), was gleichbedeutend ist mit der Überwindung der wirtschaftlichen Ausbeutung und der politischen Unterdrückung. Die Aufteilung der Aktivitäten wird durch die kollektive Arbeit und die Rotation der Arbeiter an den verschiedenen Arbeitsplätzen ersetzt, wobei die Stellungen übrigens auf Widerruf sind, damit alle die Stufen des Produktionsprozesses kennenlernen und eine tiefe Solidarität mit den Arbeitskollegen entwickeln können. Außerdem können die Arbeiter in Selbstverwaltung zwischen den Fabriken verkehren, denn niemand soll verurteilt werden, dieselbe Tätigkeit während des ganzen Lebens auszuführen.

In der Selbstverwaltung werden die Gehaltsunterschiede abgeschafft oder, wenn sie existieren, in gemeinsamer Absprache vom Arbeiterkollektiv festgelegt. Die Erniedrigung der Arbeiter wird überwunden durch die Beteiligung aller bei den Entscheidungen über die Angelegenheiten, die sich auf den Betrieb und die Gesellschaft als Ganzes beziehen, einschließlich darüber, warum und wie ein bestimmtes Produkt hergestellt werden soll, auch was und wie viel davon.

Die Selbstverwaltung bedeutet nicht das Fehlen von Disziplin, aber die Disziplin und die Regeln werden kollektiv entschieden Sowohl die Normen als auch die Satzungen, welche die internen Beziehungen des Betriebs regeln, werden nicht *a priori* definiert, sondern erarbeitet im Einklang mit den praktischen Beziehungen, die sich zwischen seinen Mitgliedern etablieren, und sie sollen offen sein, um mit den Veränderungen in diesen Beziehungen Schritt zu halten.

Im internen Bereich der Arbeitsorganisation setzt die Selbstverwaltung die maximale Verringerung der hierarchischen Niveaus voraus, um die Horizontalisierung der Beziehungen zu begünstigen. Die selbstverwalteten Fabriken sollen offen und tätig bei den Arbeiterkämpfen ihrer Zeit sein, auf der Suche nach Beziehungen mit anderen Sozialbewegungen, um die Solidaritätsbande zwischen den Arbeitern zu verstärken und weiteren Arbeitern dabei zu helfen, die Herrschaft über die Produktionsmittel und die Selbstverwaltung zu erringen.

In diesem Sinne können die BSF ein „Seismograph" der Möglichkeiten zur Überwindung der Entfremdung von der Arbeit sein[8], der Wiedervereinigung des *homo faber* mit dem *homo sapiens* (Gramsci) im Hinblick auf die Demerkantilisierung der Gesellschaft, den Aufbau einer klassenlosen Gesellschaft, ohne Staat und mit der „globalen Kontrolle des Arbeitsprozesses durch die beteiligten Produzenten" (Mészáros 2002).

In anderen Worten: Wir glauben, dass die BSF uns mögliche Elemente zeigen oder eine erste Vorstellung davon geben, was eine höhere Produktionsform sein könnte. Die soziale Isolierung der BSF bringt jedoch auch die Isolierung der „Schlacht in der Produktion" mit sich, so dass die Arbeiter wie gefangen durch den geerbten technischen Aufwand sind, was die Trennung von den übrigen Prozessen des sozialen Kampfs und die Bürokratisierung erlaubt, von Seiten der Betriebsleiter, die in der Fabrik bleiben. Oder die Arbeiter selbst übernehmen die Funktion von neuen Technokraten und tragen so zur Degeneration oder zum Verlust der Selbstverwaltungsmerkmale der BSF bei.

Zur gleichen Zeit, wie wir in den BSF einen Durchbruch sehen zur Überwindung der Selbstentfremdung von der Arbeit und der sozialen und technischen Teilung, die in der Organisation der Produktion der Mittel zum Lebensunterhalt fortdauert, erkennen wir, dass es mit diesen isolierten Fällen nicht gelungen ist, das Warenproduktionssystem zu überwinden. Dies würde weitere begleitende Veränderungen erfordern, die wir in diesem Artikel nicht erörtern können.

Schlussbetrachtungen

Allgemein sind die Genossenschaften und Produktions-, Vertriebs-, Konsumverbände usw. praktische Experimente der Selbstorganisation von Arbeitern, die in Umständen sozialen Wandels im Hinblick auf die Überwindung der entfremdeten Arbeit potenziert werden können. Gleichzeitig kann man aus geschicht-

8 Entfremdung im Sinne von Verlust der Kontrolle über das Produkt seiner Arbeit, über den Arbeitsprozess, über sich und die menschliche Zivilisation (Marx 1968; Mészáros 2002; Antunes 2002).

licher Erfahrung annehmen, dass die Genossenschaften und Arbeiterverbände vergehen oder nur mit knapper Not überleben werden, falls sie von anderen sozialen Kämpfen isoliert bleiben.

Rosa Luxemburg sagte, dass die Genossenschaften hybride Formen sind, denn sie haben die Eigenschaften von konventionellen Betrieben, aber sie haben auch andere Merkmale, die typisch für ein emanzipatorisches Projekt sind. Wir bevorzugen die Bezeichnung „Amphibien", da die hybriden Wesen sich nicht fortpflanzen oder nicht gedeihen können. In diesem Sinne sind die Widerstandsgenossenschaften, unter ihnen einige BSF, „Amphibien im Embryonalzustand", die gedeihen oder degenerieren können, im Verhältnis zum historischen Prozess, in dem sie eingebettet sind.

Zum Schluss ist der methodologische Vorbehalt angebracht, dass die Untersuchung der BSF und blockierten Fabriken keine Schwarz-Weiß- („manichäistischen") Analysen zulässt. Man muss die Fort- und Rückschritte zeigen, die in ihrem Bereich passieren, und sich auf die möglichen Formen der Verwandlung ein und desselben Phänomens beziehen. Indessen ist es notwendig anzuerkennen, dass die (wenn auch bedeutsame) Wandlung in der Form des Eigentums der Produktionsmittel keinen Fortschritt ermöglicht hat bis hin zur Überwindung der Ausbeutung und Klassenunterdrückung, die zum Wesenskern der kapitalistischen sozialen Produktionsverhältnisse gehören.

Literatur

Aiziczon, Fernando (2009), *Zanón – una experiencia de lucha obrera,* Buenos Aires: Herramienta.

ANTEAG (2004), *Autogestão em avaliação – Ibase/Anteag,* São Paulo: Gráfica Yangraf.

Antunes, Ricardo (2005), *O caracol e sua concha.* Ensaios sobre a nova morfologia do trabalho, São Paulo: Boitempo Editorial.

— (Hrsg.) (2007), *Riqueza e miséria do trabalho no Brasil,* São Paulo: Boitempo Editorial.

Bernardo, João (1986), „A autonomia das lutas operárias", in: Lúcia O. Bruno u. Cleusa Saccardo (Hrsg.), *Organização, trabalho e tecnologia,* São Paulo: Atlas.

— (2000), *Transnacionalização do capital e fragmentação dos trabalhadores.* Ainda há lugar para os sindicatos? São Paulo: Boitempo Editorial.

— (2004), *Democracia totalitária.* Teoria e prática da empresa soberana, São Paulo: Cortez.

Bertullo, Jorge; Silveira, Milton; Ilveira, Gabriel; Castro, Diego (2003), *El cooperativismo en Uruguay,* Montevideo: Unidad de Estudios Cooperativos, Universidad de la República.

Bruhat, Jean (1952), *Histoire du mouvemente ouvrier français,* Bd. I: Des origines à la revolte des canuts, Paris: Éditions Sociales.

Bruno, Lúcia O. (1986), *O que é autonomia operária?* São Paulo: Brasiliense.

Chesnais, François (1994), *La Mondialisation du capital,* Paris: Syros.

Chesnais, François (Hrsg.) (2004), *La finance mondialisée.* Racines sociales et politiques, configuration, conséquences, Paris: La Découverte.

Cruz, Antônio (2006), A diferença da igualdade. A dinâmica econômica da economia solidária em quatro cidades do Mercosul, Tese (Doutorado em Economia), Campinas: Unicamp.

Dagnino, Renato (2008), *Neutralidade da ciência e determinismo tecnológico,* Campinas: Unicamp.

Faria, M. S. (1992), Massa falida CBCA. Proposta de leitura weberiana numa experiência de gestão operária. Monografia de conclusão de curso de graduação em Administração, Florianópolis: UFSC.

— (1997), „... Se a coisa é por aí, que autogestão é essa... ?" Um estudo da experiência „autogestionária" dos trabalhadores da Makerli Calçados. Dissertação (Mestrado em Administração), Universidade Federal de Santa Catarina, Florianópolis.

— (2005), Autogestão, Cooperativa, Economia Solidária. Avatares do trabalho e do capital, Tese de doutorado, Florianópolis, UFSC, Sociologia Política, 2005.

Faria, Maurício Sardá de; Dagnino, Renato; Novaes, Henrique Tahan (2008), „Do fetichismo da organização e da tecnologia ao mimetismo tecnológico: os labirintos das fábricas recuperadas", in: *Revista Katálysis,* Bd. 11, Nr. 1, Mai-Juni.

Gramsci, Antonio (1977), *Selections from political writings* (1910–1920), hrsg. von Quintin Hoare, London: Lawrence and Wishart.

Henriques, Flavio C. (2007), Assessoria a empreendimentos de autogestão. M.Sc. Universidade Federal do Rio de Janeiro, Instituto Alberto Luiz Coimbra de Pós-Graduação e Pesquisa em Engenharia, COPPE/UFRJ, Rio de Janeiro.

Holzmann, Lorena (2001), *Operários sem patrão.* Gestão cooperativa e dilemas da democracia, São Carlos: Editora da Editora da Universidade Federal de São Carlos.

Julião, Francisco (1962), Que são as Ligas Camponesas? Rio de Janeiro: Civilização Brasileira.

— (1972), *Cambao – the Yoke,* London: Penguin Books.

Kleiman, Fernando (2008), *Lições de Catende.* A construção de uma autogestão em Pernambuco, São Paulo: Annablume.

Lebowitz, Michael A. (2005), Constructing co-management in Venezuela: contradictions along the path. MRZine, „24. Januar [Abschrift einer Rede in Caracas, Unión Nacional de Trabajadores, Encuentro Nacional de trabajadores hacia la recuperación de empresas], http://mrzine.monthlyreview.org/lebowitz241005.html.

Lugon, Clovis (1949), *La république communiste chrétienne des Guaranis (1610-1768),* Paris: Les Editions Ouvrières.

— 2009, A República Guarani, São Paulo: Expressão Popular.

Luxemburg, Rosa (1970), „Sozialreform oder Revolution?", in: *Gesammelte Werke,* Bd. 1/1, Berlin: Dietz, S. 367-466.

Marx, Karl (1968), „Ökonomisch-philosophische Manuskripte aus dem Jahre 1844", in: *Marx Engels Werke,* Ergänzungsband 1 [neue Zählung: MEW, Bd. 40], Berlin: Dietz, S. 465-592.

— (1962), *Das Kapital.* Kritik der politischen Ökonomie, erster Band, MEW, Bd. 23, Berlin: Dietz.

Meister, Albert (1972), „Quelques aspects historiques de l'associationnisme en France", in: Albert Meister (Hrsg.), *Vers une sociologie des associations,* Paris: Les Editions Ouvrières, S. 49-108.

Mészáros, István (2002), *Para além do capital,* Campinas: Boitempo Editorial, Editora da Unicamp.

Moissonier, Maurice (1988), *Les canuts: „Vivre en travaillant ou mourir en combattant",* Paris: Messidor, Éditions Sociales.

Nascimento, Cláudio (2005), Do „Beco dos Sapos" aos canaviais de Catende. (Os „ciclos longos" das lutas autogestionárias), SENAES, April, www.mte.senaes.gov.br.

Novaes, Henrique T. (2007a), „De tsunami a marola: uma breve história das fábricas recuperadas na América Latina", in: *Revista Lutas & Resistências,* Londrina, Nr. 2, S. 84-97.

— (2007b), *O fetiche da tecnologia – a experiência das Fábricas Recuperadas,* São Paulo: Expressão Popular-FAPESP.

— (2009), Renascendo das Cinzas? A relação das universidades argentinas com a „fábrica sem patrões" Zanón, Caracas, IV Encuentro de Jóvenes Investigadores, April.

— (2009), De Neuquén para o mundo – uma breve história dos bravos lutadores da FaSinPat Zanón, Passa Palavra, 4. Dezember, http://passapalavra.info/?p=15791.

Oda, N. T. (2001), Gestão e trabalho em cooperativas de produção: dilemas e alternativas à participação, Dissertação (Mestrado em Engenharia), Universidade de São Paulo (USP), Escola Politécnica, São Paulo.

Péret, Benjamin (1999), *La commune des Palmares.* Que fut le quilombo des Palmares? Paris: Syllepse.

Rude, Fernand (1982), *Les révoltes des canuts* (Novembre 1831-Avril 1834), Paris: François Maspero.

Ruggeri, Andres (Hrsg.) (2009), *Las empresas recuperadas.* Autogestión obrera en Argentina y América Latina, Buenos Aires: Editorial da Facultad de Filosofia y Letras (Universidad de Buenos Aires).

SENAES (2007), Mapping data. www.mte.gov.br/ecosolidaria/sies.asp.

Singer, Paul (2002), „A recente ressurreição da Economia Solidária", in: Boaventura Sousa Santos (Hrsg.), *Produzir para viver.* Os caminhos da produção capitalista, Rio de Janeiro: Civilização Brasileira, S. 81-129.

Storch, Sérgio (1985), „Discussão da participação dos trabalhadores na empresa", in: Maria Tereza Leme Fleury u. Rosa Maria Fischer (Hrsg.), *Processo e Relações de Trabalho no Brasil,* São Paulo: Atlas.

Tauile, José et al. (2005), Empreendimentos autogestionários provenientes de massa falida, Brasília: MTE/ IPEA/ANPEC/SENAES.

Tiriba, Lia (2001), *Economia Popular e Cultura do Trabalho,* Ijuí: Ed. Unijuí.

Tragtenberg, Mauricio (1986), *Reflexões sobre socialismo,* São Paulo: Moderna.

Vieitez, Candido Giraldez; Dal Ri, Neusa Maria (2001), *Trabalho associado.* Cooperativas e empresas de autogestão, Rio de Janeiro: DP&A.

Übersetzung aus dem brasilianischen Portugiesisch: Christopher Hak

Biographien der Autoren

Elaine Bernard
Elaine Bernard ist geschäftsführende Direktorin des *Labor and Worklife Program* und des *Harvard Trade Union Program* der Harvard Law School. Die in Kanada geborene und aufgewachsene Wissenschaftlerin hat ihren Bachelor-Abschluss an der Universität Alberta, ihren Master an der Universität von British Columbia und ihre Promotion an der im Großraum Vancouver beheimateten Simon-Fraser-Universität abgeschlossen. Ihre derzeitigen Forschungsinteressen liegen im internationalen Vergleich von Arbeiterbewegungen, Gewerkschaftsführung und Governance sowie bei der Funktion der Gewerkschaften für die Zivilgesellschaft, Demokratie und wirtschaftliches Wachstum.

Alberto Bonnet
Alberto Bonnet ist Dr. der Soziologie (Benemérita Universidad Autónoma de Puebla, BUAP, Mexico), verfügt über einen Magister in Wirtschaft sowie ein Diplom in Philosophie der Universität Buenos Aires. Er lehrt und forscht an der Universität Buenos Aires und an der Nationalen Universität von Quilmes – ebenfalls in Argentinien. Derzeit forscht Bonnet einerseits zu Problemen der Analyse von Akkumulation, Herrschaft und sozialen Kämpfen im heutigen Argentinien; andererseits befasst er sich mit eher theoretischen Problemen, die mit Staatskapitalismus und Klassenkampf zusammenhängen. Autor diverser Bücher und Artikel, schreibt er derzeit an einem Essay mit dem Arbeitstitel *Die Konstellation der roten Sterne* über Marxismus und Arbeiterräte.

Sheila Cohen
Sheila Cohen arbeitete lange Jahre als Gewerkschaftsaktivistin, Weiterbildnerin, Forscherin und Schriftstellerin. 1990 bis 1995 gab sie die basisgewerkschaftliche Zeitschrift *Trade Union News* heraus und organisierte mehrere Konferenzen und Tagesseminare mit Gewerkschaftlern. 2006 erschien ihr Buch *Ramparts of Resistance: Why Workers Lost Their Power, and How to Get It Back* (Pluto Press). Außerdem veröffentlichte sie eine Reihe von Pamphleten und Artikeln über das Wesen der Arbeit und über Gewerkschaften. Sie war Teil des gewerkschaftsunabhängigen Aktivistennetzwerkes National Shop Stewards' Network und arbeitet aktuell bei der Forschungseinheit für Arbeit und Beschäftigung (Work and Employment Research Unit, WERU) der Universität Hertfordshire, Großbritannien.

Patrick Cuninghame
Patrick Cuninghame ist Dozent für Soziologie und Politik an der Universidad Autonoma Metropolitana in Mexiko-Stadt. Er gehört dem Herausgeberkreis der Zeitschriften *Argumentos* und *Societies without Borders* sowie dem Exekutivkomitee von ISA-RC30 (Arbeitssoziologie) an. Er promovierte 2002 an der Universität Middlesex in London in Soziologie mit einer Untersuchung zur Autonomia Operaia im Italien der 1970er Jahre. Cuninghame ist ehemaliges Mitglied der Herausgeberkomitees von *Capital & Class* und *London Note* und hat Artikel über autonome soziale Bewegungen in Großbritannien, Italien, Mexiko und Lateinamerika in verschiedenen Sprachen veröffentlicht.

Pietro Di Paola
Pietro Di Paola lehrt Geschichte an der Universität Lincoln, Großbritannien. Er forscht unter anderem zur Geschichte des Anarchismus, zu politischer Diaspora und aktuellen sozialen Bewegungen. 1997 schloss er sein Studium an der Universität von Venedig mit einer Diplomarbeit über Arbeiterautonomie in einer Fabrik des Industriegebietes Porto Marghera nahe der Lagunenstadt ab. Er promovierte 2004 am Goldsmiths College der Universität London mit einer Studie über italienische Anarchisten in London 1870-1914. Seine *Breve storia dell'anarchia* erscheint demnächst bei Carocci in Rom. Des weiteren verfasste Di Paola den Artikel „Il Biennio Rosso“ in der von Immanuel Ness herausgegebenen *The International Encyclopedia of Revolution and Protest* (Wiley-Blackwell Publishing 2009) sowie den Artikel „Gli anarchici tra le due guerre“ im zweiten Band von *Guerre, anteguerra, dopoguerra: Il fascismo e la seconda guerra mondiale*, herausgegeben von M. Isnenghi (UTET 2008). Zudem fungierte er als Herausgeber der

Werke *Sindrome da filo spinato: Rapporto di un tedesco internato a Londra (1914-1918)* zu Rudolf Rocker (Spartaco 2006) und zusammen mit Piero Brunello der *Autobiografia mai scritta* von Errico Malatesta (Spartaco 2003).

Andy Durgan

Andy Durgan lebt und arbeitet in Barcelona. Er hat in mehreren Sprachen über verschiedene Aspekte der spanischen Geschichte geschrieben, besonders über den Bürgerkrieg und dessen Ursprünge sowie über die Arbeiterbewegung. Zu seinen Büchern zählen *B.O.C. El Bloque Obrero y Campesino 1930-1936* (Laertes 1996) und *The Spanish Civil War* (Palgrave 2007). Er arbeitete als historischer Berater für den preisgekrönten Film *Land and Freedom* von Ken Loach (1996) und ist Gründungsmitglied der Stiftung Fundació Andreu Nin.

Donny Gluckstein

Donny Gluckstein hat die Bücher *The Paris Commune: A Revolution in Democracy* (Haymarket 2006), *The Nazis, Capitalism and the Working Class* (Bookmarks 1999), *The Tragedy of Bukharin* (Pluto 1994) und *The Western Soviets: Workers' Councils versus Parliament,* 1915–1920 (Bookmarks 1985) veröffentlicht. Gemeinsam mit Tony Cliff schrieb er *The Labour Party: A Marxist History* (Bookmarks 1988) und *Marxism and Trade Union Struggle: The General Strike of 1926* (Bookmarks 1986). Gluckstein lehrt Geschichte im schottischen Edinburgh. Außerdem ist er Gewerkschaftsaktivist und Mitglied des nationalen Vorstands seiner Gewerkschaft sowie langjähriges Mitglied der britischen Sozialistischen Arbeiterpartei.

Ralf Hoffrogge

Jahrgang 1980, studierte Geschichte, Psychologie und Politikwissenschaft an der Freien Universität Berlin. Studienschwerpunkte waren politische Ökonomie, marxistische Theorie und die Geschichte sozialer Bewegungen – zum Beispiel die Geschichte der westdeutschen Studentenbewegung und die Geschichte der deutschen Arbeiterbewegung. Ein weiterer Schwerpunkt waren Faschismusforschung und Nationalsozialismus. Im Sommersemester 2005 studierte er mithilfe eines Stipendiums der deutsch-amerikanischen Fulbright-Kommission zwei Semester an der Washington University in St. Louis, Missouri. Während der Studienzeit an der FU Berlin war Ralf Hoffrogge in der Hochschulpolitik aktiv und engagierte sich gegen Privatisierungstendenzen im Bildungswesen. Er war Mitglied des Studentendenparlaments und Hochschulreferent des Allgemeinen Studentendenausschusses der FU (AStA FU), später wurde er zum zweiten

Vorsitzenden des AStA FU gewählt. Im Jahr 2008 schloss er das Studium mit dem Magister Artium ab. Seine Abschlussarbeit wurde unter dem Titel *Richard Müller – der Mann hinter der Novemberrevolution* im November 2008 als Monographie veröffentlicht. Seit Oktober 2009 ist Ralf Hoffrogge Doktorand an der Universität Potsdam und Stipendiat der Rosa-Luxemburg-Stiftung. Seine Promotion beschäftigt sich mit der Biographie des deutsch-jüdischen KPD-Politikers Werner Scholem (1895-1940). Scholem prägte in den1920er Jahren die Politik der KPD und war einer der wenigen führenden deutschen Kommunisten, die ab 1925 gegen die Politik Stalins opponierten.

Marina Kabat

Marina Kabat ist Absolventin der Universität Buenos Aires, Doktorin der Geschichte und Spezialistin für Arbeitsforschung. Derzeit arbeitet sie beim argentinischen Nationalrat für wissenschaftliche und technische Forschung (CONICET), dessen renommiertes Zentrum für sozialwissenschaftliche Studien (CEICS) sie koordiniert. Kabat befasst sich dort mit Studien zu Industrie, Arbeitsorganisation und Arbeitskonflikten in historischen und aktuellen Kontexten. Dazu wirkt sie als Redakteurin der marxistischen Zeitschrift *Razon y Revolucion*. Als Autorin hat sie *Del taller al fabrica: Proceso de trabajo, industria y clase obrera en la rama del calzado, Buenos Aires 1870-1940* (Ediciones RyR 2005) veröffentlicht und zahlreiche Artikel geschrieben, darunter „Changes in the Work Organization of the Argentinean Footwear Industry“ und „The Relative Surplus Population: An Obscure Marxist Conception of the Working Class“. Kabat lehrt an der Universität Buenos Aires und bietet Weiterbildungen für Lehrer und Lehrerinnen an, die als Arbeiteraktivisten aktiv sind.

Zbigniew Marcin Kowalewski

Zbigniew Marcin Kowalewski, ehemals Mitglied der Polnischen Akademie der Wissenschaften (Polska Akademia Nauk) und derzeit stellvertretender Chefredakteur der polnischen Ausgabe von *Le Monde diplomatique*, forscht als unabhängiger Wissenschaftler in den Bereichen Geschichte, Theorien und Strategien der Arbeit sowie nationale Befreiungs- und Revolutionsbewegungen. Als Aktivist der polnischen Arbeiterbewegung war er 1980/1981 regionaler Führer der Solidarność in Łódź und stritt polenweit für die Arbeiterselbstverwaltung. Seine Erfahrungen hat er mündlich und schriftlich weitergegeben, etwa in dem Buch *Rendez-nous nos usines! Solidarnosc dans le combat pour l'autogestion ouvrière* (La Brèche 1985) und im Interview mit Christopher Phelps „Solidarnosc in Lodz: An

Interview with Zbigniew Marcin Kowalewski", das in *International Labor and Working-Class History* (Heft 73, Frühling 2008) erschienen ist.

David Mandel
David Mandel, Spezialist für die Geschichte der Sowjetunion und ihrer Nachfolgestaaten, lehrt Politikwissenschaft an der Universität von Québec im kanadischen Montréal. Sein besonderes Interesse gilt der historischen wie der aktuellen Lage der Arbeiterklasse der Region. Seit vielen Jahren engagiert er sich als linker Politiker und Gewerkschafter in Kanada, aber auch in Russland und der Ukraine, wo er die Schule für Arbeiterdemokratie gründete. Zu seinen Publikationen zählen *Labour After Communism: Autoworkers and Their Unions in Russia, Ukraine and Belarus* (Black Rose Books 2004), *Rabotyagi: Perestroika and After, the View from Below* (Monthly Review Press 1993), *Perestroika and Soviet Society: Rebirth of the Soviet Labour Movement* (Black Rose Books 1991), *The Petrograd Workers and the Soviet Seizure of Power* (Macmillan Press 1984) und *The Petrograd Workers and the Fall of the Old Regime* (Macmillan Press 1983).

Goran Musić
Goran Musić, geboren 1981, hat an der wirtschaftswissenschaftlichen Fakultät der Universität Belgrad internationalen Handel studiert und kämpfte parallel zu seinem Studium in verschiedenen Graswurzelinitiativen für die Rechte von Arbeitern und Arbeiterinnen sowie von Studierenden. 2007 erreichte er einen doppelten Master-Abschluss in Geschichte an der Belgrader Universität und an der Universität Wien mit einer vergleichenden Analyse der 1968er-Bewegung in Belgrad und in Mexiko-Stadt. Derzeit promoviert Musić im Rahmen eines Doktorandenprogramms der Europäischen Universität Florenz über die jugoslawische Arbeiterbewegung im Jahrzehnt vor dem Zerfall des Staates. Nebenher arbeitet er mit an einem Projekt, das die Ursprünge der serbischen Hip-Hop-Kultur beleuchtet.

Henrique T. Novaes
Henrique T. Novaes machte seinen Abschluss in Ökonomie an der staatlichen Universität São Paulo (UNESP) und seinen Master an der staatlichen Universität Campinas (Unicamp) in Brasilien, wo er die Themen Rückeroberung von Fabriken in Lateinamerika und Geschichte der Arbeiterselbstverwaltung und ländlicher Klassenkämpfe bearbeitet hat. Zurzeit ist Novaes Doktorand der Unicamp, wo er zum Verhältnis der Universitäten zu den sozialen Bewegungen in

Lateinamerika forscht. 2007 veröffentlichte er den Band *O fetiche da tecnologia: a experiência das fábricas recuperadas* (Expressão Popular).

Peter Robinson
Peter Robinson unterstützte als aktiver Sozialist von Großbritannien aus die Portugiesische Revolution. Von Oktober 1975 bis Juni 1976 arbeitete er dort mit revolutionären linken und Arbeiterorganisationen. Ende der 1970er Jahre und Mitte der 1980er Jahre kehrte er jeweils nach Portugal zurück, um dort im Rahmen seiner Forschungen ehemalige Aktivisten und Aktivistinnen zu interviewen. Robinson hat einen Master in Philosophie des Centre for Sociology and Social University, Open University, in Milton Keynes in Großbritannien. Zu seinen Veröffentlichungen zählen „Portugal 1974-75: The Forgotten Dream“ in *Socialist History Society,* Occasional Papers Nr. 9, und „Portugal 1974-75”, erschienen in dem von Colin Baker herausgegebenen Band *Revolutionary Rehearsals.*

Maurício Sardá de Faria
Maurício Sardá de Faria ist Soziologieprofessor an der staatlichen Universität Pariba in Brasilien. Er promovierte in politischer Soziologie an der staatlichen Universität Santa Catarina, wo er die Themen Arbeit und Arbeiterschaft studierte. Heute ist er Direktor des Nationalen Büros für Solidarische Ökonomie (SENAES), das beim brasilianischen Ministerium für Arbeit und Beschäftigung angesiedelt ist.

Gabriela Scodeller
Gabriela Scodeller promovierte in Geschichte an der Nationalen Universität von La Plata in Argentinien und hat am Gino-Germani-Institut der Universität Buenos Aires geforscht. Derzeit ist sie Dozentin für Geschichte der argentinischen Arbeiterbewegung an der Nationalen Universität Cuyo im Bundesstaat Mendoza. Scodeller spezialisiert sich auf die Themen Bewusstsein der Arbeiterschaft und Konflikte innerhalb der Arbeiterklasse als konstitutives Element der Formierung als Klasse. Unter ihren jüngsten Veröffentlichungen sind „Praxis y Movimiento obrero“ in der *Revista Utopía y Praxis Latinoamericana*, „Conflictos gremiales en la historia reciente argentina: una mirada“ in *A Contracorriente* sowie „La conciencia obrera: notas para una aproximación histórica“ in *Revista Austral de Ciencias Sociales.*

Arup Kumar Sen

Arup Sen ist Juniorprofessor am Fachbereich Handel des Serampore College im indischen Bundesstaat Westbengalen mit dem Forschungsschwerpunkt Geschichte der Arbeit. Er promovierte am Institut für Business Management der Universität Kalkutta mit einer Arbeit mit dem Titel *A Study of Labour Management Relations in Select Industries in Eastern and Western India: 1918-39*. Dr. Sen schreibt regelmäßig für die linke indische Zeitschrift *Economic and Political Weekly* und für *Mainstream*. Derzeit forscht er zu den Themen Landnahme, Verschlechterung des bäuerlichen Lebens und die wachsende Gewalt von Seiten des Staates in Westbengalen.

Samuel J. Southgate

Samuel J. Southgate promoviert zurzeit in Politikwissenschaft an der Universität Yale. Seinen Master machte er in Mittelasienwissenschaften an der School of Oriental and African Studies in London zu Beziehungen zwischen nationalistischen und islamistischen Bewegungen und Ideologien in Algerien, Libanon und Palästina. Southgate forscht zu nordafrikanischer Geschichte, sozialen Bewegungen und umstrittenen Politiken sowie zu Islamismus und zu Nationalismustheorien. Er arbeitete bereits als Journalist in Großbritannien, wo er in der Nationalen Journalistengewerkschaft (NUJ) als Ortsvorsitzender aktiv war.

Jafar Suryomenggolo

Jafar Suryomenggolo, Forscher am Zentrum für Südostasienstudien der Universität Kyoto in Japan, schrieb seine Doktorarbeit über die Geschichte der indonesischen Arbeiterbewegung während der Revolution. Er veröffentlichte unter anderen die Artikel „Labour Law without ‚Rights' in Indonesia: The Making of Undang-Undang Kerdja 1948" im *International Journal of Comparative Labour Law and Industrial Relations, Bd.* 25, Heft 4 (2009); „Early Years of Serikat Buruh Kereta Api (Railway Workers Union): Formation and Orientation" in *Tounan Ajia Kenkyu,* Bd. 45, Heft 4 (2008) und „Labour, Politics and the Law: A Legal-Political Analysis of Labour Law Reform Program" in *Labour and Management in Development,* Bd. 9 (2008).

Alan Tuckman

Dr. Alan Tuckman arbeitet als Dozent für „human resource management" an der Trent University Nottingham. Sein Forschungsschwerpunkt liegt im Bereich Arbeit, Beschäftigung und Gesellschaft. Er hat bereits Fabrikbesetzungen und Streiks in der Bau-, der Chemie- und der Automobilindustrie und zuletzt auch in einem Call-Center analysiert. Zudem befasst er sich mit Organisationssoziologie, Zeitmanagement sowie Interessenvertretung der Arbeiterschaft und mit Klassenbewusstsein. Im September 2010 erschien sein Artikel „Defying Extinction? The Revival of the Strike in UK Employment Relations“ in *WorkingUSA: The Journal of Labor and Society.*

Victor Wallis
Victor Wallis lehrt am Fachbereich Freie Künste des Berklee College of Music in Boston (USA) und ist geschäftsführender Redakteur der Zeitschrift *Socialism and Democracy.* Zuvor war er lange Jahre Dozent für Politikwissenschaft an der Indiana University-Purdue University in Indianapolis. Zuerst kam er mit dem Thema Arbeiterkontrolle während der gescheiterten Revolution in Chile Anfang der 1970er Jahre in Berührung. Seine Aufsätze behandeln ein breites Themenspektrum von Ökologie und politischen Strategien über die Linke in den USA bis hin zu revolutionärem lateinamerikanischen Kino und sind u. a. in den Zeitschriften *Monthly Review, Capitalism Nature Socialism, New Political Science, Socialism and Democracy, Jump Cut* und *Organization & Environment* sowie im *Historisch-Kritischen Wörterbuch des Marxismus* erschienen. Seine Schriften über den ökologischen Sozialismus wurden in neun Sprachen übersetzt.

Übersetzung aus dem Englischen: Neelke Wagner

Personenregister

Agnelli, Giovanni 177
Aiziczon, Fernando 476
Allende, Salvador 13, 34, 35, 37, 343, 505
Alquati, Romano 404
Antunes, Ernesto Melo 340, 343
Appel, Jan 69, 78
Ares, Hernán 474
Arrighi, Giovanni 414
Asor Rosa, Alberto 404

Bakunin, Michail Alexandrowitsch 159
Balestrini, Nanni 407
Barker, Colin 245
Barth, Emil 116, 120
Bauer, Otto 99
Ben Bella, Ahmed 290–293, 295-300, 302, 304
Benn, Tony 359, 366-369
Berlusconi, Silvio 405
Bevin, Ernest 61
Bhowmik, Sharit Kumar 453
Blair, Thomas Lucien Vincent 288, 292
Bleichmann 159
Blumenthal, Paul 114, 116
Boero, Giovanni 176
Bologna, Sergio 404, 407
Bordiga, Amadeo 102, 182, 409
Borghi, Armando 171
Boumaza, Bachir 296
Boumedienne, Houari 296, 299-300, 304, 306
Bourdieu, Pierre 301, 304
Brandler, Heinrich 123, 124
Brecher, Jeremy 69, 76
Broué, Pierre 209, 210
Buozzi, Bruno 179, 180

Calogero, Pietro 419
Cámpora, Hector 310, 312
Cantarow, Ellen 412
Carrillo, Santiago 32
Carvalho, Otelo Saraiva de 338, 343
Casanova, Julián 201

Casper, Cläre 114
Castells, Antoni 207, 210
Chávez Frías, Hugo 39, 41, 42, 480, 482, 486-489, 489, 492-497, 499
Chruschtschow, Nikita Sergejewitsch 356
Churchill, Winston 61, 73
Clark, Tom 54
Clegg, Ian 290, 304
Colmenares, Elio 496, 497
Colombino, Emilio 175
Commisso, Ellen Turkish 231
Companys, Lluis 194
Cooper, Frederick 263
Cruz, Antônio 505

Dangerfield, George 76, 79
D'Aragona, Ludovico 181
Däumig, Ernst 116, 120, 121, 123, 124, 126
De Benedetti. Pietro 177
Debnath, Kushal 452
Debs, Eugene 69
Dhawan, R. S. 455
Đilas, Milovan 218, 219
Domela Nieuwenhuis, Ferdinand 92
Durruti, Buenaventura 206

Ealham, Chris 191
Ebert, Friedrich 120
Eichhorn, Emil 56
Engels, Friedrich 83, 93, 104, 505

Faires, Nora 384
Ferrás, Daniel 476
Ferreira da Costa, Antônio 514
Ferrero, Pietro 167
Fine, Sidney 384
Flores, Daniel 474
Foa, Vittorio 404
Fofi, Goffredo 404
Foster, John 372
Fourier, Charles 46, 446
Franco, Francisco 31-33, 204

Gallacher, Willie 54
Gambino, Ferruccio 412
Garino, Maurizio 167, 171, 172, 176, 180
Gastew, Alexei Kapitonowitsch 145
Gaulle, Charles de 61, 71
Gierek, Edward 246, 247
Gillman, Richard 397
Giolitti, Giovanni 28
Goździk, Lechosław 243
Gomulka, Władysław 244, 246, 247
Gonçalves, Vasco 339
Gorter, Herman 91, 102, 103
Goulart, João 505

Gramsci, Antonio 29, 51, 57, 58, 62, 70, 76, 102, 103, 166, 169, 171, 172, 182, 183, 323, 378, 409, 446, 447, 455, 456, 497, 522
Green, James 382, 384
Guerra, Isabel 342, 344
Guillamón, Agustin 209
Gutierrez, Luis 397

Haase, Hugo 120, 121
Harbi, Mohamed 293, 296
Hatta, Mohammad 275, 278, 279
Heath, Edward 359, 365, 366
Hindenburg, Paul von 118
Hinton, James 72
Hitler, Adolf 62
Hope, Allan 442

Iglesias, María Cristina 487

Jaruzelski, Wojciech 255
Jewdokimow, Grigori Jeremejewitsch 148
Jogiches, Leo 116
Johnson, Mort 442

Kadar, Janos 79
Kahin, George 266, 275
Kassalow, Everett 264
Kautsky, Karl 47, 92, 378
Kennedy, Michael D. 254
Kidrič, Boris 219
Koenen, Wilhelm 122
Kornilow, Lawr Georgijewitsch 141
Korsch, Karl 95-101, 105, 106
Kowalewski, Zbigniew Marcin 254
Kuron, Jacek 245
Kusumasumantri, Iwa 267, 276
Kutler, N. 134

Lanusse, Alejandro Agustín 309
Lanz, Carlos 489-491
Largo Caballero, Francisco 188, 202
Larin, Juri 154
Law, Bonar 73
Lazreg, Marnia 304
Ledebour, Georg 116
Lenin, Wladimir Iljitsch 24–26, 29, 33, 59, 60, 67, 74, 78, 81, 83, 84, 102, 104, 124, 125, 130, 145, 157, 218, 323, 353, 378, 446, 456
Lenz, Arthur 384
Leonetti, Alfonso 169
Leval, Gaston 39
Levi, Paul 125
Lewin, W. 140
Liebknecht, Karl 56, 112, 116, 117, 121
Lilloy, Rubén R. 321
Lloyd George, David 80

Loach, Ken 357
Lomow, G. 161
Lorenzo, César M. 201
Ludendorff, Erich 118
Luxemburg, Rosa 56, 85, 86, 92, 103, 112, 117, 323, 378, 446, 456, 523
Lydersen, Kari 396

Madera, Romano 414
Mahsas, Ali 296
Malaka, Tan 275, 276
Malik, Adam 269
Mandel, Ernest 12
Martínez Baca, Alberto 310, 311, 317
Marx, Karl 9, 10, 21, 39, 46, 47, 67, 83, 90, 92, 93, 96, 104, 106, 125, 218, 219, 255, 323, 329, 378, 406, 446, 472, 497, 505
Maxwell, Kenneth 345
Mazzochi, Tony 74
Medina, Abal 312
Meinster, Mark 397
Mendoza, Carlos 311
Mészáros, István 42, 389, 482
Modzelewski, Karol 245
Morgan, David 121
Moro, Aldo 418, 419
Müller, Richard 112-117, 120-126
Murphy, Frank 383
Murphy, J. T. 55
Muste, A. J. 381

Nagy, Balazs 70, 73, 75
Napoleon III. 48
Negri, Antonio 404, 406, 419
Negrín, Juan 207
Neurath, Otto 99
Nievas, Flabián 312, 313
Nin, Andreu 207
Niyogi, Shankar Guha 451
Nun, José 324
Nuñez, Carlos 335

Obama, Barack 397
Opel, Fritz 118
Olivetti, Gino 177
Ossinski, N. 160, 161
Owen, Robert 46, 446

Pablo, Michel – siehe Michalis Raptis
Palácio, Artur 332, 334
Paniagua, Xavier 190
Panzieri, Raniero 404
Pannekoek, Anton 91-94, 96, 97, 99, 103-105, 107, 497
Partos, Paul 101
Pasari, Shiv Shankar 451, 452
Paschukanis, Jewgeni Bronislawowitsch 105

Pastore, Ottavio 169, 170
Pato, Octávio 334
Patriarca, Fátima 333
Perón, Juan 309, 310
Pienkos, Andrew 220
Piñeiro Harnecker, Camila 483
Popov, Nebojša 230
Prodi, Romano 405
Proudhon, Pierre-Joseph 50

Rama, Carlos M. 209
Raptis, Michalis 293, 296
Rathenau, Walter 99
Reagan, Ronald 391
Reed, Christopher 337
Reed, John 84
Rego, José Lins do 515
Reid, Jimmy 352, 353
Renew 148
Renner, Karl 106
Rieser, Vittorio 404
Rjabuschinski, Pawel Pawlowitsch 137, 141
Rjasanow, Dawid Borissowitsch 145
Robles, Armando 396
Roland-Holst, Henriette 91
Roy, A. K. 454
Roy, Biren 455
Ruedy, John 295, 299
Rühle, Otto 102
Ruggeri, Andres 512
Ruwelski 85
Rykow, Alexei Iwanowitsch 161

Saint-Simon, Henri de 446
Salazar, António de Oliveira 72, 327
Santillán, Adad de 194
Sayago, Elio 493
Sbrogio, Gianni 414
Sentner, William 386, 387
Serrati, Giacinto 176
Shotwell, Gregg 393, 394
Singer, Daniel 70, 78, 79, 84
Sjamsu Harja Udaja 275, 278
Sjahrir, Sutan 275-278
Skobelew, Matwej Iwanowitsch 84
Skrypnik, Nikolai Alexejewitsch 130, 146, 148, 149
Soares, Mario 339
Soemardjan, Selo 270, 272, 274
Souchy, Augustin 101
Spínola, António de 333, 336
Stachanow, Alexei Grigorjewitsch 243
Stalin, Jossif Wissarionowitsch 33, 47, 60, 62, 219, 243, 356
Suchanow, Nikolai Nikolajewitsch 130
Sukarno 275

Sweeney, John 395

Swerdlow, Jakow Michailowitsch 130

Tasca, Angelo 166, 183

Terracini, Umberto 166

Thatcher, Margaret 81

Thorez, Maurice 81

Tito, Josip Broz 220, 224, 227, 233

Tlemcani, Rachid 304

Togliatti, Palmiro 57, 62, 103, 166, 169, 182

Toke, Ferenc 75

Topham, Tony 356, 369

Troelstra, Pieter 91

Tronti, Mario 404

Trotzki, Leo 58, 60, 72, 77, 82, 83, 125, 157, 497

Tucker, Jerry 378, 391

Uberti, Alessandro 176

Viglongo, Andrea 174

Wałesa, Lech 253, 254

Widner, Tim 396

Williams, Gwyn A. 75

Wilson, Harold 354, 363, 371

Wissell, Rudolf 99

Woolfson, Charles 372

Woodward, Susan 220, 235

Zereteli, Irakli 84

Zetkin, Clara 124, 125

Žižek, Slavoj 399

Zukin, Sharon 220, 222